중대재해처벌법

해석과 입법론

•

전상수

임재금

백상준

류호연

박영사

머리말

국회 법제사법위원회에서 필자가 수석전문위원으로 재직하던 2020년, 제21대국회가 개원한 지 얼마 되지 않아 중대재해처벌법 제정안이라는 낯선 법안이 법사위로 회부되었다. 환경노동위원회가 아닌 법사위로 회부된 건 처벌법이라는 이유에서였다. 이 제정안은 이듬해 국회 본회의에서 의결되어 많은 기업인들에게 두려움의 대상으로 다가섰다. 2022년 5월 필자는 입법차장으로서 임재금 당시 국회법제실 경제법제심의관과 함께한 미국 출장길에 산업안전보건청(OSHA)과 미팅을 통해 유해위험요인(hazard) 제거에 주안점을 둔 미국의 산업안전감독체계를 보면서 처벌 위주의 독특한 우리의 중대재해처벌법이 지닌 장단점을 살펴보고 싶었다. 즉, 중대재해처벌법의 입법과정을 되짚어보면서 그 입법취지와 국내외 입법례 및 입법론적 대안 등을 살펴보고 이를 기록으로 남겨두고자 집필을 시작하게 되었다. 네 명의 공저자가 집필을 시작한지 2년 반 만에 부족하나마 이 책을 출간하기에 이르렀다.

주지하다시피, 중대재해처벌법은 중대재해를 예방하고 시민과 종사자의 생명과 신체를 보호함을 목적으로 2021년 1월 제정된 법으로서, 산업안전 패러다임의 근본적인 변화를 추구하는 기념비적 입법이라고 할 수 있다. 이 책은 국회 법제사법위원회, 환경노동위원회, 법제실, 입법조사처 등에 근무했던 저자들이 제정법 각 조문의 입법경과와 취지를 분석한 입법론적 시각을 독자들에게 생생하게 전달하기 위해 저술한 것으로, 책 제목 또한 "중대재해처벌법: 해석과 입법론"으로 하였다. 네 명의 저자가 총론과 각론 각 파트별로 역할을 분담·작성한 이 책은 다음 사항에 주안점을 두었다. 첫째, 무엇보다 중립적이고 균형된 입법정책적 시각에서 중대재해처벌법을 서술하고자 노력하였다. 상세한 제정경과를 담은 국회 회의록의 관련 부분을 소개함과 아울러 미국 의회조사국(CRS) 보고서 및 국회 전문위원의 검토보고 등을 참고하여 입법론적 시각을 살펴보았다. 둘째, 총론을 통해 중대재해처벌법의 기본틀을 정립하고자 노력하였다. 법 제정의 헌법적·국제법적 의의 등 제정 의의와 제정경과를 살펴보고, 제정법의 법적 지위와 특성을 규명하고자 하였다. 또한 주요국의 입법동향과 입법례를 소개하고 우리에게 주는 시사점을 약술해 보았다. 셋째, 각론에서는 개별조문의 입법취지 및 입법경과를 소개하고, 유사 입법례 및 관련 판례를 조문별로 제시하였다. 특히, 제정법이 제21대국회에서 다수 법률안들을 통합·조정하여 마련된 만큼 각 조문이 어떠한 입법과정을 거쳐 마련되었는지 서술하고, 관련법규와 판례 분석을 통해 입법론적 시사점을 얻고자 하였다.

그런데, 주한유럽상공회의소에 따르면, 중대재해처벌법의 처벌규정들이 국제적 수준에 맞게 개선되어야 기업들이 과도한 처벌로 위축되지 않고 투자에 적극 나설 수 있다고 주장한다. 또한 제정법의 처벌규정에 대해서는 일찍이 몽테스키외가 「법의 정신」에서 설파한 "죄와 형벌의 올바른 균형"과 "중용(中庸)의 정신"으로 입법된 것인지 회의적인 시각이 있을 수 있다. 그러나 제정법이 근로자의 안전과 인권보호를 강화함으로써 오늘날 ESG경영이라는 시대 흐름과 생명·신체의 안전권이라는 헌법정신에 부합하는 적절한 입법이라는 반론도 강하다. 이러한 시각에서 보면, 중대재해처벌법 제정은 사회적 주장이나 요구가 입법에 반영되어 법이 새로운 발전의 단계에 들어간다는 미국의 법철학자 로스코 파운드의 이른바 "법의 사회화"(socialization of law)의 전형이라 할 수 있다. 특히, 제정안을 심사한 법사위 법안심사소위원회(소위원장 백혜련의원)에 따르면, 하나의 안건을 두고 온종일 심사에 임했던 소위원회를 7차례나 개최할 정도로 여야간 진지한 토론을 거친 입법이라고 한다. 이러한 입법적 노력들과 다양한 시각들을 이 책이 충분하게 담아냈는지 회의가 없지 않으나, 부족한 부분은 추후 보완할 것을 약속해 본다.

현업에 쫓긴 저자들이 이 책을 이 정도로 출간하기에는 많은 분들의 도움이 있었다. 우선, 박병석 전 국회의장님을 비롯한 국회가족 여러분의 성원에 감사드리며, 이 책의 집필에 있어서 학문적 자극과 고견을 주신 양창수 전 대법관님과 국제조정센터 박노형 이사장님, 한국행정법학회 김용섭 회장님께 감사드린다. 또한 국회 환경노동위원회에서 고용노동부를 맡아 노동법을 담당했던 임재금 전문위원에게 실무집행상

검토의견을 준 한국산업안전보건공단 전상헌 이사님께 감사드리며, 한국기술교육대 산업안전정책과정 여러분(고광훈 주임교수 및 최영호·유현성·박선영 대표 등)의 실무의견에도 감사드린다. 초고를 꼼꼼히 검토해준 국회 의정연수원 허병조 교수(중대재해처벌법 제정 당시 법사위 전문위원)와 국회입법조사처 황성필 서기관에게도 고마움을 전한다. 끝으로, 이 책의 편집·출간과정에서 각종 자료들을 노동법학자 시각에서 훌륭히 취합·정리해준 류호연 서기관과 호흡을 맞춘 박영사 관계자에게도 감사드린다.

아무쪼록 중대재해처벌법이 근로자의 생명과 신체를 보호함으로써 안전한 근로환경 구축에 이바지하는 데 이 책이 일조하길 바라는 소망과 함께 선진적인 기업경영에 관한 입법적 개선노력도 이어지길 희망하면서, 이 책의 내용은 저자들이 몸담고 있는 기관의 공식적 입장이 아닌 개인적 견해임을 밝혀둔다.

2024년 12월

공저자(전상수·임재금·백상준·류호연)를 대표하여

전 상 수

추천사

영국에서 법인과실치사법이 제정되고 국제노동기구(ILO)의 100주년 선언에서 '안전하고 건강한 근로조건'이 '양질의 일자리'의 기본요소로 인정되는 등 국제적 흐름에 부응할 필요성이 제기되는 한편, 우리나라 산업안전보건법 위반자의 솜방망이 처벌에 대한 비판 등이 고조됨에 따라 여야간 치열한 협상 끝에 국회 주도로 중대재해처벌법이 제정된 바 있습니다. 중대재해처벌법은 경영책임자 등이 안전보건 확보의무를 이행하지 아니하여 중대재해를 유발한 경우 무겁게 처벌하는 내용으로, 우리 사회의 광범위한 영역을 규율하고 있습니다. 2024년 1월부터는 50인 미만 사업장에까지 확대 적용되고 있습니다.

이와 같이 중대재해처벌법이 전면 시행됨에 따라 안전보건에 대한 사회적 요구와 기업의 책임이 한층 강화되었으며, "안전"은 이제 단순한 규제를 넘어 지속적인 기업의 발전을 위해 꼭 필요한 핵심 경영요소로서 자리매김하였습니다.

저는 2021년 1월 중대재해처벌법이 공포된 후 얼마 지나지 않은 2021년 5월 고용노동부 장관으로 취임하였습니다. 재임 당시 중대재해처벌법 시행령 제정 과정에서 노사 의견과 우려를 수용 가능한 범위에서 최대한 반영하였고, 기업들의 문의가 많은 사항을 중심으로 법령 해설서도 배포하는 등 현실여건에 맞는 법집행이 이루어지도록 노력하였습니다. 특히, 산업안전은 특정 기업이나 부서만의 책임이 아닌 우리사회 전체가 함께 책임져야 할 공동의 과제인 만큼 처벌이 아니라 예방에 중점을 둔 안전보건 관리체계를 구축하고자 하였습니다.

그러나 중대재해처벌법의 의무규정이 모호하고 처벌이 과하다는 비판도 제기되고 있습니다. 안전보건 의무를 강화하는 중대재해처벌법의 취지에는 공감하면서도, 규정의 불명확성을 해소하고 처벌 규정을 완화하는 보완 입법이 필요하다는 요구가 끊임없이 제기되고 있습니다. 그리고 중대재해처벌법에 대한 위헌소송도 제기된 바 있습니다.

이러한 상황에서 국회 법사위, 환노위, 법제실 등에서 중대재해처벌법을 직간접적으로 접한 전현직 국회공무원들이 중대재해처벌법 제정의 의의와 개별 조문의 의미를 입법부 시각에서 저술한 책이 출간된 것은 뜻깊고 반가운 일입니다. 특히 중대재해처벌법은 전체 조문이 16개로 간단해 보이지만, 사회 전반에 적용되는 특별형법으로서 조문의 단어마다 명확한 해석이 필요하고 그 해석이 분분할 수 있어 무엇보다도 입법취지를 제대로 파악하는 것이 중요하다고 할 수 있습니다. 이러한 측면에서 법률 제정 당시의 취지나 법문언의 논리적 해석과 주요 쟁점사항에 대한 이 책의 검토내용은 전문가들뿐만 아니라 기업 및 기관의 경영책임자들에게도 매우 유용할 것이라고 생각합니다. 또한, 이 책은 시중의 중대재해처벌법 해설서에서 찾아보기 힘든, 입법과정에서 나타난 중대재해처벌법의 의의, 제정배경, 비교법적 특성을 비롯하여 중대시민재해에 대한 심도 있는 해설을 담고 있어 산업안전정책 분야의 법률을 공부하는 학생들과 공공기관의 종사자들에게도 적극 추천하는 바입니다.

이 책이 중대재해처벌법에 대한 이해를 증진시키고, 경영인들의 안전보건에 대한 관심을 제고하여 안전 투자를 확대하는 유인이 될 수 있도록 함으로써 중대재해 예방에 기여하기를 기대합니다.

2024년 12월

前 고용노동부 장관
現 산업안전상생재단 이사장
안 경 덕

목차

제 1 편

총 론

제1장 중대재해처벌법의 제정배경 및 의의

1. 제정배경

현대 산업사회가 급속하게 진전되어 산업재해의 발생이 급증함에 따라 근로자의 안전과 보건에 대한 법적 보호의 필요성이 대두되었다. 무엇보다 근로자의 생명·신체·건강은 매우 소중하고, 그것이 근로제공 과정에서 손상되지 않도록 하는 것은 노동법의 중요한 과제이다.[1] 우리 헌법도 그 전문(前文)에서 "우리들의 자손의 안전과 자유와 행복을 영원히 확보할 것을 다짐하면서"라고 규정하여 안전이 헌법의 목표임을 천명하고, 본칙에서 국가의 재해예방의무(헌법 제34조제6항) 및 국민의 안전권과 보건권(헌법 제36조제3항)을 규정하고 있다.

이와 같이 국가가 재해를 예방하고 그 위험으로부터 국민을 보호하기 위하여 적극적인 정책을 수립하는 것은 사회복지국가 원리의 구현이기도 하다.[2] 국제노동기구(ILO)도 근로자의 안전과 건강에 관한 다양한 협약과 권고를 채택하였으며, 1981년에는 「직업상 안전 및 건강 그리고 작업환경에 관한 협약」(ILO 협약 제155호)을 채택하였다.

우리나라는 1953년 제정된 「근로기준법」에 안전과 보건에 관한 장을 두고 10개 조문을 규율하였으나, 1970년 이후 급격한 산업화 과정에서 중대재해가 잇따르고 유해물질의 대량 사용에 따라 새로운 직업병들이 증가하여 「근로기준법」의 규정만으로는 적극적인 산업재해 예방에 한계가 있었다.[3] 이에 1981년 종합적인 산업안전보건 관리에 필요한 위험방지 기준을 정하고, 산업재해를 효율적으로 예방하며 쾌적한 작업환경을 조성할 목적으로 「산업안전보건법」이 별도로 제정되었다. 그 후 수십 차례의 크고 작은 법 개정이 이루어졌고 특히 1990년과 2019년에는 「산업안전보건법」의 전부개정이 있었다.

---

1) 이철수, 『노동법』, 현암사, 2023, 275면.
2) 성낙인, 『헌법학』, 법문사, 2024, 1520면.
3) 김형배·박지순, 『노동법강의』, 신조사, 2024, 384~385면.

이러한 입법적 노력에도 불구하고, 2020년 4월 29일 이천 물류창고 신축공사장에서 화재사고가 발생하여 현장에서 작업 중이던 근로자 38명이 목숨을 잃었다. 태안화력발전소 협력업체 근로자 김용균씨의 사망사고를 계기로 입법화된 산업안전보건법 전부개정법률(이른바 "김용균법")이 2020년 1월 16일부터 시행되었음에도 불구하고, 대형참사가 다시 발생한 것이다. 2008년에 이천 냉동창고에서 이천 물류창고 화재사고와 유사한 원인으로 화재가 발생하여 40명의 근로자가 사망했음에도 당시 발주처 대표이사가 벌금 2천만원의 경미한 처벌을 받았다는 점이 부각되었으며, 「산업안전보건법」이 산재사고 발생 현장의 책임자를 처벌하는 경우가 대부분이어서 기업들로 하여금 안전에 노력을 기울일 동기를 제공하지 못하고 있다는 지적이 제기되었다.[4]

또한 「산업안전보건법」은 대부분의 안전·보건조치의 의무자를 사업주로 규정하고 있어서, 법인사업주의 근로자에게 산업재해가 발생한 경우 법인의 대표자 등을 처벌하려면 양벌규정의 역(逆)적용[5]이 필요할 뿐만 아니라 의무 위반행위에 고의가 인정되어야 한다. 즉, 「산업안전보건법」 위반죄가 성립하기 위해서는 사업주가 자신이 운영하는 사업장에서 안전상의 위험성이 있는 작업이 이루어지고 있다는 사실을 알면서도 이를 방치하거나,[6] 사업주가 사업장에서 안전조치가 취해지지 아니한 상태에서 작업이 이루어지고 있고 향후 그러한 작업이 계속될 것이라는 사정을 미필적으로 인식하고서도 이를 그대로 방치하여, 이로 인해 사업장에서 안전조치가 취해지지 아니한 채로 작업이 이루어져야 한다.[7] 따라서 사업의 규모가 크고 현장에 상주하지 아니하는 대표이사 등에 대하여는 의무위반에 대한 고의가 인정되지 아니하는 경우가 많고,[8] 도급사업의 경우 원청 사업주가 하청업체의 안전조치 불이행 상태에서 업무

4) 오민애, 「산업재해 사망사고에 대한 검찰, 법원 판단의 문제」, 한익스프레스 남이천 물류창고 신축현장 산재사망 원인진단 긴급토론회 발제문, 2020. 5. 12., 33면 참조.
5) 「산업안전보건법」 제173조는 법인의 대표자 등이 안전·보건조치의무 등을 위반하면 그 행위자를 벌하는 외에 그 법인에게 벌금형을 과하도록 규정하고 있는데, 법원은 동 규정 중 "그 행위자를 벌하는 외에"라는 부분이 법인의 대표자 등 실제 행위자를 처벌하는 근거라고 해석하고 있다(김·장법률사무소 중대재해대응팀, 『중대재해처벌법』, 박영사, 2022, 5면 참조).
6) 대법원 2007. 3. 29. 선고 2006도8874 판결.
7) 대법원 2022. 7. 14. 선고 2020도9188 판결.
8) 김·장법률사무소 중대재해대응팀, 앞의 책, 4∼5면 참조.

가 수행되고 있음을 인식하였는지 여부를 쉽게 판단할 수 없다는 문제가 있었다. 이처럼 기존 법령만으로는 근로현장에서의 재해와 사회적 재난을 방지하기 어려울 뿐아니라 처벌수준도 지나치게 낮다는 비판이 지속되었다.

특히, 한국 사회는 2011년 가습기 살균제 사건, 2014년 4·16 세월호 사건, 2018년 태안화력발전소 압사 사건, 2020년 이천 물류창고 건설현장 화재사고 등 산업재해로 인한 사망사건과 함께 다중의 인명이 사망하는 사회적 참사를 겪으면서 중대산업재해 및 중대시민재해에 대한 미흡한 대응이 사회적 문제로 대두되었다.[9] 안전·보건에 관한 법령상 제도개선이 꾸준히 이어져 왔음에도 이러한 재해가 계속되는 근본적인 이유는 기업에 안전·보건을 체계적으로 관리하는 시스템이 제대로 구축되지 아니하였기 때문이라는 비판이 제기되었다.[10]

이에 중대산업재해 또는 중대시민재해가 발생한 경우 개인사업주 또는 법인의 경영책임자등을 처벌함으로써 근로자를 포함한 종사자 및 일반시민의 안전권을 확보하고 기업의 안전관리시스템을 혁신하려는 입법 취지에서 2021년 1월 국회는 중대재해 처벌에 관한 5건의 법률안 및 1건의 국민동의청원을 심사한 끝에 "중대재해 처벌 등에 관한 법률안(대안)"을 의결하였다. 그 결과 「중대재해 처벌 등에 관한 법률」(이하 "중대재해처벌법"으로 약칭[11]))이 2021년 1월 26일 제정·공포되고, 2022년 1월 27일 시행되었다.

2. 중대재해처벌법의 제정 의의

전술한 배경에서 탄생한 중대재해처벌법의 제정 의의를 살펴보면,

첫째, 헌법적 측면에서 중대재해처벌법은 국가에 부여된 헌법상 재해예방의무를

---

9) 김혜경·이진국·도중진·차종진, 『해외 중대재해 처벌에 관한 사례분석』, 연구보고서, 한국산업안전보건공단, 2022.10., 3면 참조.
10) 이철수, 앞의 책, 290면.
11) 법제처(국가법령정보센터)에서 초기에 '중대재해법'으로 약칭하였다가, 현재는 '중대재해처벌법'으로 하고 있다.

이행하는 한편, 국민의 안전권과 보건권을 보장하고 근로자의 기본권을 실질적으로 구현하기 위한 구체적인 법률로서 의의가 있다. 대한민국헌법 전문(前文)은 "우리 대한국민은 ...... 우리들과 우리들의 자손의 안전과 자유와 행복을 영원히 확보할 것을 다짐하면서 ...... 헌법을 ...... 개정한다"고 규정함으로써 헌법상 최고목표 중 하나가 국민의 안전 확보임을 천명하고 있다. 그리고 헌법 제34조제6항은 '국가는 재해를 예방하고 그 위험으로부터 국민을 보호하기 위하여 노력하여야 한다"고 규정하고, 헌법 제36조제3항은 "모든 국민은 보건에 관하여 국가의 보호를 받는다"라고 규정하여 국민의 안전권과 보건권을 보장하고 있다.

이와 같이 우리 헌법은 국가에 헌법상 재해예방의무를 부여하고 있다. 즉, 국가는 국민의 생명, 신체, 재산 등을 보호하는 것을 본래의 사명으로 하고, 국가를 비롯한 각종 공동체의 존립과 발전을 위해서는 재해를 예방하고 재해로 인한 피해를 최소화하는 것이 필수적이다.

나아가 중대재해처벌법은 헌법상 근로의 권리에서도 그 근거를 찾을 수 있다. 헌법 제32조제1항의 근로의 권리는 "일할 자리에 관한 권리"만이 아니라 "일할 환경에 관한 권리"도 함께 내포하고 있는바, 후자는 인간의 존엄성에 대한 침해를 방어하기 위한 자유권적 기본권의 성격도 갖고 있어 건강한 작업환경, 일에 대한 정당한 보수, 합리적인 근로조건의 보장 등을 요구할 수 있는 권리 등을 포함한다.[12] 근로자는 건강한 작업환경을 헌법에 근거하여 요구할 수 있으며, 이러한 근로자의 기본권을 실질적으로 구현한 것이 바로 중대재해처벌법이라 할 수 있다. 즉, 우리 헌법은 자유권에 기반한 정치적 민주주의는 물론이고 국민의 경제적, 사회적 평등 또한 지향하는 사회민주주의 관념에 기반하여 국민의 근로권 보장(제32조), 근로3권(제33조), 인간다운 생활권(제34조) 등을 표방하고 있으며, 노동법제는 이러한 헌법상 기본권 실현을 위해 제정된 것이다.[13]

또한, 앞서 살펴본 바와 같이 법원은 「산업안전보건법」상의 양벌규정의 역적용을 통하여 법인의 대표자 등을 처벌하고 있다.[14] 그런데 이렇게 명문의 규정 없이 해석

---

12) 헌법재판소 2007. 8. 30. 선고 2004헌마670 결정.
13) 이철수, 『전환기의 노사관계와 노동법』, 박영사, 2023, 4~5면.
14) 대법원 2004. 5. 14. 선고 2004도74 판결.

을 통하여 형사책임을 인정하는 양벌규정의 역적용에는 위헌성 논란이 발생하고 있는바, 중대재해처벌법이 처벌의 대상으로 경영책임자등을 명시하고 있는 것은 죄형법정주의의 관점에서 진일보한 것이라는 견해도 있다.[15]

다만, 이러한 헌법적 의의에도 불구하고, 중대재해처벌법은 사업주나 경영책임자등으로 하여금 '안전·보건 관계 법령'에 따른 의무이행에 필요한 관리상의 조치를 하도록 의무를 부과하고, 그 의무위반이 중대재해를 유발한 경우 중한 형벌을 과하면서, 같은 법 시행령에서 안전·보건 관계 법령을 '안전·보건을 확보하는 데 관련되는 법령"으로 불명확하게 규정하여 수범자가 어떠한 안전·보건 관계 법령을 준수하여야 하는지 예측불가능하여 죄형법정주의의 원칙에 위배된다는 비판이 있다.[16] 이 같은 시각에서 2024년 4월 중소기업중앙회를 포함한 9개의 중소기업단체와 전국 각 지역의 중소기업인 305명이 중대재해처벌법 제3조·제4조 및 제6조제1항의 위헌확인을 구하는 헌법소원심판을 청구한 바 있다.[17]

둘째, 중대재해처벌법은 국제노동기구(International Labour Organization; 이하 'ILO")[18]의 산업안전보건협약에 부합하는 법률로, 그 제정은 우리나라가 비준한 국제협약을 성실히 이행한다는 의의가 있다. 2022년 6월 10일 제110차 ILO총회는 1998년 「노동기본원칙과 권리 선언(ILO Declaration on Fundamental Principles and Rights at Work)」을 개정하여, 기존 4개의 노동기본권[19]에 "안전하고 건강한 근로환경(safe and healthy working environment)"을 추가하였다. 여기서 '안전(safety)'은 지속적인 위해요인의 발굴과 위험관리로 인명피해나 재산손실을 야기할 수 있는 위험이 수용가능한 수준 이하로 유지되는 상태를 말하고, '보건(health)'은 근로하는 환경에서 근로자가 접촉하는 물

---

15) 김혜경·이진국·도중진·차종진, 앞의 책, 96면 참조.

16) 송지용, 「중대재해 처벌 등에 관한 법률의 위헌성 검토」, 『형사법의 신동향』 통권 제74호, 2022, 244~246면 참조.

17) 중소기업중앙회, "중소기업단체, 중대재해처벌법 헌법소원심판 청구 - 제조·건설·도소매·어업 등 전국 중소기업인 305명 청구인으로 참여", 보도자료, 2024. 4. 1.

18) ILO는 20세기 초 산업혁명에 따른 유럽 지역 노동자의 인권문제가 대두됨에 따라 1919년 국제연맹 산하 준독립기구로 설립되었다가, 1946년 국제연합(UN) 전문기구로 편입되었다. 2024년 현재 ILO 회원국은 187개국인데, 우리나라는 1991년 152번째 ILO 회원국이 되었다.

19) 기존 4개의 노동기본권은 ① 결사의 자유 및 단체교섭권의 효과적 인정, ② 모든 형태의 강제근로 철폐, ③ 아동노동의 효과적 철폐, ④ 고용과 직업상의 차별 철폐이다.

체 또는 환경에 의한 질병의 발생이 필연성이 있는 경우 이러한 유해성을 제거함으로써 질병방지 등을 꾀하는 것을 말한다.[20] 또한, 제110차 ILO총회에서 산업안전보건 분야 협약 중 제155호(산업안전보건과 작업환경, 1981)와 제187호(산업안전보건 증진체계, 2006) 협약을 기본협약화 함으로써 우리나라를 포함한 비준국들은 해당 협약들에 대하여 ILO 이행보고 의무가 강화되는 등 이전보다 엄격한 점검을 받게 되었다.[21]

〈ILO 기본협약 비준 현황〉[22]

분 야	협 약 명	비준 여부	비준국 수
결사의 자유	- 제87호 결사의 자유 및 단결권 보호 협약 - 제98호 단결권 및 단체교섭 협약	비준('21.4월) 비준('21.4월)	158 168
강제노동 금지	- 제29호 강제노동에 관한 협약 - 제105호 강제노동 철폐에 관한 협약	비준('21.4월) 미비준	181 176
아동노동 금지	- 제138호 취업상 최저연령 협약 - 제182호 가혹한 형태의 아동노동 철폐 협약	비준('99.1월) 비준('01.3월)	176 187
고용상 차별 금지	- 제100호 남녀 동등보수 협약 - 제111호 고용·직업상 차별 금지 협약	비준('97.12월) 비준('98.12월)	174 175
산업안전보건	- 제155호 산업안전보건협약 - 제187호 산업안전보건 증진체계협약	비준('08.2월) 비준('08.2월)	82 69

ILO 제155호 협약 제16조는 사용자로 하여금 합리적으로 실행 가능한 한도 내에서 자신의 통제 하에 있는 작업장에 위험이 없는 상태가 보장되도록 하고, 적절한 방호복과 보호장비를 제공하도록 의무를 부과한다. 그리고 ILO 제187호 협약은 비준국가로 하여금 사용자 및 근로자단체와 협의하여 국가정책, 국가시스템, 국가프로그램을 개발하도록 함으로써 업무상 상해, 질병 및 사망을 예방하기 위한 산업안전보건의 지속적인 개선을 촉진할 것을 내용으로 한다.[23]

---

20) 이철수, 『노동법』, 현암사, 2023, 277면 참조.
21) 고용노동부, "국제노동기구(ILO), '안전하고 건강한 근로환경'을 노동기본권으로 추가", 보도참고자료, 2022. 6. 10.
22) normlex.ilo.org 참조 (최종 검색일: 2024. 12. 20.).
23) 서진두, 『중대재해처벌법상 의무이행 주체에 관한 연구』, 아주대학교 대학원 박사학위논문,

셋째, 중대재해처벌법 제정의 기본적 의의는 우리 사회에 안전시스템을 구축·강화하여 안전문화(安全文化)를 조성하려는 데에 있다. 이는 모든 구성원들의 자발적인 참여와 상호협력을 유도하는 안전관리 시스템의 정착을 통해 '안전문화(safety culture)'를 확산하려는 것이다. 이와 관련하여 중대재해처벌법을 발의한 의원도 "노동자가 안전하게 일하는 그런 기업이 오히려 더 성공하는 대한민국의 기업문화를 만드는 데 중대재해처벌법이 역할을 하도록 제정됐으면 좋겠습니다"라고 하여 안전문화의 조성을 강조한 바 있다.[24]

'안전문화'라는 용어는 1986년 발생한 체르노빌 원전 폭발사고에 관한 조사보고서에서 처음 사용된 것으로 알려져 있다. 당시 원자력발전소 안전자문위원회(Advisory Committee on Safety in Nuclear Installations)는 이 조사보고서에서 안전문화를 "조직의 안전보건 계획에 관한 의지와 그 수행방식 및 숙련도를 결정짓는 조직 구성원의 가치관, 태도, 역량 및 행동양식의 결과물"로 정의한 바 있다.[25] 또한 Patankar와 Sabin에 따르면, 안전문화란 "안전의 중요성을 조직이 얼마나 가치 있게 여기는지, 조직의 우선순위가 무엇인지, 종업원들이 일하는 동안 응급상황에 어떻게 반응하는지, 그리고 조직을 경영할 때 안전을 최우선 가치로 여기는지"를 말한다.[26] 여기에서 안전문화를 이루는 4개 요소는 안전가치(Safety Values), 안전전략(Safety Strategies), 안전풍토(Safety Climate) 및 안전성과(Safety Performance)로서, 다음과 같이 "안전문화 피라미드"로 계층화하여 설명한다.[27]

2023, 164~166면.

24) 제383회국회(임시회) 법제사법위원회 법안심사제1소위원회 제1차회의록 43면 중 강은미의원(발의자) 발언 참조.

25) 박종배·함병호·신인재·서용윤·박주원, 『중대재해 예방 및 대응 가이드북』, 좋은땅, 2023, 73면 참조.

26) Manoj S. Patankar, Edward J. Sabin, *The Safety Culture Perspective,* Human Factors In Aviation, Academic Press, 2010, pp.97~100.

27) Manoj S. Patankar, Edward J. Sabin, op.cit., p.100.

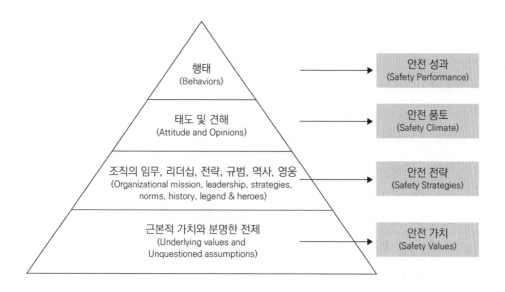

〈안전문화 피라미드: Safety Culture Pyramid〉

위와 같은 안전문화 이론에 기반하였을 때 중대재해처벌법은 기업의 경영책임자등을 처벌하여 조직구성원의 안전에 관한 가치관 등을 변화시킴으로써 안전사고 예방에 기여할 수 있다. 그동안 계속된 처벌과 여러 대책에도 불구하고 비슷한 안전사고와 산업재해가 그치지 않았던 큰 이유는 사고의 구조적 원인을 개선하지 못하였기 때문이다. 현장의 행위자와 중간관리자들이 주기적으로 교체되고 사고발생 후 다른 사람으로 바뀔 것이라는 점을 고려하면, 그들을 처벌하는 것만으로는 산업재해 예방에 큰 효과를 기대하기 어려울 것으로 판단할 수 있다.[28] 따라서 산업재해에 있어서 근본적인 원인을 개선할 수 있는 권한과 의무가 있으나, 그러한 권한행사와 의무이행을 하지 않은 경영책임자등을 처벌하는 중대재해처벌법이 기업 등 조직에서 안전에 최우선의 가치를 부여하도록 함으로써 사회 전반의 안전문화 확산에 기여할 수 있을 것이다.

---

28) 최정학, 「중대재해 기업처벌법안에 대한 몇 가지 제언」, 『민주법학』 제73호, 민주주의법학연구회, 2020, 285면 등 참조.

넷째, 중대재해처벌법은 중대재해가 사업주나 경영책임자등의 안전 및 보건 확보 의무 위반으로 인하여 발생한 경우에 그들에 대한 형사처벌과 징벌적 손해배상 등을 규정함으로써 산업안전에서의 새로운 패러다임을 제공한다. "위기란 낡은 것이 죽어 가는데 새로운 것이 등장하지 못하고 있을 때 발생한다"는 이탈리아 사상가 안토니오 그람시(Antonio Gramsci)의 말처럼 급속히 변화하는 사회·문화·경제적 상황에서 산업안전 분야에서도 패러다임의 변화가 요구되었다. 즉, 중대재해처벌법은 안전사고 나 유해물질 등으로 인해 사망·부상 또는 질병에 이르는 중대한 인명피해를 예방하기 위하여 사업주 또는 경영책임자등이 조치해야 할 행위규범을 정하고, 그 의무 위반으로 인하여 중대재해가 발생한 경우에 사업주 또는 경영책임자등에게 높은 형량의 형사책임과 징벌적 손해배상 등 강화된 민사책임을 부여하였다. 중대재해처벌법 제정에 따른 이러한 산업안전 패러다임의 변화를 한마디로 정의하면 '권한 있는 자에게 책임 묻기"라고 할 수 있다.

그동안 산업재해에는 재해가 발생할 수밖에 없게 만드는 구조적인 배경이 있었다는 사실이 여러 경험을 통해 드러났다. 이는 직접행위자나 현장관리자뿐 아니라, 이러한 구조를 만들거나 잘못된 행위가 발생하도록 압력을 가한 사람들 혹은 기업 자체에 대해서도 그 권한에 상응하는 처벌과 배상이 이루어지도록 할 것을 요구한다. 이것은 발생한 위법행위에 대한 실질적 책임에 비례하는 처벌과 배상이 이루어져야 한다는 것, 다시 말해 공정한 처벌과 배상을 주장하는 것이며, 형벌의 경우 정의를 실현하는 응보적 측면을 나타낸다.[29]

이러한 측면에서 중대재해처벌법은 사회적으로 생명과 안전이 양보할 수 없는 중요가치임을 확인하고, 중대재해 예방을 위한 기업 운영과 행정 및 사법체계에 있어서 전환점을 제공한 것으로 평가할 수 있다.[30]

다섯째, 중대재해처벌법은 법 제정의 모티브가 된 외국 입법례인 영국의 법인과실치사법과 달리 시민재해를 처벌대상에 포함함으로써 시민재해의 예방 필요성을 강조

---

29) 최정학, 앞의 글, 284면.
30) 정혜윤, 「중대재해처벌법 제정의 정치과정: 의회의 역할을 중심으로」, 『국가미래전략 Insight』 제79호, 국회미래연구원, 2023, 5면 참조.

하고 시민의 안전을 확보하고자 한다. 위험한 안전보건환경으로 무고한 시민에게 사상(死傷)의 결과가 발생한 경우를 통칭하여 '시민재해'라고 할 수 있는데, 중대재해처벌법의 제정 전까지 대부분의 시민재해는 업무상과실치사상죄(「형법」 제268조)에 따라 그 처벌 여부가 결정되었다. 그런데 업무상과실치사상죄의 경우 시민재해와 구체적으로 관련된 주의의무를 위반한 경우에 적용되는 구성요건 성립단계의 특성과 과실범이 갖는 양형상 한계 등으로 시민재해를 야기한 실질적인 책임자를 처벌하고 시민재해를 예방하는 데 한계가 있었다.[31]

이에 중대재해처벌법은 경영책임자등으로 하여금 유해·위험요인 점검 및 대응을 포함한 안전보건 관리인력 및 시설·장비의 확보와 유지 등 안전보건 확보의무를 부담하게 하고 이를 위반한 경우 처벌하도록 함으로써 시민재해 예방에 대한 경각심을 한층 제고하고 있다. 다만, 「산업안전보건법」을 기초로 하여 관리체계의 구성이 상대적으로 쉬운 중대산업재해와 달리 중대시민재해의 경우 다양한 재해사례가 발생할 수 있어서 관리범위를 한정하는 것이 쉽지 않으므로,[32] 시민재해 사례별 관리범위 및 의무사항의 체계화에 대한 입법적·행정적 개선노력이 요구된다고 하겠다.

여섯째, 중대재해처벌법의 제정으로 재해로부터 국민의 생명과 신체를 보호하는 주체에 국가 등 공적 주체만이 아니라 기업 등 사적 주체가 새로이 등장하였다. 즉, 중대재해처벌법은 「재난 및 안전관리 기본법」의 사회재난과 유사한 중대시민재해 조항을 두어 사적 주체에 대하여도 재해를 예방하고 일반국민의 생명과 신체를 보호할 의무를 부과하였다. 「재난 및 안전 관리 기본법」이 재해예방의무의 주체로서 중앙행정기관, 지방자치단체, 지방행정기관·공공기관·공공단체 등 공적 주체를 규정하고 있는 반면, 중대재해처벌법은 안전 및 보건 확보의무의 주체로 사업주나 경영책임자 등 사적 주체를 포괄하여 규정함으로써 의무 주체를 확대한 점에 큰 특징이 있다. 이에 대해서는 후술하는 "중대재해처벌법의 특징과 법적 성격"에서 다시 논의하고자 한다.

---

31) 황용현, 「시민재해에 대한 판례의 분석」, 『중대재해처벌법 연구 I』, 법문사, 2022, 138면.
32) 김정곤·김도형·채종길, 「중대재해처벌법의 범위에 대한 고찰: 중대시민재해를 중심으로」, 『2021년 한국재난정보학회 정기학술대회 논문집』, 2021.11., 187면 참조.

그러나 위와 같은 중대재해처벌법의 제정 의의에도 불구하고, 우리나라 중대재해처벌법이 국회·정부·전문가·노사단체 등 관련 당사자들 간 충분한 논의와 합의 없이 짧은 기간에 탄생한 입법으로서 처벌만이 강조되어 사회적 혼란을 가중시킨다는 비판적 시각이 있다.[33] 이에 제22대국회에 들어서는 처벌에 주안점을 두기보다는 중대재해 예방이라는 제정법의 입법취지를 고려하여 법률의 제명을 "중대재해 예방법"으로 변경하는 개정안[34]이 발의되었다는 점을 눈여겨 볼 필요가 있다.

그런데 중대재해처벌법 시행 이후 사고사망자 수가 처음으로 500명대 수준으로 감소하였다는 정부 발표가 있었다.[35] 즉, 2023년 재해조사 대상 사고사망자가 598명으로 2022년 644명 대비 46명(7.1%) 감소하였다. 이는 전반적인 경기 여건과 법제도의 변화 등 다양한 요인이 복합적으로 작용한 결과로 보이는바, 중대재해처벌법 시행에 따른 긍정적 변화인지 여부는 좀 더 지켜볼 필요가 있다.

이러한 측면에서 중대재해처벌법 제정에 따른 사회변화는 사회적 주장이나 요구가 입법에 반영되어 법이 새로운 발전의 단계에 들어갔다는 미국의 법철학자 로스코 파운드(Roscoe Pound)의 이른바 "법의 사회화"(socialization of law)[36]의 전형이라 할 수 있다. 또한 법률의 고유한 특성에 대하여 일찍이 프랑스의 법사상가 몽테뉴(Montaigne)는 "법률은 정당하기 때문이 아니라 그것이 법률이기 때문에 신용을 유지한다. 이것은 법률의 권위가 가지는 신비적인 기만이다"라고 주장한 바 있다.[37]

위와 같은 시각에서 보면, 중대재해처벌법은 "법의 사회화"의 산물이기도 하지만 법 자체의 권위를 제고하기 위해서는 공정하고 일관성 있는 법집행으로 수범자의 예측가능성을 높여 안전문화를 정착시킬 필요가 있다고 하겠다.

---

33) 정진우,『중대재해처벌법』, 중앙경제, 2024, 6~9면 참조.

34) 홍기원의원안(2024. 6. 10. 발의, 의안번호 2200270) 참조.

35) 고용노동부, "2023년 산업재해 현황 부가통계 '재해조사 대상 사망사고 발생 현황' 잠정결과 발표", 보도자료, 2024.3.7. 참고.

36) 김증한 역, 로스코 파운드 저,『영미법의 정신』, 지식과 감성, 2023, 182면 참조. 참고로, '법의 사회화'의 또다른 대표적 사례로, 어린이보호구역(스쿨존)에서 교통사고 처벌을 강화하는 취지로 2019년 국회에서 의결된 일명 '민식이법'으로 불리는「특정범죄 가중처벌 등에 관한 법률」을 들 수 있다.

37) 손우성 역, 몽테뉴 저,『몽테뉴 수상록(Les Essais)』, 동서문화사, 2007, 1,195면 참조.

제2장 중대재해처벌법의 체계 및 특징

1. 중대재해처벌법의 체계

중대재해처벌법은 총 4개 장(章), 16개 조(條) 및 부칙으로 구성되어 있다. 총 12개 장, 175개 조 및 방대한 하위 시행령과 시행규칙으로 구성된 「산업안전보건법」에 비하면 상당히 적은 수의 조항으로 이루어졌다고 볼 수 있다.

본 법률은 제1장 총칙에서 이 법의 목적(입법취지)과 정의규정(중대재해의 개념, 종사자·사업주·경영책임자등의 개념 등)을, 제2장 중대산업재해와 제3장 중대시민재해에서는 각각 조치의무, 처벌규정 등을, 제4장 보칙에서는 위반사실의 공표와 손해배상의무 등을, 부칙은 시행일과 법원 관할의 특례를 각각 규정하고 있다.

2021년 9월 28일 제42회 국무회의에서는 「중대재해 처벌 등에 관한 법률 시행령」 제정안을 심의하여 의결하였다. 동 시행령(대통령령 제32020호)은 직업성 질병자의 범위(법 제2조제2호다목 관련), 안전보건관리체계 구축 및 이행에 관한 조치, 안전보건 관계 법령에 따른 의무이행에 필요한 관리상의 조치(법 제4조제1항제1호, 제4호 관련) 등 법률에서 위임된 내용과 그 시행에 필요한 사항을 정하고 있다.

이러한 중대재해처벌법령의 구성체계를 개괄해 보면 아래 표와 같다.

법 률				시 행 령	
장	조	제목	요약	조	요약
제1장 총칙	1	목적	중대재해 예방 및 시민·종사자의 생명·신체 보호	1	위임사항 등 규정
	2	정의	중대재해·종사자·사업주·경영책임자 등의 개념	2	직업성 질병자 규정 (별표1)
				3	공중이용시설 규정 (별표2, 별표3)
제2장	3	적용 범위	상시근로자 5인 이상		

중대산업재해	4	사업주 등의 의무	안전보건관리체계의 구축·이행에 관한 조치 등	4	안전보건관리체계의 구축 및 이행조치
				5	안전·보건 관계 법령에 따른 의무이행에 필요한 관리상의 조치
	5	도급 등 관계에서의 의무	수급인에 대한 조치 의무	(제4조 제9호 참조)	
	6	처벌	1년 이상의 징역 또는 10억원 이하의 벌금 등		
	7	양벌규정	50억원 이하의 벌금 등		
	8	교육수강	이수의무, 미이행시 과태료 등	6	안전보건교육 실시 관련 내용
				7	과태료 부과 기준 (별표4)
제3장 중대시민재해	9	사업주 등의 의무	중대산업재해 부분과 동일	8	원료·제조물 관련 안전보건관리체계의 구축 및 이행 조치 (별표5)
				9	원료·제조물 관련 안전·보건 관계 법령에 따른 의무이행에 필요한 관리상의 조치
	10	처벌		10	공중이용시설·공중교통수단 관련 안전보건관리체계 구축 및 이행에 관한 조치
	11	양벌규정		11	공중이용시설·공중교통수단 관련 안전·보건 관계 법령에 따른 의무이행에 필요한 관리상의 조치
제4장 보칙	12	형 확정사실 통보	행정기관의 장에 대한 통보		
	13	발생사실 공표	중대산업재해 발생시 공표	12	공표 대상 및 내용 등
	14	심리절차 특례	피해자 증인신문 등		
	15	손해배상	징벌적 손해배상 (손해액의 5배 내) 등		
	16	정부지원	정부의 지원의무 등		
				13	조치 등의 이행사항에 관한 서면의 보관(5년)

부칙	1	시행일	원칙: 공포 후 1년 후(2022.1.27.) 예외: 개인사업자·상시근로자 50인 미만은 공포 후 3년 후 시행	2022년 1월 27일부터 시행
	2	다른 법률의 개정	제6조제1항·제3항, 제10조제1항 위 반사건은 1심 단독 처리	

2. 중대재해처벌법의 특징과 다른 법률과의 관계

가. 중대재해처벌법의 특징과 법적 성격

첫째, 중대재해처벌법의 법적 성격은 형사법(刑事法)이다. 이는 「산업안전보건법」과
의 차이를 통해 알 수 있다. 중대재해처벌법과 「산업안전보건법」 모두 '재해예방 및
생명·신체의 안전'이 목적이지만, 그 대상과 방법에서 차이를 보인다. 각각의 법률
제1조에 따르면, 「산업안전보건법」의 보호대상은 '노무제공자'이고, 방법은 "산업안전
및 보건에 관한 기준 확립 및 책임소재 명확화"이나,[38] 중대재해처벌법은 보호대상
이 '시민과 종사자'이고, 방법은 '경영책임자 등의 형사처벌'이다.[39] 이에 따라 「산업
안전보건법」은 행정법[40]적 의무들을 규정하고 이를 위반할 경우 행정벌을 일부 두는

---

[38] 「산업안전보건법」 제1조(목적) 이 법은 산업 안전 및 보건에 관한 기준을 확립하고 그 책임의
소재를 명확하게 하여 산업재해를 예방하고 쾌적한 작업환경을 조성함으로써 노무를 제공하
는 사람의 안전 및 보건을 유지·증진함을 목적으로 한다.

[39] 중대재해처벌법 제1조(목적) 이 법은 사업 또는 사업장, 공중이용시설 및 공중교통수단을 운영
하거나 인체에 해로운 원료나 제조물을 취급하면서 안전·보건 조치의무를 위반하여 인명피해
를 발생하게 한 사업주, 경영책임자, 공무원 및 법인의 처벌 등을 규정함으로써 중대재해를 예
방하고 시민과 종사자의 생명과 신체를 보호함을 목적으로 한다.

[40] 행정법은 행정권의 규칙과 작용 및 구제에 관한 넓은 의미의 법으로 국가·공공단체 등의 행
정주체의 규칙과 행정주체 상호간의 관계 및 행정주체와 개인과의 관계를 규율함과 아울러 행
정작용에 대한 개인의 권리구제에 관한 법이며, 행정을 그의 중심개념으로 하고 있다. 행정법
은 행정권의 유지와 작용 및 구제에 관한 국내법의 전부를 나타내지만, 좁은 의미에서는 행정
관계에 특수하고 고유한 법만을 말할 수 있으므로, 노동행정관계에서 나타나는 관리감독을 위
한 산업안전보건법도 역시 이런 의미에서는 행정법의 특성을 가지고 있다(조흠학·이관형, 「행
정법으로의 산업안전보건법에 관한 법률적 의미」, 『강원법학』 제34권, 강원대학교 비교법학연
구소, 2011, 428면).

것에 불과하지만, 중대재해처벌법은 법 전체적으로 범죄와 처벌을 규정하는 형사법의 체계를 취하고 있다. 즉, 중대재해처벌법은 형사처벌 규정을 둘 때 "벌칙"이라는 제목 하에 따로 규정하지 아니하고 다른 형사법의 경우처럼 범죄구성요건과 법정형을 동일한 조문에 규정하며,[41] 형사법을 다루는 국회 법제사법위원회의 소관 법률로서 심사된다. 따라서 중대재해처벌법은 죄형법정주의 원칙이 적용되므로 법률에서 하위법령에 위임하지 아니한 사항을 시행령 등으로 규율할 수 없다.

중대재해처벌법의 형사법적 성격은 「제조물 책임법」과의 관계를 통해서도 확인할 수 있다. 제조물의 민사책임에 대하여는 「제조물 책임법」이 별도로 제정되어 있는바, 이 법은 제조물의 결함으로 발생된 손해에 대한 제조업자 등의 손해배상책임을 규정한 법률이기 때문에 제조물의 결함 등으로 인한 형사적 책임을 규정하는 중대재해처벌법과 관련을 갖는다. 하지만 중대재해처벌법은 제조물의 결함으로 인해 중대시민재해가 발생한 경우 사업주 또는 경영책임자등에 대한 형사책임을 위주로 규정한 법으로, 제조물의 결함으로 인해 재산상의 손해를 입은 자에 대한 민사책임만을 규정한 「제조물 책임법」과는 차이가 있다.[42]

둘째, 중대재해처벌법은 「산업안전보건법」과의 관계에 있어서 특별법과 일반법의 관계라기보다는, 별개의 법으로서 「특별형법」(特別刑法)의 성격을 띤다. 중대재해처벌법은 중대재해가 발생한 경우 사업주와 경영책임자, 법인 등을 처벌함으로써 근로자를 포함한 종사자와 일반 시민의 안전권을 확보하고, 중대재해사고를 사전에 방지하려는 목적으로 제정된 법이다.[43] 그런데, 「산업안전보건법」도 "노무를 제공하는 사람의 안전 및 보건의 유지·증진"을 목적으로 한다. 이에 중대재해처벌법이 「산업안전보건법」과 그 특징에 있어 별다른 차이가 없고, 나아가 중대재해처벌법과 그 시행령

---

41) 「형법」이나 형사특별법의 경우에는 범죄구성요건과 법정형을 동일한 조문에 규정하고, 조문의 제목은 '제○조(△△)'로 하여 죄명을 쓴다. 반면, 행정형벌의 경우에는 먼저 실체 규정의 장·절에서 의무 규정을 두고, 벌칙의 장·절에서 의무 규정의 위반행위에 대한 벌칙 규정을 따로 규정하며, 벌칙 조문의 제목은 '제○조(벌칙)'로 하는 것이 일반적이다(국회법제실, 『법제기준과 실제』, 2024, 753면).

42) 홍채은, 「소비자관점에서 본 중대재해처벌법에서의 중대시민재해」, 『소비자정책동향』 제116호, 2021, 10면 참조.

43) 이철수, 『노동법』, 현암사, 2023, 290면.

에서 정하고 있는 내용이 지나치게 모호하다거나, 「산업안전보건법」에서 규율하고 있는 사항을 중복규제[44]하고 있으면서도 처벌의 대상 범위는 넓어 체계 정합성이 떨어진다는 비판이 있다. 이러한 비판적 입장에서는 중대재해처벌법 제4조, 제5조, 제9조의 안전조치와 안전관리조치에 관한 내용이 「산업안전보건법」의 안전조치와 안전관리조치에 관한 내용을 구체화한 특별법적 성격이 있고, 「산업안전보건법」 제38조 제2항·제3항과 제63조 및 제64조에서의 안전조치 및 안전관리조치의 의무부과 내용과 중복되는 부분이 있다고 한다.[45]

하지만 기업 처벌을 강화한 전부개정 「산업안전보건법」[46]이 2020년에 시행된 이후에도 대기업일수록 그 생산과정에서 발생한 근로자나 시민의 생명·신체 침해행위에 대해 상위 경영진에게 형사책임을 입증하여 묻기가 쉽지 않다는 비판이 지속되었다.[47] 또한 행위의무의 주체 및 처벌의 대상을 중대재해처벌법은 경영책임자등으로 두고 있지만, 「산업안전보건법」은 사업주를 의무의 주체로 두면서 처벌은 실질적으로 안전보건관리책임자 등에게 가해진다는 점에서 두 법은 큰 차이를 보인다. 따라서 중대재해처벌법이 중대산업재해를 정의함에 있어 「산업안전보건법」상 산업재해의 개념을 차용하지만 중대산업재해 외에 중대시민재해도 함께 정하고 있으며, 본질적으로는 '처벌법'이고, 주체·보호대상·적용범위·재해·의무·처벌 등 주요내용에서 차이를 보이기 때문에 중대재해처벌법을 「산업안전보건법」의 특별법이 아닌 별개의 법으로 이해하는 것이 적절하다고 본다.[48]

또한 중대재해처벌법이 「산업안전보건법」의 특별법이라면, 같은 사건에서 중대재해

---

44) 「산업안전보건법」의 개정이 아닌, 새로운 중대재해처벌법의 제정으로 인해 법률 간 중복, 충돌 문제가 생겼다는 견해가 있다(정진우, 오피니언뉴스 인터뷰, 2022.4.28. 참조).

45) 고인석, 「중대재해 처벌 등에 관한 법률의 실효성 확보에 관한 연구 – 산업안전보건법과의 중복입법 및 중복규제 문제에 대한 검토를 중심으로」, 『법이론실무연구』 제11권 제1호, 한국법이론실무학회, 2023, 254면.

46) 주요 개정내용은 법의 보호대상을 근로자에서 노무제공자로 확대하고, 위험작업의 사내도급을 금지하며, 원청이 안전보건 조치를 취해야 하는 장소의 범위에 원청이 지배·관리하는 장소를 추가하고, 사업주의 「산업안전보건법」 위반죄 반복 방지 측면에서 일종의 누범 가중 규정을 신설한 것 등이다.

47) 권오성, 『중대재해처벌법의 체계』, 새빛, 2022, 22면.

48) 최지연, 「중대재해처벌법의 공공부문 적용에 관한 법제 연구」, 『현안분석』 제22-1호, 한국법제연구원, 2022, 47면.

처벌법 위반(산업재해치사)죄와 「산업안전보건법」 위반죄가 동시에 기소될 경우 법조경합관계가 되어 특별법인 중대재해처벌법 위반(산업재해치사)죄 1죄만이 성립한다. 이와 달리 중대재해처벌법이 「산업안전보건법」과 다른 별개의 개별법이라면, 양죄가 같이 기소될 경우 경합범관계가 되어 수죄(數罪)가 성립한다. 법원은 중대재해처벌법 위반(산업재해치사)죄와 「산업안전보건법」 위반죄를 법조경합이 아닌 수죄의 관계에 있는 상상적 경합[49] 관계로 처리함으로써 양자는 일반법과 특별법 관계가 아닌, 별개의 법률이라는 입장을 간접적으로 보여주고 있다(창원지방법원 마산지원 2023. 4. 26. 선고 2022고합95 판결 등).

셋째, 중대재해처벌법은 재해로부터 국민의 생명과 신체를 보호하는 주체에 국가 등 공적 주체만이 아니라 기업 등 사적 주체도 포함하였다는 특징이 있다. 헌법 제34조제6항은 '국가는 재해를 예방하고 그 위험으로부터 국민을 보호하기 위해 노력하여야 한다'고 규정하고 있고, 이에 따라 자연재해로부터 국민을 보호하는 국가의 책무를 규율하기 위해 1967년 「풍수해대책법」이 제정되고, 1995년 「자연재해대책법」으로 전부개정되었다. 그런데 현대 산업사회의 고도화로 화재, 교통사고, 붕괴사고 등이 점증하자 자연재난과 사회재난을 총괄적으로 규율하는 「재난 및 안전관리 기본법」이 2004년 제정되었는바, 동법은 각종 재난으로부터 국민의 생명·신체 등을 보호하기 위한 기본법[50]으로서 국가와 지방자치단체의 역할과 책임을 규정하였으며, 이후 지속적인 법 개정을 통해 국가 등이 예방하여야 할 재난의 범위를 확대하였다. 이처럼 그간 재해 관련 법률의 제·개정은 공적 주체가 예방의무를 지는 재해의 "대상"을 확대하는 방향으로 이루어졌다면, 중대재해처벌법은 재해 예방의무를 갖는 "주체"를 확대하여 기업 등 사적 주체에게도 재해를 예방할 의무와 책임을 규정하였다는 데 의미가 있다. 특히 중대재해처벌법은 「재난 및 안전관리 기본법」의 사회재난[51]과 유사한 중대시민

---

49) 상상적 경합 및 실체적 경합에 관한 자세한 논의는 각론 제6조(중대산업재해 사업주와 경영책임자등의 처벌) 부분에서 후술한다.

50) 「재난 및 안전관리 기본법」 제1조(목적) 이 법은 각종 재난으로부터 국토를 보존하고 국민의 생명·신체 및 재산을 보호하기 위하여 국가와 지방자치단체의 재난 및 안전관리체제를 확립하고, 재난의 예방·대비·대응·복구와 안전문화활동, 그 밖에 재난 및 안전관리에 필요한 사항을 규정함을 목적으로 한다.

51) 「재난 및 안전관리 기본법」 제3조(정의) 이 법에서 사용하는 용어의 뜻은 다음과 같다.

재해 조항을 두어 법인과 경영책임자 등에게 예방의무를 부과하고 위반 시 형사책임을 지움으로써 사적 주체도 재해를 예방하여 일반국민의 생명과 신체를 보호할 의무와 책임이 있음을 명시하였다. 나아가 「재난 및 안전관리 기본법」에도 일부 형사처벌 조항이 있기는 하지만 동 법률의 기본적인 법적 성격은 재난의 예방과 신속한 대응에 중점을 둔 행정법이므로 형사처벌 조항은 행정형벌에 해당하는 반면, 중대재해처벌법은 중대재해를 발생시킨 사업주와 경영책임자, 법인 등을 처벌함으로써 중대재해 사고를 사전에 예방하려는 목적으로 제정된 특별형법인 점에 차이가 있다.

정리하면 「재난 및 안전관리 기본법」은 공적 주체의 재난 예방과 재난 발생 시 신속한 대응에 중점을 둔 행정법으로서 행정안전부를 소관부처로 하는 기본법인 반면, 중대재해처벌법은 공적 주체 및 사적 주체의 형사처벌에 중점을 둔 형사법으로서 법무부 등을 소관부처로 하는 특별형법이다.

넷째, 중대재해처벌법은 대륙법계에 속하는 우리나라 법체계에 영미법제(英美法制)를 이식한 것으로 영미법계와 대륙법계가 혼합된 법제(hybrid legal system)에 속하는 법률이다. 흔히 영미법은 대륙법과는 달리 판례법과 불문법 체계를 가지고 있는데, 한국의 법체계는 일본법을 계수하였고 일본은 주로 독일의 법체계를 가져왔다. 그래서 한국 법은 종래 성문법 중심의 대륙법 체계를 따랐으나, 오늘날 국내법체계에 영미법의 이식이 가속화되고 있다.[52] 예컨대, 기업을 처벌하는 영국의 '법인과실치사법'은 이론적으로 법인의 범죄능력을 인정할 수 있는가의 문제와 밀접한 관련이 있고, 대륙법계 전통에서 법인은 그 목적과 관련한 범위에서 권리능력이 있을 뿐 범죄를 저지르지 못하므로 법인의 범죄능력이 부정된다.[53] 그러나 영미법계에서는 법인의 범죄

---

1. "재난"이란 국민의 생명·신체·재산과 국가에 피해를 주거나 줄 수 있는 것으로서 다음 각 목의 것을 말한다.
  나. 사회재난: 화재·붕괴·폭발·교통사고(항공사고 및 해상사고를 포함한다)·화생방사고·환경오염사고·다중운집인파사고 등으로 인하여 발생하는 대통령령으로 정하는 규모 이상의 피해와 국가핵심기반의 마비, 「감염병의 예방 및 관리에 관한 법률」에 따른 감염병 또는 「가축전염병예방법」에 따른 가축전염병의 확산, 「미세먼지 저감 및 관리에 관한 특별법」에 따른 미세먼지, 「우주개발 진흥법」에 따른 인공우주물체의 추락·충돌 등으로 인한 피해

52) 대륙법과 영미법의 절충적 형태를 취하고 있는 국내법체계가 국제재판소에서의 적용을 돕는 측면이 있다는 견해가 있다(권오곤, 법률신문 인터뷰, 2018.9.10. 참조).

능력(corporate criminal liability)을 인정하고 있으며, '법인과실치사법' 또는 '산업과실치사죄'를 제정하거나 논의하고 있는 국가들도 영국, 호주, 캐나다 등 영미법계 국가들이다.

구체적으로, 영국의 형법에서는 대륙법 국가와는 달리 법인은 자연인과 마찬가지로 모든 죄에서 기소하는 것이 가능하고, 법인의 작위 또는 부작위에 의해 사람이 사망하는 과실치사가 발생한 때에는 주의의무의 해태에 의한 중과실 과실치사(manslaughter by gross negligence)가 적용되어 왔다. 또한 법인과 동시에 책임을 지는 법인의 구성원을 기소하는 것도 가능한데,[54] 중대재해처벌법의 법인 및 경영책임자 처벌 규정은 이러한 영미의 법제를 이식하였다고 볼 수 있다. 또한 징벌적 손해배상 제도는 보편적 피해구제 제도인 전보적 손해배상이라기보다는 영미법의 전통을 배경으로 한 배액 배상(multiple damages) 또는 본보기용 손해배상(exemplary damages)의 성격을 띠고 있다. 따라서 중대재해처벌법은 영국의 법인과실치사법(Corporate Manslaughter Act) 및 호주의 산업과실치사죄(industrial manslaughter) 등 영미법계 산물이 이식된 것으로 평가할 수 있다.

다섯째, 중대재해처벌법의 법문에는 포괄적 개념의 용어가 산재하고, 주요 조문에서 위임입법을 둔다는 특징이 있다. 특히 법 제4조제1항제1호에서 "재해예방에 필요한 인력 및 예산 등 안전보건관리체계의 구축 및 그 이행에 관한 조치" 및 법 제4조제1항제4호의 "안전·보건 관계 법령에 따른 의무이행에 필요한 관리상의 조치"에 대하여 법 제4조제2항에서 구체적인 기준이나 범위 없이 그 내용을 대통령령으로 위임함으로써 포괄위임입법금지 원칙에 반한다는 주장이 있다.[55] 또한 이와 유사한 취지로, 안전보건 확보의무 위반으로 인한 처벌범위가 실무상 불명확하고 그 기준이 객관적이지 않아 논란이 되고 있으며, 도급인의 "실질적 지배 등의 책임"이 구체적으로 의미하는 바가 명확하지 않다는 등의 지적이 있다.[56] 이에 대해 법 제4조제1항제1호는 안전보건

---

53) 권오성, 「중대재해처벌법 개정논의의 현황과 과제」, 중대재해전문가넷 주최 '중대재해처벌법의 시행과 안전사회실현을 위한 과제' 심포지엄 자료, 2022.2.22., 51면.
54) 정진우, 「중대재해처벌법 주요쟁점과 해외사례 분석」, 한국기업경영학회부설 한국기업연구원 주최 '산업안전을 통한 기업경쟁력 제고 방안' 심포지엄 자료, 2021.10.1., 9면.
55) 송인택 외, 『중대재해처벌법 해설과 대응』, 박영사, 2022, 74~75면 등 참조.

관리체계의 필수적 내용으로 "재해예방에 필요한 인력 및 예산"을 제시하고 있고, 이를 구축하고 이행할 것을 의무의 내용으로 규정하고 있어 이를 통해 시행령이 어떤 내용을 규정할 것인지 예측할 수 있으며, 법 제4조제1항제4호의 '안전·보건 관계 법령'[57]의 경우 다종다양한 사업별로 그에 적용되는 안전·보건 관계 법령을 한정적으로 열거한다면 오히려 처벌의 공백이 생겨 입법취지에 어긋난다는 반론이 있다.[58] 생각건대, 국민의 생명·신체와 직결되는 산업안전 분야에서 의무위반에 대한 처벌과 관련된 문구를 법률에서 보다 구체화·명확화하고 위임입법을 가능한 한 줄임으로써 죄형법정주의는 물론 대의민주주의와 법치주의의 요청을 충족시킬 필요가 있다.

나. 다른 법률과의 관계

중대재해처벌법의 특징을 다른 법률과의 관계를 통해 살펴보면 아래와 같다.

(1) 「산업안전보건법」과의 관계

산업현장에서 안전 및 보건에 관한 의무와 그 의무 위반에 따른 제재를 규정함으로써 인명사고를 예방하려는 법률로는 중대재해처벌법 외에도 1981년 제정된 「산업안전보건법」이 있다. 중대재해처벌법상 중대산업재해는 「산업안전보건법」의 산업재해를 전제로 한다.[59] 「산업안전보건법」 제2조제1호에서 산업재해란 노무를 제공하는 사람이 업무에 관계되는 건설물·설비·원재료·가스·증기·분진 등에 의하거나 작업

---

56) 김형배·박지순, 앞의 책, 392~393면 참조.
57) 고용노동부는 '안전·보건 관계 법령'으로 산업안전보건법, 광산안전법, 원자력안전법, 항공안전법, 선박안전법, 연구실 안전환경 조성에 관한 법률, 폐기물관리법, 생활물류서비스산업발전법, 선원법, 생활주변방사선 안전관리법 등 10개 법률을 예시하였다(고용노동부, 『중대재해처벌법 해석 - 중대산업재해』, 2021, 104면).
58) 김민기, 「중대재해처벌법의 합헌성」, 『중대재해처벌법 Ⅰ』, 법문사, 2022, 368~369면 참조.
59) 중대재해처벌법 제2조(정의) 이 법에서 사용하는 용어의 뜻은 다음과 같다.
   2. "중대산업재해"란 「산업안전보건법」 제2조제1호에 따른 산업재해 중 다음 각 목의 어느 하나에 해당하는 결과를 야기한 재해를 말한다.
   가. 사망자가 1명 이상 발생
   나. 동일한 사고로 6개월 이상 치료가 필요한 부상자가 2명 이상 발생
   다. 동일한 유해요인으로 급성중독 등 대통령령으로 정하는 직업성 질병자가 1년 이내에 3명 이상 발생

또는 그 밖의 업무로 인하여 사망 또는 부상하거나 질병에 걸리는 것을 말한다. 즉, 산업재해는 업무와 관련성을 가지는 ① 작업환경, 작업내용, 작업방식 등에 따른 위험, ② 업무 그 자체에 내재하는 유해·위험 등으로 인하여 노무제공자에게 발생한 사망, 부상, 질병을 의미한다.[60] 「산업안전보건법」은 산업재해 중 사망 등 재해 정도가 심하거나 다수의 재해자가 발생한 경우로서 고용노동부령으로 정하는 재해를 '중대재해"로 정의하며, 「산업안전보건법 시행규칙」 제3조에서 그 요건을 규율하고 있다. 중대재해처벌법 제2조제2호(중대산업재해)와 「산업안전보건법 시행규칙」 제3조(중대재해)를 비교하면 다음과 같다.

〈중대재해처벌법의 중대산업재해와 산업안전보건법령의 중대재해〉

구분	중대재해처벌법 제2조제2호(중대산업재해)	「산업안전보건법 시행규칙」 제3조(중대재해)
사망	사망자가 1명 이상 발생	사망자가 1명 이상 발생한 재해
부상	동일한 재해로 6개월 이상 치료가 필요한 부상자가 2명 이상 발생	3개월 이상의 요양이 필요한 부상자가 동시에 2명 이상 발생한 재해
질병·기타	동일한 유해요인으로 급성중독 등 대통령령으로 정하는 직업성 질병자가 1년 이내에 3명 이상 발생한 재해	부상자 또는 직업성 질병자가 동시에 10명 이상 발생한 재해

중대재해처벌법은 행위의무의 주체 및 처벌대상을 개인사업주 또는 경영책임자등으로 규정하지만, 「산업안전보건법」은 사업주를 의무의 주체로 규정하면서 실질적으로 처벌은 양벌규정의 역적용을 통하여 안전보건관리책임자 등에게 이루어진다는 점에서 차이가 있다.

「산업안전보건법」의 위임을 받아 제정된 「산업안전보건기준에 관한 규칙」(고용노

---

60) 「산업재해보상보험법」에서는 '산업재해'라는 용어 대신 '업무상재해'라는 용어를 사용한다. '업무상재해'란 업무상의 사유에 따른 부상·질병·장해 또는 사망을 말한다(산재보험법 제5조제1항). 여기에서 장해란 부상 또는 질병이 치유되었으나 정신적 또는 육체적 훼손으로 노동능력이 상실되거나 감소된 상태를 말한다(산재보험법 제5조제5호). 산재보험법에서 업무상재해는 출퇴근 재해를 포함한다.

동부령)은 670여개의 조문을 통해 사업주에게 세세한 안전 및 보건 조치의무를 부과하고,「산업안전보건법」은 해당 의무를 위반한 자에 대하여 벌칙을 부과하며, 의무위반으로 인하여 근로자가 사망한 경우 가중된 처벌규정을 적용한다. 중대재해처벌법은 개인사업주나 경영책임자등에게 안전 및 보건 확보의무를 부과하고, 해당 의무위반으로 인하여 중대재해가 발생한 경우 형벌을 부과한다.

안전·보건조치의무와 안전·보건확보의무를 동시에 위반하여 근로자를 사망에 이르게 한 경우 중대재해처벌법 위반(산업재해치사)죄와「산업안전보건법」위반죄가 모두 성립하는지, 하나의 죄만 성립하는지가 문제된다. 법원은 양 법률의 수범자가 같지 않고 법률상 의무도 동일하지 않아 중대재해처벌법을「산업안전보건법」의 특별법으로 보지 않으며, 이에 따라 법조경합된 1죄가 아닌 수죄(數罪)로 처리한다.[61] 하급심판례는 각 법률의 위반행위를 1죄가 아닌 수죄로 보면서도,「산업안전보건법」위반죄와 중대재해처벌법 위반(산업재해치사)죄의 관계에 대해 "① 안전조치의무위반치사로 인한 산업안전보건법위반죄와 중대재해처벌등에관한법률위반(산업재해치사)죄는 모두 근로자의 생명을 보호법익으로 하는 범죄이고, ② 위 두 죄의 구성요건을 이루는 주의의무는 내용 면에서 차이가 있기는 하나 산업재해를 예방하기 위해 부과되는 것으로서 서로 밀접한 관련성이 있으며, ③ 각각의 의무위반행위는 피해자의 사망이라는 결과 발생으로 향해 있는 일련의 행위라는 점에서 규범적으로 동일하고 단일한 행위라고 평가할 수 있다"는 이유로 상상적 경합으로 판단하였다.[62] 따라서 중대재해처벌법 위반(산업재해치사)죄와「산업안전보건법」위반죄 중 한 죄에 대하여 확정판결이 이루어지면, 그 기판력이 다른 죄에도 미치게 된다. 즉, 동일 사건의 피고인에게 중대재해처벌법 위반(산업재해치사)죄에 대한 무죄가 선고되면, 해당 피고인에 대하여 다시「산업안전보건법」위반죄로 기소할 수 없다.

이상 형사처벌과 관련한「산업안전보건법」과 중대재해처벌법을 비교·정리하면 다음과 같다.

---

61) 정현희,『중대재해 처벌 등에 관한 법률의 재판 실무상 쟁점』, 사법정책연구원, 2022, 123~124면 등.
62) 창원지방법원 마산지원 2023. 4. 26. 선고 2022고합95 판결 등.

구분	「산업안전보건법」	중대재해처벌법 (중대산업재해의 경우)
형사책임의 주체	사업주(개인사업주 + 법인)	개인사업주 또는 경영책임자등
보호 대상	근로자, 수급인의 근로자, 법정 특수형태 근로종사자	종사자(근로자, 노무제공자, 수급인, 수급인의 근로자 및 노무제공자)
적용 범위	모든 사업장(다만 안전보건관리체제는 50인 이상 적용)	5인 미만 사업장 적용 제외
의무 내용	사업주의 안전보건확보조치	안전보건확보의무
처벌 수준	• 사업주, 안전보건관리담당자 등: - 사망사고시 7년 이하 징역 또는 1억원 이하 벌금 - 안전보건조치위반시 5년 이하 징역 또는 5천만원 이하 벌금 • 법인: - 사망시 10억원 이하 벌금 - 안전보건조치위반시 5천만원 이하 벌금	• 사업주, 경영책임자등: - 사망시 1년 이상 징역 또는 10억원 이하 벌금(병과 가능) - 부상이나 질병시 7년 이하 징역 또는 1억원 이하 벌금 • 법인: - 사망시 50억원 이하 벌금 - 부상이나 질병시 10억원 이하 벌금

(2) 「제조물 책임법」과의 관계

먼저 「제조물 책임법」은 제조물의 제조, 설계, 표시상의 결함으로 인해 생명, 신체 및 재산에 손해가 있는 경우 그 손해를 배상하도록 하면서(「제조물 책임법」 제3조제1항), 제조업자가 제조물의 결함을 알면서도 그 결함에 대하여 필요한 조치를 하지 않아 생명·신체에 중대한 손해를 입힌 경우에는 발생한 손해의 3배 이내에서 징벌적 손해배상책임을 지우고 있다(「제조물 책임법」 제3조제2항). 중대재해처벌법도 징벌적 손해배상책임을 규율하고 있는데, 제조물뿐만 아니라 원료의 결함으로 인한 손해에 대하여도 배상하도록 하고 있고, 결함의 범위에 설계·제조상의 결함 외에 관리상의 결함도 포함하며, 배상한도를 5배로 하여 더 강화된 책임을 부과하고 있는 점에서 차이가 있다(중대재해처벌법 제9조제1항 및 제15조제1항).

---

63) 송인택 외, 앞의 책, 52~53면.

그리고「제조물 책임법」상의 배상주체는 원칙적으로 '제조업자'이고(「제조물 책임법」 제2조제3호), 다만 피해자가 제조업자를 알 수 없는 경우에는 제조물을 영리목적으로 판매·대여 등의 방법으로 공급한 자에게 배상책임을 지우고 있다(「제조물 책임법」 제3 조제3항). 반면에 중대재해처벌법은 사업주 또는 경영책임자등이 배상주체인데, "실질적으로 지배·운영·관리하는 사업 또는 사업장에서 생산·제조·판매·유통 중인 원료나 제조물의 설계, 제조, 관리상의 결함"에 대하여 책임을 지도록 함으로써 제조업자 외에 생산업자, 판매업자 및 유통업자를 포함하고 있다(중대재해처벌법 제9조).

또한,「제조물 책임법」은 제조물 결함으로 인하여 소비자에게 생명·신체·재산상의 손해가 발생한 경우 손해배상책임의 증명요건을 완화하였다. 따라서 피해자는 '① 제조물이 정상적으로 사용되는 상태에서 손해가 발생하였다는 사실, ② 손해가 제조업자의 실질적인 지배영역에 속한 원인으로부터 초래되었다는 사실, ③ 손해가 해당 제조물의 결함 없이는 통상적으로 발생하지 아니한다는 사실'을 증명하면, 제조물이 공급될 당시에 해당 제조물의 결함 및 그 결함과 손해의 인과관계가 추정된다(「제조물 책임법」 제3조의2).[64] 하지만 중대재해처벌법은 일반 민사법의 원리에 따라 제조물의 결함과 손해의 인과관계를 추정하지 않는다. 따라서 제조물로 인한 중대시민재해 피해자가 그 손해를 배상받기 위해서는 '① 결함의 존재, ② 제조업자 등의 고의·중과실, ③ 손해 발생, ④ 결함과 손해의 인과관계' 등을 증명해야 한다.

하나의 제조물 결함으로 인해 발생한 재해가「제조물 책임법」과 중대재해처벌법에서 규정하는 손해배상요건을 모두 충족하는 경우에는 양 법률의 요건과 효과가 서로 다르므로 이른바 청구권 경합 관계에 있게 된다.[65] 따라서 손해배상청구권자는 두 법에서 규정하고 있는 손해배상청구권 중 하나를 선택하여 행사할 수 있다. 청구권의 중첩적 행사는 허용되지 않지만, 중대재해처벌법상 책임 주체인 '사업주 또는 경영책임자등'과「제조물 책임법」상의 '제조자'가 반드시 일치하는 것은 아니므로 이런 경우라면 배상책임자별로 각각 양 법이 독자적으로 적용될 여지도 없지 않다. 가령「제조물 책임법」은

---

64) 최은진·임병화,「자동차 급발진 의심 사고의 입증책임 관련 쟁점과 향후 개선 방향」,『이슈와 논점』제2092호, 국회입법조사처, 2023, 3면.
65) 김·장법률사무소 중대재해대응팀, 앞의 책, 136면 참조.

제조업자가 책임의 주체이고, 판매업자는 보충적 책임을 가질 뿐이지만, 중대재해처벌법에서는 제조업자뿐만 아니라 유통 및 판매업체도 책임의 주체가 될 수 있다.[66)]

「제조물 책임법」과 중대재해처벌법과의 관계를 표로 정리하면 아래와 같다.

〈「제조물 책임법」과 중대재해처벌법 비교〉

구분	「제조물 책임법」	중대재해처벌법(중대시민재해)
책임의 범위	제조물 결함으로 인한 손해에 대한 민사책임(손해배상책임)	원료 및 제조물 관련 안전·보건 확보의무 위반으로 중대시민재해가 발생한 경우 형사책임 + 민사책임(징벌적 손해배상책임)
손해의 범위	재산상 손해만 발생한 경우에도 적용	사람의 생명, 신체에 피해가 발생한 경우에 적용
결함의 정의	제조상, 설계상, 표시상의 결함이 있거나 그 밖의 통상적으로 기대할 수 있는 안전성이 결여	결함에 대한 정의 규정 없음 설계, 제조상의 결함뿐만 아니라 '관리'상의 결함 포함
결함의 추정	결함 추정 규정 있음(제3조의2)	결함 추정 규정 없음
결함의 주체	원칙적으로 제조업자(가공업자, 수입업자 포함)	생산업자, 제조업자, 판매업자, 유통업자
책임의 요건	무과실책임적 성격(예외적 면책) 제3조제1항	형사책임: 고의범[67)] 민사책임: 과실책임(고의/중과실)
징벌적 손해배상	3배 이하(고의성 필요) 제3조제2항	5배 이하(고의/중과실) 제15조제1항

* 자료: 김지석, 「중대재해 처벌 등에 관한 법률의 주요 쟁점사항들에 대한 고찰」, 『월간노동법률』 제360호, 2021.5.의 표를 일부 수정.

---

66) 중대재해처벌법이 시행되기 전에 업무상과실치사상죄 등이 인정되었던 가습기살균제 사건의 경우에도 주문자 상표 부착 생산 방식으로 생산, 판매된 제품에 대하여 판매회사와 납품업체 모두에게 주의의무 위반이 인정되었다. 서울중앙지방법원 2017. 1. 6. 선고 2016고합527, 575, 683, 1076-1 판결, 서울고등법원 2017. 7. 26. 선고 2017노242 판결, 대법원 2018. 1. 25. 선고 2017도12537 판결.

67) 중대재해처벌법상 형사책임의 법적 성격에 관한 구체적인 서술은 '제6조 중대산업재해 사업주와 경영책임자등의 처벌' 부분 참조.

(3) 「건설기술 진흥법」과의 관계

중대재해처벌법상 중대산업재해의 개념과 유사한 개념으로 「건설기술 진흥법」상 중대건설현장사고가 있다. 「건설기술 진흥법」의 중대건설현장사고는 건설공사의 현장에서 하나의 건설사고로 ① 사망자가 3명 이상 발생한 경우, ② 부상자가 10명 이상 발생한 경우, ③ 건설 중이거나 완공된 시설물이 붕괴 또는 전도(顚倒)되어 재시공이 필요한 경우로서, 동일한 원인으로 일련의 사고가 발생한 경우 하나의 건설사고로 본다. 「산업안전보건법」상 중대재해를 포함한 각각의 개념을 비교하면 아래의 표와 같다.[68]

〈「건설기술 진흥법」과 중대재해처벌법 비교〉

구분	중대재해처벌법상 중대산업재해 (법 제2조)	「건설기술 진흥법」상 중대건설현장사고 (시행령 제105조)
사망	1명 이상 발생	하나의 건설사고로 3명 이상 발생
부상	동일한 사고로 6개월 이상 치료가 필요한 부상자가 2명 이상 발생	하나의 건설사고로 부상자 10명 이상 발생
질병·기타	동일한 유해요인으로 급성중독 등 대통령령으로 정하는 직업성 질병자가 1년 이내에 3명 이상 발생	하나의 건설사고로 건설 중 또는 완공된 시설물의 붕괴 또는 전도로 인해 재시공이 필요한 경우

중대재해처벌법은 중대산업재해가 발생하면 개인사업주나 경영책임자 등의 안전보건확보의무 위반이 해당 재해를 유발하였는지를 따져 처벌하도록 규정하고 있는 반면, 「건설기술 진흥법」은 중대건설현장사고가 발생하면 원인 규명과 사고 예방을 위하여 국토교통부장관으로 하여금 건설공사 현장에서 사고 경위 및 사고 원인 등을 조사할 수 있도록 규정하고 있다.[69] 이는 중대재해처벌법의 목적이 근로자와 시민의

---

68) 신승욱·김형규, 『중대재해처벌법』, 박영사, 2022, 12면 참조.
69) 「건설기술 진흥법」 제67조(건설공사 현장의 사고조사 등) ③ 국토교통부장관, 발주청 및 인·허가기관의 장은 대통령령으로 정하는 중대한 건설사고(이하 "중대건설현장사고"라 한다)가 발생하면 그 원인 규명과 사고 예방을 위하여 건설공사 현장에서 사고 경위 및 사고 원인 등

안전을 확보하는 것이고 「건설기술 진흥법」은 구조물의 안전 확보가 목적이기 때문이다.

「건설기술 진흥법」은 제1조 목적조항에서 '건설공사의 품질을 높이고 안전을 확보함으로써 공공복리의 증진과 국민경제의 발전에 이바지함을 목적으로 한다'는 내용을 포함하고 있고, 제62조부터 제65조까지에서 건설공사의 안전관리에 대한 내용을 규정하고 있는바, 이 법이 중대재해처벌법의 안전·보건 관계 법령에 해당하는지가 문제될 수 있다. 이에 대해 고용노동부는 「건설기술 진흥법」의 주된 목적이 건설기술의 연구개발을 촉진하여 건설공사의 품질을 높이는 것이라는 점에서 안전·보건 관계 법령에 해당하지 않는다고 보았다.[70]

(4) 「재난 및 안전관리 기본법」과의 관계

중대재해처벌법의 중대시민재해와 유사한 개념으로는 「재난 및 안전관리 기본법」의 사회재난이 있다. 중대시민재해는 "특정 원료 또는 제조물, 공중이용시설 또는 공중교통수단의 설계, 제조, 설치, 관리상의 결함을 원인으로 하여 발생한 재해"인데, 화재, 붕괴, 교통사고, 화생방사고 등 사회재난에 해당하는 재해가 중대시민재해에 해당할 수 있다. 다만, 중대시민재해가 성립하려면 재해의 결과로 1명 이상의 사망자 또는 일정 요건의 부상자나 질병자가 10명 이상 발생하여야 하지만, 「재난 및 안전관리 기본법」은 화재, 붕괴, 폭발 등 사회재난에 해당하는 경우를 단순열거하고 있으며, 사망자나 부상자 수 등은 사회재난의 개념과는 무관하다.

그리고 중대재해처벌법과 「재난 및 안전관리 기본법」은 공히 재해를 예방하려는 목적이 있지만, 구체적 내용에서 차이를 보인다. 먼저, 양 법은 재해예방의무의 주체에 있어 차이를 보이는바, 「재난 및 안전관리 기본법」상 사회재난의 예방의무는 국가, 지방자치단체 등 공적 주체가 부담하는데, 중대시민재해의 예방의무는 사업주, 경영책임자 등 사적 주체에게도 있다. 또한 의무의 내용에 있어 「재난 및 안전관리 기본법」은

을 조사할 수 있다.
⑤ 국토교통부장관, 발주청 및 인·허가기관의 장은 필요한 경우 제68조에 따른 건설사고조사위원회로 하여금 중대건설현장사고의 경위 및 원인을 조사하게 할 수 있다.
70) 고용노동부, 『중대재해처벌법 중대산업재해 질의회시집』, 2023.5., 137~138면 참조.

국가핵심기반의 지정·관리, 재난분야 위기관리 매뉴얼 작성·운영 등 수십 개의 조문에 걸쳐 국가 등의 의무가 세부적으로 규정되어 있는 반면, 중대재해처벌법은 안전 및 보건 확보의무라는 단일조문에서 다소 포괄적인 형태로 의무가 규정되어 있다.

한편, 처벌 대상에 있어서도 중대재해처벌법과 「재난 및 안전관리 기본법」은 차이를 보인다. 중대재해처벌법은 중대시민재해에 이르게 한 사업주나 경영책임자 등을 처벌하는데, 「재난 및 안전관리 기본법」은 재해예방의무를 지는 국가나 지방자치단체를 처벌하는 것이 아니라, 벌칙규정에서 "안전조치명령을 이행하지 아니한 자", "긴급안전점검을 거부 또는 기피하거나 방해한 자", "토지·건축물·인공구조물, 그 밖의 소유물의 일시 사용 등을 거부 또는 방해한 자" 등을 처벌한다. 즉, 중대재해처벌법처럼 재해예방의무를 이행하지 아니한 자를 처벌하는 것이 아니라, 재난예방을 위해 국가 등의 명령을 이행하지 아니한 자를 주로 처벌하고 있다. 이처럼 형사처벌의 대상이 다르기 때문에, 동일한 피고인에게 중대재해처벌법과 「재난 및 안전관리 기본법」이 동시에 적용될 수 있는 여지가 적으며, 따라서 이와 관련한 경합범 처리가 문제되는 경우도 거의 없을 것으로 보인다.

이상 「재난 및 안전관리 기본법」의 사회재난과 중대재해처벌법의 중대시민재해를 비교한 내용을 표로 정리하면 아래와 같다.

〈「재난 및 안전관리 기본법」과 중대재해처벌법 비교〉

구분	「재난 및 안전관리 기본법」의 사회재난	중대재해처벌법의 중대시민재해
개념	화재·붕괴·폭발·교통사고(항공사고 및 해상사고를 포함한다)·화생방사고·환경오염사고·다중운집인파사고 등으로 인하여 발생하는 대통령령으로 정하는 규모 이상의 피해와 국가핵심기반의 마비, 「감염병의 예방 및 관리에 관한 법률」에 따른 감염병 또는 「가축전염병예방법」에 따른 가축전염병의 확산, 「미세먼지 저감 및 관리에 관한 특별법」에 따른 미세먼지, 「우주개발 진흥법」에 따른 인공우주물체의 추락·충돌 등으로 인한 피해	특정 원료 또는 제조물, 공중이용시설 또는 공중교통수단의 설계, 제조, 설치, 관리상의 결함을 원인으로 하여 발생한 재해로서 다음 각 목의 어느 하나에 해당하는 결과를 야기한 재해 가. 사망자가 1명 이상 발생 나. 동일한 사고로 2개월 이상 치료가 필요한 부상자가 10명 이상 발생 다. 동일한 원인으로 3개월 이상 치료가 필요한 질병자가 10명 이상 발생

의무 주체	국가, 지방자치단체 등	개인사업주, 경영책임자등
보호 대상	국민	시민
의무 내용	국가핵심기반의 지정·관리, 안전취약계층에 대한 안전 환경 지원, 재난분야 위기관리 매뉴얼 작성·운영 등	안전 및 보건 확보의무
처벌 대상	안전조치명령을 이행하지 아니한 자, 긴급 안전점검을 거부 또는 기피하거나 방해한 자, 위험구역에 출입하는 행위나 그 밖의 행위의 금지명령 또는 제한명령을 위반한 자, 토지·건축물·인공구조물, 그 밖의 소유물의 일시 사용 등을 거부 또는 방해한 자 등	안전보건 확보의무를 위반하여 중대시민재해에 이르게 한 개인사업주 또는 경영책임자 등

제3장 중대재해처벌법의 입법경과

1. 개관: 중대재해처벌법 제정의 정치적 과정

중대재해처벌법이 제정된 제21대국회의 정치환경을 살펴보면, 먼저 2020년 6월 정의당 강은미의원이 「중대재해에 대한 기업 및 책임자 처벌 등에 관한 법률안」을 대표발의한 시점에는 중대재해처벌법 제정에 동조하는 의원들이 많지 않았던 것으로 보인다. 136개 시민단체가 모여 발족한 중대재해기업처벌법 운동본부가 그해 6월까지 제21대 국회의원에게 법 제정 찬반 입장을 조사한 결과에 따르면, 법 제정에 동의하는 의원은 36명에 불과하였다.[71] 정부도 이천 물류센터 화재사고 재발방지 대책발표를 통해 기업과 경영책임자의 사업장 안전에 대한 책임을 강화하는 방안으로 중대재해처벌법 제정이 아닌 「산업안전보건법」 개정을 제시하였다.[72]

2020년 8월 29일 더불어민주당의 당대표로 선출된 이낙연 대표가 9월 1일 정의당을 예방한 자리에서 정의당 심상정 대표는 "민주당이 갖고 있는 의석의 힘으로 중대재해기업처벌법을 처리해 달라"고 요청하였다.[73] 이에 화답하여, 이낙연 대표는 9월 7일 국회 본회의 교섭단체 대표연설에서 해마다 2,000여 명의 근로자들이 산업현장에서 사망하고 있는 현실을 개탄하면서 국회 소관 상임위원회에 중대재해기업처벌법안 처리 노력을 촉구하였다.[74] 이후 제21대 국회의원 연구단체인 생명안전포럼[75] 소속 더불어민주당 의원들의 중대재해기업처벌법 발의가 이어졌다.

---

71) 김미영, "[기획특집-노동안전 패러다임 바꿔야 줄인다] 21대 국회는 반복되는 노동자 죽음을 막을 수 있을까", 매일노동뉴스 2020. 8. 4.
72) 고용노동부·국토교통부·소방청·법무부·국무조정실, "정부, 「건설현장 화재안전 대책」 발표", 관계부처 합동 보도자료, 2020. 6. 18.
73) 임도원, "李 중대재해기업처벌법 찬성", 한국경제, 2020. 9. 1.
74) 국회사무처, 제382회국회(정기회) 제2차 국회본회의 회의록, 2020. 9. 7., 3면 참조.
75) 더불어민주당 우원식의원이 대표의원을, 오영환의원과 이탄희의원이 연구책임의원을 맡았으며, 구성의원은 박주민의원, 강은미의원 등 10인이었다.

당시 야당이었던 국민의힘에서도 2020년 11월 10일 김종인 비상대책위원장이 중대재해기업처벌법안에 사업자 처벌 조항과 징벌적 손해배상제를 담는 데 찬성하는 의견을 밝힘에 따라 중대재해처벌법 제정 분위기가 고조되었다.[76] 또한, 국회 환경노동위원회 간사였던 임이자의원(국민의힘)은 강은미의원안에 대하여 죄형법정주의 및 과잉금지의 원칙 위배 등의 문제점을 지적하며 12월 1일 자체적으로 「중대재해 예방을 위한 기업의 책임 강화에 관한 법률안」을 발의하였다.

　　그러나 중대재해처벌법 제정에 반대하는 의견도 제기되었다. 2020년 10월 23일 한국경영자총협회는 우리나라의 사업주에 대한 처벌이 세계 최고 수준임에도 중대재해처벌법을 제정할 경우, 과잉처벌 우려로 기업의 경영활동만 위축시킬 우려가 크다는 의견을 제출하였다.[77] 그해 11월 19일에는 한국경영자총협회 등 경제단체와 30여 개 업종별 협회에서 중대재해기업처벌법안이 헌법상 과잉금지의 원칙, 형법상 명확성의 원칙 및 책임주의의 원칙에 반한다는 이유로 반대의견을 국회에 제출하였다.[78] 이후에도 여러 단체에서 반대의견을 제출하였는바, 일례로 대한변호사협회는 형벌의 보충성 원칙에 따라 국가의 형벌권은 형벌이 아니고서는 법익 보호가 불가능한 최후의 상황에서 최종적인 방법으로 고려되어야 하나, 국가와 사회가 현재 발생하고 있는 중대재해사고의 원인을 규명하고 이를 해소하는 노력을 기울이지 않고 중대재해사고에 대하여 형사책임을 묻는 방식의 입법은 국가와 사회의 책임을 전가시키는 것이라는 점에서 반대하는 견해를 제시한 바 있다.[79] 더불어민주당 내에서는 형사처벌을 강화하는 것이 필연적으로 산업재해를 감소시킨다는 보장이 없고 경제적 제재 강화를 통해 산업재해를 예방할 수 있다는 의견이 제기되었으며,[80] 2020년 11월 17일 장철민의원

76) 박순봉·김종인, "중대재해기업처벌법, 초당적으로 해야", 경향신문, 2020. 11. 10.; 고은이·이동훈, "정의당 손잡은 김종인 '중대재해처벌법 협력'", 한국경제, 2020. 11. 10.
77) 한국경영자총협회, "경총, 중대재해에 대한 기업 및 책임자 처벌 등에 관한 법률안에 대한 경영계 의견 국회에 건의", 보도자료, 2020. 10. 26.
78) 한국경영자총협회, "경총 등 30개 경제단체 및 업종별 협회, '중대재해기업처벌법안에 대한 경영계 의견' 국회에 건의", 보도자료, 2020. 11. 25.
79) 대한변호사협회, 「중대재해에 대한 기업 및 책임자 처벌 등에 관한 법률안(강은미의원 대표발의, 2100377호)에 대한 검토의견」, 2020. 12. 21., 8면 참조.
80) 홍인택, "이낙연 약속에도 '중대재해처벌법' 갈피 못잡는 민주당...왜?", 한국일보, 2020. 11. 19.

(민주당)은 안건보건조치의무 위반자에 대하여 과징금을 대폭 확대하는 산업안전보건법 개정안을 발의하였다. 이에 대해 국민의힘에서는 무엇보다 복수의 안으로 발의된 더불어민주당 의원들의 법률안이 통일될 필요가 있다는 의견을 피력하였다.[81] 이러한 상황에서 국회 법제사법위원회 법안심사소위원회(2020.11.26.)와 공청회(2020.12.2.) 후에도 국회 심의는 한동안 진행되지 아니하였다.

이에 정의당은 2020년 12월 3일부터 중대재해기업처벌법의 정기회 종료(12.9.) 전 통과를 촉구하며 국회 본청 내 로텐더 홀에서 농성을 시작하였고, 12월 11일부터 강은미 정의당 원내대표와 산업재해로 가족을 잃은 유가족들이 국회 본청 앞에서 중대재해기업처벌법 제정을 촉구하며 단식에 돌입하였다.[82] 12월 22일 국민의힘 주호영 원내대표는 책임원칙에 반하는 규정 등을 수정하여 임시국회 회기(2021년 1월 8일까지) 내에 입법성과가 나올 수 있도록 하겠다고 밝혔다.[83] 이에 국회 법제사법위원회 백혜련 법안심사소위원장은 2020년 12월 24일부터 법안심사소위원회를 열고 중대재해처벌법 심사를 시작하였다. 이후 법제사법위원회 법안심사소위원회가 6회 개회·심사한 결과, 제정법안은 2021년 1월 8일 법제사법위원회 전체회의와 본회의에서 당일 연이어 의결되었다.

이하에서는 제19대·제20대국회 논의에서부터 최근 개정안 발의 현황을 살펴본다.

2. 제19대·제20대국회에서의 논의

1981년 근로자의 안전과 건강을 다루는 「산업안전보건법」이 제정되었으나 한국사회에서 노동건강 문제는 오랫동안 정치 의제가 되지 못하였다. 1988년에 당시 17세의 나이로 온도계 제조공장에서 일하던 문송면 군이 수은중독으로 사망하고 인견사를 생산하는 원진레이온 공장에서 이황화탄소 중독환자가 잇따라 발생하면서 한국사회

---

81) 고은이, "국민의힘, 국회 법제실도 중대재해법 퇴짜…與 단일안 내라", 한국경제, 2020. 12. 23.
82) 강나훔, "김용균 모친·정의당 단식농성 돌입…'중대재해법 제정될 때까지'", 아시아경제, 2020. 12. 11.
83) 박제완·최예빈, "野 '독소조항 제거' 단서달고 중대재해법 재촉", 매일경제, 2020. 12. 22.

는 산업재해 사망의 심각성을 인식하게 되었다.[84] 그 후 노동건강 운동단체인 '노동건강연대'가 2001년부터 반복되는 중대재해를 처벌하는 특별법 제정의 필요성을,[85] 2003년에는 영국의 '기업살인법'이라는 용어를 사용하며 유사 입법의 필요성을 제기하였다. 2012년에는 민주노총, 민변, 그리고 노동건강연대가 영국의 '기업살인법'의 취지를 살려 '산재사망 처벌강화 특별법' 제정을 위한 입법 운동을 전개하였다.[86]

시민사회의 입법 운동이 처음 국회에 반영된 시기는 2013년으로서, 경영자 책임 강화를 담은 '산업안전보건법 일부개정법률안'(2013.5.28. 한정애의원 대표발의)을 시작으로, '산업안전보건범죄의 단속 및 가중처벌 등에 관한 법률안'(2013.6.26. 심상정의원 대표발의)이 발의되었고, '기업살인처벌'이라는 표현이 처음 담긴 법률안(2013.12.24. 김선동의원 대표발의)도 발의되었다.[87] 제20대국회에서도 유사한 문제의식을 담은 법률안들이 발의되었으나, 제19대국회와 마찬가지로 국회가 종료되면서 임기 만료로 모두 폐기되었다.

〈산업안전관련 기업의무와 처벌 강화를 담은 법률안 및 청원 현황(제19대 · 제20대국회)〉

구분	대표발의자 및 제안일	법안명
제19대국회	한정애의원(새정치민주연합), 2013.5.28.	산업안전보건법 일부개정법률안
	심상정의원(정의당), 2013.6.26.	산업안전보건범죄의 단속 및 가중처벌 등에 관한 법률안
	김선동의원(통합진보당), 2013.12.24.	기업살인처벌법안
	입법청원(중대재해기업처벌법제정연대), 2015.8.3.	시민, 노동자 재해에 대한 기업 · 정부 책임자 처벌법 입법(제정)에 관한 청원

---

84) 한겨레 30년사 편찬팀, "'직업병의 상징' 원진레이온 사건을 알리다. [창간 30년, 한겨레 보도-2] 1988년 이황화탄소 중독 산재피해자 첫 보도와 수백명의 피해자들", 2018. 6. 5.

85) 정혜윤, 앞의 글, 7면 참조.

86) 최명선, 「중대재해기업처벌법 제정의 사회적 의미와 과제」, '중대재해처벌법' 제정의 의미와 향후 과제를 위한 종합토론회 자료, 정의당 · 중대재해기업처벌법제정운동본부, 2021.2.23., 51~52면 참조.

87) 정혜윤, 앞의 글, 7면 참조.

제20대국회	심상정의원(정의당), 2016.6.7.	산업안전보건범죄의 단속 및 가중처벌 등에 관한 법률안
	김종훈의원(무소속), 2016.11.17.	산업안전보건범죄 가중처벌 등에 관한 법률안
	노회찬의원(정의당), 2017.4.15.	재해에 대한 기업 및 정부책임자 처벌에 관한 법률안
	정동영의원(민주평화당), 2018.11.5.	기업 등의 안전관리위반범죄 처벌에 관한 특별법안

그런데 제20대국회 종료 직전 2020년 4월 29일 이천 물류센터 화재[88]로 38명이 사망한 사건이 발생하자 2008년 이천 냉동창고 참사와 동일한 사고가 발생하였다는 비판과 함께 중대재해기업처벌법 제정 필요성이 사회적 의제로 급부상하였고, 2020년 5월 27일 136개 시민사회단체가 모여 중대재해기업처벌법 제정운동본부를 발족하고 활발한 입법운동을 전개하였다. 이후 제21대국회가 시작되면서 중대재해처벌법 제정에 관한 논의가 본격적으로 이루어졌다.

3. 제21대국회 개원과 중대재해처벌법 제정

가. 개요

제21대국회가 들어서자 가장 먼저 정의당의 강은미의원이 법률안을 발의하였다. 2020년 6월 11일 강은미의원이 대표발의한 '중대재해에 대한 기업 및 책임자 처벌 등에 관한 법률안'은 사업주와 경영책임자 등의 유해·위험방지의무, 도급 및 위탁관계

---

88) 화재사건의 공사관계는 발주자, 시공사, 1차하청업체(냉동시설 담당), 2차하청업체(냉동기, 동배관 작업 담당) 및 건축사무소(건물전체감리 담당)로 이루어져 있었다. 총 10명이 기소되었으나(발주자 소속 물류센터팀장, 시공사 소속의 현장소장, 안전관리부장 및 기계설비부장, 1차하청 소속 현장소장, 2차하청의 사업주 및 용접보조, 건축사무소 소속 감리단장 및 기계설비감리, 법인 1곳), 발주자 소속 피고인 등 6인에게 무죄가 선고되었다(법무부 중대 안전사고 대응 TF, 『주요 중대 안전사고 사례 분석집』, 2022. 1., 58~59면 참조).

에서 유해·위험방지의무와 그에 따른 처벌 등을 규정하였다.

같은 해 9월에는 '안전한 일터와 사회를 위한 중대재해기업처벌법 제정에 관한 청원'이 국민 10만 명의 동의를 받아 국회에 접수되었다.[89] 11월과 12월에는 박주민의원의 '중대재해에 대한 기업 및 정부 책임자 처벌법안', 이탄희의원의 '중대재해에 대한 기업 및 정부 책임자 처벌법안', 임이자의원의 '중대재해 예방을 위한 기업의 책임 강화에 관한 법률안', 박범계의원의 '중대재해에 대한 기업 및 정부 책임자 처벌법안'이 각각 발의되었다. 이상 5건의 법률안(강은미·박주민·이탄희·임이자·박범계) 및 국민동의청원의 주요 내용을 정리하면 다음 표와 같다.

<제정안 및 청원의 주요 내용 비교>

대표발의의원· 청원인(제출일)	법률안·청원	주요 내용
강은미의원 (2020. 6. 11.)	중대재해에 대한 기업 및 책임자 처벌 등에 관한 법률안	• (사업주·경영책임자의 처벌) - 피해자가 사망한 경우 3년 이상의 유기징역 또는 5천만원 이상 10억원 이하의 벌금 - 상해를 입은 경우 7년 이하의 징역 또는 1억원 이하의 벌금 - 2명 이상 사상한 경우 장기 또는 다액을 합산하여 가중 • (법인의 처벌) 1억원 이상 20억원 이하의 벌금 • (공무원의 처벌) 중대재해에 기여한 공무원은 1년 이상 15년 이하의 징역 또는 3천만 이상 3억원

---

89) 舊 국회청원심사규칙 제1조의2(청원의 종류) 청원은 다음 각 호와 같이 구분한다.
  2. "국민동의청원"이란 국회에 청원을 하려는 자가 전자청원시스템을 이용하여 전자적 방식으로 등록하고 국민의 동의를 받아 제출하는 청원을 말한다.
제2조의2(국민동의청원의 제출) ① 국민동의청원을 하려는 자는 전자청원시스템에 정해진 서식에 따라 청원의 취지와 이유, 내용을 기재한 청원서를 등록하여야 한다. 이 경우 청원서와 관련한 참고자료를 첨부할 수 있다.
② 제1항에 따른 청원서가 등록일부터 30일 이내에 100명 이상의 찬성을 받고 제3조에 따른 불수리사항이 아닌 것으로 결정된 경우 의장은 제3항에 따른 동의절차를 위하여 해당 청원서를 지체 없이 일반인에게 공개한다. 이 경우 의장은 100명 이상의 찬성을 받은 날부터 7일 이내에 제3조에 따른 불수리사항 해당 여부를 판단하여야 한다.
③ 제2항에 따라 공개된 청원서는 공개된 날부터 30일 이내에 10만 명 이상의 동의를 받은 경우 국민동의청원으로 접수된 것으로 본다.

		이하의 벌금 • (양형절차에 관한 특례) 중대재해사건의 유죄를 선고한 뒤 형의 선고를 위한 기일을 따로 지정 • 고의 또는 중대한 과실로 유해·위험방지의무를 위반하여 중대재해가 발생하여 손해배상책임을 지는 때에는 손해액의 3배 이상 10배 이하의 범위에서 배상
박주민의원 (2020. 11. 12.)	중대재해에 대한 기업 및 정부 책임자 처벌 법안	• (사업주·경영책임자의 처벌) - 피해자가 사망한 경우 2년 이상의 유기징역 또는 5억원 이상의 벌금 - 중대산업재해와 중대시민재해의 세부 유형별로 다양한 법정형 규정 • (법인의 처벌) 1억원 이상 20억원 이하의 벌금 • (인과관계 추정) 사고 이전 5년간 사업주 또는 경영책임자 등이 위험방지의무와 관련된 법 위반 사실이 3회 이상 확인된 경우, 사업주 또는 경영책임자 등이 사고 원인 규명, 진상조사, 수사를 방해하거나 지시·방조한 경우에는 사업주 또는 경영책임자 등이 위험방지의무를 위반하여 중대산업재해가 발생한 것으로 추정 • (공무원의 처벌) 결재권자인 공무원이 그 권한과 관련된 주의의무 위반으로 중대재해를 야기한 경우 1년 이상의 징역 또는 3천만원 이상 3억원 이하의 벌금 • (양형절차에 관한 특례) 중대재해사건의 유죄를 선고한 뒤 형의 선고를 위한 기일을 따로 지정 • 고의 또는 중대한 과실로 유해·위험방지의무를 위반하여 중대산업재해·중대시민재해가 발생하여 손해배상책임을 지는 경우 손해액의 5배 이상을 배상
이탄희의원 (2020. 11. 17.)	중대재해에 대한 기업 및 정부 책임자 처벌 법안	• (양형절차에 관한 특례) 중대재해사건의 유죄를 선고한 뒤 형의 선고를 위한 기일을 따로 지정 - 지방법원장은 국민양형위원후보자 명부를 작성해 두어야 함 - 국민양형위원의 양형심의의견서 재판장에게 전달 ※ 기타 내용은 박주민의원안과 유사
임이자의원 (2020. 12. 1.)	중대재해 예방을 위한 기업의 책임 강화에 관한 법률안	• 사업주와 경영책임자의 산업 안전 및 보건 의무, 국가와 지방자치단체의 지원을 규정 • (사업주·경영책임자의 처벌)

		- 피해자가 사망한 경우 5년 이상의 유기징역 또는 10억원 이하의 벌금 - 3개월 이상의 요양이 필요한 상해의 경우 5년 이하의 징역 또는 7천만원 이하의 벌금 - 2명 이상이 사상한 경우 가장 중한 죄의 장기 또는 다액에 1/2을 가중 - 동시에 3명 이상 사망한 경우 100억원 이하의 과징금 부과 • (기업의 처벌) 10억원 이상 30억원 이하의 벌금
박범계의원 (2020. 12. 14.)	중대재해에 대한 기업 및 정부 책임자 처벌 법안	※ 박주민의원안·이탄희의원안과 유사 - 인과관계 추정 규정은 제외
청원인 김미숙 (2020. 9. 22.)	안전한 일터와 사회를 위한 "중대재해기업처벌법" 제정에 관한 청원	노동자, 시민의 반복되는 죽음을 막고 안전한 일터와 사회를 위한 "중대재해기업처벌법" 제정이 필요 - 노동자, 시민의 중대재해에 대해 기업의 경영책임자, 원청, 발주처 등 진짜 책임자를 처벌해서 기업이 법을 지키도록 하고 실질적인 개선을 하도록 함 - 세월호 참사, 가습기 살균제 참사 등 다중이용시설, 제조물의 사용과정에서 발생한 중대재해에 대해 기업 및 공무원의 실질적인 책임자를 처벌

나. 법률안 주요내용 비교

국회 법제사법위원회 심사 과정에서 논의된 주요 쟁점으로는 ① 사업주와 경영책임자 등에 대한 의무의 구체적인 내용, ② 사업주, 경영책임자, 법인 및 공무원 처벌의 요건과 유형 및 처벌의 정도, ③ 양형절차 특례 도입 여부, ④ 징벌적 손해배상 제도 도입 여부 등이 있었다. 각 법률안별 주요 쟁점을 비교·정리하면 다음 표와 같다.

⟨제정안의 주요 쟁점 비교⟩

쟁점	강은미 의원안	박주민 의원안	이탄희 의원안	박범계 의원안	임이자 의원안
중대재해 개념	• 중대재해 - 사업주와 경영책임자 등의 유해·위험방	• 중대산업재해 - 사업주와 경영책임자 등의 안전조치 및 보건조치의무 - 도급 및 위탁관계에서 안전조치 및 보건조치의			• 중대재해 - 사업주와 경영책임자의 산업안전 및 보건

	지의무 - 도급 및 위탁 관계에서 유해·위험방지 의무	무의 귀속 • 중대시민재해 - 사업주와 경영책임자 등의 안전점검 및 안전조치 의무		의무 - 도급 시 공동 의무
인과관계의 추정	-	추정 규정 있음	-	-
처벌	사업주·경영책임자 등 처벌 (세부적인 내용은 법률안 별로 상이)			사업주·경영책임자 처벌 및 과징금
	법인의 처벌	(중대산업재해) 법인의 처벌, 안전보건교육 수강 (중대시민재해) 법인의 처벌		기업의 처벌
	공무원 처벌			-
양형절차 특례	특례 규정 있음	특례 규정 있음	특례 규정 있음 - 국민양형위원 지정 등	특례 규정 있음	-
징벌적 손해배상	배상 규정 있음			-
시행일	공포 후 6개월	공포 후 1년. 다만, 개인사업자 또는 50인 미만 사업장은 공포 후 4년		공포 후 6개월

(1) 중대재해 개념

중대재해의 개념과 관련하여 강은미의원안이나 임이자의원안이 사용하는 중대재해는 '「산업안전보건법」 제2조제2호에 준하는 재해'를 의미하는바 실질적으로 중대산업재해만을 의미하는 데 반해, 박주민의원안, 이탄희의원안 및 박범계의원안은 중대재해를 중대산업재해와 중대시민재해로 구분하여 규정하고 있었다.

〈제정안 비교: 중대재해 개념〉

강은미의원안	박주민·이탄희·박범계의원안	임이자의원안
• 중대재해: 사망 등 재해 정도가 심하거나 다수의 재해자가 발생한 경우로서「산	• 중대재해 - 중대산업재해: 다음에 해당하는 재해로 종사자가 사상하는 재해 1. 사망자 1명 이상 발생	• 중대재해: 「산업안전보건법」 제2조제2호에 준하는 재해로서 사상자가

| 업안전보건법」제2조
제2호에 준하는 재해 | 2. 장해등급 중증요양자 1명 이상 발생
3. 6개월 이상 요양이 필요한 부상자 또는 직
업성 질병자 2명 이상 발생
4. 고의로 재해를 은폐하거나 부상자 또는 질병
자가 발생하여 사회적 물의를 일으킨 재해
- 중대시민재해: 사망 등 재해 정도가 심하거나 다
수의 재해자가 발생한 경우로서 다음 각 호의
결과를 야기하는 것
1. 사망자 1명 이상 발생
2. 부상자 또는 질병자가 동시에 10명 이상 발생 | 발생한 경우 |

(2) 인과관계 추정

박주민의원안과 이탄희의원안에서는 사고 이전 5년간 사업주 또는 경영책임자 등이 위험방지의무와 관련된 법을 위반한 사실이 3회 이상 확인된 경우나 사업주 또는 경영책임자 등이 사고 원인 규명, 진상조사, 수사를 방해하거나 지시·방조한 경우에는 위험방지의무를 위반한 행위로 인하여 중대산업재해가 발생한 것으로 추정하는 규정을 두고 있었다.

〈제정안 비교: 인과관계의 추정〉

강은미 의원안	박주민·이탄희의원안	박범계 의원안	임이자 의원안
-	• 다음 각 호의 어느 하나에 해당하는 경우에는 사업주 또는 경영책임자 등이 위험방지의무 위반 행위로 인하여 중대산업재해가 발생한 것으로 추정 1. 당해 사고 이전 5년간 사업주 또는 경영책임자 등의 위험방지의무 관련 법 위반 사실이 수사기관 또는 관련 행정청에 의해 3회 이상 확인된 경우 2. 사업주 또는 경영책임자 등이 당해 사고에 관한 증거인멸, 현장훼손 등 사고 원인 규명, 진상조사, 수사 등을 방해한 사실이 확인되거나 다른 사람에게 이러한 행위를 하도록 지시 또는 방조한 사실이 확인되는 경우	-	-

(3) 처벌 규정

처벌규정은 그 대상과 관련하여 ① 사업주와 경영책임자 등의 처벌, ② 법인 등의 처벌, ③ 공무원의 처벌로 구분할 수 있다. 사업주와 경영책임자 등의 처벌과 관련하여, 임이자의원안은 처벌규정 외에 과징금도 규정하고 있었고, 박주민의원안, 이탄희의원안 및 박범계의원안은 처벌 외에도 안전보건교육 수강에 관한 규정을 두고 있었다.

〈제정안 비교: 사업주 및 경영책임자 등 처벌〉

강은미 의원안		사망	3년 이상 유기징역, 5천만원 이상 10억원 이하 벌금
		상해	7년 이하 징역, 1억원 이하 벌금
		2명 이상 사상	장기 또는 다액 합산하여 가중
박주민 · 이탄희 · 박범계 의원안	중대 산업 재해	사망	2년 이상 유기징역, 5억원 이상 벌금
		사업주 등이 의무 위반을 지시	5년 이상 유기징역
		사망을 제외한 중대산업재해	3년 이하 유기징역, 1억원 이하 벌금
		2명 이상 사망, 3명 이상 부상·질병	장기 또는 다액 합산하여 가중
		산업안전보건법 제32조에 따른 안전보건교육 이수 의무(경영책임자 등) 정당한 사유 없이 미이행 시 5천만원 이하의 과태료	
	중대 시민 재해	사망	2년 이상 유기징역, 5억원 이상 벌금
		부상, 질병	2년 이하 유기징역, 1억원 이하의 벌금
임이자 의원안	과징금	동시에 3명 이상 사망	100억원 이하 과징금
	처벌	사망	5년 이상 유기징역, 10억원 이하 벌금
		3개월 이상 요양 필요 상해	5년 이하 징역, 7천만원 이하 벌금
		2명 이상 사상	가장 중한 죄 장기, 다액에 1/2 가중

법인 등의 처벌과 관련하여서 임이자의원안은 '법인 등의 처벌'이 아닌 '기업의 처벌'로 규정하고 있었다.

〈제정안 비교: 법인 등의 처벌〉

강은미의원안	박주민 · 이탄희 · 박범계의원안	임이자의원안
• 벌금 1억원~20억원 - 경영책임자 등의 유해위험 방지의무 위반 - 대리인, 종사자, 사용인의 업무상 과실 또는 중과실로 사상 결과 발생 - 대리인, 종사자, 사용인이 업무상 과실 또는 중과실로 원료 취급 또는 결함 있는 제조물 제조로 사상 결과 발생	• 벌금 1억원~20억원 - 사업주 또는 경영책임자 등의 안전보건 조치의무 위반 - 경영책임자 등, 대리인, 사용자, 종사자의 업무상 과실 또는 중과실로 중대산업재해 발생	• 벌금 10억원~30억원 - 사업주 또는 경영책임자의 산업안전보건의무 위반으로 사망재해 발생
• 경영책임자 등이 유해위험 방지의무 소홀 지시 등을 한 경우 해당 법인(기관)의 전년도 매출액 (수입액)의 10분의 1의 범위에서 벌금 가중	• 경영책임자 등이 안전보건상 위험방지의무 소홀을 지시한 경우 해당 법인(기관)의 전년도 매출액(수입액)의 10분의 1의 범위에서 벌금 가중	
• 다음 제재 병과 가능 - 영업의 허가취소 - 영업정지(5년 이내) - 공계약의 배제(1년 이상) - 자금의 공모금지(1년 이상)	• 다음 제재 병과 가능 - 영업의 허가취소 - 영업정지(5년 이내) - 이행관찰(5년 이하) - 공공계약 입찰자격 제한(1년 이상) • 이행관찰 병과시 피해자 피해 회복, 종사자 교육 등 준수사항 부과	

임이자의원안에서는 공무원을 처벌하는 규정을 마련하지 않고 있었다.

〈제정안 비교: 공무원의 처벌〉

강은미의원안	박주민 · 이탄희의원안	박범계의원안
• 다음의 권한이 있는 기관의 장 또는 상급자로서 해당 직무해태 또는 의무위반으로 중대재해에 기여한 공무원 처벌	• 다음 업무의 결재권자인 공무원이 그 권한과 관련된 주의의무 위반으로 중대재해를 야기한 때 처벌	• 다음 업무의 결재권자인 공무원이 그 권한과 관련된 주의의무 위반으로 중대재해를 야기한 때 처벌

(1년 이상 15년 이하의 징역 또는 3천만원 이상 3억원 이하의 벌금)	(1년 이상의 징역 또는 3천만원 이상 3억원 이하의 벌금)	(7년 이하의 금고 또는 5천만원 이하의 벌금)
- 사업장, 공중이용시설, 공중교통수단에 대한 위험 예방 및 안전보건관리 의무 준수 여부 감독	- 사업 또는 사업장, 공중이용시설, 공중교통수단에 대한 위험의 예방 및 안전보건관리 의무 준수 여부 감독	- 사업 또는 사업장, 공중이용시설, 공중교통수단에 대한 위험의 예방 및 안전보건관리 의무 준수 여부 감독
- 사업장, 공중이용시설, 공중교통수단의 건축·사용에 대한 인허가	- 사업 또는 사업장, 공중이용시설, 공중교통수단의 건축·사용에 대한 인허가	- 사업 또는 사업장, 공중이용시설, 공중교통수단의 건축·사용에 대한 인허가
- 사업장에서 취급·생산·제조·판매·유통 중인 원료나 제조물의 안전·보건조치의무 관련 감독·인허가	- 사업 또는 사업장에서 취급·생산·제조·판매·유통 중인 원료나 제조물의 안전·보건조치의무 관련 감독·인허가	- 사업 또는 사업장에서 취급·생산·제조·판매·유통 중인 원료나 제조물의 안전·보건조치의무 관련 감독·인허가

(4) 양형절차에 관한 특례

중대재해 사건의 유죄인정 절차와 양형 절차를 분리하는 것과 관련하여 임이자의 원안을 제외한 법률안에서 동 내용을 규정하고 있었으며, 그 중 이탄희의원안은 국민양형위원의 지정에 관한 사항을 규정하고 있었다.

〈제정안 비교: 양형절차에 관한 특례〉

강은미의원안	박주민·박범계의원안	이탄희의원안
• 중대재해사건의 유죄를 선고한 뒤 형의 선고를 위한 기일을 따로 지정 - 양형심리를 위한 심문기일을 지정하고 전문가위원회의 심사에 회부하거나 피해자 등의 진술을 청취하여야 함	• 중대재해사건의 유죄를 선고한 뒤 형의 선고를 위한 기일을 따로 지정 - 양형심리를 위한 심문기일을 지정하고 전문가위원회의 심사에 회부하거나 피해자 등의 진술을 청취하여야 함 - 전문가위원회 구성은 형사소송법상 양형절차 특례를 따르되, 당해 사건 피해자 추천 전문가 3분의 1 이상을 국민양형위원에 포함	• 중대재해사건의 유죄를 선고한 뒤 형의 선고를 위한 기일을 따로 지정 - 양형심리를 위한 심문기일을 지정하고 국민양형위원 심의에 회부하고, 피해자 등의 진술을 청취하여야 함 • 국민양형위원 지정 - 지방법원장은 국민양형위원후보자 명부를 작성해 두어야 함 - 각 사건마다 7인 이상의 국민양형위원 지정 - 국민양형위원 대표는 양형심의 의견서를 재판장에게 전달. 법적 구속력은 없음

(5) 징벌적 손해배상 도입

징벌적 손해배상제도는 임이자의원안을 제외한 법률안에서 규정하고 있었으며, 그 배상액으로 강은미의원안은 손해액의 3배 이상 10배 이하의 액수를, 나머지 3개 법률안은 손해액의 5배 이상으로 규정하고 있었다.

〈제정안 비교: 징벌적 손해배상〉

강은미의원안	박주민·이탄희·박범계의원안
• 사업주, 경영책임자 등의 고의 또는 중대한 과실에 의한 유해·위험방지의무 위반에 따른 중대재해 발생으로 사업주, 법인 또는 기관이 손해배상책임을 지는 때에는 손해액의 3배 이상 10배 이하의 범위에서 배상할 책임 • 배상액을 정할 때 고려사항 - 고의 또는 손해 발생의 우려를 인식한 정도 - 위반행위로 입은 피해 규모 - 위반행위로 취득한 가해자의 경제적 이익 - 위반행위에 따른 처벌 수준 - 위반행위의 기간·횟수 등 - 가해자의 재산상태 - 가해자의 피해구제 및 재발방지 노력의 정도 • 입증책임은 사업주, 법인, 기관이 부담	• 사업주, 경영책임자 등의 고의 또는 중대한 과실에 의한 유해·위험방지의무 위반에 따른 중대산업재해·중대시민재해 발생으로 법인 또는 기관이 손해배상책임을 지는 때에는 손해액의 5배 이상을 배상할 책임 • 배상액을 정할 때 고려사항 - 고의 또는 손해 발생의 우려를 인식한 정도 - 위반행위로 입은 피해 규모 - 위반행위로 취득한 가해자의 경제적 이익 - 위반행위에 따른 처벌 수준 - 위반행위의 기간·횟수 등 - 가해자의 재산상태 - 가해자의 피해구제 및 재발방지 노력의 정도

다. 법률 제정

위 법률안들은 2020년 11월 26일부터 2021년 1월 7일까지 총 일곱 차례의 법제사법위원회 법안심사제1소위원회 회의와 한 차례의 공청회를 거쳐 '중대재해 처벌 등에 관한 법률' 대안으로 성안되었다.

회의 일자	회의	안건
2020. 11. 26.	제382회 국회 법사위 제1소위 제6차 회의	강은미의원안, 박주민의원안, 이탄희의원안
2020. 12. 2.	제383회 국회 법사위 제13차 회의	중대재해법 제정에 대한 공청회
2020. 12. 24.	제383회 국회 법사위 제1소위 제1차 회의	강은미의원안, 박주민의원안, 이탄희의원안, 임이자의원안, 박범계의원안, 국민동의청원
2020. 12. 29.	제383회 국회 법사위 제1소위 제2차 회의	
2020. 12. 30.	제383회 국회 법사위 제1소위 제3차 회의	
2021. 1. 5.	제383회 국회 법사위 제1소위 제4차 회의	
2021. 1. 6.	제383회 국회 법사위 제1소위 제5차 회의	
2021. 1. 7.	제383회 국회 법사위 제1소위 제6차 회의	

2020년 12월 2일에 법제사법위원회 전체회의에서 개최된 공청회에서는 법률 제정과 관련하여 다양한 찬반 의견이 제시되었다. 찬성 의견을 제시한 진술인은 건국대학교의 김재윤 교수와 방송통신대학교의 최정학 교수였고, 반대 의견을 제시한 진술인은 서울과학기술대학교의 정진우 교수와 한국경영자총협회의 임우택 본부장이었다. 당시 공청회에 출석한 진술인의 진술 요지는 다음과 같다.

〈공청회 진술 요지(2020.12.2.)〉

진술인	진술 요지
김재윤 (건국대학교 법학 전문대학원 교수)	2018년 12월 소위 '김용균법'으로 불리는 산업안전보건법의 전면개정에도 불구하고 우리사회에서 노동자와 시민의 안전·보건상 위해(危害) 사고가 끊이지 않고 있는 현실임. 또한 헌법의 최고 가치이고, 인간 존엄성의 근본 바탕이 되는 생명권 보호를 위해 중대재해법이 반드시 입법화되어야 함
정진우 (서울과학기술대 학교 교수)	제정안은 명확성의 원칙, 책임주의 원칙 등에 위배되는 내용이 많고, 기업의 안전보건 역량에 대한 본질적·구조적 문제의 해결 없이 엄벌주의를 취하는 것만으로는 산업재해 감소에 실효성이 없으므로 현행 산업안전보건법의 미비점 개선이 선행되어야 함. 비교법적으로 볼 때 제정안은 영국의 법인과실치사법과도 다르고, 어느 국가에서도 유사한 입법례를 찾아볼 수 없는 독특한 내용임
최정학 (방송통신대학교 법학과 교수)	기업과 기업 경영자의 형사책임을 강화하여 기업과 법인의 구조적 책임을 인정하고, 교통시설, 위험시설, 제조물 책임 등 시민재해를 포함시키기 위해서는 안전에 관련된 모든 법률을 개정하기보다는 안전 관련 범죄의 처벌에 관한 법을

	제정하는 것이 효율적인 방법임. 기업처벌법을 제정하여 이제는 중대재해를 일으킨 기업과 그 기업의 경영자들이 범죄인으로 인식되어야 함
임우택 (한국경영자총협회 안전보건본부장)	근로자 안전 확보를 위해서는 사업주와 경영책임자에 대한 처벌을 강화하기 전에 사업장을 포함한 국가 전반적인 안전 시스템 개선 등 다양한 예방중심의 대책 수립이 우선되어야 함. 대부분의 사망사고가 발생하는 중소기업의 경우 재정적인 여건과 인력의 부족으로 가혹한 처벌에 노출되어 기업의 존립이 위태로울 것으로 우려됨

국회 법제사법위원회 법안심사제1소위원회에서 성안된 '중대재해 처벌 등에 관한 법률' 대안은 2021년 1월 8일에 법제사법위원회 전체회의 및 본회의에서 의결되었고, 이후 2021년 1월 15일 정부로 이송되어 2021년 1월 26일에 공포되었다.

참고로, 본회의 의결 당시 총 6명의 국회의원이 토론에 참여하였는데 각 토론자의 토론 요지를 살펴보면 다음과 같다.

〈본회의 토론 요지(2021.1.8.)〉

토론자	토론 요지
권성동의원 (국민의힘)	산업재해 예방을 위한 조치가 필요하다는 점은 공감하나, 오로지 형사처벌의 범위를 넓히고 엄벌하는 것이 실효성 있는 방법인지는 논의할 필요가 있음. 또한 중대재해는 과실범임에도 고의범보다 더 엄하게 처벌하고, 원청 대표이사에게 수많은 하청 현장에 대한 무과실책임을 묻는 것으로서 책임주의에 반하며, 5인 미만 사업장을 적용 대상에서 배제한 것은 형평성에 반함
강민정의원 (열린민주당)	법률 제정을 위한 합의·조정 과정이 법률의 근본적인 목적을 훼손하여서는 아니 됨. 그럼에도 불구하고 이 법은 5인 미만 사업장에 적용을 제외하고 있고, 50인 미만 사업장에는 3년의 유예기간을 두고 있으며, 심지어 안전전담 책임임원을 두어 대표경영자가 책임을 전가할 수 있는 장치까지 마련하고 있는 등 문제가 있음
김태흠의원 (국민의힘)	사업자가 어떤 의무를 위반한 경우에 처벌되는지 불명확하므로 죄형법정주의 원칙에 위반되고 중대재해 발생 원인 중 개인 부주의가 50% 정도에 달하는 점을 간과하였음. 하도급을 맡긴 원도급자도 처벌하는 것은 과잉입법이고, 5년 이내에 중대산업재해가 재발한 경우 형량을 1/2 가중하는 것은 기업 경영에 지장을 주며, 법인에 대한 처벌, 징벌적 손해배상 제도 등은 과도한 처벌임
강은미의원 (정의당)	경영계는 안전을 위한 투자의 필요성을 인식하여 생명존중 사회로 발전하는 데 합당한 역할을 해야 함. 이 법의 취지는 사법부의 해석과 판결에 상당 부분 위임되어 있으므로 법 제정의 취지를 살리는 사법부의 적극적인 해석과 판결을 기대함. 정부에는 법 시행 유예기간 동안 사각지대를 지원할 수 있는 정책을 부탁드림

송석준의원 (국민의힘)	기업에 대한 고강도 처벌규정만으로 중대재해를 근본적으로 예방할 수는 없으며 인적 오류, 물적 오류, 환경적 요인 등에 대한 종합처방이 함께 제시되어야 함. 경영책임자등 뿐만 아니라 현장관리자 등 실제에 맞는 관계자의 책임을 규정하고, 노조 등의 역할과 책임도 함께 논의되어야 함. 나아가 기업에 대한 고강도 처벌은 기업경영과 창업의 의지를 꺾을 수 있음
류호정의원 (정의당)	자유형 하한이 1년으로 낮아지고, 벌금형 하한은 삭제되었으며, 발주처가 적용 대상에서 제외되고, 기업총수에 대한 책임회피 규정이 마련되었으며, 5인 미만 사업장이 적용대상에서 제외되는 등 본래 법안에 역행하는 조정이 이루어진 문제가 있음

4. 법 제정 이후 개정안 발의 현황

가. 제21대국회에서의 개정안 발의 현황

중대재해처벌법이 제정·공포된 2021년 1월 26일 이후, 제21대국회에서는 총 13건의 개정안이 발의되었으나 모두 국회의원의 임기만료로 폐기되었다. 13건의 개정안 중 6건(이탄희의원안, 김영배의원안, 박대출의원안, 노용호의원안, 이학영의원안 및 이종성의원안)은 법제사법위원회 전체회의에 상정된 후 법안심사 제1소위원회에 회부되었고, 나머지 7건(이은주의원안, 강민정의원안, 강은미의원안, 윤준병의원안, 서동용의원안, 임이자의원안 및 윤미향의원안)은 법제사법위원회에 회부된 후 전체회의에 상정되지 못하였다.

〈개정안 발의 현황〉

연번	의안번호	대표발의 의원	발의일	상정일	최종 결과	
						폐기 당시 현황
1	2110092	이탄희의원	2021. 05. 13.	2021. 07. 22.	임기만료 폐기 (2024. 5. 29.)	법안심사 제1소위 회부
2	2110830	김영배의원	2021. 06. 17.	2021. 09. 24.		법안심사 제1소위 회부
3	2114305	이은주의원	2022. 01. 07.	-		미상정
4	2114548	강민정의원	2022. 01. 25.	-		미상정
5	2114568	강은미의원	2022. 01. 26.	-		미상정
6	2114695	윤준병의원	2022. 02. 08.	-		미상정
7	2114951	서동용의원	2022. 03. 24.	-		미상정
8	2116027	박대출의원	2022. 06. 17.	2023. 02. 15.		법안심사 제1소위 회부
9	2118509	노용호의원	2022. 11. 28.	2023. 05. 16.		법안심사 제1소위 회부
10	2119372	이학영의원	2023. 01. 09.	2023. 06. 20.		법안심사 제1소위 회부
11	2122712	이종성의원	2023. 06. 16.	2023. 12. 19.		법안심사 제1소위 회부
12	2124277	임이자의원	2023. 09. 07.	-		미상정
13	2126114	윤미향의원	2023. 12. 28.	-		미상정

한편, 국회의원의 주최로 세미나 등이 활발히 개최되었는데, 내용적 측면에서 살펴보면 중대재해처벌법의 시행일인 2022년 1월 27일 이전까지는 법률의 원활한 시행을 모색하기 위한 논의가 많았고, 법 시행 이후에는 법률의 문제점에 대한 검토나 법 해석, 추가 개정 필요성에 관한 논의가 주로 이루어졌다. 그리고 개인사업자 또는 상시근로자가 50명 미만인 사업 또는 사업장[90]에 대한 법 시행 3년 유예기간의 만료일(2024년 1월 26일)이 다가오면서, 소상공인의 보호를 위해 유예기간을 추가 연장해야 한다는 지적이 제기되었다.

---

90) 건설업의 경우에는 공사금액 50억원 미만의 공사.

〈중대재해처벌법 관련 국회의원 주최 주요 세미나 등 개최 현황〉

연번	제목	주최	주최
1	중대재해 예방을 위한 정책토론회	이수진(비례)의원실 등	2021. 04. 15.
2	중대재해처벌법 시행 무엇을 준비할 것인가	박주민의원실 등	2021. 04. 27.
3	중대재해 예방과 실천과제 토론회	강은미의원실 등	2021. 06. 21.
4	중대재해처벌법 시행령 제정을 위한 국회 토론회	박주민의원실 등	2021. 08. 09.
5	「중대재해처벌법」 어떻게 안착시킬 것인가?	박대수의원실	2021. 11. 22.
6	「중대재해처벌법」 시행 '100일' 성과와 과제	박대수의원실	2022. 05. 16.
7	중대재해처벌법의 문제점과 개선방안	최재형의원실	2022. 08. 29.
8	지하철역사의 중대시민재해 ESG 관점에서 언론사 간담회	장경태의원실	2022. 09. 06.
9	중대재해기업처벌법 시행령 개정 방향 토론회	강은미의원실 등	2022. 09. 21.
10	중대재해 재판, 실태를 말하다	강은미의원실 등	2022. 12. 07.
11	중대재해처벌법의 경영책임자와 의무 규정은 모호한가?	강은미의원실	2023. 01. 26.
12	중대재해처벌법 과연 위헌인가	박범계의원실 등	2023. 02. 03.
13	중대재해처벌법 50인(억)미만 사업장 적용유예 연장의 문제와 법 집행 평가	박주민의원실 등	2023. 11. 15.

제21대국회에 발의되었던 13건 법률안의 주요 내용을 살펴보면 아래와 같다.

연번	대표발의 의원	주요 내용
1	이탄희의원 제2110092호 (2021. 5. 13.)	• 양벌규정의 법정형을 강화 ① 사망자 발생의 경우: 벌금 50억원 이하 → 1억원 이상 50억원 이하 ② 부상·질병자 발생의 경우: 벌금 10억원 이하 → 1억원 이상 10억원 이하 • 양형절차에 관한 특례(유죄 선고와 형 선고의 분리)를 신설하고, 양형은 국민양형위원(심리학·사회학·범죄학·빅데이터 전문가 등)의 의견 청취하도록 함

2	김영배의원 제2110830호 (2021. 6. 17.)	• 중대시민재해의 개념에 '「건설산업기본법」 제2조제4호에 규정된 건설공사 현장에서의 안전관리, 유해위험 방지의 결함을 원인으로 하여 발생한 재해'를 추가하고 관련 안전 및 보건 확보의무 신설
3	이은주의원 제2114305호 (2022. 1. 7.)	• 종사자의 개념에 '「직업교육훈련 촉진법」 제9조에 따른 현장실습계약을 체결한 직업교육훈련생'을 추가

4	강민정의원
	제2114548호
	(2022. 1. 25.)
		□ 용어의 정의 조정
		• 경영책임자등의 개념에서 '안전보건에 관한 업무를 담당하는 사람'을 삭제
		□ 중대산업재해 관련
		• '상시 근로자 5명 미만의 사업 또는 사업장'에도 이 법을 적용
		• 위험한 작업장에서 준수해야 할 안전보건 확보의무로 '근무자 2인 1조 배치' 규정
		• 중대재해 예방 등을 위한 사업장 지원기금(중대산업재해예방기금) 신설
		• 중대산업재해가 발생한 경우 해당 작업 등의 중지를 명할 수 있도록 함
		• 중대산업재해 발생사실 공표를 재량행위에서 기속행위로 변경
		□ 재판 관련
		• (인과관계의 추정) 다음의 어느 하나에 해당하는 경우에는 위험방지의무 위반으로 인하여 중대산업재해가 발생한 것으로 추정
		  ① 당해 사고 이전 5년간 경영책임자 등의 이 법 위반 사실이 3회 이상 확인된 경우
		  ② 경영책임자 등이 수사 등을 방해하거나 이를 지시 또는 방조한 경우
		• 현행 각 벌금형에 하한을 추가(사망은 5천만원 이상, 부상·질병은 1천만원 이상, 양벌규정에는 1억원 이상)
		• 인·허가권 또는 감독권을 가진 공무원이 「형법」상 직무유기죄를 범하여 중대재해를 일으킨 경우에 대한 형사처벌 규정 신설
		• (유죄 선고와 형 선고의 분리) 법원은 전문가위원회에서 피해자 등의 진술 청취 후 형의 선고를 하도록 함
		• 징벌적 손해배상액을 현행 '5배 이하'에서 '3배 이상 10배 이하'로 강화
		□ 시행일 조정
		• 3년 유예된 시행일을 1년 앞당겨 2023년 1월 27일부터 시행

5	강은미의원 제2114568호 (2022. 1. 26.)	□ 용어의 정의 조정 • 종사자의 개념에 사업체 또는 기관에서 현장실습을 받는 교육훈련생을 추가 • 경영책임자등의 개념에 "이에 준하여 사업의 결정에 상당한 영향을 미치거나 그러한 결정에 실질적으로 관여하는 지위에 있는 사람"을 추가 □ 중대산업재해 관련 • 발주자에게도 안전보건 확보의무를 부여

		□ 중대시민재해 관련
		• 중대시민재해의 개념에 '건설공사 현장에서의 안전관리, 유해위험 방지의 결함을 원인으로 발생한 재해'를 추가하고 관련 안전 및 보건 확보 의무도 신설
		• 안전 및 보건 확보의무로 '정신건강'을 추가
		□ 재판 및 행정 관련
		• 법정형을 다음과 같이 강화함
		① 사망자 발생의 경우: 1년 이상의 징역형 → 3년 이상의 징역형
		② 양벌규정
		- 사망자 발생의 경우: 벌금 50억원 이하 → 2억원 이상
		- 부상·질병자 발생의 경우: 벌금 10억원 이하 → 5천만원 이상
		③ 양벌규정 적용 대상인 법인 또는 기관의 경영책임자등이 중대산업재해 발생 방지를 위한 조치를 소홀히 하도록 지시하거나 소홀한 조치를 조장·용인 또는 방치한 경우에는 해당 법인의 전년도 연 매출액 또는 해당 기관의 전년도 수입액의 100분의 1 이상의 범위에서 벌금을 가중할 수 있도록 함
6	윤준병의원 제2114695호 (2022. 2. 8.)	• 중대산업재해 규정의 적용제외대상인 '상시 근로자 5명 미만의 사업 또는 사업장' 조항을 삭제하고, 대통령령으로 정하는 사업 또는 사업장의 사업주 또는 경영책임자등에게는 중대산업재해 규정의 전부 또는 일부를 적용하지 아니할 수 있도록 규정
7	서동용의원 제2114951호 (2022. 3. 24.)	• 종사자의 개념에 「직업교육훈련 촉진법」 제2조제7호에 따른 현장실습을 받기 위하여 현장실습산업체의 장과 현장실습계약을 체결한 직업교육훈련생(이른바 "현장실습생")을 추가
8	박대출의원 제2116027호 (2022. 6. 17.)	• 법무부장관이 중대재해 예방에 관한 기준을 고시하고 이를 사업주 또는 경영책임자등에게 권고할 수 있도록 함 • 법무부장관은 고시된 기준에 적합한 사업 등에 대하여 인증기관의 인증을 할 수 있고, 사업주 또는 경영책임자등이 위 인증을 받은 경우에는 형을 임의적으로 감면할 수 있음
9	노용호의원 제2118509호 (2022. 11. 28.)	• 정부로 하여금 중대재해를 예방하기 위해 중소기업에 대하여 스마트 안전장비 및 안전관리시스템의 구축·운영에 필요한 비용을 보조하거나 필요한 지원을 할 수 있도록 함
10	이학영의원 제2119372호 (2023. 1. 9.)	• 고용노동부장관의 중대산업재해 발생사실 공표를 재량행위에서 기속행위로 변경
11	이종성의원 제2122712호 (2023. 6. 16.)	• 안전취약계층을 위한 법인 및 기관에 대하여 유해·위험 시설의 개선과 보호 장비의 구매, 종사자 건강진단 및 관리 등 중대재해 예방사업에 소요되는 비용의 전부 또는 일부를 정부가 지원할 수 있도록 함

12	임이자의원 제2124277호 (2023. 9. 7.)	• 시행일이 3년 유예된 사업 또는 사업장에 대한 시행일을 추가적으로 2년 더 유예하여 2026년 1월 27일부터 시행하도록 함
13	윤미향의원 제2126114호 (2023. 12. 28.)	• 중대시민재해의 개념에 '산림사업의 시행 및 관리상의 결함을 원인으로 하여 발생한 재해'를 추가하고 관련 안전 및 보건 확보의무도 신설

이상 제21대국회에서 발의되었던 '중대재해 처벌 등에 관한 법률 일부개정법률안'의 각 주요 내용을 주요 내용별로 정리하면 다음 표와 같다.

주요 쟁점		대표발의의원
용어의 정의 조정	종사자의 정의에서 '직업교육훈련생' 추가	강은미 · 이은주 · 서동용의원
	경영책임자등의 정의에서 안전보건에 관한 업무를 담 당하는 사람 삭제 등	강민정 · 강은미의원
중대산업 재해 관련	사업장 인원 기준(5명 미만 제외) 삭제	강민정 · 강은미 · 윤준병의원
	안전 및 보건 확보의무로 '2인 1조 배치' 명시	강민정의원
	발주자에게 안전 및 보건 확보의무 부여	강은미의원
	중대산업재해예방기금 신설 등	강민정의원
	중대산업재해 발생 시 작업중지 명령 신설	강민정의원
	중대산업재해 발생사실의 필요적 공표	강민정 · 이학영의원
중대시민 재해 관련	중대시민재해 개념에 '건설공사 현장에서의 재해' 추가	강은미 · 김영배의원
	중대시민재해 개념에 '산림사업에서의 재해' 추가	윤미향의원
	보호법익에 '정신건강' 추가	강은미의원
재판 및 행정	인과관계의 추정 규정 신설	강민정 · 강은미의원
	법정형 상향	강민정 · 강은미 · 이탄희의원
	공무원 처벌 규정 신설 (예: 직무유기)	강민정 · 강은미의원
	양형특례조항(유죄 선고와 형 선고 분리) 신설	강민정 · 강은미 · 이탄희의원
	징벌적 손해배상액 강화	강민정 · 강은미의원
	법무부장관이 중대재해 예방 기준을 고시 등	박대출의원

	중소기업에 대한 스마트 안전장비 등 비용 지원	노용호의원
	안전취약계층을 위한 법인·기관에 대한 비용 지원	이종성의원
시행일 조정	시행이 3년 유예된 사업·사업장의 시행일을 2024. 1. 17.에서 2023. 1. 27.로 단축	강민정·강은미의원
	시행이 3년 유예된 사업·사업장의 시행일을 2024. 1. 17.에서 2026. 1. 27.로 추가 유예	임이자의원

나. 제22대국회에서의 개정안 발의 현황

제22대국회에서 현재까지(2024년 10월 3일 기준) 발의된 중대재해처벌법 개정안은 총 3건으로 홍기원의원안, 임이자의원안 및 이학영의원안이 발의되었다.

먼저 홍기원의원안(2024. 6. 10. 발의, 의안번호 2200270)은 이 법의 제명을 "중대재해 예방법"으로 변경하려는 것으로, 현행 제명인 "중대재해 처벌 등에 관한 법률"은 중대재해 예방이라는 현행법의 취지에 맞지 않고, 처벌에 초점이 맞춰져 있는 것으로 보여서 이 법이 정당한 기업활동을 위축시키는 반기업적인 법이라는 인식이 산업현장에 널리 퍼져 있는 실정이라는 지적에 따른 것이다.[91]

〈중대재해 처벌 등에 관한 법률 일부개정법률안(홍기원의원안)〉

현행	홍기원의원안
중대재해 처벌 등에 관한 법률	중대재해 예방법
제1조(목적) 이 법은 사업 또는 사업장, 공중이용시설 및 공중교통수단을 운영하거나 인체에 해로운 원료나 제조물을 <u>취급하면서 안전·보건 조치의무를 위반하여 인명피해를 발생하게 한</u> 사업주, 경영책임자, 공무원 및 <u>법인의 처벌</u> 등을 규정함으로써 중대재해를 예방하고 시민	제1조(목적) ------------------------------ -- ----------------------------<u>취급하는</u> -- ------------------<u>법인이 실질적으로 지배·</u> <u>운영·관리하는 사업 또는 사업장 등에서 준수</u>

---

91) 홍기원의원, "제22대국회 1호 법안으로 중대재해처벌법 개정안 대표발의", 2024. 6. 10. 홍기원의원 네이버 블로그 참조.
<https://blog.naver.com/flyhong21/223475028440> (최종 방문일: 2024. 7. 5.).

| 과 종사자의 생명과 신체를 보호함을 목적으로 한다. | 하여야 할 안전·보건 조치에 관한 의무사항 --. |

다음으로, 임이자의원안(2024. 6. 17. 발의, 의안번호 2200549)은 중대산업재해 규정의 적용제외대상을 확대하려는 것으로, 현 적용제외대상인 '상시 근로자가 5명 미만인 사업 또는 사업장' 이외에 '공사금액 5억원 미만인 건설업'도 중대산업재해 규정의 적용제외대상에 포함하고, 나아가 법 시행이 3년 유예된 바 있었던 개인사업자 및 사업·사업장에는 추가 유예기간을 부여하여 개정안 공포일로부터 2년 후까지 중대산업재해 규정을 적용하지 않는 내용이다.

〈중대재해 처벌 등에 관한 법률 일부개정법률안(임이자의원안)〉

현행	임이자의원안
제3조(적용범위) 상시 근로자가 5명 미만인 사업 또는 사업장의 사업주(개인사업주에 한정한다. 이하 같다) 또는 경영책임자등에게는 이 장의 규정을 적용하지 아니한다.	제3조(적용범위) 다음 각 호의 어느 하나에 해당하는----------------------------- --- --------------------------------------.
〈신 설〉	1. 상시 근로자가 5명 미만인 사업 또는 사업장(건설업의 경우에는 공사금액 5억원 미만의 공사)
〈신 설〉	2. 개인사업주 또는 상시 근로자가 5명 이상 50명 미만인 사업 또는 사업장(건설업의 경우에는 공사금액 5억원 이상 50억원 미만의 공사)

부   칙

제1조(시행일) 이 법은 공포한 날부터 시행한다.
제2조(유효기간) 제3조제2호의 개정규정은 공포일로부터 2년이 되는 날까지 효력을 가진다.

마지막으로, 이학영의원안(2024. 9. 5. 발의, 의안번호 2203704)은 고용노동부장관의 중대산업재해 발생사실 공표 행위를 재량행위에서 기속행위로 변경하려는 것으로, 중대산업재해 발생의 경각심을 높여 중대산업재해 발생을 예방하려는 취지이다.

<중대재해 처벌 등에 관한 법률 일부개정법률안(이학영의원안)>

현행	이학영의원안
제13조(중대산업재해 발생사실 공표) ① 고용노동부장관은 제4조에 따른 의무를 위반하여 발생한 중대산업재해에 대하여 사업장의 명칭, 발생 일시와 장소, 재해의 내용 및 원인 등 그 발생사실을 <u>공표할 수 있다.</u>	제13조(중대산업재해 발생사실 공표) ① -- <u>공표하여야 한다.</u>

제4장 외국 입법례

1. 영국

가. 영국 산업안전보건제도의 개요

18세기 증기기관의 발명으로 시작된 산업혁명을 일으킨 영국은 산업안전보건에 관한 200년 넘는 역사의 자부심이 강하다. 영국은 1802년 최초의 산업안전보건법으로 평가되는 '견습공의 보건 및 도덕에 관한 법률'(Health and Morals of Apprentices Act)을 제정하였고,[92] 이후 산업안전보건에 관한 기본법이라 할 수 있는 'Health and Safety at Work etc. Act 1974'을 1974년에 제정하였다. 'HSWA' 또는 '1974년 법'으로 불리우는 산업안전보건법은 로벤스 경(Lord Alfred Robens)이 위원장인 산업안전보건위원회의 연구결과인 로벤스 보고서(Robens Report)에 근거하여 1974년 제정되었다. 이 법은 종전에 공장법, 탄광법, 광산관리법 등 산업안전보건 관련 9개의 법률과 7종류의 감독관이 존재하는 현상을 개선하여 1개의 포괄적인 기본법과 1개의 행정관청으로 산업안전보건 규제를 일원화하였다.[93]

1974년 산업안전보건법 제정 이후 획기적인 입법조치로 2007년 영국의회에서 제정된 법인과실치사법(Corporate Manslaughter and Corporate Homicide Act 2007)을 들 수 있다.[94] 이 법은 기업 등 법인, 정부기관, 경찰서, 사용자단체 등의 조직체(organization)가 일으킨 사망 재해에 대해 형사책임을 묻는 법률이다. 이 법률 제정은 노동당이 1997년 정권을 잡으면서 공약으로 제시된 것으로, 입법 논의에 한동안 진척이 없다가 2006년 7월 법안이 발의되어 논의가 개시된 후, 2007년 7월 26일 제정되었다. 진정한 범죄로 인식될 수 있는 보통법상의 법인과실치사죄(corporate liability for manslaughter at

---

92) www.historyofosh.org.uk/brief; www.hse.gov.uk 참조.

93) 정진우, 『산업안전보건법 국제비교』, 한국학술정보, 2015, 192면 참조.

94) 영국 의회에서 제정된 이 법률은 잉글랜드, 웨일스, 노던 아일랜드에서는 'Corporate Manslaughter' 로 부르고, 스코틀랜드에서는 'Corporate Homicide'로 칭하도록 제정문에 기술되어 있는바(2007 Chapter 19 서문), 전자는 과실치사(manslaughter), 후자는 치사(homicide)에 강조점을 둔다.

common law)는 그 요건이 엄격하여 기업 등에 대한 처벌이 어려웠기 때문에 영국은 보통법상의 법인과실치사죄를 폐지하고, 그 처벌 요건을 완화하여 제정법상의 법인 과실치사죄를 신설한 것이다.[95] 이를 통해 사망 재해를 발생시킨 기업 등이 형사처 벌 대상에서 제외되는 것을 최소화하고 처벌의 효과를 높여 산업재해를 줄이고자 하 였다.

산업안전보건법과 법인과실치사법의 집행을 책임지고 있는 기관은 산업안전보건청 (HSE: Health and Safety Executive)이다. 로벤스 보고서에 기초하여 산업안전보건에 관한 법제 및 조직의 개편이 이루어졌는데, 대표적인 조직개편으로 산업안전보건청이 1975년 1월 1일자로 설립되었다. 산업안전보건청은 각 부처에 산재한 안전보건분야 를 통합하여 노동연금부(Department for Work and Pensions) 산하의 외청으로 설립되어 산업현장의 안전보건 위험으로부터 근로자 보호를 위한 업무를 수행한다. 산업안전 보건법의 집행은 안전보건감독관(Health & Safety Inspector)이 담당하는데 이들 대부분 은 현장감독부(Field Operations Directorate) 소속이다.[96] 오늘날 안전보건 감독관들은 1,000여명에 이르고 있는바, 이들은 1974년 법에 의거하여 개선처분(법 21조), 금지처 분(법 22조) 등 일정한 기간 내에 고용주가 잘못을 시정하거나 특정한 작업을 하도록 요구할 수 있다. 산업안전보건청은 연차보고서에 지난 1년간 수행한 감독의 내용을 간략히 기재하고 향후 계획을 요약 기술하고 있는바, 특히 사업주를 상대로 감독에 대한 만족도를 조사하여 기재하는데 사업주들의 만족도는 매우 높은 수준이다.[97] 감 독관 중 다수가 정년까지 일하지 않고 민간기업의 산업안전감독관으로 이직하기도 하며, 민간부문에서는 산업안전감독 도제과정을 통해 내부 담당자를 양성하거나 HSE 파견근무를 통해 실무를 습득한다.[98]

---

95) 심재진, 「영국의 2007년 기업과실치사법과 그 시사점」, 산재사망 처벌 및 원청 책임강화 법 개 정방안 토론회 자료집, 2013, 96면 참조.
96) 한국산업안전보건공단 국제협력센터, 『2022 해외주요국가 산업안전보건 제도집 – 미국·영국· 일본·독일』, 2022.10., 38면 참조.
97) 김기선 외, 『해외 산업안전감독 제도분석』, 연구보고서, 한국산업안전보건공단, 2022.10., 119면 참조.
98) 한국산업안전보건공단 국제협력센터, 앞의 책, 39면 참조.

참고로, 산업안전의 주무관청인 산업안전보건청(HSE)의 인력은 2023년 3월말 현재 2,785명으로 파악되는바, 상세한 인력구성은 아래 표와 같다.[99]

〈산업안전보건청(HSE) 인력 구성현황〉

(단위: 명, 각 연도 3월 말 기준)

구분	2023년	2022년	2021년
감독관 및 현장지도원	1,004	1,018	1,045
기타 전문가 (감독관 및 지도원 제외)	1,396	1,282	1,125
일반 직원 (시보)	280 (21)	257 (9)	262 (13)
임시직 (파견직, 계약직 등)	105	185	161
총 원	2,785	2,742	2,593

위와 같은 영국 산업안전보건 법체계의 특징으로는 기존의 명령·통제형(command and control regulation) 규제방식에서 노사정 3자에 의한 사업장의 산업안전보건시스템을 통한 규제로 전환하는 한편, 사업주와 근로자의 기본적 의무를 일반원칙으로 명확히 하였고 개별사항에 관한 규제를 줄이면서 실시준칙을 중심으로 유연한 규제가 가능하도록 하였다는 점이다.[100] 대표적으로, 2010년 Lord Young 보고서는 불필요한 관료적 정부규제로부터 기업의 경제행위를 자유롭게 하는 각종 규제조치를 권고하였다. 또한, 부당하게 과다한 피해보상 요구나 변호사 비용의 과다청구 등으로부터 기업 특히, 중소기업의 경제적 부담을 완화하려는 취지에서 별도의 실무지침(code of practice)을 명확히 마련할 것을 정부에 권고하였다.[101]

---

99) 'HSE Annual Report and Accounts 2022/23" 77면 참조(www.hse.gov.uk). 참고로, 1974년 HSWA법에 의거하여 산업안전보건위원회(HSC: Health and Safety Commission)와 산업안전보건청(HSE)이 창설되었는데, 산업안전보건위원회는 2008년 HSE에 합병되었다.

100) 한국산업안전보건공단 국제협력센터, 앞의 책, 41면 참조.

101) 'Common Sense, Common Safety: A Report by Lord Young of Graffham"(www.gov.uk/government/publications) 참조.

나. 법인과실치사법의 제정배경과 주요내용

(1) 제정 배경

(가) 종래 보통법의 한계

종래 보통법(common law)에 의해서는 법인의 책임을 묻는 데 한계가 있었다. 영국은 1944년부터 동일시 원칙(identification doctrine)[102]에 따라 기업의 형사책임을 인정하고 있었으나 기업의 고위 경영진의 지휘 의사(directing mind 또는 controlling mind)를 증명하기 어려워 처벌 사례가 매우 드물었다.[103] 보통법상 동일시 원칙에 따르면, 법인을 과실치사로 처벌하기 위해서는 법인과 '동일시(identification)'될 수 있는 개인이 직접적으로 과실치사(過失致死) 또는 비모살(非謀殺, involuntary manslaughter)에 대한 책임이 있다는 입증이 필요하고, 해당 법인의 경영진 중에서 책임이 있는 자를 특정할 수 있어야 한다. 보통법상 법인의 과실치사죄가 성립하기 위해서는 "controlling mind"로 불리는 회사 경영책임자의 중대한 과실이 합리적 의심의 여지 없이(beyond reasonable doubt) 입증되어야 한다.[104] 그러나 기능이 광범위하고 대규모인 기업 등에서 이를 증명하는 것이 매우 어렵고, 업무의 안전관리를 분산·위탁하는 경향과 맞물려 대기업이 용이하게 책임을 회피할 수 있게 되었으며 법인을 기소하기 위해 원용되는 사용자 책임 또는 대위책임(vicarious liability)의 법리가 명예훼손, 미혹행위, 성문법상의 범죄(statutory crime)를 제외하고는 형법상 적용되지 않았다.[105] 이에 동일시 원칙에 따른 보통법상 법인 기소의 성공사례가 적고, 유죄선고를 받는 것도 대부분 소규모 기업으로 나타나는 등 한계를 보임에 따라 성문법상 입법 논의가 대두되었다.

---

102) '동일시 원칙' 또는 '동일성 원리'란 일정한 법인 구성원의 범죄행위를 곧 법인의 범죄행위로 간주함으로써 법인의 형사책임을 인정하는 이론을 말한다. 김재윤, 「영국의 기업과실치사법에 대한 고찰과 시사점」, 『형사정책연구』 제25권 제4호, 2014, 187면 참조.
103) 손태홍·최수영, 「국내 '중대재해기업처벌법(안)'과 영국 '기업과실치사법'의 비교 분석」, 『국토와 교통』 통권 제438호, 2021.1., 53~54면 참조.
104) Simon Daniels, *Corporate manslaughter in the maritime and aviation industries*, Informa Law from Routledge, 2017, pp.49~50 참조.
105) 정진우, 『중대재해처벌법』, 중앙경제, 2024, 73~74면 참조.

(나) 대형 재해사건의 발생

다양한 대형 재해사건들이 이 법의 제정에 영향을 미쳤다. 아래 사건들에서 보는 바와 같이, 1980~1990년대 기업의 과실로 대규모 재해사건이 연이어 발생함에 따라 다수의 인명이 사망하거나 부상하여 기업의 형사책임에 대한 사회적 관심이 높아지게 되었다.[106] 이에 1990년대부터 동일시 원칙에 따른 기업 처벌의 난점을 극복하고, 법인에 대하여 과실치사 등의 형사책임을 인정할 수 있도록 하는 입법적 논의가 본격화되었다. 특히, 2005년 위험성이 높다는 조사보고서에도 불구하고 4년간 방치된 기차건널목을 건너던 소녀 2인이 런던 북동부 에식스(Essex) 지역에서 기차에 치여 사망한 사건은 2007년 법인과실치사법 제정의 중요한 계기가 되었다.

사건	사건 개요	법원의 판결
Herald of Free Enterprise 사건 (1987년)	여객선 한쪽 문(함수문, bow door)이 열린 채로 항해 중 벨기에 해안 근처에서 침몰하여 193명의 승객과 선원이 사망하였음	법원은 판례법상 법인과실치사죄에 위반되지 않는다고 판결하였고, 해상에서 발생한 탓으로 1974년 산업안전보건법도 적용되지 않는다고 하였음
Southall Rail Crash 사건 (1997년)	런던 서부의 철로에서 자동경보시스템의 미작동으로 고속 여객열차의 운전자가 적색 신호를 무시하고 간선을 횡단하는 화물 열차와 충돌하여 7명이 숨지고 151명이 부상하였음	법원은 판례법상 법인과실치사죄에 위반되지 않는다고 하였고, 회사는 1974년 산업안전보건법 위반으로 150만 파운드의 벌금형을 받았음[107]
Paddington Rail Crash 사건 (1999년)	런던 Ladbroke Grove 지역에서 발생하여 Ladbroke Grove 열차충돌 사건으로도 불리는 이 사건은 정지신호를 지키지 못한 열차간 충돌로 31명이 사망하고 523명이 부상하였음	관련되는 두 철도회사에 대해 산업안전보건법 위반으로 각각 2백만 파운드와 4백만 파운드의 벌금이 선고됨[108]
Hatfield Train Crash 사건 (2000년)	선로 이상이 있는 것으로 확인되었던 곳에서 열차가 탈선하여 4명이 사망하고 70여명이 부상하였음	기업과 임원이 판례법상 과실치사죄로 각각 기소되었으나 기각되었으며, 산업안전보건법 위반죄로 임원에 대해 벌금형이 과해졌음[109]

---

106) 권창영, 「영국의 법인과실치사법」, 『중대재해처벌법 Ⅰ』, 법문사, 2022, 164면 참조.

Network Rail 사건 (2005년)	사고발생 4년 전부터 위험성이 높다는 조사보고가 있었으나 별다른 조치없이 방치된 기차 건널목을 소녀 2인(13세, 14세)이 건너다 기차에 치여 사망한 사건임	철도시설 관리책임자의 귀책사유가 명확함에도 산업안전보건법에 따른 벌금형만 구형되어 대중의 분노와 비난을 불러왔고, 이는 법인과실치사법이 제정되는 주요한 계기가 됨110)

(2) 법률의 주요 내용

2007년 법인과실치사법은 전체 29개 조문과 부칙으로 구성되었는데, 그 주요 내용을 살펴보면 아래와 같다.111)

(가) 위법행위

법인과실치사죄는 기업 등 법인, 공공기관, 경찰서, 조합, 노동조합 등의 조직체가 운영되는(managed or organized) 방법으로 인하여 사람의 사망을 유발하고 관련된 주의의무(relevant duty of care)를 중대하게 위반하는 경우에 적용된다(제1조 제1항·제2항).

여기서 법인과실치사죄를 범할 수 있는 행위주체는 개인이 아닌 조직 또는 단체(organisation)112)로 제한된다. 한 개인의 행동에 초점을 맞추기보다 그 상위 경영진에 의해 이루어지는 조직의 활동이 관리되는 방식에 초점을 맞춘 것이다(제1조 제3항). 즉, "상위 경영진(senior management)에 의해 조직의 활동이 관리되거나 조직되는 방식"이 개인의 사망을 야기하고, 사망한 자에 대한 그 조직의 주의의무 또는 배려의무에 대한 중대한 위반에 해당할 때 적용된다. 법인과실치사죄가 성립하기 위해서는 반드시 사망의 결과가 발생하여야 하며, 상해의 결과가 발생한 것만으로는 부족하다.

---

107) 김혜경·이진국·도중진·차종진, 앞의 책, 27면 참조.
108) www.london-fire.gov.uk 참조(최종 방문일: 2024. 2. 19).
109) 심재진, 앞의 글, 96면 참조.
110) 한국산업안전보건공단 국제협력센터, 앞의 책, 40~41면 참조.
111) 정진우, 『산업안전보건법 국제비교』, 한국학술정보, 2015, 263~267면; 권창영, 앞의 글, 157~186면; 박혜림, 「산업재해에 대한 기업의 형사책임 – 영국의 기업과실치사법 도입을 중심으로」, 『홍익법학』 제15권 제4호, 2014.12., 401~427면; 심재진, 앞의 글, 83~87면 참조.
112) 법인과실치사법 제1조제2항은 조직을 다음과 같이 규정하고 있다: ① 법인(corporate), ② 동법 별표 1에 열거된 정부부처 및 기타 기관, ③ 경찰, ④ 조합(partnership) 및 사업주에 해당하는 노동조합 또는 사업자단체.

(나) 관련 주의의무 또는 안전배려의무

법인과실치사죄가 성립하기 위해서는 피해자에 대하여 법인 등이 관련된 주의의무 또는 안전배려의무(relevant duty of care)가 있어야 한다. 여기서 법인의 '관련 주의의무 또는 안전배려의무'란, ① 사업주로서 종업원에 대하여 부담하는 의무, ② 토지의 점유자로서 토지 이용에 의해 영향을 받는 자에 대하여 부담하는 의무, ③ 물품 및 서비스의 제공, 건축 및 유지보수, 기타의 상업적 활동 또는 시설이나 탈 것의 사용·유지와 관련하여 부담하는 의무, ④ 교도소, 경찰서, 법원, 이민관리당국, 병원 등이 신병을 억류(유치, 구류)한 자에 대하여 부담하는 의무를 말한다(제2조).

다만, 공공정책에 관한 결정, 독점적 공적 직무의 수행 및 법률에 근거한 조사에 대해서는 공공기관은 관련 주의의무를 부담하지 않는다(제3조). 또한, 군대에 의한 작전행동 또는 그 지원에 관하여 국방부는 관련 주의의무를 지지 않으며(제4조), 테러·치안불안 및 심각한 무질서에 대응하는 치안유지·법집행 활동 및 그 지원·훈련에 관하여 공공기관은 관련 주의의무를 지지 않는다(제5조).

(다) 중대한 위반에 대한 고려요인

위와 같은 관련 주의의무의 중대한 위반(gross breach)이 있는 경우에 법인과실치사죄가 성립한다(제1조제1항). 즉, 법인과실치사죄가 성립하기 위해서는 상급관리자의 관리 실패로 인하여 기업 등이 피해자에 대하여 부담하는 주의의무의 위반이 '중대한'(gross) 것이어야 한다. 중대한 위반은 법인의 주의의무 위반행위가 일정한 상황에서 해당 법인에게 합리적으로 기대될 수 있는 수준에 훨씬 못 미치는 경우에 인정된다(제1조제4항(b)).

또한 배심원이 관련 주의의무의 중대한 위반에 대하여 판단할 때에는, 당해 법인이 위반혐의와 관련된 안전보건법령에 위반하였다는 것이 입증되는지, 그리고 입증된다면 그 위반이 얼마나 심각한지와 얼마나 많은 사망위험을 야기하였는지를 고려하여야 한다(제8조제2항). 배심원은 당해 법인 내부의 태도, 정책, 시스템 또는 관행이 상기 위반을 조장하거나 용인한 정도와 위반혐의와 관련된 안전보건 지침을 고려할 수 있다(제8조제3항 및 제5항).

(라) 벌금 및 시정명령·공표명령

법인과실치사죄의 성립요건이 충족되면 법원은 상한 없는 벌금, 시정명령(remedial order) 및 위반사실의 공표명령(publicity order)을 과할 수 있다. 먼저, 벌금에는 상한이 없으며(제1조제6항), 벌금의 비용이 보험에 의해 충당될 수 없다.[113] 이는 위반자에 대한 처벌인 벌금액이 보험에 의해 충당될 경우, 경영진의 도덕적 해이(moral hazard)를 초래하여 산업재해 예방이라는 정책의 실효성을 반감시킬 수 있기 때문이다. 법인의 과실치사에 대하여 유죄를 선고한 법원은 당해 법인에 대하여 ① 관련된 위반, ② 위반결과 발생한 문제로서 사망의 원인인 문제, ③ 위반을 발생시킨 조직의 정책 또는 관행에서의 안전보건상 결함을 제거하는 것을 목적으로 구제명령을 내릴 수 있다. 구제명령은 일정한 기간을 지정하여 구체적인 조치의 실행을 요구하는 것으로서, 해당 기관에 대하여 그 조치를 실행한 증거를 관련 집행기관에 제출하도록 요구할 수 있다. 구제명령에 따르지 않으면 유죄선고를 받게 되고, 정식기소에 의해 벌금이 부과된다(제9조).

또한 법인과실치사에 대하여 유죄선고를 한 법원은 해당 법인에 대하여 유죄판결을 받았다는 사실, 위법행위의 구체적 내용, 부과된 벌금액 및 구제명령의 내용을 상세하게 공표하기 위하여 공표명령을 내릴 수 있으며, 이 경우 공표기간을 특정하여야 한다(제10조). 특히, 공표명령에 따르는 기업의 이미지 실추는 오늘날 인터넷의 발달로 정보교류가 활발한 환경에서 기업의 입장에서 벌금 이상의 손실이라는 평가도 있는바, 법인과실치사법에 의한 유죄 인정은 기업 등 단체에 막대한 벌금 부과에 의한 경제적 부담뿐만 아니라 그 대외적 이미지나 평판에 막대한 악영향을 줄 수 있다.[114]. 이와 같은 공표명령을 선고할 때 법관은 2003년 형사정책법(Criminal Justice Act 2003) 제174조의 규정에 따라 공표명령 선고의 이유를 제시하여야 한다.[115]

---

113) 공공정책상의 이유로 형사벌금의 위험을 보증하기 위한 목적의 보험계약은 무효이고 시행할 수 없다. 김재윤, 앞의 글, 197면 참조.

114) 정진우(2015), 앞의 책, 270면 참조.

115) Simon Daniels, op.cit., p.115 참조.

(마) 적용범위 및 기존 법과의 관계 등

법인과실치사법은 근로자 여부와 관계없이 사업장 내부뿐만 아니라 사업장 밖에서 발생하는 모든 사망 재해에 대해서 적용된다. 정부기관, 군대, 경찰서 등의 경우, 법률에 별도로 규정되어 있지 않은 한, 법인과실치사죄에 대한 기소 면책(immune from prosecution)이 이루어지지 않는다(제11조~제14조). 또한, 법인과실치사죄는 경찰이 사건을 수사하고 검찰이 기소를 담당한다(제17조).

개인은 법인과실치사 위법행위의 방조, 교사, 조언 또는 알선의 죄로 기소될 수 없다(제18조). 산업안전보건법령 위반행위와 법인과실치사로 동시 유죄인정이 가능하고(제19조), 법인과실치사법의 제정으로 보통법상 중과실에 의한 과실치사죄는 폐지된다(제20조).

참고로, 영국 정부는 지나치게 엄격한 법적용이 오히려 사업자의 법령준수를 어렵게 만든다는 비판에 따라 위험성이 높은 분야를 지정고시하고 그 외 분야의 자영업자는 산업안전보건법(HSWA)의 적용을 면제하는 규제완화 조치(Deregulation Act 2015)를 2015년 단행한 바 있다.[116]

이상의 법인과실치사법과 기존 법을 비교해 보면 아래와 같다.

〈영국 법인과실치사법과 산업안전보건법 비교〉

구 분	2007년 법인과실치사법	1974년 산업안전보건법
주체	조직	조직과 개인 모두
관련의무	판례법상 과실에 관한 불법행위법리상 주의의무	1974년 산업안전보건법상의 안전배려의무
의무 위반정도	중과실(합리적으로 예상되는 정도를 훨씬 하회할 때)	'합리적으로 실행가능한 정도'를 하회할 때
처 벌	벌금(무제한)	징역(최대 2년) 및 벌금(무제한)
입증 책임	검찰(입증책임전환 없음)	- HSE(산업안전보건청): 불안전, 안전위협 - 피고인: '합리적으로 실행 가능하지 않았

---

116) 한국산업안전보건공단 국제협력센터, 앞의 책, 41면 참조.

		다'는 점(입증책임의 부분적 전환)
사망이 중과실에 의한 의무위반으로 발생하였다는 것을 입증(기업의 활동이 관리되거나 조직되는 방식)		특정 상해나 결과가 위반에 의해 발생하였다는 것을 입증할 필요 없음

* 자료: 심재진, 앞의 글, 86~87면.

다. 법인과실치사법 제정이후 주요 판례[117]

구 분	사건 개요	법원의 판결	비 고
Cotswold Geotechnical Holdings 사건 (2010년)	근로자가 8명인 소기업의 직원(지질기사)이 시험광구에서 샘플 채취 중 광구 붕괴로 사망한 사건	• 산업안전보건법 및 법인과실치사법 위반으로 기소 • 작업현장에 적절한 안전시스템이 갖추어지지 않았다는 이유로 38만 5천 파운드 벌금형 선고(1심 판결, 항소 기각)	• 2007년 법인과실치사법 시행에 따른 유죄판결을 받은 최초의 회사[118] • 회사의 대표이사는 과실치사로 기소됐으나, 암에 걸려 재판수행이 어렵다는 이유로 기소 중단 • 법원은 벌금이 회사가 도산할 수준이라는 주장에 주목하면서도, 불가피한 결정이라고 판시 (회사는 2013년 최종 도산)
Lion Steel Equipment 사건 (2012년)	공장의 설비관리 근로자가 공장 지붕에서 설비 점검 중 13미터 아래로 추락하여 사망한 사건	48만 파운드 벌금형 선고[119] (소송비용 14만 파운드의 60%를 회사에 부과)	• 회사가 법인과실치사죄를 인정하는 조건으로 담당 이사를 불기소 • 회사의 재무상황과 유죄인정 사실을 반영하여 20%를 삭감한 벌금을 선고

---

117) 권창영, 앞의 글, 176~186면; 김혜경·이진국·도중진·차종진, 앞의 책, 40~78면; Landmark Corporate Manslaughter Cases(www.drivex.co.uk 최종 방문일: 2024.8.1.); www.supremecourt.gov.uk 등 참조.

Princes Sporting Club 사건 (2012년)	수상스포츠 회사가 운영하는 바나나보트에 타고 있던 소녀가 호수에 빠져 다른 보트에 치여 사망	수상스포츠 회사 자산총액만큼 벌금 부과(13만 5,500 파운드)[120]	판결 내용을 외부 공표토록 공표명령 부과(여타 수상스포츠 운영자에게 경고 차원)
산업보건안전청(HSE) v. 울버햄튼시의회 (2012)[121]	울버햄튼 시의회는 학교 기숙사 인근에 가스저장소 설치를 허가하였는바, HSE는 학생 안전을 위협한다는 이유로 허가취소를 구하는 소송제기	법원은 시의회 허가 결정을 지지	법원은 공공기관이 특정 목표를 달성하기 위해 재량권을 행사할 때, 도시계획법상 영향과 함께 재정적 파장, 즉, 허가취소에 따른 비용도 중대한 고려사항으로 봄
Mobile Sweepers 사건 (2014년)	도로청소회사(Mobile Sweepers)에서 청소차를 보수하던 근로자가 버팀목 부실로 떨어진 호퍼(hopper)에 깔려 사망한 사건	• 회사에 대해 6,000 파운드의 벌금과 4,000 파운드의 소송비용 부과 • 법인 이사에 대해 18만 3천 파운드의 벌금과 8,000 파운드의 소송비용 부과	지역신문에 판결내용을 공표하도록 명령
W. H. Malcolm Limited 사건 (2021년)	국제철도 화물터미널 운영업체인 피고회사에 11살 소년이 축구공을 찾기 위해 접근했다가 전기케이블 접촉으로 사망한 사건 ·	• 법인과실치사죄 및 산업안전보건법 각 위반 인정 • 650만 파운드 벌금	법인과실치사법 적용으로 가장 고액의 벌금이 선고된 사건[122]

---

118) http://app.croneri.co.uk/law-and-guidance/case-reports/r-v-cotswold-geotechnical-holdings-ltd-2011-ewca-crim-1337 참조 (최종 방문일: 2024. 2. 12.).

119) http://app.croneri.co.uk/law-and-guidance/case-reports/r-v-lion-steel-equipment-ltd-2012-man chester-crown-court-ju-ly-20? product=133 참조 (최종 방문일: 2024. 2. 12.).

120) Summary of Corporate Manslaughter cases - April 2017 | Northumbria University (talis.com) 참조 (최종 방문일: 2024. 2. 12.).

121) www.supremecourt.gov.uk 참조 (최종 방문일: 2024. 2. 12.).

122) 김혜경·이진국·도중진·차종진, 앞의 책, 78면 참조.

2. 미국

가. 미국 산업안전보건제도의 개요

산업혁명 후 19세기 말부터 증가하는 산업재해에 대해 미국의 주정부들은 산업안전보건에 관한 주법률(state law)을 개별 분야별로 제정하기 시작하였다. 연방 차원에서는 '성냥공장에서 인(phosphorus)에 의한 건강장해 방지법'(1912년)이 제정되었고, 제2차 세계대전 후 탄광안전법(1951년), 금속·비금속광업안전법(1966년), 석유광업안전보건법(1969년) 등이 개별적으로 제정되었다.[123] 1960년대에 들어서 산업재해로 인해 커다란 국가적인 경제적 손실이 발생하고 있으며, 산업안전보건은 연방정부가 직접 관여하여야 한다는 공통인식이 조성되었다.[124] 당시 연방의회는 작업장에서 근로자들의 질병과 상해사고로 인하여 생산성이 떨어질 뿐 아니라 의료비 및 산재비용 등 기업부담이 증가하고 있다고 보았다. 이에 연방의회는 연방법을 제정함으로써 유해가스, 소음, 비위생적 작업환경 등으로부터 근로자의 보건과 안전을 보호하고자 하였다. 마침내 연방의회는 1970년 근로자의 안전한 작업환경 조성을 위해 산업안전보건법(Occupational Safety and Health Act, 약칭 OSH법)을 제정하였고, 당시 닉슨 대통령의 서명으로 동법이 시행되었다. 동법에 의거하여 노동부 산하 외청으로서 산업안전보건청(Occupational Safety and Health Administration, 약칭 "OSHA")이 설립되었다.

연방법인 OSH법은 연방헌법 제1조제1항 및 제8항에 의거 연방의회가 제정하였으며, 미국 연방정부의 관할 하에 있는 모든 지역에 적용된다. 즉, 미국 연방헌법은 이른바 "주간통상"(州間通商, interstate commerce)에 대하여는 연방의회가 입법권이 있다고 천명하고 있는바, OSH법도 연방의회가 주간통상 규정(제1조제8항)에 근거하여 제정한 연방법률에 해당한다. 즉, 주민의 보건·안전에 관한 정부의 권한은 주 정부(state government)의 전형적인 규제권한인 연방헌법상 이른바 "police power"에 해당하나, 연방의회는 통상조항(commerce clause) 또는 주간통상 규정에 근거하여 이를 규제할 수 있으며, 적법절차 및 평등권 조항(수정헌법 제14조)도 고용노동 및 산업안전 관련 입법

---

123) 정진우(2015), 앞의 책, 117면 참조.
124) 한국산업안전보건공단 국제협력센터, 앞의 책, 9면 참조.

의 헌법적 근거라 할 수 있다.[125]

연방법의 하위규정으로 행정명령에 해당하는 CFR(Code of Federal Regulation)이라는 연방규정집이 있다. 특히, CFR 제29편(Title 29)은 노동부 소관으로서 산업안전보건에 관한 구체적인 기준들이 제시되어 있다. 즉, 연방규정집(CFR)은 각 연방부처별 소관에 따라 50개의 편(Title)으로 나누어지는데 노동부 소관은 CFR 제29편에서 규율된다. 이러한 CFR 규정들은 위임입법권을 지닌 산업안전보건청(OSHA)이 지나치게 포괄적인 권한(sweeping authority)을 행사한 산물로서 위헌이라는 시비가 종종 제기되고 있다.[126] 후술하는 '중대 문제의 원칙'(Major Questions Doctrine)에 따르면 정치·경제적으로 매우 중요한 사안의 행정입법에 대해서는 해당 행정관청은 의회로부터 명확하게 수권(empowerment)을 받아야 하는데, 연방규정 제29편 OSHA의 권한행사에 대해 중대 문제의 원칙에 어긋난다는 주장이 제기되고 있다.[127] 이러한 시각에서 OSH법 자체에 광범위한 위임입법 권한을 부여한 것은 위임입법의 한계를 일탈한 것으로서, 입법권을 의회에 부여한 헌법 제1조제1항 위반이라는 주장이 미국 공화당 또는 보수주의자들로부터 종종 제기된다.

---

125) West Coast Hotel Co. v. Parrish, 300 U.S. 379 (1937); Day-Brite Lighting, Inc. v. Missouri, 342 U.S. 421 (1952) 참조.

126) 최근 미국 연방대법원에서 그 합헌성이 인정되었다. Allstates Refractory Contractors, LLC v. Julie A. Su. (603 U.S.__ 2024) 참조.

127) Kate R. Bowers, *The Major Questions Doctrine*, CRS Report, 2022.11.2., pp.1~2 참조.

이상의 산업안전보건법규의 체계는 아래 표와 같다.[128]

연방법률	OSH Act	미국 연방의회 제정(1970년)
행정명령(연방규정)	29 CFR (Labor)	노동부 소관 (예) CFR 29편 제1장 전미노사관계위원회 (National Labor Relations Board) CFR 29편 제2장 근로기준실 CFR 29편 제3장 전미철도조정위원회 ... (생략)... CFR 29편 제40장 퇴직연금보증공사
주법률	주별 산업안전보건법	주 정부가 제정하고, OSH Act보다 엄격한 기준을 채택

한편, 미국의 산업안전보건법 체계에서 우리나라의 중대재해처벌법이나 영국의 법인과실치사법과 유사한 법률은 별도로 존재하지 않고, OSH법이 산업안전보건법 체계에서 중심역할을 수행하고 있다. 우리나라 중대재해처벌법과 유사한 법률로서 미국의 연방고용주책임법(FELA: Federal Employers Liability Act)을 제시하는 견해도 있다.[129] FELA는 19세기 말 철도 이용이 급증하고 철도 공사가 확대됨에 따라 철도노동자의 재해 사고가 빈발하자 연방의회가 이들 근로자들을 산업안전 위험으로부터 보호하기 위해 1906년 제정한 법률로서, 연방대법원의 위헌결정 후 1908년 재입법되었다. 이 법에 따라 고용주는 철도근로자에게 안전한 작업장을 제공하여야 하며, 고용주 과실로 인하여 근로자가 사망 또는 부상을 당한 경우 벌금과 징역형이 병과될 수 있다. 사업주 과실에 따라 재해가 발생할 경우 처벌규정을 두고 있다는 점에서 중

---

128) 산업안전보건연구원,『해외 산업안전감독 제도분석』, 한국산업안전보건공단, 2022, 124면 참조. 다만, 동 보고서 123면에서는 CFR은 OSH법을 집행하기 위하여 노동부가 제정한 시행규칙이나, OSH법과 CFR은 상호독립적이며 직접적인 종속성이나 연관성이 없다고 기술하고 있다[같은 취지: 조흠학,『산업안전보건법 해설』, 신광문화사, 2020, 106면]. 그러나 CFR은 연방의회가 1946년 제정한 위임입법에 관한 총괄 법률인 행정절차법(Administrative Procedure Act)에 의거하여 제정되어야 하는바, CFR 제29편 또한 연방의회의 승인에 따른 위임입법(authorizing legislation)으로서 OSH Act의 하위규정인 연방규정에 해당하므로 OSH법과 CFR이 상호독립적이라고 보기 어렵다.
129) 고동훈·안지은·이정삼,『어업분야 중대재해처벌법 대응방안 연구』, 해양수산개발원, 2023, 61~63면 참조.

대재해처벌법과 유사하나, 철도근로자라는 한정된 적용범위와 구성요건 등에서 차이가 있다.[130]

또한, 영국의 법인과실치사법 제정 법리와 달리 미국의 경우 법인에 대한 형사책임(corporate criminal liability) 논의에 대하여는 법인에 대한 민사책임(corporate civil liability)이 적절히 작동되는 현실에 비추어, 억지효과의 측면이나 실효성 측면에서 법인과실치사법의 도입을 부정하는 견해가 우세한 것으로 보인다.[131]

나. 산업안전보건법(OSH Act)의 주요내용

(1) 구성 체계

OSH법은 아래와 같이 34개의 조문으로 구성되어 있다.[132]

제1조 서문	제18조 주정부와의 관계
제2조 입법취지 및 목적	제19조 연방정부기관의 안전보건계획 및 책임
제3조 용어의 정의	제20조 연구 및 조사
제4조 법의 적용범위	제21조 근로자 교육훈련
제5조 사업주 및 근로자의 의무	제22조 연방 산업안전보건연구원
제6조 산업안전보건기준	제23조 주정부에 대한 보조금
제7조 자문위원회: 행정	제24조 통계
제8조 현장 점검, 조사 및 기록보존	제25조 감사
제9조 법령위반 통지서	제26조 연차보고서
제10조 이의신청	제27조 주 산재보험법에 관한 연방위원회
제11조 사법구제	제28조 중소기업에 대한 경제적 지원
제12조 산업안전보건심의위원회	제29조 산업안전보건담당 노동부차관
제13조 긴박한 위험의 대응절차	제30조 법시행을 위한 직위신설
제14조 민사소송 대리인	제31조 비상위치탐지기
제15조 영업비밀 보호	제32조 무효판정규정의 분리성
제16조 법 적용의 예외	제33조 세출예산의 승인
제17조 벌칙	제34조 시행일

---

130) 45 U.S.C.S. §51~60 참조.

131) Vikramaditya S. Khanna, *Corporate Criminal Liability: What Purpose Does it Serve?*, Harvard Law Review, Vol 109, 1996, pp.1477~1534 참조. 같은 취지로 부정하는 견해로, Daniel R. Fischel, Alan O. Sykes, *Corporate Crime*, The Journal of Legal Studies, 1996, pp.319~349 참조.

132) https://www.osha.gov/law-regs/oshact/completeoshact 참조.

(2) 적용 범위

OSH법 제4조에 따르면, 이 법은 50개 주는 물론 푸에르토리코·사모아·괌 등 자치령에서 수행된 고용관계에 대해서도 적용된다. 즉, 이 법은 대부분의 민간기업 고용주와 근로자들에게 적용되며, 연방법의 효력이 미치는 50개 주 및 자치령의 공공기관에도 적용된다. 다만, 이 법이 적용되지 아니한 경우는, ① 자영업자인 경우(self-employed individuals), ② 소규모 농장(small farm)의 근로자인 경우, ③ 별도의 연방법과 연방기관에 의해 규제받는 근로자인 경우로서, 예컨대, 선원·광산·천연가스 등의 영역에 적용되는 법률이 있는 경우 해당 법률이 적용되고 OSH법은 적용되지 않는다.

(3) 산업안전보건기준

OSH법 제6조 제(b)(5)항에서는 노동부장관으로 하여금 근로자의 안전을 적절히 보장하는 기준(산업안전보건기준)을 정하도록 하고 있다. 산업안전보건기준은 일반산업부문, 해상부문, 건설부문, 농업부문이라는 4개 주요 부문으로 구분된다. 이러한 기준의 채택에 있어서 OSHA는 연방 산업안전보건연구소의 연구검토 및 제안을 받아들이거나 각 분야별 자문위원회를 OSHA 산하에 설치하여 동 자문위의 검토결과 및 권고를 받을 수 있다.

(4) 의무 규정과 과태료

OSH법은 특정한 산업안전보건기준(specific occupational safety and health standards, 즉 '특정기준')이 제정되어 있지 아니한 유해위험상황에 대해 사업주로 하여금 산업재해 예방조치를 취하도록 하는 일반의무규정(general duty clause)을 두고 있다. 이에 따라 일반의무규정을 준수하지 아니할 경우 과태료가 부과되는 강제적 조항이 작동된다. 즉, OSH법 제5조 제(a)(1)항에 따르면, 모든 산업의 고용주에게 적용되는 일반적 의무규정에 따라 고용주는 근로자들에게 안전한 근무환경을 제공하여야 한다.

이를 위반할 경우 과태료(2021년 기준)는 아래와 같다.[133]

---

133) Laura Green, *Occupational Safety and Health Act: Definition and Requirements*, 2021.9.27. https://www.investopedia.com/terms/o/occupational-safety-and-health-act.asp.

유형	과태료 상한
주요 공시의무 위반	위반건수별 $16,131
감축명령 불이행	불이행 기간별 1일 $16,131
의도적이거나 반복적인 위반	위반건수별 $161,323

다만, 근로자 10인 이하 기업인 경우, 당국은 법정 과태료의 80%까지 감할 수 있으며, 근로자가 21~30인 기업인 경우 50%까지 이를 감할 수 있다. 그러나 250인 이상의 근로자가 있는 기업의 경우 별도의 감액 없이 전액을 납부하여야 한다.

(5) 기록보존의무

OSH법 제8조에서는 산업안전보건기준에 의거하여 사업주에게 일정 유형의 기록보존(recordkeeping) 의무를 부과하고 있다. 예컨대, 호흡기보호기준, 위험에너지 관리기준, 공정안전관리기준 등에 따른 점검 및 예방활동에 관한 기록들을 유지하도록 의무를 부과할 수 있다. 특히, 근로자 10인 이상의 고용주는 원칙적으로 작업 관련 상해 및 질병에 관한 기록물 유지의무가 있다.[134]

(6) 내부고발자 보호제도

고용주가 근로자들을 보호해 주는 법규들을 위반하는 경우[135] 근로자가 이를 감독당국에 고발할 수 있도록 산업안전보건청은 OSH법에 의거하여 내부고발자보호제도(whistleblower protection program, 약칭 "WPP")를 운영하여야 한다(제11조 c항). 내부고발 담당 조사관은 고발인 또는 피고발인을 위해 일하지 않으며 중립적으로 활동하여야 한다. 산업안전보건청의 내부고발자 보호제도는 산업안전 및 보건과 직접적인 관련 여부를 불문하고 고용주의 보복에 대한 두려움 없이 종업원의 내부고발을 보호하는 것으로 평가받고 있다.

---

134) 이 경우 OSHA 양식 300, 300A 및 301을 사용한다.
135) 내부고발자 관련 법규는 20가지 이상으로 알려져 있다. www.whistleblowers.gov/about-us 참조.

(7) 긴급금지명령

OSH법 제11조 사법구제(judicial review) 규정에서는 연방정부의 행정처분에 불복하는 경우 연방법원에 제소할 수 있도록 하고 있다. 또한 산업안전보건 감독관은 급박한 위험을 인지한 경우 사업주에게 위험상황에 노출된 근로자들을 대피하게 하고 사업주 스스로 위험을 제거하도록 요구할 수 있다.

사업주가 위험상황을 자발적으로 제거하지 아니할 경우, 감독관은 OSHA에 보고하고 OSHA는 연방법원에 급박한 위험이 따르는 작업의 금지명령, 즉 금지명령 구제 또는 가처분(injunctive relief)이나 잠정중지명령(temporary restraining order)을 청구할 수 있다.

(8) 주 정부와의 관계

OSH법은 제18조에서 연방정부와 주정부와의 관계를 규정하고 있다. 주정부는 연방정부의 승인을 받아 각 주의 사정에 맞게 안전보건계획(state plans)을 수립할 수 있다. 주정부가 OSH법에 따른 안전보건계획을 수립하여 연방정부의 승인을 받은 경우, 당해 주에 대해서는 주정부가 정한 안전보건기준이 적용되고 안전보건 감독은 연방정부의 산업안전보건청(OSHA)이 아니라 각 주의 산업안전보건기관이 담당하게 된다.[136] 그러나 연방정부로부터 안전보건계획을 승인받지 아니한 주는 연방정부의 산업안전보건기준이 적용된다.

연방정부의 산업안전보건 기준의 실제 적용에 있어서는 산업안전보건청이 "자율보호 프로그램(Voluntary protection programs)"을 통해 자발적으로 안전보건 시스템을 구축·개선한 사업장에는 정기 근로감독 면제, 국가사업 입찰시 가점 부여 등 다양한 인센티브를 제공하며, 실제 사고예방과 사회적 비용절감에 상당한 효과를 거두고 있는 것으로 평가되고 있다.[137]

---

136) 정진우(2015), 앞의 책, 123면 참조.
137) 노민호, "중대재해 처리 무엇이 중한가", 법률신문, 2024. 11. 20. 참조.

〈OSHA와 각 주와의 관계: 주 계획을 중심으로〉[138]

　* 연방정부(OSHA)가 승인한 주 계획이 민간부문과 공공부문에 공히 적용되는 주

　** 연방정부(OSHA)가 승인한 주 계획이 공공부문에만 적용되고 민간부문은 연방정부의 기준이 적용되는 주

　　 연방정부(OSHA)의 기준이 민간부문과 대부분의 연방공무원에게 적용되는 주 (주정부 공공부문에는 주 계획 적용)

(9) 신설 조직

OSH법은 산업안전보건 관련 기관의 설립 근거가 되는바, 첫째, 산업안전보건청 (OSHA)으로서, 산업안전보건청은 아래에서 상술하는 바와 같이 미국 연방정부 노동부 산하의 외청으로 작업장의 안전 및 보건에 관한 상세한 기준을 세우고 이를 집행·감독하는 기관이다(제8조).

둘째, 산업안전보건연구소(National Institute for Occupational Safety and Health, 약칭 'NIOSH')로서, 동 연구소는 작업장의 질병 및 상해를 예방하기 위한 방안을 연구하고 이를 정부당국에 권고하는 기능을 수행한다(제22조).[139]

---

138) OSHA, *All About OSHA*, 2023, p.7.
139) 이 법에서 연구소(Institute)란 NIOSH를 의미한다. 법 제3조(정의규정) 제13항 참조.

셋째, 산업안전보건 심의위원회(Occupational Safety and Health Review Commission)로서, 상원의 승인을 얻어 대통령이 임명하는 임기 6년의 위원 3인으로 위원회가 구성되며, 산업안전 관련 행정조치 및 민원을 심의한다(제12조).

다. 미국의 산업안전보건 감독체계

(1) 산업안전보건청(OSHA)

연방 노동부 산하에 근로기준국(Bureau of Labor Standards)이 1922년 설립되었는데, 근로기준국은 산업안전보건기준을 정립하는 등 오늘날 노동부 외청(外廳)인 산업안전보건청(Occupational Safety and Health Administration, 약칭 'OSHA')의 모태가 되었다. OSH법이 시행되는 날인 1971년 4월 28일 산업안전보건청이 설립되었다.

산업안전보건청은 OSH법을 집행·감독하는 연방기관이자 노동부 산하 조직으로서 워싱턴DC에 본부를 두고 있다. 독특한 점은, 산업안전보건청의 기관장에 해당하는 청장(administrator)은 산업안전보건담당 노동부차관(Assistant Secretary for of Labor for Occupational Safety and Health)이고, 노동부장관의 지휘를 받아 청장의 직책을 수행한다.[140] 노동부장관은 산업안전보건청에 대하여 최종적인 책임을 지고 대통령에게 정기적인 보고와 권고를 행하며, 청장은 산업안전보건청을 통솔하는 역할을 담당한다.

산업안전보건청은 노동부 산하에 있지만 노동부의 소관업무 중 산업안전보건만을 독립적이고 전문적으로 수행한다. 즉, 산업안전보건에 관한 업무는 대부분 산업안전보건청의 책임하에 이루어진다.[141] 산업안전보건청은 근로자들이 불법적인 보복을 당하지 아니하고 안전하고 건강한 근로조건에서 일할 수 있도록 보장하는 것을 목표로 한다. 이를 위하여 산업안전보건청은 기준을 설정·집행하고, OSH법과 기타 연방 내부 고발자보호법령의 보복방지 규정들을 집행하며, 주정부의 산업안전보건 사업들이 연방 산업안전보건청의 감독 수준보다 저하되지 않도록 하는 등의 활동을 한다.[142]

---

140) https://www.osha.gov/aboutosha 참조.
141) 정진우, 「산업안전보건청의 설립 필요성과 추진방안에 관한 연구」, 『한국산업보건학회지』 제27권 제1호, 2017, 7면 참조.
142) https://www.osha.gov/aboutosha 참조.

또한, 산업안전보건청은 미국 전역에 걸쳐 10개의 지역사무소(regional office)를 두고 있으며, 약 2,300여명의 직원(2015년 기준)이 OSHA에 근무하고 있다.[143]

산업안전보건청 소속의 산업안전보건 감독관(inspector)은 OSH법에 의거하여 OSH법을 집행하는 권한을 갖는다.[144] 이들은 사업주가 산업안전보건에 관한 법령의 규정들을 준수하고 있는지를 확인하기 위하여 사업장 감독을 할 수 있다. 사업장 감독은 사전통지 없이 이루어지는 것을 원칙으로 하고 있다.[145]

그밖에 산업안전보건청 소속의 연수원(OSHA Training Institute)은 1972년 이래 민관 산업안전·보건 담당자들의 준법 교육을 위해 연수프로그램을 운영해 오고 있다.

(2) 연방 산업안전보건연구원 (NIOSH)

산업안전보건연구원은 연방 보건복지부(Department of Health and Human Services) 산하의 질병관리청(Center for Disease Control and Prevention)의 일부로 설치되어 있고, OSH법 제20조에 따라 산업안전보건청의 연구기능을 수행한다.[146] 산업안전보건연구원은 산업안전보건 권고기준의 연구개발, 사업장에서 새로운 기술을 적용하는 데 따른 안전보건문제 연구 등을 담당하고 있다. 현재 본부 외에 7개의 지역별 연구소가 운영되고 있다.

(3) 주정부

연방법인 OSH법 제18조는 산업안전보건에 관한 각 주정부의 관할(State Jurisdiction)과 조치계획(State Plans)을 규정하고 있다. 동 조항에 따라 주정부는 연방 기준이 정립

---

143) 10개의 지역사무소는 1지역 보스턴, 2지역 뉴욕, 3지역 필라델피아, 4지역 애틀랜타, 5지역 시카고, 6지역 댈러스, 7지역 캔자스시티, 8지역 덴버, 9지역 샌프란시스코, 10지역 시애틀을 말한다. https://www.osha.gov/aboutosha 참조(최근 노동부는 남부지역의 경제활동인구 증가에 따라 기존 9·10지역을 통합한 사무소를 샌프란시스코에 두고 10지역을 앨라배마주 버밍햄에 두는 방안을 추진 중이다. www.dol.gov 참조).
144) 연방정부 및 주정부 소속의 산업안전보건 감독관들은 1850여 명에 이르는 것으로 파악되고 있다(www.osha.gov/data/commonstats 참조).
145) 정진우(2015), 앞의 책, 158면 참조.
146) https://www.osha.gov/aboutosha 참조.

되지 아니한 산업안전보건 분야에 대해서는 자체 기준을 정립·시행할 수 있으며(제 18조 a항), 연방 기준이 공포된 분야에 대해서는 주정부의 계획을 수립하여 연방정부에 승인을 요청하여야 한다(제18조 b항). 연방 노동부장관은 주정부 계획이 적정한 감독인력을 갖추고 주간통상(interstate commerce)을 부당하게 압박하지 아니하는 등 일정 요건에 해당하면, 이를 승인할 수 있다(제18조 c항).[147]

이와 같이 연방법은 각 주의 주의회가 산업안전보건에 관한 주 법률을 제정하는데 주요한 가이드라인 역할을 한다.

〈참고 : 미국 연방대법원의 OSHA관련 최근 주요 판례〉

자영업 전국연합 v. OSHA (2022.1.13.)[148]

1. 쟁점과 판결

(쟁점) 종업원 100인 이상 고용주들에게 부과하는 백신테스트 정부시책이 OSHA의 권한 범위 내에 있는 것인지?

(판결) 연방대법원은 대법관 6:3 판결로 연방정부의 백신테스트 시책이 연방의회의 명백한 권한위임 없이 이루어졌으며, OSHA의 권한 밖이라 보아 동 시책의 집행을 정지시켰다.

2. 경과

2021년 연방 노동부 산하 산업안전보건청(OSHA)은 100인 이상 종업원이 있는 고용주들에게 적용되는 코로나 관련 비상조치(ETS: emergency temporary standard)를 공표하였다. 이는 대상 고용주들에게 정부의 의무적인 코로나19 백신 정책을 집행하도록 강제하는 내용이었다. 다만, 백신 미접종 종업원들에게 매주 코로나 검사를 받도록 하고 일과 중 마스크를 착용하도록 하는 고용주들에게는 일정한 예외가 인정되었다.

상공인 단체들인 자영업 전국연합(National Federation of Independent Business)은 각 관할 법원에 ETS의 적법성을 따지는 소송을 제기하였는데, ETS는 OSHA의 권한과 기능의 근거법인 OSH법이 정한 OSHA의 권한을 넘어서는 위법적 조치라고 주장하였다. 제

---

147) https://www.osha.gov/laws-regs/oshact/section_18.

148) National Federation of Independent Business, et al. v. Department of Labor, OSHA, et al. [595 U.S. __ (2022)] 참조.

5항소법원은 OSHA의 비상조치는 지나치게 광범위하고 합헌성이 의심된다는 이유로 그 조치를 정지시켰다. 제5항소법원은 헌법상 통상조항(Commerce Clause)에 따라 제정된 OSH법이 산업보건에 관한 광범위한 권한을 무제한적으로 정부기관(OSHA)에 부여하려는 입법 취지가 아니며, 백신 미접종 선택권이 여전히 개인에게 주어져 있다는 점을 논거로 하였다.[149]

한편, 관련된 소송들이 제6항소법원에 병합된 이후, 동 법원은 제5항소법원의 정지 조치를 다시 해제하였는데, 그 논거로 코로나19는 ETS 조치를 취할 만큼 비상 상황이므로 OSHA가 자신의 법적 권한 범위 내의 조치를 취했다고 보았다. 그러나 2022년 1월 13일 연방대법원은 8,400만 명의 미국인에게 적용되는 OSHA 비상조치인 ETS의 집행을 정지시켰다.

3. 평가

이러한 연방대법원의 판결은 광범위한 경제적·정치적 중대성이 큰 정부시책은 연방의회의 명백한 위임(clear delegation)이 요구된다는 연방대법원의 최근 판례(Alabama Association of Realtors v. Dep't of Health & Human Services)와 그 맥락을 같이 한다.[150]

이 판례의 변론과정에서 원고인 자영업 전국연합은 정부시책은 고용주들에게 '회복할 수 없는 준법비용'(unrecoverable compliance costs)을 초래하고, 종업원들이 정부시책에 순응하기보다는 회사를 그만두는 결과를 초래할 것이라고 주장한 반면, 연방정부는 OSHA 시책이 6,500명 이상의 생명을 구할 것이고 수천 명의 병원 입원을 예방할 것이라고 주장하였다. 연방대법원은 정부의 주장을 받아들이지 않았으며, 오직 연방의회만이 양자의 이익을 적절히 형량할 수 있는 권한이 있다는 이유로 정부시책의 집행을 유예하였다.

특히, 최근 연방대법원이 정부부처의 권한행사와 관련하여 제시한 '중대 문제의 원칙(Major Questions Doctrine)에 주목할 필요가 있다. '중대 문제의 원칙'이란 정부기관이

---

149) Jon O. Shimabukuro, *Fifth Circuit Stays OSHA Vaccination and Testing Standard*, CRS Report, 2021.11.17., pp.2~3 참조.

150) Gibson Dunn, *Supreme Court Stays OSHA Vaccine-Or-Testing Mandate*, 2022, <https://www.gibsondunn.com/supreme-court-stays-osha-vaccine-or-testing-mandate> (최종방문일: 2024. 7. 5.).

국가적으로 중요한 사안을 결정하고자 할 때에는 일반적인 권한위임(general delegation of authority)의 원칙으로는 충분하지 않으며, 연방의회로부터 명확한 법적 위임(clear statutory authorization)으로 지지될 수 있어야 하는 것을 말한다.[151]

연방대법원은 이번 판결에서 OSHA의 비상조치가 광범위한 경제적·정치적 권한행사인데, 의회가 OSH법을 통해 비상조치(ETS)의 행사를 명시적으로 위임하지 않았을 뿐 아니라 코로나19는 집이나 학교, 스포츠행사 등 다양한 경로로 감염될 수 있어 '직업적 위해'(occupational hazard)로 보기 어렵다는 등의 이유로 OSHA의 행정조치를 무력화하였다.[152]

3. 독일

가. 독일의 산업안전보건법 체계

(1) 개요

독일의 산업안전보건 규정은 사법(私法)과 공법(公法)에 각각 마련되어 있는데, 독일민법(BGB) 제618조(보호조치에 관한 의무)와 독일상법(HGB) 제62조(사용자의 배려의무)는 사용자로 하여금 근로자가 최대한 보호될 수 있도록 작업장, 작업도구, 기계, 시설, 설비 등을 갖추도록 의무화하고 있고, 사용자의 구체적 의무에 관한 기준은 공법상의 각종 산업안전보건 관련 법령에서 규정하고 있다.[153] 공법상의 산업안전보건 체계는 다시 국가에 의한 산업안전보건법령 체계와 민간 산업재해보험조합을 통한 자치적(autonomous) 산업안전보건규범 체계로 나뉜다.[154]

먼저 독일 연방 또는 연방주에 의하여 제정된 산업안전보건법령 체계를 살펴보면, 근로자의 안전과 보건을 확보하는 규정은 다양한 법률에 분산되어 있다. 1996년 8월

---

151) Kate R. Bowers, *The Supreme Court's Major Questions Doctrine: Background and Recent Developments*, CRS Report, 2022.5.17., p.1 참조.

152) Kate R. Bowers, op. cit., pp.3~4.

153) 이희성, 「독일의 산업안전보건제도의 개관에 관한 연구」, 『노동법논총』 제12집, 2007, 105~106면 참조.

154) 산업안전보건연구원, 『해외 산업안전감독 제도분석』, 한국산업안전보건공단, 2022.10., 171면 참조.

7일에 '직장 근로자의 안전보건 개선을 위한 산업안전보건조치 실행에 관한 법률[155])'(이하 "산업안전보건법"[156]))이 제정되었으나, 사업주 및 근로자의 기본적 의무와 일반적 원칙 등 기본적인 사항만 규정되어 있을 뿐, 구체적인 규정은 '산업안전보건의, 산업안전기사 및 그 밖의 산업안전 전문가에 관한 법률'(이하 "노동안전법"), '기술작업장비 및 소비자제품 안전의 재조직에 관한 법률'(이하 "장비제품안전법"), 사회법전 제7편 등에 분산되어 있다.

산업재해보험조합을 통한 자치적인 산업안전보건법규 중 대표적인 것으로 산업재해예방규칙들(UVVs)이 있다. 사회법전 제7편 제14조제1항은 산업재해예방규칙의 제정을 산업재해보험조합의 임무 중 하나로 규정하고 있고, 산업재해보험조합은 재해예방규칙에 산업재해, 직업병 기타 근로로 인한 보건상의 위험예방을 위한 조치들을 규정할 수 있다.[157] 산업재해예방규칙들이 실제로 어떻게 집행되는지에 관한 규정으로 사업장 안전보건에 관한 지침들이 있다. 지침을 지킨 사업주들은 그들의 공장과 기계가 모범사례에 따라 작동되고 있다고 간주될 수 있고, 사고가 발생하여도 과실책임이 없다는 것을 증명할 수 있다. 해당 지침들이 사업장 내에서 실제로 집행될 때 도움이 될 수 있도록 명확한 언어와 그림을 동반한 안내자료가 제시되기도 한다.[158]

이렇듯 독일은 산업안전보건에 관한 법령 외에 산업재해보험조합의 규칙 등에 따라 산업재해를 자율적으로 규제함으로써 기술발달에 따른 새로운 산업재해에 신속하게 대비하고 있다.[159]

---

155) Gesetz über die Durchführung von Maßnahmen des Arbeitsschutzes zur Verbesserung der Sicherheit und des Gesundheitsschutzes der Beschäftigten bei der Arbeit, 7. August 1996, BGBl. I S. 1246.
156) 이 법률의 약칭을 "산업안전보건보호법(Arbeitsschutzgesetz)"으로 번역하는 문헌도 있으나, 여기서는 이해가능성을 높이기 위하여 "산업안전보건법"으로 칭한다.
157) 박찬임 외, 『사내하도급과 산업안전: 제조업을 중심으로』, 한국노동연구원, 2015.12.30., 67~68면 참조.
158) 독일 산업재해보험조합 영문홈페이지 <dguv.de/en/prevention/rules_regulations/index.jsp> (최종 방문일: 2024. 3. 6.).
159) 안성경, 「독일의 산업재해 예방 관련 입법례」, 『최신 외국입법정보』 2022-28호(통권 제209호), 국회도서관, 2022.11.22., 6면 참조.

(2) 산업안전보건법

(가) 개요

1989년 EU의 산업안전보건에 관한 기본지침의 국내법화 과정에서 영국 등 다른 EU국가는 관련 시행령 또는 시행규칙 등 신설로 대응하였으나, 독일은 노동안전법 (ASiG), 제국보험법(RVO)을 비롯한 많은 법률을 개정하였다는 특징이 있다.[160] 독일의 산업안전보건법은 EU기본지침인 '근로자의 안전보건 개선촉진조치의 도입에 관한 지침'(89/391/EEC)을 독일 국내법률에 도입하기 위하여 영업법, 산업안전법, 제국보험법, 화학물질법 등에 분산되어 있는 산업안전보건 관련 규정들을 일반규정 및 원칙을 중심으로 통합한 것이다.[161]

독일 산업안전보건법은 6개의 장, 26개의 조로 구성되어 있다.

제1장 총칙

  제1조 목적 및 적용범위   제2조 용어의 정의

제2장 사업주의 의무

  제3조 사업주의 기본의무   제4조 일반원칙
  제5조 작업위험성 평가   제6조 문서작성
  제7조 업무배정   제8조 사업주간의 협력
  제9조 특별위험   제10조 응급조치
  제11조 근로자 건강관리   제12조 교육훈련
  제13조 산업안전보건책임자   제14조 공공분야 근로자에 대한 정보제공
                                     및 의견청취

제3장 근로자의 권리와 의무

  제15조 근로자의 의무   제16조 특별 협력의무
  제17조 근로자의 권리

---

160) 한국노총중앙연구원, 「EU 국가의 산업안전보건법 비교연구 - 독일, 프랑스, 오스트리아, 네덜란드를 중심으로」, 한국산업안전보건공단, 2009, 27면 참조.
161) 안성경, 앞의 글, 3면 참조.

(나) 적용범위

독일의 산업안전보건법은 기본적으로 사업주를 의무의 주체로 규정하고 있다. 사업주는 같은 법 제2조제2항에 따른 종사자를 고용하는 자연인, 법인 및 법인격 있는 조합을 말하고(산업안전보건법 제2조제1항), 종사자에는 근로자 외에도 직업훈련을 목적으로 고용된 자, 공무원, 판사, 군인, 장애인을 위한 작업장에 종사하는 자 및 노동법원법 제5조제2항에 따른 근로자와 유사한 자(가사노동에 종사하는 자와 그와 유사한 자는 제외)가 포함되어 있어 그 적용대상이 광범위하다(제2조제2항). 한편, 동 법률은 개별 가정에 고용된 가사근로자, 선박 근로자 및 연방 '광업법'이 적용되는 사업장의 근로자의 안전보건에는 적용되지 아니한다(제1조제2항).

독일 산업안전보건법은 제2장에서 사업주의 법령상의 안전보건 의무를 규정하고 있는데, 그 의무이행의 실효성을 확보하기 위하여 사업주에 준하는 책임자[162]에 대하

---

162) 이들은 ① 사업주의 법률상 대리인, ② 법인을 대표할 권한이 있는 법인의 기관, ③ 상법상 조합에서 조합대표권이 부여된 조합원, ④ 위임받은 업무와 권한 내에서 사업 또는 사업장의 경영을 담당하는 자, ⑤ 신뢰할 만하고 전문지식을 갖추고 있는 자로서 동 법률에 따라 사업주가 부담하는 업무를 자기 책임으로 수행할 것을 서면으로 위임받은 자 또는 동 법률에 따라 제정된 법규명령 또는 산업재해예방규칙에 의해 그 업무와 권한의 범위 내에서 의무를 부담하는 그 밖의 자이다(제13조).

여도 제2장의 의무를 이행할 책임을 부과하고 있다.

(다) 사업주의 의무

제2장에서는 사업주의 기본적 의무, 일반원칙, 개별적 의무에 대하여 규정하고 있다. 사업주는 근로환경을 고려하여 직장에서 종사자의 안전과 건강에 영향을 줄 수 있는 안전보건 조치를 취할 의무가 있고, 이러한 조치의 효과성을 검토하고 필요한 경우 변화하는 근로환경에 맞게 해당 조치들을 조정하여야 하는바(제3조제1항), 이를 사업주의 기본적 의무라 한다.

사업주가 안전보건 조치를 취할 때 따라야 할 일반원칙은 8가지로서(제4조), △ 작업은 가능한 한 생명과 신체적·정신적 건강에 대한 위험을 피하고 그 밖의 위험을 최소화하도록 설계되어야 하고, △ 특정한 보호가 필요한 근로자 집단에 대하여는 특별한 위험이 고려되어야 하며, △ 근로자들에게 적절한 교육지침이 제공되어야 한다는 등의 내용을 규정하고 있다.

사업주의 개별적 의무는 제7조부터 제9조까지에서 규정하고 있는바, 사업주는 업무를 지시할 때 근로자가 해당 업무를 수행하는 데 필요한 안전보건 규정을 준수하고 조치를 취할 능력이 있는지 고려하여야 하고, 특별히 위험한 업무영역에 있어서는 근로자가 해당 업무 수행 전에 적절한 지시를 받도록 하여야 하는 등의 의무이다.

(라) 감독 관련 행정관청의 권한

행정관청의 감독권한으로 자료제출요구권(제22조제1항), 사업장 출입 및 자료열람권(제22조제2항), 그리고 명령권이 있다. 명령권과 관련하여, 급박한 위험이 있는 경우 행정관청은 적정 기간을 설정하여 명령의 이행을 요구할 수 있고, 해당 기간 내에 명령이 이행되지 않는 경우 명령과 관련된 업무나 작업도구의 사용·가동을 중단할 수 있다.

(마) 의무위반에 대한 조치

사업주 또는 산업안전보건법 제13조에 따른 사업주에 준하는 책임자가 산업안전보건법령을 위반한 경우에는 과태료가 부과될 수 있다. 산업안전보건 관련 행정관청의 명령에 위반하는 경우 외에 산업안전보건법의 위임에 따라 제정된 행정입법[163]의 규정을 위반하는 경우에도 과태료가 부과될 수 있는데, 고의 또는 과실로 행정관청의 명령에 위반한 사업주 또는 그에 준하는 책임자에 대하여는 2만 5천 유로 이하의 과태료가, 고의 또는 과실로 행정입법에 위반하는 경우에는 5천 유로 이하의 과태료가 부과될 수 있다(제25조).

또한, 산업안전보건 관련 행정관청의 명령 또는 행정입법의 규정을 지속적으로 반복하여 위반하는 경우 또는 고의적으로 그러한 위반을 하여 종사자의 생명 또는 건강을 위태롭게 한 자에 대하여는 1년 이하의 징역 또는 벌금이 부과되는데(제26조), 동 벌금에 대하여는 상한에 관한 규정이 없다는 특징이 있다.

(3) 산업재해예방규칙

산업재해예방규칙의 작성은 중앙상공업산업재해보험조합 연합회의 중앙산업재해예방국 특별위원회에서 이루어진다. 동 위원회의 구성원은 중앙기관의 대표자, 규제대상영역을 전문적으로 담당하는 기술감독관, 연방 노동사회부의 대표자, 영업감독관, 규제대상영역에 있는 설비의 제조자 및 이용자, 사업주 측의 전문가조직, 노동조합의 대표자이다. 그리고 필요에 따라 해당 영역의 학식과 경험을 가진 전문가가 참여하기도 한다. 특별위원회에서 심의가 종료된 규칙안은 관련 산업재해보험조합 대표자회의에서 심의할 수 있도록 관련 조합에 송부되고, 예비심사를 위하여 연방 노동사회부에도 송부된다. 연방 노동사회부가 초안을 접수하면, 각 주에 송부하여 의견을 청취하고, 각 주는 해당 지역 내에 있는 영업감독기관에 송부한다. 이는 해당 규칙이

---

163) 독일 산업안전보건법상의 수권규정에 의해 제정된 주요 행정입법으로는 다음과 같은 규정이 있다.
  - 근로시 개인보호장구의 사용에 있어 안전 및 건강보호에 관한 명령
  - 건설현장에서의 안전 및 건강보호에 관한 명령
  - 작업장에 관한 명령
  - 작업도구의 준비 및 사용에 있어 안전 및 건강보호, 사업 내 감독이 필요한 시설의 안전, 사업 내 안전보건 조직에 관한 명령
  - 소음 및 진동으로 인한 위험으로부터 취업자를 보호하기 위한 명령
  - 위험물질로부터의 보호에 관한 명령
  - 생물학적 원료작업에 있어 안전 및 건강보호에 관한 명령
  - 전자기 분야에 의한 위험성으로부터 취업자 보호를 위한 명령
  - 화면기기에서의 작업에 있어 안전 및 건강보호에 관한 명령
  이와 관련하여는 윤준현 등 5인,『중대재해처벌법상 안전 및 보건확보 의무의 구체화 방안 연구』, 한국산업안전보건공단, 2021.10., 139~140면 참조.

장관의 승인을 받은 후에는 사업주에게 적용되는 규제로 작용하기 때문이다. 관련 산업재해보험조합의 대표자회의에서 의결된 규칙은 예비심사결과에 따라 연방 노동사회부의 승인을 받는다.[164]

「산업재해 예방원칙에 관한 규칙」 등 몇몇 규칙들은 경제전반에 적용되고, 나머지는 특정 산업부문, 특정 사업이나 활동영역에 맞추어 규정된 것이다. 산업재해예방규칙들은 관계 사업주와 보험에 가입된 개인에게 법적인 구속력을 가진다. 예를 들어, 사업주 또는 보험에 가입된 개별 근로자들이 고의 또는 중과실로 이 규칙들을 위반하는 경우, 산업재해보험기관들은 1만 유로 이하의 과태료를 부과할 수 있다. 과태료를 부과받았다고 하더라도 추후에 민사 또는 형사절차가 면제되는 것은 아니다.[165]

나. 독일의 산업안전보건 감독체계

(1) 개요

독일에서는 국가기관(연방정부 및 주정부)과 민간 산업재해보험조합이 함께 산업안전보건 관련 규제를 담당한다. 연방 노동사회부(BMAS)는 법령 제개정, 정책수립 등 정책기능을 담당하고, 산업안전보건 규제집행은 산업재해보험조합이 일상적인 사업장 감독을 실시하고 주정부가 산업재해보험조합의 감독활동을 지휘하며, 중요한 사안에 대하여는 주정부의 감독관이 개입하는 방식으로 이루어진다.

구분	연방정부	주정부	산업재해보험조합	
기관	연방노동사회부 (BMAS)	노동사회부 (StMAS)	조합중앙회 (DGUV)	직종조합 (BGs)
기능	법령 제·개정 정책수립	사업장 감독	산재예방 보상, 재활	사업장 감독 및 자문
근거법	산업안전보건법		산업재해보험법(산재예방규칙)	

* 자료: 한국산업안전보건공단 국제협력센터(2022.10.) 자료 재편집

---

164) 정진우(2015), 앞의 책, 79면 참조.
165) 독일 산업재해보험조합 영문홈페이지 <dguv.de/en/prevention/rules_regulations/index.jsp> (최종 방문일: 2024.3.9.).

(2) 연방기관

산업안전보건 관련 연방정부 소속 기관으로는 연방 노동사회부(BMAS)와 연방 산업안전보건연구원(BAuA)이 있다. 연방 노동사회부의 8개의 국 중에서 산업안전보건을 담당하는 조직은 제3국의 3b국(5개의 과로 구성)인데, 주요 업무는 법령의 제개정, 정책수립, 산업재해보험조합의 재해예방규칙 승인, 연방 산업안전보건연구원 운영 등이다. 독일은 연방 노동사회부 아래에 산업안전보건 관련 세부 분야별로 국가위원회를 두고 있는데, 동 국가위원회에서 산업안전보건 관련 규정에 따른 보호조치 이행에 필요한, 법적 구속력 있는 규칙을 제정한다. 동 국가위원회는 고용주, 노동조합, 주정부, 산업재해보험조합, 학계 및 전문가 대표로 구성되어 있다는 특징이 있다. 주요 국가위원회로는 사업장안전위원회, 산업의학위원회, 산업안전위원회, 유해물질위원회, 제조물안전위원회 등이 있다.166)

연방 산업안전보건연구원은 연방 노동사회부 소속 공공기관으로서, 산업안전보건과 관련한 정책과 기술적 사항에 대하여 연방 노동사회부에 조언하는 역할을 수행한다. 이를 위하여 연구원은 직장에서의 안전보건과 인간공학적 근로조건의 향상을 위한 연구개발을 수행하고 근로조건이 취업자의 안전보건에 미치는 영향을 조사하며, 산업안전보건 예방조치와 직장인의 건강증진을 위한 제안들을 발전시키거나 검증한다.167)

(3) 주정부기관

주정부 차원의 기관으로는 개별 주의 노동사회부(StMAS)와 산업안전보건·안전기술위원회(LASI)가 있다. 개별 주의 노동사회부는 연방정부의 산업안전보건 법령 집행, 사업장에 대한 산업안전보건 감독 및 자문, 기계기구의 성능 검정 및 중대재해 조사 등을 담당한다. 16개 주에는 사업장 근로감독청이 있는데, 지방행정기관의 하부조직으로 편성되거나 주 노동부나 환경부 소속 기관으로 편성된다. 주요임무는 산업안전보건 감독, 환경보호, 직업병 등과 관련한 업무를 수행하며 통상 지방경찰과 동일한

---

166) 산업안전보건연구원,『산업안전보건 감독기관 조직구성과 역할에 관한 국제비교』, 한국산업안전보건공단, 2021, 223~230면 참조.

167) WHO, *Country Profile of Occupational Health System in Germany*, WHO Regional Office for Europe, 2012, p.20 참조.

법적 권한을 보유한다. 산업안전보건·안전기술위원회는 주정부간 노동사회부 장관회의(ASMK) 소속으로 동 장관회의에 조언하고 주정부간 안전보건 업무를 조정하는 역할을 한다.[168]

(4) 산업재해보험조합

산업재해보험조합은 9개의 업종별 조합(BGs), 29개의 공공부문 조합(UKs)으로 구성되어 있다.[169] 직종조합(BGs)은 산업분류에 따라 전국적으로 조직되어 있고,[170] 공공부문조합(UKs)은 주로 주의 경계에 따라 지역별로 조직이 되어 있다. 이들 조합은 집행부를 사용자대표와 노동자대표의 공동대표체제로, 운영위원회를 사용자대표와 노동자대표 동수로 구성하는 특징이 있다.[171]

조합의 업무 중 산업안전보건 관련 주요 업무로 사업장에 대한 안전보건 검사감독이 있다. 사업장에 대한 안전보건 감독이 주정부 근로감독관의 감독과 함께 이루어지는데, 이러한 주정부 감독관청과 산재보험조합의 검사감독기관의 상호작용을 독일의 이원적 산업안전보건 체계(dual OSH system of Germany)라고 말한다. 조합은 회원 사업장에 대하여 법적으로 강제력이 있는 산업재해예방규칙(UVV)을 제정할 권한이 있고, 조합의 검사원들은 회원 사업장에 대하여 모든 법률과 규칙에 대하여 준수여부를 감독할 수 있다. 다만, 과태료 부과 권한은 주정부 근로감독관에게 있기 때문에, 조합의 검사원들은 법령 위반에 대하여 과태료를 부과할 수 없다.[172]

---

168) 한국산업안전보건공단 국제협력센터, 앞의 책, 94~97면 참조.
169) 한국산업안전보건공단 국제협력센터, 앞의 책, 97면 참조.
170) 직종조합의 종류로는 원자재 및 화학산업 직종조합(BG RCI), 에너지, 섬유 및 전기 미디어제품 직종조합(BG ETEM), 목재 및 금속 직종조합(BGHM), 식품과 요식 및 숙박업 직종조합(BGN), 건설업 직종조합(BG BAU), 행정관리직 직종조합(VBG), 운송산업 물류 원거리통신 직종조합(BG Verkehr), 건강서비스 및 복지 직종조합(BGW), 무역 및 상품물류 직종조합(BGHW)가 있다.
171) WHO, op. cit., p.22 참조.
172) WHO, op. cit., p.20 참조.

다. 독일의 중대재해처벌 관련 주요 판례

동일성 원리(identification theory)에 따라 법인에 대한 형사책임이 폭넓게 인정되는 영미법계와 달리, 독일·프랑스 등 대륙법계에서는 "법인이 범죄를 저지를 수 없다"(Societas delinquere non potest)는 라틴어 격언에 따라 법인의 형사책임이 매우 예외적으로만 인정되어 왔다.[173]

또한 독일은 사업장에서 근로자가 사망한 경우 사업주나 경영책임자등을 처벌하기 위한 별도의 법률을 마련하지 않고 있다. 독일의 산업안전보건법에도 근로자 사망을 범죄의 구성요건으로 하는 규정은 없다. 독일에서는 사업주나 경영책임자등의 과실로 근로자가 사상한 경우 형법상 과실치사죄 및 치상죄로 처벌한다.[174] 이는 독일 형법 제14조에서 법인사업주가 관련된 사건의 경우 해당 법인을 위하여 실질적인 업무를 처리하는 경영책임자등에게 형사책임을 부과하도록 규정한 데 따른 것이다. 독일 형법 제14조는 법인의 기관에 해당하는 자연인이 법인의 기관으로서 행위를 한 경우에는 법인을 범죄구성요건으로 하는 형벌 규정이 실제 행위자인 경영책임자등에게 준용된다고 명시하고 있다.[175] 즉, 독일에서는 형법 제14조에 따라 산업안전보건 분

---

173) David Goetz, *Legislative Summary: Bill C-45: An Act to Amend the Criminal Code*, Library of Canadian Parliament, 2003.7.3., p.4 참조.

174) 과실치사죄의 법정형은 5년 이하의 자유형 또는 벌금형이고, 과실치상죄는 3년 이하의 자유형 또는 벌금형이다.

175) 독일 형법 제14조(타인을 위한 행위) ① 다음 각 호의 어느 하나에 해당하는 자격으로 행위한 경우, 특별한 인적 성질, 관계 또는 상황(특별한 인적 요소)이 가벌성의 기초를 이루는 법률은 그와 같은 요소가 대리인에게는 존재하지 아니하고 본인에게만 존재하는 경우에도 그 대리인에 대하여 이를 준용한다.
  1. 법인의 대표기관 또는 그 기관의 구성원
  2. 타인의 법정대리인
  ② 사업주 또는 기타 사업권한을 가진 자로부터 다음 각 호의 어느 하나에 해당하는 위임을 받고 그 위임에 근거하여 행위한 경우에는 특별한 인적 요소가 가벌성의 기초를 이루는 법률은 그와 같은 요소가 수임자에게 존재하지 아니하고 사업주에게만 존재하는 경우에도 그 수임자에 대하여 이를 준용한다.
  1. 사업소의 전부 또는 일부의 경영에 관한 위임
  2. 사업주의 책임에 속한 임무를 자기 책임으로 임무를 담당하도록 하기 위한 명시적 위임기업은 제1문에 의한 사업소로 본다. 위와 같은 위임에 근거하여 공공행정의 임무를 담당하는 기관의 경우에는 제1문을 준용한다.
  ③ 제1항과 제2항은 대리권 또는 위임관계에 기초하여 이루어진 법률행위가 무효로 된 경우에도 준용된다.

야만이 아니라, 모든 분야의 범죄에 대하여 경영책임자등이 법인의 기관으로서 행위를 한 경우에는 그를 처벌할 수 있다.[176]

주요 판례를 살펴보면, 다음과 같다.

사건명	사건 개요	법원의 판결	비고
작센 - 안할트 상급주법원 1996년 3월 25일 판결[177]	근로자가 호흡기보호마스크 없이 가스연결작업을 하는 경우 생명이 위험할 수 있다는 것을 알면서도 작업을 하다가 일산화탄소 중독으로 사망한 사건	• 제1심 법원은 해당 작업을 함에 있어 질식상태의 가스노출이 예상되었으므로 호흡기보호마스크를 지급하지 않은 사업주에게 부작위에 의한 과실치사 유죄를 선고 • 당심 법원은 근로자가 재해예방규칙 미준수로 인한 사망위험을 알면서 근로를 제공하여 사용자의 형사법상 책임이 없다고 판결	
로스톡 상급주법원 2004년 9월 10일 판결[178]	사업주가 현장감독관(A)에게 산소와 용접기를 함께 보관하지 않도록 지시하였으나, 해당 설명을 들은 근로자(B)와 듣지 못한 근로자(C)가 이를 위반하여 작업하다가 폭발사고로 A, B, C가 사상한 사건	• 안전보건규정에 대한 교육 및 지시를 받지 못한 근로자 C에 대하여는 사업주가 과실치상의 책임을 부담 • 규정위반 사실을 알면서도 의무위반 행위로 사망한 현장감독관(A)과 부상을 당한 근로자(B)에 대하여는 무죄	사업주는 규정 위반에 따른 위험을 인지한 상태에서 스스로 피해를 당한 근로자의 사상에 대하여는 책임을 부담하지 않는다는 판결
슈트트가르트 상급주법원 2005년 4월 5일 판결[179]	양조장의 소유주가 지붕해체 작업 발주 시 도급인의 요건으로 안전망 등 안전장치 구비를 요구하였으나, 도급	일반적으로 발주자는 도급인을 감독할 의무가 없으나, 도급인이 부주의하게 작업하고 있는 것을 인지하면 개입하여	비전문가도 알 수 있는 정도의 안전요구 사항을 도급인이 준수하지 않는 경우, 발주자에게 안전을 보장해야 할 의

---

176) 산업안전보건연구원, 『해외 중대재해 처벌에 관한 사례 분석』, 2022.10., 90~98면 참조.

	인 선정 후 도급인이 해당 요건을 미비한 것을 인지하였음에도 작업 개시를 허용해 도급인의 근로자가 추락사한 사건	야 할 의무가 있으므로 지붕해체 작업의 발주자인 피고에게 과실치사죄의 유죄를 선고	무가 있음을 판시
베를린 - 브란덴부르크 주노동법원 2017년 11월 17일 판결180)	사업주가 근로자의 동의 없이 산업안전보건에 관한 책임이 있는 전기전문인력(Elektro fachkraft, VEFG)으로 임명하자, 그 근로자가 VEFG로 활동할 의무가 없다고 소를 제기한 사건	주노동법원은 근로자를 산업안전보건의 책임이 있는 전기전문인력으로 임명함에 있어서는 근로자의 동의가 있어야 한다고 판단	근로자가 외부적으로 형법 제14조의2제2항의 책임을 지는 사업주의 업무를 수행하기 때문에 근로자의 동의는 항상 필요하다고 판시

4. 일본

가. 일본의 산업안전보건법 체계

(1) 개요

일본에는 중대산업재해가 발생한 경우 우리나라 중대재해처벌법과 같이 경영책임자등에게 형사처벌을 강화하는 법률은 없고, 우리나라의 「산업안전보건법」과 유사한 노동안전위생법에서 법인 등 사업주에게 산업재해 예방책임을 부과하고 있다.

일본의 노동안전위생법은 1890년 제정된 광업조례에서 그 근원을 찾을 수 있다. 광업조례의 제정배경은 광부들에 의한 폭동이 일어날 정도로 광산에서의 노동조건이 열악했던 데에서 찾을 수 있다. 1905년에 광업조례는 광업법으로 대체되었고, 광업법상 산업안전보건에 관한 규정들이 1911년 제정된 공장법에도 규정되었다.181) 1947년

---

177) Oberlandesgericht des Landes Sachsen-Anhalt vom 25. 3. 1996 2 Ss 27/96.

178) OLG Rostock vom 10.09.2004 - 1 Ss 80/04 Ⅰ 72/04.

179) OLG Stuttgart judgment of 5.4.2005, 5 Ss 12/05.

180) LArbG Berlin-Brandenburg vom 17.11.2017, 2 Sa 867/17.

181) 광업법의 영향으로 식민지조선에서 1915년 조선광업령 및 1938년 조선광부노무부조규칙이 제

에는 노동기준법이 제정되어 제5장 안전 및 위생에 14개의 산업안전보건 관련 조항이 규정되었다. 이러한 규제에도 불구하고 고도경제성장 과정에서 산업재해가 빈발하고 신기술 등에 의한 새로운 재해요인이 증가함에 따라 1972년에 산업안전보건에 관한 독립법으로서 노동안전위생법이 제정되었다.[182]

노동안전위생법은 12장 123조로 이루어져 있다.

제1장 총칙 (제1조~제5조)

제2장 산업재해방지계획(제6조~제9조)

제3장 안전위생관리체제 (제10조~제19조의3)

제4장 노동자의 위험 또는 건강장애를 방지하기 위한 조치(제20조~제36조)

제5장 기계 등과 위험물 및 유해물에 관한 규제

　제1절 기계 등에 관한 규제(제37조~제54조의6)

　제2절 위험물 및 유해물에 관한 규제 (제55조~제58조)

제6장 노동자의 취업에 있어서의 조치 (제59조~제63조)

제7장 건강 유지증진을 위한 조치 (제64조~제71조)

제7장의2 쾌적한 직장환경 형성을 위한 조치(제71조의2-제71조의4)

제8장 면허 등 (제72조~제77조)

제9장 사업장의 안전 또는 위생에 관한 개선조치 등

　제1절 특별안전위생개선계획 및 안전위생개선계획(제78조~제80조)

　제2절 노동안전 컨설턴트 및 노동위생 컨설턴트 (제81조~제87조)

제10장 감독 등 (제88조~제100조)

제11장 잡칙 (제101조~제115조의2)

제12장 벌칙(제115조의3~제123조)

부칙

정되었으나, 공장법은 시행되지 않았다. 자세한 내용은 "류호연, 『노동법의 제정과정과 한국적 특성의 현재적 의미』, 서울대학교 법학전문대학원 박사학위논문, 2023, 48~51면" 참조.

182) 정진우(2015), 앞의 책, 273~275면 참조.

(2) 적용범위

(가) 사업자

노동안전위생법상의 사업자는 "사업을 실시하는 자로서, 노동자를 사용하는 자"이다(제2조제3호). 이는 노동기준법상의 사용자보다 좁은 개념이다. 노동기준법상의 사용자는 사업자 외에 경영담당자, 노동에 관한 사항에 대하여 사업자를 위하여 행위하는 자를 포함하고 있는데, 구체적인 사안에 적용할 때, 그 실질적인 책임이 누구에게 있는지의 판단에 따라 사용자가 달라지는 문제가 있어서 노동안전위생법에서는 사업의 실시주체 그 자체인 사업자에게 안전위생상의 책임을 부과한 것이다.[183]

일본에서는 건설공사의 대형화에 따라 하나의 공사를 둘 이상의 건설사업자가 공동으로 도급받아 수행하는 사례가 많은데, 이 경우 지휘명령계통이 복잡하고 재해방지대책의 책임소재가 불명확하게 될 우려가 높다.[184] 노동안전위생법에서는 이 경우 후생노동성령으로 정하는 바에 따라 그 중 하나의 사업자를 대표자로 정하도록 규정하고 있다(제5조제1항). 노동안전위생법을 적용할 때, 대표자로 선정된 사업자는 해당 공동수행사업의 사업자로 간주하고, 해당 공동수행사업에 종사하는 노동자는 해당 대표자만의 노동자로 간주한다(제5조제4항).

(나) 공무원

현업에 종사하지 않는 일반직 국가공무원에 대하여는 국가공무원법 부칙 제16조에 따라 노동안전위생법 적용이 제외된다. 이는 국가공무원법에 따른 인사원규칙 제10조부터 제14조까지에서 노동안전위생법령과 동일한 내용의 유해위험방지조치를 규정하고 있기 때문이다. 국유임야, 인쇄 및 조폐의 현업에 종사하는 자에 대하여는 국가공무원법 부칙 제16조의 적용이 배제되어 노동안전위생법이 전면 적용된다. 일정한 현업에 종사하는 지방공무원에 대하여도 노동안전위생법이 전면 적용되고(지방공무원법 제58조제2항·제3항), 현업에 종사하지 않는 지방공무원의 경우 일부 규정이 적용된다(지방공무원법 제58조제5항).[185]

---

183) 윤준현 등 5인, 『중대재해처벌법상 안전 및 보건확보 의무의 구체화 방안 연구』, 안전보건공단, 2021.10., 146면 참조.
184) 정진우(2015), 앞의 책, 281~282면 참조.

(다) 광산보안 및 선원

노동안전위생법 제115조제1항은 광산의 보안에 대하여는 노동안전위생법 제2장 산업재해방지계획에 관한 사항만 적용하도록 규정하고 있다. 광산의 보안은 광산에서의 사람에 대한 위해 방지 외에도 광물자원의 보호, 광산 시설의 보전, 광해 방지도 포함하는 개념으로서 경제산업대신의 소관 사항으로 하여 광산보안법에서 따로 규정하고 있기 때문이다. 한편, 선원법상의 선원에 대하여도 노동안전위생법의 적용이 배제된다(노동안전위생법 제115조제2항).

(3) 안전위생관리체제

노동안전위생법은 안전위생관리체제의 내용으로 총괄안전위생관리자, 안전관리자, 위생관리자, 산업의(産業醫), 작업주임자, 안전위생위원회 등을 규정하고 있는데, 이는 우리나라 「산업안전보건법」에서 안전보건관리체제의 내용으로 안전보건관리책임자, 안전관리자, 보건관리자, 산업보건의, 안전보건관리담당자, 산업안전보건위원회 등을 규정하고 있는 것과 유사하다.

(4) 안전위생조치

(가) 근로자의 안전 및 보건을 위한 조치

사업주는 기계, 원자재 등 작업수단으로 인하여 발생할 수 있는 재해를 방지하기 위하여 필요한 조치로서 ① 기계, 기구 및 기타 설비(이하 "기계 등"이라 한다.)에 의한 위험, ② 폭발성 물건, 발화성 물건, 인화성 물건 등에 의한 위험, ③ 전기, 열 및 기타 에너지로 인한 위험 등 세 가지 유형의 위험을 방지하는 조치를 강구하여야 한다(노동안전위생법 제20조). 이는 기계·기구 등의 물리적 위험, 사업장에서 취급하는 물질의 폭발, 발화 등 화학적 위험, 에너지에 의한 감전, 화상 등의 위험을 방지하려는 것이다. 사업주는 작업방법과 작업장소에서 기인하는 재해를 방지하기 위한 조치도 강구하여야 한다(노동안전위생법 제21조). 즉, 굴착, 채석, 하역, 벌목 등의 업무에서 작업방법 상의 잘못으로 토사나 적재된 물건의 붕괴 등이 일어날 수 있고, 작업장소의

---

185) 정진우(2015), 앞의 책, 283면 참조.

특성상 노동자가 추락할 우려가 있거나 토사 등이 붕괴할 우려가 있는 곳이 있으므로 사업주는 해당 위험을 방지하기 위하여 필요한 조치를 강구하여야 한다.

근로자의 보건을 위한 조치로서, 사업주는 ① 원재료, 가스, 증기, 분진, 산소결핍 공기, 병원체 등에 의한 건강장애, ② 방사선, 고온, 저온, 초음파, 소음, 진동, 이상기압 등에 의한 건강장애, ③ 계기감시, 정밀공작 등의 작업으로 인한 건강장애, ④ 배기, 배액 또는 잔여물에 의한 건강장애 등 네 가지 유형의 건강장애를 방지하기 위하여 필요한 조치를 강구하여야 한다(노동안전위생법 제22조).

(나) 기계등과 유해·위험물에 대한 규제

노동안전위생법은 기계 등으로 인하여 발생하는 재해를 예방하기 위하여 기계 등을 다음의 세 가지로 구분하고 있다. 첫째, 보일러, 기타 특히 위험한 작업을 수반하는 기계 등으로서 특정기계등으로 약칭되는데, 이를 제조하기 위해서는 도도부현 노동국장의 허가가 필요하고, 제조 후에는 해당 기계에 대하여 검사를 받아야 한다(노동안전위생법 제37조 및 제38조제1항). 둘째, 특정기계에 준하는 위험성을 가지는 기계 등에 대하여는 후생노동대신이 정하는 규격 또는 안전장치를 구비하지 아니하면 양도, 대여 또는 설치가 불가능하다(노동안전위생법 제42조). 셋째, 동력에 의하여 구동되는 기계 등으로서, 작동부분상의 돌기물 또는 동력전도부분이나 조속부분에 후생노동성령으로 정하는 방호조치가 되어 있지 아니한 것은 양도·대여하거나, 양도·대여의 목적으로 전시하여서는 아니 된다(노동안전위생법 제43조).

유해물에 대한 규제로서 제조금지, 제조허가, 표시의무 등이 있다. 제조·취급 과정에서 근로자에게 중증의 건강장애를 유발하고 현재의 기술로는 유효한 방지조치가 없는 물질인 황린성냥, 벤지딘은 제조가 금지되고(노동안전위생법 제55조), 미량의 노출로도 암 등 중증의 건강장애를 유발하는 물질인 디클로로벤지딘 등은 제조하는 데 후생노동대신의 허가가 요구되며(노동안전위생법 제56조), 폭발성 물질, 발화성 물질, 인화성 물질 등에 대하여는 명칭, 인체에 미치는 작용, 취급시 주의사항 등을 표시하여야 한다(노동안전위생법 제57조).

(5) 안전위생조치 위반에 대한 제재

안전위생조치 위반에 대하여 사업주를 제재하는 수단에는 형사처벌, 민사상 손해배상책임, 행정상 제재처분이 있다. 첫째, 노동안전위생법은 사업주에게 산업재해 예방을 위한 조치의무를 규정하고 있는데, 이러한 조치의무를 위반하는 경우 산업재해 발생 여부와 관계없이 형사책임이 부과될 수 있다. 이러한 조치의무 위반에 따른 노동안전위생법상 형벌 중 가장 중한 죄는 근로자에게 중증의 건강장애를 유발하는 물질(황린마티스, 벤지딘 등)을 제조·수입·사용 등을 한 죄로서, 위반자에 대하여 3년 이하의 징역 또는 300만엔 이하의 벌금이 부과될 수 있다(노동안전위생법 제116조).[186] 다음으로 중한 형벌을 살펴보면, 허가를 받지 아니하고 특히 위험한 작업이 필요한 기계를 제조한 자, 그러한 기계에 대하여 검정을 받지 아니한 자 등에 대하여는 1년 이하의 징역 또는 100만엔 이하의 벌금에 처한다(노동안전위생법 제117조). 한편, 업무상 근로자의 생명, 신체, 건강에 대하여 위험방지 주의의무를 위반하여 산업재해가 발생한 경우에는 형법에 따른 업무상과실치사상죄가 적용되어 5년 이하의 징역, 금고 또는 100만엔 이하의 벌금이 부과될 수 있다(형법 제221조).

둘째, 산업재해가 발생하면 재해자 또는 그 유족은 사업주에게 불법행위책임 또는 안전배려의무위반 등을 이유로 민사상 손해배상을 청구할 수 있다. 산업재해가 발생하면 노동자보상보험법에 따른 보험급여가 이루어지나, 통상 재해자 또는 그 유족이 청구하는 위자료나 손해청구액이 보험급여액을 초과하므로 그 초과분은 민사상 손해배상 책임이 된다.

셋째, 근로자의 안전 및 보건을 위한 조치의무 위반이 있거나 산업재해 발생의 급박한 위험이 있는 경우 작업의 전부 또는 일부의 일시정지, 건설물의 전부 또는 일부의 일시 사용정지 등의 처분이 내려질 수 있다(노동안전위생법 제98조제1항 및 제99조제1항).

---

186) 노동안전위생법상 가장 중한 죄는 위험한 기계등에 대하여 검사, 검정 등을 하는 기관의 임직원의 수뢰죄와 수뢰후부정처사죄로서 각각 5년 이하의 징역과 7년 이하의 징역에 처한다.

나. 일본의 산업안전보건 감독체계

일본은 ILO조약 제81호 및 제88호 등에 의하여 노동기준감독관 제도를 중앙정부의 권한으로 하여, 중앙부처와 일선감독기관과의 수직적 감독체계로 구성하고 있다. 일본의 산업안전보건에 대한 감독에도 동일하게 지방자치단체의 관여가 이루어지지 않고, 후생노동성, 도도부현별로 설치된 지방사무소인 47개 노동기준국, 도도부현의 시·구 단위로 설치된 321개의 지방노동기준감독서로 이어지는 수직적인 관계에서 감독계획[187]에 따라 이루어지고 있다. 사업장에 대한 산업재해 예방 목적의 기술지원 또는 교육훈련은 정부가 담당하지 않고, 사업주 단체인 산업재해방지단체가 담당한다.[188]

(1) 후생노동성

후생노동성은 노동기준국 안전위생부에서 일본 산업안전보건 관련 법령의 제·개정, 산업안전보건 감독 및 조사, 산업재해 예방전략 수립을 담당하고, 산하에 지방행정기관으로 도도부현 노동기준국과 노동기준감독서를 두고 있다.[189]

(2) 도도부현 노동기준국

도도부현 노동기준국은 후생노동성 노동기준국 안전위생부의 지휘·감독을 받아 노동안전위생법의 집행을 위한 검사 및 감독을 실시하고, 각 지역에 설치된 노동기준 감독서를 지휘·감독한다. 구체적으로, 도도부현의 노동국장 또는 노동기준감독서장은 산업재해 발생의 급박한 위험이 있고 긴급한 필요가 있는 때에는 사업주에 대해

---

187) 후생노동성 노동기준국은 직업안정국장, 직업능력개발국장, 고용균등·아동가정국장, 정책총괄관, 지방과장과 협의하여 매년 지방노동행정운영방침을 작성하여 시달한다. 도도부현 노동기준국은 후생노동성 노동기준국의 지방노동행정운영방침에 따라 도도부현의 상황(도도부현 내 적용사업장의 업종·규모, 최근 법위반과 시정상황, 최근 산업재해 발생상황 등)을 반영하여 각 도도부현 노동기준국의 행정운영방침을 작성한다. 노동기준감독서는 각 도도부현 노동기준국의 행정운용방침에 따라 관내 실정을 고려한 연간계획인 "감독지도업무계획"을 작성한다. 긴급문제가 발생한 경우에는 업무량을 문제업종에 집중하도록 계획을 일부 변경하기도 한다(산업안전보건연구원, 『산업안전보건 감독기관 조직구성과 역할에 관한 국제비교』, 2021, 295~296면 참조).
188) 산업안전보건연구원, 『해외 산업안전감독 제도분석』, 2022.10., 58면 참조.
189) 산업안전보건연구원, 『외국의 산업안전보건법 위반 사례 분석』, 2019.10., 65면 참조.

서 작업의 전부 또는 일부의 일시정지, 건축물 등의 전부 또는 일부의 일시 사용정지, 기타 산업재해 예방에 필요한 응급조치를 취할 수 있다.

(3) 노동기준감독서

노동기준감독서는 노동기준감독관을 배치하여 노동 관련 법규를 실제 현장에서 집행하는 역할을 수행한다. 노동기준감독관은 노동안전위생법의 시행을 위하여 필요하다고 인정되는 때에는 사업장에 출입하여 관계자에게 질문할 수 있으며 장부, 서류 기타의 물건을 검사할 수 있고, 형사소송법에 따른 특별사법경찰관으로서의 지위도 갖는다.

(4) 산업재해방지단체

중앙노동재해방지협회(JISHA: Japan Industrial Safety and Health Association)는 노동재해방지단체법에 따라 1964년에 후생노동성 노동기준국의 특별민간법인으로 설립되었으며, 2000년에 민간법인으로 독립하였다. 중앙노동재해방지협회는 사업주, 사업주단체 등이 실시하는 산업재해 예방활동과 노동자의 안전보건에 대한 조치를 지원·지도하고, 기술적인 사항에 대하여 지도·지원하나, 회원 사업장에 대한 감독권한은 없다. 건설업, 광업, 항만화물운송사업 등 산업재해 취약 업종별로 노동재해방지협회가 구성되어 있는데, 이들 단체는 사업주 및 사업주단체의 산재예방활동 촉진업무를 수행한다.[190]

다. 일본의 산업재해처벌 관련 주요 판례

2016년 기준 정부의 정기감독 등이 이루어진 사업장은 134,617개소이고, 이 중 89,972개의 사업장에서 법위반이 발생하였으나, 노동안전위생법 위반으로 검찰에 기소의견으로 송치된 경우는 497건인바, 검찰에 송치된 비율이 낮은 것은 일본의 노동감독실무상 위반사안이 중대하거나 악질적인 경우를 제외하고는 향후 위반사항의 시정이 확인되면 사법처리절차로 이행하지 않는 데 따른 것이다.[191]

---

190) 산업안전보건연구원, 『해외 산업안전감독 제도분석』, 2022.10., 84~85면 참조.

최근 기업재해에 있어서 기업조직체의 형사책임을 요구하더라도 전통적 과실론에 따르면 무죄가 되는 불합리성을 해소하기 위하여 신과실론이 등장하였다. 신과실론에서 예견가능성은 구체적인 결과의 발생까지는 예견하는 것을 필요로 하지 않고 어떤 일이 발생할 가능성이 있다는 정도의 위험성이 있으면 족하다고 판단하는바, 신과실론은 예견가능성의 입증책임을 크게 감소시키는 효과가 있다. 즉 전통적 과실론에 따라 산업안전보건법 위반사고가 발생할 것이라는 예견을 노동자가 입증하는 것은 상당히 어렵기 때문에 신과실론에 따른 입증책임의 감소는 큰 효과가 있다고 할 수 있다. 신과실론은 행정감독에 의한 재해방지가 그다지 큰 효과를 발휘하지 못하기 때문에 업무상과실치사상죄의 적용범위를 확대하여 형사제재면에서 기업재해의 방지 효과를 높이려는 정책적 의미가 있다.[192]

주요 판례를 살펴보면, 다음과 같다.[193]

사건명	사건 개요	법원의 판결	비고
2016. 11. 8. 도쿄(東京)고등재판소 판결	노동안전위생규칙 제147조에 따라 양손조작식 기동장치 등의 안전장치를 설치하여야 함에도, 전자동운전 중에는 근로자가 금형에 접근하여 작업할 필요가 없다는 이유로 금형기계에 안전문을 설치하지 않아 근로자가 금형기계 자동운전 중에 머리가 끼어 사망한 사건	• 1심 법원은 근로자가 전자동운전 중에 해당 기계에 접근할 필요성 자체를 인정할 수 없으므로 회사에 안전문 미설치에 의한 안전조치의무 불이행이 없다고 하면서 무죄를 선고 • 항소심 법원은 회사의 유죄를 인정하여 벌금 50만엔을 선고	노동안전위생규칙 제147조는 인간의 주의력에는 한계가 있으므로 안전장치를 설치하여 사고를 미연에 방지하려는 취지이므로 회사는 안전문 등의 기계설비에 의한 안전장치를 설치할 의무가 있었다고 판시
2015. 10. 27. 삿포로(札幌)고등법원 판결	건물옥상방수공사를 하청받은 회사(C)의 공사현장 책임자(A)가 인력공급회사(I)와 C 사이의 근로자	• 1심 법원은 노동안전위생법상의 위험방지조치의무는 일반적으로 원청이 취하는 것으로 보아	노동안전위생법상의 위험방지조치의무의 주체인 사업주의 요건으로 근로자와의 사이에 실질

191) 산업안전보건연구원,『외국의 산업안전보건법 위반 사례 분석』, 2019.10., 72~75면 참조.
192) 산업안전보건연구원,『세계각국의 산업안전보건법 형사처벌제도와 처벌사례 연구』, 2009.12., 172~174면 참조.
193) 산업안전보건연구원,『외국의 산업안전보건법 위반 사례 분석』, 2019.10., 82~100면에서 발췌하여 정리하였음.

	공급계약에 따라 동 옥상 방수공사에 공급된 작업자(B)에 대하여 추락방지 조치를 강구하지 않은 채 공사에 종사시켜 B가 옥상에서 추락사한 사건	하청인 C 소속인 A에게 무죄를 선고 • 항소심 법원은 작업자(B)가 근로자공급계약(I사와 C사 간)에 따라 C사와 실질적 사용종속관계가 있었다는 점에서 C사를 사업주로 보아 A에게 유죄를 선고	적 사용종속관계가 필요하다고 판시
2013. 3. 1. 코치(高知)지방재판소 판결	건축회사로부터 내장공사의 일부를 도급받아 내장공을 총괄관리한 자(B)가 시공되어 있던 우레탄폼이 어느 정도 건조되었기 때문에 불길이 붙지 않을 것이라고 믿고 화재발생방지조치 없이 용접작업자(C)에게 작업을 지시하여 용접 불꽃이 우레탄폼에 튀어 화재가 발생하고 이로 인해 근로자 1명이 사망한 사건	• 법원은 내장공 총괄관리자(B)와 건축회사의 대표이사(A)에게 각각 금고 1년 집행유예 3년, 용접작업자(C)에게 벌금 100만엔을 선고 • 다만, 업무상과실치사 및 업무상실화와 포괄일죄의 관계에 있는 노동안전위생법 위반죄는 불성립한다고 판시	노동안전위생법 위반죄의 성립에는 고의가 필요하나, 내장공 총괄관리자(B)는 우레탄폼은 어느 정도 건조시키면 화재위험이 없어진다고 생각하였으므로 노동안전위생법 위반의 고의가 인정되지 않는다고 판시

5. 호주

가. 호주 산업안전보건제도의 개요

과거 호주에서는 지나치게 처벌적인 규제조치가 과잉준법(over-compliance)을 초래하여 기업으로 하여금 책임으로부터 오히려 자유롭게 한다는 인식에 따라 영국의 법인과실치사법과 같은 규제법률의 도입에 소극적이었다.[194] 그러나 2000년대에 접어들어 영국의 법인과실치사(corporate manslaughter) 제도와 유사하게 산업과실치사(industrial

---

194) Kim Haines, Thomas John, *Malcolm Park, Workplace death and serious injury: a snapshot of legislative developments in Australia and overseas*, Parliamentary Library, 2004.11.29., p.14 참조.

manslaughter)라는 개념이 논의되기 시작하였다.[195] 호주의 행정구역은 6개의 주(state)와 2개의 준주(territory)로 구성되어 있는데,[196] 모든 주에 적용되는 연방법에는 법인과실치사 또는 산업과실치사 제도는 없으며, 주 법률에서 이를 규정하고 있는 것으로 파악된다.[197]

호주의 산업과실치사죄 연혁을 살펴보면, 2004년 수도준주(Australian Capital Territory)의 형법(Crimes Act)에 처음으로 산업과실치사죄가 도입되었다. 2011년 수도준주는 형법상 산업과실치사죄를 산업보건안전법(Work Health and Safety Act 2011)에 옮겨 규정하였고, 이를 위반하는 경우 최대 20년의 징역형에 처하도록 하였다. 이후 2017년 퀸즈랜드주, 2020년 북부준주(Northern Territory)와 빅토리아주, 2023년 12월 남호주에서 산업보건안전법에 차례로 산업과실치사 제도를 도입하였다.[198]

2024년 현재 6개 주(퀸즈랜드, 빅토리아, 서호주, 남호주, 수도준주, 북부준주)는 주법(state law)에서 산업과실치사죄를 규정·시행하고 있다. 최근 산업과실치사죄를 입법·시행(2022.3.31.)한 서호주(Western Australia)의 경우, 개인에 대하여는 최대 20년 징역형에 5천만불의 벌금형을, 기업에 대하여는 최대 1천만불의 벌금형에 처하도록 하고 있다. 또한, 호주 최대도시 시드니가 위치한 뉴사우스웨일스(New South Wales)주의 경우 산업과실치사 제도를 신설하는 산업보건안전법 개정안이 2021년 11월 뉴사우스웨일스 주의회 상원(Legislative Council)을 통과하였다가 주의회 하원(Legislative Assembly)에서 폐기되었는데, 2023년 10월 뉴사우스웨일스 주정부가 2024년부터 산업과실치사 제도를 도입하겠다고 천명하였고, 마침내 2024년 6월 의회에서 해당 법안이 통과되었다.[199] 호주 동남쪽 작은 섬으로 이루어진 타즈매니아주는 산업과실치사죄 도입을 그

---

195) 호주의 Industrial manslaughter 제도를 영국의 법인과실치사(corporate manslaughter)로 번역하는 논문도 있으나, 여기서는 원문에 충실하게 이를 '산업과실치사'로 칭한다.
196) 호주의 6개 주(state)는 뉴사우스웨일스(New South Wales), 빅토리아(Victoria), 퀸즈랜드(Queensland), 남호주(South Australia), 타즈매니아(Tasmania), 서호주(Western Australia)이고, 2개의 준주(territory)는 북부준주(Northern Territory)와 오스트레일리아 수도준주(Australian Capital Territory)이다.
197) 김수연, 「호주의 기업과실치사법」, 『중대재해처벌법 Ⅰ』, 법문사, 2022, 205면 참조.
198) 빅토리아주에서는 '작업장 과실치사(workplace manslaughter)'라는 개념을 사용하고 있다.
199) Lenny Roth, *Industrial manslaughter laws*, Parliament of New South Wales, 2024.2. <www.parliament.nsw.gov.au/researchpapers/Documents/Industrial-manslaughter-laws.pdf 참조> (최종 방문일: 2024.7.4.).

동안 고려하지 않았으나, 최근 2024년 이를 도입하려는 법안(이른바 Safer Workplaces Bill)이 의회에서 논의되고 있다.[200]

호주 연방차원에서는 2023년 9월에 공정근로입법 개정안(Fair Work Legislation Amendment)이 발의되었는데, 이는 공정근로법(Fair Work Act 2009) 및 산업보건안전법(Work Health and Safety Act 2011)을 각 개정하여 산업과실치사죄를 연방차원에서 도입·처벌하는 것으로 골자로 한다. 2024년 7월부터 시행되는 동 개정법률은 공공부문에만 적용되는데, 이에 따르면 근로자의 사망에 이르는 중대재해의 경우 개인에 대하여는 최대 25년 징역형을, 기관에 대하여는 최대 1,800만불의 벌금에 처하도록 하고 있다.[201]

이와 같이 호주의 경우 2000년대 접어들어 각 주의 산업보건안전법에 산업과실치사 규정을 두면서 중대재해로 인한 사망사건에 대한 처벌을 강화하고 있으며, 최근 연방정부 차원에서도 산업과실치사죄를 도입함으로써 중대재해에 대한 처벌을 한층 강화하는 추세에 있다.

호주의 연방정부 차원에서 산업안전보건에 관한 업무를 담당하는 부처는 고용노동부(Department of Employment and Workplace Relations)이다. 연방정부 조직(Commonwealth)과 공공기관에 적용되는 산업보건안전법(Work Health and Safety Act 2011)의 집행은 고용노동부가 담당하나, 민간기업에 적용되는 산업안전보건 규제는 각 주정부 및 자치령의 법령에 따른다.[202]

연방정부와 각 주정부, 자치령에 적용되는 산업안전보건법령의 통일성과 조화로운 집행을 위하여 호주 정부는 산업안전보건에 관한 모델법을 연구·제안하는 기관으로 호주안전근무위원회(Safe Work Australia, 일명 'SWA')라는 조직을 두고 있다. SWA는 「Safe Work Australia Act 2008」에 근거하여 연방정부와 주정부로부터 각 50%씩 예산 지원을 받아 2009년 설립되어 산업안전보건에 관한 각종 데이터를 수집·분석하고 정책연구 및 제안을 담당하는 독립기구이다. SWA는 규제기관이라기보다는 정책연구기관에 가까우며 15인의 위원(정부관료 9인과 근로자 및 사용자 대표 각 2인, 위원장 및

---

200) Michael Selinger, *Update: Industrial manslaughter offences across Australia*, 2024.2.21., www.holding edlich.com (최종 방문일: 2024.3.10.); www.mua.org.au (최종 방문일: 2024.8.15.) 참조.

201) Michael Selinger, op.cit. 참조.

202) www.dewr.gov.au/work-health-and-safety (최종 방문일: 2024. 6. 19.).

사무처장)으로 위원회가 구성된다.[203]

나. 산업과실치사죄의 주요 내용

산업과실치사죄(industrial manslaughter)란 사업체를 영위하는 자가 '무모하게 또는 과실로'(recklessly or negligently) 근로자 또는 제3자의 안전을 보장하는 데 실패하여 이들을 사망에 이르게 하는 범죄를 말한다. 각 주에서 운영되는 산업과실치사 제도가 처벌 수위에 약간의 차이가 있을 뿐 범죄성립요건과 같은 핵심 내용은 거의 동일한 것으로 파악되는바, 이를 요약하면 아래와 같다.[204]

(1) 적용 대상

산업보건안전법상 의무 주체에게 적용되는바, 법인·단체·정부기관도 처벌될 수 있으며, 기업의 임원 중 작업장 안전을 향상시킬 수 있는 권한을 가진 회사의 고위 임원에게도 적용된다. 즉, 호주의 경우 우리나라와 마찬가지로 법인과 고위경영진(senior officer)에 대한 처벌이 가능하다.

(2) 산업안전보건법상 의무

산업과실치사죄의 전제가 되는 의무위반은 산업보건안전법상 규정된 의무에 한한다. 즉, 고용주는 피고용인에게 안전한 근무환경을 제공할 의무, 피고용인의 건강과 근무조건을 점검할 의무, 작업장의 위험이 다른 사람들에게 노출되지 않도록 할 의

---

203) www.safeworkaustralia.gov.au/about-us/who-we-are-and-what-we-do (최종 방문일: 2024. 7. 4.).

204) 호주 수도준주(ACT)의 산업안전보건법 제34A조 산업과실치사(industrial manslaughter) 34A Industrial Manslaughter

(1) A person commits an offence if the person conducts a business or undertaking, or is an officer of a person who conducts a business or undertaking; and the person has a health and safety duty; and the person engages in conduct; and the conduct results in a breach of the health and safety duty; and the conduct causes

(i) the death of a worker; or

(ii) an injury to a worker and the injury later causes the death of the worker; or

(iii) the death of another person; and the person is reckless or negligent about causing the death of the worker or other person by the conduct.

무, 공장 및 구조물이 안전하게 설계되도록 보장할 의무, 상품이 안전하게 제조·사용되도록 할 의무 등이다.

(3) 과실 및 인과관계

안전보건에 관한 의무를 지닌 자는 과실행위로 사망이라는 결과가 발생되어야 산업과실치사죄가 적용된다. 또한 법인 또는 개인의 과실행위와 피해자 사망 간에 인과관계가 인정되어야 한다.

즉, 산업과실치사죄가 성립하기 위해서는 수규자가 ① 심각한 부주의로, ② 고용한 근로자의 사망사고에, ③ 중요한 원인을 제공한 경우로 한정된다.

(4) 벌칙

각 주의 벌칙은 상이하나, 산업과실치사죄가 인정되는 경우 자연인의 경우 최대 무기징역, 대체적으로 최대 20년 이상의 징역형을 규정하고 있다. 북부준주에서는 무기징역, 빅토리아주는 25년, 퀸즈랜드·서호주·수도준주에서는 20년 이하의 자유형을 규정하고 있다. 법인에 대한 벌금도 각 주에 따라 상이하다. 빅토리아주 약 1,800만 호주달러, 수도준주 1,650만 호주달러, 서호주 및 북부준주는 1,000만 호주달러의 벌금형을 규정하고 있다.[205]

다. 호주의 산업안전보건 관련 주요 판례[206]

사건명	사건 개요	법원의 판결	비고
지게차 하역작업 사망사건(2019년)	사업주가 화물차에 실려 온 발전기를 지게차(forklift)를 이용하여 하역작업 중, 발전기가 떨어져 피해자 사망	1심 판결: 사업주인 피고(Mr. Owen)에게 퀸즈랜드주 산안법상 산업과실치사죄를 적용하	호주에서 산업과실치사죄(industrial mans laughter)로 개인에게 처음으로 실형이 선고

---

205) 김혜경·이진국·도중진·차종진, 앞의 책, 245~246면 참조.
206) 김혜경·이진국·도중진·차종진, 앞의 책, 227~229면 및 https://www.worksafe.qld.gov.au/news-and
-events/news/2022/first-individual-convicted-for-industrial-manslaughter (최종 방문일: 2024.2.24.) 참조.

		여 최소 18개월 복역을 조건으로 5년 자유형 선고 (2022년 선고, 현재 항소법원 계류)	된 사건
자동차 재활용 사업장 지게차 충돌 사망사건(2019년)	근로자가 화물차 주위에서 실려 온 중고차 하역작업 중, 후진 중이던 지게차에 치여 사망	회사에 대해 퀸즈랜드 산안법상 산업과실치사죄를 적용하여 300만 호주달러의 벌금을 선고하고, 회사의 2명 이사에 대해 보건안전의무 위반으로 인한 사망에 대한 벌칙을 적용하여 10개월 자유형에 20개월의 집행유예 선고 (2020년)	호주에서 산업과실치사죄가 처음으로 적용된 사건
태양광 발전시설 사망 사건(2018년)	태양광 발전시설 건설현장에서 근로자가 고장난 설비를 수리하던 중, 고정장치가 풀린 해머에 맞아 사망	산안법상 보건안전의무 위반으로 벌칙 적용: 근로자 소속회사에 대해 30만 호주달러, 작업장 관리회사에 대해 45만 호주달러 부과 (2021년)	사전유죄 인정 (경영진 처벌은 없음)
철도건설 현장 폭발사고로 인한 중상해 사건(2018년)	철로건설 공사현장에서 작업하던 근로자가 폭발사고로 인해 고정장치에서 분리된 고압가스 고무호스에 맞아 중상 발생	피고 회사에 대해 산안법상의 보건안전의무 위반을 이유로 20만 호주달러 선고 (2021년)	사전유죄 인정
건설현장 추락으로 인한 중상해 사건(2015년)	건설현장에서 건축판넬 설치작업 중 근로자가 에어컨 설치를 위한 타공작업 와중에 5미터 이상의 높이에서 추락하여 부상	산안법상 보건안전의무 위반을 이유로 회사에 대해 27만 호주달러를 벌금으로 선고 (2022년)	사전유죄 인정

6. 캐나다

가. 캐나다 산업안전보건제도의 개요

캐나다의 산업안전보건제도는 연방과 주별로 다양한 법률과 규정을 통해 규율되고 있다. 연방을 기준으로 보면 캐나다의 산업안전보건제도는 캐나다 노동법(R.S.C., 1985, c. L-2), 특히 제2부 산업안전보건(PART II-Occupational Health and Safety)과 그 하위규범인 산업안전보건규정(Occupational Health and Safety Regulations)을 통해 규율되고 있다.

300인 이상의 근로자를 고용하는 사용자는 정책보건안전위원회(Policy Health and Safety Committees)를 설치하여야 하는데, 여기서는 보건 및 안전에 대한 정책이나 제도 수립·참여, 근로자 교육 제도의 수립 및 점검 등을 수행한다(노동법 제134.1조). 20인 이상의 근로자가 고용되는 작업장에서는 각 작업장마다 직장보건안전위원회(Work Place Health and Safety Committees)가 설치되어야 하는데, 여기서는 보건 및 안전과 관련한 신고의 심의·처리, 근로자 교육 제도의 이행 및 점검 등을 수행한다(노동법 제135조). 근로자가 20인 미만이거나 직장위원회를 설치할 의무가 없는 경우에는 근로자를 보건안전대표(Health and Safety Representatives)로 선출하여야 하는데, 보건안전대표는 보건 및 안전과 관련한 신고의 심의·처리 등의 업무를 수행한다(노동법 제136조).

이러한 캐나다 노동법제는 고용관계를 원인으로 하거나 그와 관련된 사고, 괴롭힘, 폭력, 신체·정신적 부상 및 질병 등의 예방을 목적으로 하는 규범이다(노동법 제122.1조).[207]

한편, 산업재해 발생 시 캐나다 형법(R.S.C., 1985, c. C-46)도 적용되어 형사처벌이 이루어질 수 있다. 이 경우 특히 산업재해 사고와 관련하여서는 기업이나 관리자에게 과실치사(제220조), 과실치상(제221조), 불법적 행위에 의한 과실치사(제222조 제(5)(a)항) 또는 불법적 행위에 의한 과실치상(제269조)의 죄책이 문제될 수 있다.

형법상 범죄 주체는 단체나 조직 또는 기업도 포함되지만, 이들의 형사책임은 조

---

207) 이 번역본은 법제처 세계법제정보센터 홈페이지<https://world.moleg.go.kr> 참조(최종 방문일: 2024. 7. 26.).

직이나 기업 그 자체보다는 위반행위에 참여한 개인이나 고용인에게 책임이 귀속된다. 이러한 구조에서는 매우 좁은 범위에서만 조직이나 기업의 형사책임이 인정되고 많은 경우에는 행위자 즉 자연인인 고용인의 형사책임으로 귀결되는데[208] 이러한 소극적 자세는 소위 "웨스트레이 광산사고(Westray Mine Disaster)"로 전환점을 맞게 된다. 즉, 1992년 5월 9일 캐나다 노바스코샤(Nova Scotia)주에 소재한 웨스트레이 석탄 광산에서 발생한 메탄가스 폭발 사고로 26명의 노동자가 사망한 사건이 발생하였다. 노바스코샤 주정부의 조사 결과, 위 광산은 메탄가스 등 유해 물질에 대한 적절한 내부 환기장치를 갖추지 못하였던 점 등의 문제가 발견되었다. 이러한 조사 결과를 정리한 보고서 『The Westray Story: A Predictable Path to Disaster』(1997)에서는 부실한 작업장 관리가 위험한 작업환경의 원인이었으며 이에 따라 기업 경영진의 책임을 조사할 것을 권고하였다.[209]

동 보고서의 발간 이후 캐나다에서는 중대재해에 대한 기업과 경영진의 책임을 강화하는 내용의 다양한 법률안이 발의되었고, 긴 논의 끝에 2004년 3월 31일 이른바 '웨스트레이법'(Westray Law 또는 Bill C-45)이 제정되었다.[210] 이 법의 공식명칭은 'Bill C-45, An Act to Amend the Criminal Code of Canada'(criminal liability of organizations)로 독자적인 별도의 제정법이 아닌 캐나다 연방 형법의 일부개정법률이며, 캐나다 연방 형법의 제·개정(§21, §22.1, §22.2, §217.1)을 주요 내용으로 한다.

나. 웨스트레이법의 제정배경과 주요내용

(1) 제정 배경

캐나다에서 기업 책임과 관련해 전통적으로 취하고 있는 '동일성 원칙'(identification doctrine)에 따르면 고위 경영진 또는 지휘부(directing mind)인 자연인의 범의(犯意)와 행

---

208) 김혜경·이진국·도중진·차종진, 앞의 책, 139~140면.

208) 김혜경·이진국·도중진·차종진, 앞의 책, 139~140면.

209) K. Peter Richard, *The Westray Story: A Predictable Path to Disaster*, 1997. <https://archives.novascotia.ca/meninmines/westray-story> (최종 방문일: 2024. 7. 16.).

210) Canadian Centre for Occupational Health and Safety 홈페이지 <https://www.ccohs.ca/oshanswers/legisl/billc45.html#section-2-hdr> (최종 방문일: 2024. 7. 16.).

위를 기업에 귀속시켜 그 기업에 형사책임을 지우기 위하여는 3가지의 요건이 충족되어야 한다. 즉, ① 자신의 직무범위 내의 행위이고, ② 회사에 대한 배임행위가 아니며, ③ 적어도 일부라도 회사의 이익을 위한다는 의사로서 한 행위이거나 결과적으로 회사의 이익을 위한 행위가 되어야 한다.

그런데 여러 사업장에서 다양한 사업을 영위하는 기업의 경우에는 특정한 사업장이나 특정 사업 부문과 관련해 중간 간부가 사내 정책을 해석·적용하거나 심지어 정책을 결정하는 경우도 있다. 그럼에도 고위 경영진의 행위에 대하여만 기업의 형사적 책임을 물을 수 있다면 사실상 중하위 간부들에 의한 행위를 면책시키는 결과가 될 수 있다는 비판을 받고 있었다. 이러한 문제의식에서 웨스트레이법의 도입이 논의되기 시작하였다.[211]

(2) 법률의 주요 내용

(가) 책임 귀속 주체의 확대

캐나다 개정 형법은 제2조(정의)에서 단체(organization)라는 개념을 정비하여 공공기관, 단체, 사회, 지방자치단체 외에 파트너십(partnership) 또는 노동조합(trade union) 등도 단체라는 개념에 포함되는 것으로 규정하였다.[212]

기존 형법은 'person'이나 'corporation'이라는 용어를 사용하고 있었는데, 단체(organization)라는 용어를 통해 개인의 집단적인 활동을 구현하는 다양한 형태까지 형사책임의 범위를 확대한 것이다.

(나) 타인의 업무를 지시하는 자의 의무 신설

캐나다 개정 형법은 제217.1조를 신설하여 타인의 업무를 지시하는 자의 의무(duty of persons directing work)를 도입하였다. 즉, '타인의 업무 또는 과업 수행에 관하여 지

---

211) 김수연, 「캐나다의 Westray Law」, 『중대재해처벌법 Ⅰ』, 법문사, 2022, 188~190면 참조.
212) Section 2. Interpretation organization means
  (a) a public body, body corporate, society, company, firm, partnership, trade union or municipality, or
  (b) an association of persons that
    (i) is created for a common purpose,
    (ii) has an operational structure, and
    (iii) holds itself out to the public as an association of persons;

시하는 사람 또는 지시할 권한을 가진 사람은 해당 업무 또는 과업으로 인하여 이를 수행하는 사람 또는 제3자가 신체적 피해를 입지 않도록 적절한 예방조치를 취할 법적인 의무가 있다."는 조항을 신설하였다.213)

따라서 동 조항에 따른 생명·신체 보호의무를 위반하여 작업자 또는 제3자가 사망하거나 상해를 입은 경우에는 캐나다 형법상 과실치사상죄로 처벌될 수 있다.

이 조항은 대표자의 행위로 단체에 대한 형사책임을 부과하기 위한 조문이며, '타인의 업무 또는 과업 수행에 관하여 지시하는' 모든 사람이 근로자와 대중의 안전을 보장하기 위해 모든 합리적인 조치를 취하도록 법적 의무를 부과하는 조항이다.214)

한편 위 조항은 죄형법정주의의 관점에서 비판을 받고 있기도 하다. 제217.1조는 산업재해에 관한 과실범 성립의 근거가 되는 규정임에도 추상적이고 모호한 표현을 사용하여 위 조항에서 부과하는 의무의 내용이나 조항의 수범자를 명확히 알기 어렵다는 것이다. 예컨대, '합리적인 예방조치(reasonable steps)'라는 표현은 의무의 구체적인 내용을 파악하기 어려울 뿐만 아니라 '타인의 업무를 지시하는 사람(persons directing work)'이라는 표현 역시 추상적이어서 평사원이 타인에게 업무지시를 하는 경우 평사원도 위 조항에서 정한 의무를 부담하는지, 만약 적용된다면 고위 관리자와 같은 정도의 의무를 부담하는지 불분명하다는 지적을 받고 있다.215)

(다) 단체의 형사책임 관련 규정

웨스트레이법을 통해 캐나다 형법에 제22.1조와 제22.2조가 신설되었다. 제22.1조216)는 과실행위로 인하여 단체가 형사책임을 부담하는 경우를 규정하고 있다. (a)호

---

213) Duty of persons directing work.
　　§217.1 Every one who undertakes, or has the authority, to direct how another person does work or performs a task is under a legal duty to take reasonable steps to prevent bodily harm to that person, or any other person, arising from that work or task.

214) 김혜경·이진국·도중진·차종진, 앞의 책, 150면 참조.

215) Norm Keith, James Ferguson, *Bill C-45 and the Canadian Petroleum Industry*, Alberta Law Review, Vol. 43, No. 1, pp.170~171(김수연, 앞의 글, 192면에서 재인용).

216) Offences of negligence - organizations.
　　22.1 In respect of an offence that requires the prosecution to prove negligence, an organization is a party to the offence if
　　(a) acting within the scope of their authority
　　　　(i) one of its representatives is a party to the offence, or

에서는 단체의 종업원이 범죄행위의 당사자일 것을, (b)호에서는 단체의 고위 임원이 감독의무를 다하지 못하였을 것을 요구하고 있다. 행위자는 대표자(representative)로 규정되어 있는데 이는 사실상 해당 단체를 위하여 일하거나 연계된 모든 사람을 포함한다. 예컨대 기업의 이사, 동업자, 대리인 및 종업인 등이 포함될 수 있다.

나아가 종업원의 행위는 그의 권한 범위 내에 있어야 한다. 또한 종업원이 범죄행위의 당사자인 경우도 포함된다. 이러한 과실행위에 고위 임원(senior officer)의 감독의무 위반이 입증되어야 한다.

제22.2조[217]는 과실책임이 아닌 행위자가 고의로 행위한 경우 기업의 형사책임을 규정하고 있다. 동 조에서 행위자는 고위 임원이며 단체의 이익을 위한다는 의도가 있어야 한다.

나아가 고위 임원이 단체를 위한다는 의사를 가지고 다른 종업원을 지시한 경우에도 기업의 책임이 인정된다. 이 경우 지시에 따른 종업원에게 단체의 이익을 위한 의사는 요구되지 않는다. 마지막으로 고위 임원이 종업원의 행위로 인하여 범죄행위의 당사자가 될 것이라는 사실을 알고 있으면서 이를 예방하기 위한 합리적인 조치를 취하지 않은 경우에도 기업에게 형사책임이 인정될 수 있다.[218]

(ii) two or more of its representatives engage in conduct, whether by act or omission, such that, if it had been the conduct of only one representative, that representative would have been a party to the offence; and

(b) the senior officer who is responsible for the aspect of the organization's activities that is relevant to the offence departs—or the senior officers, collectively, depart—markedly from the standard of care that, in the circumstances, could reasonably be expected to prevent a representative of the organization from be ing a party to the offence.

217) Other offences – organizations.

22.2 In respect of an offence that requires the prosecution to prove fault—other than negligence—an organization is a party to the offence if, with the intent at least in part to benefit the organization, one of its senior officers

(a) acting within the scope of their authority, is a party to the offence;

(b) having the mental state required to be a party to the offence and acting within the scope of their authority, directs the work of other representatives of the organization so that they do the act or make the omission specified in the offence; or

(c) knowing that a representative of the organization is or is about to be a party to the offence, does not take all reasonable measures to stop them from being a party to the offence.

218) 김혜경·이진국·도중진·차종진, 앞의 책, 147~149면 참조.

(라) 형 선고 관련 규정

산업재해로 형사상 책임이 인정되는 경우에 일반적으로 개인에게는 징역형이, 단체에는 벌금형이 선고된다. 한편 법원은 개인 또는 단체에 보호관찰처분(probation order)을 할 수도 있다.

웨스트레이법에서는 산업재해로 인해 단체에게 벌금형을 선고함에 있어 경범죄(summary conviction) 사건의 경우 벌금 액수의 상한을 25,000 캐나다 달러에서 100,000 캐나다 달러[219)로 상향 조정하였고, 중범죄(indictable conviction) 사건의 경우 벌금 액수의 상한을 두지 않았다.

〈산업재해 관련 캐나다 형법의 법정형〉[220)

죄명	개인	단체
과실치사(제220조)	최대 무기징역 (범행에 총기가 사용된 경우 4년 이상의 징역)	벌금형 (금액은 법원의 재량)
과실치상(제221조)	10년 이하의 징역	벌금형 (금액은 법원의 재량)
불법적 행위에 의한 과실치사 (제222조 제(5)(a)항)	최대 무기징역 (범행에 총기가 사용된 경우 4년 이상의 징역)	벌금형 (금액은 법원의 재량)
불법적 행위에 의한 과실치상 (제269조)	10년 이하의 징역 (경범죄의 경우 18개월 이하의 징역)	벌금형 (금액은 법원의 재량)

한편, 웨스트레이법의 도입으로 신설된 캐나다 형법 제718.21조는 단체에 형을 선고하는 경우의 고려사항을 규정하고, 제732.1조에서는 단체에 보호관찰을 선고하는 경우 부가할 수 있는 조건을 규정하고 있다.

---

219) 이하 본 목차(캐나다의 산업안전보건제도)에서 달러는 캐나다 달러(CAD)를 말한다.
220) 김수연, 앞의 글, 195면 참조.

<형 선고 시 고려사항(캐나다 형법 제718.21조)>

① 범죄로 인하여 단체가 얻은 이익, ② 범행의 계획성 및 복잡성과 범죄 실행기간, ③ 단체가 벌금을 납입할 수 없거나 피해회복을 할 수 없음을 보이기 위해 단체의 재산을 은닉하거나 빼돌리려고 시도하였는지 여부, ④ 형의 선고가 단체의 경제적 지속가능성과 직원들의 지속적인 고용에 미칠 영향, ⑤ 범죄에 대한 수사와 공소제기에 소요된 비용, ⑥ 범죄의 기초가 된 행위에 관하여 단체나 단체의 대표자에게 가하여진 행정제재, ⑦ 단체나 단체의 대표자들 중 범죄에 연루된 사람이 동종 전과 또는 해당 범죄와 유사한 법령위반행위로 인한 행정제재를 받은 전력이 있는지 여부, ⑧ 단체가 대표자에게 범죄에서의 그의 역할과 관련하여 부과한 제재, ⑨ 단체가 받은 배상명령 또는 단체가 범죄 피해자에게 지불한 배상금, ⑩ 단체가 후속 범행의 가능성을 낮추기 위하여 취한 조치

<보호관찰 선고 시 부가조건: 캐나다 형법 제732.1조>

① 피해자들이 범죄로 인하여 입은 손해를 배상할 것, ② 단체가 후속 범죄를 실행할 가능성을 낮추어 주는 정책·기준·절차를 마련할 것, ③ 위 정책·기준·절차를 회사의 대표자들에게 전달할 것, ④ 법원에 위 정책·기준·절차의 시행에 관하여 보고할 것, ⑤ 위 정책·기준·절차가 준수되도록 관리하는 책임자(senior officer)를 선임할 것, ⑥ 재판에서 정해진 방식으로 공중에게 일정한 정보(단체가 유죄판결을 받은 범죄, 단체에게 선고된 형벌의 내용, 단체가 후속 범죄를 실행할 가능성을 낮추기 위하여 취하고 있는 조치)를 제공할 것, ⑦ 법원의 관점에서 해당 단체가 후속 범행을 실행하는 것을 예방하거나 범죄로 인하여 발생한 손해를 배상하는 데 유익하다고 판단되는 다른 합리적인 조건을 이행할 것

다. 캐나다의 웨스트레이법 관련 주요 판례[221]

사건명	사건 개요	법원의 판결	비 고
Transpavé 사건 (2008년)	Transpavé사의 직원이 컨베이어에 끼인 이물질을 제거하던 중 지게차에 치여 사망한 사건	Transpavé사에 100,000 달러의 벌금형을 선고	웨스트레이법으로 유죄판결을 받은 첫 번째 기업

---

221) 김혜경·이진국·도중진·차종진, 앞의 책, 156~188면 및 www.scc-csc.ca (최종 방문일: 2024. 7. 31.) 참조.

Swartz사건 (2012년)	건설회사 소속 근로자들이 고층빌딩에 설치된 콘크리트 발코니 수리작업을 수행하고 있었는데, 공사현장 승강기의 낙하안전장치가 모자란 것을 현장감독관이 알면서도 근로자들을 탑승시켰고 승강기가 붕괴하여 4명이 추락 후 사망하고 1명은 중상을 입은 사건	건설회사인 Metron사의 이사인 피고인에게 90,000달러의 벌금형을 선고	피고인에게 경영자책임을 인정한 사건
Metron 사건 (2013년)		Metron사에게 750,000달러의 벌금형을 선고	웨스트레이법의 입법취지는 기업 관리자가 감독에 앞장서고, 기업이 행위에 책임질 것을 촉구함이라고 판시
Kazenelson 사건 (2016년)		Metron 건설회사 프로젝트의 관리자인 Kazenelson에게 징역 3년 6개월의 자유형을 선고	관리자 개인에게 적용된 최초의 사례
Fournier 사건 (2016년)	지하 하수도와 수도본선을 교체하는 건설현장에서 작업 중 굴착한 벽이 무너지면서 떨어진 콘크리트 슬래브에 깃눌려 사망한 사건	고용주인 피고인에게 과실치사죄를 인정하여 징역 1년 6개월을 선고	불법행위가 범죄행위일 필요는 없지만 불법적이고 객관적으로 위험한 행위이어야 한다는 명제를 제시한 사례
Hoeyeck 사건 (2019년)	정비공인 근로자들이 녹슨 트레일러에 잭을 사용하는 방식으로 차를 들어올렸고, 근로자 1인이 탱크를 제거하기 시작하였을 때 폭발이 일어나서 90%의 화상을 입고 사망한 사건	사망자가 먼저 안전한 방식으로 탱크를 제거하려 시도했다는 증거가 있으므로, 정비소의 상태가 피해자 사망의 원인이라는 인과관계 증명에 실패했다고 보아 무죄를 선고한 사건	피고인에게 무죄를 선고한 사건
Greater Sudbury 사건222) (2023년)	Greater Sudbury시와 도심 상수도 보수공사 계약을 체결한 건설회사가 공사를 진행하던 중, 도로건설차량이 공사 구역 교차로를 건너던 보행자를 치어 사망하게 한 사건	하급심은 시에 무죄를 선고하였으나 온타리오주 항소법원이 무죄 판결을 취소하고 캐나다 대법원이 이에 동의하여 사건은 하급심 법원에 환송되어 계류 중 (형량 미결정)	산업안전보건법의 정의규정 중 고용주(employer)의 해석이 문제된 사안으로, 공사를 발주한 시(city)도 고용주에 해당한다고 본 사건. 이에 따라 시가 근로자나 작업장에 직접적인 통제권이 없더라도 건설 현장에서의 사고에 책임이 있다고 본 사건임

7. 요약 및 시사점

위에서 살펴본 주요 선진국의 산업안전보건 관련 법제 및 감독체계를 중대재해를
중심으로 우리나라와 비교·요약하면 아래와 같다.

첫째, 영국은 2007년 법인과실치사법이라는 별도의 법률를 마련하여 중대재해가
발생한 경우 그에 책임이 있는 법인에 상한 없는 벌금을 부과할 수 있도록 하고 있
다. 동법은 처벌대상을 단체(organisation)로 규정하고 있는데, 이에는 법인뿐만 아니라
정부부처와 이에 준하는 조직, 경찰, 조합(partnership)이 포함되는 등 그 포괄범위가
넓다는 특징이 있다. 다만, 법인과실치사법의 처벌대상에서 자연인은 제외되며 법인
에 대한 벌금이 부과되는바, 자연인에게 징역형까지 처하는 우리 법제와는 큰 차이가
있다. 영국에서 중대재해가 발생한 경우, 그에 책임이 있는 경영책임자 등 자연인에
대한 처벌은 산업안전보건법 제37조[223] 또는 보통법상 중과실치사죄(gross negligence
manslaughter)가 적용된다. 법인과실치사죄의 혐의가 있는 기업이 유죄를 인정(plea
guilty)하는 경우 해당 기업의 형벌이 감면되는 혜택이 있고 그 경영책임자는 불기소
되는 경향이 있는데, 실제로 영국에서 기업이 유죄판결을 받는 때에 해당 기업의 임
원이 과실치사로 유죄판결을 받는 경우는 전체 사건의 10%에도 미치지 못하는 것으
로 알려져 있다.[224] 이에 영국의 법인과실치사법이 제정될 때 자연인에 대한 책임을
묻는 규정을 도입했더라면 중대재해의 억지효과가 보다 크게 나타나고 제정법의 실
효성이 제고되었을 것이라는 평가가 있다.[225]

---

222) Greater Sudbury 사건은 책임이 있는 당사자들에게 중복되는 책임을 부여하여 더 많은 당사자
　　 가 작업 현장의 안전에 주의를 기울이도록 해야 한다는 이른바 '벨트와 멜빵' 이론('belt and
　　 braces' theory)에 기인한 것으로, 안전 문제에 관한 게임 체인저(game changer)의 의미를 지닌 판
　　 례로 평가되고 있다.

223) 영국 산업안전보건법 제37조(법인에 의한 범죄) ① 법인이 관련 법령의 규정을 위반한 행위를
　　 한 것이 이사, 관리자, 사무담당자, 이와 유사한 임원 또는 그러한 자격으로 행동한다고 주장한
　　 사람의 동의, 묵인, 또는 태만으로 인한 것으로 입증된 경우에는 해당 법인뿐만 아니라 그 사
　　 람도 해당 범죄에 대해 유죄의 책임을 지고, 그에 따라 소송이 제기되어 처벌받을 수 있다.
　　 ② 법인의 업무가 그 구성원에 의해 관리되는 경우, 제1항은 그 구성원의 관리기능과 관련된
　　 작위 또는 부작위에 대하여 그 구성원을 해당 법인의 이사로 간주하여 적용한다.

224) 김혜경·이진국·도중진·차종진, 앞의 책, 280면 참조.

225) Victoria Roper, *The Corporate Manslaughter and Corporate Homicide Act 2007: A 10-Year Review,*

둘째, 미국의 경우 주민의 보건·안전에 관한 규제 권한은 주정부에 있으나 연방헌법상 주간통상(interstate commerce) 규정에 따라 연방의회가 산업안전보건법(OSH법)을 제정하였고, 동법이 산업안전보건 제도에서 중심적인 역할을 하고 있다. OSH법은 주정부가 해당 주의 사정에 맞게 안전보건계획(state plan)을 수립하여 연방정부의 승인을 받은 경우 해당 안전보건기준을 해당 주에 적용할 수 있도록 하여 주정부의 자율성을 보장하고 있다는 특징이 있다. 또한 영국의 법인과실치사법과 같은 법률이 존재하지 않는 미국의 경우 연방의회의 다수당이 누구냐에 따라 OSHA의 조직·운영이 영향을 받아 왔는바, 예컨대 공화당은 의회에서 OSHA의 기능 확대를 반대하고 OSHA 운영예산의 삭감을 주장하여 왔다.226) 다만, 코로나19 상황에서 사업주로부터 근로자 질병 및 재해에 관한 데이터가 OSHA에 제대로 보고되지 않아 산업안전보건에 관한 OSHA의 기능에 한계점이 노출되었던바, 향후 유사한 위기의 발생 시 OSHA의 효과적인 행정대응을 기대하기 어려우므로 현행 산업안전보건 체계의 개선이 필요하다는 지적이 있다.227)

셋째, 독일은 산업안전보건에 관한 법령에 의한 국가의 규제와 함께 사업자들로 구성된 산재보험조합의 규칙에 따른 자율적 규제로 산업재해를 견고하게 규제하고 있다는 특징이 있다.228) 독일의 경우 우리나라의 중대재해처벌법과 같이 중대재해가 발생한 사업장의 경영책임자 등을 처벌하기 위한 별도의 법률은 없다. 또한, 사업장에서 근로자가 사망한 경우 그에 책임이 있는 자연인에 대하여 형법상 과실치사죄(법정형은 5년 이하의 자유형 또는 벌금형)를 적용하여 처벌할 뿐이고, 우리나라처럼 경영책임자 등에 대하여 가중하여 처벌하는 규정은 없다. 다만, 독일 형법 제14조에 따라 경영책임자 등이 처벌될 수 있다. 동법 제14조는 법인의 기관에 해당하는 자연인이

The Journal of Criminal Law, Vol.82 No.1, 2018, p.73 참조.

226) NELP, *Workplace Safety Enforcement Continues to Decline in Trump Administration*, 2019.3.14. 및 *House GOP's Proposed Budget Would Gut Labor Enforcement*, 2024.7.19., <www.nelp.org> (최종 방문일: 2024.8.24.).

227) Thomas M. Costa, *Workplace Safety and Health: Data and Enforcement Challenges Limit OSHA's Ability to Protect Workers during a Crisis*, Testimony Before the Subcommittee on Workforce Protections, Committee on Education and Labor, House of Representatives, GAO, 2022.5.25., pp.25~26 참조.

228) 안성경, 앞의 글, 6면 참조.

법인의 기관으로서 행위를 한 경우에는 법인을 범죄구성요건으로 하는 형벌 규정이 실제 행위자인 경영책임자등에게 준용되도록 하고 있는바, 근로자 보호의무와 관련하여 법인을 범죄구성요건으로 하는 규정이 있는 경우 경영책임자 등이 해당 규정의 적용을 받아 처벌될 수 있는 것이다. 우리나라의 중대재해처벌법상 중대산업재해치사죄는 산업안전보건 분야에만 적용되나, 독일 형법 제14조는 모든 분야의 범죄에 대하여 경영책임자 등이 법인의 기관으로서 행위를 한 경우에 적용된다는 점에서 차이가 있다.

넷째, 일본은 우리나라의 산업안전보건법과 매우 유사하게 산업재해 예방책임을 사업주에게 부과하는 노동안전위생법이 있으나, 중대산업재해가 발생한 경우 경영책임자등에게 형사처벌을 가중하는 법률은 없다. 즉, 우리나라의 중대재해처벌법과 같은 별도의 법률이 존재하지 아니하고 미국처럼 산업안전보건법 체계로 운영되는 대표적인 국가라 할 수 있다. 일본은 우리나라와 동일하게 산업안전보건 감독을 중앙정부의 권한으로 하여 중앙부처와 일선 감독기관과의 수직적인 감독체계를 구성하고 있다는 특징이 있다. 따라서 일본에서는 산업안전보건 감독에 지방자치단체의 관여가 이루어지지 않고, 후생노동성, 도도부현별로 설치된 노동기준국, 시·구별로 설치된 지방노동기준감독서로 이루어지는 수직적 체계하에서 감독이 이루어진다.

다섯째, 호주는 우리나라 중대재해처벌법과 같은 별도의 법률은 없으나, 근로자의 사망에 대하여 법인 처벌 규정을 두고, 경영책임자 등에 해당하는 자연인을 중하게 처벌하는 규정을 두고 있다는 점에서 우리나라의 법제와 매우 유사하다고 평가할 수 있다. 최근 호주에서는 각 주별로 해당 주의 산업보건안전법에 산업과실치사죄(industrial manslaughter) 규정의 도입 움직임이 빠르게 확산되고 있다. 특히, 산업과실치사죄의 처벌대상이 사업을 운영하는 자(PCBU: person conducting business or undertaking)와 PCBU의 임원으로서 광범위한데, PCBU에는 개인사업주뿐만 아니라 법인(회사), 비법인단체나 협회, 조합 및 정부기관이 포함된다.[229] 한편, 호주는 개인 처

---

229) Safe Work Austrailia에서 배포한 문서(Interpretive guideline-model Work Health and Safety Act-the meaning of 'person conducting a business or undertaking') 참조. <https://www.safeworkaustralia. gov.au/system/files/documents/1702/interpretive _guideline_pcbu.pdf> (최종 방문일: 2024. 7. 4.).

벌의 상한형을 명시하고 하한을 두지 않은 점에서 개인 처벌에 있어 하한형을 두어 중하게 처벌하는 우리나라의 입법례와 구별된다.[230]

　　끝으로, 캐나다는 우리나라의 중대재해처벌법과 같은 독자적인 법률 대신 형법에 의율하고 있다. 캐나다 형법의 개정, 즉 웨스트레이법(Westray law)의 도입을 통해 '타인의 업무를 지시하는 자'에게 업무수행자 또는 제3자의 신체적 피해 방지를 위한 예방조치를 취할 의무를 신설함으로써 경영책임자가 범한 의무위반을 이유로 기업을 처벌할 수 있는 가능성을 넓히고 있다. 나아가 캐나다의 개정 형법은 책임의 주체로 '단체(organization)'라는 개념을 정비함으로써 산업재해 발생 시 기존 공공기관, 회사 또는 지방자치단체 등 이외에 파트너십 또는 노동조합 등도 책임 주체에 해당하도록 확대한 특징이 있다. 이와 같은 웨스트레이법이 2004년 제정된 지 20년이 흘렀음에도 여전히 많은 근로자가 사망(연간 1,000여 명)하고 있는 현실에 비추어, 산업안전 감독관들에 대한 교육훈련 등 전문성 강화와 함께 웨스트레이법의 엄정한 집행이 요구되고 있다.[231]

---

230) 최수영, 「해외사례 비교를 통한 중대재해처벌법 향후 정책방향」, 『건설관리』 제22권 제2호, 2021.4., 25면 참조.

231) Canadian Labour Congress, *20 years after its passing, Canada's unions demand enforcement of the Westray Law*, 2004.5.9. www.canadianlabour.ca 참조.

제 2 편

각론: 조문별 검토

제1장 총칙

제1조 목적

> **법 제1조(목적)** 이 법은 사업 또는 사업장, 공중이용시설 및 공중교통수단을 운영하거나 인체에 해로운 원료나 제조물을 취급하면서 안전·보건 조치의무를 위반하여 인명피해를 발생하게 한 사업주, 경영책임자, 공무원 및 법인의 처벌 등을 규정함으로써 중대재해를 예방하고 시민과 종사자의 생명과 신체를 보호함을 목적으로 한다.

I. 입법경과

1. 입법취지

　「중대재해 처벌 등에 관한 법률」은 사업주나 경영책임자등의 안전 및 보건 확보의무 위반으로 인하여 중대산업재해 또는 중대시민재해가 발생한 경우에 그 형사처벌 등을 규율하고 있는 법률이다. 즉, 중대재해처벌법은 안전사고나 유해물질 등으로 인하여 사망·부상 또는 질병에 이르는 치명적인 인명피해를 예방하기 위하여 사업주 또는 경영책임자등이 조치해야 할 행위규범을 정하고, 그 의무 위반으로 인하여 중대재해가 발생한 경우에 사업주 또는 경영책임자등에게 높은 형량의 형사책임과 징벌적 손해배상 등 강화된 책임을 부여하려는 취지의 법률이다.

　산업현장에서 안전 및 보건에 관한 의무와 그 의무 위반에 따른 제재를 규정하는 법률로는 1981년에 제정된 「산업안전보건법」이 있지만, 그 형사처벌은 주로 사업장 단위의 안전관리자 등에게 이루어지고 경영책임자는 처벌하기 쉽지 않다는 지적이 제기되어 왔다. 이에 사업 또는 사업장에서의 안전 및 보건 확보의무를 위반함으로써 중대재해를 발생시킨 사업주나 경영책임자등에게 강화된 책임을 부여하기 위해 2021년 1월 26일 중대재해처벌법이 제정되었다.

2. 입법과정

중대재해처벌법은 법제사법위원회에서 강은미의원(2020.6.11.), 박주민의원(2020.11.12.), 이탄희의원(2020.11.17.), 임이자의원(2020.12.1.), 박범계의원(2020.12.14.)이 대표발의한 5개의 법률안[232]을 심사하여 '중대재해 처벌 등에 관한 법률안(대안)'을 제안하고, 동 대안이 2021년 1월 8일 국회 본회의에서 의결된 결과 제정되었다. 제1조 목적규정은 5개의 제정안이 다음과 같이 문구에 다소의 차이가 있으나, 법률안의 실질적인 내용은 각 제정안 제2조 이하에서 규율되고 있으므로 제1조의 비교만으로 각 법률안의 질적인 차이를 파악하기는 쉽지 않다.

〈각 제정안의 제1조(목적) 비교〉

강은미의원안	박주민·이탄희의원안	박범계의원안	임이자의원안
제1조(목적) 이 법은 사업장, 공중이용시설 및 공중교통수단을 운영하거나 인체에 해로운 원료나 제조물을 취급하면서 생명·신체의 안전 또는 보건위생상의 위해를 입지 않도록 유해·위험을 방지할 의무를 위반하여 인명피해를 발생하게 한 사업주, 법인, 기관, 경영책임자 및 <u>감독 또는 인·허가</u>	제1조(목적) 이 법은 사업 또는 사업장, 공중이용시설 및 공중교통수단을 운영하거나 인체에 해로운 원료나 제조물을 취급하면서 안전조치의무 및 보건조치의무를 위반하여 인명피해를 발생하게 한 법인, 사업주, 경영책임자 및 <u>공무원의</u> 처벌을 규정함으로써 시민과 노동자의 생명과 신체를	제1조(목적) 이 법은 사업 또는 사업장, 공중이용시설 및 공중교통수단을 운영하거나 인체에 해로운 원료나 제조물을 취급하면서 안전·보건조치등 의무를 위반하여 인명피해를 발생하게 한 법인, 사업주, 경영책임자 및 <u>공무원의</u> 처벌을 규정함으로써 시민과 노동자의 생명과 신체를 보호하	제1조(목적) 이 법은 사업주와 기업의 안전 및 보건재해 예방에 대한 책임을 강화함으로써 산업 분야 및 공중이용시설과 공중교통수단을 운영하면서 인명피해가 발생하지 않도록 생명과 신체의 안전을 보호하고, 보건을 유지·증진함

---

232) 강은미의원안(의안번호 2100377), 박주민의원안(의안번호 2105290), 이탄희의원안(의안번호 2105421), 임이자의원안(의안번호 2106019), 박범계의원안(의안번호 2106436).

권한을 가진 공무원에 대한 처벌을 규정함으로써 시민과 노동자의 생명과 신체를 보호하고 공중의 안전을 확보함을 목적으로 한다.	보호하고 공중의 안전을 확보함을 목적으로 한다.	고 공중의 안전을 확보함을 목적으로 한다.	을 목적으로 한다.

다만, 공무원의 처벌과 관련하여 강은미·박주민·이탄희·박범계의원안이 "공무원의 처벌"(박주민·이탄희·박범계의원안) 또는 "감독 또는 인·허가 권한을 가진 공무원에 대한 처벌"(강은미의원안)을 규정한 반면, 임이자의원안은 관련 규정을 두고 있지 않았다. 이는 강은미·박주민·이탄희·박범계의원안이 공무원의 직무의무 위반으로 중대재해가 발생한 경우에 대한 공무원 처벌 조항을 본문에 규정하고 있었던 반면, 임이자의원안은 기업 처벌에 중점을 두고 있는 법률안이었기 때문이다.

공무원 처벌에 관한 규정이 최종적으로 제정법에 반영되지는 않았지만,[233][234] 공무원 역시 경영책임자등의 개념에 포함된다는 점을 고려하여 제1조에 '공무원'이라는 문구는 남게 되었다.

---

233) 제383회국회(임시회) 법제사법위원회 법안심사제1소위원회 제1차회의록(이하 "2020년 12월 24일 법사위 제1소위 회의록"이라 한다) 33면 중 공무원 처벌 규정을 두는 것에 소극적인 취지의 아래 논의 참조.
  ○ 법무부차관(이용구) 공무원 처벌 규정을 두는 경우에는, 직무유기에 해당하는 정도가 대개 직무유기 상황이 벌어진 경우일 거라고 보여집니다. 그래서 차라리 직무유기 범죄(저자 주. 형사법상 직무유기죄)에 해당하는 경우에 이런 중대재해를 일으켰을 때는 가중처벌하는 것으로 정리하는 것이 어떨까 하는 것이 저의 의견입니다.
  ○ 법원행정처차장(김인겸) 법원도 같은 취지에서 신중검토 의견입니다.
  ○ 소위원장 백혜련 지방자치단체장들, 전국시장군수구청장협의회에서 굉장히 강력한 반대의견을 전달했습니다 ..... 형벌 대상의 지나친 광범위성을 가지고 있고 자기책임 원칙에 배치된다 그리고 지방자치단체장의 원활한 행정업무 수행에 제약을 가져온다 그 다음에 형사법의 보충성 원칙 위배 이런 여러 가지 의견을 제시한 바 있습니다.
234) 법 제정 이후 강민정의원(의안번호 2114548)과 강은미의원(의안번호 2114568)은 공무원의 처벌 내용을 포함한 개정안을 각각 발의하였는데, 두 개정안은 임기만료로 폐기(2024.5.29.)되었다.

〈공무원의 처벌 관련 각 제정안 비교〉

강은미의원안	박주민 · 이탄희의원안	박범계의원안
제7조(공무원의 처벌) 다음 각 호에 대한 권한이 있는 기관의 장 또는 상급자로서 해당 직무를 게을리하거나 의무를 위반하여 사람이 사망 등 중대재해에 이르게 하는 데 기여한 공무원은 1년 이상 15년 이하의 징역 또는 3천만원 이상 3억원 이하의 벌금에 처한다. 1. 사업장이나 공중이용시설 또는 공중교통수단에 대한 위험의 예방 및 안전관리와 보건관리 의무 준수 여부의 감독 2. 사업장이나 공중이용시설 또는 공중교통수단의 건축 및 사용에 대한 인허가 3. 사업장에서 취급하거나 생산·제조·판매·유통 중인 원료나 제조물의 안전·보건조치 의무와 관련된 감독·인허가	제12조(공무원 처벌 특례) 다음 각 호 업무의 결재권자인 공무원(중앙행정기관의 장 및 지방자치단체의 장을 포함한다. 이하 같다)은 그 권한과 관련된 주의의무를 위반하여 중대재해를 야기한 때에는 1년 이상의 징역 또는 3천만원 이상 3억원 이하의 벌금에 처한다. 1. 사업 또는 사업장이나 공중이용시설 및 공중교통수단에 대한 위험의 예방 및 안전관리와 보건관리 의무의 준수 여부의 감독 2. 사업 또는 사업장이나 공중이용시설 및 공중교통수단의 건축 및 사용에 대한 인·허가 3. 사업 또는 사업장에서 취급하거나 생산·제조·판매·유통 중인 원료나 제조물의 안전·보건조치의무와 관련된 감독 및 인·허가	제11조(공무원 처벌 특례) 다음 각 호 업무의 결재권자인 공무원(중앙행정기관의 장 및 지방자치단체의 장을 포함한다. 이하 같다)은 그 권한과 관련된 주의의무를 위반하여 중대재해를 야기한 때에는 7년 이하의 금고 또는 5천만원 이하의 벌금에 처한다. 1. 사업 또는 사업장이나 공중이용시설 및 공중교통수단에 대한 안전·보건조치등 의무의 준수 여부의 감독 2. 사업 또는 사업장이나 공중이용시설 및 공중교통수단의 건축 및 사용에 대한 인·허가 3. 사업 또는 사업장에서 취급하거나 생산·제조·판매·유통 중인 원료나 제조물의 안전·보건조치등 의무와 관련된 감독 및 인·허가

II. 내용 및 검토

1. 목적

제1조는 이 법의 목적235)으로 ① 중대재해의 예방과 ② 시민·종사자의 생명·신체 보호를 규정하고 있다. '중대재해'란 이 법의 핵심적인 개념으로서 중대산업재해(법

---

235) 참고로, 시행령의 목적은 아래와 같다.
　　령 제1조(목적) 이 영은 「중대재해 처벌 등에 관한 법률」에서 위임된 사항과 그 시행에 필요한 사항을 규정함을 목적으로 한다.

제2조제2호)와 중대시민재해(법 제2조제3호)로 구분된다. 중대산업재해란 종사자가 업무로 인하여 사망 등 재해를 입은 경우를 의미하고, 중대시민재해란 원료·제조물·공중이용시설 또는 공중교통수단의 결함으로 일반 시민이 사망 등 재해를 입은 경우를 의미한다.[236)]

이 법의 보호 대상은 종사자와 시민이다. '종사자'란 중대산업재해로부터 보호되어야 하는 사람으로, 법 제2조제7호에 따르면 ①「근로기준법」상의 근로자(가목), ② 도급, 용역, 위탁 등 계약의 형식에 관계없이 그 사업의 수행을 위하여 대가를 목적으로 노무를 제공하는 자(나목), ③ 사업이 여러 차례의 도급에 따라 행하여지는 경우에는 각 단계의 수급인 및 수급인과 가목 또는 나목의 관계가 있는 자(다목)를 의미한다.

'시민'이란 중대시민재해로부터 보호되어야 하는 사람으로, 종사자와는 달리 이 법은 시민에 대한 구체적인 개념 정의를 하고 있지는 않다. 다만, 시민의 개념과 관련하여 산업재해의 발생으로 공중의 위험이 초래되어 일반 시민의 생명이나 신체에 손해가 발생한 경우에 이를 중대시민재해로 볼 수 있을 것인가가 문제될 수 있으므로,[237)] 입법론적 검토가 필요한 것으로 보인다.

---

236) 자세한 내용은 제2조(정의)의 제2호(중대산업재해) 및 제3호(중대시민재해) 부분에서 후술한다.
237) 이와 관련하여 제21대국회에서 발의되었던 김영배의원안(의안번호 2110830)에 대한 검토를 참고할 수 있다. 이 법률안은 건설공사 현장에서의 안전관리 등을 원인으로 하여 발생한 재해도 중대시민재해의 개념에 포함시키는 내용이었는데, 이 법률안의 제안이유와 법무부 의견에서는 현행법에 따르면 중대시민재해의 책임을 묻기 어려울 수 있다는 취지의 의견을 제시하였다.

> Ⅱ. 제안이유
> (전략) 현행법은 ⋯ 건물해체 등 건설공사 현장업무 전반에 걸친 안전관리, 유해위험 방지조치 미비로 발생한 일반시민의 재해에 대해서는 사업주와 경영책임자의 책임·의무를 묻기 어려운 한계가 있음. (중략)
> Ⅲ. 검토의견
> (전략) 법무부는 현행 중대재해처벌법상 건설공사 현장에서의 안전관리 등 방지 조치 미비로 발생한 시민재해에 대하여는 사업주 등의 책임을 묻기 어려워 중대시민재해의 범주를 넓히고자 하는 입법취지에 공감하나, (후략)

　　자료: 허병조, 「중대재해 처벌 등에 관한 법률 일부개정법률안 검토보고」, 국회 법제사법위원회, 2021.9. 참조.

2. 보호법익

법 제1조는 "생명과 신체를 보호함을 목적으로 한다"고 규정하여 이 법의 보호법익을 생명권[238]과 신체의 자유(헌법 제12조제1항)[239]로 규정하고 있다. 이에 따라 중대산업재해와 중대시민재해의 요건으로 사망자, 즉 생명권 침해의 경우(법 제2조제2호)와 부상자 또는 질병자의 발생, 즉 신체의 자유 침해의 경우(법 제2조제3호)를 규정하고 있다.

이 법의 보호법익은 생명권과 신체의 자유이므로, 종사자나 시민에게 발생한 '재산상 손해'에 대하여는 이 법이 적용될 여지가 없다.

신체의 자유는 신체적 행동의 자유 외에도 신체안전의 자유를 포함하고, 신체안전의 자유는 생물학적·신체적 건강과 정신적·영혼적 건강을 포함하므로,[240] 정신건강 역시 이 법의 보호법익에 포함될 수 있다. 이와 관련하여, 2022년 1월 26일에 발의된 강은미의원안(의안번호 2114568, 2024.5.24. 임기만료폐기)은 생명과 신체 외에 정신건강도 이 법의 보호법익으로 명시하도록 제안한 바 있다.

〈중대재해처벌법 일부개정법률안(강은미의원 대표발의, 의안번호 2114568)〉

현행	강은미의원안
제1조(목적) 이 법은 사업 또는 사업장, 공중이용시설 및 공중교통수단을 운영하거나 <u>인체에 해로운 원료나</u> 제조물을 취급하면서 안전·보건 조치 의무를 위반하여 인명피해를 발생하게 한 사업주, 경영책임자, 공무원 및 법인의 처벌 등을 규정함으로써 중대재해를 예방하고 시민과 종사자의 <u>생명과 신체를</u> 보호함을 목적으로 한다.	제1조(목적)--<u>원료나</u>---<u>생명, 신체 및 정신건강을</u>--------------------.

---

238) 생명에 대한 권리는 비록 헌법에 명문의 규정이 없다 하더라도 인간의 생존본능과 존재목적에 바탕을 둔 선험적이고 자연법적인 권리로서 헌법에 규정된 모든 기본권의 전제로서 기능하는 기본권 중의 기본권이라 할 것이다(헌법재판소 1996. 11. 28. 선고 95헌바1 결정).

239) 「대한민국헌법」 제12조 ① 모든 국민은 신체의 자유를 가진다. 누구든지 법률에 의하지 아니하고는 체포·구속·압수·수색 또는 심문을 받지 아니하며, 법률과 적법한 절차에 의하지 아니하고는 처벌·보안처분 또는 강제노역을 받지 아니한다.

240) 홍성방, 「신체의 자유」, 『서강법학』 제2권, 서강대학교 법학연구소, 2000, 32~33면 참조.

3. 객관적 구성요건

가. 주체

제1조에서 규정하고 있는 이 법의 행위주체는 사업주, 경영책임자, 공무원 및 법인이다. 행위주체에 대하여는 제2조(정의)를 비롯한 개별조항에서 각 개념을 구체적으로 규정하고 있는데 이를 정리하면 다음 표와 같다. 참고로, 중대재해처벌법은 "경영책임자"와 "공무원"을 통칭하여 "경영책임자등"이라는 용어를 사용하고 있으며, 제1조를 제외하면 "경영책임자등"이 아닌 "경영책임자"라는 용어만을 사용하는 조항은 없다.

〈행위 주체〉

구분	개별 조항
사업주	제2조(정의) 8. "사업주"란 자신의 사업을 영위하는 자, 타인의 노무를 제공받아 사업을 하는 자를 말한다.
경영책임자	제2조(정의) 9. "경영책임자등"이란 다음 각 목의 어느 하나에 해당하는 자를 말한다. 가. 사업을 대표하고 사업을 총괄하는 권한과 책임이 있는 사람 또는 이에 준하여 안전보건에 관한 업무를 담당하는 사람
공무원	제2조(정의) 9. "경영책임자등"이란 다음 각 목의 어느 하나에 해당하는 자를 말한다. 나. 중앙행정기관의 장, 지방자치단체의 장, 「지방공기업법」에 따른 지방공기업의 장, 「공공기관의 운영에 관한 법률」 제4조부터 제6조까지의 규정에 따라 지정된 공공기관의 장
법인	제7조(중대산업재해의 양벌규정) 법인 또는 기관의 경영책임자등이 그 법인 또는 기관의 업무에 관하여 제6조에 해당하는 위반행위를 하면 그 행위자를 벌하는 외에 그 법인 또는 기관에 다음 각 호의 구분에 따른 벌금형을 과(科)한다. 다만, 법인 또는 기관이 그 위반행위를 방지하기 위하여 해당 업무에 관하여 상당한 주의와 감독을 게을리하지 아니한 경우에는 그러하지 아니하다. 1. 제6조제1항의 경우: 50억원 이하의 벌금 2. 제6조제2항의 경우: 10억원 이하의 벌금 제11조(중대시민재해의 양벌규정) 법인 또는 기관의 경영책임자등이 그 법인 또는 기관의 업무에 관하여 제10조에 해당하는 위반행위를 하면 그 행위자를 벌하는 외에 그 법인 또는 기관에게 다음 각 호의 구분에 따른 벌금형을 과(科)한다. 다만, 법인 또는 기관이 그 위반행위를 방지하기 위하여 해당 업무에 관하여 상당한 주의와 감독을 게을리하지 아니한 경우에는 그러하지 아니하다. 1. 제10조제1항의 경우: 50억원 이하의 벌금 2. 제10조제2항의 경우: 10억원 이하의 벌금

또한 제7조와 제11조는 양벌규정을 규정하면서 그 주체를 "법인 또는 기관"으로 하고 있는데, 이는 양벌규정이 원칙적으로 법인을 대상으로 하기 때문에 법인격을 취득하지 못한 단체도 양벌규정으로 처벌할 필요성이 있는 경우에는 법률에 명시적으로 이를 포함하여 규정하는 것이 법제실무[241]라는 점을 고려한 것으로 보인다.

반면, 법 제1조는 행위주체로 "기관"을 규정하고 있지 아니하므로 법률의 내적 체계정당성 확보를 위하여는 제1조에서도 행위주체에 "기관"을 포함하는 것이 바람직할 것으로 생각된다.

나. 구성요건적 상황

제1조는 구성요건적 상황으로 ① 사업 또는 사업장을 운영하거나, ② 공중이용시설 및 공중교통수단을 운영하거나, ③ 인체에 해로운 원료나 제조물을 취급할 것을 규정하고 있다.

먼저 '사업 또는 사업장'이란 경영상 일체를 이루면서 유기적으로 운영되는 기업 등 조직 그 자체를 의미하며 사업장이 장소적으로 인접할 것을 요하지 아니한다.[242] 사업 또는 사업장이라는 개념은 중대산업재해와 중대시민재해에서 모두 사용되는 개념이다.

다음으로 '공중이용시설 및 공중교통수단'의 구체적인 의미는 제2조(정의) 제4호 및 제5호에서 규정하고 있는데, 자세한 내용은 다음 표와 같다. 공중이용시설 및 공중교통수단이라는 개념은 중대산업재해에서는 사용되지 않고 중대시민재해에서만 사용되는 개념이다.

---

241) 국회법제실, 『법제기준과 실제』, 2024, 797~798면.
242) 고용노동부, 『중대재해처벌법 해설서-중대산업재해』, 2021.11., 31면.

〈공중이용시설 및 공중교통수단〉

구분	내용
공중 이용 시설	제2조(정의) 4. "공중이용시설"이란 다음 각 목의 시설 중 시설의 규모나 면적 등을 고려하여 대통령령으로 정하는 시설을 말한다. 다만, 「소상공인 보호 및 지원에 관한 법률」 제2조에 따른 소상공인의 사업 또는 사업장 및 이에 준하는 비영리시설과 「교육시설 등의 안전 및 유지관리 등에 관한 법률」 제2조제1호에 따른 교육시설은 제외한다. 　가. 「실내공기질 관리법」 제3조제1항의 시설(「다중이용업소의 안전관리에 관한 특별법」 제2조제1항제1호에 따른 영업장은 제외한다) 　나. 「시설물의 안전 및 유지관리에 관한 특별법」 제2조제1호의 시설물(공동주택은 제외한다) 　다. 「다중이용업소의 안전관리에 관한 특별법」 제2조제1항제1호에 따른 영업장 중 해당 영업에 사용하는 바닥면적(「건축법」 제84조에 따라 산정한 면적을 말한다)의 합계가 1천제곱미터 이상인 것 　라. 그 밖에 가목부터 다목까지에 준하는 시설로서 재해 발생 시 생명·신체상의 피해가 발생할 우려가 높은 장소
공중 교통 수단	제2조(정의) 5. "공중교통수단"이란 불특정다수인이 이용하는 다음 각 목의 어느 하나에 해당하는 시설을 말한다. 　가. 「도시철도법」 제2조제2호에 따른 도시철도의 운행에 사용되는 도시철도차량 　나. 「철도산업발전기본법」 제3조제4호에 따른 철도차량 중 동력차·객차(「철도사업법」 제2조제5호에 따른 전용철도에 사용되는 경우는 제외한다) 　다. 「여객자동차 운수사업법 시행령」 제3조제1호라목에 따른 노선 여객자동차운송사업에 사용되는 승합자동차 　라. 「해운법」 제2조제1호의2의 여객선 　마. 「항공사업법」 제2조제7호에 따른 항공운송사업에 사용되는 항공기

　끝으로, "인체에 해로운 원료나 제조물의 취급"이라는 문구 중 '제조물'의 구체적인 의미는 제2조(정의) 제6호에서 "제조되거나 가공된 동산(다른 동산이나 부동산의 일부를 구성하는 경우를 포함한다)을 말한다"고 규정하고 있다.[243] 반면, '원료'의 구체적인 의미는 이 법에서 규정하고 있지 아니하다. 참고로, 이 법에서 "원료"라는 단어는 총 3번 등장하는데, 제1조를 제외한 다른 조항은 모두 "인체에 해로운"이라는 표현을 사용하지 않는다. 이와 관련하여, 원료 자체는 인체에 해롭지 않다고 할지라도 그 물리적·화학적 가공을 통하여 사람의 사망이나 부상 또는 질병을 초래할 수 있는 물질로 변화

---

243) 중대재해처벌법 제2조(정의) 6. "제조물"이란 제조되거나 가공된 동산(다른 동산이나 부동산의 일부를 구성하는 경우를 포함한다)을 말한다.

할 가능성이 있고, 나아가 해롭지 않은 원료의 관리 등 결함으로 인하여도 사람이 사망하거나 부상 또는 질병이 발생할 가능성을 배제하기 어려운 점 등을 고려하여, 제1조에서 "인체에 해로운"이라는 문구를 삭제하는 개정안이 발의된 바 있다.[244]

〈이 법에서 "원료"라는 용어를 사용하는 조항〉

조 번호(제목)	내용
제1조(목적)	이 법은 사업 또는 사업장, 공중이용시설 및 공중교통수단을 운영하거나 인체에 해로운 원료나 제조물을 취급하면서 안전·보건 조치의무를 위반하여 인명피해를 발생하게 한 사업주, 경영책임자, 공무원 및 법인의 처벌 등을 규정함으로써 중대재해를 예방하고 시민과 종사자의 생명과 신체를 보호함을 목적으로 한다.
제2조(정의) 제3호	"중대시민재해"란 특정 원료 또는 제조물, 공중이용시설 또는 공중교통수단의 설계, 제조, 설치, 관리상의 결함을 원인으로 하여 발생한 재해로서 다음 각 목의 어느 하나에 해당하는 결과를 야기한 재해를 말한다. 다만, 중대산업재해에 해당하는 재해는 제외한다.
제9조(사업주와 경영책임자등의 안전 및 보건 확보의무) 제1항	사업주 또는 경영책임자등은 사업주나 법인 또는 기관이 실질적으로 지배·운영·관리하는 사업 또는 사업장에서 생산·제조·판매·유통 중인 원료나 제조물의 설계, 제조, 관리상의 결함으로 인한 그 이용자 또는 그 밖의 사람의 생명, 신체의 안전을 위하여 다음 각 호에 따른 조치를 하여야 한다.

다. 행위

제1조는 '안전·보건 조치의무'의 위반 행위가 있어야 한다고 규정한다. 그러나 이는 향후 '안전 및 보건 확보의무'로 개정되는 것이 바람직하다. 왜냐하면 이 법과 「산업안전보건법」은 그 의무를 규정함에 있어 명시적으로 구별되는 용어를 사용하고 있기 때문이다. 즉, 「산업안전보건법」은 개별적이고 직접적인 "조치의무"라는 용어를 사용하는 반면, 이 법은 직접적인 조치 의무가 아닌 해당 조치 사항이 충실히 준수되도록 하는 관리·감독상의 의무인 안전·보건 "확보의무"라는 용어를 사용하고 있다.[245]

---

244) 강은미의원안(의안번호 2114568, 2024.5.24. 임기만료폐기).
245) 상세한 내용은 후술하는 "제4조 사업주와 경영책임자등의 안전 및 보건 확보의무" 파트 참조.

〈이 법과 「산업안전보건법」의 용어 비교(예시)〉

중대재해처벌법	「산업안전보건법」
제4조(사업주와 경영책임자등의 안전 및 보건 확보의무) 제5조(도급, 용역, 위탁 등 관계에서의 안전 및 보건 확보의무) 제9조(사업주와 경영책임자등의 안전 및 보건 확보의무)	제4장 유해·위험 방지 조치 제5장 제2절 도급인의 안전조치 및 보건조치 제6장 유해·위험 기계 등에 대한 조치 제7장 유해·위험물질에 대한 조치

고용노동부도 같은 입장으로 「산업안전보건법」상 안전보건관리책임자가 부담하는 의무는 '안전 및 보건 조치의무'로, 중대재해처벌법에서 경영책임자등이 부담하는 의무는 '안전 및 보건 확보의무'로 구별하여 설명하고 있다.

〈중대재해처벌법과 「산업안전보건법」의 의무체계〉

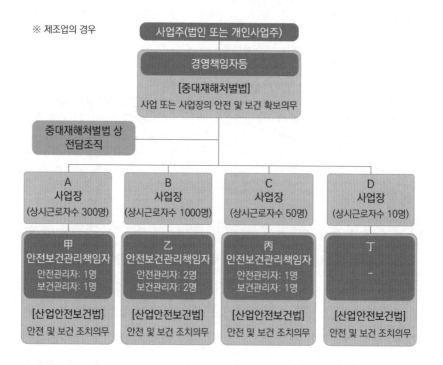

* 자료: 고용노동부(2021), 앞의 책, 6~7면.

위 도표는 제조업의 경우를 예시로 중대재해처벌법과 「산업안전보건법」의 의무체계를 보여주고 있다. 「산업안전보건법」은 사업장에 대한 구체적인 안전·보건에 관한 기준 및 그에 따른 사업주의 조치의무 그리고 해당 '사업장'의 산업재해 예방에 대한 책임자 등에 관하여 규정한 반면, 중대재해처벌법은 '사업 또는 사업장'의 개인사업주 또는 경영책임자등(사업주가 법인이나 기관인 경우)이 준수하여야 할 안전 및 보건 확보의무로서, 안전보건관리체계 구축 및 운영, 안전·보건 관계 법령에 따른 의무이행에 필요한 관리상의 조치 등을 규정하고 있다.[246] 그리고 도표에 나오는 안전보건관리책임자를 두어야 하는 사업장의 상시근로자 수는 「산업안전보건법 시행령」 별표 2에 규정되어 있다.

라. 결과

제1조는 의무 위반의 결과로 '인명피해'가 발생하여야 한다고 규정하고 있다. 여기서 인명피해란 중대산업재해 또는 중대시민재해의 발생으로 일정 수 이상의 사망자, 부상자 또는 질병자가 발생한 것을 의미한다. 피해는 인적피해에 국한되므로 재산상 손실 등 물적피해는 이 법의 적용범위에 포함되지 않는다. 나아가 의무 위반 행위와 인명피해의 결과 간 인과관계가 존재하여야 한다. 즉, 중대재해의 발생은 의무위반 행위로 인한 것이어야 하며, 여기에는 2단계의 인과관계를 요한다고 논의된다.[247]

이상의 내용을 정리하면 제1조는 본 법의 전반적인 내용을 압축한 규정이라 할 수 있는바, 이를 요약하면 다음 표와 같다.

---

246) 고용노동부(2021), 앞의 책, 6~7면.
247) 2단계의 인과관계에 관한 자세한 내용은 제6조(중대산업재해 사업주와 경영책임자등의 처벌) 부분에서 상술한다.

〈제1조 목적규정 요약〉

구분		내용
입법목적		중대재해의 예방, 시민·종사자의 생명·신체 보호
보호법익		생명권, 신체의 자유
주요내용		안전 및 보건 확보의무 위반으로 중대재해 발생 시 형사처벌 등
	주체	사업주, 경영책임자, 공무원, 법인
	상황	사업 또는 사업장을 운영, 공중이용시설 및 공중교통수단을 운영, 인체에 해로운 원료나 제조물을 취급
	행위	안전·보건 조치의무(=안전 및 보건 확보의무) 위반
	결과	인명피해(=중대산업재해 또는 중대시민재해) 발생
	효과	형사처벌 등

제2조제1호 중대재해

> **법 제2조(정의)** 이 법에서 사용하는 용어의 뜻은 다음과 같다.
> 1. "중대재해"란 "중대산업재해"와 "중대시민재해"를 말한다.

I. 입법경과

1. 입법취지

법 제2조제1호는 중대재해를 중대산업재해와 중대시민재해를 포괄하는 개념으로 정의하여[248] 산업현장에서 발생한 사망 등 산업재해로 한정하고 있는 「산업안전보건법」 제2조제2호[249]에 따른 "중대재해"와 구별하고 있다. 이는 기존의 산업재해가 성수대교 붕괴사고, 4·16 세월호 사건, 가습기살균제 사건에서와 같이 공중이용시설, 공중교통수단 또는 제조물의 설계·제조·관리상의 하자로 인하여 시민이 사상한 경우를 포섭하지 못하는 것을 이 법에서 포섭하여 처벌하려는 것이다.[250][251]

---

[248] 정의규정은 해당 법률에서 사용되고 있는 용어의 뜻을 명확하게 정하는 규정이다. 해당 법률에서 공통적으로 사용되거나 높은 빈도로 사용되는 용어, 중요한 의미를 가지고 있는 용어, 다른 용어들을 기술하는 데 있어 토대가 되는 용어 및 일반적인 쓰임새와 다르게 사용되는 용어 등의 뜻을 명확히 하여 법률 해석과 적용상의 혼란 및 분쟁을 방지하고, 해당 법률에서 자주 사용되는 용어를 미리 하나의 조문에서 설명함으로써 법문을 간결하게 표현하는 기능을 한다 (국회법제실, 앞의 책, 244면).

[249] 「산업안전보건법」 제2조(정의) 이 법에서 사용하는 용어의 뜻은 다음과 같다.
2. "중대재해"란 산업재해 중 사망 등 재해 정도가 심하거나 다수의 재해자가 발생한 경우로서 고용노동부령으로 정하는 재해를 말한다.

[250] 제383회국회(임시회) 법제사법위원회 법안심사제1소위원회 제2차회의록(이하 '2020년 12월 29일 법사위 제1소위 회의록'이라 한다) 9면 중 박주민위원의 아래 발언 참조.
"이 법을 산업재해에 특화된 법으로 한정하는 것은 최근에 있었던 ..... 여러 대형 사고들 ..... 시민분들의 생명과 안전이 위협받았던 것들을 포섭하지 못하게 됨으로써 ..... 재발 방지책 마련을 못 하게 되는 결과를 낳을 수 있다고 생각하거든요. 그래서 중대재해라는 개념을 만들고 그 아래에 중대산업재해와 중대시민재해 이렇게 두 가지를 두는 것 그리고 중대산업재해와 중

2. 입법과정

이 법의 입법과정에서 강은미의원안과 임이자의원안은 중대재해의 정의를 「산업안전보건법」 제2조제2호에 따른 중대재해에 준하는 재해로 규정함으로써 그 개념의 기초를 산업재해에 두는 것으로 제안하였고, 박주민의원안, 이탄희의원안 및 박범계의원안은 중대재해에 중대산업재해 외에도 중대시민재해가 포함되는 것을 명시하였다. 국회 법제사법위원회 심사결과, 중대재해는 중대산업재해와 중대시민재해를 모두 포함하는 내용으로 조정되었다. 이는 이 법의 규율대상에 시민의 생명과 안전에 대한 위협을 포함할 필요가 있고, 사업주나 경영책임자등의 중대산업재해를 방지하기 위한 의무와 중대시민재해를 방지하기 위한 의무의 내용이 다르므로 중대산업재해와 중대시민재해의 정의를 별도로 마련할 필요가 있다는 의견이 받아들여진 데 따른 것이다.

강은미의원안	박주민·이탄희·박범계의원안	임이자의원안
제2조(정의) 이 법에서 사용하는 용어의 뜻은 다음과 같다. 1. "중대재해"란 사망 등 재해 정도가 심하거나 다수의 재해자가 발생한 경우로서 「산업안전보건법」 제2조제2호에 준하는 재해를 말한다.	제2조(정의) 이 법에서 사용하는 용어의 뜻은 다음과 같다. 1. "중대재해"란 "중대산업재해"와 "중대시민재해"를 의미한다.	제2조(정의) 이 법에서 사용하는 용어의 뜻은 다음과 같다. 1. "중대 재해"란 「산업안전보건법」 제2조제2호에 준하는 재해로서 사상자가 발생한 경우를 말한다.

<hr>

대시민재해를 각 다른 장에서 규정하고 있는 이런 방식으로 법을 발의해 봤습니다."
251) 제383회국회(임시회) 법제사법위원회 법안심사제1소위원회 제2차회의록(이하 '2020년 12월 29일 법사위 제1소위 회의록"이라 한다) 6면 중 법원행정처차장의 아래 발언 참조.
"산업안전보건법은 산업재해만을 대상으로 삼고 있다 보니까 예컨대 성수대교 사건과 같은 어떤 중대한 설계상의 하자·결함으로 인해서 다수의 시민이 사상한 경우에 대한 처벌은 그걸로는 포섭이 안 되기 때문에 일정 부분 이런 법을 통해서 포섭할 필요가 있다는 생각이고요"

3. 유사 입법례

---

252) 「재난 및 안전관리 기본법」 제3조(정의) 이 법에서 사용하는 용어의 뜻은 다음과 같다.
 1. "재난"이란 국민의 생명·신체·재산과 국가에 피해를 주거나 줄 수 있는 것으로서 다음 각 목의 것을 말한다.
  가. 자연재난: 태풍, 홍수, 호우(豪雨), 강풍, 풍랑, 해일(海溢), 대설, 한파, 낙뢰, 가뭄, 폭염, 지진, 황사(黃砂), 조류(藻類) 대발생, 조수(潮水), 화산활동, 소행성·유성체 등 자연우주물체의 추락·충돌, 그 밖에 이에 준하는 자연현상으로 인하여 발생하는 재해
  나. 사회재난: 화재·붕괴·폭발·교통사고(항공사고 및 해상사고를 포함한다)·화생방사고·환경오염사고 등으로 인하여 발생하는 대통령령으로 정하는 규모 이상의 피해와 국가핵심기반의 마비, 「감염병의 예방 및 관리에 관한 법률」에 따른 감염병 또는 「가축전염병예방법」에 따른 가축전염병의 확산, 「미세먼지 저감 및 관리에 관한 특별법」에 따른 미세먼지 등으로 인한 피해

II. 내용 및 검토

중대재해처벌법에서 "중대재해"란 중대산업재해와 중대시민재해를 말한다. 법 제2
조제2호와 같은 조 제3호는 중대산업재해와 중대시민재해를 유사한 형식으로 규정하
면서 사망, 부상 또는 질병이라는 인명피해를 야기한 재해로 규정하고 있다. 따라서
"중대재해"는 군인의 공무상 부상, 공무상 질병 또는 공무상 사망을 의미하는 「군인
재해 보상법」에 따른 "공무상 재해"보다는 포괄적인 개념이고, 국민의 생명·신체·재
산과 국가에 대한 피해를 의미하는 「자연재해대책법」에 따른 "재해"보다는 협소한
개념이다.

참고로, 해양수산부 소관 항만건설 분야의 중대산업재해 및 중대시민재해와 관련
된 주요 법령 및 기준의 내용을 예시해 보면 아래 표와 같다.

〈관계 주요법령 및 규정(예시)〉

구분		안전 및 보건 확보 관련 주요 규정
중대 산업 재해	산업안전보건법	• 제2장 안전보건관리체제 등 • 제3장 안전보건교육 • 제4장 유해·위험 방지 조치 • 제5장 도급시 산업재해 예방 • 제6장 유해·위험 기계 등에 대한 조치 • 제7장 유해·위험물질에 대한 조치 • 제8장 근로자 보건관리
	건설기술 진흥법	• 제39조(건설사업관리 등의 시행) • 제39조의2(시공단계의 건설사업관리계획 등) • 제54조(건설공사현장 등의 점검) • 제62조(건설공사의 안전관리) • 제67조(건설공사 현장의 사고조사 등)
	사업장 위험성평 가에 관한 지침	• 「산업안전보건법」 제36조에 따라 사업주가 사업장의 유해·위험요인 에 대한 실태 파악 및 평가, 관리·개선하는 등 필요한 조치를 할 수 있도록 지원하기 위하여 위험성평가 방법, 절차, 시기 등에 대한 기준 을 제시, 그 밖에 필요한 사항 규정

	산업안전보건기준에 관한 규칙	• 「산업안전보건법」 제5조, 제16조, 제37조부터 제40조까지, 제63조부터 제66조까지, 제76조부터 제78조까지, 제80조, 제81조, 제83조, 제84조, 제89조, 제93조, 제117조부터 제119조까지 및 제123조 등에서 위임한 산업안전보건기준에 관한 사항과 그 시행에 필요한 사항을 규정
	항만건설 안전사고 예방매뉴얼	• 제2장 발주자의 안전관리업무 • 제3장 설계자의 안전관리업무 • 제4장 시공자의 안전관리업무 • 제5장 건설사업관리기술자의 안전관리업무 • 제8장 항만건설공사 현장 긴급사태 대응 요령
중대 시민 재해	시설물의 안전 및 유지관리에 관한 특별법	• 제3장 시설물의 안전관리 • 제4장 안전점검등의 대행 • 제5장 시설물의 유지관리
	시설물의 안전 및 유지관리 실시 등에 관한 지침	• 제2장 시설물의 안전 및 유지관리계획 수립 및 제출 등 • 제3장 시설물의 안전점검등 실시 • 제4장 시설물의 성능평가 실시
	항만시설물의 안전시설 설계지침·해설	• 제1장 총칙 • 제2장 계획 • 제4장 설계 • 제5장 점검 등 유지관리

* 자료: 해양수산부, 『항만건설현장 안전관리업무 길라잡이』, 2022.7., 10면.

제2조제2호 중대산업재해

법 제2조(정의) 이 법에서 사용하는 용어의 뜻은 다음과 같다.

2. "중대산업재해"란 「산업안전보건법」 제2조제1호에 따른 산업재해 중 다음 각 목의 어느 하나에 해당하는 결과를 야기한 재해를 말한다.

　가. 사망자가 1명 이상 발생

　나. 동일한 사고로 6개월 이상 치료가 필요한 부상자가 2명 이상 발생

　다. 동일한 유해요인으로 급성중독 등 대통령령으로 정하는 직업성 질병자가 1년 이내에 3명 이상 발생

I. 입법경과

1. 입법취지

　법 제2조제2호는 중대산업재해를 「산업안전보건법」 제2조제1호[253])에 따른 산업재해 중 사망자(1명 이상), 6개월 이상 치료가 필요한 부상자(2명 이상) 또는 직업성 질병자(1년 이내 3명 이상)를 야기한 재해로 정의하여 「산업안전보건법」 제2조제2호[254])에

---

253) 「산업안전보건법」 제2조(정의) 이 법에서 사용하는 용어의 뜻은 다음과 같다.
　　1. "산업재해"란 노무를 제공하는 사람이 업무에 관계되는 건설물·설비·원재료·가스·증기·분진 등에 의하거나 작업 또는 그 밖의 업무로 인하여 사망 또는 부상하거나 질병에 걸리는 것을 말한다.

254) 「산업안전보건법」 제2조(정의) 이 법에서 사용하는 용어의 뜻은 다음과 같다.
　　2. "중대재해"란 산업재해 중 사망 등 재해 정도가 심하거나 다수의 재해자가 발생한 경우로서 고용노동부령으로 정하는 재해를 말한다.
　　「산업안전보건법 시행규칙」 제3조(중대재해의 범위) 법 제2조제2호에서 "고용노동부령으로 정하는 재해"란 다음 각 호의 어느 하나에 해당하는 재해를 말한다.
　　1. 사망자가 1명 이상 발생한 재해
　　2. 3개월 이상의 요양이 필요한 부상자가 동시에 2명 이상 발생한 재해
　　3. 부상자 또는 직업성 질병자가 동시에 10명 이상 발생한 재해

따른 "중대재해"보다 중한 재해로 규정하고 있다. 이는 산업현장에서 발생하는 전통적인 산업재해 개념 중에서 중한 것들을 중대산업재해로 규정하여 그에 대하여 책임이 있는 자를 기존의 「산업안전보건법」보다 중하게 처벌하려는 취지이다.[255]

2. 입법과정

이 법의 입법과정에서 강은미의원안과 임이자의원안은 "중대재해"만 정의하는 것으로 제안하였고, 박주민의원안, 이탄희의원안 및 박범계의원안은 중대재해 외에 "중대산업재해"에 대하여도 정의규정을 두는 것으로 제안하였다. 국회 법제사법위원회 심사결과, 중대산업재해의 정의를 별도로 규정하는 것으로 조정되었다.

또한, 박주민의원안 제2조제2호에 따르면, 종사자가 각 목에 따른 재해로 사상하는 결과가 발생하는 경우 아무런 제한 없이 중대산업재해에 해당하게 되는데, 이는 적절하지 않다는 의견이 받아들여져 산업재해의 개념을 기초로 하여 중대산업재해의 내용을 정의하는 것으로 결정이 되었다.[256] 한편, 박주민의원안 등에서 장해등급을 기준으로 한 재해와 사회적으로 물의를 일으킨 재해(안 제2조제2호나목 및 라목)를 중대산업재해에 포함되는 것으로 제안한 바 있으나, 중대산업재해에 포함되는 재해의 기준을 피해자 인원 수로 통일할 필요성이 있고 명확성을 기할 필요가 있다는 이유로 삭제하기로 하였다.

---

255) 2020년 12월 29일 법사위 제1소위 회의록 10~11면 중 박주민위원의 아래 발언 참조.
"중대산업재해는 산업현장에서 발생하는 전통적인 산업재해 개념 중에 좀 중한 것들을 담으려고 했고요 중대시민재해는 다중이용시설이라든지 또는 제조물에 의해서 발생하는 다수의 피해 이런 것들을 중심으로 개념을 설정했습니다."
256) 2020년 12월 29일 법사위 제1소위 회의록 3면 중 법원행정처차장의 아래 발언 참조.
"중대산업재해와 관련해서는 그 내용에 대한 아무런 제한 없이 결과만 가지고 규정하는 형식으로 ..... 돼 있어서 적절치 않다는 의견입니다. ..... 예컨대 '산업안전기본법 2조 1호에 따른 산업재해 중 다음 각 목에 해당하는 결과가 야기된 재해를 말한다' 이런 식으로 산업재해 중에서 결과가 중한 것을 중대산업재해로 본다. 그리고 여기서 말하는 산업재해도 산업안전기본법상의 산업재해와 다른 개념은 아닌 것 같아서 그것을 특정하는 게 좋겠다는 생각이고요."

강은미의원안	박주민·이탄희·박범계의원안	임이자의원안
제2조(정의) 이 법에서 사용하는 용어의 뜻은 다음과 같다. 　1. "중대재해"란 사망 등 재해 정도가 심하거나 다수의 재해자가 발생한 경우로서 「산업안전보건법」 제2조제2호에 준하는 재해를 말한다.	제2조(정의) 이 법에서 사용하는 용어의 뜻은 다음과 같다. 　2. "중대산업재해"란 다음 각 목에 해당하는 재해로 종사자가 사상하는 재해를 말한다. 　　가. 사망자가 1명 이상 발생한 재해 　　나. 장해등급 중증요양자(1-3급) 1명 이상 발생한 재해 　　다. 6개월 이상 요양이 필요한 부상자 또는 직업성 질병자가 2명 이상 발생한 재해 　　라. 고의로 재해를 은폐하거나 부상자 또는 질병자가 발생하여 사회적 물의를 일으킨 재해	제2조(정의) 이 법에서 사용하는 용어의 뜻은 다음과 같다. 　1. "중대 재해"란 「산업안전보건법」 제2조제2호에 준하는 재해로서 사상자가 발생한 경우를 말한다.

II. 내용 및 검토

1. 개요

　중대재해처벌법에서 "중대산업재해"란 「산업안전보건법」 제2조제1호에 따른 산업재해 가운데, ① 사망자가 1명 이상, ② 동일한 사고로 6개월 이상 치료가 필요한 부상자가 2명 이상 또는 ③ 동일한 유해요인으로 급성중독 등 대통령령으로 정하는 직업성 질병자가 1년 이내에 3명 이상 발생한 경우를 말한다.

　이와 같이 중대재해처벌법에서의 중대산업재해는 「산업안전보건법」의 산업재해를 전제로 하고 있으므로, 「산업안전보건법」의 산업재해 개념에 포섭되지 않으면, 중대재해처벌법의 중대산업재해에 해당하지 않는다.[257) 「산업안전보건법」상 "중대재해"란 산업재해 중 사망 등 재해 정도가 심하거나 다수의 재해자가 발생한 경우로서 고

---

257) 고용노동부(2021), 앞의 책, 9면 참조.

용노동부령으로 정하는 재해를 말한다(「산업안전보건법」 제2조제2호). 여기서 "고용노동부령으로 정하는 재해"란 ① 사망자가 1명 이상 발생한 재해, ② 3개월 이상의 요양이 필요한 부상자가 동시에 2명 이상 발생한 재해, 또는 ③ 부상자 또는 직업성 질병자가 동시에 10명 이상 발생한 재해를 말한다(「산업안전보건법 시행규칙」 제3조).

2. 중대산업재해의 요건

가. 사망자 1명 이상 발생한 경우

사망의 경우 그 원인 등 중대산업재해에 해당하기 위한 다른 요건을 규정하고 있지 아니하므로 「산업안전보건법」상 산업재해에 해당한다면 사고에 의한 사망뿐만 아니라 직업성 질병에 의한 사망도 중대산업재해에 포함된다. 다만, 직업성 질병은 「산업안전보건법」의 산업재해에 해당되어야 하므로 업무에 관계되는 유해·위험요인에 의하거나 작업 또는 그 밖의 업무로 인하여 발생하였음이 명확한 것이어야 한다. 또한, 질병으로 인한 사망의 경우 종사자 개인의 고혈압이나 당뇨, 생활 습관 등 다양한 요인이 영향을 미칠 수 있는바, 질병의 원인이 업무로 인한 것인지 여부 등에 대해서는 구체적인 사정을 종합적으로 고려하여 판단하게 될 것이다.[258]

한편, 업무상 스트레스로 인한 자살이 중대산업재해에 해당하는지가 문제될 수 있다. 업무상 스트레스로 인한 자살이 중대산업재해에 해당하려면, 우선 「산업안전보건법」에 따른 산업재해에 해당하여야 하고(법 제2조제2호 각 목 외의 부분), 사망이 발생하여야 한다(법 제2조제2호 가목). 업무상 스트레스로 인한 자살이 사망이라는 점은 자명하다. 「산업안전보건법」에 따른 산업재해는 노무제공자가 업무에 관계되는 설비 등에 의하거나, 작업 또는 업무로 인하여 사망, 부상 또는 질병에 걸리는 것인바, 그에 해당하려면 업무에 관계되는 설비 등이나 작업 또는 업무와 사망 간의 인과관계가 인정되어야 한다. 대법원은 근로자가 극심한 업무상 스트레스와 그로 인한 정신적인 고통으로 우울증세가 악화되어 합리적인 판단을 기대할 수 없을 정도의 상황에

---

258) 고용노동부(2021), 앞의 책, 10면 참조.

처하여 자살에 이른 것으로 추단할 수 있는 경우, 망인의 업무와 사망 사이에 상당인과관계가 인정될 수 있다고 판시하였는바,[259] 업무상 스트레스로 인한 자살이 중대산업재해로 인정되는 경우가 있을 것으로 보인다. 다만, 대법원은 "그 자살이 사회평균인의 입장에서 보아 도저히 감수하거나 극복할 수 없을 정도의 업무상 스트레스와 그로 인한 우울증에 기인한 것이 아닌 한 상당인과관계를 인정할 수 없다"고 판시하였는바,[260] 업무상 스트레스로 인한 자살이 중대산업재해로 인정되는지 여부는 구체적인 사안에 따라 달라질 수 있을 것이다.

부상 또는 질병이 발생한 날부터 일정한 시간이 경과한 후에 종사자가 사망하는 경우가 있는바, 이 경우 중대산업재해는 종사자가 사망한 때에 발생한 것으로 보아야 한다. 또한, 종사자의 사망이 당초 부상 또는 질병과 직접적인 인과관계가 있는 경우에 한하여 중대산업재해가 인정된다고 볼 것이다.[261] 이와 관련하여, 고용노동부는 산업안전보건본부에 '중대산업재해 수사심의위원회'를 설치하고 종사자가 사망한 사건이 중대산업재해에 해당하는지 여부에 대하여 심의하고 있는데,[262] 동 수사심의위원회는 2022.9.1. ○○조선소에서 작업 중이던 종사자가 철제 작업대의 틈에 끼이는 사고로 부상을 입고 치료를 받던 중 사고발생 4일 후 사망한 사안과 관련하여, 재해자가 사망에 이르게 된 원인이 사고로 인한 부상 때문인지 치료 중 의료과실 때문인지를 심의한 결과, '당초 부상 상태가 생명에 지장을 줄 수 있을 정도의 중상해였으며, 사고와 사망 사이에 상당인과관계가 있다고 판단되어 중대산업재해에 해당한다'고 의결한 바 있다.[263]

---

259) 대법원 2019. 5. 10. 선고 2016두59010 판결 참조.
260) 대법원 2008. 3. 13. 선고 2007두2029 판결 참조.
261) 정현희, 『중대재해 처벌 등에 관한 법률의 재판 실무상 쟁점』, 사법정책연구원, 2022, 18면 참조.
262) 「중대산업재해 수사심의위원회 및 자문단의 구성·운영에 관한 규칙」(고용노동부훈령 제393호) 제2조(설치) 중대산업재해 수사심의위원회(이하 "위원회"라 한다)와 중대산업재해 자문단(이하 "자문단"이라 한다)은 고용노동부 산업안전보건본부(이하 "산업안전보건본부"라 한다)에 설치한다.
제3조(위원회 심의신청) ① 고용노동부 지방고용노동관서의 장(이하 "지방관서의 장"이라 한다)은 관할 사업장에서 「중대재해 처벌 등에 관한 법률」(이하 "중대재해처벌법"이라 한다) 제2조제7호의 종사자(이하 "종사자"라 한다)가 사망한 사건에 대하여 해당 사건이 중대재해처벌법 제2조제2호가목의 중대산업재해인지가 불분명한 경우 별지 제1호의 서식에 따라 중대산업재해 심의신청서를 작성하여 산업안전보건본부에 위원회의 심의를 신청할 수 있다.

나. 동일한 사고로 6개월 이상 치료가 필요한 부상자 2명 이상 발생

"동일한 사고로 6개월 이상 치료가 필요한 부상자가 2명 이상 발생"한 경우란 하나의 사고 또는 시간적·장소적으로 근접한 일련의 과정에서 발생한 사고로 인하여 6개월 이상 치료가 필요한 부상자가 2명 이상 발생한 경우를 말한다.[264] 즉 "동일한 사고"란 '하나의 사고 또는 시간적·장소적으로 근접성을 갖는 일련의 과정에서 발생한 사고'를 의미하므로, 유해·위험요인 등 그 발생 원인이 같은 사고들이 서로 시간적·장소적 근접성이 없는 경우에는 각각의 사고는 별개의 사고이고, 동일한 사고에 해당하지 않는다.[265]

한편, "6개월 이상 치료가 필요한 기간"이란 해당 부상과 그로 인한 합병증 등에 대한 직접적 치료 행위가 6개월 이상 필요한 경우를 의미한다.[266] 치료기간은 의사가 적극적으로 지식과 기술, 의약품이나 시설을 이용하여 환자가 손상을 입기 전 상태로 회복하도록 하거나 더 이상 악화되지 않도록 조치하는 데 걸리는 시간을 말하는 바,[267] 재활에 필요한 기간 등은 원칙적으로 포함하지 않는다. 이는 재활치료까지 포함하는 「산업재해보상보험법」에 따른 요양[268]기간보다 좁은 개념이다. 「산업재해보

---

263) 고용노동부, "제1차 중대산업재해 수사심의위원회' 개최- 사고 후 치료 중 사망한 사안에 대하여, 사고와 사망 사이에 상당인과관계가 있다고 보아 중대산업재해로 심의·의결", 보도참고자료, 2022.12.1. 참조.

264) 고용노동부는 화재·폭발 사고로 인해 직접적으로 화상을 입은 경우 외에 폭발압 충격으로 인한 추락, 파편으로 인한 충돌 등도 동일한 사고에 해당한다고 설명하고 있다. 고용노동부(2021), 앞의 책, 11면 참조.

265) 예컨대, 2개 이상의 사업장에서 같은 업체로부터 기계, 기구, 설비 등을 구매 또는 대여 등을 하여 사용하는 경우 그 기계, 기구, 설비 등의 동일한 결함으로 사고가 발생하였다고 하더라도 그 사고들은 원인이 동일한 것일 뿐, 동일한 사고는 아니다. 고용노동부(2021), 앞의 책, 11면 참조.

266) 고용노동부(2021), 앞의 책, 11면 참조.

267) 고용노동부, 『중대재해처벌법 중대산업재해 질의회시집』, 2023.5., 6면 참조.

268) 「산업재해보상보험법」 제40조(요양급여) ① 요양급여는 근로자가 업무상의 사유로 부상을 당하거나 질병에 걸린 경우에 그 근로자에게 지급한다.
④ 제1항의 요양급여의 범위는 다음 각 호와 같다.
1. 진찰 및 검사
2. 약제 또는 진료재료와 의지(義肢)나 그 밖의 보조기의 지급
3. 처치, 수술, 그 밖의 치료
4. 재활치료

상보험법」 제5조제4호는 치유의 정의를 "부상 또는 질병이 완치되거나 치료의 효과를 더 이상 기대할 수 없고 그 증상이 고정된 상태에 이르게 된 것"으로 규정하고 있는데, 이와 관련하여 대법원은 요양 중인 근로자의 상병을 호전시키기 위한 치료가 아니라 단지 고정된 증상의 악화를 방지하기 위한 치료만 필요한 경우는 치료종결 사유에 해당한다고 판시하였는바,[269] 증상이 고정된 이후의 기간은 치료기간에 포함되지 않는 것으로 보아야 할 것이다.

치료가 필요한 기간은 재해 조사의 신속성과 법적 명확성 차원에서 원칙적으로 '의사의 진단 소견서' 등 객관적 자료에 의해 판단한다.[270] 수사 개시단계에서는 의사의 최초진단 소견서 등에 의하여 치료기간을 판단할 것이나 중대산업재해에 해당하는지 여부에 대한 사법적 판단은 사실심 종결시점에서의 의학적 소견에 의하여 내려질 것으로 보인다.[271]

고용노동부의 해설서에 따르면, "치료 기간이 최초 진단일에는 6개월 미만이었으나, 치료과정에서 기간이 늘어남으로 인해, 6개월 이상 치료가 필요한 부상자가 2명 이상 발생하게 된 경우에는 그 진단한 시점에서 중대산업재해가 발생한 것으로 판단"한다.[272] 이는 공소시효의 기산점과 연계되는 것이기 때문에 입법론적으로 명확히 할 필요가 있다고 본다.

---

5. 입원
6. 간호 및 간병
7. 이송
8. 그 밖에 고용노동부령으로 정하는 사항

269) 대법원 2017. 6. 19. 선고 2017두36618 판결 참조.
270) 고용노동부(2021), 앞의 책, 11면 참조.
271) 정현희, 「중대재해처벌법의 형사재판 실무상 쟁점」, 사법정책연구원·대한변호사협회·한국노동법학회 '중대재해처벌법과 재판 실무상 쟁점' 공동학술대회 자료집, 2022.7.8., 19면 참조.
272) 고용노동부(2021), 앞의 책, 11면 참조.

다. 동일한 유해요인으로 급성중독 등 대통령령으로 정하는 직업성 질병자가 1년 이내에 3명 이상 발생

대통령령으로 정하는 직업성 질병자는 이 법 시행령 별표 1에서 정하는 직업성 질병에 걸린 사람을 말한다.[273] 이 규정은 급성중독과 같은 사고성 질병이나 급격히 건강을 악화시키는 유해요인, 전파성이 강한 질병 등을 직업성 질병으로 정해 이를 방지하기 위한 안전·보건조치를 하도록 주의의무를 부과하기 위한 것이다.[274][275]

"직업성 질병"이란 작업환경 및 일과 관련한 활동에 기인한 건강장해를 의미한다. 작업환경 및 일과 관련된 활동이 원인이 되었을 것이 유력한 질병으로는 ① 중금속·유기용제 중독, ② 생물체에 의한 감염질환 또는 ③ 기온·기압 등에 기인한 질병 등이 있다. 중대재해처벌법 시행령은 별표1에서 ① 인과관계의 명확성, ② 사업주의 예방 가능성 및 ③ 피해의 심각성을 주된 고려 요소로 삼아 직업성 질병을 24가지로 규정하고 있다.[276] "광의의 직업성 질병"에는 직업적 요인이 개인적 소인(素因)에 부가되어 발생하는 작업관련성 질병이 포함되는데, 고용노동부는 인과관계, 예방가능성 등을 종합적으로 고려할 때, 이를 대통령령으로 정하는 직업성 질병에 포함하기 어렵다고 설명하고 있다.[277]

중대재해처벌법 시행령 별표 1은 직업성 질병으로 △ 염화비닐·유기주석·메틸브로마이드(bromomethane)·일산화탄소에 노출되어 발생한 중추신경계장해 등의 급성중

---

273) 중대재해처벌법 시행령 제2조(직업성 질병자) 「중대재해 처벌 등에 관한 법률」(이하 "법"이라 한다) 제2조제2호다목에서 "대통령령으로 정하는 직업성 질병자"란 별표 1에서 정하는 직업성 질병에 걸린 사람을 말한다.

274) 이상국, 『중대재해처벌법』, 대명출판사, 2022, 24면 참조.

275) 2020년 12월 24일 법사위 제1소위 회의록 8~9면 중 아래 논의 참조.
  ○ 김남국위원 사업장에서 독성물질에 의해서 백혈병이라든지 ..... 이런 것들이 다수의 근로자에게 동시 다발적으로 발생했을 경우에 ..... 질병자로 규정하고 ..... 근골격계의 질병은 포함시키기에는 좀 부적절하다고 보시는 건가요?
  ○ 고용노동부 기획조정실장(박성희) 예 ..... 이런 경우 발생 기업에까지 처벌을 했을 경우에 오히려 기업들이 반대로 이런 직업성 질병에 대한 인정을 저지하거나 반대하는 입장이 나타날 우려도 있습니다.

276) 급성중독 등 대통령령으로 정하는 직업성 질병의 경우 그 중증도에 대한 기준이 없어 경미한 질병도 해당될 수 있다는 점이 문제로 지적되기도 한다(정진우, 『중대재해처벌법』, 중앙경제, 2024, 112~113면).

277) 고용노동부(2021), 앞의 책, 13면 참조.

독, △ 고열작업 또는 폭염에 노출되는 장소에서 하는 작업으로 발생한 심부체온상 승을 동반하는 열사병 등을 열거하고 있는데,[278] 유해요인이란 직업성 질병의 원인으 로 열거하고 있는 염화비닐, 유기주석 등 화학적 유해인자와 고열작업, 폭염에 노출 되는 장소에서 하는 작업 등 유해작업 등을 말한다.

중대재해처벌법 시행령 별표 1에서 열거하는 유해요인과 직업성 질병은 죄형법정 주의의 원칙에 비추어 보면 예시적 규정이 아니라 한정적인 규정으로 보아야 할 것 인바, 별표 1에 열거되지 않은 직업성 질병이 발생한 경우 또는 별표 1에 열거되지 않은 유해요인에 따라 직업성 질병이 발생한 경우는 중대산업재해에 해당하지 않는 다고 할 것이다.[279]

"유해요인의 동일성"이란 직업성 질병에 걸린 자가 노출된 유해요인이 유해인자와 유해물질의 성분, 작업의 양태 등의 측면에서 객관적으로 동일성이 인정되는 경우를 말한다.[280] 다수의 종사자에게 발생한 직업성 질병의 발생 원인이 동일하다면 각 종 사자가 유해요인에 노출된 시기나 장소, 직업성 질병이 발병된 시기에 관계 없이 "유 해요인의 동일성" 요건이 충족된다. 예를 들어, 하나의 사업에 속하는 다수의 사업장 에서 각 종사자가 고열작업 또는 폭염에 직접 노출된 장소에서 작업을 수행한 것이 원인이 되어 심부체온상승을 동반하는 열사병이 발생하였다면, 각 종사자는 동일한 유해요인으로 인해 직업성 질병에 걸린 것으로 볼 수 있다.[281]

"1년 이내에 3명 이상 발생" 요건과 관련하여, 1년은 최초 발병자와 세 번째 발병 자가 발생한 시점 사이의 시간을 의미하고,[282] 동일한 유해요인으로 직업성 질병자가 1년 이내에 3명이 발생한 시점에 중대산업재해가 발생한 것으로 판단한다. 고용노동 부는 '발생 시점'과 관련하여 중대재해처벌법의 직업성 질병은 급성중독 등 사고성 재해와 유사하여 직업성 질병 여부 및 인과관계 등의 판단이 상대적으로 용이한 질

---

278) 2024.10.22. 「산업안전보건법」 개정(2025.6.1. 시행)에 따라, 사업주가 하여야 하는 보건조치에 폭염·한파에 장시간 작업함에 따라 발생하는 건강장해가 명시적으로 규정된 바 있다.
279) 권창영 편집대표, 온라인 주석 「중대재해처벌 등에 관한 법률」, 로앤비, 2022, §2(권창영 집필부 분 참조).
280) 고용노동부(2021), 앞의 책, 12면 참조.
281) 정현희, 앞의 책, 20면 참조.
282) 정현희, 앞의 책, 21면 참조.

병이므로, 유해·위험요인에 노출된 날을 특정할 수 있는 경우는 노출된 날을 그 발생일로, 특정할 수 없는 경우에는 의사의 최초 진단일을 그 발생일로 판단한다는 입장이다.283) 그러나 의사의 최초 진단일을 그 발생일로 판단하는 것은 의사의 진단시점에 따라 중대산업재해 해당 여부가 달라지는 결과를 초래하는 문제점이 있으므로, 실제 발병일을 기준으로 판단하여야 한다는 유력설이 있다.284) 생각건대, 발생 시점 및 1년의 시기와 종기의 설정은 형사처벌 여부와 결부되므로 입법론적으로 향후 법령에 명확하게 규정하는 것이 필요하다고 본다.285)

[별표 1] 중대재해처벌법 시행령

직업성 질병(제2조 관련)

1. 염화비닐·유기주석·메틸브로마이드(bromomethane)·일산화탄소에 노출되어 발생한 중추신경계장해 등의 급성중독
2. 납이나 그 화합물(유기납은 제외한다)에 노출되어 발생한 납 창백(蒼白), 복부 산통(産痛), 관절통 등의 급성중독
3. 수은이나 그 화합물에 노출되어 발생한 급성중독
4. 크롬이나 그 화합물에 노출되어 발생한 세뇨관 기능 손상, 급성 세뇨관 괴사, 급성신부전 등의 급성중독
5. 벤젠에 노출되어 발생한 경련, 급성 기질성 뇌증후군, 혼수상태 등의 급성중독
6. 톨루엔(toluene)·크실렌(xylene)·스티렌(styrene)·시클로헥산(cyclohexane)·노말헥산(n-hexane)·트리클로로에틸렌(trichloroethylene) 등 유기화합물에 노출되어 발생한 의식장해, 경련, 급성 기질성 뇌증후군, 부정맥 등의 급성중독
7. 이산화질소에 노출되어 발생한 메트헤모글로빈혈증(methemoglobinemia), 청색증(靑色症) 등의 급성중독
8. 황화수소에 노출되어 발생한 의식 소실(消失), 무호흡, 폐부종, 후각신경마비 등의 급성중독

---

283) 고용노동부(2021), 앞의 책, 14면 참조.
284) 법무법인(유한) 바른 중대재해처벌법 대응 특별팀, 『중대재해처벌법 연구 – 조문별 해석 중심』, 법문사, 2022, 40면 참조.

9. 시안화수소나 그 화합물에 노출되어 발생한 급성중독

10. 불화수소·불산에 노출되어 발생한 화학적 화상, 청색증, 폐수종, 부정맥 등의 급성중독

11. 인[백린(白燐), 황린(黃燐) 등 금지물질에 해당하는 동소체(同素體)로 한정한다]이나 그 화합물에 노출되어 발생한 급성중독

12. 카드뮴이나 그 화합물에 노출되어 발생한 급성중독

13. 다음 각 목의 화학적 인자에 노출되어 발생한 급성중독

　　가. 「산업안전보건법」 제125조제1항에 따른 작업환경측정 대상 유해인자 중 화학적 인자

　　나. 「산업안전보건법」 제130조제1항제1호에 따른 특수건강진단 대상 유해인자 중 화학적 인자

14. 디이소시아네이트(diisocyanate), 염소, 염화수소 또는 염산에 노출되어 발생한 반응성 기도과민증후군

15. 트리클로로에틸렌에 노출(해당 물질에 노출되는 업무에 종사하지 않게 된 후 3개월이 지난 경우는 제외한다)되어 발생한 스티븐스존슨 증후군(stevens-johnson syndrome). 다만, 약물, 감염, 후천성면역결핍증, 악성 종양 등 다른 원인으로 발생한 스티븐스존슨 증후군은 제외한다.

16. 트리클로로에틸렌 또는 디메틸포름아미드(dimethylformamide)에 노출(해당 물질에 노출되는 업무에 종사하지 않게 된 후 3개월이 지난 경우는 제외한다)되어 발생한 독성 간염. 다만, 약물, 알코올, 과체중, 당뇨병 등 다른 원인으로 발생하거나 다른 질병이 원인이 되어 발생한 간염은 제외한다.

17. 보건의료 종사자에게 발생한 B형 간염, C형 간염, 매독 또는 후천성면역결핍증의 혈액전파성 질병

18. 근로자에게 건강장해를 일으킬 수 있는 습한 상태에서 하는 작업으로 발생한 렙토스피라증(leptospirosis)

19. 동물이나 그 사체, 짐승의 털·가죽, 그 밖의 동물성 물체를 취급하여 발생한 탄저, 단독(erysipelas) 또는 브루셀라증(brucellosis)

20. 오염된 냉각수로 발생한 레지오넬라증(legionellosis)

21. 고기압 또는 저기압에 노출되거나 중추신경계 산소 독성으로 발생한 건강장해, 감압병(잠수병) 또는 공기색전증(기포가 동맥이나 정맥을 따라 순환하다가 혈관을 막는 것)

22. 공기 중 산소농도가 부족한 장소에서 발생한 산소결핍증

23. 전리방사선(물질을 통과할 때 이온화를 일으키는 방사선)에 노출되어 발생한 급성 방사선증 또는 무형성 빈혈

24. 고열작업 또는 폭염에 노출되는 장소에서 하는 작업으로 발생한 심부체온상승을 동반하는 열사병

---

285) 같은 취지로, 김·장법률사무소 중대재해대응팀, 『중대재해처벌법』, 박영사, 2022, 53면 참조.

제2조제3호 중대시민재해

I. 입법경과

1. 입법취지

법 제2조제3호는 중대시민재해를 원료 또는 제조물, 공중이용시설 또는 공중교통수단의 설계, 제조, 설치, 관리상의 결함으로 인하여 사망자(1명 이상), 2개월 이상 치료가 필요한 부상자(10명 이상) 또는 3개월 이상 치료가 필요한 질병자(10명 이상)를 야기한 재해로서 중대산업재해를 제외한 것으로 규정하고 있다. 이는 기존의 「산업안전보건법」이 산업재해에 대하여만 규율하고 있어 제조물 등의 결함으로 인하여 다수의 시민이 사상한 경우에는 처벌이 어렵기 때문에 사업주나 경영책임자등에게 중대시민재해를 방지하기 위한 의무를 부과하고 의무위반으로 인하여 중대시민재해가 발생한 경우 무겁게 처벌하려는 취지이다. 그리고 그 입법배경으로는 특정 원료 또는 제조물로 인한 재해로 가습기 살균제 사건, 공중이용시설에서의 재해로 삼풍백화점이나 성수대교 붕괴사건, 공중교통수단에서의 재해로는 4·16 세월호 사건을 들

수 있다.[286]

2. 입법과정

앞에서 설명한 바와 같이, 입법과정에서 강은미의원안과 임이자의원안은 "중대재해"만 정의하는 것으로 제안하였고 박주민의원안, 이탄희의원안 및 박범계의원안은 중대재해 외에 "중대시민재해"에 대하여도 정의규정을 두는 것으로 제안하였는데, 국회 법제사법위원회 심사결과, 중대시민재해의 정의를 별도로 규정하는 것으로 조정되었다.

한편, 박주민의원안(제2조제3호나목)은 부상자와 질병자가 동시에 10명 이상 발생한 경우를 중대시민재해에 포함하고 있었는데, 부상과 질병의 정도에 대하여 제한을 두지 않는 경우 경미한 사안에 대하여도 처벌이 이루어질 수 있다는 의견이 받아들여져 치료기간에 대한 제한을 두는 것으로 조정이 되었고,[287] 치료기간에 있어서 부상과 질병의 차이를 인정하여 부상에 대하여는 2개월 이상의 치료를, 질병에 대하여는 3개월 이상의 치료를 요하는 경우로 제한하는 규정을 두는 것으로 조정되었다.[288]

강은미 의원안	박주민·이탄희·박범계 의원안	임이자 의원안
제2조(정의) 이 법에서 사용하는 용어의 뜻은 다음과 같다. 　1. "중대재해"란 사망 등 재해 정도가 심하거나 다수	제2조(정의) 이 법에서 사용하는 용어의 뜻은 다음과 같다. 　3. "중대시민재해"란 사망 등 재해 정도가 심하거나 다수의	제2조(정의) 이 법에서 사용하는 용어의 뜻은 다음과 같다. 　1. "중대 재해"란 「산업안전보건법」 제2조제2호에 준

---

286) 중대재해처벌법(대안)의 제안이유에서도 아르곤 가스 질식 사망사고, 발전소 압사사고, 물류창고 건설현장 화재사고와 같은 산업재해로 인한 사망사고와 함께 가습기 살균제 사건 및 4·16 세월호 사건 등 시민재해로 인한 사망사고를 입법배경 중 하나로 언급하고 있다.

287) 2020년 12월 29일 법사위 제1소위 회의록 38~39면 중 아래 논의 참조.
　○ 전주혜위원 부상자, 질병자 10명 이것은 ..... 너무 포괄적인 것 같고요 ..... 2개월로 하든지 (생략)
　○ 법원행정처차장 식당에서 상한 음식 제공해서 장염 10명 걸렸는데 다 1주 미만이다 이런 것까지 포섭이 되니까 어느 정도 제한을 둘 필요가 있는 의견입니다.

288) 제383회국회(임시회) 법제사법위원회 법안심사제1소위원회 제5차회의록(이하 '2021년 1월 6일 법사위 제1소위 회의록'이라 한다) 47면 중 유상범위원의 아래 발언 참조.
　"질병은 2개월이 아니라 3개월로 놔둬도 될 것 같아요 ..... 일반 질병으로는 3개월 정도는 돼야지 중한 재해라고 볼 수 있는 거지 (생략) 부상은 치료기간이 좀 집중적이고 일반 질병 같은 경우에는 장기간 치료를 요하니까 그 기간의 차이를 좀 두는 것도 합리적인 건 맞아요."

의 재해자가 발생한 경우로서 「산업안전보건법」 제2조제2호에 준하는 재해를 말한다.	재해자가 발생한 경우로서 다음 각 목의 결과를 야기하는 것을 말한다. 가. 사망자가 1명 이상 발생한 재해 나. 부상자 또는 질병자가 동시에 10명 이상 발생한 재해	하는 재해로서 사상자가 발생한 경우를 말한다.

II. 내용 및 검토

1. 개관

　'중대시민재해'란 "특정 원료 또는 제조물, 공중이용시설 또는 공중교통수단의 설계, 제조, 설치, 관리상의 결함을 원인으로 하여 발생한 재해"로서 "사망자 1명 이상 발생, 동일한 사고로 2개월 이상 치료가 필요한 부상자 10명 이상 발생, 동일한 원인으로 3개월 이상 치료가 필요한 질병자 10명 이상 발생 중 어느 하나에 해당하는 결과를 야기한 재해"를 의미한다(법 제2조제1호 및 제3호). '사망자 1명 이상 발생'이라는 점에서 중대산업재해와 동일하지만, 상병(傷病)의 경우 후술하는 바와 같이 차이가 있다. 또한, 동일한 사고로 인해 중대산업재해와 중대시민재해가 동시에 발생할 수도 있는데, 법은 중대산업재해에 해당하는 재해는 중대시민재해에서 제외하고 있다(법 제2조제3호 단서). 즉, 하나의 재해가 중대시민재해와 중대산업재해의 요건을 모두 갖춘 경우 중대시민재해와 관련된 규정의 적용은 배제되고 중대산업재해와 관련된 규정이 적용된다.

　한편, 중대시민재해는 크게 ① 특정 원료 또는 제조물의 설계, 제조, 관리상의 결함을 원인으로 하는 사고와, ② 공중이용시설이나 공중교통수단의 설계, 설치, 관리상의 결함으로 인한 사고로 나누어 볼 수 있는데, 중대시민재해 예방에 필요한 조치 의무에도 큰 차이가 있다. 특히 공중이용시설의 경우, 대형 건축물부터 일정한 규모의 공중이용업소 등까지 그 적용대상의 범위가 상당히 광범위하고, 그 적용대상을 대통령령으로 정하도록 규정하고 있어 논란이 된다.[289]

2. 중대시민재해의 요건

중대시민재해가 되기 위해서는 특정 원료나 제조물, 공중이용시설 또는 공중교통수단의 "설계, 제조, 설치, 관리상의 결함"을 원인으로 하여 발생한 재해이어야 한다. 따라서 "설계, 제조, 설치, 관리상의 결함"이 아닌 다른 원인으로 하여 발생된 재해는 중대시민재해에 해당하지 아니한다. 「제조물 책임법」과 달리 '관리'상의 결함에 대하여도 형사책임을 묻는데, 해당 법문이 명확하지 않다고 비판하는 견해가 있다.[290] 생각건대 원료나 제조물을 생산·제조·판매·유통하는 과정에서 작업방법 또는 작업환경 등에 문제가 있는 것은 모두 관리상의 결함에 해당할 수 있기 때문에 유해·위험요인에 대해서는 위험성평가 등을 통해 철저하게 관리해 나갈 필요가 있으며,[291] 「민법」상 '공작물책임' 및 「국가배상법」상 '영조물의 설치 또는 관리의 하자'를 설시한 판례를 참고할 수 있다고 본다.[292]

대법원 2015. 7. 9. 선고 2015도5512 판결(경주 마리나리조트 붕괴 사건)

민법 제758조 제1항의 입법 취지는 공작물의 관리자는 위험의 방지에 필요한 주의를 다하여야 하고, 만일에 위험이 현실화하여 손해가 발생한 경우에는 그들에게 배상책임을 부담시키는 것이 공평하다는 데 있다. 따라서 '공작물의 설치·보존상의 하자'란 공작물이 그 용도에 따라 통상 갖추어야 할 안전성을 갖추지 못한 상태에 있음을 말하고,

---

289) 시행령을 제정하면서 「실내공기질 관리법」에 따른 다중이용시설을 주로 참조하였는데, 인명손상을 방지하기 위해서는 공기질이 아니라 주된 사망원인인 화재사고를 최소화할 수 있도록 소방관련 법률에서 요구하는 기준으로 공중이용시설 해당 여부를 결정했어야 한다고 비판하는 견해가 있다(송인택 외, 『중대재해처벌법 해설과 대응』, 박영사, 2022, 120~121면 등).
290) 송인택 외, 앞의 책, 92면.
291) 정진우, 『중대재해처벌법』, 중앙경제, 2024, 269면.
292) 정현희, 앞의 책, 25면.

위와 같은 안전성의 구비 여부를 판단할 때에는 공작물을 설치·보존하는 자가 그 공작물의 위험성에 비례하여 사회통념상 일반적으로 요구되는 정도로 위험방지조치를 다하였는지 여부를 기준으로 판단하여야 한다.

대법원 2019. 11. 28. 선고 2017다14895 판결
국가배상법 제5조 제1항 소정의 영조물의 설치 또는 관리의 하자라 함은 영조물이 그 용도에 따라 통상 갖추어야 할 안전성을 갖추지 못한 상태에 있음을 말하는 것으로서, 영조물이 완전무결한 상태에 있지 아니하고 그 기능상 어떠한 결함이 있다는 것만으로 영조물의 설치 또는 관리에 하자가 있다고 할 수 없는 것이고, 위와 같은 안전성의 구비 여부를 판단함에 있어서는 당해 영조물의 용도, 그 설치장소의 현황 및 이용 상황 등 제반 사정을 종합적으로 고려하여 설치 관리자가 그 영조물의 위험성에 비례하여 사회통념상 일반적으로 요구되는 정도의 방호조치의무를 다하였는지 여부를 그 기준으로 삼아야 할 것이며, 객관적으로 보아 시간적·장소적으로 영조물의 기능상 결함으로 인한 손해발생의 예견가능성과 회피가능성이 없는 경우, 즉 그 영조물의 결함이 영조물의 설치관리자의 관리행위가 미칠 수 없는 상황 아래에 있는 경우에는 영조물의 설치·관리상의 하자를 인정할 수 없다.

"결함"이라는 말은 통상 "부족하거나 완전하지 못하여 흠이 되는 부분"이라고 이해되는데,[293] 결함을 원인으로 하여 법률효과를 나타내는 대표적인 것이 「제조물 책임법」이다. 「제조물 책임법」은 제조물의 결함으로 발생한 손해에 대한 제조업자 등의 손해배상책임을 규정함으로써 피해자 보호를 도모하고 국민생활의 안전 향상과 국민경제의 건전한 발전에 이바지함을 목적으로 제정된 법으로 제조물의 결함을 원인으로 한 중대시민재해에 대한 형사처벌을 규정하고 있는 중대재해처벌법의 해석과 적용에서 일정한 기준과 척도가 될 수 있을 것이다.[294] 즉, 「제조물 책임법」 제2조제2호는 "결함이란 해당 제조물에 다음 각 목의 어느 하나에 해당하는 제조상·설계상 또는 표시상의 결함이 있거나 그 밖에 통상적으로 기대할 수 있는 안전성이 결여되어 있는 것을 말한다"고 규정하고 있다.

---

293) 국립국어원 표준국어대사전 참조.
294) 송인택 외, 앞의 책, 92-93면 참조.

가. "제조상의 결함"이란 제조업자가 제조물에 대하여 제조상·가공상의 주의의무를 이
행하였는지에 관계없이 제조물이 원래 의도한 설계와 다르게 제조·가공됨으로써
안전하지 못하게 된 경우를 말한다.

나. "설계상의 결함"이란 제조업자가 합리적인 대체설계(代替設計)를 채용하였더라면
피해나 위험을 줄이거나 피할 수 있었음에도 대체설계를 채용하지 아니하여 해당
제조물이 안전하지 못하게 된 경우를 말한다.

다. "표시상의 결함"이란 제조업자가 합리적인 설명·지시·경고 또는 그 밖의 표시를
하였더라면 해당 제조물에 의하여 발생할 수 있는 피해나 위험을 줄이거나 피할 수
있었음에도 이를 하지 아니한 경우를 말한다.

또한, 「제조물 책임법」은 피해자가 아래 사실을 증명한 경우에는 제조물을 공급할
당시 해당 제조물에 결함이 있었고 그 제조물의 결함으로 인하여 손해가 발생한 것
으로 추정한다고 규정하고 있다(「제조물 책임법」 제3조의2 본문).

1. 해당 제조물이 정상적으로 사용되는 상태에서 피해자의 손해가 발생하였다는 사실
2. 제1호의 손해가 제조업자의 실질적인 지배영역에 속한 원인으로부터 초래되었다는
   사실
3. 제1호의 손해가 해당 제조물의 결함 없이는 통상적으로 발생하지 아니한다는 사실

참고로, 제21대국회에는 중대시민재해의 개념 범위를 확대하려는 개정안이 발의되
었는데, 2021년 6월 17일에 발의된 김영배의원안(의안번호 2110830)[295]은 '건설공사'
현장에서의 안전관리, 유해위험 방지의 결함을 원인으로 발생한 재해를,[296] 2023년
12월 28일에 발의된 윤미향의원안(의안번호 2126114)[297]은 '산림사업'의 시행 및 관리

---

295) 동 법률안은 2021년 6월 9일 광주광역시 동구 학동 재개발 공사현장에서 해체 중이던 건물이
   붕괴하여 시민 9명이 사망하고 8명이 부상을 입은 사건이 발생한 이후 유사 사고를 방지하려
   는 취지에서 발의된 것이다.
296) 2022년 1월 26일에 발의된 강은미의원안(의안번호 2114568)도 유사한 취지이다.
297) 동 법률안은 임도·벌채 등과 같이 인위적으로 산의 원형을 변형하는 산림사업으로 인해 발생
   하는 산사태 및 그에 따른 인명피해를 방지하려는 취지로, 2023년 1월부터 7월까지 발생한 산
   사태 중 임도에서 발생한 건이 전체의 35.5%(316건)를 차지한 점을 고려한 것이다.

상의 결함을 원인으로 발생한 재해를 각각 중대시민재해에 포함하는 내용이었다.

〈중대재해처벌법 일부개정법률안(중대시민재해 개념 확대 관련)〉

현행	김영배의원안 (강은미의원안도 유사)	윤미향의원안
제2조(정의) 이 법에서 사용하는 용어의 뜻은 다음과 같다. 1.·2. (생 략) 3. "중대시민재해"란 특정 원료 또는 제조물, 공중이용시설 또는 공중교통수단의 설계, 제조, 설치, 관리상의 <u>결함</u>을 원인으로 하여 발생한 재해로서 다음 각 목의 어느 하나에 해당하는 결과를 야기한 재해를 말한다. 다만, 중대산업재해에 해당하는 재해는 제외한다.	제2조(정의)---------------- ---------------- ----. 1.·2. (현행과 같음) 3. ---------------- ---------------- ---------------- ---------------- ----------<u>결함 또는 「건설산업기본법」 제2조제4호에 규정된 건설공사 현장에서의 안전관리, 유해위험 방지의 결함</u> ---------------- ---------------- ---------------- ----------------.	제2조(정의)------------- ---------------- ----. 1.·2. (현행과 같음) 3. ---------------- ---------------- ---------------- ---------------- ----------<u>결함 또는 산림사업의 시행, 관리상의 결함</u>------------- ---------------- ---------------- ----------------.

3. 중대산업재해와 중대시민재해의 비교

중대산업재해와 중대시민재해는 "사망자 1명 이상 발생"이라는 점에서 동일하다. 그러나 상병(傷病)의 경우, 중대산업재해는 "동일한 사고로 6개월 이상 치료가 필요한 부상자가 2명 이상 발생" 또는 "동일한 유해요인으로 급성중독 등 대통령령으로 정하는 직업성 질병자가 1년 이내에 3명 이상 발생"이라는 결과를 요구함에 반하여, 중대시민재해는 "동일한 사고로 2개월 이상 치료가 필요한 부상자가 10명 이상 발생" 또는 "동일한 원인으로 3개월 이상 치료가 필요한 질병자가 10명 이상 발생"이라는 결과를 요구함으로써 치료기간이 다소 짧더라도 더 많은 피해 인원의 발생을 요한다는 점에서 차이가 있다. 이는 중대산업재해가 「산업안전보건법」에 기초를 두고 종사자 보호에 중점을 둔 것이라면 중대시민재해는 위험한 원료나 물건, 시설이나 업소 이용자 등 일반 시민들에 대한 피해발생을 염두에 둔 것이어서 사망자가 아닌 부상 자의 경우에는 부상 정도는 상대적으로 가볍더라도 더 많은 피해자의 발생을 요구하 는 데 따른 것으로 보인다.

<중대산업재해 및 중대시민재해의 개념>

중대산업재해 (법 제2조제2호)	중대시민재해 (법 제2조제3호)
「산업안전보건법」 제2조제1호에 따른 산업재해298) 중 다음의 어느 하나에 해당하는 결과를 야기한 재해 ① **사망자**가 1명 이상 발생 ② 동일한 사고로 6개월 이상 치료가 필요한 **부상자**가 2명 이상 발생 ③ 동일한 유해요인으로 급성중독 등 대통령령으로 정하는 직업성 **질병자**가 1년 이내에 3명 이상 발생	특정 원료 또는 제조물, 공중이용시설 또는 공중교통수단의 설계, 제조, 설치, 관리상의 결함을 원인으로 하여 발생한 재해로서 다음의 어느 하나에 해당하는 결과를 야기한 재해. 다만, 중대산업재해는 제외. ① **사망자**가 1명 이상 발생 ② 동일한 사고로 2개월 이상 치료가 필요한 **부상자**가 10명 이상 발생 ③ 동일한 원인으로 3개월 이상 치료가 필요한 **질병자**가 10명 이상 발생

또한, 중대산업재해가 주로 종사자들이 노무를 제공하는 사업장에서 발생되는 산업안전에 관련된 사고를 의미함에 비하여, 중대시민재해는 산업현장은 물론이고 그 범위를 벗어나 일반 시민이 이용하는 각종 공산품 등 특정 원료를 통하여 물품을 생산하여 일반인들이 사용하는 경우나 음식점, 노래방 등의 다중 이용시설, 교량과 터널 등의 시설물, 그리고 고속버스, 지하철, KTX 등 대중교통수단의 이용과정에서 그 제품, 공중이용시설 또는 공중교통수단의 결함으로 인하여 사망 등의 결과를 가져오는 사건을 의미하므로 그 적용범위나 대상이 훨씬 넓은 것으로 이해된다.299)

한편, 중대재해처벌법은 그 목적이 '중대재해를 예방하고, 시민과 종사자의 생명

---

298) 「산업안전보건법」 제2조(정의) 이 법에서 사용하는 용어의 뜻은 다음과 같다.
    1. "산업재해"란 노무를 제공하는 사람이 업무에 관계되는 건설물·설비·원재료·가스·증기·분진 등에 의하거나 작업 또는 그 밖의 업무로 인하여 사망 또는 부상하거나 질병에 걸리는 것을 말한다.
299) 송인택 외, 앞의 책, 90면 참조.

과 신체를 보호함'에 있음을 선언하는 한편, 입법 목적을 달성하기 위한 수단으로서 '사업 또는 사업장, 공중이용시설 및 공중교통수단을 운영하거나 인체에 해로운 원료나 제조물을 취급하면서 안전·보건 조치의무를 위반하여 인명피해를 발생하게 한 사업주, 경영책임자, 공무원 및 법인의 처벌 등'을 명시하고 있다(법 제1조). 이와 같이 중대시민재해와 중대산업재해 사이에 입법배경과 입법목적, 입법목적 달성을 위한 수단이 유사하고 개별 규정들의 문언이 거의 동일하다는 점에서 법 제9조부터 제11조까지의 중대시민재해 규정에 대한 해석은 중대산업재해 관련 규정의 해석과 크게 다르지 않다.[300]

[참고사례 #1: 오송 지하차도 침수사건]

- 오송 지하차도 침수사건은 2023년 7월 15일 충북 청주지역에서 폭우로 불어난 미호강 강물이 제방을 넘쳐 청주시 흥덕구 오송읍 소재 지하차도[301]가 물에 잠기면서 지하차도에 진입한 시내버스 등 차량 17대에 타고 있던 14명이 사망하고 16명이 다친 사건이다. 2023년 7월 28일 국무조정실은 감찰조사 결과 사고원인에 대하여 "미호천교 아래의 기존 제방을 무단 철거하고 부실한 임시제방을 쌓은 것과 이를 제대로 감시·감독하지 못한 것이 이번 사고의 선행요인이다. 호우경보와 홍수경보가 발령된 비상상황에서 신고 등 수많은 경고가 있었음에도, 궁평2지하차도와 주변 미호강과 관련된 여러 기관이 상황의 심각성을 제대로 인식하고 적극적으로 대처하지 못해 이러한 결과가 발생하였다"고 밝혔다.[302] 이후 검찰수사를 거쳐 2023년 12월 22일부터 2024년 6월 19일 현재까지 미호강교 확장공사 현장의 현장소장, 감리단장을 포함할 44명이 순차적으로 재판에 넘겨졌는데,[303] 2024년 5월 31일 청주지방법원은 우기 대비 대체제방 축조 지연 및 부실제방 급조 등 업무상과실치사상으로 현장소장에게 징역 7년 6개월, 감리단장에게

---

300) 김·장법률사무소 중대재해대응팀, 앞의 책, 132면 참조.
301) 이 사건 궁평2지하차도는 2019년 준공된 공공시설물로 총연장 685m(터널구간 430m), 폭 19m, 높이 4.7m 규모의 왕복 4차로 직선형태의 지하차도이다.
302) 국무조정실, "오송 궁평2지하차도 침수사고 감찰조사 결과", 보도자료, 2023.7.28. 참조.
303) 청주지방검찰청, "오송지하차도 침수사건 지자체 공무원 10명 추가 기소 – 충청북도 공무원 7명, 청주시 공무원 3명 불구속 기소 – 현재까지 총 44명 기소(구속 2명, 불구속 40명, 법인 2개)," 보도자료, 2024.6.19. 참조.

징역 6년을 선고한 바 있다.[304]

- 이와 관련하여 시민단체 '중대재해 예방과 안전권 실현을 위한 학자·전문가 네트워크'(약칭 '중대재해전문가넷')는 오송 참사는 중대시민재해 사건에 해당한다고 주장하였다. 즉, 중대재해처벌법령에 따르면 '터널구간 100미터 이상인 지하차도'와 '국가하천 제방'은 공중이용시설인데, 궁평제2지하차도의 터널구간은 430미터이며, 무너진 미호강 임시제방은 행복중심복합도시건설청이 설치해 환경부 산하 금강유역환경청이 관리하고 있는바, 이 지하차도 침수사건은 공중이용시설의 설계·제조·설치·관리상의 결함을 원인으로 하여 발생한 재해라는 것이다.[305]

[참고사례 #2 : 성남 정자교 붕괴사건]

- 이 사건은 경기도 성남시 정자동에 위치한 정자교 인도(1993년 준공)가 2023년 4월 5일 오전 10시경 붕괴되어 2명이 사망하고 여러 명이 부상을 입은 사건이다.

- 국립과학수사연구원은 "정자교 붕괴 원인은 콘크리트에 염화물이 유입돼 철근을 부식시키고 장기적으로 콘크리트의 압축강도를 저하시킨 상태에서 교면 균열에 대한 적절한 유지보수가 이뤄지지 않아 붕괴된 것"이라는 감정 결과를 경찰에 통보(2023.6.2.)하였고, 중대시민재해방지의무가 있는 공중이용시설 중 교량의 경우 100미터 이상이어야 하는데, 정자교는 길이가 108미터여서 중대시민재해의 적용요건에 해당한다는 주장이 있었다.[306] 그런데 2024년 4월 30일 경찰은 1년 넘게 진행된 수사 결과, 중대재해처벌법상 중대시민재해 혐의를 적용해 입건한 관할 지방자치단체장인 성남시장에 대해 2022년 교량보수 예산과 관련부서 인력 증원을 승인했던 만큼 중대재해처벌법에 규정된 예방업무를 소홀히 했다고 보기 어렵다는 이유로 무혐의 처분하였다.[307]

---

304) 청주지방법원 2024.5.31. 선고 2023고단3098 판결.
305) 경향신문 "오송 지하차도 참사는 중대시민재해"(2023.7.20.) 참조. 유사한 취지로, 세계일보 '[데스크의눈] 오송참사 '중대시민재해1호' 사건 돼야"(2024.7.16.) 및 국민일보 "오송 지하차도 '중대시민재해 1호' 사건되나"(2024.5.2.) 등 참조.
306) 조선일보 "경찰, 분당 정자교 붕괴사고, 중대시민재해 적용 검토"(2023.6.12.) 참조.
307) "정자교 붕괴 17명 송치 ... 중대시민재해 무혐의" SBS(2024.5.1.) 및 YTN(2024.5.30.) 참조.

제2조제4호 공중이용시설

> **법 제2조(정의)** 이 법에서 사용하는 용어의 뜻은 다음과 같다.
>
> 4. "공중이용시설"이란 다음 각 목의 시설 중 시설의 규모나 면적 등을 고려하여 대통령령으로 정하는 시설을 말한다. 다만, 「소상공인 보호 및 지원에 관한 법률」 제2조에 따른 소상공인의 사업 또는 사업장 및 이에 준하는 비영리시설과 「교육시설 등의 안전 및 유지관리 등에 관한 법률」 제2조제1호에 따른 교육시설은 제외한다.
>   가. 「실내공기질 관리법」 제3조제1항의 시설(「다중이용업소의 안전관리에 관한 특별법」 제2조제1항제1호에 따른 영업장은 제외한다)
>   나. 「시설물의 안전 및 유지관리에 관한 특별법」 제2조제1호의 시설물(공동주택은 제외한다)
>   다. 「다중이용업소의 안전관리에 관한 특별법」 제2조제1항제1호에 따른 영업장 중 해당 영업에 사용하는 바닥면적(「건축법」 제84조에 따라 산정한 면적을 말한다)의 합계가 1천제곱미터 이상인 것
>   라. 그 밖에 가목부터 다목까지에 준하는 시설로서 재해 발생 시 생명·신체상의 피해가 발생할 우려가 높은 장소

I. 입법경과

1. 입법취지

법 제2조제4호는 공중이용시설을 「실내공기질 관리법」에 따른 시설, 「시설물의 안전 및 유지관리에 관한 특별법」에 따른 시설물, 「다중이용업소의 안전관리에 관한 특별법」에 따른 영업장 및 이에 준하는 시설로서 재해 발생 시 생명·신체상의 피해 발생 우려가 큰 장소 중 대통령령으로 정하는 시설을 정의하고 있다. 이는 이 법에 따른 중대시민재해 예방조치 의무 등 규정의 적용범위를 명시하여 다중(多衆)이 이용

하는 시설에서 붕괴, 화재 등의 재해가 발생하여 시민이 부상을 입거나 사망하는 경우를 방지하려는 것이다.[308]

2. 입법과정

가. 소규모 사업장 포함 여부

이 법의 입법과정에서 중대시민재해 예방조치 등 의무위반 시 처벌의 대상이 되는 공중이용시설의 범위에 대하여 강은미의원안·박주민의원안·이탄희의원안 및 박범계의원안은 다중이용업소(「다중이용업소의 안전관리에 관한 특별법」 제2조제1항제1호에 따른 영업장)를 포함하는 것으로, 임이자의원안은 포함하지 않는 것으로 제안하였는데, 국회 법제사법위원회 심사결과 다중이용업소를 포함하되, 해당 영업에 사용하는 바닥면적의 합계가 1천제곱미터[309] 미만인 곳을 제외하는 것으로 조정되었다. 이는 이 법의 적용대상인 공중이용시설에 개인이 독립적으로 소유·운영하는 생계형 점포나 소규모 영업장인 다중이용업소를 포함하는 것은 기업 등의 책임을 강화하려는 이 법의 입법취지와 부합하지 않는다는 의견[310]이 받아들여졌기 때문이다.

또한, 소상공인들이 이 법에 의하여 예상하지 못한 과중한 처벌을 받지 않도록 하기 위하여 기업으로 인정받을 수 있는 정도의 규모 이상에 대하여만 규율할 필요가

---

308) 2020년 12월 24일 법사위 제1소위 회의록 9면 중 김용민위원의 발언 참조.
　　"예를 들어서 성수대교가 붕괴됐던 사건이나 삼풍백화점이 무너졌던 사건 ..... 불특정 다수의 시민들이 목숨을 잃었거나 심하게 다쳤던 그런 사건들에서도 공무원들과 사업주들이 너무 ..... 경미하게 처벌되는 ..... 관행들이 반복되어 있다 보니까 그런 위험성들을 크게 느끼지 못하고 있었던 것 같습니다."

309) 공중이용시설에서 제외되는 다중이용업소의 면적기준의 근거에 관하여는 제383회국회(임시회) 법제사법위원회 법안심사제1소위원회 제4차회의록(이하 "2021년 1월 5일 법사위 제1소위 회의록"이라 한다) 71~72면 중 소방청 화재예방과장(이동원)의 아래 발언 참조.
　　"바닥면적을 왜 하필 1000㎡로 정했느냐 하는 것은 사실은 작위적인 면이 없지 않아 있기는 하지만 일반적으로 건축물의 위험도 기준을 구분할 때 많이 등장하는 게 1000㎡이고 ..... 입법례들이 많이 있습니다. ..... 참고로 전국의 다중이용업소 18만 개 중에서 1000㎡ 이상인 게 한 4500개 정도 되고 있습니다."

310) 허병조, 「중대재해에 대한 기업 및 책임자 처벌 등에 관한 법률안 검토보고」, 국회 법제사법위원회, 2020.7., 11~12면 참조.

있다는 의견이 제기됨에 따라[311] 「소상공인 보호 및 지원에 관한 법률」 제2조[312]에 따른 소상공인의 사업 또는 사업장 및 이에 준하는 비영리시설도 제외하는 것으로 결정되었다.[313]

강은미의원안	박주민 · 이탄희 · 박범계의원안	임이자의원안
제2조(정의) 이 법에서 사용하는 용어의 뜻은 다음과 같다. 2. "공중이용시설"이란 불특정다수인이 이용하는 다음 각 목의 어느 하나에 해당하는 시설을 말한다. 가. 「실내공기질 관리법」 제3조제1항의 시설 나. 「시설물의 안전 및 유지관리에 관한 특별법」 제2조제1호의 시설물	제2조(정의) 이 법에서 사용하는 용어의 뜻은 다음과 같다. 4. "공중이용시설"이란 불특정다수인이 이용하는 다음 각 목의 어느 하나에 해당하는 시설을 말한다. 가. 「실내공기질 관리법」 제3조제1항의 시설 나. 「시설물의 안전 및 유지관리에 관한 특별법」 제2조제1호의 시설물	제2조(정의) 이 법에서 사용하는 용어의 뜻은 다음과 같다. 2. "공중이용시설"이란 불특정다수인이 이용하는 다음 각 목의 어느 하나에 해당하는 시설을 말한다. 가. 「실내공기질 관리법」 제3조제1항의 시설 나. 「시설물의 안전 및 유지관리에 관한 특별법」 제2조제1호의 시설물

311) 2021년 1월 6일 법사위 제1소위 회의록 3면~10면 중 아래 논의 참조.
  ○ 박주민위원 바닥면적을 1000㎡ 이상으로 제한하는 것 이외에 소상공인 부분을 또 제외해야 되는 이유에 대해서 설명을 좀 해 주시지요.
  ● 중소벤처기업부차관(강성천) 예를 들면 목욕탕 같은 경우에 1000㎡면 330평 정도 될 텐데요. 그런 경우에도 종업원 수가 5인 미만인 소상공인이 충분히 있을 수가 있습니다. (생략)
  ○ 송기헌위원 저는 소상공인들은 해당이 안 돼야 된다고 생각합니다. 왜냐하면 소상공인들이 영업하는 것은 그냥 일상생활입니다 ..... 그분들이 일상생활하면서 이런 과도한 위험에 관한 어떤 의무라든지 처벌규정에 관한 부담을 진다는 건 맞지 않는다고 생각해야 돼요.

312) 「소상공인 보호 및 지원에 관한 법률」 제2조(정의) 이 법에서 "소상공인"이란 「소상공인기본법」 제2조에 따른 소상공인을 말한다.
  「소상공인기본법」 제2조(정의) ① 이 법에서 "소상공인"이란 「중소기업기본법」 제2조제2항에 따른 소기업(小企業) 중 다음 각 호의 요건을 모두 갖춘 자를 말한다.
  1. 상시 근로자 수가 10명 미만일 것
  2. 업종별 상시 근로자 수 등이 대통령령으로 정하는 기준에 해당할 것
  ② 제1항을 적용할 때 소상공인이 그 규모의 확대 등으로 소상공인에 해당하지 아니하게 된 경우 그 사유가 발생한 연도의 다음 연도부터 3년간은 소상공인으로 본다. 다만, 소기업 외의 기업과 합병하거나 그 밖에 대통령령으로 정하는 사유로 소상공인에 해당하지 아니하게 된 경우에는 그러하지 아니하다.

313) 2021년 1월 5일 법사위 제1소위 회의록 73면 중 김도읍위원의 아래 발언 참조.
  "법인을 비롯한 기업, 좋다 이거예요. 기관도 좋다 이거예요. 그런데 이게 뭡니까? 그 기본정신에 완전히 벗어나 가지고 전부다 어려운 자영업자, 중소상공인들한테 다 전가시키고 그것 위반하면 징역 ..... 이것은 안 맞아요."

다. 「다중이용업소의 안전관리에 관한 특별법」 제2조제1호에 따른 영업을 하는 영업장 라. 그 밖에 가목부터 다목까지의 공중이용시설에 준하는 것으로서 대통령령으로 정하는 시설	다. 「다중이용업소의 안전관리에 관한 특별법」 제2조제1호에 따른 영업을 하는 영업장 라. 그 밖에 공중을 상대로 교육·강연·공연 등이 행하여지는 대통령령으로 정하는 장소	다. 그 밖에 가목, 나목의 공중이용시설에 준하는 것으로서 대통령령으로 정하는 시설

나. 범죄구성요건의 위임

강은미의원안과 임이자의원안은 각 목에서 규정하는 공중이용시설에 준하는 것으로서 대통령령으로 정하는 시설을, 박주민의원안, 이탄희의원안 및 박범계의원안은 공중을 상대로 교육·강연·공연 등이 행하여지는 대통령령으로 정하는 장소를 공중이용시설에 포함하는 것으로 제안하였다. 이에 대하여 현행 가목부터 다목까지의 공중이용시설에는 포함되지 않으나 이 법을 적용할 필요가 있는 공중이용시설을 포섭하여 법의 공백을 제거할 필요가 있으므로 포괄적인 규정이 필요하다는 의견[314]과 중형이 예상되는 형사처벌의 대상을 대통령령에 위임하는 것은 불가능하다는 의견[315]이 대립하였다. 국회 법제사법위원회 심사결과, 대통령령으로 정하는 시설을 한정하는 요건으로 "시설의 규모와 면적을 고려"하는 것을 추가하는 것으로 결정되었는데, 이는 공중이용시설의 범위를 대통령령에 위임할 때 법률에 면적 등 시설규모의 하한을 규정하면 명확성의 원칙에 위반되지 않는다는 의견[316]이 반영된 결과로 보인

---

314) 2020년 12월 29일 법사위 제1소위 회의록 40면 중 법원행정처차장의 아래 발언 참조.
　　"예를 들어서 공사장에서 크레인이 추락해 가지고 행인이 다친 경우라든지 스키장이나 대형
　　수상레저시설 같은 경우는 가·나·다에 해당이 안 되고요 현재의 교육·강연·공연에도 해당
　　이 안 되기 때문에 ..... 그런 필요한 경우를 포섭하기 위해서는 이런 포괄적인 규정을 두되 구
　　체적으로 대통령령으로 필요한 부분을 정해 놓는 것이 맞지 않겠나 그런 의견입니다."
315) 2020년 12월 29일 법사위 제1소위 회의록 43면 중 김도읍위원의 아래 발언 참조.
　　"형사처벌 대상을 이렇게 방대하게 한 법에 넣고 그것도 다 못 해 가지고 대통령령으로 또 정
　　하게 하고. ..... 부과되는 의무도 ..... 상당히 포괄적이에요, ... 그냥 행정 제재라든지 이런 것 같
　　으면 ..... 넘어가지만 전부 다 ..... 중형이 선고되는 그런 과정에 있는 전제 아닙니까 ..... 이것을
　　보고 공중이용시설이든 사업주든 경영책임자든 어떻게 ..... 조치를 해야 될지 그게 나옵니까?
　　그러니까 이것을 또 대통령령으로 위임하면 구성요건을 대통령령으로 위임하는 거예요."
316) 2020년 12월 29일 법사위 제1소위 회의록 44면 중 법무부차관의 아래 발언 참조.

다. 즉, 가목부터 다목까지의 시설은 구체적인 시설의 종류를 「실내공기질 관리법」, 「시설물의 안전 및 유지관리에 관한 특별법」, 「다중이용업소의 안전관리에 관한 특별법」 등 법률에서 규정하고 있고, 대통령령에서 그 시설의 규모와 면적을 한정하여 규정하고 있으므로 명확성의 원칙에 위배되지 않는 것으로 보인다. 그러나 라목에 해당하는 시설은 "가목부터 다목까지에 준하는 시설로서 재해 발생 시 생명·신체상의 피해가 발생할 우려가 높은 장소"로 규정되어 있을 뿐이므로 그 구체적인 시설의 종류가 대통령령에서 비로소 규정되는바, 죄형법정주의에 위배될 소지가 있을 것으로 보인다. 예를 들면, 중대재해처벌법 시행령 제3조제4호마목은 주유소와 액화석유가스 충전소를 규정하고 있는데, 해당 시설은 법 제2조제4호가목과 같은 호 다목에 따른 법률의 목적인 실내공기질 관리 또는 화재예방의 대상인 실내가 아니고, 법 제2조제4호나목에 따른 법률의 규율대상인 사회기반시설, 공공청사 등 공공시설이 아니므로 같은 호 가목부터 다목까지에 준하는 시설에 해당하는지 여부가 명확하지 아니한 측면이 있다.

다. 기타 수정사항

강은미의원안 등은 공중이용시설의 요건에 "불특정다수가 이용하는" 시설이라는 요건을 두고 있었다. 그런데, 불특정다수라는 요건을 두면 보호 필요성이 있는 공중이용시설임에도 이 법의 적용대상에서 제외되는 시설들(특정한 다수가 이용하는 시설인 노인요양시설 등)이 발생하게 된다는 이유로 삭제되었다.[317]

"아예 법률에 '몇 평방미터, 몇천 제곱미터 이상, 몇 석, 몇 명 수용 이상의 시설물로서 대통령령이 정하는 것' 이렇게 하면 최하한을 정할 수가 있게 됩니다. 그렇게 되면 ..... 위원님 말씀하신 부분이 법률에서 부담이 없는 선에서 수범자가 이미 결정이 되는 부분이 있고 그 이상을 대통령령으로 위임하니까 명확성의 원칙이나 위임 원칙에도 반하지 않는 것이 되지 않을까 이렇게 생각을 합니다."

317) 2021년 1월 6일 법사위 제1소위 회의록 16면 중 백혜련 소위원장의 아래 발언 참조.
"불특정 다수를 넣게 되면 오히려 빠져야 되는 시설들이 많습니다 ..... 노인요양시설 같은 것도 불특정 다수가 이용하는 시설이라고 보기는 어렵지요 ..... 그래서 그것은 빼고."

3. 유사 입법례

> **「장애인·노인·임산부 등의 편의증진 보장에 관한 법률」**
> **제2조(정의)** 이 법에서 사용하는 용어의 뜻은 다음과 같다.
>   6. "공공건물 및 공중이용시설"이란 불특정다수가 이용[318]하는 건축물, 시설 및 그 부
>   대시설로서 대통령령으로 정하는 건물과 시설을 말한다.
>
> **「장애인·노인·임산부 등의 편의증진 보장에 관한 법률 시행령」**
> **제2조(공공건물 및 공중이용시설의 정의)** 「장애인·노인·임산부 등의 편의증진 보장에
> 관한 법률」(이하 "법"이라 한다) 제2조제6호에서 "대통령령으로 정하는 건물과 시설"이
> 란 「건축법 시행령」 제3조의5의 용도별 건축물의 종류에 따른 건축물 중 제1종 근린생
> 활시설 및 제2종 근린생활시설, 문화 및 집회시설, 종교시설, 판매시설, 의료시설, 교육
> 연구시설, 노유자시설, 수련시설, 운동시설, 업무시설, 숙박시설, 공장, 자동차관련시설,
> 교정시설, 방송통신시설, 묘지 관련 시설, 관광 휴게시설 및 장례식장을 말한다.

II. 내용 및 검토

1. 개요

중대재해처벌법은 공중이용시설의 정의를 「실내공기질 관리법」에 따른 시설, 「시설
물의 안전 및 유지관리에 관한 특별법」에 따른 시설물, 「다중이용업소의 안전관리에
관한 특별법」에 따른 영업장 및 이에 준하는 시설로서 재해 발생 시 생명·신체상의
피해발생 우려가 큰 장소 중 대통령령으로 정하는 시설로 규정하고 있다. 이에 따라
중대재해처벌법 시행령 제3조 각 호는 해당 시설들을 구체적으로 열거하고 있다.

---

318) 「다중이용업소의 안전관리에 관한 특별법」 제2조(정의) ① 이 법에서 사용하는 용어의 뜻은
다음과 같다.
   1. "다중이용업"이란 불특정 다수인이 이용하는 영업 중 화재 등 재난 발생 시 생명·신체·재
      산상의 피해가 발생할 우려가 높은 것으로서 대통령령으로 정하는 영업을 말한다.

령 제3조(공중이용시설) 법 제2조제4호 각 목 외의 부분 본문에서 '대통령령으로 정하는 시설"이란 다음 각 호의 시설을 말한다.

1. 법 제2조제4호가목의 시설 중 별표 2에서 정하는 시설

2. 법 제2조제4호나목의 시설물 중 별표 3에서 정하는 시설물. 다만, 다음 각 목의 건축물은 제외한다.

　가. 주택과 주택 외의 시설을 동일 건축물로 건축한 건축물

　나. 건축물의 주용도가 「건축법 시행령」 별표 1 제14호나목2)의 오피스텔인 건축물

3. 법 제2조제4호다목의 영업장

4. 법 제2조제4호라목의 시설 중 다음 각 목의 시설(제2호의 시설물은 제외한다)

　가. 「도로법」 제10조 각 호의 도로에 설치된 연장 20미터 이상인 도로교량 중 준공 후 10년이 지난 도로교량

　나. 「도로법」 제10조제4호부터 제7호까지에서 정한 지방도·시도·군도·구도의 도로터널과 「농어촌도로 정비법 시행령」 제2조제1호의 터널 중 준공 후 10년이 지난 도로터널

　다. 「철도산업발전기본법」 제3조제2호의 철도시설 중 준공 후 10년이 지난 철도교량

　라. 「철도산업발전기본법」 제3조제2호의 철도시설 중 준공 후 10년이 지난 철도터널(특별시 및 광역시 외의 지역에 있는 철도터널로 한정한다)

　마. 다음의 시설 중 개별 사업장 면적이 2천제곱미터 이상인 시설

　　1) 「석유 및 석유대체연료 사업법 시행령」 제2조제3호의 주유소

　　2) 「액화석유가스의 안전관리 및 사업법」 제2조제4호의 액화석유가스 충전사업의 사업소

　바. 「관광진흥법 시행령」 제2조제1항제5호가목의 종합유원시설업의 시설 중 같은 법 제33조제1항에 따른 안전성검사 대상인 유기시설 또는 유기기구

2. 「실내공기질 관리법」의 규율대상 시설 (법 제2조제4호가목)

중대재해처벌법 시행령 별표 2는 「실내공기질 관리법」 제3조제1항에 따른 시설 25개 중에서 중대재해처벌법의 적용대상이 되는 공중이용시설 19개를 열거하고 있다.

제외된 6개 시설은 산후조리원, 실내 영화상영관, 학원, 인터넷컴퓨터게임시설제공업의 영업시설, 실내주차장, 목욕장업의 영업시설로서, 법 제2조제4호가목의 괄호부분에서 「다중이용업소의 안전관리에 관한 특별법」 제2조제1항제1호에 따른 영업장과 중복되는 시설을 제외하도록 규정한 데 따른 것이다. 시행령 별표 2 제16호는 업무시설 중 오피스텔을 제외하고 있고, 같은 별표 제17호는 복합용도건축물[319] 중 주상복합 또는 오피스텔이 포함된 것을 제외하도록 하고 있는데, 이는 중대재해처벌법에서 공동주택을 제외한 데 따른 것으로 설명되고 있다.[320]

■ **시행령 [별표 2]**

법 제2조제4호가목의 시설 중 공중이용시설(제3조제1호 관련)

1. 모든 지하역사(출입통로·대합실·승강장 및 환승통로와 이에 딸린 시설을 포함한다)
2. 연면적 2천제곱미터 이상인 지하도상가(지상건물에 딸린 지하층의 시설을 포함한다. 이하 같다). 이 경우 연속되어 있는 둘 이상의 지하도상가의 연면적 합계가 2천제곱미터 이상인 경우를 포함한다.
3. 철도역사의 시설 중 연면적 2천제곱미터 이상인 대합실
4. 「여객자동차 운수사업법」 제2조제5호의 여객자동차터미널 중 연면적 2천제곱미터 이상인 대합실

---

[319] 2022년 10월 29일 서울특별시 용산구 이태원동 인근에서 인파가 밀집된 상황에서 다수의 희생자가 발생한 이른바 '이태원 참사'를 중대시민재해로 볼 수 있는지에 대해 참사가 일어난 곳의 일부가 용산 해밀턴관광호텔이 불법 증축된 곳이고, 해당 호텔이 공부상 "철근콘크리트조 슬래브 호텔 판매시설, 주차장 및 근린생활시설"로서 복합용도건축물에 해당하며, 면적도 19,639.32㎡로 시행령 별표상 기준인 2,000㎡를 상회하므로 공중이용시설에 해당한다는 등의 논거로 이를 긍정하는 견해가 있다(안중민, 「이태원 참사 … 용산구청장은 중대재해법 처벌될까?」, 『중대재해대응 핵심이슈 72선』, 대한경제, 2023, 282~284면). 그러나 현행법으로는 적용이 어렵다는 해석도 강한 것으로 보이는바(2022.11.1.자 경향신문, 2022.10.31.자 동아일보 등), 이는 참사가 일어난 곳이 용산 이태원의 도로이고, 도로는 공중이용시설에 포함되지 아니하므로 이태원 참사를 중대시민재해로 보기 어려울 것으로 보는 견해이다(김성근, 「이태원 참사에 대한 중대재해처벌법 적용 여부」, 『중대재해대응 핵심이슈 72선』, 대한경제, 2023, 291~293면).
[320] 법무부·고용부·환경부·국토부·산업부·공정위, "중대재해 처벌 등에 관한 법률 시행령 제정안 입법예고", 관계부처 합동 보도자료, 2021.7.9. 3면 참조.

5. 「항만법」 제2조제5호의 항만시설 중 연면적 5천제곱미터 이상인 대합실

6. 「공항시설법」 제2조제7호의 공항시설 중 연면적 1천5백제곱미터 이상인 여객터미널

7. 「도서관법」 제2조제1호의 도서관 중 연면적 3천제곱미터 이상인 것

8. 「박물관 및 미술관 진흥법」 제2조제1호 및 제2호의 박물관 및 미술관 중 연면적 3천제곱미터 이상인 것

9. 「의료법」 제3조제2항의 의료기관 중 연면적 2천제곱미터 이상이거나 병상 수 100개 이상인 것

10. 「노인복지법」 제34조제1항제1호의 노인요양시설 중 연면적 1천제곱미터 이상인 것

11. 「영유아보육법」 제2조제3호의 어린이집 중 연면적 430제곱미터 이상인 것

12. 「어린이놀이시설 안전관리법」 제2조제2호의 어린이놀이시설 중 연면적 430제곱미터 이상인 실내 어린이놀이시설

13. 「유통산업발전법」 제2조제3호의 대규모점포. 다만, 「전통시장 및 상점가 육성을 위한 특별법」 제2조제1호의 전통시장은 제외한다.

14. 「장사 등에 관한 법률」 제29조에 따른 장례식장 중 지하에 위치한 시설로서 연면적 1천제곱미터 이상인 것

15. 「전시산업발전법」 제2조제4호의 전시시설 중 옥내시설로서 연면적 2천제곱미터 이상인 것

16. 「건축법」 제2조제2항제14호의 업무시설 중 연면적 3천제곱미터 이상인 것. 다만, 「건축법 시행령」 별표 1 제14호나목2)의 오피스텔은 제외한다.

17. 「건축법」 제2조제2항에 따라 구분된 용도 중 둘 이상의 용도에 사용되는 건축물로서 연면적 2천제곱미터 이상인 것. 다만, 「건축법 시행령」 별표 1 제2호의 공동주택 또는 같은 표 제14호나목2)의 오피스텔이 포함된 경우는 제외한다.

18. 「공연법」 제2조제4호의 공연장 중 객석 수 1천석 이상인 실내 공연장

19. 「체육시설의 설치·이용에 관한 법률」 제2조제1호의 체육시설 중 관람석 수 1천석 이상인 실내 체육시설

＊비고

둘 이상의 건축물로 이루어진 시설의 연면적은 개별 건축물의 연면적을 모두 합산한 면적으로 한다.

「실내공기질 관리법」의 규율대상 시설 중 중대재해처벌법의 규율대상이 되는 시설을 규모별로 살펴보면, 연면적 기준으로 규모의 하한이 가장 작은 것은 어린이집 및 실내 어린이놀이시설(430제곱미터)이고, 가장 큰 시설은 항만시설의 대합실(5천제곱미터)이다.

한편, 중대재해처벌법 시행령은 「실내공기질 관리법 시행령」에서 규정하고 있는 면적 기준을 변경 없이 수용하고 있다. 예를 들어, 교통 관련 시설 중에서 철도역사 대합실은 2천 제곱미터 이상부터 중대재해처벌법이 적용되는데 항만시설 대합실은 5천 제곱미터 이상부터 중대재해처벌법이 적용되는 것으로 규정되어 있다. 「실내공기질 관리법 시행령」은 미세먼지, 부유세균, 곰팡이 등 일상적인 오염물질의 저감 취지에서 철도역사 대합실을 항만시설의 대합실에 비하여 더욱 강화된 기준을 적용하고 있는 것으로 보인다. 중대재해처벌법은 「실내공기질 관리법」과 입법취지가 다르므로 각 시설의 붕괴 또는 화재 등으로 인한 중대시민재해 발생의 위험성을 구체적으로 고려하여 규율대상의 규모를 정하는 방안을 검토할 필요가 있다.

또한, 중대재해처벌법 시행령에서 지하역사는 규모의 제한 없이 모두 적용되는 것으로 규정하고 있는데, 상위법에서 공중이용시설의 범위는 시설의 규모나 면적 등을 고려하여 대통령령으로 위임하도록 규정하였고, 입법과정에서도 시행령은 명확성의 원칙 또는 위임의 원리에 반하지 않도록 법률에서 정한 최저한의 범위 내에서 규정되어야 한다는 논의가 있었다는 점 등을 고려할 때,321) 향후 개선이 필요한 것으로 보인다.

---

321) 2020년 12월 29일 법사위 제1소위 회의록 44~45면 중 아래 논의 참조.
　　○ 박주민위원 소방청 쪽에서 ...... 의견을 주시면서 공중이용시설에 다중이용업소의 안전관리에 관한 특별법 제2조 1호에 따른 영업을 하는 영업장을 포함하는 내용에 대해서 입법취지에는 동의하는데 ...... 소규모 사업장까지 포함하면 안 돼서 그런 부분 좀 신중하게 검토했으면 좋겠다라는 의견을 주신 거지 않습니까? ...... 그러니까 그런 우려를 지금 김도읍 간사님이나 유상범 위원님이 계속 주시고 계시니까 나중에 이제 시행령을 만들거나 할 때 좀 이런 내용의 우려가 없도록 좀 반영이 되면 되지 않을까 싶은데요.
　　○ 법무부차관 법률에 '몇 평방미터, 몇천 제곱미터 이상, 몇 석, 몇 명 수용 이상의 시설물로서 대통령령이 정하는 것' 이렇게 하면 최하한을 정할 수가 있게 됩니다. 그렇게 되면 ...... 법률에서 ...... 수범자가 이미 결정이 되는 부분이 있고 그 이상을 대통령령으로 위임하니까 명확성의 원칙이나 위임 원칙에도 반하지 않는 것이 되지 않을까 ...... 생각을 합니다.
　　○ 김도읍위원 명확성의 원칙에 반한다라는 이야기가 나오지 않을 정도로 법률에 담고 ...... 대통령령으로 위임을 하더라도 ...... 이것은 형벌의 대상이라는 것은 명심을 하시고 명확성의 원칙이라든지 구체성이라든지 보충성의 원칙이라든지 이런 부분들이 훼손되지 않도록 잘 만드셔

<中대재해처벌법 규율대상 시설>

구분	시설	규모 하한
교통 관련	지하역사	제한 없음
	공항시설 여객터미널	1천 5백 제곱미터
	철도역사 대합실	2천 제곱미터
	여객자동차터미널 대합실	2천 제곱미터
	항만시설 대합실	5천 제곱미터
문화 관련	옥내 전시시설	2천 제곱미터
	도서관, 박물관 및 미술관	3천 제곱미터
	실내 공연장	객석 수 1천석
	실내 체육시설	관람석 수 1천석
보건·복지 관련	어린이집 및 실내 어린이놀이시설	430 제곱미터
	노인요양시설 및 지하 장례식장	1천 제곱미터
	의료기관	2천 제곱미터
건축물 관련	복합용도 건축물(주상복합, 오피스텔 제외)	2천 제곱미터
	업무시설(오피스텔 제외)	3천 제곱미터

3. 「시설물의 안전 및 유지관리에 관한 특별법」의 규율대상 시설물 (법 제2조제4호나목)

중대재해처벌법 시행령 별표 3은 공중이용시설의 적용대상이 되는 시설물을 교량, 터널, 항만, 댐, 건축물, 하천, 상하수도, 옹벽·절토사면 등 8개 항목으로 분류하여 열거하고 있다. 이는 「시설물의 안전 및 유지관리에 관한 특별법」 제2조제1호의 시설물(제1종, 제2종 및 제3종) 중에서 제1종과 제2종 시설물은 대부분을 포함하고 있고,[322)]

야 되겠지요.

322) 제1종시설물과 제2종시설물 중 중대재해처벌법상 공중이용시설에서 제외되는 시설물은 갑문시설, 지하도상가, 공동주택, 국가하천 및 지방하천의 수문·통문 및 배수펌프장, 공동구이다.

제3종 시설물은 제외하고 있다. 제3종 시설물이 중대재해처벌법의 적용대상에서 제외된 것은 제3종 시설물의 지정권자인 지방자치단체가 그 지정을 회피하여 「시설물의 안전 및 유지관리에 관한 특별법」의 안전관리기능이 약화될 수 있다는 국토교통부의 우려가 반영된 데 따른 것이다.[323]

또한, 중대재해처벌법 시행령 별표 3은 공동주택을 포함하지 않고 있는데 이는 법 제2조제4호나목의 괄호에서 공동주택을 제외하고 있는 데 따른 것이다. 입법과정에서 공동주택은 공중이 이용하는 시설이 아닌 사적인 거주공간으로서 중대재해처벌법의 입법취지와 부합하지 아니하다는 국토교통부의 의견이 반영되었다.[324]

한편, 댐, 항만시설, 하천시설, 상하수도시설, 옹벽·절토사면 등은 공중의 접근이 가능하기는 하나 공중이용시설로 칭하기는 어렵다는 비판도 있다.[325]

---

323) 2021년 1월 5일 법사위 제1소위 회의록 71면 중 국토교통부 기술안전정책관(이상주)의 아래 발언 참조.
　　"3종은 지자체가 시설물을 별도로 지정하고 고시를 해서 ..... 안전을 관리하도록 유도하고 있습니다. ..... 만약에 중대재해법 적용 대상에 3종 시설물이 포함되면 지자체가 책임을 면하기 위해서 지정을 회피하지 않을까 그러한 우려가 있습니다."
324) 위 국토교통부 기술안전정책관의 아래 발언 참조.
　　"공동주택은 공중이 이용하는 시설이 아닙니다. 사적인 거주 공간입니다. 그래서 중대재해기업처벌법의 입법취지에 맞지 않는다라고 판단하고요. 특히 경영이나 운영의 대상이 아닌 거주시설이기 때문에 중대재해법의 의무 부과 대상인 경영책임자를 특정하기가 좀 어렵습니다. 사실 입주자대표회의라고 있는데 입주자대표회의는 공동주택 관련 의사를 결정하는 기구이지 시설관리 주체가 아닙니다. 그래서 법인도 아니고 기관이 아니고요. ..... 공동주택에는 관리사무소가 있습니다 ..... 계약에 따라서 공동주택 입주자 전체 시설관리의무를 위탁받아서 수행을 하고 있는데 만약 관리사무소장을 경영책임자로 할 경우에는 실질적 예산, 인력 배치나 의사결정을 할 수 없는 그런, 입법취지에 어긋나지 않은가 그렇게 생각을 합니다."
325) 신상영 외, 『2022 중대시민재해 주요 이슈와 장단기 대응방향』, 서울연구원, 2022.7., 20면 참조.

법 제2조제4호나목의 시설물 중 공중이용시설(제3조제2호 관련)

1. 교량	
가. 도로교량	1) 상부구조형식이 현수교, 사장교, 아치교 및 트러스교인 교량 2) 최대 경간장 50미터 이상의 교량 3) 연장 100미터 이상의 교량 4) 폭 6미터 이상이고 연장 100미터 이상인 복개구조물
나. 철도교량	1) 고속철도 교량 2) 도시철도의 교량 및 고가교 3) 상부구조형식이 트러스교 및 아치교인 교량 4) 연장 100미터 이상의 교량
2. 터널 가. 도로터널	1) 연장 1천미터 이상의 터널 2) 3차로 이상의 터널 3) 터널구간이 연장 100미터 이상인 지하차도 4) 고속국도, 일반국도, 특별시도 및 광역시도의 터널 5) 연장 300미터 이상의 지방도, 시도, 군도 및 구도의 터널
나. 철도터널	1) 고속철도 터널 2) 도시철도 터널 3) 연장 1천미터 이상의 터널 4) 특별시 또는 광역시에 있는 터널
3. 항만 가. 방파제, 파제제(波除堤) 및 호안(護岸)	1) 연장 500미터 이상의 방파제 2) 연장 500미터 이상의 파제제 3) 방파제 기능을 하는 연장 500미터 이상의 호안
나. 계류시설	1) 1만톤급 이상의 원유부이식 계류시설(부대시설인 해저송유관을 포함한다) 2) 1만톤급 이상의 말뚝구조의 계류시설 3) 1만톤급 이상의 중력식 계류시설
4. 댐	1) 다목적댐, 발전용댐, 홍수전용댐 2) 지방상수도전용댐 3) 총저수용량 1백만톤 이상의 용수전용댐
5. 건축물	1) 고속철도, 도시철도 및 광역철도 역 시설 2) 16층 이상이거나 연면적 3만제곱미터 이상의 건축물

	3) 연면적 5천제곱미터 이상(각 용도별 시설의 합계를 말한다)의 문화·집회 시설, 종교시설, 판매시설, 운수시설 중 여객용 시설, 의료시설, 노유자시 설, 수련시설, 운동시설, 숙박시설 중 관광숙박시설 및 관광휴게시설
6. 하천 　가. 하구둑	1) 하구둑 2) 포용조수량 1천만톤 이상의 방조제
나. 제방	국가하천의 제방[부속시설인 통관(通管) 및 호안(護岸)을 포함한다]
다. 보	국가하천에 설치된 다기능 보
7. 상하수도 　가. 상수도	1) 광역상수도 2) 공업용수도 3) 지방상수도
나. 하수도	공공하수처리시설 중 1일 최대처리용량 500톤 이상인 시설
8. 옹벽 및 　절토사면 　(깎기비탈면)	1) 지면으로부터 노출된 높이가 5미터 이상인 부분의 합이 100미터 이상인 옹벽 2) 지면으로부터 연직(鉛直)높이(옹벽이 있는 경우 옹벽 상단으로부터의 높이를 말한다) 30미터 이상을 포함한 절토부(땅깎기를 한 부분을 말한다)로서 단일 수평연장 100미터 이상인 절토사면

★ 비고

1. "도로"란 「도로법」 제10조의 도로를 말한다.
2. 교량의 "최대 경간장"이란 한 경간(徑間)에서 상부구조의 교각과 교각의 중심선 간의 거리를 경간장으로 정의할 때, 교량의 경간장 중에서 최댓값을 말한다. 한 경간 교량에 대해서는 교량 양측 교대의 흉벽 사이를 교량 중심선에 따라 측정한 거리를 말한다.
3. 교량의 "연장"이란 교량 양측 교대의 흉벽 사이를 교량 중심선에 따라 측정한 거리를 말한다.
4. 도로교량의 "복개구조물"이란 하천 등을 복개하여 도로의 용도로 사용하는 모든 구조물을 말한다.
5. 터널 및 지하차도의 "연장"이란 각 본체 구간과 하나의 구조로 연결된 구간을 포함한 거리를 말한다.
6. "방파제, 파제제 및 호안"이란 「항만법」 제2조제5호가목2)의 외곽시설을 말한다.
7. "계류시설"이란 「항만법」 제2조제5호가목4)의 계류시설을 말한다.
8. "댐"이란 「저수지·댐의 안전관리 및 재해예방에 관한 법률」 제2조제1호의 저수지·댐을 말한다.

9. 위 표 제4호의 지방상수도전용댐과 용수전용댐이 위 표 제7호가목의 광역상수도·
   공업용수도 또는 지방상수도의 수원지시설에 해당하는 경우에는 위 표 제7호의 상
   하수도시설로 본다.

10. 위 표의 건축물에는 그 부대시설인 옹벽과 절토사면을 포함하며, 건축설비, 소방
    설비, 승강기설비 및 전기설비는 포함하지 않는다.

11. 건축물의 연면적은 지하층을 포함한 동별로 계산한다. 다만, 2동 이상의 건축물이
    하나의 구조로 연결된 경우와 둘 이상의 지하도상가가 연속되어 있는 경우에는
    연면적의 합계로 한다.

12. 건축물의 층수에는 필로티나 그 밖에 이와 비슷한 구조로 된 층을 포함한다.

13. "건축물"은 「건축법 시행령」 별표 1에서 정한 용도별 분류를 따른다.

14. "운수시설 중 여객용 시설"이란 「건축법 시행령」 별표 1 제8호의 운수시설 중 여
    객자동차터미널, 일반철도역사, 공항청사, 항만여객터미널을 말한다.

15. "철도 역 시설"이란 「철도의 건설 및 철도시설 유지관리에 관한 법률」 제2조제6호
    가목의 역 시설(물류시설은 제외한다)을 말한다. 다만, 선하역사(시설이 선로 아래
    설치되는 역사를 말한다)의 선로구간은 연속되는 교량시설물에 포함하고, 지하역
    사의 선로구간은 연속되는 터널시설물에 포함한다.

16. 하천시설물이 행정구역 경계에 있는 경우 상위 행정구역에 위치한 것으로 한다.

17. "포용조수량"이란 최고 만조(滿潮) 시 간척지에 유입될 조수(潮水)의 양을 말한다.

18. "방조제"란 「공유수면 관리 및 매립에 관한 법률」 제37조, 「농어촌정비법」 제2조
    제6호, 「방조제 관리법」 제2조제1호 및 「산업입지 및 개발에 관한 법률」 제20조제
    1항에 따라 설치한 방조제를 말한다.

19. 하천의 "통관"이란 제방을 관통하여 설치한 원형 단면의 문짝을 가진 구조물을 말
    한다.

20. 하천의 "다기능 보"란 용수 확보, 소수력 발전이나 도로(하천을 횡단하는 것으로
    한정한다) 등 두 가지 이상의 기능을 갖는 보를 말한다.

21. 위 표 제7호의 상하수도의 광역상수도, 공업용수도 및 지방상수도에는 수원지시
    설, 도수관로·송수관로(터널을 포함한다) 및 취수시설을 포함하고, 정수장, 취수·
    가압펌프장, 배수지, 배수관로 및 급수시설은 제외한다.

4. 「다중이용업소의 안전관리에 관한 특별법」의 규율대상 영업장 (법 제2조제4호다목)

　중대재해처벌법 시행령 제3조제3호는 법 제2조제4호다목의 영업장 전부를 공중이용시설의 적용대상으로 규정하고 있다. 법 제2조제4호다목의 영업장은 「다중이용업소의 안전관리에 관한 특별법」 제2조제1항제1호326)에 따른 영업장 중 해당 영업에 사용하는 바닥면적의 합계가 1천제곱미터 이상인 영업장으로 규정되어 있다. 「다중이용업소의 안전관리에 관한 특별법」 제2조제1항제1호에서 구체적인 영업의 내용을 같은 법 시행령에 위임하고 있는바, 식품접객업 영업장, 영화상영관, 학원, 목욕장, 게임제공업 영업장, 노래연습장, 산후조리원, 고시원, 실내 권총사격장, 실내골프장, 안마시술소 등의 다중이용업소 중 해당 영업에 사용하는 바닥면적이 1천제곱미터 이상인 곳이 중대재해처벌법 적용대상이다.

　정부는 중대재해처벌법 시행령에서 다중이용업소 관련 공중이용시설을 규정할 때 '법 제2조제4호다목의 영업장'으로 규정하여 「다중이용업소의 안전관리에 관한 특별법」 제2조제1항제1호에 따른 업종의 영업장 전부를 공중이용시설로 포함하였는데, 이는 동 업종에서의 화재위험을 고려한 것이었다.327) 그런데, 「다중이용업소의 안전관리에 관한 특별법」 제2조제1항제1호는 구체적인 업종을 법률 수준에서는 나열하지 않고, 같은 법 시행령에 포괄적으로 위임하고 있다. 따라서 같은 법 시행령에서 새로운 업종을 다중이용업에 포함하면, 해당 업종의 영업장은 중대시민재해의 적용대상인 공중이용시설에 해당하게 되는데, 같은 법 시행령에서 중대시민재해와 관련성이 미약한 업종을 추가하는 경우에도 해당 업종의 경영책임자 등이 중대재해처벌법에 따른 처벌대상이 될 소지가 있으므로, 해당 법조항의 구체화와 관련한 입법 논의가 필요하다고 본다.

---

326) 「다중이용업소의 안전관리에 관한 특별법」 제2조(정의) ① 이 법에서 사용하는 용어의 뜻은 다음과 같다.
　　1. "다중이용업"이란 불특정 다수인이 이용하는 영업 중 화재 등 재난 발생 시 생명·신체·재산상의 피해가 발생할 우려가 높은 것으로서 대통령령으로 정하는 영업을 말한다.
327) 법무부·고용부·환경부·국토부·산업부·공정위, "중대재해 처벌 등에 관한 법률 시행령 제정안 입법예고", 관계부처 합동 보도자료, 2021.7.9., 4면 참조.

■ 다중이용업소의 안전관리에 관한 특별법

제2조(정의) ① 이 법에서 사용하는 용어의 뜻은 다음과 같다.

1. "다중이용업"이란 불특정 다수인이 이용하는 영업 중 화재 등 재난 발생 시 생명·신체·재산상의 피해가 발생할 우려가 높은 것으로서 대통령령으로 정하는 영업을 말한다.

■ 다중이용업소의 안전관리에 관한 특별법 시행령

제2조(다중이용업) 「다중이용업소의 안전관리에 관한 특별법」(이하 "법"이라 한다) 제2조제1항제1호에서 "대통령령으로 정하는 영업"이란 다음 각 호의 영업을 말한다. 다만, 영업을 옥외 시설 또는 옥외 장소에서 하는 경우 그 영업은 제외한다.

1. 「식품위생법 시행령」 제21조제8호에 따른 식품접객업 중 다음 각 목의 어느 하나에 해당하는 것

　가. 휴게음식점영업·제과점영업 또는 일반음식점영업으로서 영업장으로 사용하는 바닥면적(「건축법 시행령」 제119조제1항제3호에 따라 산정한 면적을 말한다. 이하 같다)의 합계가 100제곱미터(영업장이 지하층에 설치된 경우에는 그 영업장의 바닥면적 합계가 66제곱미터) 이상인 것. 다만, 영업장(내부계단으로 연결된 복층구조의 영업장을 제외한다)이 다음의 어느 하나에 해당하는 층에 설치되고 그 영업장의 주된 출입구가 건축물 외부의 지면과 직접 연결되는 곳에서 하는 영업을 제외한다.

　　1) 지상 1층

　　2) 지상과 직접 접하는 층

　나. 단란주점영업과 유흥주점영업

1의2. 「식품위생법 시행령」 제21조제9호에 따른 공유주방 운영업 중 휴게음식점영업·제과점영업 또는 일반음식점영업에 사용되는 공유주방을 운영하는 영업으로서 영업장 바닥면적의 합계가 100제곱미터(영업장이 지하층에 설치된 경우에는 그 바닥면적 합계가 66제곱미터) 이상인 것. 다만, 영업장(내부계단으로 연결된 복층구조의 영업장은 제외한다)이 다음 각 목의 어느 하나에 해당하는 층에 설치되고 그 영업장의 주된 출입구가 건축물 외부의 지면과 직접 연결되는 곳에서 하는 영업은 제외한다.

　가. 지상 1층

나. 지상과 직접 접하는 층

2. 「영화 및 비디오물의 진흥에 관한 법률」 제2조제10호, 같은 조 제16호가목·나목 및 라목에 따른 영화상영관·비디오물감상실업·비디오물소극장업 및 복합영상물제공업

3. 「학원의 설립·운영 및 과외교습에 관한 법률」 제2조제1호에 따른 학원(이하 "학원"이라 한다)으로서 다음 각 목의 어느 하나에 해당하는 것

   가. 「소방시설 설치 및 관리에 관한 법률 시행령」 별표 4에 따라 산정된 수용인원 (이하 "수용인원"이라 한다)이 300명 이상인 것

   나. 수용인원 100명 이상 300명 미만으로서 다음의 어느 하나에 해당하는 것. 다만, 학원으로 사용하는 부분과 다른 용도로 사용하는 부분(학원의 운영권자를 달리하는 학원과 학원을 포함한다)이 「건축법 시행령」 제46조에 따른 방화구획으로 나누어진 경우는 제외한다.

      (1) 하나의 건축물에 학원과 기숙사가 함께 있는 학원

      (2) 하나의 건축물에 학원이 둘 이상 있는 경우로서 학원의 수용인원이 300명 이상인 학원

      (3) 하나의 건축물에 제1호, 제2호, 제4호부터 제7호까지, 제7호의2부터 제7호의5까지 및 제8호의 다중이용업 중 어느 하나 이상의 다중이용업과 학원이 함께 있는 경우

4. 목욕장업으로서 다음 각 목에 해당하는 것

   가. 하나의 영업장에서 「공중위생관리법」 제2조제1항제3호가목에 따른 목욕장업 중 맥반석·황토·옥 등을 직접 또는 간접 가열하여 발생하는 열기나 원적외선 등을 이용하여 땀을 배출하게 할 수 있는 시설 및 설비를 갖춘 것으로서 수용인원(물로 목욕을 할 수 있는 시설부분의 수용인원은 제외한다)이 100명 이상인 것

   나. 「공중위생관리법」 제2조제1항제3호나목의 시설 및 설비를 갖춘 목욕장업

5. 「게임산업진흥에 관한 법률」 제2조제6호·제6호의2·제7호 및 제8호의 게임제공업·인터넷컴퓨터게임시설제공업 및 복합유통게임제공업. 다만, 게임제공업 및 인터넷컴퓨터게임시설제공업의 경우에는 영업장(내부계단으로 연결된 복층구조의 영업장은 제외한다)이 다음 각 목의 어느 하나에 해당하는 층에 설치되고 그 영업장의 주된 출입구가 건축물 외부의 지면과 직접 연결된 구조에 해당하는 경우는 제외한다.

   가. 지상 1층

나. 지상과 직접 접하는 층

6. 「음악산업진흥에 관한 법률」 제2조제13호에 따른 노래연습장업

7. 「모자보건법」 제2조제10호에 따른 산후조리업

7의2. 고시원업[구획된 실(室) 안에 학습자가 공부할 수 있는 시설을 갖추고 숙박 또는 숙식을 제공하는 형태의 영업]

7의3. 「사격 및 사격장 안전관리에 관한 법률 시행령」 제2조제1항 및 별표 1에 따른 권총사격장(실내사격장에 한정하며, 같은 조 제1항에 따른 종합사격장에 설치된 경우를 포함한다)

7의4. 「체육시설의 설치·이용에 관한 법률」 제10조제1항제2호에 따른 가상체험 체육시설업(실내에 1개 이상의 별도의 구획된 실을 만들어 골프 종목의 운동이 가능한 시설을 경영하는 영업으로 한정한다)

7의5. 「의료법」 제82조제4항에 따른 안마시술소

8. 법 제15조제2항에 따른 화재위험평가결과 위험유발지수가 제11조제1항에 해당하거나 화재발생시 인명피해가 발생할 우려가 높은 불특정다수인이 출입하는 영업으로서 행정안전부령으로 정하는 영업. 이 경우 소방청장은 관계 중앙행정기관의 장과 미리 협의하여야 한다.

5. 기타 재해발생시 생명·신체상의 피해발생 우려가 높은 장소(법 제2조제4호라목)

중대재해처벌법 시행령 제3조제4호는 재해 발생 시 생명·신체상의 피해가 발생할 우려가 높은 공중이용시설이 시대상황에 따라 변화할 수 있는 점에 탄력적으로 대응하기 위하여 규정되었다. 현재 공중이용시설로 규정되어 있는 대상은 도로교량(연장 20미터 이상), 도로터널·철도터널(제3종시설물) 및 철도교량으로서 준공 후 10년이 지난 것, 주유소 및 액화천연가스 충전사업소 중 사업장 면적이 2천 제곱미터 이상인 것, 그리고 「관광진흥법」상 종합유원시설업 시설 안전성검사 대상인 유기시설 및 유기기구이다.

제2조제5호 공중교통수단

법 **제2조(정의)** 이 법에서 사용하는 용어의 뜻은 다음과 같다.

5. "공중교통수단"이란 불특정다수인이 이용하는 다음 각 목의 어느 하나에 해당하는 시설을 말한다.

　　가. 「도시철도법」 제2조제2호에 따른 도시철도의 운행에 사용되는 도시철도차량

　　나. 「철도산업발전기본법」 제3조제4호에 따른 철도차량 중 동력차·객차(「철도사업법」 제2조제5호에 따른 전용철도에 사용되는 경우는 제외한다)

　　다. 「여객자동차 운수사업법 시행령」 제3조제1호라목에 따른 노선 여객자동차운송사업에 사용되는 승합자동차

　　라. 「해운법」 제2조제1호의2의 여객선

　　마. 「항공사업법」 제2조제7호에 따른 항공운송사업에 사용되는 항공기

I. 입법경과

1. 입법취지

　법 제2조제5호는 공중교통수단을 불특정다수인이 이용하는 시설 중 도시철도차량, 철도차량 중 동력차 및 객차, 시외버스운송사업에 사용되는 승합자동차, 여객선 그리고 항공운송사업에 사용되는 항공기로 정의하고 있다. 이는 불특정다수가 이용하는 공중교통수단의 관리책임자에게 안전확보의무를 부과하고 의무위반으로 인하여 이를 이용하는 시민이 부상을 입거나 사망하는 경우 중하게 처벌함으로써 4·16 세월호 사건 등과 같은 중대시민재해를 예방하려는 것이다.

2. 입법과정

이 법의 입법과정에서 발의된 법률안 모두 철도차량, 선박, 항공기에 대하여 그 종류에 제한 없이 중대시민재해 예방조치 등 의무위반 시 처벌의 대상이 되는 공중교통수단에 해당하는 것으로 제안하였는데, 국회 법제사법위원회 심사결과 해당 교통수단 중 "불특정다수인"이 이용하는 것만 포함하는 것으로 조정되었다.

강은미 · 박주민 · 이탄희 · 임이자 · 박범계의원안	대안
제2조(정의) 이 법에서 사용하는 용어의 뜻은 다음과 같다. 5. "공중교통수단"이라 함은 불특정다수인이 이용하는 다음 각 목의 어느 하나에 해당하는 시설을 말한다. 가. 「도시철도법」 제2조제2호에 따른 도시철도의 운행에 사용되는 도시철도차량 나. 「철도산업발전기본법」 제3조제4호에 따른 철도차량 다. 「여객자동차 운수사업법 시행령」 제3조제1호라목에 따른 노선 여객자동차운송사업에 사용되는 승합자동차 라. 「선박안전법」 제2조제1호의 선박 마. 「항공안전법」 제2조제1호의 항공기	제2조(정의) 이 법에서 사용하는 용어의 뜻은 다음과 같다. 5. "공중교통수단"이란 불특정다수인이 이용하는 다음 각 목의 어느 하나에 해당하는 시설을 말한다. 가. 「도시철도법」 제2조제2호에 따른 도시철도의 운행에 사용되는 도시철도차량 나. 「철도산업발전기본법」 제3조제4호에 따른 철도차량 중 동력차·객차(「철도사업법」 제2조제5호에 따른 전용철도에 사용되는 경우는 제외한다) 다. 「여객자동차 운수사업법 시행령」 제3조제1호라목에 따른 노선 여객자동차운송사업에 사용되는 승합자동차 라. 「해운법」 제2조제1호의2의 여객선 마. 「항공사업법」 제2조제7호에 따른 항공운송사업에 사용되는 항공기

3. 유사 입법례

<교통수단>

「교통안전법」

제2조(정의) 이 법에서 사용하는 용어의 뜻은 다음과 같다.

1. "교통수단"이라 함은 사람이 이동하거나 화물을 운송하는데 이용되는 것으로서 다음 각 목의 어느 하나에 해당하는 운송수단을 말한다.

가. 「도로교통법」에 의한 차마 또는 노면전차, 「철도산업발전 기본법」에 의한 철도 차량(도시철도를 포함한다) 또는 「궤도운송법」에 따른 궤도에 의하여 교통용으로 사용되는 용구 등 육상교통용으로 사용되는 모든 운송수단(이하 "차량"이라 한다)

나. 「해사안전법」에 의한 선박 등 수상 또는 수중의 항행에 사용되는 모든 운송수단(이하 "선박"이라 한다)

다. 「항공안전법」에 의한 항공기 등 항공교통에 사용되는 모든 운송수단(이하 "항공기"라 한다)

「도시교통정비 촉진법」

제2조(정의) 이 법에서 사용하는 용어의 뜻은 다음과 같다.

1. "교통수단"이란 사람이나 물건을 한 지점에서 다른 지점으로 이동하는 데에 이용되는 버스·열차(도시철도의 열차를 포함한다), 자전거, 그 밖에 대통령령으로 정하는 운반수단을 말한다.

「도시교통정비 촉진법 시행령」

제2조(교통수단의 범위) 「도시교통정비 촉진법」(이하 "법"이라 한다) 제2조제1호에서 "그 밖에 대통령령으로 정하는 운반수단"이란 다음 각 호의 것을 말한다.

1. 승용자동차
2. 승합자동차
3. 화물자동차
4. 특수자동차

<대중교통수단>

「대중교통의 육성 및 이용촉진에 관한 법률」

제2조(정의) 이 법에서 사용하는 용어의 뜻은 다음과 같다.

2. "대중교통수단"이라 함은 일정한 노선과 운행시간표를 갖추고 다수의 사람을 운송하는데 이용되는 것으로서 다음 각목의 어느 하나에 해당하는 운송수단을 말한다.
    가. 「여객자동차 운수사업법」 제3조제1항제1호에 따른 노선여객자동차운송사업에 사용되는 승합자동차(이하 "노선버스"라 한다)

나.「도시철도법」제2조제2호에 따른 도시철도중 차량

　다.「철도산업발전기본법」제3조제4호에 따른 철도차량중 여객을 운송하기 위한 철
　　　도차량

　라.「해운법」제2조제1호의2에 따른 여객선(같은 법 제3조제1호에 따른 내항 정기
　　　여객운송사업에 사용되는 경우에 한정한다)

　마.「유선 및 도선 사업법」제2조제2호에 따른 도선사업에 사용되는 도선

　바. 그 밖에 대통령령으로 정하는 운송수단

II. 내용 및 검토

1. 도시철도차량 (법 제2조제5호가목)

　법 제2조제5호가목은 불특정다수가 이용하는 시설로서,「도시철도법」제2조제2호에 따른 도시철도의 운행에 사용되는 도시철도차량을 공중교통수단에 포함하고 있다. '도시철도'는「도시철도법」제2조제2호에서 그 용어를 정의하고 있으나 '도시철도차량'에 대한 정의를 두고 있는 법률은 없다.「철도산업발전기본법」제3조제4호에서 '철도차량'을 "선로를 운행할 목적으로 제작된 동력차·객차·화차 및 특수차"로 규정하고 있고,「도시철도법」제43조에서 도시철도차량 관리 책임에 관하여「철도사업법」의 관련 규정을 준용하도록 규정하면서 같은 법의 "철도차량"을 "도시철도차량"으로 보도록 규정하고 있으므로, 도시철도차량은 "도시철도의 운행에 사용되는 동력차·객차·화차 및 특수차"로 이해된다. 한편, 도시철도차량에 적용되는 기술기준[328]에서는 도시철도차량 중 특수차의 소화기 설치기준은 특수차의 구조 및 장치를 고려하여 동력차와 객차의 기준 중 적합한 기준을 준용하도록 규정하고 있고, 화차에 대한 규정은 없다.

---

328)「철도차량 기술기준」(국토교통부고시 제2021-1263호).

2. 철도차량 중 동력차·객차 (법 제2조제5호나목)

법 제2조제5호나목은 불특정다수가 이용하는 시설로서, 「철도산업발전기본법」 제3조제4호에 따른 철도차량 중 동력차·객차를 공중교통수단에 포함하면서 「철도사업법」 제2조제5호에 따른 전용철도에 사용되는 철도차량을 제외하고 있다. 이는 「철도산업발전기본법」 제3조제4호에 따른 철도차량 중 화차와 특수차는 불특정다수인이 이용하지 않는 교통수단이라는 의견이 반영된 데 따른 것이다.[329] 또한, 전용철도도 개별 기업이 자신의 필요에 따라 시멘트, 유류, 군수물자 등의 수송을 위해 운영하는 철도로서 공중교통수단으로 보기 어려워 제외된 것이다.[330]

---

329) 2020년 12월 29일 법사위 제1소위 회의록 45면 중 국토교통부 기술안전정책관의 아래 발언 참조.
"철도차량에 대해서는 ..... 이것은 불특정 다수인이 이용하는 교통수단이기 때문에 화물차량이나 특수차량은 제외하는 제 좋겠다라는 의견을 낸 바 있고요."

330) 2020년 12월 29일 법사위 제1소위 회의록 50면 중 국토교통부 기술안전정책관의 아래 발언 참조.
"전용철도는 자신의 수요에 의해서 업체가 회사 내에 철도 궤도를 깔아서 운영하는 게 되겠습니다. 시멘트나 유류, 연탄, 군수물자 수송을 위해서 운영하는 철도입니다. 이 부분도 공중교통수단에 해당하지 않기 때문에 ..... 이 문구를 삽입을 하면 어떨까라는 의견을 제시합니다."

3. 시외버스운송사업에 사용되는 승합자동차(법 제2조제5호다목)

법 제2조제5호다목은 불특정다수가 이용하는 시설로서, 「여객자동차 운수사업법
시행령」 제3조제1호라목에 따른 노선 여객자동차운송사업에 사용되는 승합자동차를
공중교통수단에 포함하고 있다. 「여객자동차 운수사업법 시행령」 제3조제1호라목에
따른 노선 여객자동차운송사업은 시외버스운송사업이고, 이에 사용되는 자동차의 종
류는 시외고속버스, 시외우등고속버스, 시외고급고속버스, 시외직행버스, 시외우등직
행버스, 시외고급직행버스, 시외일반버스, 시외우등일반버스 등 8개이다.

국회 법제사법위원회 심사과정에서 이 법의 적용대상에서 제외되는 시내버스의 경
우 10인이 사망하는 경우에도 「교통사고처리 특례법」을 적용받고, 시외버스의 경우
에는 1인이 사망하는 경우에도 이 법에 따라 가중처벌을 받아 처벌의 불균형이 있다
는 의견이 제기되었다.331) 그러나 시내버스의 경우 재정적 어려움과 시내버스로 인한
중대시민재해 발생 위험성이 높지 않다는 점 등을 고려하여 최종적으로 이 법의 적

---

331) 2020년 12월 24일 법사위 제1소위 회의록 12~13면 중 송기헌위원의 아래 발언 참조.
"시외버스는 1명 이상만 사고가 나도 여기 이 법에 따라서 가중처벌을 하고 시내버스는 10명이
사고가 나도, 사망을 해도 교통사고처리 특례법에 따라서 거기에 따른 처벌을 받는 거거든요."

용대상에 포함하지 않는 것으로 결정되었다.[332]

또한 전세버스나 장례차 등 특수여객차량의 경우 당사자 간의 별도의 계약에 따라 이용되어 불특정 다수가 아닌 특정되는 다수가 이용하는 교통수단이라는 점에서 이 법의 규율대상에서 제외되었다.

여객자동차 운수사업법 시행령 제3조(여객자동차운송사업의 종류) 「여객자동차 운수사업법」(이하 "법"이라 한다) 제3조제2항에 따라 같은 조 제1항제1호 및 제2호에 따른 노선 여객자동차운송사업과 구역 여객자동차운송사업은 다음 각 호와 같이 세분한다.

1. 노선 여객자동차운송사업

   라. 시외버스운송사업: 운행계통을 정하고 국토교통부령으로 정하는 자동차를 사용하여 여객을 운송하는 사업으로서 가목부터 다목까지의 사업에 속하지 아니하는 사업. 이 경우 국토교통부령이 정하는 바에 따라 고속형·직행형 및 일반형 등으로 그 운행형태를 구분한다.

■ **여객자동차 운수사업법 시행규칙 [별표 1]**
여객자동차운송사업에 사용되는 자동차의 종류(제7조 관련)

2. 시외버스 운송사업	중형 또는 대형승합자동차. 이 경우 영 제3조제1호라목 후단에 따른 운행형태에 따라 자동차의 종류를 다음과 같이 구분한다. 가. 시외우등고속버스: 제8조제7항제1호에 따른 고속형에 사용되는 것으로서 원동기 출력이 자동차 총 중량 1톤당 20마력 이상이고 승차정원이 29인승 이하인 대형승합자동차 나. 시외고속버스: 제8조제7항제1호에 따른 고속형에 사용되는 것으로서 원동기 출력이 자동차 총 중량 1톤당 20마력 이상이고 승차정원이 30인승 이상인 대형승합자동차 다. 시외고급고속버스: 제8조제7항제1호에 따른 고속형에 사용되는 것으로서 원동기 출력이 자동차 총 중량 1톤당 20마력 이상이고 승차정원이 22인승 이하인 대형승합자동차

---

332) 2020년 12월 29일 법사위 제1소위 회의록 46면 중 김도읍위원의 아래 발언 참조.
"지금 시내버스 같은 경우에는 만성 적자이고 ..... 혈세로 준공영제를 한단 말이에요. 이런 부분도 ..... 참고를 해 봐야 되고. ..... 시내버스 넣는다, 택시 넣는다 뺀다 이게 문제가 아니고 업계의 현실과 ..... 중대재해기업으로 처벌할 수밖에 없는 당위가 있어야 될 것 아니에요, 또 예견되거나."

	라. 시외우등직행버스: 제8조제7항제2호에 따른 직행형에 사용되는 것으로서 원동기 출력이 자동차 총 중량 1톤당 20마력 이상이고 승차정원이 29인승 이하인 대형승합자동차
	마. 시외직행버스: 제8조제7항제2호에 따른 직행형에 사용되는 중형 이상의 승합자동차
	바. 시외고급직행버스: 제8조제7항제2호에 따른 직행형에 사용되는 것으로서 원동기 출력이 자동차 총 중량 1톤당 20마력 이상이고 승차정원이 22인승 이하인 대형승합자동차
	사. 시외우등일반버스: 제8조제7항제3호에 따른 일반형에 사용되는 것으로서 원동기 출력이 자동차 총 중량 1톤당 20마력 이상이고 승차정원이 29인승 이하인 대형승합자동차
	아. 시외일반버스: 제8조제7항제3호에 따른 일반형에 사용되는 중형 이상의 승합자동차

4. 여객선 (법 제2조제5호라목)

법 제2조제5호라목은 불특정다수가 이용하는 시설로서, 「해운법」 제2조제1호의2의 여객선을 공중교통수단에 포함하고 있다. 「해운법」 제2조제1호의2, 같은 법 시행규칙 제1조의2 및 「선박안전법」 제2조에 따르면 여객선은 13인 이상의 여객을 운송할 수 있는 선박으로서, 그 종류는 여객 전용 여객선, 일반카페리 여객선, 쾌속카페리 여객선, 차도선(車渡船)형 여객선으로 구분된다. 이 법의 입법과정에서 발의된 각 의원안은 모든 선박을 이 법의 적용대상으로 제안하고 있었는데, 선박 관련 사고, 예컨대 선박의 기름 유출 사고 등은 선박의 종류를 가리지 않으므로 그에 찬성하는 의견도 있었다.[333] 그러나 경찰용 선박, 군함 등에는 일반인이 탑승하지 않는다는 점이 고려되어 여객선으로 그 적용대상이 축소되었다.[334]

---

[333] 2020년 12월 24일 법사위 제1소위 회의록 14면 중 아래 논의 참조.
　○ **법무부차관** 지금 경찰용 선박, 군함 이런 것도 다 포함이 되어 있거든요. 그래서 여객선으로 한정하면 어떨까라는 생각을 갖고 있습니다. (생략)
　○ **김용민위원** 선박 같은 경우에는 기름유출 사고가 사실 꽤 많이 있었어요. 그게 여객선에 한정된 것은 아니어서 이 문제도 어떻게 볼지 고민이 될 것 같습니다.
[334] 2020년 12월 29일 법사위 제1소위 회의록 45~48면 중 아래 논의 참조.
　○ **소위원장 백혜련** 국토부에서는 이제 불특정다수인이 사용하는 이런 선박이나 항공에 한해서

해운법 제2조(정의) 이 법에서 사용하는 용어의 뜻은 다음과 같다.

1의2. "여객선"이란 「선박안전법」 제2조제10호에 따른 선박으로서 해양수산부령으로 정하는 선박을 말한다.

선박안전법 제2조(정의) 이 법에서 사용하는 용어의 정의는 다음과 같다.

10. "여객선"이라 함은 13인 이상의 여객을 운송할 수 있는 선박을 말한다.

해운법 시행규칙 제1조의2(여객선) 「해운법」(이하 "법"이라 한다) 제2조제1호의2에서 "해양수산부령으로 정하는 선박"이란 다음 각 호의 구분에 따른 선박을 말한다.

1. 여객 전용 여객선: 여객만을 운송하는 선박

2. 여객 및 화물 겸용 여객선: 여객 외에 화물을 함께 운송할 수 있는 선박으로서 다음 각 목과 같이 구분되는 선박

   가. 일반카페리 여객선: 폐위(閉圍)된 차량구역에 차량을 육상교통 등에 이용되는 상태로 적재·운송할 수 있는 선박으로서 시속 25노트 미만으로 항행하는 여객선

   나. 쾌속카페리 여객선: 폐위된 차량구역에 차량을 육상교통 등에 이용되는 상태로 적재·운송할 수 있는 선박으로서 시속 25노트 이상으로 항행하는 여객선

   다. 차도선(車渡船)형 여객선: 차량을 육상교통 등에 이용되는 상태로 적재·운송할 수 있는 선박으로 차량구역이 폐위되지 아니한 여객선

5. 항공운송사업에 사용되는 항공기 (법 제2조제5호마목)

법 제2조제5호마목은 불특정다수가 이용하는 시설로서, 「항공사업법」 제2조제7호에 따른 항공운송사업에 사용되는 항공기를 공중교통수단에 포함하고 있다. 이 법의

이렇게 제한하는 의견을 줬는데 마찬가지로 화물선이나 군함, 경찰용 선박 등 이런 모든 선박에 의해서도 사고가 날 가능성이 있으니까 원래 박주민의원이 낸 안처럼 하자는 의견도 있었다는 점 말씀드립니다. (생략)

○ 김도읍위원 지금 라, 마도 수정해서 왔는데 여기도 위원님들 의견을 물어야지요.

○ 소위원장 백혜련 라, 마는 박주민의원님 안보다 범위를 한정한 겁니다. 해운법에서 여객선으로 더 한정을 하고요, 항공기도 개인 항공기라든지 이런 항공기는 빼고요 불특정다수인이 사용하는 항공기로 제한한 겁니다. 특별한 문제는 없겠지요.

입법과정에서 발의된 모든 의원안은 「항공안전법」 제2조제1호의 항공기를 이 법의 적용대상으로 제안하였으나, 불특정 다수인이 사용하지 않는 자가용 항공기 등은 제외할 필요가 있다는 의견에 따라 항공운송사업에 사용되는 항공기만을 이 법의 적용대상으로 한정하였다.335)

항공사업법 제2조(정의) 이 법에서 사용하는 용어의 뜻은 다음과 같다.

7. "항공운송사업"이란 국내항공운송사업, 국제항공운송사업 및 소형항공운송사업을 말한다.
9. "국내항공운송사업"이란 타인의 수요에 맞추어 항공기를 사용하여 유상으로 여객이나 화물을 운송하는 사업으로서 국토교통부령으로 정하는 일정 규모 이상의 항공기를 이용하여 다음 각 목의 어느 하나에 해당하는 운항을 하는 사업을 말한다.
    가. 국내 정기편 운항: 국내공항과 국내공항 사이에 일정한 노선을 정하고 정기적인 운항계획에 따라 운항하는 항공기 운항
    나. 국내 부정기편 운항: 국내에서 이루어지는 가목 외의 항공기 운항
11. "국제항공운송사업"이란 타인의 수요에 맞추어 항공기를 사용하여 유상으로 여객이나 화물을 운송하는 사업으로서 국토교통부령으로 정하는 일정 규모 이상의 항공기를 이용하여 다음 각 목의 어느 하나에 해당하는 운항을 하는 사업을 말한다.
    가. 국제 정기편 운항: 국내공항과 외국공항 사이 또는 외국공항과 외국공항 사이에 일정한 노선을 정하고 정기적인 운항계획에 따라 운항하는 항공기 운항
    나. 국제 부정기편 운항: 국내공항과 외국공항 사이 또는 외국공항과 외국공항 사이에 이루어지는 가목 외의 항공기 운항
13. "소형항공운송사업"이란 타인의 수요에 맞추어 항공기를 사용하여 유상으로 여객이나 화물을 운송하는 사업으로서 국내항공운송사업 및 국제항공운송사업 외의 항공운송사업을 말한다.

항공안전법 제2조(정의) 이 법에서 사용하는 용어의 뜻은 다음과 같다.

1. "항공기"란 공기의 반작용(지표면 또는 수면에 대한 공기의 반작용은 제외한다. 이하 같다)으로 뜰 수 있는 기기로서 최대이륙중량, 좌석 수 등 국토교통부령으로 정

---

335) 2020년 12월 29일 법사위 제1소위 회의록 48면 중 백혜련 소위원장의 아래 발언 참조.
 "항공기도 개인 항공기라든지 이런 항공기는 빼고요. 불특정 다수인이 사용하는 항공기로 제한한 겁니다."

하는 기준에 해당하는 다음 각 목의 기기와 그 밖에 대통령령으로 정하는 기기를 말한다.

가. 비행기

나. 헬리콥터

다. 비행선

라. 활공기(滑空機)

제2조제6호 제조물

> **법 제2조(정의)** 이 법에서 사용하는 용어의 뜻은 다음과 같다.
> 6. "제조물"이란 제조되거나 가공된 동산(다른 동산이나 부동산의 일부를 구성하는 경우를 포함한다)을 말한다.

I. 입법경과

1. 입법취지

법 제2조제6호는 제조되거나 가공된 동산을 제조물로 정의하여 중대시민재해 예방을 위한 안전조치 확보의무의 대상에 포함하고 있다. 이는 2011년 발생한 가습기살균제 사건으로 인하여 다수의 시민이 상해를 입거나 사망하는 등 중대시민재해가 발생함에 따라 이를 중하게 처벌함으로써 시민들을 중대시민재해로부터 보호하려는 것이다.

2. 입법과정

이 법의 입법과정에서 발의된 모든 의원안에서 현행 규정과 동일한 내용을 제안하였고, 국회 법제사법위원회 심사결과 원안대로 수용되었다.

강은미 · 박주민 · 이탄희 · 임이자 · 박범계의원안	대안
제2조(정의) 이 법에서 사용하는 용어의 뜻은 다음과 같다. 4. "제조물"이라 함은 제조되거나 가공된 동산(다른 동산이나 부동산의 일부를 구성하는 경우를 포함한다)을 말한다.	(좌동)

3. 유사 입법례

> **「제조물 책임법」**
> **제2조(정의)** 이 법에서 사용하는 용어의 뜻은 다음과 같다.
>   1. "제조물"이란 제조되거나 가공된 동산(다른 동산이나 부동산의 일부를 구성하는 경우를 포함한다)을 말한다.

II. 내용 및 검토

법 제2조제6호는 중대시민재해의 적용대상이 되는 제조물에 대하여 제조되거나 가공된 동산으로서 다른 동산이나 부동산의 일부를 구성하는 경우를 포함하는 것으로 정의하고 있는데, 이는 「제조물 책임법」 제2조제1호에 따른 제조물과 동일하다. 중대재해처벌법의 입법과정에서 제조물의 정의에 관하여는 별다른 논의가 없었는바, 제조물의 구체적인 내용에 관하여 별도의 판례가 나오기 전까지는 「제조물 책임법」의 해석례가 유용한 참고자료가 될 것으로 보인다.

1. 동산

「민법」 제99조에서 토지와 그 정착물을 부동산으로, 부동산 이외의 물건을 동산으로 규정하고 있고, 같은 법 제98조에서 유체물 및 전기 기타 관리할 수 있는 자연력을 물건으로 규정하고 있다.[336] 즉, 동산에는 부동산 이외의 '유체물'과 '관리 가능한 자연력'이 포함된다. 유체물은 고체, 액체, 기체 등 형체를 가지고 공간의 일부를 차지하며 사람의 오감(五感)에 의하여 지각될 수 있는 물질을 말하고, 전기, 빛, 열, 음

---

[336] 「민법」 제98조(물건의 정의) 본법에서 물건이라 함은 유체물 및 전기 기타 관리할 수 있는 자연력을 말한다.
제99조(부동산, 동산) ① 토지 및 그 정착물은 부동산이다.
② 부동산 이외의 물건은 동산이다.

향, 향기 등과 같이 유형적 존재를 갖지 않는 무체물에 대응되는 개념이다. 무체물 중에서도 전기, 열, 에너지 등 지배가능한 자연력은 동산에 포함된다.

한편, 정보(information) 자체는 자연력에 속하지 아니하는 무체물이므로 동산에 속하지 아니한다. 그런데, 정보가 디지털 형태로 기록매체에 저장되거나 정보통신망을 통하여 전송되는 경우에는 디지털 정보가 포함된 기록매체가 유체물에 해당된다거나 정보통신망에서 전자기적 신호인 통제가능한 자연력에 해당된다는 이유로 물건에 해당한다는 견해가 있다.[337] 판례는 「형법」 제48조제3항[338])의 '전자기록 등 특수매체기록'에 대해 '일정한 저장매체에 전자방식이나 자기방식 또는 광기술 등 이에 준하는 방식에 의하여 저장된 기록을 의미하며, 그 자체로서 객관적·고정적 의미를 가지면서 독립적으로 쓰이는 것이 아니라 개인 또는 법인이 전자적 방식에 의한 정보의 생성·처리·저장·출력을 목적으로 구축하여 설치·운영하는 시스템에서 쓰임으로써 예정된 증명적 기능을 수행한다"고 판시하였다.[339]

2. 제조되거나 가공된 동산

「제조물 책임법」에 따른 제조물은 제조 또는 가공된 동산으로서 상업적 유통에 제공되는 것을 말하고, 여기에는 여러 단계의 상업적 유통을 거쳐 불특정 다수 소비자에게 공급되는 것뿐만 아니라 특정 소비자와의 공급계약에 따라 그 소비자에게 직접 납품되어 사용되는 것도 포함된다.[340]

---

337) 정차호·이승현, 「우리민법상 전자파일(electronic file)의 물건성 인정 여부에 관한 연구」, 『성균관법학』 제30권 제1호, 2018, 149~150면 참조.
338) 「형법」 제48조(몰수의 대상과 추징) ① 범인 외의 자의 소유에 속하지 아니하거나 범죄 후 범인 외의 자가 사정을 알면서 취득한 다음 각 호의 물건은 전부 또는 일부를 몰수할 수 있다.
1. ~ 3. (생　략)
② 제1항 각 호의 물건을 몰수할 수 없을 때에는 그 가액(價額)을 추징한다.
③ 문서, 도화(圖畵), 전자기록(電磁記錄) 등 특수매체기록 또는 유가증권의 일부가 몰수의 대상이 된 경우에는 그 부분을 폐기한다.
339) 대법원 2022. 3. 31. 선고 2021도8900 판결.
340) 대법원 2013. 7. 12. 선고 2006다17539 판결 참조.

> **대법원 2013. 7. 12. 선고 2006다17539 판결**
>
> 제조물책임의 대상이 되는 제조물은 원재료에 설계·가공 등의 행위를 가하여 새로운 물품으로 제조 또는 가공된 동산으로서 상업적 유통에 제공되는 것을 말하고, 여기에는 여러 단계의 상업적 유통을 거쳐 불특정 다수 소비자에게 공급되는 것뿐만 아니라 특정 소비자와의 공급계약에 따라 그 소비자에게 직접 납품되어 사용되는 것도 포함된다. …… 고엽제는 피고인들이 미국 정부와의 개별적 공급계약에 따라 대량으로 제조하여 미국 정부에 판매하고 실질적으로는 베트남전에 참전한 불특정 다수의 군인들에 의하여 사용된 물품으로서 제조물책임의 적용 대상이 되는 제조물에 해당된다.

"제조"라 함은 제조물의 설계·가공·검사·표시를 포함한 일련의 행위로서 생산보다는 좁은 개념으로, 서비스는 제외되며, "가공"이라 함은 동산을 재료로 하여 그 본질은 유지하면서 새로운 속성을 부가하거나 그 가치를 더한 것을 말하므로 미가공 1차 농산물은 제조물에서 제외된다.[341]

3. 다른 동산이나 부동산의 일부

「제조물 책임법」에서는 다른 동산이나 부동산의 일부를 구성하는 경우도 제조물에 포함한다는 규정에 따라 자동차에 내장된 제어용 소프트웨어, 건물에 설치된 승강기도 제조물에 포함된다고 해석되고 있다. 따라서 이러한 동산도 이 법의 적용대상인 제조물에 포함된다고 볼 수 있을 것이다.

---

341) 현성수, 「결함제조물책임법안 검토보고」, 국회 재정경제위원회, 1999.11., 7~8면 참조.

제2조제7호 종사자

I. 입법경과

1. 입법취지

　법 제2조제7호는 중대산업재해의 보호대상이 되는 종사자의 정의에 「근로기준법」상의 근로자 외에도 노무제공자를 포함하고, 사업이 도급에 의하여 이루어지는 경우에는 수급인, 수급인의 근로자 및 수급인의 노무제공자까지도 포함하고 있다. 이는 근로자 외에 노무제공자 등도 사업장에서 노무를 제공하는 한 근로자와 유사하게 위험요인에 노출되어 재해가 발생될 수 있으므로 이들도 보호할 필요성이 있고, 최근 「산업안전보건법」에서 새롭게 등장하는 고용형태를 고려하여 보호범위를 넓혀가고 있는 추세를 반영한 것이다.[342]

---

342) 2020년 12월 29일 법사위 제1소위 회의록 51면 중 고용노동부차관(박화진)의 아래 발언 참조.
"근로기준법하고 산업안전보건법의 최근 추세에 대해서 말씀을 드리면 근로기준법은 법적으로 근로자로 판단되는 사람에 한해서 보호하는 거고 ..... 최근에 산업안전법은 근로자 보호에서 한 걸음 더 나아가서 ..... 특수형태의 근로종사자로 부르는 ..... 분들을 보호하는 데까지 나아가고 있습니다. 다만 현재의 산업안전보건법은 특수형태근로종사자를 지금 나목에 있는 것보다는 조금 더 엄밀하게 하나 그 사업장에서 상시적으로 노무를 제공하고 보수를 받아서 생

2. 입법과정

중대산업재해의 보호대상이 되는 종사자의 정의에 관하여 강은미의원안 등 5개의 법률안 모두 「근로기준법」상의 근로자", "임대, 용역, 도급, 위탁 등 계약의 형식에 관계없이 그 사업의 수행을 위해 노무를 제공하는 자" 및 "사업이 여러 차례의 도급에 따라 행하여지는 경우에는 각 단계의 수급인 및 수급인과 나목의 관계가 있는 자"로 제안하였다.

국회 법제사법위원회 심사결과, "임대"를 통해 노무를 제공하는 자를 종사자에 포함할지 여부가 논의되었는바, 임대를 포함한 취지는 자기 소유의 장비 등을 임대하면서 노무까지 제공하는 경우가 있으므로 그러한 노무제공자도 보호하려는 것으로 설명되었다. 그러나 "임대"라는 용어가 사람과는 어울리지 않고, 임대된 장비 등과 관련하여 노무제공자가 하는 업무는 개정안 중 도급 등의 계약을 통해 실시할 것이므로 해당 노무제공자는 보호대상이 된다는 의견이 받아들여져 삭제하는 것으로 조정되었다.[343]

활하는, 그 사업에 필요한 노무를 제공하는 데 상시에 하는 요건이 들어가고 타인을 사용하지 않는다는 요건이 들어갑니다 ..... 산업안전법의 취지에서 볼 때 그 사업장 내에서 노무를 제공하면서 발생하는 여러 가지 위험요인 때문에 노출되어 가지고 재해가 발생할 수 있기 때문에 산업안전법의 보호 영역에는 상시적인 노무 제공자, 특고 외에도 특고보다 조금 더 넓은 데로 나아가야 한다는 그런 논의가 있고 지금 박주민 의원님 안은 그런 논의까지 수용해서 보호의 범위를 조금 더 넓힌 거다, 저는 그렇게 이해를 하고 있습니다. 그래서 ..... 계약의 형식에 관계없이 그 사업장에 들어와서 노무 제공하는 사람은 다 보호하고 거기에 대해서 적절한 보호 조치가 없을 경우에 사고가 났으면 거기에 대한 형사책임을 묻는다. 지금 이 조문으로 봐서는 그렇게 해석됩니다."

343) 2020년 12월 29일 법사위 제1소위 회의록 49~50면 중 아래 논의 참조.
  ○ **박주민위원** 저는 어떠한 형식이든 상관없이 노무를 제공하면 종사자로 봐야 된다라는 의미를 강조하기 위한 거고, 그러면서도 임대라는 단어를 떠올렸던 것은 ..... 자기 소유의 어떤 장비나 차를 빌려주면서 동시에 ..... 노무까지 제공하는 경우들 ..... 그런 것을 상정해서 넣었던 규정입니다.
  ○ **소위원장 백혜련** 그러면 '등'이 있으니까 임대 자체는 빼도 별 문제 없을 것 같습니다. (생략)
  ○ **송기헌위원** 사람을 임대하는 게 개념이 안 맞아서 (생략)
  ○ **고용노동부차관** 예를 들어서 추락이나, 타워크레인 사고가 많이 일어나는 게 운전의 문제도 있고 설치·해체 작업 중에 일어납니다 ..... 그런데 통상 원청 사업주가 있을 거고 거기에 임대인이 임대를 해 주지요. 그러면 임대계약에 뭐가 따라가느냐 하면 거기에 사람을 보내 가지고 운전을 하는 업무도 있고 그렇게 하기 위해서 설치·해체 작업을 또 누군가에게 다시 하도급을 줍니다. 그러면 문제가 되는 종사자들은 ..... 도급계약이라든지 하도급계약에 의존해 가지고 ..... 작업을 하게 되는 것이기 때문에 굳이 임대는 필요하지 않다라고 하는 게 저

또한, 제정안은 종사자가 노무를 제공하는 계기가 되는 도급, 용역, 위탁 등을 예시하고, 그 "계약의 형식"을 불문하는 것으로 규정하였는데, 이에 대하여는 종사자 해당 여부에 따라 경영책임자등의 처벌여부가 결정되는 구성요건의 문제이므로 계약의 형식을 열거하고 그에 준하는 계약만을 포함하도록 명확하게 규정할 필요가 있다는 의견이 제기되었다. 그러나 최근에 기존의 근로제공 형태와 다른 형태의 노무 제공이 생겨나고 있으므로 새롭게 등장하는 노무제공자를 보호할 필요가 있다는 의견이 받아들여져 "계약의 형식에 관계 없이"라는 문구가 존치되었다.[344]

강은미·박주민·이탄희·박범계의원안	임이자의원안

제2조(정의) 이 법에서 사용하는 용어의 뜻은 다음과 같다.
 	
  6. "종사자"란 다음 각 목의 자를 말한다.
 	
  가.「근로기준법」상의 근로자
  나. 임대, 용역, 도급, 위탁 등 계약의 형식에 관계없이 그 사업의 수행을 위해 노무를 제공하는 자
  다. 사업이 여러 차례의 도급에 따라 행하여지는 경우에는 각 단계의 수급인 및 수급인과 나목의 관계가 있는 자
	제2조(정의) 이 법에서 사용하는 용어의 뜻은 다음과 같다.
	
	  8. "노무를 제공하는 자"란 다음 각 목의 사람을 말한다.
	
	  가.「근로기준법」상의 근로자
	  나. 임대, 용역, 도급, 위탁 등 계약의 형식에 관계없이 그 사업의 수행을 위해 노무를 제공하는 자
	  다. 사업이 여러 차례의 도급에 따라 행하여지는 경우에는 각 단계의 수급인 및 수급인과 나목의 관계가 있는 자

희 생각입니다.

344) 2020년 12월 29일 법사위 제1소위 회의록 52면 중 박주민위원의 아래 발언 참조.
"최근에 플랫폼 노동이라든지 ..... 기존에 있었던 계약 형태와 ..... 다른 노무 제공이 활발해지고 있지 않습니까, 그리고 앞으로 그게 더 확장될 거고요. 그렇다면 ..... 이 법을 제정할 때 ..... 그런 것을 염두에 두고 넓게 보호 범위를 설정하는 게 필요하지 않나요?"

3. 유사 입법례

「산업안전보건법」

제2조(정의) 이 법에서 사용하는 용어의 뜻은 다음과 같다.

3. "근로자"란 「근로기준법」 제2조제1항제1호에 따른 근로자를 말한다.

제77조(특수형태근로종사자에 대한 안전조치 및 보건조치 등) ① 계약의 형식에 관계 없이 근로자와 유사하게 노무를 제공하여 업무상의 재해로부터 보호할 필요가 있음에 도 「근로기준법」 등이 적용되지 아니하는 사람으로서 다음 각 호의 요건을 모두 충족 하는 사람(이하 "특수형태근로종사자"라 한다)의 노무를 제공받는 자는 특수형태근로 종사자의 산업재해 예방을 위하여 필요한 안전조치 및 보건조치를 하여야 한다.

1. 대통령령으로 정하는 직종에 종사할 것

2. 주로 하나의 사업에 노무를 상시적으로 제공하고 보수를 받아 생활할 것

3. 노무를 제공할 때 타인을 사용하지 아니할 것

② 대통령령으로 정하는 특수형태근로종사자로부터 노무를 제공받는 자는 고용노동부 령으로 정하는 바에 따라 안전 및 보건에 관한 교육을 실시하여야 한다.

③ 정부는 특수형태근로종사자의 안전 및 보건의 유지·증진에 사용하는 비용의 일부 또는 전부를 지원할 수 있다.

제78조(배달종사자에 대한 안전조치) 「이동통신단말장치 유통구조 개선에 관한 법률」 제2조제4호에 따른 이동통신단말장치로 물건의 수거·배달 등을 중개하는 자는 그 중 개를 통하여 「자동차관리법」 제3조제1항제5호에 따른 이륜자동차로 물건을 수거·배 달 등을 하는 사람의 산업재해 예방을 위하여 필요한 안전조치 및 보건조치를 하여야 한다.

「필수업무 지정 및 종사자 보호 · 지원에 관한 법률」

제2조(정의) 이 법에서 사용하는 용어의 뜻은 다음 각 호와 같다.

3. "필수업무 종사자"란 필수업무를 수행하는 과정에서 자신이 아닌 다른 사람의 사업 을 위하여 노무를 제공하는 사람(「근로기준법」 제2조제1항제1호에 따른 근로자를 포함한다. 이하 같다)으로서 제6조에 따른 필수업무 지정 및 종사자 지원위원회의 심의를 거쳐 고용노동부장관이 정하는 사람을 말한다.

II. 내용 및 검토

1. 「근로기준법」상의 근로자

「근로기준법」상 근로자란 ① 직업의 종류와 관계없이 ② 임금을 목적으로 ③ 사업이나 사업장에 ④ 근로를 제공하는 사람을 말한다.[345] 먼저, 직업의 종류는 묻지 않으므로 사무직, 생산직은 물론이고 육체노동과 정신노동을 모두 포함한다. 다음으로 임금이란 근로제공에 대한 대가로 지급되는 일체의 금품을 말하며, 사업 또는 사업장이란 일반적으로 공장, 광산, 사무실, 지점 등과 같이 일정한 장소에서 서로 유기적인 조직을 구성하여 '업'으로서 계속적으로 행해져야 한다. 근로의 제공에 관해서는 논란이 있는데, 최근 서비스산업의 확대와 정보화의 진전에 따라 고용형태가 다양화되면서 근로자성 여부를 판단하기 어려운 사례가 늘고 있다.[346]

대법원은 '근로기준법상 근로자에 해당하는지는 계약 형식이 고용계약인지 도급계약인지보다 실질적으로 근로자가 사업 또는 사업장에 임금을 목적으로 종속적인 관계에서 사용자에게 근로를 제공하였는지에 따라 판단하여야 하고, 종속적인 관계가 있는지는 업무 내용을 사용자가 정하고 취업규칙 또는 복무(인사)규정 등의 적용을 받으며 업무 수행 과정에서 사용자가 상당한 지휘·감독을 하는지, 사용자가 근무시간과 근무장소를 지정하고 근로자가 이에 구속을 받는지, 노무제공자가 스스로 비품·원자재나 작업도구 등을 소유하거나 제3자를 고용하여 업무를 대행케 하는 등 독립하여 자신의 계산으로 사업을 영위할 수 있는지, 노무 제공을 통한 이윤 창출과 손실 초래 등 위험을 스스로 안고 있는지와 보수의 성격이 근로 자체의 대상적 성격인지, 기본급이나 고정급이 정하여졌는지 및 근로소득세의 원천징수 여부 등 보수에 관한 사항, 근로 제공 관계의 계속성과 사용자에 대한 전속성 유무와 그 정도, 사회보장제도에 관한 법령에서 근로자로서 지위를 인정받는지 등 경제적·사회적 여러 조건을 종합하여 판단하여야 한다'[347]고 판시하였다.

---

345) 「근로기준법」 제2조제1항제1호.
346) 김형배·박지순, 『노동법강의』, 신조사, 2024, 26면.

한편, 공무원도 중대재해처벌법의 적용을 받는 근로자에 해당하는지가 문제된다. 판례에 따르면 공무원은 원칙적으로 임금을 목적으로 근로를 제공하는 사람으로서 「근로기준법」상 근로자에 해당하지만, 「국가공무원법」, 「지방공무원법」, 「공무원연금법」 등 공무원에 관한 특별법이 있으면 해당 규정을 우선 적용받는다.[348] 이러한 취지의 연장선상에서 고용노동부는 "「국가공무원법」 등에 공무원에 대한 중대재해처벌법의 적용 여부에 대해 규정하고 있지 않으므로, 중대재해처벌법상 근로자에는 사무직 여부와 관계없이 모든 공무원이 포함된다"고 밝힌 바 있다.[349] 또한 중대재해처벌법은 중대산업재해로 발생한 사망자, 부상자 등의 국적을 따지지 않으므로 외국인도 당연히 근로자 또는 종사자에 해당하고,[350] 판례도 외국인 종사자에게 중대산업재해가 발생한 경우 그 경영책임자등을 처벌함으로써 중대재해처벌법의 종사자에 외국인이 포함되는 것을 분명히 하였다.[351]

2. 도급, 용역, 위탁 등 계약의 형식에 관계없이 그 사업의 수행을 위하여 대가를 목적으로 노무를 제공하는 자

중대재해처벌법은 근로자가 아닌 종사자 개념을 규정하여 「근로기준법」상 근로자가 아닌 피용자에 대하여도 법률의 적용대상으로 하였다. 그 중 하나가 "도급, 용역, 위탁 등 계약의 형식에 관계없이 그 사업의 수행을 위하여 대가를 목적으로 노무를 제공하는 자"이다. 이에는 노무를 제공할 때 타인을 사용하지 아니하여야 하고 주로 하나의 사업에 노무를 상시적으로 제공할 것이 요구되는 「산업안전보건법」상 특수형태근로종사자가 포함되고, 타인을 사용하고 다수의 사업장에 노무를 제공하는 사람

---

347) 대법원 2012. 1. 12. 선고 2010다50601 판결.

348) 대법원 1998. 8. 21. 선고 98두9714 판결, 대법원 1987. 2. 24. 선고 86다카1355 판결 등.

349) 고용노동부, 『중대재해처벌법령 FAQ – 중대산업재해 부문』, 2022.1., 11면.

350) 정성훈, 「외국인 종사자 중대재해 리스크 낮추려면?」, 『중대재해대응 핵심 이슈 72선』, 대한경제, 2023, 127면.

351) 인천지방법원 2023. 6. 23. 선고 2023고단651 판결, 울산지방법원 2024. 4. 4. 선고 2023고단4497 판결 등.

도 "대가를 목적으로 노무를 제공"하기만 하면 포함된다.[352] 다만, 자원봉사자나 지인의 사업장에서 호의로 일을 도와준 사람 등은 대가를 목적으로 노무를 제공하지 않기 때문에 이에 해당하지 않는다고 본다.[353]

한편, 중대재해처벌법 제2조제7호나목의 '대가'를 반드시 금전으로 엄격하게 제한할 필요가 없으므로 무급가족종사자나 무급인턴, 자원봉사자의 경우에도 공동생활의 영위 혹은 교육기회의 제공 등 비금전적인 무형의 대가를 목적으로 노무를 제공하는 것으로 평가할 수 있다면 종사자에 해당하는 것으로 해석해야 한다는 견해가 있다. 이 견해는 근로조건 등의 규율을 직접적인 목적으로 하는 「근로기준법」과 달리 중대재해처벌법은 '시민과 종사자의 생명과 신체를 보호함을 목적'으로 한다는 점에서 노무대가의 유상성을 엄격하게 요구할 필요는 없다고 한다.[354]

국회 심사과정에서 "대가를 목적으로"라는 문구가 추가되었는데, 이는 당초 논의되던 문구가 "계약의 형식에 관계없이 그 사업의 수행을 위해 노무를 제공하는 자"로 규정되어 있어서, 일손 부족을 메우기 위하여 일시적으로 가족이나 친구를 사업장에 데리고 갔다가 해당 가족 등에게 사고가 발생한 경우 등 예측할 수 없는 상황에 대하여도 경영책임자 등이 책임을 부담하는 상황이 발생할 수 있다는 문제제기에 따라 명확성을 제고하기 위해 마련된 것이었다.[355] 「근로기준법」상 근로자가 "직업의

---

352) 고용노동부, 『중대재해처벌법 해설 - 중대산업재해』, 2021.11., 18~19면 참조.

353) 김·장법률사무소 중대재해대응팀, 앞의 책, 32면.

354) 권오성, 『중대재해처벌법의 체계』, 도서출판 새빛, 2022, 45면.

355) 2020년 12월 29일 법사위 제1소위 회의록 50~51면 중 아래 논의 참조.
- 김도읍위원 이것은 형사처벌을 하는 구성요건 문제예요. 이게 종사자가 되느냐 안 되느냐, 그래서 이 개념은 명확하게 하고 넘어가야 돼요. ..... 법원행정처 차장님 나목에 보면 형식에 관계없이 사업의 수행을 위해 노무를 제공하는 자 이것 문제없습니까?
- 법원행정처차장 근로자의 개념 자체를 정의할 때 형식에 상관없이 사용자의 실질적인 지휘감독을 받느냐를 기준으로 하는 것으로 알고 있는데요. 아마 그 개념을 차용한 것으로 저는 이해하고 있습니다.
- 김도읍위원 예를 들어 ..... 수급인이 일을 하다가 ..... 일손이 좀 달린다고 해 가지고 출근하면서 부인보고 오늘 하루 현장에 가서 일 좀 하자, ... 계약 형식에 관계없이 그냥 부인이나 ..... 아들을 데리고 갔어요. 그런데 사고가 생겼어요 ..... 친구가 있단 말이에요. ..... 술 한잔하다가 '친구야, 내일 뭐 하냐' '내일 별일 없다' '그러면 우리 현장에 와서 심부름이나 좀 해라' '알았다', 그리고 아침에 ..... 따라가 가지고 일하다가 사고가 났단 말이에요. 지금 이 규정에 의하면 거기에 대해서도 책임져야 되는 거예요. (생략)
- 법원행정처차장 예, 해석상 그런 문제가 생길 여지는 있을 수 있습니다.

종류와 관계없이 임금을 목적으로 사업이나 사업장에 근로를 제공하는 사람"으로 정의되어 있으므로(제2조제1항제1호), 그와 유사한 구조로 조문을 구성하되 근로자 외에 특수근로형태종사자 등도 종사자에 포함하기 위하여 "임금을 목적으로" 대신에 "대가를 목적으로"라는 문구를 사용하는 것으로 결정되었다.[356] 이와 같이 종사자의 범위는 형벌의 구성요건에 해당하는 것으로서, 입법과정에서도 그 범위가 무한히 확장되어 예측하기 어려운 상황까지 포섭하는 결과가 발생하지 않도록 하기 위하여 "대가를 목적으로"라는 문구를 추가하였다는 점을 고려하여 "대가"는 유상성이 있는 것으로 해석할 수 있을 것으로 보인다.

유사 입법례를 살펴보면, 「항만안전특별법」은 "항만운송 종사자"에 대가를 목적으로 역무를 제공하는 자를 포함하고 있는데, 같은 법 시행령에서는 이를 특수형태근로종사자 및 근로자공급사업을 하는 항운노동조합 소속 조합원으로 규정하여[357] "대

- 김도읍위원 전혀 예측할 수 없는 그런 상황이 여기에 다 담기는 거예요.
356) 2021년 1월 6일 법사위 제1소위 회의록 51면 중 아래 논의 참조.
- 고용노동부차관 김도읍위원님께서 몇 차례 지적하신 친구 갑자기 데려오면 어떻게 하냐, 그래서 ..... 문구를 '대가를 목적으로 노무를 제공하는 자' 이렇게 표시해도 관계없을 것 같습니다.
- 소위원장 백혜련 그러니까 '도급, 용역, 위탁 등 계약의 형식에 관계없이 그 사업의 수행을 위해 대가를 목적으로 노무를 제공하는 자', '대가를 목적으로'를 넣는다는 거지요? (생략)
- 법원행정처차장 근로기준법에 이렇게 돼 있습니다. '근로자는 직업의 종류와 관계없이 임금을 목적으로 사업이나 사업장에 근로를 제공하는 사람을 말한다'.
- 김도읍위원 그러면 '임금을 목적으로' 이렇게 하면 되겠네요. (생략)
- 고용노동부차관 지금 근로자 외에 이른바 특고에 해당하는 분도 포괄하자라고 이 논의가 시작됐기 때문에 그런 경우에는 '대가를 목적으로 노무를 제공한다' 이게 정확한 표현인 것 같습니다. (생략)
- 김도읍위원 현장에서 날일을 한다고 하루 일당 이래 가지고 친구 데리고 가면 그것도 대가를 목적으로 이렇게 되는 거예요?
- 고용노동부차관 그 친구가 이른바 대가를, 수수료를 목적으로 해서 노무를 제공하면 되고, 그 사람의 이름은 출입제한조치가 있으면 원청에서 이름도 알게 될 거고 그렇지 않더라도 몇 명이 투입된다 하는 것은 다 알게 되지요, 계약사항에 다 나오기 때문에 (생략)
- 소위원장 백혜련 그러면 '도급, 용역, 위탁 등 계약의 형식에 관계없이 그 사업의 수행을 위해 대가를 목적으로 노무를 제공하는 자', 정리하겠습니다.
357) 「항만안전특별법」 제2조(정의) 이 법에서 사용하는 용어의 뜻은 다음과 같다.
  6. "항만운송 종사자"란 다음 각 목의 어느 하나에 해당하는 자를 말한다.
    가. 「근로기준법」상의 근로자
    나. 도급, 용역, 위탁 등 계약의 형식에 관계없이 항만에서 항만운송 참여자의 사업의 수행을 위하여 대가를 목적으로 역무를 제공하는 자로서 대통령령으로 정하는 자
  「항만안전특별법 시행령」 제2조(항만운송 종사자의 범위) 「항만안전특별법」(이하 "법"이라 한

가"를 재산상의 이익으로 해석하는 것으로 보인다.

한편, 대가의 사전적 의미를 살펴보면, 대가(對價)는 "자기의 재산이나 노무 따위를 남에게 이용하게 하거나 제공하여 그에 대한 보수로서 얻는 재산상의 이익"을 의미하고, 대가(代價)는 "일을 하고 그에 대한 값으로 받는 보수" 또는 "노력이나 희생을 통하여 얻게 되는 결과"를 의미하여 재산상의 이익보다 넓은 개념인바, 명확성을 제고하기 위하여 중대재해처벌법 제2조제7호나목의 "대가"에 한자를 병기하는 입법적 개선의 필요가 있다고 본다.

3. 사업이 여러 차례의 도급에 따라 행하여지는 경우에는 각 단계의 수급인 및 수급인과 가목 또는 나목의 관계가 있는 자

중대재해처벌법 제2조제7호다목의 해석과 관련하여 사업주가 수급인에게 직접 도급을 한 경우, 즉 도급관계가 한 차례만 있는 경우에도 '여러 차례'의 도급에 해당하는지가 해석상 다투어질 수 있다. 생각건대, 법 제5조[358]에서 여러 차례라는 언급이 없다는 점을 감안하면 한 차례의 도급 역시 이에 포함된다고 할 것이다.

오히려 이 조항은 단계별 수급인의 종사자는 물론 각 단계의 수급인 자신도 원사업주의 종사자에 해당한다는 취지이며, 이는 개인사업자인 수급인이 원사업주를 위하여 노무를 제공하는 경우를 상정한 것으로 생각된다. 따라서 중대재해처벌법 제2조제7호다목은 원사업주와 직접 도급계약을 체결하지 않은 개인사업자인 하수급인도 '원사업자의 종사자'에 해당할 수 있도록 규정한 데 실질적인 의미가 있다.[359]

다) 제2조제6호나목에서 "대통령령으로 정하는 자"란 다음 각 호의 사람을 말한다.
  1. 「산업안전보건법」 제77조제1항 및 같은 법 시행령 제67조에 따른 특수형태근로종사자
  2. 「직업안정법」 제33조에 따라 허가를 받고 국내 근로자공급사업을 하는 항운노동조합의 소속 조합원

358) 중대재해처벌법 제5조(도급, 용역, 위탁 등 관계에서의 안전 및 보건 확보의무) 사업주 또는 경영책임자등은 사업주나 법인 또는 기관이 제3자에게 도급, 용역, 위탁 등을 행한 경우에는 제3자의 종사자에게 중대산업재해가 발생하지 아니하도록 제4조의 조치를 하여야 한다. 다만, 사업주나 법인 또는 기관이 그 시설, 장비, 장소 등에 대하여 실질적으로 지배·운영·관리하는 책임이 있는 경우에 한정한다.

다만, 여기서 유의해야 할 점은 중대재해처벌법 제5조에 의하여 사업주 또는 경영책임자등은 사업주나 법인 또는 기관이 제3자에게 도급, 용역, 위탁 등을 행한 경우에도 사업주나 법인 또는 기관이 그 시설, 장비, 장소 등에 대하여 실질적으로 지배·운영·관리하는 책임이 있는 때에 한하여 제3자의 종사자에게 중대산업재해가 발생하지 아니하도록 조치를 하여야 한다는 사실이다.[360]

III. 추가 검토사항

「직업교육훈련 촉진법」에 따르면 현장실습을 받을 직업교육훈련생과 현장실습산업체의 장은 사전에 현장실습계약을 체결하여야 하고(제9조제1항 본문), 미성년자나 재학 중인 직업교육훈련생(이하 "현장실습생")은 교육부장관이 고용노동부장관 등과 협의하여 고시한 표준협약서에 따라 계약을 체결하여야 하는데,[361] 현장실습생은 「근로기준법」상 근로자가 아니고, 표준협약서에 따르면, 임금을 목적으로 하지도 않으므로,[362] 중대재해처벌법상 종사자에 해당되는지 여부가 문제된다.

현장실습생의 「근로기준법」상 근로자성과 관련하여, 고용노동부는 사용종속 관계가 있는지 여부로 판단한다. 즉, 「직업교육훈련 촉진법」에 따라 특성화고등학교 현장에서 순수하게 훈련과 교육 목적으로 이루어지는 실습의 참가자는 근로자가 아니라고 보고 있으나, 일학습병행제에 참여하는 훈련근로자는 훈련계약서라는 근로계약서를 작성하고 일과 학습을 병행하므로 근로자로 인정하고 있다. 일학습병행제 훈련근

---

359) 권오성, 앞의 책, 46~47면.

360) 송인택 외, 앞의 책, 146면.

361) 「직업교육훈련 촉진법」 제9조(현장실습계약 등) ① 현장실습을 받을 직업교육훈련생과 현장실습산업체의 장은 사전에 현장실습계약을 체결하여야 한다. 다만, 미성년자 또는 재학 중인 직업교육훈련생의 경우에는 교육부장관이 고용노동부장관, 산업통상자원부장관 및 중소벤처기업부장관과 협의하여 고시한 표준협약서에 따라 현장실습계약을 체결하여야 한다.

362) 「현장실습표준협약서(교육부고시 제2018-165호)」 제2조 (용어의 정의) "현장실습"은 교육 또는 훈련을 목적으로 하는 사업 또는 사업장에서 일을 경험하는 것을 말하며, "현장실습생"은 임금을 목적으로 근로를 제공하는 근로자와 달리 교육 또는 훈련을 목적으로 사업 또는 사업장에서 일을 경험하는 자를 말한다.

로자의 경우 「산업현장 일학습병행 지원에 관한 법률」 제3조제1호363)에 따른 일학습병행의 정의상 근로자성이 명확한 것으로 보인다. 다만, 판례는 고등학교 졸업예정자인 실습생에 대하여 "그 작업기간이 잠정적인 것이라 할지라도 바로 이러한 사유만으로 위 원고가 「근로기준법」의 적용을 받는 근로자가 아니라고 단정할 수는 없고, 사업주와 실습생 사이의 채용에 관한 계약내용, 작업의 성질과 내용, 보수의 여부등 그 근로의 실질 관계에 의하여 「근로기준법」 제14조의 규정에 의한 사용종속관계가 있음이 인정되는 경우에는 그 실습생은 「근로기준법」의 적용을 받는 근로자에 해당한다고 할 것"364)이라고 판시하였는바, 구체적인 사안에 따라 근로자성이 결정될 것으로 보이고,365) 근로자성이 인정되는 경우에는 중대재해처벌법상 종사자로 인정될 것이다.

한편, 현장실습생은 금전적 대가를 목적으로 노무를 제공하는 것은 아니지만, 직업학습의 기회를 제공받으므로 이것을 대가로 볼 수 있는지에 따라 종사자에 포함되는지 여부가 결정될 것이다.

이렇듯 현장실습생에 대하여 종사자 해당성 여부가 불분명한 데 대하여 제21대국회에서 입법적 해결 노력이 있었는바, 이은주의원안(의안번호 2114305), 강은미의원안

---

363) 「산업현장 일학습병행 지원에 관한 법률」 제3조(정의) 이 법에서 사용하는 용어의 뜻은 다음과 같다.
　1. "일학습병행"이란 사업주가 근로자를 고용하여 해당 근로자가 담당 직무를 수행하도록 하면서 다음 각 목의 교육훈련을 모두 제공하고, 해당 근로자는 교육훈련의 평가에 따라 자격을 인정받도록 하는 직업교육훈련을 말한다.
　　가. 해당 기업의 생산시설·장비를 활용하여 사업장 내의 전문적인 기술·지식이 있는 사람 등이 해당 근로자의 직무수행에 필요한 지식, 기술 및 소양 등을 전수하는 교육훈련(이하 "도제식 현장 교육훈련"이라 한다)
　　나. 해당 기업의 근로장소 또는 생산시설과 분리된 직업능력개발시설이나 교육훈련기관에서 실시되는 교육훈련(이하 "사업장 외 교육훈련"이라 한다)
364) 대법원 1987. 6. 9. 선고 86다카2920 판결.
365) 서울지방노동위원회는 근로자성에 다툼이 있는 현장실습생에 대하여, ① 근무시간과 근무장소가 정해져 있고 때로 근무시간을 초과하여 일한 것으로 보이는 점, ② 회사에 대학생 현장실습을 진행하기 위한 프로그램과 교육을 지도하기에 적합한 직원이 없었던 점, ③ 사용자의 지시를 받아 제품의 검수, 배송 및 포장 등의 업무를 수행하였고 그 수행 결과를 보고한 것으로 보여지는 점, ④ 법정 최저임금에는 미달하나 매월 일정한 고정액을 지급한 것으로 근로의 대가가 아니라고 단정하기 어려운 점 등을 고려하여 「근로기준법」상 근로자로 보는 것이 타당하다고 판정한 바 있다(서울지방노동위원회 2019. 5. 24. 2019부해839).

(의안번호 2114568) 및 서동용의원안(의안번호 2114951)은 현장실습생도 종사자의 범위에 명시적으로 포함하고자 하였다.

〈중대재해처벌법 일부개정법률안(제21대국회)〉[366]

현행	이은주의원안	강은미의원안	서동용의원안
제2조(정의) 이 법에서 사용하는 용어의 뜻은 다음과 같다.	제2조(정의) (현행과 같음)	제2조(정의) (현행과 같음)	제2조(정의) (현행과 같음)
7. "종사자"란 다음 각 목의 어느 하나에 해당하는 자를 말한다.	7. (현행과 같음)	7. (현행과 같음)	7. (현행과 같음)
〈신 설〉	라.「직업교육훈련 촉진법」 제9조에 따른 현장실습계약을 체결한 직업교육훈련생	라. 직업교육, 자격취득 등을 목적으로 사업체 또는 기관에서 현장실습을 받는 교육훈련생	라.「직업교육훈련 촉진법」 제2조제7호에 따른 현장실습을 받기 위하여 현장실습산업체의 장과 현장실습계약을 체결한 직업교육훈련생(이하 "현장실습생"이라 한다)

---

366) 3개 법률안 모두 2024. 5. 29. 임기만료로 폐기되었다.

제2조제8호 사업주

> **법 제2조(정의)** 이 법에서 사용하는 용어의 뜻은 다음과 같다.
> 8. "사업주"란 자신의 사업을 영위하는 자, 타인의 노무를 제공받아 사업을 하는 자를
> 말한다.

I. 입법경과

1. 입법취지

법 제2조제8호는 자신의 사업을 영위하는 자와 타인의 노무를 제공받아 사업을 하는 자를 사업주로 정의하고 있다.

2. 입법과정

'사업주'에 대하여 박주민의원안, 이탄희의원안 및 박범계의원안은 "자신의 사업을 영위하는 자, 타인의 노무를 제공받아 사업을 하는 자"라고 정의하였고, 강은미의원안과 임이자의원안은 여기에 "물건의 수거·배달 등을 중개하는 자와 이에 준하는 자"를 추가하였다. 법제사법위원회 심사결과 "물건의 수거·배달 등을 중개하는 자와 이에 준하는 자"는 사업주에 포함되지 않는 것으로 의결되었다.367)

---

367) 경영책임자와 달리 사업주의 정의 규정에 대해서는 국회 심사과정에서 별다른 논의가 이루어지지 않았다. 국회 법제사법위원회 법안심사소위원회에서는 법원행정처 의견 등이 반영된 수정안들을 놓고 논의가 이루어졌는데, "물건의 수거·배달 등을 중개하는 자와 이에 준하는 자"는 이 과정에서 탈락한 것으로 보인다.

강은미의원안	임이자의원안	박주민·이탄희의원안	박범계의원안
제2조(정의) 이 법에서 사용하는 용어의 뜻은 다음과 같다. 5. "사업주"란 자신의 사업을 영위하는 자, 타인의 노무를 제공받아 사업을 하는 자, 물건의 수거·배달 등을 중개하는 자와 이에 준하는 자를 말한다.	제2조(정의) 이 법에서 사용하는 용어의 뜻은 다음과 같다. 5. "사업주"란 다른 사람의 노무를 제공받아 사업을 영위하는 자, 물건의 수거·배달 등을 중개하는 자와 이에 준하는 자를 말한다.	제2조(정의) 이 법에서 사용하는 용어의 뜻은 다음과 같다. 9. "사업주"란 자신의 사업을 영위하는 자, 타인의 노무를 제공받아 사업을 하는 자를 말한다.	제2조(정의) 이 법에서 사용하는 용어의 뜻은 다음과 같다. 10. "사업주"란 자신의 사업을 영위하는 자, 타인의 노무를 제공받아 사업을 하는 자를 말한다. (박주민의원안과 같음)

3. 유사 입법례

> **「산업안전보건법」**
>
> **제2조(정의)** 이 법에서 사용하는 용어의 뜻은 다음과 같다.
>
> 4. "사업주"란 근로자를 사용하여 사업을 하는 자를 말한다.
>
> 7. "도급인"이란 물건의 제조·건설·수리 또는 서비스의 제공, 그 밖의 업무를 도급하는 사업주를 말한다. 다만, 건설공사발주자는 제외한다.
>
> 8. "수급인"이란 도급인으로부터 물건의 제조·건설·수리 또는 서비스의 제공, 그 밖의 업무를 도급받은 사업주를 말한다.
>
> 9. "관계수급인"이란 도급이 여러 단계에 걸쳐 체결된 경우에 각 단계별로 도급받은 사업주 전부를 말한다.
>
> **제5조(사업주 등의 의무)** ① 사업주(제77조에 따른 특수형태근로종사자로부터 노무를 제공받는 자와 제78조에 따른 물건의 수거·배달 등을 중개하는 자를 포함한다. 이하 이 조 및 제6조에서 같다)는 다음 각 호의 사항을 이행함으로써 근로자(제77조에 따른 특수형태근로종사자와 제78조에 따른 물건의 수거·배달 등을 하는 사람을 포함한다. 이하 이 조 및 제6조에서 같다)의 안전 및 건강을 유지·증진시키고 국가의 산업재해 예방정책을 따라야 한다.

II. 내용 및 검토

중대재해처벌법 제2조제8호에서 "사업주란 자신의 사업을 영위하는 자, 타인의 노무를 제공받아 사업을 하는 자"로 규정하고 있다. 여기서 "자신의 사업을 영위하는 자"는 타인의 노무를 제공받는지 여부를 불문하고 자신의 사업을 영위하는 자를 말하므로, 중대재해처벌법에 따른 사업주는 근로자를 사용하여 사업을 하는 자로 한정하고 있는 「산업안전보건법」에 따른 사업주368)보다 넓은 개념이다.369)

더욱이 단순히 노무를 제공받는 자에 해당하기만 하면 사업주에 해당된다고 보아 사업주 개념을 상당히 넓게 정의하고 있다. 특수고용형태근로자도 노무를 제공하는 자이기 때문에 해당 근로자의 노무를 제공받는 자는 본 법률상 사업주에 해당된다.370)

다만, 중대재해처벌법 제3조(적용범위)371)는 명시적으로 사업주의 의미를 '개인사업주'로 한정하고 있고, "이하 같다"라고 명시하였기 때문에 법 제3조 이하의 모든 '사업주'는 개인사업주로 보아야 한다. 또한, 중대재해처벌법은 안전 및 보건확보 의무 등 제반 의무를 사업주와 경영책임자등에게 부과하고 있고, 개인사업주가 아닌 사업주를 경영책임자등과 구분하여 "법인 또는 기관"으로 표현하고 있는 점에 비추어 볼 때 이 법에서 규정하는 사업주는 행위자로서 자연인인 개인사업주만을 의미한다.372)

이로 인하여 법인사업주는 중대재해처벌법 제4조 및 제5조와 제9조가 정한 안전

---

368) 「산업안전보건법」 제2조(정의) 이 법에서 사용하는 용어의 뜻은 다음과 같다.
 4. "사업주"란 근로자를 사용하여 사업을 하는 자를 말한다.
369) 「산업안전보건법」의 사업주에 대한 하급심 판례는 다음과 같다.
 '앞서 본 판례의 법리와 산업안전보건법 제5조 제1항 제2호에서 '쾌적한 작업환경을 조성하고 근로조건을 개선할 것'을 사업주의 의무로 정하고 있는 점 등 위 법의 전체적인 체계 등에 비추어보면, 여기에서의 사업주는 원심이 설시한 바대로 '사업장을 직접 지배·관리하면서 운영하는 사업주', 즉, 사업장에서 이루어지는 작업의 전체적인 진행과정을 총괄하고 조율하며, 작업환경과 근로조건을 결정할 수 있는 능력이나 의무가 있는 사업주에 한한다고 할 것이다"(의정부지방법원 2016. 8. 25. 선고 2016노422 판결).
370) 신승욱·김형규, 『중대재해처벌법』, 박영사, 2022, 60면.
371) 중대재해처벌법 제3조(적용범위) 상시 근로자가 5명 미만인 사업 또는 사업장의 사업주(개인사업주에 한정한다. 이하 같다) 또는 경영책임자등에게는 이 장의 규정을 적용하지 아니한다.
372) 정현희, 「중대재해처벌법의 형사재판 실무상 쟁점」, 사법정책연구원·대한변호사협회·한국노동법학회 "중대재해처벌법과 재판 실무상 쟁점" 공동학술대회 자료집, 2022.7.8., 13면.

및 보건 확보의무의 수범자에서 제외된다. 반면에 경영책임자등은 법인사업주의 목적 범위 내에서만 법인사업주를 대표하고 법인사업주의 업무 범위 내에서만 그 업무를 집행하는 것임에도 불구하고, 중대재해처벌법 제4조 및 제5조와 제9조에서 정한 안전 및 보건 확보의무의 수범자로 규정되었다. 이러한 법률조항들이 법인에 관한 법리에 반할 뿐 아니라 헌법상의 책임주의원칙에 비추어 보았을 때 위헌 시비가 따른다는 의견이 존재한다.[373]

---

373) 송인택 외, 앞의 책, 150~151면 참조.

제2조제9호 경영책임자등

> **법 제2조(정의)** 이 법에서 사용하는 용어의 뜻은 다음과 같다.
> 9. "경영책임자등"이란 다음 각 목의 어느 하나에 해당하는 자를 말한다.
>   가. 사업을 대표하고 사업을 총괄하는 권한과 책임이 있는 사람 또는 이에 준하여 안전보건에 관한 업무를 담당하는 사람
>   나. 중앙행정기관의 장, 지방자치단체의 장, 「지방공기업법」에 따른 지방공기업의 장, 「공공기관의 운영에 관한 법률」 제4조부터 제6조까지의 규정에 따라 지정된 공공기관의 장

I. 입법경과

1. 입법취지

법 제2조제9호는 사업을 대표하고 총괄하는 자 외에 안전보건에 관하여 그에 준하여 권한과 책임을 가지고 업무를 담당하는 사람을 경영책임자등에 포함하고, 중앙행정기관의 장 등 공공부문의 책임자에 대하여도 경영책임자등에 포함되는 것으로 정의하고 있다.

「산업안전보건법」은 현장소장 등 중간관리책임자인 자연인이 그 행위자로 특정되어 종래 소위 '꼬리자르기' 형태의 처벌이 많이 이루어진다는 비판이 있었다. 중대재해처벌법은 이러한 처벌의 비효과성과 공백을 메우고 법인의 경영책임자등을 책임주체로 보아 직접적으로 처벌하기 위해 제정되었다. 이는 경영책임자등이 추후 산업재해가 재발하지 않도록 기업 내 예방시스템을 구축하고 기업 구조에 내재된 예방시스템의 결함을 해결할 수 있는 경영사항의 최고 결정자라는 것을 전제로 한다.[374]

---

374) 박채은, 『중대재해처벌법 개선방안에 관한 연구 - 기업 처벌의 근거와 방법을 중심으로』, 성신여자대학교 대학원 박사학위논문, 2024, 59면.

2. 입법과정

　'경영책임자등'에 대하여 박주민·이탄희·박범계의원안은 "법인의 대표이사 및 이사", "중앙행정기관의 장, 지방자치단체의 장, 「지방공기업법」에 따른 지방공기업의 장, 「공공기관의 운영에 관한 법률」 제4조부터 제6조까지에 따라 지정된 공공기관의 장" 및 "법인의 대표이사나 이사가 아닌 자로서, 해당 법인의 의사결정에 실질적으로 영향력을 행사하는 자"로 정의하였다. 강은미의원안도 위와 동일하게 정의하되 사업주가 법인이거나 기관인 경우로 한정하였고, 임이자의원안은 경영책임자를 기업의 대표이사 및 기관의 장으로 국한하였다.

　임이자의원안을 제외한 법안들에서 '경영책임자등'의 범위에 '법인의 대표이사 및 이사'를 포함시키고 있었는데, 법인의 모든 이사를 경영책임자에 포함시키는 것은 과잉입법의 우려가 있었다. 또한, '법인의 대표이사나 이사가 아닌 자로서 해당 법인의 의사결정에 실질적으로 영향력을 행사하는 자'도 포함하고 있었는데, '실질적으로 영향력을 행사'한다는 불확정 개념이 명확성의 원칙에 부합되는지에 대한 검토가 필요하다는 의견이 있었다.[375] 실제로 법제사법위원회 법안심사제1소위원회(2020.12.24.)에서 당시 법무부차관은 "실질적으로 영향력을 행사하는 자, 상당한 영향을 미치거나 그러한 결정에 실질적으로 관여하는 지위에 있는 자라는 내용은 결국 처벌의 구성요건임에도 내용이 불분명해서 명확성의 원칙에 위배될 우려가 있다"고 발언하였고, 법원행정처차장과 고용노동부 기획조정실장도 비슷한 취지로 언급하였다.[376] 결국 법

---

375) 허병조(2020), 앞의 글, 12면.
376) 2020년 12월 24일 법사위 제1소위 회의록 3~4면 중 아래 논의 참조.
　　○ **법무부차관** 실질적으로 영향력을 행사하는 자, 상당한 영향을 미치거나 그러한 결정에 실질적으로 관여하는 지위에 있는 자라는 내용은 결국 처벌의 구성요건임에도 내용이 불분명해서 명확성의 원칙에 위배될 우려가 있지 않은가 이렇게 보고 있습니다.
　　○ **소위원장 백혜련** 차장님?
　　○ **법원행정처차장** 법무부 의견과 비슷한 취지의 문제점을 지적하고요. (생략)
　　○ **소위원장 백혜련** 이것과 관련해서는 고용노동부 입장도 들어 봐야 될 것 같습니다.
　　○ **고용노동부 기획조정실장** 경영책임자와 관련해서는 주식회사나 아니면 비법인 사단 등 법인 등록을 하지 않은 경우 대표자도 포함될 수 있도록 문구가 수정되는 것이 바람직하겠다는 의견입니다. 그리고 이사에는 사외이사 등 법인의 경영을 주도하지 않는 분들도 상당히 있기 때문에 '이사'에서 '안전·보건을 담당하는 이사'로 제한할 필요가 있다고 판단됩니다. 그리고

제사법위원회 대안에서는 "법인의 대표이사 및 이사", "법인의 의사결정에 실질적으로 영향력을 행사하는 자" 모두 제외되었고, "사업을 대표하고 사업을 총괄하는 권한과 책임이 있는 사람 또는 이에 준하여 안전보건에 관한 업무를 담당하는 사람"으로 대체되었다.

강은미의원안	박주민·이탄희의원안	박범계의원안	임이자의원안
제2조(정의) 이 법에서 사용하는 용어의 뜻은 다음과 같다. 　7. "경영책임자 등" 이란 사업주가 법인이거나 기관인 경우에 다음 각 목에 해당하는 자를 말한다. 　가. 법인의 대표이사 및 이사 　나. 중앙행정기관의 장, 지방자치단체의 장, 「지방공기업법」에 따른 지방공기업의 장, 「공공기관의 운영에 관한 법률」 제4조부터 제6조까지에 따라 지정된 공공기관의 장 　다. 법인의 대표이사나 이사가 아닌 자로서,	제2조(정의) 이 법에서 사용하는 용어의 뜻은 다음과 같다. 　11. "경영책임자 등" 이란 다음 각 목에 해당하는 자를 말한다. 　가. 법인의 대표이사 및 이사 　나. 중앙행정기관의 장, 지방자치단체의 장, 「지방공기업법」에 따른 지방공기업의 장, 「공공기관의 운영에 관한 법률」 제4조부터 제6조까지에 따라 지정된 공공기관의 장 　다. 법인의 대표이사나 이사가 아닌 자로	제2조(정의) 이 법에서 사용하는 용어의 뜻은 다음과 같다. 　12. "경영책임자 등" 이란 다음 각 목에 해당하는 자를 말한다. 　가. 법인의 대표이사 및 이사 　나. 중앙행정기관의 장, 지방자치단체의 장, 「지방공기업법」에 따른 지방공기업의 장, 「공공기관의 운영에 관한 법률」 제4조부터 제6조까지에 의하여 지정된 공공기관의 장 　다. 법인의 대표이사나 이사가 아닌 자로	제2조(정의) 이 법에서 사용하는 용어의 뜻은 다음과 같다. 　7. "경영책임자"란 제6호의 대표이사 및 기관의 장을 말한다. 　6. "기업"이란 「상법」 제169조에 따른 회사, 「공공기관의 운영에 관한 법률」 제4조에 따른 공공기관, 「지방공기업법」 제2장·제3장 및 제4장에 따른 지방직영기업, 지방공사 및 지방공단을 말한다.

경영책임자 중에서 다목 같은 경우에는 처벌 대상이 불분명해서 명확성의 원칙에 위배될 우려가 있지 않은가 이런 판단입니다.

해당 법인의 의사결정에 실질적으로 영향력을 행사하는 자	서, 해당 법인의 의사결정에 실질적으로 영향력을 행사하는 자	서, 해당 법인의 사업상의 결정에 상당한 영향을 미치거나 그러한 결정에 실질적으로 관여하는 지위에 있는 자

3. 유사 입법례

「상법」

제401조의2(업무집행지시자 등의 책임) ① 다음 각 호의 어느 하나에 해당하는 자가 그 지시하거나 집행한 업무에 관하여 제399조, 제401조, 제403조 및 제406조의2를 적용하는 경우에는 그 자를 "이사"로 본다.

1. 회사에 대한 자신의 영향력을 이용하여 이사에게 업무집행을 지시한 자

2. 이사의 이름으로 직접 업무를 집행한 자

3. 이사가 아니면서 명예회장·회장·사장·부사장·전무·상무·이사 기타 회사의 업무를 집행할 권한이 있는 것으로 인정될 만한 명칭을 사용하여 회사의 업무를 집행한 자

② 제1항의 경우에 회사 또는 제3자에 대하여 손해를 배상할 책임이 있는 이사는 제1항에 규정된 자와 연대하여 그 책임을 진다.

「금융회사의 지배구조에 관한 법률」

제8조(주요업무집행책임자의 임면 등) ① 전략기획, 재무관리, 위험관리 및 그 밖에 이에 준하는 업무로서 대통령령으로 정하는 주요업무를 집행하는 업무집행책임자(이하 "주요업무집행책임자"라 한다)는 이사회의 의결을 거쳐 임면한다.

② 주요업무집행책임자의 임기는 정관에 다른 규정이 없으면 3년을 초과하지 못한다.

③ 주요업무집행책임자와 해당 금융회사의 관계에 관하여는 「민법」 중 위임에 관한 규정을 준용한다.

제28조(위험관리책임자의 임면 등) ① 금융회사(자산규모 및 영위하는 업무 등을 고려

하여 대통령령으로 정하는 투자자문업자 및 투자일임업자는 제외한다)는 자산의 운용이나 업무의 수행, 그 밖의 각종 거래에서 발생하는 위험을 점검하고 관리하는 위험관리책임자를 1명 이상 두어야 한다.

② 위험관리책임자의 임면, 임기 등에 관하여는 제25조제2항부터 제6항까지를 준용한다. 이 경우 "준법감시인"은 "위험관리책임자"로 본다.

③ 위험관리책임자는 위험관리에 대한 전문적인 지식과 실무경험을 갖춘 사람으로서 다음 각 호의 요건을 모두 충족한 사람이어야 한다.

1. 최근 5년간 이 법 또는 금융관계법령을 위반하여 금융위원회 또는 금융감독원장, 그 밖에 대통령령으로 정하는 기관으로부터 제35조제1항 각 호 및 제2항 각 호에 규정된 조치 중 문책경고 또는 감봉요구 이상에 해당하는 조치를 받은 사실이 없을 것

2. 다음 각 목의 어느 하나에 해당하는 사람일 것. 다만, 다음 각 목의 어느 하나에 해당하는 사람으로서 다목에서 규정한 기관에서 퇴임하거나 퇴직한 후 5년이 지나지 아니한 사람은 제외한다.

   가. 「금융위원회의 설치 등에 관한 법률」 제38조에 따른 검사 대상 기관(이에 상당하는 외국금융회사를 포함한다)에서 10년 이상 근무한 사람

   나. 금융 관련 분야의 석사학위 이상의 학위소지자로서 연구기관 또는 대학에서 위험관리와 관련하여 연구원 또는 조교수 이상의 직에 5년 이상 종사한 사람

   다. 금융감독원, 한국은행, 예금보험공사, 그 밖에 금융위원회가 정하는 금융 관련 기관에서 위험관리 관련 업무에 7년 이상 종사한 사람

   라. 그 밖에 가목부터 다목까지의 규정에 준하는 자격이 있다고 인정되는 사람으로서 대통령령으로 정하는 사람

④ 위험관리책임자가 된 사람이 제3항제1호의 요건을 충족하지 못하게 된 경우에는 그 직을 잃는다.

II. 내용 및 검토

1. 사업을 대표하고 사업을 총괄하는 권한과 책임이 있는 사람 또는 이에 준하여 안전보건에 관한 업무를 담당하는 사람

가. 사업을 대표하고 사업을 총괄하는 권한과 책임이 있는 사람

"사업을 대표하고 사업을 총괄하는 권한과 책임이 있는 사람", 이른바 사업총괄책임자란 대외적 관계에서 법인의 의사를 표시할 권한과 대내적 관계에서 법인의 업무를 총괄하여 집행할 권한과 책임을 가진 자를 말한다.[377] 「상법」상 주식회사의 경우 등기된 대표이사를 의미할 것이나, 직위의 명칭 또는 등기부 기재와 같은 형식적 요건에 구애되는 것이 아니라 사업을 대표하고 총괄하는 실질적인 권한이 있는지 여부가 중요하다. 그러한 권한이 있어야 안전보건 확보의무 이행에 관한 최종적인 의사결정을 통해 본 법률에 따른 의무를 이행할 수 있고, 그 의무위반 시 책임을 물을 수 있기 때문이다.[378] 따라서 개별 사업장에서 대표이사의 지시를 받아 생산활동을 총괄하는 공장장, 현장소장 등은 경영책임자등에 포함될 수 없다.[379] 이와 관련하여 다음과 같은 사례가 문제될 수 있다.

1) 실질적인 사업총괄책임자

형식상의 직위나 명칭에 관계없이 실질적으로 사업을 대표하고 사업을 총괄하는 권한과 책임이 있는 사람으로서 안전보건 확보의무 이행에 관한 최종적인 의사결정권을 가진다고 볼 수 있는 경우에는 그가 사업총괄책임자에 해당할 수 있는지가 문제된다. 이에 대하여 회사 경영권에 대한 실질적 지배자가 별도로 등기된 전문경영인을 두고 있음에도 그 직함이나 소속을 불문하고 재해예방과 관련한 인사나 예산에 관한 최종 의사결정까지 한다면, "사업을 대표하고 사업을 총괄하는 권한과 책임"이

---

377) 권오성, 앞의 책, 66면 참조.
378) 신승욱·김형규, 앞의 책, 62면.
379) 고용노동부, 『중대재해처벌법 해설 – 중대산업재해』, 2021.11., 22면 참조.

있는 대표 경영책임자의 범위에 들어갈 수 있다는 견해가 있다.[380]

이와는 다르게 가목을 어문법칙에 따라 분석하여 ① '사업을 대표하고, 사업을 총괄하는 권한과 책임이 있는 사람'이라고 해석하는 방식과 ② '사업을 대표하는 권한과 책임이 있고, 사업을 총괄하는 권한과 책임이 있는 사람'으로 해석하는 방식이 있다고 하면서, ①의 해석에 의하면 사업을 '사실상' 대표하는 자도 사업을 대표하는 자에 포섭될 수 있을 것이나 ②의 해석에 의하면 법률에 따라 대표권이 인정되는 기관만이 포섭되는 것으로 보고, 경영책임자등에 관한 중대재해처벌법의 규정은 범죄구성요건으로서의 신분을 규정하는 것이어서 엄격하게 해석할 필요가 있다는 점에서 ②의 해석을 따르는 것이 타당하다는 견해도 존재한다.[381] 그 밖에 ▲ 대외적으로 그 회사에 대한 대표성을 가지고 있는지 여부, ▲ 회사가 영위하는 사업을 총괄 지휘하는 업무를 담당하고 있는지 여부, ▲ 사업 전반에 대한 최종적인 의사 결정 권한이 있는지 여부 등을 종합적으로 고려하여 판단하여야 한다는 의견도 있다.[382]

국회 법제사법위원회 심사과정을 살펴보면, 법 제2조제9호가목의 입법취지가 해당 사업 또는 사업장에서 종사자들의 안전보건을 확보할 수 있는 실질적인 역할을 누가 하는지를 파악하여 안전보건에 관하여 최종적인 의사결정을 하는 사람을 처벌하는 것이었으므로,[383] 실질적 경영권자를 경영책임자등으로 볼 수 있다는 해석이 가능할 것으로 본다.

---

380) 송인택 외, 앞의 책, 156면.
381) 권오성, 앞의 책, 61~62면.
382) 김·장법률사무소 중대재해대응팀, 앞의 책, 19~20면.
383) 2021년 1월 6일 법사위 제1소위 회의록 57~58면 중 아래 논의 참조.
  ○ 송기헌위원 기업에서의 최고경영자한테 안전에 관한 책임을 지운다고 하면 ..... 그 사람을 ..... CEO로 하든 CFO로 하든 안전경영책임자로 하든 그것은 그 회사가 택할 문제고 결국 그 회사의 안전에 관해서 최고책임을 지고 있는 사람을 처벌하면 되지 않느냐, 저는 그렇게 생각합니다. (생략)
  ○ 박주민위원 실질적으로 어떤 역할을 누가 했느냐를 따져 보자는 말씀이시지 않습니까? (생략)
  ○ 법무부차관 저는 이 가목의 규정 목표는 그 해당 사업 또는 사업장에서 종사자들의 건강, 안전을 지킬 수 있는 최종적인 의사결정을 하는 사람을 어떻게 쫓아가게 만들어 줄 것이냐에 대한 문제라고 생각을 합니다 ..... 어차피 이것은 수사입니다 ..... 바지사장이 모든 것을 다 할 수 있는, 그렇게밖에 밝혀지지 않는 구조라면 그게 사업을 대표하고 총괄하는 권한이 있는 사람일 것입니다. 그런데 ..... 바지사장이 그럴 수밖에 없는 이유가 뒤에 숨어 있는 실질사장에 의한 것이었다라는 게 쫓아가면 결국 그 사람이 등장을 하는 거겠지요."

이와 관련하여, 중대재해처벌법 적용 제1호 판결(의정부지방법원 고양지원 2023. 4. 6. 선고 2022고단3254 판결[384])에서는 주식회사 ○○파트너스 대표이사인 피고인에 대해 "사업을 대표하고 사업을 총괄하는 권한과 책임이 있는 사람으로 이 사건 공사 현장 종사자의 안전·보건상의 유해 또는 위험을 방지하기 위하여 그 사업 또는 사업장의 특성 및 규모 등을 고려하여 재해예방에 필요한 인력 및 예산 등 안전보건관리체계의 구축 이행에 관한 조치 의무가 있는 경영책임자"라 하였다. 그러나 주식회사 ○○파트너스 소속 공사 현장의 현장소장과 현장 안전관계자에 대하여는 「산업안전보건법」만을 적용하고 중대재해처벌법을 적용하지 않았는바, 현장소장 등은 대표자에 준하여 대외적 의사표시를 하거나 내부적으로 해당 사업부문을 총괄할 권한을 부여받은 사람에 해당하지 아니하기 때문인 것으로 보인다.

2) 업무집행지시자

사업총괄책임자와 유사한 개념으로 「상법」에 '업무집행지시자'가 있다. 「상법」 제401조의2제1항제1호[385])는 회사에 대한 자신의 영향력을 이용하여 이사에게 업무집행을 지시한 자를 '업무집행지시자'로 규정하고 이사로 간주하여 동일한 책임을 부담하도록 하고 있다. 이 규정은 기업집단의 총수(지배주주)들과 같이 법률상 이사는 아니지만, 회사에 대한 자신의 영향력을 이용하여 이사에게 업무집행을 지시한 자의 책임을 강화함으로써 일반주주, 채권자의 이익을 보호하기 위해 도입된 것으로, 판례는 '영향력을 행사하였는지 여부'를 '상당한 비율의 주식 보유 여부'를 기준으로 판단하는 경향

---

384) 2022. 5. 14. 고양시 요양병원 증축공사 현장 5층에서 개구부를 통해 반자동 도르래로 94.2kg의 자재를 인양 중 근로자가 지상 1층 바닥으로 추락하여 사망한 사건.

385) 「상법」 제401조의2(업무집행지시자 등의 책임) ① 다음 각 호의 어느 하나에 해당하는 자가 그 지시하거나 집행한 업무에 관하여 제399조, 제401조, 제403조 및 제406조의2를 적용하는 경우에는 그 자를 "이사"로 본다.
   1. 회사에 대한 자신의 영향력을 이용하여 이사에게 업무집행을 지시한 자
   2. 이사의 이름으로 직접 업무를 집행한 자
   3. 이사가 아니면서 명예회장·회장·사장·부사장·전무·상무·이사 기타 회사의 업무를 집행할 권한이 있는 것으로 인정될 만한 명칭을 사용하여 회사의 업무를 집행한 자
   ② 제1항의 경우에 회사 또는 제3자에 대하여 손해를 배상할 책임이 있는 이사는 제1항에 규정된 자와 연대하여 그 책임을 진다.

을 보인다.386) 가령, 이사는 아니지만 회사의 대주주로서 회사의 경영에 상당한 영향력을 행사해오다가 업무를 지시·관여한 사람을 업무집행지시자로 보고 있다.387)

이와 관련하여서는 문언의 해석상으로 대표이사나 등기임원이 아니라고 하더라도 안전보건에 관한 포괄적 권한을 보유한 자라면 경영책임자등에 해당할 가능성이 있다는 견해,388) 「상법」상 '업무집행지시자'로 판단되면 경영책임자등에 포함되어 책임을 질 수 있으나 업무집행지시자인지 여부는 미리 정해둘 수 없고 그 행위를 평가해 사후적으로 판단해야 한다는 견해389) 등이 있다.

다만, 경영책임자등에 해당하는지와 무관하게 이사에게 업무집행을 지시하거나 회사의 업무를 집행한 업무집행지시자는 구체적인 사실관계에 따라 「형법」 제30조의 공동정범이나 제31조제1항의 교사범의 죄책을 부담하는 경우가 있을 수 있다. 「형법」 제33조 본문은 "신분이 있어야 성립되는 범죄에 신분 없는 사람이 가담한 경우에는 그 신분 없는 사람에게도 제30조부터 제32조까지의 규정을 적용한다"고 규정하고 있으므로, 업무집행지시자가 경영책임자등이 중대재해처벌법 위반행위에 가공하거나 이를 교사한 경우에는 경영책임자등이라는 신분이 없더라도 공동정범 또는 교사범의 죄책을 질 수 있기 때문이다.390)

나. 이에 준하여 안전보건에 관한 업무를 담당하는 사람

1) 의의

"이에 준하여 안전보건에 관한 업무를 담당하는 사람"이란 사업 또는 사업장 전반의 안전보건에 관한 업무를 대표하고 총괄하는 권한과 책임이 있는 자를 의미한다.

---

386) 윤법렬·임재혁, 「업무집행관여자의 책임-판례법리의 분석 및 개념 차용에 대한 비판을 중심으로」, 『기업법연구』 제31권 제1호, 2017, 287면.

387) 대법원 2006. 6. 2. 선고 2005도3431 판결.

388) 김지석, 「중대재해 처벌 등에 관한 법률의 주요 쟁점사항들에 대한 고찰」, 『월간노동법률』 제360호, 2021.5.

389) 최준선 성균관대 법학전문대학원 명예교수, "[시론] 중대재해법 처벌 피하는 방법", 「한국경제신문」, 2021.7.21.

390) 권오성, 앞의 책, 62면.

"이에 준하여"라는 말은 문언상 "사업을 대표하고 사업을 총괄하는 권한과 책임이 있는 사람"에 준한다는 의미이다. 법률상 대표권은 없지만 특정 사업부문에 대하여 포괄적 대리권을 수여받아 해당 사업부문의 외부적 거래행위에 관하여 대표자에 준하여 대외적 의사표시를 할 수 있고, 회사의 정관이나 이사회 결의 등에 따라 내부적으로 해당 사업부문을 총괄할 권한을 부여받은 사람이 이에 해당할 것으로 보인다.[391]

안전보건담당임원(Chief Security Officer, 약칭 "CSO")이라는 최고안전책임자가 그러한 역할을 할 수 있는데, 단순히 책임자라는 직위를 가진 것이 아니라 실질적으로 안전보건 업무에 관하여는 대표이사의 권한과 동일한 수준으로 예산 및 인력을 자율적으로 확보하고 활용할 수 있어야 한다.[392] 또한, 중대재해처벌법 시행령 제4조제9호[393]에 따르면, 경영책임자등은 제3자에게 업무의 도급 등을 하는 경우 도급 등을 받는 자의 산재예방능력을 평가하고, 안전·보건을 위한 관리비용, 공사기간 등을 보장하여야 하는바, CSO가 경영책임자등에 해당하려면 제3자와 도급 등의 계약을 체결할 때 계약상대방, 도급액 중 관리비용, 공사기간 등에 대한 결정 권한도 가지고 있어야 한다.[394]

따라서 현장소장이나 공장장 등 일부 사업장의 안전보건관리책임자 등은 경영책임자등에 포함될 수 없고,[395] CSO가 안전·보건에 관한 개별적인 결정사항에 대하여 대표이사에게 보고하는 등 최종 결정권이 대표이사에게 있는 경우에는 해당 CSO는

---

391) 권오성, 앞의 책, 70~71면.

392) 신승욱·김형규, 앞의 책, 62~63면.

393) 중대재해처벌법 시행령 제4조(안전보건관리체계의 구축 및 이행 조치) 법 제4조제1항제1호에 따른 조치의 구체적인 사항은 다음 각 호와 같다.

　　9. 제3자에게 업무의 도급, 용역, 위탁 등을 하는 경우에는 종사자의 안전·보건을 확보하기 위해 다음 각 목의 기준과 절차를 마련하고, 그 기준과 절차에 따라 도급, 용역, 위탁 등이 이루어지는지를 반기 1회 이상 점검할 것

　　　가. 도급, 용역, 위탁 등을 받는 자의 산업재해 예방을 위한 조치 능력과 기술에 관한 평가 기준·절차

　　　나. 도급, 용역, 위탁 등을 받는 자의 안전·보건을 위한 관리비용에 관한 기준

　　　다. 건설업 및 조선업의 경우 도급, 용역, 위탁 등을 받는 자의 안전·보건을 위한 공사기간 또는 건조기간에 관한 기준

394) 김·장법률사무소 중대재해대응팀, 앞의 책, 20면 참조.

395) 박상진, 「중대재해처벌법, 산업안전보건법과 어떻게 다른가」, 『월간노동법률』 제358호, 2021.3.

경영책임자등에 해당하지 않는다고 보아야 한다.[396]

참고로, 2022년 5월에 발생한 에쓰오일 온산공장 폭발 사고(사망자 1명 등 10명의 사상자 발생)와 관련하여, 검찰은 해당 기업의 대표이사(CEO)에 대하여 안전보건 관련 사항을 CSO에게 모두 위임했고 실질적·최종적 경영권을 행사한 사실이 없어 중대재해처벌법상 경영책임자로 보기 어렵다고 보았으며, 경영책임자로 지목된 CSO에 대하여도 안전보건 확보의무를 이행했다는 이유로 무혐의 처분을 하였다.[397] 반면, 검찰은 중대재해처벌법 제20호 판결 관련 사건에서 CSO를 선임하였으나 대표이사가 안전보건 확보에 관한 실질적 권한을 행사한 기업에 대하여 대표이사를 기소하였다.

2) 대표이사의 면책

기업에서 CSO를 별도로 두고 그 CSO가 경영책임자로서의 역할을 할 경우 대표이사(CEO)가 면책될 수 있는지가 문제된다. 이는 단순히 대표이사 개인을 보호하려는 차원이 아니라 기업 입장에서는 사업을 총괄하는 대표이사가 수사나 처벌의 대상이 되는 경우 상당한 경영상의 리스크가 발생하기 때문에 대두되는 쟁점으로, 특히 조직이나 인력 규모가 크고 대표이사가 영업이나 글로벌 전략 수립 등의 업무를 중점적으로 담당해야 하는 글로벌기업의 경우 중대재해 발생 시 대표이사의 수사기관 출석이나 출국금지 등 절차로 인해 업무상 공백이 발생하는 경우에 상당한 사업의 차질이 발생하게 된다는 점에서 문제가 된다는 것이다.[398]

면책을 긍정하는 견해에 따르면, 국회에서 중대재해처벌법 발의안에 대한 논의 당시 법 제2조제9호가목의 법문 중 "사업을 대표하고 사업을 총괄하는 권한과 책임이 있는 사람"과 "이에 준하여 안전보건에 관한 업무를 담당하는 사람"을 연결하는 접속사 "및"이 "또는"으로 수정되었는데, "또는"의 사전적 의미가 둘 중 하나를 선택한다는 의미라는 점에서 CSO가 경영책임자로서의 역할을 하는 경우 대표이사는 면책

---

396) 김·장법률사무소 중대재해대응팀, 앞의 책, 24면 참조.

397) 김진성, "CEO·CSO 모두 무혐의…로펌들, 에쓰오일에 관심 폭발 [김진성의 로펌인사이드]", 「한국경제신문」, 2023. 8. 14.

398) 최진원, 「중대재해처벌법 관련 실무상 쟁점」, 「중대재해처벌법」 어떻게 안착시킬 것인가, 국회의원 박대수 주최 정책토론회자료집, 2021.11.22., 38~39면.

된다는 것이다.399) 또한, 대표이사는 안전보건에 대한 전문지식이 높지 않을 수 있으므로 CSO를 선임하여 안전에 대한 의사결정 구조를 분업하여 전문성을 확보하는 것이 사고예방에 더욱 효과적일 수도 있는바, 대표이사에게 모든 책임을 지우는 것이 오히려 안전에 역행할 수 있다는 것이다.400)401)

면책이 부정된다는 견해에 따르면, 중대재해처벌법상 안전보건 확보의무는 경영책임자에게 부과된 공법상 의무이므로, 해당 의무를 사법상의 계약으로 CSO에게 위임하고 책임을 면할 수 없다고 본다.402) 또한, "사업을 대표하고 사업을 총괄하는 권한과 책임이 있는 사람"과 "이에 준하여 안전보건에 관한 업무를 담당하는 사람"을 연결하는 "또는"이라는 문구는 논리적 연결사(connective) "∨"의 의미가 있으므로,403) "또는"을 양자택일로 해석해서는 안된다고 한다.404)

중대재해처벌법의 입법목적이 안전보건 경영을 유도하고 안전보건에 관한 인력, 예산 등을 적절히 편성·집행되도록 하여 산업재해·시민재해를 예방하는 데 있으므로, 재해예방을 위하여 인력과 예산을 투입하는 데에 최종적인 결정을 하는 자를 경영책임자등이라고 보아야 하는바, 기업의 내부형태가 다양하게 발전하고 있는 현대사회에서 대표이사의 권한이 여러 사람에게 분산되어 있는 경우 안전보건에 관한 최종적 권한을 행사할 수 있는 자가 있다면 그 사람을 형사책임의 주체로 검토할 필요

---

399) 국회 법제사법위원회 소위원회에서도 유사한 취지의 지적이 있었는데, 제383회국회(임시회) 법제사법위원회 법안심사제1소위원회 제3차회의록(이하 '2020년 12월 30일 법사위 제1소위 회의록'이라 한다) 15~16면 중 김용민위원의 아래 발언 참조.
 "이게 입법취지를 고려하면 '및'으로 가야 되는 것 아닌가 싶은데요 ..... 해석상 논란이 있을 수 있겠지만 만약에 '또는'이 들어가 버리면 오히려 대표이사가 빠져 나가고 담당 안전관리이사만 들어가는 꼴이 되니까요."

400) 임우택, 「중대재해처벌법의 쟁점과 과제에 대한 토론문」, 정책&지식포럼 제1043회, 2022.6.7., 54~55면.

401) 다만, 면책을 긍정하는 견해에서도 안전 및 보건 확보의무에 대하여 CSO에게만 전적으로 권한과 의무가 있고 대표이사는 이에 관하여 배제되었다고 판단되는 경우는 극히 제한적일 것으로 본다(이범상, 「대표이사와 최고안전관리책임자(CSO)의 관계와 책임」, 『중대재해대응 핵심이슈 72선』, 대한경제, 2023, 158~159면 참조).

402) 권창영 편집대표, 앞의 책, §2(권창영 집필부분 참조).

403) 명제 A, B에 대하여, A∨B의 의미는 A가 참(True)이거나 B가 참이거나 A와 B 모두가 참이라는 것이다.

404) 권오성, 앞의 책, 73면.

가 있다.405) 다만, CSO가 안전, 보건의 영역에 있어 조직과 인사, 예산과 관련하여 형식적으로는 최종 결정 권한을 가지고 있다 하더라도 실질적으로는 대표이사에게 개별적인 결정에 관하여 보고하는 등 대표이사가 사실상 최종적인 의사결정 권한을 행사한다면 CSO에게 안전보건업무책임자로서의 지위가 인정되기 어렵고 결국 대표이사와 같은 사업총괄책임자가 경영책임자등으로서 책임을 부담한다고 보아야 할 것이다. 반대로, 사업 전반의 시스템을 구축할 수 있는 최종적인 권한을 보유한 자라면 그가 대표이사인지 CSO인지 여부는 관계가 없다고 본다.406) 그리고 국회 법제사법위원회 심사과정에서 논의된 바와 같이, CSO가 안전보건에 관하여 최종결정하는 경우에도 무조건 대표이사와 CSO 모두에게 책임을 부과하는 것은 책임주의와 위임전결의 원칙에 부합하지 않는 측면이 있다.407)

참고로, 제21대국회에서 발의되었던 강민정의원안(의안번호 2114548)과 강은미의원안(의안번호 2114568)에서는 "이에 준하여 안전보건에 관한 업무를 담당하는 사람"이라는 문구를 경영책임자등의 개념 정의에서 삭제함으로써 안전보건담당임원을 두었다는 이유로 중대 산업재해 발생 시 안전보건 인력과 투자를 결정할 실질적인 권한이 있는 대표이사(CEO)가 면책될 가능성을 줄이고자 한 바 있다.

---

405) 정현희, 「중대재해처벌법의 형사재판 실무상 쟁점」, 사법정책연구원·대한변호사협회·한국노동법학회 "중대재해처벌법과 재판 실무상 쟁점" 자료집, 2022.7.8., 17면.

406) 김·장법률사무소 중대재해대응팀, 앞의 책, 24~27면.

407) 2021년 1월 6일 법사위 제1소위 회의록 57~58면 중 아래 논의 참조.
  ○ 송기헌위원 기업에서의 최고경영자한테 안전에 관한 책임을 지운다고 하면 ..... 그 사람을 ..... CEO로 하든 CFO로 하든 안전경영책임자로 하든 그것은 그 회사가 택할 문제고 결국 그 회사의 안전에 관해서 최고책임을 지고 있는 사람을 처벌하면 되지 않느냐, 저는 그렇게 생각합니다.
  ○ 유상범위원 이게 중앙부처로 가면 어떻게 되느냐 하면, ... 장관이 모든 걸 통할하지 못하니까 1차관에게 인사·기획을 맡길 수 있고 2차관한테 또 안전을 맡긴다고 칩시다. 그러면 여기서 최고책임자는 2차관이 되는 거예요. 그런데 ..... 2차관도 책임지고 장관도 책임지라. 그러면 이게 책임주의의 기본원리와 조직에서 갖고 있는 구성 원리가 있고 각자가 전결에 따른 업무가 있는데 그걸 다 무시하고 그냥 무조건 장관한테 책임져라 하는 얘기가 된단 말이지요.

2. 중앙행정기관의 장, 지방자치단체의 장, 「지방공기업법」에 따른 지방공기업의 장, 「공공기관의 운영에 관한 법률」 제4조부터 제6조까지의 규정에 따라 지정된 공공기관의 장

가. 중앙행정기관의 장

중앙행정기관408)은 「정부조직법」과 같은 법 제2조 각 호의 법률에 따르지 아니하고는 설치할 수 없는바(「정부조직법」 제2조제2항), 중앙행정기관의 장은 「정부조직법」에 따라 설치된 부·처·청과 방송통신위원회, 공정거래위원회, 국민권익위원회, 금융위원회, 개인정보 보호위원회, 원자력안전위원회, 우주항공청, 행정중심복합도시건설청, 새만금개발청의 장을 의미한다.

〈중앙행정기관 현황〉

정부조직법에 따라 설치된 부·처·청			정부조직법 제2조 각호의 행정기관(9개)
부(19개)	처(4개)	청(17개)	
기획재정부	대통령경호처	국세청	방송통신위원회
교육부	인사혁신처	관세청	공정거래위원회
과학기술정보통신부	법제처	조달청	국민권익위원회
외교부	식품의약품안전처	통계청	금융위원회
통일부		재외동포청	개인정보 보호위원회
법무부		검찰청	원자력안전위원회
국방부		병무청	우주항공청
행정안전부		방위사업청	행정중심복합도시건설청
국가보훈부		경찰청	새만금개발청

---

408) 「행정기관의 조직과 정원에 관한 통칙」 제2조(정의) 이 영에서 사용되는 용어의 정의는 다음과 같다.
　　1. "중앙행정기관"이라 함은 국가의 행정사무를 담당하기 위하여 설치된 행정기관으로서 그 관할권의 범위가 전국에 미치는 행정기관을 말한다. 다만, 그 관할권의 범위가 전국에 미치더라도 다른 행정기관에 부속하여 이를 지원하는 행정기관은 제외한다.

문화체육관광부		소방청
농림축산식품부		국가유산청
산업통상자원부		농촌진흥청
보건복지부		산림청
환경부		특허청
고용노동부		질병관리청
여성가족부		기상청
국토교통부		해양경찰청
해양수산부		
중소벤처기업부		

한편, 법 제2조제9호나목에서 '행정기관'이 아닌 '중앙행정기관'이라고 규정한 이상 정부 내의 행정기관이 아니거나, 사업주에 대한 처분 등 행정행위가 아닌 사무를 처리하는 헌법기관 및 「정부조직법」상의 중앙행정기관이 아닌 국가기관까지 모두 법 적용대상에 포함된다고 그 의미를 폭넓게 해석하는 것은 부당하다는 의견이 있다. 이 견해에서는 '중앙행정기관'이 「개인정보 보호법」, 「재난 및 안전관리 기본법」 등 여러 법률에서 공통적으로 사용되고 있는 문언으로 이들 법률에서의 중앙행정기관은 모두 「정부조직법」에 따른 중앙행정기관으로 해석된다는 측면에서도, 중대재해처벌법 제2조제9호나목의 중앙행정기관은 「정부조직법」의 규정에 따라 엄격하게 해석함이 죄형법정주의에 어긋나지 않는 정당한 해석이라고 한다.[409]

이와 관련하여, 고용노동부는 공공부문의 경영책임자와 관련하여 「정부조직법」에서 중앙행정기관으로 규정하지 않은 국회, 법원, 헌법재판소, 감사원, 선거관리위원회 등 헌법기관과 그 밖의 기관에 대하여 중대재해처벌법 제2조제9호가목에 따라 경영책임자를 판단하여야 한다고 설명한다.[410]

생각건대, 법 제2조제9호가목의 적용을 받는 법인 또는 기관의 경우 CSO를 두고

---

409) 송인택 외, 앞의 책, 166면.
410) 고용노동부, 『중대재해처벌법 해설 - 중대산업재해』, 2021.11., 27면 참조.

그에게 안전보건에 관한 최종적인 결정권을 부여하는 경우에는 CSO가 경영책임자의 책임을 지는데, 고용노동부의 해석에 따르게 되면 중앙행정기관과 달리 중앙행정기관이 아닌 국가기관은 CSO에게 경영책임자의 책임을 부여할 수 있게 되어 중앙행정기관의 장과 그 밖의 국가기관의 장을 합리적인 이유 없이 달리 취급하게 되는 결과도 발생한다. 따라서, 의무위반에 대하여 무거운 형벌을 부과하는 중대재해처벌법의 적용대상 중 그 적용이 불명확한 대상에 대하여 해석론에 의존하기보다는 적용이 필요한 대상을 법률에 명시하는 입법론이 필요할 것으로 보인다.

나. 지방자치단체의 장 등

지방자치단체의 장은 「지방자치법」 제2조제1항에 따른 특별시, 광역시, 특별자치시, 도, 특별자치도와 시, 군, 구의 장을 의미하고, 「지방공기업법」에 따른 지방공기업의 장은 같은 법 제2장부터 제4장에서 규정하는 "지방직영기업" "지방공사" 및 "지방공단"의 장을 말한다. 법인으로 설립되는 지방공사 및 지방공기업과 달리 지방직영기업은 지방자치단체가 직접 사업수행을 위해 일반회계와 구분된 독립적 회계인 공기업특별회계를 설치하여 운영하는 형태로 사업마다 1인의 관리자를 두고 있다.[411] 법 제2조제9호나목은 지방자치단체의 장과 별개로 지방공기업의 장을 경영책임자등으로 규정하고 있는바, 지방직영기업의 경우 관리자가 경영책임자등에 해당할 것으로 보인다.[412] 그리고 기획재정부장관은 「공공기관의 운영에 관한 법률」에 따라 매년 공공기관을 지정하는데, 2024년 1월 31일 지정된 327개 기관의 장이 법 제2조제9호나

---

411) 「지방공기업법」 제2조(적용 범위) ① 이 법은 다음 각 호의 어느 하나에 해당하는 사업(그에 부대되는 사업을 포함한다. 이하 같다) 중 제5조에 따라 지방자치단체가 직접 설치·경영하는 사업으로서 대통령령으로 정하는 기준 이상의 사업(이하 "지방직영기업"이라 한다)과 제3장 및 제4장에 따라 설립된 지방공사와 지방공단이 경영하는 사업에 대하여 각각 적용한다.
제7조(관리자) ① 지방자치단체는 지방직영기업의 업무를 관리·집행하게 하기 위하여 사업마다 관리자를 둔다. 다만, 조례로 정하는 바에 따라 성질이 같거나 유사한 둘 이상의 사업에 대하여는 관리자를 1명만 둘 수 있다.
② 관리자는 대통령령으로 정하는 바에 따라 해당 지방자치단체의 공무원으로서 지방직영기업의 경영에 관하여 지식과 경험이 풍부한 사람 중에서 지방자치단체의 장이 임명하며, 임기제로 할 수 있다.
412) 정현희(2022.7.8.), 앞의 글, 46면 참조.

목의 공공기관의 장에 해당한다.

III. 추가 검토사항

1. 공동대표이사

「상법」 제389조제2항은 대외 관계에서 수인의 대표이사가 공동으로만 대표권을 행사할 수 있게 하는 공동대표제도를 두고 있는데,[413] 이와 같이 사업을 대표하고 사업을 총괄하는 권한과 책임이 있는 사람이 2명 이상인 공동대표제도를 채택한 회사의 경우에는 기본적으로 공동대표이사 모두를 경영책임자로 보아야 할 것이다.[414]

그런데, 공동대표이사 중 1인이 그 대표권의 행사를 특정사항에 관하여 개별적으로 다른 공동대표이사에게 위임할 수 있으므로,[415] 회사 내에서의 ①직무, ②책임과 권한, ③기업의 의사결정 구조 등을 종합적으로 고려하여 누가 해당 사업에서 최종적인 대외적 대표권 및 대내적 사업총괄 권한을 가지고 있는지를 판단하여야 할 것이다.[416]

2. 각자대표이사

「상법」 제207조는 각자대표이사에 대하여 규정하고 있는데,[417] 복수의 대표이사가 각자대표이사로 선임되어 있는 회사의 경우 안전보건에 관한 최종적인 책임과 권한을 보유하고 실제로 최종적인 의사결정을 한 대표이사가 경영책임자로 인정될 것이다.[418]

---

413) 「상법」 제389조(대표이사) ① 회사는 이사회의 결의로 회사를 대표할 이사를 선정하여야 한다. 그러나 정관으로 주주총회에서 이를 선정할 것을 정할 수 있다.
  ② 전항의 경우에는 수인의 대표이사가 공동으로 회사를 대표할 것을 정할 수 있다.

414) 고용노동부(2021), 앞의 책, 24면 참조.

415) 대법원 1989. 5. 23. 선고 89다카3677 판결.

416) 김·장법률사무소 중대재해대응팀, 앞의 책, 22~23면 참조.

417) 「상법」 제207조(회사대표) 정관으로 업무집행사원을 정하지 아니한 때에는 각 사원은 회사를 대표한다. 수인의 업무집행사원을 정한 경우에 각 업무집행사원은 회사를 대표한다. 그러나 정관 또는 총사원의 동의로 업무집행사원중 특히 회사를 대표할 자를 정할 수 있다.

중대재해처벌법 제2호 판결의 대상 기업인 H제강은 각자 대표이사 체제를 갖추고 있었는데, 검찰은 대표이사 중 생산, 안전 등을 총괄하는 대표이사 1인만을 중대재해처벌법 위반으로 기소하였고, 법원은 해당 대표이사만을 중대재해처벌법 처벌대상으로 판결하였다.[419]

3. 복수의 사업 부문

하나의 법인에 두 개 이상의 사업 부문이 있고, 각각의 사업 부문을 대표하고 총괄하는 권한과 책임이 있는 자가 따로 존재할 수 있다. 이때 각 사업 부문이 독립성을 가지고 분리되어 있어 별개의 사업으로 평가될 수 있는 경우에는 각 사업을 대표하고 총괄하는 권한과 책임이 있는 사람이 각자 해당 사업 부문의 경영책임자에 해당할 수 있다.[420]

그리고 복수의 사업 부문에 대표가 있으면서, 나아가 법인을 대표하고 사업 전체를 총괄하는 대표가 별도로 존재하는 경우를 상정할 수 있다. 이때에도 하나의 회사를 전제하므로 사업 부문의 대표가 등기부상 대표이사를 의미하지는 않는데, 사업 부문별 대표가 각 사업 부문의 조직, 인력, 예산 등 경영의 독립성을 가지고 별개의 사업으로서 운영되는 경우에는 원칙적으로 각 사업 부문별 대표가 경영책임자에 해당할 수 있다. 반면, 여러 사업 부문들을 총괄하는 차원에서 해당 사업 부문의 중요한 의사결정을 총괄대표가 하거나 부문별 대표와 공동으로 하는 경우에는 법인 내에서의 직위나 직무, 해당 사업 부문에서의 실질적인 권한 행사 등 기업의 의사결정 구조 등을 종합적으로 고려하여 사업을 총괄하는 대표가 경영책임자에 해당하는지 판단하여야 한다고 본다.[421]

---

418) 김·장법률사무소 중대재해대응팀, 앞의 책, 23면 참조.
419) 안범진 외 6인, 중대재해처벌법 위반 실형(징역 1년) 선고, Yulchon Legal Update, 2023.4., 3면 참조.
420) 고용노동부(2021), 앞의 책, 24면.
421) 정현희, 『중대재해 처벌 등에 관한 법률의 재판 실무상 쟁점』, 사법정책연구원, 2022, 43~44면.

4. 특수목적법인과 외국인투자법인

특수목적법인(SPC: Special Purpose Company)은 특정한 목적을 달성하기 위해 만든 일회성 법인으로, 여러 회사가 대규모 투자사업을 수행하기 위해 컨소시엄을 이룬 형식이 많다. 이 경우 전술한 공동대표이사 및 각자대표이사 법리를 원용할 수 있다고 본다. 즉, SPC가 독립성을 가지고 2명 이상인 공동대표이사를 둔 경우 그 대표이사 모두 경영책임자가 된다고 본다. 반면에 SPC가 독립성을 가지지 않은 협의체인 경우 안전보건에 관한 최종적인 책임과 권한을 보유한 대표가 경영책임자가 될 것으로 보이며, 그러한 대표가 없다면 협의체를 구성하는 각 회사의 대표들이 경영책임자로 인정될 수 있다.

외국인투자법인 중 등기부등본상 대표이사는 외국인으로 외국 본사에 근무하고, 한국 내 대표(GM: General Manager)의 역할은 국내에 거주하는 한국인이 담당하는 경우가 있다. 이때 한국인 GM이 한국 내 업무를 총괄하면서 안전·보건에 관한 기본방침, 인사, 조직, 예산 등을 결정한다면 그 한국인 GM이 경영책임자로 평가될 수 있다. 반면 외국인 대표이사가 외국에 있으면서도 한국 내 안전·보건에 관하여 중요한 최종적 결정을 한다면 그가 경영책임자로서 의무와 책임을 부담할 것으로 본다.[422]

5. 모자회사 관계

「상법」제342조의2제1항[423])에 따르면 A회사가 B회사 발행주식총수의 50%를 초과하는 주식을 가지고 있는 경우 A회사를 모회사, B회사를 자회사라고 한다. 이러한 모

---

422) 김·장법률사무소 중대재해대응팀, 앞의 책, 29면.
423) 「상법」제342조의2(자회사에 의한 모회사주식의 취득) ① 다른 회사의 발행주식의 총수의 100분의 50을 초과하는 주식을 가진 회사(이하 "母會社"라 한다)의 주식은 다음의 경우를 제외하고는 그 다른 회사(이하 "子會社"라 한다)가 이를 취득할 수 없다.
　　1. 주식의 포괄적 교환, 주식의 포괄적 이전, 회사의 합병 또는 다른 회사의 영업전부의 양수로 인한 때
　　2. 회사의 권리를 실행함에 있어 그 목적을 달성하기 위하여 필요한 때

자회사 관계는 실질적인 지배와 상관없이 형식적인 법적 소유를 가지고 판단한다.[424] 그런데 중대재해처벌법은 형사처벌의 대상을 경영책임자로 포괄적으로 정의하고 있어 모자회사 관계에서 경영책임자를 어떻게 확정하는지 문제된다.

이와 관련하여, 고용노동부는 형식상의 직위나 명칭에 관계없이 실질적으로 사업을 대표하고 총괄하는 권한과 책임이 있는 사람이 안전·보건 확보의무 이행에 관한 최종적인 의사결정권을 가진다고 볼 수 있을 경우 그가 경영책임자에 해당할 수 있다고 설명하였다.[425] 특히, 안전·보건과 관련한 예산, 인력, 정책 등에 대한 구체적인 의사결정을 하는 등 모회사가 자회사의 사업에 관한 유해·위험요인을 통제하는 것으로 평가되는 경우 자회사를 실질적으로 지배·운영·관리하는 사람이 모회사의 대표이사로 인정될 가능성이 크다.[426] 그리고 이런 경우에는 자회사의 안전·보건 확보의무 불이행에 대해 모회사의 대표이사가 경영책임자로서 책임을 질 수 있다.

6. 공동수급체 구성원

국가 또는 지방자치단체가 발주하는 대형 건설공사에서 하나의 건설업체가 전체의 공사를 담당하기 어려운 경우 공사수행능력을 상호보완하거나 공사에 따른 리스크를 분산하기 위하여 여러 업체가 공동으로 수급체를 구성하는 경우가 많다.[427] 이렇게 공동수급체를 구성하여 건설공사를 하는 경우 실무상 어느 업체의 경영책임자가 안전보건 확보의무를 부담하는지, 안전보건 확보의무 불이행으로 중대재해가 발생한 경우 누가 처벌을 받는지가 문제될 수 있다.

공동수급체는 「국가를 당사자로 하는 계약에 관한 법률」 제25조(지방자치단체의 경

---

424) 송옥렬, 『상법강의』, 홍문사, 2021, 880면.
425) 고용노동부(2021), 앞의 책, 23면.
426) 문지현, 「자회사에서 발생한 중대재해 … 모회사 책임은?」, 『중대재해대응 핵심 이슈 72선』, 대한경제, 2023, 185면.
427) 공동수급체는 영미법의 합작법인(joint venture)을 도입한 것이고, 대규모 공사에서 합작법인이 이용된 것은 1930년 미국 Hoover 댐 공사(The Boulder Canyon Project)가 최초라고 보는 것이 일반적인 견해이다(이춘원, 「공동수급체의 법적 성격에 관한 일 고찰」, 『비교사법』 제21권 제3호, 2014, 1186면 참조).

우 「지방자치단체를 당사자로 하는 계약에 관한 법률」 제29조)에 따른 공동계약에 근거하여 결성하는데,[428] 공동수급체가 체결하는 공동계약의 유형으로 공동이행방식, 분담이행방식, 주계약자관리방식의 세 가지가 기획재정부의 계약예규인 「공동계약운용요령」에 규정되어 있다. 건설공사의 공동도급계약에 대하여는 「건설공사 공동도급운영규정」에서 규정하고 있는데, 동 규정에서도 동일하게 세 가지의 공동도급의 유형을 규정하고 있는바, 아래에서는 그 유형별로 검토한다.

첫째, 공동이행방식은 건설공사 계약이행에 필요한 자금과 인력 등을 공동수급체의 구성원이 공동으로 출자하거나 파견하여 건설공사를 수행하고 이에 따른 이익 또는 손실을 각 구성원의 출자비율에 따라 배당하거나 분담하는 공동도급계약 방식이다(「건설공사 공동도급운영규정」 제3조제1호). 공동이행방식에서는 공동수급체의 구성원 모두가 공동으로 의사결정 및 업무집행을 하여 건설공사를 공동이행하므로 구성원 모두의 경영책임자가 중대재해처벌법상의 책임을 부담한다고 볼 것이다.[429] 다만, 공동이행방식이라도 구성원 1인이 시공을 일괄하여 담당하고 다른 구성원들은 자본만 투입하는 위임시공방식의 경우 시공을 일괄담당한 구성원의 경영책임자가 안전보건

---

428) 「국가를 당사자로 하는 계약에 관한 법률」 제25조(공동계약) ① 각 중앙관서의 장 또는 계약담당공무원은 공사계약·제조계약 또는 그 밖의 계약에서 필요하다고 인정하면 계약상대자를 둘 이상으로 하는 공동계약을 체결할 수 있다.
② 제1항에 따라 계약서를 작성하는 경우에는 그 담당 공무원과 계약상대자 모두가 계약서에 기명하고 날인하거나 서명함으로써 계약이 확정된다.
「지방자치단체를 당사자로 하는 계약에 관한 법률」 제29조(공동계약) ① 지방자치단체의 장 또는 계약담당자는 필요하다고 인정하면 계약상대자를 2명 이상으로 하는 공동계약을 체결할 수 있다.
② 지방자치단체의 장 또는 계약담당자는 제1항에 따른 공동계약의 경우 입찰 참가자격으로 지역을 제한하지 아니하는 입찰로서 건설업 등의 균형발전을 위하여 필요하다고 인정할 때에는 공사현장을 관할하는 특별시·광역시·특별자치시·도 및 특별자치도에 법인등기부상 본점 소재지가 있는 자 중 1인 이상을 공동수급체의 구성원으로 하여야 한다. 다만, 제5조에 따라 국제입찰에 의하는 경우로서 외국건설업자(「건설산업기본법」 제9조에 따라 건설업의 등록을 한 외국인 또는 외국법인을 말한다)가 계약상대자에 포함된 경우는 제외한다.
③ 제2항에도 불구하고 공사현장을 관할하는 해당 지역에 공사의 이행에 필요한 자격을 갖춘 자가 10인 미만인 경우에는 그러하지 아니하다.
④ 제1항에 따라 공동계약을 체결하는 경우에는 해당 지방자치단체의 장 또는 계약담당자와 계약상대자 모두가 계약서에 기명·날인하거나 서명함으로써 계약이 확정된다.
⑤ 공동계약의 체결방법 등 공동계약에 필요한 사항은 대통령령으로 정한다.
429) 고용노동부, 『중대재해처벌법 중대산업재해 질의회시집』, 2023.5., 170면 참조.

확보의무를 담당한다고 보아야 할 것이다.430)

둘째, 분담이행방식은 건설공사를 공동수급체 구성원별로 분담하여 수행하는 방식으로 (「건설공사 공동도급운영규정」 제3조제2호), 토목공사에서 공사구간을 나누어 진행하거나, 건설공사에서 공종을 나누어 시행하는 경우 등에 활용된다.431) 분담이행방식에서는 공동수급체 구성원은 각자 분담한 공사만을 시공하고 현장소장도 각자 별도로 두고 있으므로 분담한 공사에 한정하여 중대재해처벌법상 책임을 부담한다고 볼 것이다.432) 대법원은 공동수급인이 舊「공동도급계약운용요령」에 의하여 분담이행방식의 공동계약을 체결한 경우의 지체상금 납부의무자에 관한 판결에서 '공사의 성질상 어느 구성원의 분담 부분 공사가 지체됨으로써 타 구성원의 분담 부분 공사도 지체될 수밖에 없는 경우라도, 특별한 사정이 없는 한, 공사 지체를 직접 야기한 구성원만 분담 부분에 한하여 지체상금의 납부의무를 부담한다'고 판시한 바 있다.433)

그러나 구체적인 사안에서는 이와 달리 판단되는 경우도 있을 것이다. 예를 들어, 건물신축공사를 건축공사업자와 소방시설업자가 분담이행방식으로 공동수급한 경우로서 소방공사 시공과정에서 중대재해가 발생한 경우, 현장에서 소방공사가 차지하는 비율이 낮고 건축공사업자가 공사현장을 실질적으로 지배·운영·관리하고 있는 것으로 볼 여지가 있다면 소방공사업자뿐만 아니라 건축공사업자의 경영책임자도 처벌될 수 있을 것이다.434)

셋째, 주계약자관리방식은 공동수급체 구성원 중 주계약자를 선정하고, 주계약자가 전체건설공사의 수행에 관하여 종합적인 계획·관리 및 조정을 하는 공동도급계약 방식이다(「건설공사 공동도급운영규정」 제3조제3호). 「건설공사 공동도급운영규정」 제9조제3호에 따르면, 주계약자는 자신이 분담한 부분에 대하여 계약·안전·품질 이행 책

---

430) 김성근, 「공동도급의 중대재해처벌법상 경영책임자는?」, 『중대재해대응 핵심이슈 72선』, 대한경제, 2023, 99면 참조.
431) 정홍식, 「해외건설프로젝트에서 시공자들의 건설공동수급체」, 『국제거래법연구』 제23권 제1호, 2014, 89면 참조.
432) 고용노동부, 『중대재해처벌법 중대산업재해 질의회시집』, 2023.5., 171면 참조.
433) 대법원 1998. 10. 2. 선고 98다33888 판결.
434) 김성근, 「공동도급의 중대재해처벌법상 경영책임자는?」, 『중대재해대응 핵심이슈 72선』, 대한경제, 2023, 100면 참조.

임을 지는 외에 다른 구성원의 계약·안전·품질 이행 책임에 대하여도 연대책임을 지고, 그 밖의 구성원은 자신이 분담한 부분에 대하여만 해당 책임을 진다.[435] 따라서, 주계약자의 경영책임자는 공사 전체에 대하여 중대재해처벌법상의 책임을 부담하고, 그 밖의 구성원의 경영책임자는 분담한 부분에 대하여만 중대재해처벌법상의 책임을 부담한다고 보아야 할 것이다.

7. 학교

학교에서 종사자가 사망하는 등 중대산업재해가 발생한 경우에 중대재해처벌법이 적용될 수 있는데, 이때 학교의 경영책임자가 누구인지 문제된다. 앞서 살펴본 바와 같이 중대재해처벌법은 중대시민재해의 적용 대상인 공중이용시설에서 '교육시설'을 제외하고 있으므로[436] 실질적으로 학교에서의 중대재해는 중대산업재해가 문제된다.

---

435) 「건설공사 공동도급운영규정」 제9조(계약이행책임) 건설공사를 도급받은 공동수급체 구성원은 제3조에 따른 공동도급계약의 이행방식에 따라 다음 각호와 같이 계약이행 책임을 진다.
    1. 공동이행방식으로 건설공사를 도급받은 공동수급체의 구성원은 연대하여 계약이행 및 안전·품질이행의 책임을 진다.
    2. 분담이행방식으로 건설공사를 도급받은 공동수급체의 구성원은 자신이 분담한 부분에 대하여만 계약이행 및 안전·품질이행책임을 진다.
    3. 주계약자관리방식으로 건설공사를 도급받은 공동수급체의 구성원중 주계약자는 자신이 분담한 부분에 대하여 계약이행 및 안전·품질이행책임을 지는 외에 다른 구성원의 계약이행 및 안전·품질이행책임에 대하여도 연대책임을 지고, 주계약자 이외의 구성원은 자신이 분담한 부분에 대하여만 계약이행 및 안전·품질이행 책임을 진다. 다만, 주계약자가 탈퇴한 후 제7조제4항에 따른 주계약자의 계약이행 및 안전·품질이행의무 대행이 이루어지지 않은 경우에는 주계약자 이외의 구성원은 자신의 분담부분에 대하여도 계약이행 및 안전·품질이행이 이루어지지 아니하는 것으로 본다.
436) 「중대재해 처벌 등에 관한 법률」 제2조(정의) 이 법에서 사용하는 용어의 뜻은 다음과 같다.
    4. "공중이용시설"이란 다음 각 목의 시설 중 시설의 규모나 면적 등을 고려하여 대통령령으로 정하는 시설을 말한다. 다만, 「소상공인 보호 및 지원에 관한 법률」 제2조에 따른 소상공인의 사업 또는 사업장 및 이에 준하는 비영리시설과 「교육시설 등의 안전 및 유지관리 등에 관한 법률」 제2조제1호에 따른 교육시설은 제외한다.
    「교육시설 등의 안전 및 유지관리 등에 관한 법률」 제2조(정의) 이 법에서 사용하는 용어의 뜻은 다음과 같다.
    1. "교육시설"이란 다음 각 목의 어느 하나에 해당하는 학교 등의 시설 및 설비를 말한다.
      가. 「유아교육법」 제2조제2호에 따른 유치원
      나. 「초·중등교육법」 제2조에 따른 학교

먼저, 학교의 종류를 살펴보면, 「교육기본법」에서는 학교교육을 유아교육,[437] 초등교육, 중등교육 및 고등교육으로 분류하고 있으며(법 제9조제1항)[438], 해당 교육은 각각 「유아교육법」, 「초·중등교육법」 및 「고등교육법」에서 구체적으로 규율하고 있다. 각각의 단계별로 법률에서 규정하고 있는 구체적인 교육기관의 종류는 다음 표와 같다.

〈단계별 학교의 구분〉

구분	근거 법률	종류
유아교육	「유아교육법」 제2조	유치원
초·중등교육	「초·중등교육법」 제2조	초등학교, 중학교·고등공민학교, 고등학교·고등기술학교, 특수학교, 각종학교
고등교육	「고등교육법」 제2조	대학, 산업대학, 교육대학, 전문대학, 원격대학(방송대학·통신대학·방송통신대학 및 사이버대학), 기술대학, 각종학교

또한, 학교는 설립주체에 따라 국립학교, 공립학교 및 사립학교로 구분될 수 있는데, 국가가 설립·경영하는 학교는 국립학교, 지방자치단체가 설립·경영하는 학교는 공립학교이며, 법인이나 개인이 설립·경영하는 학교는 사립학교에 해당한다. 각 법률에서 규정하고 있는 설립주체별 학교의 구체적인 개념은 다음 표와 같다.

다. 「고등교육법」 제2조에 따른 학교
라. 「평생교육법」 제31조제2항 및 제4항에 따른 학력·학위가 인정되는 평생교육시설
마. 다른 법률에 따라 설치된 각급 학교(국방·치안 등의 사유로 정보공시가 어렵다고 대통령령으로 정하는 학교는 제외한다)
바. 그 밖에 대통령령으로 정하는 교육관련 시설
437) 유아란 만 3세부터 초등학교 취학 전까지의 어린이를 말한다(「유아교육법」 제2조제1호).
438) 「교육기본법」 제9조(학교교육) ① 유아교육·초등교육·중등교육 및 고등교육을 하기 위하여 학교를 둔다.

<h3 style="text-align:center">〈설립주체별 학교의 구분〉</h3>

법률	국립학교 · 유치원	공립학교 · 유치원	사립학교 · 유치원
유아 교육법	국가가 설립 · 경영하는 유치원	지방자치단체가 설립 · 경영하는 유치원	법인 또는 사인(私人)이 설립 · 경영하는 유치원
초 · 중등 교육법	국가가 설립 · 경영하는 학교 또는 국립대학법인이 부설하여 경영하는 학교	지방자치단체가 설립 · 경영하는 학교	법인이나 개인이 설립 · 경영하는 학교(국립대학법인이 부설하여 경영하는 학교는 제외)
고등 교육법	국가가 설립 · 경영하거나 국가가 국립대학법인으로 설립하는 학교	지방자치단체가 설립 · 경영하는 학교	학교법인이 설립 · 경영하는 학교

학교의 경영책임자가 누구인지에 대하여 고용노동부는 다음과 같이 구분하여 판단하고 있다.[439] 먼저 국립학교를 살펴보면, 국가가 설립 · 경영하는 국립대학이나 개별 법률에 따라 법인으로 설립된 국립대학법인(서울대학교, 인천대학교)은 해당 학교의 총장이 경영책임자에 해당하고, 그 밖의 국립 초 · 중 · 고등학교는 각 중앙행정기관의 장이 경영책임자에 해당한다고 보고 있다. 이는 국립대학의 경우 「국립대학의 회계 설치 및 재정 운영에 관한 법률」에 따라 그 운영경비가 총액으로 지원되어 국립대학의 업무적 독자성이 크기 때문이다.[440] 예를 들어 국립국악고등학교의 경우에는 문화체육관광부장관, 교육부가 설치한 선진학교나 한국우진학교는 교육부장관이 경영책임자가 된다고 해석하고 있다.

나아가 「지방교육자치에 관한 법률」에 따르면, 지방자치단체의 교육에 관한 사무는 그 집행기관이 교육감이므로(법 제18조) 공립학교에서는 교육감이 경영책임자에 해당하며, 사립학교에서는 「사립학교법」에 따라 학교법인을 대표하고 학교법인 내부의 사무를 총괄하는 이사장(법 제19조)이 경영책임자에 해당한다고 보고 있다.

다만, 위와 같은 고용노동부의 해석에 대하여는 비판적인 의견도 있는바, 예를 들

---

439) 고용노동부, 『중대재해처벌법 해설 - 중대산업재해』, 2021.11., 28~30면 참조.
440) 정진우 외, 『중대재해처벌법의 학교 적용 연구』, 성신여자대학교 학교안전연구소, 2021, 47면 참조.

어 국가가 설립·경영하는 국립학교의 경영책임자는 교육부장관이거나 혹은 중대재해처벌법을 적용할 수 없다는 견해,[441] 국립대학과 공립대학을 달리 볼 별다른 사유가 없다는 견해[442] 등이 제기되고 있다.

아직까지 학교교육에서의 중대재해로 인하여 선고된 판결은 없고(2024년 10월 기준), 나아가 중대재해처벌법의 책임주체인 경영책임자등에는 "사업을 대표하고 사업을 총괄하는 권한과 책임이 있는 사람" 외에 "이에 준하여 안전보건에 관한 업무를 담당하는 사람"도 포함되므로 실제로 중대재해처벌법이 적용되는 경영책임자등의 범위는 개별 사건에서 구체적으로 판단될 것으로 생각된다. 예컨대, 관련 연구를 살펴보면, 학교에서 경영책임자등의 범위에 대하여 기본적으로 고용노동부의 위 해석에 따르면서도 "이에 준하여 안전보건에 관한 업무를 담당하는 사람"의 범위를 국립대학의 경우에는 부총장, 공립학교의 경우에는 부교육감, 사립대학·사립초중고등학교·유치원에서는 각각 총장, 학교장, 유치원장이 해당한다고 판단한 견해도 있다.[443]

입법정책적 측면에서 보면, 기업 내에서 중대산업재해가 빈발돼 제정된 이 법을 기업과는 다른 학교 분야에 적용함에 있어서는, 학교의 특성을 반영한 하위 법령이나 표준매뉴얼 제정을 통해 의무이행 수준을 구체화할 필요가 있다는 지적[444]을 고려할 필요가 있다.

8. 의료기관

의료기관에서 종사자가 사망하는 등 중대재해가 발생한 경우에 중대재해처벌법이 적용될 수 있는데, 이때 의료기관의 경영책임자가 누구인지 문제된다. 의료기관 중 연면적 2천제곱미터 이상이거나 병상 수 100개 이상인 의료기관은 중대재해처벌법이 적용되는 '공중이용시설'에 해당하고(시행령 [별표 2] 9호) 그 밖에 원료의 유통, 제조물

---

441) 송인택 외, 앞의 책, 177~178면.
442) 나지원 아주대 법학전문대학원 교수, "[기고] 중대재해처벌법상 대학의 '경영책임자'는 누구인가" 「한국대학신문」, 2022.3.8.
443) 정진우 외, 앞의 책, 46~49면.
444) 나지원, 앞의 글 참조.

의 관리 등이 문제되므로 의료기관에는 중대산업재해 외에 중대시민재해도 문제될 수 있다.

먼저 의료기관의 종류를 살펴보면 「의료법」에서는 의료기관을 "의료인이 공중(公衆) 또는 특정 다수인을 위하여 의료·조산의 업을 하는 곳을 말한다"고 정의하면서 (법 제3조제1항) 그 종류를 ① 의원급 의료기관(의원, 치과의원, 한의원), ② 조산원 및 ③ 병원급 의료기관(병원, 치과병원, 한방병원, 요양병원, 정신병원, 종합병원)으로 구분하고 있다(법 제3조제2항).[445]

나아가 「의료법」은 의료기관을 설립할 수 있는 주체를 한정적으로 규정하고 있는데, 구체적으로는 ① 의사, 치과의사, 한의사 또는 조산사, ② 국가나 지방자치단체, ③ 의료업을 목적으로 설립된 법인(=의료법인), ④ 「민법」이나 특별법에 따라 설립된 비영리법인, ⑤ 「공공기관의 운영에 관한 법률」에 따른 준정부기관, 「지방의료원의 설립 및 운영에 관한 법률」에 따른 지방의료원, 「한국보훈복지의료공단법」에 따른 한국보훈복지의료공단이 있다(법 제33조제2항).[446]

---

445) 「의료법」 제3조(의료기관) ② 의료기관은 다음 각 호와 같이 구분한다.
　　1. 의원급 의료기관: 의사, 치과의사 또는 한의사가 주로 외래환자를 대상으로 각각 그 의료행위를 하는 의료기관으로서 그 종류는 다음 각 목과 같다.
　　　가. 의원
　　　나. 치과의원
　　　다. 한의원
　　2. 조산원: 조산사가 조산과 임산부 및 신생아를 대상으로 보건활동과 교육·상담을 하는 의료기관을 말한다.
　　3. 병원급 의료기관: 의사, 치과의사 또는 한의사가 주로 입원환자를 대상으로 의료행위를 하는 의료기관으로서 그 종류는 다음 각 목과 같다.
　　　가. 병원
　　　나. 치과병원
　　　다. 한방병원
　　　라. 요양병원(「장애인복지법」 제58조제1항제4호에 따른 의료재활시설로서 제3조의2의 요건을 갖춘 의료기관을 포함한다. 이하 같다)
　　　마. 정신병원
　　　바. 종합병원
446) 「의료법」 제33조(개설 등) ② 다음 각 호의 어느 하나에 해당하는 자가 아니면 의료기관을 개설할 수 없다. 이 경우 의사는 종합병원·병원·요양병원·정신병원 또는 의원을, 치과의사는 치과병원 또는 치과의원을, 한의사는 한방병원·요양병원 또는 한의원을, 조산사는 조산원만을 개설할 수 있다.
　　1. 의사, 치과의사, 한의사 또는 조산사

의료기관의 경영책임자가 누구인지에 대하여 살펴보면, 국립대학병원의 경우에는 원칙적으로 해당 대학병원의 원장이 경영책임자에 해당한다. 왜냐하면 국립대학병원은 「국립대학병원 설치법」 또는 「서울대학교병원 설치법」에 근거하여 설치되는데,[447] 동 법률에서는 대학병원에 원장을 두어 대학병원을 대표하고 업무를 총괄하도록 규정하고 있기 때문이다.[448]

나아가 「지방자치법」에 따르면 공공보건의료기관의 설립·운영에 관한 사무는 자치사무이고(법 제13조제2항제2호마목) 그 집행기관은 지방자치단체장이므로 지방자치단체가 설립한 의료기관은 지방자치단체장이 경영책임자에 해당한다고 볼 수 있다.

다만, 경영책임자에 해당하는지 여부는 특정 직위 등을 기준으로 일률적으로 판단할 것이 아니라 사업을 대표하고 총괄하는 권한과 책임이 있는지 또는 이에 준하여 안전보건에 관한 업무를 담당하고 있는지를 기준으로 판단하여야 하는바, 예를 들어 하나의 국립대학병원에 주사무소(본원)와 분사무소(분원)가 있는 경우에는 본원과 분원의 운영형태 및 인사, 예산, 조직운영의 독립성, 각 병원장의 직무, 책임과 권한 및 의사결정구조 등을 종합적으로 검토하여 본원과 분원의 병원장이 각각 경영책임자에 해당한다고 해석되는 경우도 있을 것으로 보인다.[449]

9. 해외사업장

해외사업장에서 발생한 산업재해에 대한 법 적용에 있어서 그동안 기관별 해석이 다소 엇갈리는 측면이 있었다. 고용노동부는 해외사업장의 산업재해와 관련하여 2016

---

2. 국가나 지방자치단체
3. 의료업을 목적으로 설립된 법인(이하 "의료법인"이라 한다)
4. 「민법」이나 특별법에 따라 설립된 비영리법인
5. 「공공기관의 운영에 관한 법률」에 따른 준정부기관, 「지방의료원의 설립 및 운영에 관한 법률」에 따른 지방의료원, 「한국보훈복지의료공단법」에 따른 한국보훈복지의료공단

447) 서울대학교병원은 「서울대학교병원 설치법」에 따라 설치되고, 서울대학교 외의 국립대학병원은 「국립대학병원 설치법」에 따라 설치된다.
448) 고용노동부, 『중대재해처벌법 해설 – 중대산업재해』, 2021.11., 28~30면 참조.
449) 고용노동부, 『중대재해처벌법 중대산업재해 질의회시집』, 2023.5., 84면 참조.

년 질의회신에서 '국제법 관계, 재해조사의 현실적 어려움 등을 종합적으로 고려하여 해외 사업장에서 발생한 재해는 조사 대상에 해당하지 않거나 사실상 곤란하다"고 보았다.450) 즉, 「산업안전보건법」의 해외사업장 적용여부에 관한 사례 – 구체적으로, 베트남 현지법인이 발주한 건설공사에서 소속 근로자가 감전 재해를 입어 발주처와 도급인, 1차 수급인 등을 대상으로 「산업안전보건법」 위반을 이유로 한국에서 고소한 사건 – 에서 고용노동부는 "「산업안전보건법」은 산업재해 예방을 위하여 사업주가 지켜야 할 의무를 규정하는 데 주된 목적이 있다. 사업주의 의무는 대부분 근로자의 작업과 관련된 기계, 기구, 시설, 설비 등에 대한 안전보건조치 사항을 위주로 정하고 있으므로, 「산업안전보건법」 적용 여부를 결정하는 데는 실제 법 위반 행위가 이루어진 장소와 그 장소의 특성 등 작업조건과 관련된 장소적, 시간적, 환경적 요인이 가장 크게 고려되어야 한다. 국제법 질서에 있어 각국의 법령은 해당 국가 내의 모든 사람에게 적용될 수 있을 뿐이고 다른 국가의 영역에서까지 적용될 수 없다는 속지주의 법리가 일반적으로 승인되고 있다는 점, 재해조사가 해외사업장에서는 실제로 진행되기 어려운 현실적인 사정 등을 이유로 법 적용에 어려움이 있다"는 행정해석을 내놓은 바 있다. 반면, 대검찰청은 중대재해처벌법 벌칙 해설을 통해 "외국법에 따라 설립된 국내기업의 해외법인도 국내기업 소속 근로자가 출장·파견을 통해 업무를 수행하고 있고 국내법인 또는 기관이 해당 사업을 실질적으로 지배·운영·관리한다면 해외법인의 사업장이라 하더라도 중대재해처벌법이 적용된다"고 해석하였다.451)

그러나 중대재해처벌법이 제정된 이후 고용노동부의 행정해석에는 변화가 있는 것으로 보인다. 즉, 해외사업장에서 한국인 근로자 또는 외국인 근로자에게 중대산업재해가 발생한 경우 중대재해처벌법이 적용되는지 여부와 관련하여, 중대재해처벌법은 경영책임자의 형사처벌을 규정하고 있고 해외사업장에 대한 법 적용 여부에 관하여 다른 특별한 규정이 없으므로, '내국인의 국외범 처벌원칙'452) 등 형법총칙상 기본원칙에 따라 판단하여야 한다는 입장이다.453) 이에 따라 외국법에 따라 설립된 해외법인에서

---

450) 안전보건정책과 – 2659, 2010.12.7. 질의회신 및 산재예방정책과 – 2380, 2016.7.19. 질의회신 참조.
451) 김희래, "[팩트체크] 해외 사업장 대상 중대재해법 수사 가능할까?", 「매일경제」, 2022.6.2.
452) 「형법」 제3조(내국인의 국외범) 본 법은 대한민국 영역 외에서 죄를 범한 내국인에게 적용한다.
453) 고용노동부 행정해석, 중대산업재해감독과 – 2453, 2022.6.23. 참조.

국내법인 소속 근로자가 파견 또는 출장으로 업무를 수행하는 경우, 국내법인이 해당 사업 또는 사업장을 실질적으로 지배·운영·관리한다면 국내법인의 경영책임자에 대해 중대재해처벌법이 적용되며, 외국법에 따라 설립된 해외법인은 국가 간 조약 등에 의해 속인주의(屬人主義)를 인정하는 특별한 규정이 없는 한 국내법이 적용되지 않으므로, 해외법인이 내국인을 고용했을 때는 중대재해처벌법이 적용되지 않는다.[454]

생각건대, 「산업안전보건법」이 해외사업장에는 적용되지 않았던 것과 달리 해외사업장에서 사망사고가 발생할 경우 중대재해처벌법이 적용될 수 있는지에 대해 명확한 규정과 사례가 형성되지 않아 이를 단정하기에는 어려움이 있으나, 우리나라의 처벌법규는 한국인이 해외에서 일으킨 범죄에 대해서도 처벌할 수 있는 속인주의를 채택하고 있기 때문에 중대재해처벌법이 속인주의의 예외를 별도로 두지 않는 한 원칙적으로 적용될 여지가 있다고 하겠다. 특히, 중대재해처벌법은 안전보건 확보의무를 규정하고 있어 안전보건 조치의무를 규정하고 있는 「산업안전보건법」과는 달리 해외에서의 중대재해에 대하여도 그 의무위반에 대하여 해외사업장의 본사에 대한 보고 체계와 자료 등을 본사를 통해 확인하는 방법으로 조사할 수 있으므로,[455][456] 수사가 이루어질 수 있을 것으로 보인다. 다만, 형사 구성요건 중 주요 쟁점인 안전보건 확보의무를 불이행한 것과 의무 불이행으로 중대재해 결과가 발생하였다는 명확한 인과관계가 입증되어야 하는데, 해외에서 발생한 사고는 실제 증거수집 등의 수사를 진행하는 어려움이 있어 일정 한계가 예상된다.[457]

---

454) 고용노동부, 앞의 해석 참조.
455) 유병수, 「해외 사업장 중대재해 발생 시 법 적용은 어떻게 될까?」, 『중대재해대응 핵심 이슈 72선』, 대한경제, 2023, 109~110면.
456) 김·장법률사무소 중대재해대응팀, 앞의 책, 309면 참조.
457) 최영진, 「중대재해기업처벌법 시행에 따른 해외 사업장 적용가능성 및 우리 기업의 대응방향」, Kotra 호치민무역관, 2022.6.13. 참조.

제2장 중대산업재해

제3조 적용범위

> **법 제3조(적용범위)** 상시 근로자가 5명 미만인 사업 또는 사업장의 사업주(개인사업주에 한정한다. 이하 같다) 또는 경영책임자등에게는 이 장의 규정을 적용하지 아니한다.

I. 입법경과

1. 입법취지

법 제3조는 상시 근로자가 5명 미만인 사업 또는 사업장의 사업주 또는 경영책임자등에는 '제2장 중대산업재해'의 규정(즉, 법 제4조부터 제8조까지)을 적용하지 않도록 하고 있다. 이는 근로자의 수가 적은 소상공인의 부담을 경감하기 위한 것이다.

『2020년도 산업재해 현황분석』에 따르면 2020년 기준 전체 사업장 약 272만 개소 중 5명 미만 사업장 수는 약 200만 개소로 73.6%를 차지하고 있었고, 근로자 수는 전체 약 1,897만 명의 근로자 중 약 300만 명의 근로자가 근무하여 15.8%를 차지하고 있었으며, 사망재해 통계를 보면 5명 미만 사업장의 사망자 수는 500명으로 전체 사망자 2,062명 중 24.3%(사망만인율은 1.66)를 차지하고 있었다. 이와 같이 5명 미만 사업장은 사업장 수와 근로자 수 및 사망자 수 모두 전체 표본 단위 중 가장 높은 수준이었다.

<사업장 규모별 사망재해 현황>

(단위: 개소, 명, ‰)

구분	총계	5인 미만	5~9인	10~ 19인	20~ 29인	30~ 49인	50~ 99인	100~ 299인	300~ 499인	500~ 999인	1,000인 이상
사업 장수	2,719, 308	2,001, 222	362,138	193,785	65,750	47,506	29,076	15,714	2,298	1,231	588
근로 자수	18,974, 513	3,005, 960	2,354, 605	2,577, 249	1,561, 488	1,779, 557	1,979, 709	2,523, 122	867,851	840,249	1,484, 723
사망 자수	2,062 (100.0%)	500 (24.3%)	228 (11%)	248 (12%)	146 (7%)	181 (8.8%)	160 (7.8%)	260 (12.6%)	93 (4.5%)	162 (7.9%)	84 (4.1%)
사망만 인율	1.09	1.66	0.97	0.96	0.94	1.02	0.81	1.03	1.07	1.93	0.57

* 자료: 고용노동부, 『2020년도 산업재해 현황분석』, 2021.12.
　주: 사망만인율이란 근로자 10,000명당 발생하는 사망자 수의 비율임

2. 입법과정

이 법 제정 당시 발의된 5개 법률안에는 상시 근로자 5명 미만의 사업 또는 사업장에 대한 적용 배제 조항은 규정되어 있지 않았다. 그러나 중대재해처벌법의 제정 논의 과정에서 법제사법위원회 법안심사제1소위원회는 상시 근로자 5명 미만의 사업 또는 사업장 배제 규정을 입법정책적으로 신설하였다.[458]

---

458) 2021년 1월 6일 법사위 제1소위 회의록 31~40면 중 아래 논의 참조.
- 　○ 김남국위원 중대기업처벌법이라고 하는 것이 ..... 큰 기업에서 발생하는 여러 가지 재난이나 재해라고 할 수 있는 정도의 그런 어떤 사고를 미리 예방하고자 하는 측면이 있다고 한다면 영세한 사업장에서 발생하는 ..... 5인 미만의 사고까지 가중해서 처벌하는 것이 과연 합당할지 (생략)
- 　○ 김도읍위원 5인 미만 사업장이라도 사업주의 업무상과실이 인정되면 업무상과실치사상죄 인정되지, 산안법에 의해서 처벌받지, 처벌 안 하는 것도 아니잖아요. (생략)
- 　○ 박주민위원 5인 미만 사업장에서 산업재해가 많이 발생합니다. 그것은 수치로 수년간 증명이 됐지요. 그래서 사실 저는 이걸 손을 놓고 있으면 안 된다고 생각합니다. (생략)
- 　○ 송기헌위원 거기서 발생한 산업재해는 일상적으로 우리 이웃에서 발생하는 위험한 일들하고 별로 다르지가 않단 말이에요. 우리가 모든 위험을 다 규제할 수는 없어요 ..... 아침에 자동차 타고 가다가 사고 나는 것과 똑같은 위험을 ..... 갖고 있는 사람들이에요 ..... 그런 분들에 의해서 발생하는 ..... 위험 사고를 단지 산업현장에서 났다고 해 가지고 일반적인 것보다 더 가중해서 처벌할 ..... 어떤 당위성이 있느냐 ..... 한번 생각해 봐야 한다고 생각해요. (생략)
- 　○ 중소벤처기업부차관 5인 미만 사업장은 일반법적 성격인 산안법의 규율을 받게 하고 특별법적인 중대재해처벌법은 좀 더 규모가 있는 5인 이상 사업체로 하는 것이 산업 현실을 감안해

3. 유사 입법례

법 적용여부의 기준으로 상시 근로자가 5명 미만인지를 규정하는 입법례로는 「근로기준법」이 있다. 「근로기준법」은 원칙적으로 상시 5명 이상의 근로자를 사용하는 사업 또는 사업장에 적용된다. 다만, 상시 근로자가 5명 미만이라고 하더라도 「근로기준법」의 적용이 전면적으로 배제되는 것은 아니며, 대통령령으로 정하는 바에 따라 「근로기준법」의 일부 규정은 적용될 수 있다.

「근로기준법」

제11조(적용 범위) ① 이 법은 상시 5명 이상의 근로자를 사용하는 모든 사업 또는 사업장에 적용한다. 다만, 동거하는 친족만을 사용하는 사업 또는 사업장과 가사(家事) 사용인에 대하여는 적용하지 아니한다.

② 상시 4명 이하의 근로자를 사용하는 사업 또는 사업장에 대하여는 대통령령으로 정하는 바에 따라 이 법의 일부 규정을 적용할 수 있다.

③ 이 법을 적용하는 경우에 상시 사용하는 근로자 수를 산정하는 방법은 대통령령으로 정한다.

「근로기준법 시행령」

제7조의2(상시 사용하는 근로자 수의 산정 방법) ① 법 제11조제3항에 따른 "상시 사용하는 근로자 수"는 해당 사업 또는 사업장에서 법 적용 사유(휴업수당 지급, 근로시간 적용 등 법 또는 이 영의 적용 여부를 판단하여야 하는 사유를 말한다. 이하 이 조에서 같다) 발생일 전 1개월(사업이 성립한 날부터 1개월 미만인 경우에는 그 사업이 성립한 날 이후의 기간을 말한다. 이하 "산정기간"이라 한다) 동안 사용한 근로자의 연인원을 같은 기간 중의 가동 일수로 나누어 산정한다.

② 제1항에도 불구하고 다음 각 호의 구분에 따라 그 사업 또는 사업장에 대하여 5명 (법 제93조의 적용 여부를 판단하는 경우에는 10명을 말한다. 이하 이 조에서 "법 적용 기준"이라 한다) 이상의 근로자를 사용하는 사업 또는 사업장(이하 이 조에서 "법 적용

서 합리적인 그런 법의 적용이 아니겠느냐 이런 판단을 하고 있는 겁니다. (생략)
○ 소위원장 백혜련 산업재해에서 5인 미만 사업장은 제외하는 것으로 정리하겠습니다.

사업 또는 사업장"이라 한다)으로 보거나 법 적용 사업 또는 사업장으로 보지 않는다.

1. 법 적용 사업 또는 사업장으로 보는 경우: 제1항에 따라 해당 사업 또는 사업장의 근로자 수를 산정한 결과 법 적용 사업 또는 사업장에 해당하지 않는 경우에도 산정기간에 속하는 일(日)별로 근로자 수를 파악하였을 때 법 적용 기준에 미달한 일수(日數)가 2분의 1 미만인 경우

2. 법 적용 사업 또는 사업장으로 보지 않는 경우: 제1항에 따라 해당 사업 또는 사업장의 근로자 수를 산정한 결과 법 적용 사업 또는 사업장에 해당하는 경우에도 산정기간에 속하는 일별로 근로자 수를 파악하였을 때 법 적용 기준에 미달한 일수가 2분의 1 이상인 경우

③ 법 제60조부터 제62조까지의 규정(제60조제2항에 따른 연차유급휴가에 관한 부분은 제외한다)의 적용 여부를 판단하는 경우에 해당 사업 또는 사업장에 대하여 제1항 및 제2항에 따라 월 단위로 근로자 수를 산정한 결과 법 적용 사유 발생일 전 1년 동안 계속하여 5명 이상의 근로자를 사용하는 사업 또는 사업장은 법 적용 사업 또는 사업장으로 본다.

④ 제1항의 연인원에는 「파견근로자보호 등에 관한 법률」 제2조제5호에 따른 파견근로자를 제외한 다음 각 호의 근로자 모두를 포함한다.

1. 해당 사업 또는 사업장에서 사용하는 통상 근로자, 「기간제 및 단시간근로자 보호 등에 관한 법률」 제2조제1호에 따른 기간제근로자, 단시간근로자 등 고용형태를 불문하고 하나의 사업 또는 사업장에서 근로하는 모든 근로자

2. 해당 사업 또는 사업장에 동거하는 친족과 함께 제1호에 해당하는 근로자가 1명이라도 있으면 동거하는 친족인 근로자

II. 내용 및 검토

1. 개관

상시 근로자가 5명 미만인 사업 또는 사업장의 사업주 또는 경영책임자등에게는 중대재해처벌법 중 '제2장 중대산업재해' 규정이 적용되지 아니한다. 즉, 사업주와 경영책임자등의 안전 및 보건 확보의무(제4조), 도급·용역·위탁 등 관계에서의 안전 및

보건 확보의무(제5조), 중대산업재해 사업주와 경영책임자등의 처벌(제6조), 중대산업재해의 양벌규정(제7조), 안전보건교육의 수강(제8조) 규정의 적용이 배제되는 것이다.

결국 상시 근로자가 5명 미만인 사업 또는 사업장의 사업주 또는 경영책임자등에게는 중대산업재해와 관련한 안전 및 보건 확보의무가 부여되지 아니하고, 따라서 중대산업재해가 발생하더라도 제6조의 형사책임을 지지 아니하며, 안전보건교육 수강 의무도 없다.

나아가 반대해석상 중대시민재해의 경우에는 상시 근로자가 5명 미만인 사업 또는 사업장의 사업주 또는 경영책임자등에게도 법 규정이 적용된다.

2. 5명 미만 상시 근로자

중대재해처벌법은 근로자의 개념에 대하여 특별한 규정을 두고 있지 아니하고 있고, 법 제2조제7호에서「근로기준법」상 근로자를 포괄하는 개념으로서 종사자를 별도로 규정하고 있으므로 법 제3조에서의 근로자는「근로기준법」상 근로자를 의미한다고 볼 것이다.「근로기준법」제11조에서도 같은 법의 적용 범위를 상시 근로자 5명 이상인 사업 또는 사업장으로 규정하고, 같은 법 시행령 제7조의2는 상시 근로자 수를 산정할 때, 해당 사업 또는 사업장에서 법 적용 사유 발생일 전 1개월 동안 사용한 근로자의 연인원을 같은 기간 중의 가동 일수로 나누어 산정하도록 규정하고 있는바,[459) 중대재해처벌법상 상시 근로자도 동일하게 산정할 수 있을 것이다.

---

459)「근로기준법」제11조(적용 범위) ① 이 법은 상시 5명 이상의 근로자를 사용하는 모든 사업 또는 사업장에 적용한다. 다만, 동거하는 친족만을 사용하는 사업 또는 사업장과 가사(家事) 사용인에 대하여는 적용하지 아니한다.
③ 이 법을 적용하는 경우에 상시 사용하는 근로자 수를 산정하는 방법은 대통령령으로 정한다.
「근로기준법 시행령」제7조의2(상시 사용하는 근로자 수의 산정 방법) ① 법 제11조제3항에 따른 "상시 사용하는 근로자 수"는 해당 사업 또는 사업장에서 법 적용 사유(휴업수당 지급, 근로시간 적용 등 법 또는 이 영의 적용 여부를 판단하여야 하는 사유를 말한다. 이하 이 조에서 같다) 발생일 전 1개월(사업이 성립한 날부터 1개월 미만인 경우에는 그 사업이 성립한 날 이후의 기간을 말한다. 이하 "산정기간"이라 한다) 동안 사용한 근로자의 연인원을 같은 기간 중의 가동 일수로 나누어 산정한다.

상시 근로자에는 개인사업주나 법인 또는 기관과 기간의 정함이 없는 근로계약을 체결한 근로자, 기간제 근로자 뿐만 아니라 일용근로자도 포함된다.

도급인 소속의 상시 근로자가 5명 이상이고 수급인 소속의 상시 근로자가 5명 미만인 경우, 수급인인 개인사업주 또는 경영책임자등은 수급인의 근로자 및 노무제공자에 대하여 안전 및 보건 확보의무를 부담하지 않으나, 도급인인 개인사업주 또는 경영책임자등은 수급인과 수급인의 근로자 및 노무제공자에 대하여 법 제5조에 따른 안전 및 보건 확보의무를 부담한다. 반대로 도급인 소속 상시 근로자가 5명 미만이고 수급인 소속 근로자가 5명 이상인 경우, 도급인인 개인사업주나 경영책임자등과 달리 수급인인 개인사업주나 경영책임자등은 이 법 제2장의 적용 대상이다.

직무의 종류에 따른 법의 적용 제외 여부를 규정하고 있지 않으므로 해당 사업 또는 사업장의 상시 근로자가 모두 사무직인 사업 또는 사업장에도 이 법이 적용되며, 공무원도 상시 근로자에 포함된다. 또한 우리나라 사업 또는 사업장에서 노무를 제공하는 외국인의 근로계약에 대한 준거법은 우리나라 법이므로 상시 근로자 수를 산정할 때 해당 외국인 근로자를 포함하고, 외국인 근로자가 불법으로 입국하였거나 체류자격이 만료된 불법체류자인지 여부는 상시 근로자 여부 판단과 관계없다.460)

근로자의 수가 때때로 5명 미만이 되는 경우가 있어도 사회통념에 의하여 객관적으로 판단하여 상태적으로 5명 이상이 되는 경우에는 상시 근로자가 5명 이상인 사업 또는 사업장에 해당한다. 그리고 행위책임주의 원칙상 안전보건 확보의무 위반 당시의 사업자 또는 경영책임자등 신분이 있었던 자에 대하여 처벌하는 것이 타당하므로, 상시 근로자 5인 이상인 사업을 운영하던 중 안전보건 확보의무를 위반하여 사고가 발생하였다면(즉, 사고 발생 시 5인 이상인 경우), 실제 중대산업재해의 결과(예를 들어 근로자의 사망의 결과)가 발생한 시점에 상시 근로자 5인 이상의 요건을 충족하지 않는 경우에도 중대재해처벌법위반죄로 의율하여야 한다는 견해가 있다.461)

한편, 도급, 용역, 위탁 등이 이루어진 사업에서 중대재해가 발생한 경우, 도급인등은 중대재해처벌법에 따른 중한 형벌을 받는 반면, 수급인의 사업장이 5인 미만이

---

460) 고용노동부(2021), 앞의 책, 33~36면.
461) 정현희, 앞의 책, 18면 각주 30.

거나, 50인 미만인 경우에는 적용배제 규정(중대재해처벌법 제3조) 또는 경과규정(부칙 제1조제1항, 2024년 1월 26일까지에 한함)에 따라 해당 수급인은 중대재해처벌법을 적용받지 아니하고 그보다 낮은 형량이 부과되는 「산업안전보건법」을 적용받게 되는바, 제2차적 책임자인 도급인 등이 제1차적 책임자인 수급인에 비하여 가중된 법정형에 의해 처벌을 받는 것은 책임주의에 반할 소지가 있다는 의견도 있다.[462)]

3. 사업 또는 사업장

중대재해처벌법에서 규정하는 사업 또는 사업장이란 경영상 일체를 이루면서 유기적으로 운영되는 기업 등 조직 그 자체를 의미하며 사업장이 장소적으로 인접할 것을 요하지 않는다. 따라서 장소적 개념에 따라 사업장 단위로 법의 적용 범위를 판단하여서는 아니 된다.

원칙적으로 본사와 생산업무를 담당하는 공장 학교법인 산하의 대학교와 그 부속병원은 하나의 사업 또는 사업장으로 보아야 한다.[463)] 또한 사업의 종류, 영리·비영리 여부를 불문한다. 아울러 사업이 일회적이거나 사업 기간이 일시적인 경우에도 중대재해처벌법의 적용 대상이다.[464)]

---

462) 송지용, 앞의 글, 260~262면 참조.
463) 대법원 2018. 7. 26. 선고 2018도7650 판결; "같은 법 제28조 제2항의 입법취지는, 하나의 사업 내에서 직종(예컨대 사무직과 생산직), 직위(예컨대 고위직과 하위직), 업종(예컨대 제조업과 서비스업)별로 서로 다른 퇴직금제도를 두어 차별하는 것을 금지하고 하나의 퇴직금제도를 적용하게 하고자 함에 있는 것이므로, 거기에서 말하는 '사업'은 특별한 사정이 없는 한 경영상의 일체를 이루는 기업체 그 자체를 의미한다 할 것이고, 따라서 경영상의 일체를 이루면서 유기적으로 운영되는 기업조직은 하나의 사업으로 파악하여야 할 것이므로, 피고 공사 시청료 징수원의 담당업무는 같은 법 제28조 제2항의 적용에 있어서 단일 기업체인 피고 공사라는 하나의 사업의 일부분에 지나지 않는다고 보아야 할 것이다."
464) 대법원 1994. 10. 25. 선고 94다21979 판결.

III. 추가 검토사항

사업주가 근로자를 직접 고용하지 아니하고, 파견사업주로부터 근로자를 파견받아 사용하는 경우가 있는데[465], 해당 사업 또는 사업장의 상시 근로자를 산정할 때 파견근로자가 포함되는지 문제가 될 수 있다. 고용노동부는 상시 근로자에 파견근로자가 포함된다는 입장인데, 그 이유로서 「파견근로자 보호 등에 관한 법률」 제35조는 파견근로자의 파견근로에 관하여 사용사업주를 「산업안전보건법」상의 사업주로 보며,[466] 중대재해처벌법이 도급·용역·위탁 등의 관계에서만 적용되는 안전 및 보건 확보의무를 별도로 규정하고 있는 체계라는 점을 들고 있다.

그러나 「근로기준법 시행령」 제7조의2제4항[467]은 상시 근로자를 산정할 때 파견근로자를 제외하도록 규정하고 있고, 중대재해처벌법이 매우 엄격한 형벌을 규정하고 있다는 점에서 그 적용 범위를 명문의 규정의 범위 내에서 엄격하게 해석하여야 한다는 견해[468]가 유력하다.

---

465) 「파견근로자 보호 등에 관한 법률」 제2조(정의) 이 법에서 사용하는 용어의 뜻은 다음과 같다.
　　1. "근로자파견"이란 파견사업주가 근로자를 고용한 후 그 고용관계를 유지하면서 근로자파견 계약의 내용에 따라 사용사업주의 지휘·명령을 받아 사용사업주를 위한 근로에 종사하게 하는 것을 말한다.

466) 「파견근로자 보호 등에 관한 법률」 제35조(「산업안전보건법」의 적용에 관한 특례) ① 파견 중인 근로자의 파견근로에 관하여는 사용사업주를 「산업안전보건법」 제2조제4호의 사업주로 보아 같은 법을 적용한다. 이 경우 「산업안전보건법」 제29조제2항을 적용할 때에는 "근로자를 채용할 때"를 "근로자파견의 역무를 제공받은 경우"로 본다.

467) 「근로기준법 시행령」 제7조의2(상시 사용하는 근로자 수의 산정 방법) ① 법 제11조제3항에 따른 "상시 사용하는 근로자 수"는 해당 사업 또는 사업장에서 법 적용 사유(휴업수당 지급, 근로시간 적용 등 법 또는 이 영의 적용 여부를 판단하여야 하는 사유를 말한다. 이하 이 조에서 같다) 발생일 전 1개월(사업이 성립한 날부터 1개월 미만인 경우에는 그 사업이 성립한 날 이후의 기간을 말한다. 이하 "산정기간"이라 한다) 동안 사용한 근로자의 연인원을 같은 기간 중의 가동 일수로 나누어 산정한다.
　　④ 제1항의 연인원에는 「파견근로자보호 등에 관한 법률」 제2조제5호에 따른 파견근로자를 제외한 다음 각 호의 근로자 모두를 포함한다.
　　1. 해당 사업 또는 사업장에서 사용하는 통상 근로자, 「기간제 및 단시간근로자 보호 등에 관한 법률」 제2조제1호에 따른 기간제근로자, 단시간근로자 등 고용형태를 불문하고 하나의 사업 또는 사업장에서 근로하는 모든 근로자
　　2. 해당 사업 또는 사업장에 동거하는 친족과 함께 제1호에 해당하는 근로자가 1명이라도 있으면 동거하는 친족인 근로자

468) 김·장법률사무소 중대재해대응팀, 앞의 책, 45면; 안중민, 「중대재해법 적용 상시근로자에 파

다만, 중대재해처벌법은 노무 제공의 법적 형태와 관계없이 노무를 제공하는 모든 사람의 생명과 신체를 보호하려는 목적을 가지고 있고, 하나의 사업장 안에서 노무를 제공하는 사람은 그 법적 형태와 관계없이 동일한 사고의 위험이나 동일한 유해인자의 위험에 노출되어 있다고 볼 수 있으므로,[469] 향후 중대산업재해 규정의 적용범위의 산정 기준을 근로자가 아닌 종사자로 개정하는 방안이 검토될 필요가 있을 것으로 보인다.

한편, 제21대국회에서는 법 제3조를 삭제하거나 완화하는 내용의 개정안이 발의되었다. 이는 5인 미만 사업장의 사업장 수와 근로자 수 및 사망자 수가 모두 전체 사업장 단위 중 가장 높은 수준임을 고려한 것으로, 앞서 설명한 바와 같이 법안 발의 당시인 2020년 기준 전체 사업장 약 272만 개소 중 5인 미만 사업장 수는 약 200만 개소로 73.6%를 차지하고 있었고, 근로자 수는 전체 약 1,897만 명의 근로자 중 약 300만명으로 15.8%를 차지하고 있었으며, 사망재해 통계를 보면 5인 미만 사업장의 사망자 수는 500명으로 전체 사망자 2,062명 중 24.3%(사망만인율은 1.66)를 차지하고 있었다.[470]

〈사업장 규모별 사망재해 현황〉

(단위: 개소, 명, ‰)

구분	총계	5인 미만	5~9인	10~19인	20~29인	30~49인	50~99인	100~299인	300~499인	500~999인	1,000인 이상
사업장수	2,719,308	2,001,222	362,138	193,785	65,750	47,506	29,076	15,714	2,298	1,231	588
근로자수	18,974,513	3,005,960	2,354,605	2,577,249	1,561,488	1,779,557	1,979,709	2,523,122	867,851	840,249	1,484,723
사망자수	2,062 (100.0%)	500 (24.3%)	228 (11%)	248 (12%)	146 (7%)	181 (8.8%)	160 (7.8%)	260 (12.6%)	93 (4.5%)	162 (7.9%)	84 (4.1%)
사망만인율	1.09	1.66	0.97	0.96	0.94	1.02	0.81	1.03	1.07	1.93	0.57

* 자료: 고용노동부, 『2020년도 산업재해 현황분석』, 2021.12.

견근로자도 포함될까?」, 『중대재해대응 핵심 이슈 72선』, 대한경제, 2023, 139면 참조.

469) 전형배, 「중대재해처벌법의 해석상 쟁점」, 『노동법포럼』 제34호, 2021.11., 276면 참조.

470) 2023년 통계도 이와 유사한데, 자세한 내용은 '고용노동부, 「2023. 12월말 산업재해발생현황」, 2024.4.' 참조.

위 개정안 중 강민정의원안(의안번호 2114548)과 강은미의원안(의안번호 2114568)은 법 제3조를 삭제하여 상시 근로자가 5명 미만인 사업 또는 사업장의 경영책임자 등에게도 전면적으로 '제2장 중대산업재해' 규정이 적용되도록 하였고, 윤준병의원안(의안번호 2114695)은 '제2장 중대산업재해' 규정을 모든 사업 또는 사업장의 경영책임자 등에게도 적용하는 것을 원칙으로 하되 '대통령령'으로 정하는 사업 또는 사업장의 경영책임자 등에게는 동 규정의 전부 또는 일부를 적용하지 아니할 수 있도록 하는 안을 제시한 바 있다.

〈중대재해 처벌 등에 관한 법률 일부개정법률안(제21대국회)〉[471]

현행	강민정의원안·강은미의원안	윤준병의원안
제3조(적용범위) 상시 근로자가 5명 미만인 사업 또는 사업장의 사업주(개인사업주에 한정한다. 이하 같다) 또는 경영책임자등에게는 이 장의 규정을 적용하지 아니한다.	〈삭 제〉	제3조(적용범위) 이 장의 규정은 모든 사업 또는 사업장의 사업주 또는 경영책임자등에 적용한다. 다만, 사업 또는 사업장의 안전·보건상 유해 또는 위험의 정도, 사업장의 상시 근로자 수 등을 고려하여 대통령령으로 정하는 사업 또는 사업장의 사업주(개인사업주에 한정한다. 이하 같다) 또는 경영책임자등에게는 이 장의 규정의 전부 또는 일부를 적용하지 아니할 수 있다.

---

471) 3개 법률안 모두 2024. 5. 29. 임기만료로 폐기되었다.

제4조 사업주와 경영책임자등의 안전 및 보건 확보의무

법 제4조(사업주와 경영책임자등의 안전 및 보건 확보의무) ① 사업주 또는 경영책임자등은 사업주나 법인 또는 기관이 실질적으로 지배·운영·관리하는 사업 또는 사업장에서 종사자의 안전·보건상 유해 또는 위험을 방지하기 위하여 그 사업 또는 사업장의 특성 및 규모 등을 고려하여 다음 각 호에 따른 조치를 하여야 한다.
1. 재해예방에 필요한 인력 및 예산 등 안전보건관리체계의 구축 및 그 이행에 관한 조치
2. 재해 발생 시 재발방지 대책의 수립 및 그 이행에 관한 조치
3. 중앙행정기관·지방자치단체가 관계 법령에 따라 개선, 시정 등을 명한 사항의 이행에 관한 조치
4. 안전·보건 관계 법령에 따른 의무이행에 필요한 관리상의 조치
② 제1항제1호·제4호의 조치에 관한 구체적인 사항은 대통령령으로 정한다.

I. 입법경과

1. 입법취지

법 제4조는 개인사업주나 법인 또는 기관이 실질적으로 지배·운영·관리하는 사업장 등에서 일하는 종사자의 안전·보건상 유해 또는 위험을 방지하기 위하여 해당 개인사업주나 법인 또는 기관의 경영책임자등에게 안전보건관리체계 구축 등의 조치의무를 부과하고 있다. 이는 종사자의 안전·보건상 유해 또는 위험을 방지하기 위하여 개인사업주 또는 경영책임자등의 차원에서 이행하여야 할 의무를 규정하고, 그들이 의무를 위반하여 중대산업재해를 야기하는 경우 중하게 처벌하려는 취지이다. 즉, 제4조는 개인사업주 또는 경영책임자등에게 안전보건에 관한 구체적이고 세세한 조치의무를 부과하는 대신 최고경영자 수준에서 이행하여야 하고 이행할 수 있는 관리감

독의무를 부과한 것이다.[472)

    이 조항의 입법과정에서 「산업안전보건법」이 안전 및 보건 조치의무를 규정하고 있는 대상은 사업주로서 개인 또는 법인인데, 법인에 대하여는 징역형을 부과하지 못하고 법인의 경영책임자등이 처벌을 받지 아니하는 점이 고려되었다.[473) 즉, 법원은 「산업안전보건법」 위반 사건에 대한 판결에서 대표이사 등에 대하여는 안전 및 보건 조치의무 위반에 대하여 미필적으로라도 고의를 요구하는데,[474) 개별 사업장에서 준수하여야 할 개별적이고 구체적인 조치의무를 대표이사 등이 인식하였으리라고 기대

---

472) 2020년 12월 24일 법사위 제1소위 회의록 15~16면 중 아래 논의 참조.

   ○ **법무부차관** 경영책임자에 대해서 의무를 부과하고 책임을 물으려면 경영책임자들이 이행할 수 있는 의무를 물어야 되는데 ..... 산안법이나 시행규칙상의 의무들은 현장관리자들의, 안전보건책임자들의 세세한 의무들이 규정되어 있거든요. 그런데 ..... 가령 안전 담당 이사한테 ..... 그런 의무를 이행해라라고 하는 것은 ..... 좀 안 맞는 측면이 있습니다. 그래서 ..... 중대재해의 예방을 위해서 ..... 대표이사나 이사 ..... 정도가 책임을 져야 된다라면 그 사람들이 책임을 져야 될 의무가 뭐냐라는 것을 따져서 여기다 집어넣어 줘야 되는 것이 맞지 않느냐라는 생각을 갖고 있습니다.

   ○ **고용노동부 기획조정실장** 저희 산안법 38조, 39조에 산업안전을 위한 조치의무들을 포괄적으로 정하고 그것들을 하기 위해서 안전보건규칙을 두고 있습니다. 이 안전보건규칙은 총 674개 조문으로 되어 있습니다. 여기서 얘기하는 조치들은 굉장히 구체적인 조치들입니다. ..... 그래서 저희가 구체적인 어떤 조치의무를 아무리 대통령령에 위임한다고 하더라도 그 조치의무에 대한 개별적인 내용들이 정말 구체적이기 때문에 그것들 중에서 일부를 골라내서 .... 경영책임자의 책임이다 이렇게 규정하기는 현실적으로 상당히 어렵고 ..... 안전·보건운영체제의 유지·관리라든지 ..... 안전·보건 조직, 인력, 예산 등에 관련한 전반적인 관리감독책임을 좀 명시해서 규정하시는 것이 실질적으로 경영책임자에게 의무 이행을 할 수 있는 부분과 또 사회적 비난 가능성 등을 형량해서 처벌하실 수 있는 내용이 아닐까 이렇게 생각합니다.

   ○ **법무부차관** 아파트 건설현장에서는 ..... CEO가 일일이 그 건설근로자들이 안전모를 착용하고 있는지를 확인할 수는 없지 않습니까 ..... 그러나 안전모를 비치하려면 안전모를 구입해야 되고 그다음에 그것을 지도·감독할 수 있는 안전요원, 안전교육시간 이런 것을 확보하고 있는지에 대한 관리책임은 있는 거지요. 거기에 준하는 책임을 묻자는 거지요. 예산편성이 됐느냐, 인건비 예산이 됐느냐에 대한 문제는 부여하자는 거지요. 그런 차원입니다.

473) 2020년 12월 30일 법사위 제1소위 회의록 14면 중 법원행정처차장의 아래 발언 참조.
   "산업안전법에서 말하는 사업주는 ..... 개인사업주 아니면 법인입니다. 법인에 대해서는 징역형을 부과 못 해요, 산안법으로는. 그래서 이 법을 만드는 거거든요."

474) 대법원 2010. 11. 25. 선고 2009도11906 판결 참조. 동 판결은 근로자가 7미터 높이에 위치한 수전용 변전대 전압차단기 교체작업을 함에 있어 철제 작업대를 지게차 앞 포크에 끼워 사용하면서 안전대나 안전모 없이 작업대에 올라가 작업을 하다가 추락한 사안에서, 사업주는 해당 근로자가 안전모나 안전대를 착용하지 아니하고 지게차에 부착된 작업대에 올라가 작업할 수도 있음을 충분히 알 수 있었음에도 안전조치를 제대로 취하지 아니한 채 방치한 책임을 인정하였다.

하기 어렵다는 이유로 고의를 부정하는 사례가 있었기 때문이다.[475]

2. 입법과정

가. 적용대상 사업장

이 법의 입법과정에서 사업주와 경영책임자등이 안전 및 보건 확보의무 조치를 취해야 할 장소적 대상의 범위에 대하여 임이자의원안은 「산업안전보건법」 사업장으로 제안하였고, 강은미의원안은 사업주나 법인 또는 기관이 소유·운영·관리하는 사업장으로 구체화하였으며, 박주민의원안, 이탄희의원안 그리고 박범계의원안은 소유·운영·관리 외에 발주(發注)를 추가하고 사업장 외에 사업을 추가하였다.

국회 심의과정에서 사업장을 소유만 하는 자에게까지 안전 및 보건 확보의무를 부과하고, 이를 위반하여 중대산업재해가 발생하는 경우 처벌하는 것은 문제가 있다는 지적이 있었다. 즉, 소유자가 사업장을 직접 관리하지 아니하고, 사업장이 실질적으로 임차인의 책임 하에 운영되는 경우 소유자에게 안전 및 보건 확보의무를 부과하는 것은 과도하며,[476] 「민법」 제758조[477]에 따른 공작물의 설치 또는 보존 하자로 인한

---

475) 대법원 2007. 3. 29. 선고 2006도8874 판결은 자동차정비공장의 사업주가 자리를 비운 사이에 공장장이 자동차 연료탱크의 용접작업을 임의로 의뢰받아 폭발이나 화재 예방을 위하여 필요한 안전조치를 취하지 아니한 채 작업을 실시한 사안에서 사업주에게 안전상 조치의무 위반 책임을 물을 수 없다고 하였다. 또한, 대법원 2010. 9. 9. 선고 2008도7834 판결에서는 재건축공사 중 전기분야의 공사를 하도급 받은 사업주의 근로자가 추락하여 사망한 사안에서 해당 회사는 전국 11개 현장에서 동시에 공사를 진행하고 있는 등 상당한 규모이고, 현장소장이 사고현장의 구체적인 현장작업, 안전보호구 지급 및 안전교육 등을 독자적으로 처리하였던 사정 등을 고려하여 사업주를 안전 조치의무 위반죄로 의율할 수 없다고 하였다.
476) 2020년 12월 24일 법사위 제1소위 회의록 29면 중 송기헌위원의 아래 발언 참조.
  "소유자가 직접 관리를 안 하는데 처벌할 수 있는 근거가 있나요? 그러니까 단지 소유자라는 이름만으로 거기에 대해서 안전조치를 해야 될 의무가 생기나요? 임대한 경우는 어떤가요, 임대는? ...... 내가 건물을 소유하고 있는데 그것을 다른 사람한테 사업장을 임대를 해 줬어요. 그러면 내가 소유자니까 사업하는 사람한테 이 시설도 안전하게 할 수 있도록 조치를 해야 되고 계획도 세워야 되고 소유자도 다 체크를 해야 되는 건가요? 그것은 아닐 것 같아요."
477) 「민법」 제758조(공작물등의 점유자, 소유자의 책임) ① 공작물의 설치 또는 보존의 하자로 인하여 타인에게 손해를 가한 때에는 공작물점유자가 손해를 배상할 책임이 있다. 그러나 점유자가 손해의 방지에 필요한 주의를 해태하지 아니한 때에는 그 소유자가 손해를 배상할 책임

불법행위 책임도 일차적으로는 점유자가 진다는 점이 제기되었다.[478] 이에 법 제4조의 장소적 적용범위는 개인사업주나 법인 또는 기관이 실질적으로 지배·운영·관리하는 사업 또는 사업장으로 조정되었다.[479]

강은미의원안	박주민·이탄희의원안	박범계의원안	임이자의원안
제3조(사업주와 경영책임자 등의 유해·위험방지의무) ① 사업주(개인사업주에 한한다. 이하 같다)와 법인 또는 기관의 경영책임자 등은 사업주나 법인 또는 기관이 <u>소유·운영·관리하는 사업장,</u> 공중이용시설 또는 공중교통수단에서 그 종사자 또는 이용자가 <u>생명·신체의 안전 또는 보건위생상의 위해를 입지 않도록 유해·위험을 방지할 의무가 있다.</u>	제3조(사업주와 경영책임자 등의 안전조치 및 보건조치의무) ① 사업주(개인사업주에 한한다. 이하 같다) 또는 경영책임자 등은 사업주나 기관 또는 법인이 <u>소유·운영·관리하거나 발주한 사업 또는 사업장에서 종사자의 생명·신체의 안전 또는 보건상의 위해를 입지 않도록 위험을 방지할 의무가 있다.</u>	제3조(사업주와 경영책임자 등의 안전·보건조치등 의무) 사업주(개인사업주에 한한다. 이하 같다) 또는 경영책임자 등은 사업주나 기관 또는 법인이 소유·운영·관리하거나 발주한 사업 또는 사업장에서 종사자의 생명·신체의 안전 또는 보건상의 위해를 입지 않도록 안전·보건조치 등 의무를 다하여야 한다.	제3조(사업주와 경영책임자의 산업 안전 및 보건 의무) ① 사업주와 경영책임자는 <u>사업장의 안전 및 보건에 관한 다음 각호의 사항을 확인하고 이행하여야 한다.</u> 1. 안전보건 조치에 필요한 조직과 인력, 예산을 편성하고 그 운영을 정기적으로 점검 2. 「산업안전보건법」 제155조에 따른 근로감독관의 권한에 따라 시행된 감독의 지적사항 3. 자신이 관리하는 공중이용시설, 공중

이 있다.

② 전항의 규정은 수목의 재식 또는 보존에 하자있는 경우에 준용한다.

③ 전2항의 경우 점유자 또는 소유자는 그 손해의 원인에 대한 책임있는 자에 대하여 구상권을 행사할 수 있다.

478) 2020년 12월 24일 법사위 제1소위 회의록 29면 중 법원행정처차장의 아래 발언 참조.
　　"참고로 말씀드리면 민법상 공작물 ..... 하자로 인한 불법행위의 경우도 기본적으로 원래 소유와 관계없이 점유자가 일차적으로 책임을 지고."

479) 2020년 12월 30일 법사위 제1소위 회의록 20면 중 김도읍위원의 아래 발언 참조.
　　"건물이나 지상물이나 토지나 등기부상으로는 소유권자로 되어 있는데 실질적으로 임차인이 책임하에 이 공장을 운영을 한단 말이에요. 그런 경우를 이야기하는 거예요 ..... 그래서 이 문구를 '소유'보다는 실질적으로 지배·운영·관리, '기관이 지배·운영·관리하는' 이래 버리면 깔끔하지 않은가."

			교통수단 및 제조물에 대한 점검
(규정 없음)	② 제1항에 따른 사업주 또는 경영책임자등의 위험방지의무는 「산업안전보건법」 제38조제1항부터 제3항까지, 제39조제1항, 제51조, 제58조제1항, 제59조제1항, 제60조, 제63조, 제64조 제1항 및 제2항, 제65조제1항, 제69조제1항 및 제2항, 제80조제1항부터 제3항까지, 제117조제1항, 제118조제1항, 「근로기준법」 제76조의2에 따른 의무를 포함한다.	제2조(정의) 이 법에서 사용하는 용어의 뜻은 다음과 같다. 7. "안전·보건조치 등 의무"란 각종 안전·보건상의 위험을 방지하기 위하여 제정된 이 법 또는 각 개별 법에서 정하고 있는 안전 또는 보건을 위한 관리, 조치, 감독, 검사, 대응 등의 의무를 말하되, 구체적인 의무의 종류와 범위는 대통령령으로 정한다.	4. 그 밖의 사항은 대통령령으로 정하는 사항

나. 안전 및 보건 확보의무의 내용

이 법의 입법과정에서 안전 및 보건 확보의무의 내용에 대하여 강은미의원안은 안전 및 보건 확보의무의 구체적인 내용을 별도로 제시하지 아니하였고, 박주민의원안과 이탄희의원안은 「산업안전보건법」과 「근로기준법」에 따른 사업주의 의무를 제시하였으며, 박범계의원안은 구체적인 의무의 종류와 범위를 대통령령으로 위임하였고, 임이자의원안은 안전보건 조치에 필요한 조직, 인력, 예산의 편성 및 그 운영 점검, 근로감독관의 지적사항 확인 및 이행, 기타 대통령령으로 정하는 사항으로 제시하였다.

국회 법제사법위원회 심사과정에서 산업현장의 새로운 위해요인을 반영하기 위하여 개인사업주나 경영책임자등의 안전보건 확보의무는 포괄적으로 규정되어야 한다는 의견과 죄형법정주의의 원칙상 범죄의 구성요건이 대통령령으로 위임되어서는 안된다는 의견이 대립하였다.[480] 이에 대하여 법률에서 정한 사항에 한정하여 그 내용을 구체화하기 위하여 하위법령에 위임하는 것은 가능하다는 의견481)이 받아들여져, 개인사업주나 경영책임자의 안전보건확보의무의 내용으로 안전보건관리체계의 구축, 재해 재발방지 대책 수립, 시정명령 사항 등의 이행, 안전보건 관계법령에 따른 의무 이행에 필요한 관리상의 조치 등을 법률에서 규정하고, 안전보건관리체계 구축 및 안 전보건관계 법령의 의무이행을 위한 관리상의 조치의 구체적인 사항을 시행령에 위 임하는 것으로 조정되었다.

---

480) 2020년 12월 30일 법사위 제1소위 회의록 21면 중 아래 논의 참조.
  ○ **유상범위원** 이게 형벌 규정으로 들어가는데 그것은 대부분 다른 구성요건에서 ..... 다 규정하 기 어려울 때 그렇게 집어넣는 거지, 이렇게 해 놓으면 그 대통령령 때문에 법에도 없는 걸 로 처벌을 받아야 된다는 문제가 생기잖아요. 그러니까 ..... 이것은 다 포괄은 못 하더라도 가 장 중요한 부분만이라도 규정을 하고 그것만 처벌받는 게 맞지, 그 외에 또 다른 의무가 대 통령령에서 10개 나오면 ..... 그중에 하나를 위반하면 또 처벌받는다는 얘기 아니에요 이것은 ..... 위반을 하면 처벌받는다는 거니까 그것은 가장 명확하고 제한적이어야지요.
  ○ **소위원장 백혜련** 시대가 계속 변화·발전하기 때문에 그 안전·보건조치 의무라는 것이 하나 하나 계속 달라지는 거거든요. ..... 4차 산업혁명 시대에는 다른 방식의 위험들이 또 있는 거 거든요. 그런 안전·보건조치의무가 또 부과되는 것이고요. 그래서 저는 그것을 법령으로 명 확하게 하나하나 규정할 수는 없다고 봅니다 ..... 재해예방에 필요한 조직, 인력, 이행에 관한 조치 이게 명확성이 좀 부족하다고 비판을 하지만 지금의 현실 속에서는 어쩔 수 없는 부분 이 아닌가, 이 정도면 그래도 구체성을 띠고 규정한 것으로 볼 수 있지 않나 이런 생각이거 든요.
481) 2020년 12월 30일 법사위 제1소위 회의록 23면 중 송기헌위원의 아래 발언 참조.
  "1호의 가목 같은 경우에 기계·설비에 의한 위험, 그것을 예방하기 위해 필요한 조치 이렇게 되어 있으면 ..... 이런 조치의 종류는 수만 가지가 될 수 있어요. (생략) 이 자체로만 가지고는 구체적인 의무, 조치사항의 내용을 특정할 수 없기 때문에 굉장히 불확실한 위치에 처할 수밖 에 없는 거지요, 해당되는 사람은 ..... 그래서 ..... 앞의 1·2호의 내용이 뭐다 이런 정도는 구체 적으로 특정을 해 줘야, 구체적 의무를 특정해 줘야 되는 거예요. (생략) 물론 그 내용을 다 법 에 담을 수는 없지만 실제로 식품위생법 같은 것 보면 식품위생업자의 구체적인 의무에 관해 서는 대통령령으로 정하는 경우가 있거든요. 적어도 그런 식으로 하더라도 이 1·2호에 해당되 는 구체적인 의무가 무엇인지, 그러니까 최고경영자까지도 꼭 책임지고 해야 되는 의무가 무 엇인지는 반드시 정해 줘야 된다는 얘기지요. 그다음에 고용노동부 의견처럼 5호로 해 가지고 포괄적으로 '기타 보건·안전에 관한 의무' 이렇게 하면 ..... 우리가 상상하지도 못하는 모든 의 무가 다 들어가기 때문에 그렇게 하면 안 된다는 거예요."

3. 유사 입법례

하는 건강장해

② 제1항에 따라 사업주가 하여야 하는 보건조치에 관한 구체적인 사항은 고용노동부령으로 정한다.

II. 내용 및 검토

1. 안전 및 보건 확보의무의 주체

중대산업재해의 예방을 위한 안전 및 보건 확보의무의 주체는 개인사업주 또는 경영책임자등이다. 법 제4조제1항에서 "사업주 또는 경영책임자등은 … 조치를 하여야 한다."라고 규정하고 있고, 법 제2조제8호는 사업주를 "자신의 사업을 영위하는 자, 타인의 노무를 제공받아 사업을 하는 자"로 정의하고 있으므로 안전 및 보건 확보의무의 주체가 되는 사업주에 개인사업주 외에 법인사업주도 포함하는 것으로 해석될 소지가 있다.

그러나 법 제3조[482]는 제3조 이하의 조문에서 규정되는 사업주를 개인사업주만으로 한정하도록 규정하였는바, 법 제4조의 안전보건 확보의무의 주체로서 사업주는 개인사업주를 의미한다. 또한, 법 제4조제1항 중 "사업주나 법인 또는 기관이 실질적으로 지배·운영·관리하는"이라는 문구에서 '사업주'를 '법인 또는 기관'과는 다른 주체로 표현하고 있으므로 동 조항의 '사업주'는 법인을 제외한 개념으로 해석하여야 할 것이다.[483][484]

즉, 법 제4조에 따른 안전보건 확보의무의 주체는 사업주가 개인인 경우에는 개인사업주이고, 사업주가 법인 또는 기관인 경우에는 경영책임자등이 된다. 이는 「산업안전보건법」에서 안전보건 조치의무를 개인과 법인을 구분하지 아니하고 사업주 모

---

482) 중대재해처벌법 제3조(적용범위) 상시 근로자가 5명 미만인 사업 또는 사업장의 사업주(개인사업주에 한정한다. 이하 같다) 또는 경영책임자등에게는 이 장의 규정을 적용하지 아니한다.

483) 고용노동부, 『중대재해처벌법 해설 – 중대산업재해』, 2021.11., 20면 참조.

484) 다만, 판례가 사업주의 개념을 개인사업주만으로 한정하지 않고 있다는 점은 전술한 바와 같다.

두에게 부여하는 것과 차이가 있다.[485]

2. 안전 및 보건 확보의무의 보호대상

개인사업주 또는 경영책임자등이 안전 및 보건 확보의무를 부담하여 중대산업재해로부터 보호해야 할 대상은 '사업주나 법인 또는 기관이 실질적으로 지배·운영·관리하는 사업 또는 사업장의 종사자'이다.

가. 사업주나 법인 또는 기관

'사업주나 법인 또는 기관'은 자신의 사업을 영위하는 자, 타인의 노무를 제공받아 사업을 하는 자로서 사업운영에 따른 경영상 이익의 귀속 주체를 말한다.[486] 여기에서 사업주는 개인사업주를 의미하고, '법인 또는 기관'은 경영책임자등이 소속되어 있는 곳을 의미한다.

안전보건 확보의무의 적용대상이 되는 '법인 또는 기관'에 대하여 이 법에서 별도의 정의규정을 두고 있지 않으므로 그 범위에 대하여 해석의 여지가 있다. 중대재해처벌법에서 법인의 범위를 제한하는 규정을 두고 있지 않으므로, 법인에는 「상법」상 회사 등 영리법인뿐만 아니라 비영리법인도 포함된다. 입법과정에서 기업 외에 「민법」상 비영리법인에도 중대산업재해 관련 의무를 부과하고 의무위반에 대하여 중한 형벌을 부과하는 것은 과하다는 의견이 있었으나,[487] 비영리법인을 중대산업재해 관련

---

485) 권오성, 「중대재해처벌법의 해석상 쟁점」, 『산업보건』 2021년 2월호, 대한산업보건협회, 26면 참조.
486) 고용노동부(2021), 앞의 책, 40면 참조.
487) 2020년 12월 30일 법사위 제1소위 회의록 13~14면 중 아래 논의 참조.
 ○ 박주민위원 산안법에는 '사업주'라는 표현으로 다 의무를 부과합니다. 이게 법인인지 비법인인지 조합인지 따지지 않고 노무를 제공받는 사람은 사업주고요 이 사업주에게는 여러 가지 안전의무를 부과하도록 돼 있어요. (생략)
 ○ 법원행정처차장 법인에 대해서는 징역형을 부과 못 해요, 산안법으로는. 그래서 이 법을 만드는 거거든요. 그런데 이 법에서 지금 법인이든 기업이든 되면 그 대표자인 경영책임자가 2년 이상의 형사처벌을 지게 돼 있습니다. 그런데 조합까지 집어넣어서 조합의 업무집행 사원에

규정 적용대상에서 제외하는 경우 의료 또는 사회복지시설 등 비영리법인 종사자가 보호의 사각지대에 놓이게 된다는 의견이 받아들여졌다.[488]

기관의 의미는 법 제2조제9호나목에 따른 기관장 등이 소속된 중앙행정기관, 지방자치단체, 지방공기업, 공공기관을 말한다.[489] 이 법의 기초가 된 법률안 중 하나인 강은미의원안 제2조제7호[490]에서 "경영책임자 등"을 정의할 때 법인 및 기관과 연계하여 규정하고 있는데, 가목과 다목은 법인의 경영책임자 등을 말하는 것이고, 나목은 기관의 경영책임자 등을 의미하는 것으로 보이는바, 이 법에서 사용되는 기관의 의미는 강은미의원안 제2조제7호나목에서 열거하고 있는 중앙행정기관, 지방자치단체, 지방공기업 및 공기업을 뜻하는 것으로 해석된다.

한편, '법인 또는 기관'이라는 법문에서 '또는'이라는 선택적 의미를 뜻하는 단어를 사용하고 있으므로 기관에는 법인이 제외되는 것으로 보아야 한다는 견해도 있을 수 있으나, 지방자치단체, 특수법인 등의 법인에 대하여 기관이라는 표현을 쓴 입법례가 다수 있고, 안전보건 확보의무의 적용대상의 해석에 차이를 발생시키지 않으므로 논의의 실익은 크지 않은 것으로 보인다.

게 2년 이상의 징역형을 하는 것이 맞는지는 저는 의문이고요. 그래서 비영리법인까지 넣는 것도 저는 과하다는 생각이고 규율 필요성이 좀 떨어지는 게 아니냐.

488) 2020년 12월 30일 법사위 제1소위 회의록 2면 중 박주민위원의 아래 발언 참조.
　"법원행정처에서 주신 의견대로 기업이라는 개념을 따르게 되면 비영리법인 같은 경우 사실 다 빠지게 되는 겁니다. 그런데 종사자 단순 추계로 보면 보건 및 사회복지서비스업 노동자가 한 130만 명 되는데 ..... 이 사람들이 다 빠지는 문제가 일차적으로 발생을 하게 됩니다."
489) 송인택 외, 『중대재해처벌법 해설과 대응』, 박영사, 2022.4., 196면 참조.
490) 중대재해에 대한 기업 및 책임자 처벌 등에 관한 법률안 제2조(정의) 이 법에서 사용하는 용어의 뜻은 다음과 같다.
　7. "경영책임자 등"이란 사업주가 법인이거나 기관인 경우에 다음 각 목에 해당하는 자를 말한다.
　　가. 법인의 대표이사 및 이사
　　나. 중앙행정기관의 장, 지방자치단체의 장, 「지방공기업법」에 따른 지방공기업의 장, 「공공기관의 운영에 관한 법률」 제4조부터 제6조까지에 따라 지정된 공공기관의 장
　　다. 법인의 대표이사나 이사가 아닌 자로서, 해당 법인의 의사결정에 실질적으로 영향력을 행사하는 자

나. 실질적 지배·운영·관리

사업주나 법인 또는 기관이 사업 또는 사업장을 "실질적으로 지배·운영·관리하는" 것은 '하나의 사업 목적 하에 해당 사업 또는 사업장의 조직, 인력, 예산 등에 대한 결정을 총괄하여 행사한다는" 의미로 설명되고 있다.491) 한편 대검찰청의 해석에 따르면, 「산업안전보건법」에서 '도급인이 지배·관리하는 장소'란 통상 유해·위험 요인을 인지하고 파악하여 해당 요인을 제거하는 등으로 통제할 수 있는 장소를 의미한다고 할 것이고, '조직이나 기구, 사업체 따위를 운용하고 경영함'이라는 '운영'의 사전적 개념 등을 고려하면, '실질적 지배·운영·관리'는 유해·위험요인을 제거·통제할 수 있고, 경영적 관점에서 하나의 사업 목적 하에 해당 사업 또는 사업장의 조직, 인력, 예산 등에 대한 결정을 총괄하여 행사하는 경우를 의미한다. 또한, '실질적 지배·운영·관리'에 해당하는지 여부를 판단함에 있어서 일차적으로 '통제가능성' 여부를 확인할 뿐 아니라 사업장의 특성 및 규모 등을 고려하여 ① 해당 작업이 이루어지는 장소에 사업주 등의 지시권이 미칠 수 있는 관리자의 파견 여부, ② 해당 장소에서 일어나는 업무 및 비상 상황 등에 대한 보고체계가 있는지 여부(일일 또는 월간 업무보고 등), ③ 일상적 또는 비일상적 작업이나 경영상 판단이 필요한 중요업무 결정에 사업주 또는 경영책임자등이 관여하는지 여부, ④ 해당 장소의 시설·설비의 소유권이 누구에게 있는지 여부, ⑤ 사업 운영 예산의 편성 및 집행 권한이 누구에게 있는지 여부 등도 추가적으로 확인하여 최종적으로 '실질적 지배·운영·관리' 여부를 판단하여야 한다고 보고 있다.492)

이와 관련하여 원청사업주는 「산업안전보건법」상의 도급인보다 넓은 안전보건 확보의무를 부담하게 되며, 원청의 경영책임자등에게 책임이 발생하는 경우는 도급인이 '실질적으로 지배·운영·관리할 책임'이 있는 경우인데, '실질적 지배 등의 책임'이 구체적으로 의미하는 바가 명확하지 않다는 지적이 있다.493) 하지만 "실질적으로 지배"한다는 법문은 「금융회사의 지배구조에 관한 법률」, 「대·중소기업 상생협력 촉진

---

491) 고용노동부(2021), 앞의 책, 41면 참조.
492) 대검찰청, 『중대재해처벌법 벌칙 해설』, 2022, 241~244면 참조.
493) 김형배·박지순, 앞의 책, 393면 참조.

에 관한 법률」, 「조세특례제한법」, 「범죄수익은닉의 규제 및 처벌 등에 관한 법률」 등 여러 법률에서 사용되고 있고, 해당 입법례에서는 특정 기관 또는 단체에 대한 실질적인 지배력 행사의 예시로 '중요사업의 결정 및 임원의 임면 등 사업운영 전반에 영향력을 행사'를 규정하고 있다. 또한, 대법원은 구 산업안전보건법(2013. 6. 12. 법률 제11882호로 개정되기 전의 것) 제29조제1항[494])에 대하여 "사업의 전체적인 진행과정을 총괄하고 조율할 능력이나 의무가 있는 사업주에게 그가 관리하는 사업장에서 발생할 수 있는 산업재해를 예방하기 위한 조치를 하여야 할 의무를 규정한 조항"이라고 판시하였고,[495]) 실질적으로 지배·관리하는 사업주에 대하여는 "사업의 전체적인 진행과정을 총괄하고 조율할 능력이 있는 사업주"라고 판시[496])하는 등 '실질적 지배·운영·관리'의 개념은 판례의 축적으로 구체화되고 있다. 다만, 중대재해처벌법은 형사법이기 때문에 입법과 해석에 있어 명확성의 원칙이 엄격하게 적용될 필요는 있다고 본다.

한편, 입법과정에서 "소유·운영·관리하는 사업장"이라는 법문을 "실질적으로 지배·운영·관리하는 사업장"으로 조정하였는바,[497]) 이에 따라 사업주나 법인 또는 기관이 실질적 지배력 없이 소유만 하고 임차인의 책임 하에 운영되고 있는 사업장에 대하여는 안전보건 확보의무가 없게 되었다. (※ 실질적 지배·운영·관리에 관한 추가적인 논의

---

494) 구 산업안전보건법(2013.6.12. 법률 제11882호로 개정되기 전의 것) 제29조(도급사업 시의 안전·보건조치) ① 같은 장소에서 행하여지는 사업으로서 다음 각 호의 어느 하나에 해당하는 사업 중 대통령령으로 정하는 사업의 사업주는 그가 사용하는 근로자와 그의 수급인이 사용하는 근로자가 같은 장소에서 작업을 할 때에 생기는 산업재해를 예방하기 위한 조치를 하여야 한다.
　1. 사업의 일부를 분리하여 도급을 주어 하는 사업
　2. 사업이 전문분야의 공사로 이루어져 시행되는 경우 각 전문분야에 대한 공사의 전부를 도급을 주어 하는 사업
495) 대법원 2016. 3. 24. 선고 2015도8621 판결 참조.
496) 대법원 2010. 6. 24. 선고 2010도2615 판결 등.
497) 2020년 12월 30일 법사위 제1소위 회의록 20면 중 아래 논의 참조.
　○ 김도읍위원 고용노동부 수정의견을 보는데요 '소유·운영·관리하는 사업장에서' 이렇게 되어 있거든요. (생략) 그런데 이 소유가 들어가면 문제가 없습니까? (생략) 매매가 안 되니 통째로 그냥 임대로 해 준 거예요. 그리고 단순히 임대료만 받는 거예요. 그런데 소유권자란 말이에요. 건물이나 지상물이나 토지나 등기부상으로는 소유권자로 되어 있는데 실질적으로 임차인이 책임하에 이 공장을 운영을 한단 말이에요. 그런 경우를 이야기하는 거예요.
　○ 법무부차관 전체적인 책임을 일괄해서 부담하는, 책임을 지는 것은 문제가 있을 수 있다고 말씀을 드릴 수밖에 없을 것 같고요.
　○ 김도읍위원 그래서 이 문구를 '소유'보다는 실질적으로 지배·운영·관리, '기관이 지배·운영·관리하는' 이래 버리면 깔끔하지 않은가.

는 후술하는 "제5조 도급, 용역, 위탁 등 관계에서의 안전 및 보건 확보의무" 참조)

다. 사업 또는 사업장

'사업 또는 사업장'은 많은 노동 관련 법률에서 사용되고 있으나 그 정의를 규정하고 있는 법률은 찾기 어렵고, 몇몇 대법원 판례에서 그 정의를 내리고 있다. 대법원은 「산업재해보상보험법」에 따른 보험관계 적용단위로서의 '사업 또는 사업장'에 대하여 "구 산업재해보상보험법(2007. 4. 11. 법률 제8373호로 전부 개정되기 전의 것) 제5조 및 산업재해보상보험법 제6조[498] 소정의 '사업 또는 사업장'이라 함은 일정한 장소를 바탕으로 유기적으로 단일하게 조직되어 계속적으로 행하는 경제적 활동단위"라고 판시하고 있고,[499] 동일 사업 내에서 퇴직금의 차등설정을 금지하는 구 「근로기준법」 규정[500]에서 '사업'의 의미에 대하여 "특별한 사정이 없는 한 경영상의 일체를 이루는 기업체 그 자체를 의미한다 할 것이고, 따라서 경영상의 일체를 이루면서 유기적으로 운영되는 기업조직은 하나의 사업으로 파악하여야 할 것"이라고 판시하였다.[501] 이러한 판례의 태도는 '사업'을 '사업장'과 유사하게 '조직체' 또는 '기업'과 같은 의미로 이해하는 것으로 보이는데, 이는 사전적 의미의 '사업'과는 다르다.[502]

도급인의 '사업장'에서 수급인의 근로자가 작업을 하는 경우에 「산업안전보건법」은 도급인에게 수급인 근로자의 산업재해 예방을 위한 안전 및 보건 시설 설치 등 안전보건 조치를 하도록 의무를 부과하고 있는바,[503] 중대재해처벌법에 따른 안전보

---

498) 「산업재해보상보험법」제6조(적용 범위) 이 법은 근로자를 사용하는 모든 사업 또는 사업장(이하 "사업"이라 한다)에 적용한다. 다만, 위험률·규모 및 장소 등을 고려하여 대통령령으로 정하는 사업에 대하여는 이 법을 적용하지 아니한다.

499) 대법원 2015. 3. 12. 선고 2012두5176 판결 [산재보험료부과처분취소소송등] 참조.

500) 법률 제4220호(1990.1.13. 타법개정) 근로기준법 제28조(퇴직금제도) ② 제1항의 퇴직금제도를 설정함에 있어서 하나의 사업내에 차등제도를 두어서는 아니된다.

501) 대법원 1993. 2. 9. 선고 91다21381 판결 [퇴직금] 참조.

502) 국립국어원 표준국어대사전은 "사업(事業)"을 "어떤 일을 일정한 목적과 계획을 가지고 짜임새 있게 지속적으로 경영함. 또는 그 일"이라고 풀이하고 있다.

503) 「산업안전보건법」제63조(도급인의 안전조치 및 보건조치) 도급인은 관계수급인 근로자가 도급인의 사업장에서 작업을 하는 경우에 자신의 근로자와 관계수급인 근로자의 산업재해를 예방하기 위하여 안전 및 보건 시설의 설치 등 필요한 안전조치 및 보건조치를 하여야 한다. 다

건 확보의무는 도급인과 수급인 중 누가 부담하는지 문제가 될 수 있다. 통상적으로 도급인은 자신의 사업장에 대하여 실질적인 지배·운영·관리권을 가지고 있으므로, 도급인의 사업장에서 수급인의 근로자가 작업을 하는 경우에는 도급인의 경영책임자도 수급인의 근로자에 대하여 안전보건 확보의무를 부담한다고 보아야 할 것이다.[504] 이와 관련하여, 하급심 판례는 제강 관련 사업체인 도급인의 야외 사업장에서 수급인의 근로자가 방열판 보수작업을 하던 중에 낙하한 방열판으로 인하여 사망한 사건에서 도급인의 경영책임자에게 중대재해처벌법 제6조제1항, 제4조제1항 및 제2조제2호 가목에 따른 책임을 물은 바 있다.[505]

한편, 수급인의 근로자가 도급인의 사업장 내에서 작업을 하는 경우에도 해당 작업공간을 수급인이 실질적으로 지배·운영·관리하는 경우에는 수급인의 경영책임자도 안전보건 확보의무를 부담한다고 보아야 할 것이다. 즉, 수급인 근로자의 작업이 도급인으로부터 사실상 영향을 받지 않고 이루어지고, 수급인 근로자의 작업장소가 도급인의 작업장소와 공간적으로 확연히 구분되는 경우 수급인 근로자의 해당 작업장소는 수급인이 지배·운영·관리하는 '사업장'이라고 볼 수 있을 것이다. 반도체 제조생산시설의 일부 설비의 설치공사를 도급받아 수행하는 기업의 근로자가 질식사한 사건에서, 하급심 판례는 "이 사건 설비의 설치공사가 H의 사업장 안에서 이루어졌다고 하더라도, 위 설비의 설치공사 현장은 피고인의 관리범위 안에 있는 피고인의 사업장에 속한다고 할 것'이라고 판시하여 해당 설비의 설치공사가 발주자의 사업장 안에서 이루어졌다고 하더라도 해당 설비의 설치공사 현장은 수급인의 관리범위 안에 있는 수급인의 사업장에 속한다고 판단하였다.[506]

만, 보호구 착용의 지시 등 관계수급인 근로자의 작업행동에 관한 직접적인 조치는 제외한다.

[504] 중대재해처벌법이 이와 같이 원하청 관계에서 중대재해가 발생한 경우 원청의 경영책임자에게 책임을 물을 수 있도록 하여 기존의 「산업안전보건법」에 따른 처벌의 공백과 위험의 외주화 문제를 상당히 해소할 것으로 기대하는 견해가 있다(김명수, 「중대재해처벌법 제정」, 『현안입법알리기』 2021-3호, 국회도서관, 2021.2.16., 4면 참조).

[505] 창원지방법원 마산지원 2023. 4. 26. 선고 2022고합95 판결 참조.

[506] 수원지방법원 2018. 6. 11. 선고 2017노1871 판결 [가. 업무상과실치사 나. 산업안전보건법위반] 참조.

라. 종사자

중대산업재해를 예방하기 위한 개인사업주 또는 경영책임자 등의 안전보건 확보의무의 보호대상으로서의 종사자는 ① 「근로기준법」상의 근로자, ② 사업의 수행을 위하여 대가를 목적으로 노무를 제공하는 자, ③ 사업이 다단계의 도급에 따라 이루어지는 경우 각 단계의 수급인 및 해당 수급인의 근로자 또는 노무제공자이다.

공무원도 보호대상이 되는지에 대하여 문제될 수 있으나, 「근로기준법」은 직업의 종류와 관계없이 임금을 목적으로 근로를 제공하는 사람을 근로자로 규정하고 있으므로,[507] 공무원도 원칙적으로 「근로기준법」에 따른 근로자이고, 「국가공무원법」 또는 「지방공무원법」 등에서 중대산업재해에 관하여는 공무원을 보호하는 규정이 없으므로, 공무원도 이 법의 보호대상이 된다고 보아야 할 것이다.[508]

3. 안전 및 보건 확보의무의 구체적 내용

안전보건 확보의무의 구체적인 내용은 법 제4조제1항제1호부터 제4호까지, 그리고 같은 조 제2항의 위임에 따른 대통령령에서 규정하고 있다. 한편, 법 제4조제1항 각호 외 부분은 사업주 또는 경영책임자등이 안전보건 확보조치를 할 때, 개별 사업 또는 사업장의 특성 및 규모 등을 고려하도록 규정하고 있는데, 이는 개별 사업 또는 사업장마다 안전·보건상 위해요인의 종류 및 위해정도 등에서 차이가 있고, 그에 대한 통제방안의 내용 및 통제필요성 등에서 차이가 있을 것이라는 점을 반영한 것이다.

법 제4조제2항은 안전보건관리체계의 구축 및 그 이행 조치와 안전보건 관계 법령

---

507) 「근로기준법」 제2조(정의) ① 이 법에서 사용하는 용어의 뜻은 다음과 같다.
  1. '근로자'란 직업의 종류와 관계없이 임금을 목적으로 사업이나 사업장에 근로를 제공하는 사람을 말한다.
508) 대법원은 1987. 2. 24. 선고 86다카1355 판결에서 '국가 또는 지방공무원도 임금을 목적으로 근로를 제공하는 근로기준법 제14조 소정의 근로자라 할 것이므로 그들에 대하여서도 원칙적으로 근로자의 퇴직금에 관한 규정인 위 법 제28조가 적용된다고 해석되나, 국가 및 지방공무원의 퇴직금 지급에 관하여는 공무원연금법이 제정되어 이를 규정하고 있으므로, 그들의 퇴직금 지급에 관하여는 특별한 사정이 없는 한 위 법의 규정에 따라야 하고 근로기준법의 적용은 배제된다.'고 판시하고 있다.

에 따른 의무이행에 필요한 관리상의 조치에 대하여 구체적인 사항을 대통령령으로 정하도록 규정하고 있다. 입법과정에서 개인사업주 또는 경영책임자등의 안전보건 확보의무를 대통령령으로 위임할지 여부에 대한 논의가 있었는데, 개인사업주 또는 경영책임자등의 안전보건 확보의무는 범죄의 구성요건에 해당하는 부분이므로 죄형법정주의의 원칙상 위임이 불가하다는 입장이 있었다.[509] 그러나 하위법령이 상위법률에서 규정한 의무 외에 새로운 의무를 창설하지 않고, 상위 법률에서 정한 의무를 구체화하는 것은 「산업안전보건법」, 「식품위생법」 등의 입법례에 비추어 가능하다는 주장이 받아들여졌다.[510]

가. 안전보건관리체계의 구축 및 그 이행에 관한 조치 (법 제4조제1항제1호)

> **법 제4조(사업주와 경영책임자등의 안전 및 보건 확보의무)** ① 사업주 또는 경영책임자등은 사업주나 법인 또는 기관이 실질적으로 지배·운영·관리하는 사업 또는 사업장에서 종사자의 안전·보건상 유해 또는 위험을 방지하기 위하여 그 사업 또는 사업

---

509) 2020년 12월 30일 법사위 제1소위 회의록 21면 중 유상범위원의 아래 발언 참조.
　　"그러니까 이게 형벌 규정으로 들어가는데 그것은 대부분 다른 구성요건에서 좀 더, 다 규정하기 어려울 때 그렇게 집어넣는 거지, 이렇게 해 놓으면 그 대통령령 때문에 법에도 없는 걸로 처벌을 받아야 된다는 문제가 생기잖아요. 그러니까 차라리 이것은 다 포괄은 못 하더라도 가장 중요한 부분만이라도 규정을 하고 그것만 처벌받는 게 맞지, 그 외에 또 다른 의무가 대통령령에서 10개 나오면 그러면 10개 그중에 하나를 위반하면 또 처벌받는다는 얘기 아니에요. 이것은 일종의 의무 규정이거든, 위반을 하면 처벌받는다는 거니까 그것은 가장 명확하고 제한적이어야지요."
510) 2020년 12월 30일 법사위 제1소위 회의록 21~23면 중 아래 논의 참조.
　　○ **고용노동부차관** 참고로 산업안전보건법에서는 안전조치의무, 보건조치의무 2개의 의무 규정을 근거로 해서 ..... 시행규칙에 해당하는 안전보건규칙이라고, 그게 한 700여 개의 조가 됩니다 ..... 구체적인 사실이 규칙에 위반될 때는 안전·보건조치의무 위반으로 보고서 그렇게 형사처벌을 지금 하고 있습니다.
　　○ **박주민위원** 저는 1호부터 4호까지의 내용을 좀 더 구체화하는 내용은 법무부에서 준 의견처럼 대통령령에 대한 위임을 통해서 좀 더 구체화하는 것은 가능하고 필요하다고 생각하고요. (생략)
　　○ **송기헌위원** 식품위생법 같은 것 보면 식품위생업자의 구체적인 의무에 관해서는 대통령령으로 정하는 경우가 있거든요. ..... 그 다음에 고용노동부 의견처럼 5호로 해 가지고 포괄적으로 '기타 보건·안전에 관한 의무' 이렇게 하면 ..... 우리가 상상하지도 못하는 모든 의무가 다 들어가기 때문에 ..... 안 된다는 거예요.

장의 특성 및 규모 등을 고려하여 다음 각 호에 따른 조치를 하여야 한다.

1. 재해예방에 필요한 인력 및 예산 등 안전보건관리체계의 구축 및 그 이행에 관한 조치

② 제1항제1호·제4호의 조치에 관한 구체적인 사항은 대통령령으로 정한다.

법 제4조제1항제1호는 개인사업주와 경영책임자등은 해당 사업주나 소속 법인 또는 기관이 실질적으로 지배하고 있는 사업 또는 사업장에서 종사자의 안전·보건상 유해 또는 위험을 방지하기 위하여 재해예방에 필요한 안전보건관리체계(Safety and Health Management System)를 구축하고 이행하도록 규정하고 있다. 이러한 규정을 바탕으로 안전보건관리체계의 의미를 해석해 보면, 개인사업주나 법인 또는 기관이 실질적으로 지배하고 있는 사업 또는 사업장에서 종사자에게 중대산업재해를 유발할 수 있는 안전·보건상 유해 또는 위험 요인을 파악하고, 파악된 요인을 통제할 수 있는 방안을 마련하며, 해당 방안이 이행되도록 하고, 그 이행 여부를 확인·점검하는 관리체계라고 할 수 있다.[511] 고용노동부는 "안전보건관리체계의 구축 및 이행"의 뜻을 "근로자를 비롯한 모든 일하는 사람의 안전과 건강을 보호하기 위해 기업 스스로 유해하거나 위험한 요인을 파악하여 제거·대체 및 통제 방안을 마련·이행하며, 이를 지속적으로 개선하는 일련의 활동"이라고 설명하고 있다.[512]

「산업안전보건법」은 제2장제1절에서 11개의 조문으로 안전보건관리체제를 규정하고 있는데, 그 주요 내용은 상시근로자 500인 이상 또는 시공능력 1천위 이상인 회사의 대표이사로 하여금 이사회에 안전보건계획을 보고·승인받도록 하고, 사업주로 하여금 사업장 총괄관리자에게 안전보건에 관한 업무를 총괄관리하도록 의무를 부과하며, 안전관리자 등 안전보건 관련 인원을 두도록 하는 것 등이다. 즉, 「산업안전보건법」에 따른 안전보건관리'체제(體制)'는 사업장의 안전보건 관리에 관여하는 조직의 구성과 역할에 관한 것인데 반해,[513] 중대재해처벌법에 따른 안전보건관리'체계(體系)'는 관련 인원, 예산, 조직 등 하드웨어뿐만 아니라 안전보건 경영방침, 업무절차 등

---

511) 국제노동기구(ILO)에서 발간한 안전보건관리체계의 상세한 내용에 대해서는 Occupational Safety and Health Management System, 2016 참조(www.ilo.org).

512) 고용노동부(2021), 앞의 책, 41면 참조.

513) 고용노동부(2021), 앞의 책, 41면 참조.

하드웨어의 운영에 관한 사항을 포괄하고 있어서 안전보건관리'체제'에 비하여 더 넓은 개념이다.

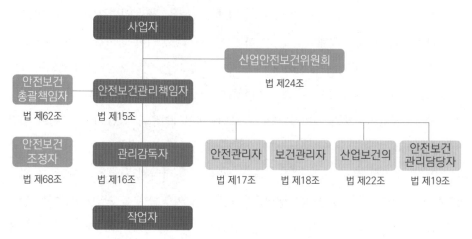

〈「산업안전보건법」에 따른 안전보건관리체제〉

자료: 고용노동부 · 안전보건관리공단, 『2023 새로운 위험성평가 안내서』, 2023.5., 40면.

중대재해처벌법에 따른 안전보건관리체계와 유사한 입법례로 「철도안전법」 제2장에 따른 철도안전 관리체계가 있다. 「철도안전법」 제2장은 10개의 조문에서 국토부장관의 5년 단위 철도안전 종합계획, 국토교통부장관 · 시도지사 · 철도운영자등의 연차별 시행계획, 철도운영자의 철도안전투자 예산규모 공시, 철도운영자등의 안전관리체계[514] 구축 및 유지의무, 철도운영자등에 대한 안전관리수준 평가 등을 규정하고 있다.

법 제4조제2항에서 안전보건관리체계의 구축 및 이행 조치에 관한 구체적인 사항을 대통령령으로 규정하도록 위임하고 있는데, 시행령 제4조제1호부터 제9호까지에서 그 내용을 열거하고 있다. 시행령의 내용을 그 유사성에 따라 분류해 보면, 안전경영체계, 인적 안전체계, 위험성 점검체계 등으로 나눌 수 있다.[515] 다만, 시행령에

---

514) 「철도안전법」 제7조제1항은 안전관리체계를 "인력, 시설, 차량, 장비, 운영절차, 교육훈련 및 비상대응계획 등 철도 및 철도시설의 안전관리에 관한 유기적 체계"로 정의하고 있다.
515) 안전보건관리체계의 세부분류는 권혁 교수의 중대재해처벌법 시행령 의견수렴을 위한 토론회

서 열거하고 있는 이러한 내용은 중대재해 예방 측면에서는 의미가 있으나, 형벌의 구성요건으로서 역할을 하기에는 불명확한 규정이 사용되어 있는 등 형사처벌에 한계가 있을 것이라는 의견도 있다.[516]

○ **안전경영체계**
- 안전·보건에 관한 목표와 경영방침 설정(제1호)
- 재해예방을 위한 인력·시설·장비의 구비, 유해·위험요인의 개선 등 안전보건관리체계 구축 등에 필요한 예산 편성·집행(제4호)
- 안전보건관리책임자등에게 업무수행에 필요한 권한과 예산 부여, 안전보건관리책임자등에 대한 평가기준 마련 및 반기 1회 이상 평가(제5호)
- 중대산업재해 발생 또는 발생할 급박한 위험에 대비한 조치 매뉴얼 마련 및 매뉴얼에 따른 조치여부 반기 1회 이상 점검(제8호)
- 업무의 도급, 용역, 위탁 등을 하는 경우 종사자의 안전·보건 확보 기준·절차 마련 및 해당 기준·절차에 따라 도급 등이 이루어지는지 반기 1회 이상 점검(제9호)

○ **인적 안전체계**
- 안전·보건에 관한 업무 총괄·관리 전담 조직 설치(제2호)
- 산업안전보건법에 따라 정해진 수 이상의 안전보건관리자, 보건관리자, 안전보건관리담당자 및 산업보건의 배치(제6호)

○ **위험성 점검체계**
- 유해·위험요인을 확인하여 개선하는 업무절차 마련, 반기 1회 점검조치 후 필요조치(제3호)
- 안전·보건에 관한 사항에 대해 종사자의 의견청취 절차 마련, 의견청취 결과 재해예방에 필요한 개선방안 마련 및 개선방안 이행여부 반기 1회 이상 점검 후 필요한 조치 실시(제7호)

(2021.8.18.) 발제문의 아이디어를 참조하였다.
516) 김·장 법률사무소 중대재해대응팀, 앞의 책, 58면 참조.

1) 안전보건에 관한 목표 및 경영방침의 설정 (령 제4조제1호)

> **령 제4조(안전보건관리체계의 구축 및 이행 조치)** 법 제4조제1항제1호에 따른 조치의 구체적인 사항은 다음 각 호와 같다.
> 1. 사업 또는 사업장의 안전·보건에 관한 목표와 경영방침을 설정할 것

시행령 제4조제1호는 개인사업주 또는 경영책임자등으로 하여금 해당 사업주나 법인 또는 기관이 실질적으로 지배·운영·관리하는 사업 또는 사업장의 안전·보건에 관한 목표와 경영방침을 설정하도록 의무를 규정하고 있다. 이는 개인사업주 또는 경영책임자등의 안전·보건에 관한 인식 및 정책에 관한 결정 방향이 안전보건관리체계 구축 및 이와 연계된 각 사업장의 안전·보건 조치에 영향을 줄 수 있으므로,[517] 경영책임자등이 안전·보건 중심의 경영시스템을 마련하도록 유도하려는 취지인 것으로 보인다. 또한, 경영책임자등이 해당 기관의 경영방침에 안전보건에 관한 내용을 포함하고 구체적으로 실천하는 경우 조직 구성원들의 안전보건에 관한 인식과 행동 변화를 유도할 수 있을 것이라는 점도 반영한 것으로 보인다.[518]

고용노동부는 "안전·보건에 관한 목표와 경영방침"에 대하여 "사업 또는 사업장의 안전·보건에 관한 지속적인 개선 및 실행 방향"을 의미한다고 설명하고 있다. 그러나 '개선 및 실행 방향'은 추상적인 '목표'에 대한 설명은 될 수 있어도, 그보다 구체성이 있는 경영방침의 사전적 의미[519]와는 부합하지 않는 것으로 보인다. 고용노동부도 안전·보건에 관한 목표와 경영방침은 추상적이고 일반적인 내용에 그쳐서는 안 되고, 실현 가능한 구체적인 내용을 담고 있어야 하며, 단기적으로 달성될 수 없는 목표에 대해서는 중장기적인 관점에서 목표를 설정하고 그 구현을 위한 세부적인 로드맵을 담는 것이 바람직하다고 밝히고 있다.[520] 따라서 "안전·보건에 관한 목표와

---

517) 고용노동부(2021), 앞의 책, 44면 참조.
518) 고용노동부, 『경영책임자와 관리자가 알아야 할 중대재해처벌법 따라하기 - 중소기업 '중대산업재해 예방'을 위한 안내서』, 2022.3., 22면 참조.
519) 국립국어원 우리말샘의 뜻풀이에 따르면, 경영방침이란 "반복하여 일어나는 같거나 비슷한 문제에 대한 의사 결정에 일관성을 유지하고자 기업이 설정한 지도 원칙이나 실행 절차"를 의미하고, 영어로는 'business policies'로 바꾸어 쓸 수 있다.
520) 고용노동부, 『중대재해처벌법 해설 - 중대산업재해』, 2021.11., 45면 참조.

경영방침"은 개인사업주 또는 경영책임자등이 사업 또는 사업장의 안전·보건에 관하여 달성하고자 하는 목표(단기·중기·장기)와 이를 달성하기 위한 구체적인 실행계획[521])이라고 보는 것이 그 사전적 의미에 더욱 부합하는 것으로 보인다.

이와 관련하여, 중대재해처벌법 적용 제4호 판결(창원지방법원 마산지원 2023. 8. 25. 선고 2023고합8 판결)은 "안전·보건에 관한 목표와 경영방침에는 사업 또는 사업장의 특성과 규모 등이 반영되어야 하고, 그 내용은 중대재해처벌법 시행령 제4조 제2호 내지 제9호에 관한 것 등으로 구체화되어야 한다"면서 "업계에서 통용되는 표준적인 양식을 별다른 수정 없이 활용하는 데 그치거나, 안전 및 보건을 확보하기 위한 실질적이고 구체적인 방안이 포함되지 않아 명목상의 것에 불과한 경우에는, 중대재해처벌법이 요구하는 목표와 경영방침을 설정하였다고 볼 수 없다."고 판시하여 안전·보건 경영방침의 실질성과 구체성을 요구하였다.

〈창원지방법원 마산지원 2023. 8. 25. 선고 2023고합8 판결문 발췌〉

산업안전보건법 제14조는 일정한 요건을 갖춘 주식회사의 대표이사에 대하여 매년 회사의 안전 및 보건에 관한 계획을 수립하여 이사회에 보고하고 승인을 받을 의무를 부과하고 있고, 같은 법 시행령 제13조 제2항은 위 '안전 및 보건에 관한 계획'에 포함되는 내용으로 '안전 및 보건에 관한 경영방침' 등을 정하고 있으므로, 중대재해처벌법이 요구하는 안전·보건에 관한 목표와 경영방침은 산업안전보건법 제14조가 규정하는 회사의 안전 및 보건에 관한 계획과 상당 부분 중복될 수 있다.

다만, 산업안전보건법에 따른 안전 및 보건에 관한 계획은 매년 사업장의 상황을 고려한 구체적인 안전·보건 경영계획인 데 비하여, 중대재해처벌법이 요구하는 안전·보건에 관한 목표와 경영방침은 사업을 수행하면서 각 부문에서 항상 고려하여야 하는 안전·보건에 관한 기본적인 경영철학과 의사결정의 일반적인 지침을 담고 있어야 한다는 점에서 차이가 난다.

따라서 중대재해처벌법 시행령 제4조 제1호에 규정된 안전·보건에 관한 목표와 경영방침에는 사업 또는 사업장의 특성과 규모 등이 반영되어야 하고, 그 내용은 중대재해처벌법 시행령 제4조 제2호 내지 제9호에 관한 것 등으로 구체화되어야 한다.

---

521) 송인택 외, 앞의 책, 205면 참조.

그러므로 업계에서 통용되는 표준적인 양식을 별다른 수정 없이 활용하는 데 그치거나, 안전 및 보건을 확보하기 위한 실질적이고 구체적인 방안이 포함되지 않아 명목상의 것에 불과한 경우에는, 중대재해처벌법이 요구하는 목표와 경영방침을 설정하였다고 볼 수 없다.

한편, 경영책임자등이 안전·보건에 관한 목표와 경영방침 설정의무를 위반하는 경우 법 제6조 및 제4조제1항에 따라 중형으로 처벌될 가능성이 있는바, 이는 비례의 원칙 측면에서 문제의 소지가 제기될 수 있을 것으로 보인다. 산업안전보건법령은 상시근로자 500명 이상을 사용하는 회사 또는 시공능력 순위 상위 1천위 이내의 건설회사의 대표이사로 하여금 매년 안전보건에 관한 계획을 수립하여 이사회에 승인을 받고 성실하게 이행하도록 의무를 부과하면서, 그 내용에 ① 안전 및 보건에 관한 경영방침, ② 안전·보건관리 조직의 구성·인원 및 역할, ③ 안전·보건 관련 예산 및 시설 현황, ④ 안전 및 보건에 관한 전년도 활동실적 및 다음 연도 활동계획을 포함하도록 하여 중대재해처벌법 시행령에 따른 '안전·보건에 관한 목표와 경영방침' 수립의무와 유사한 규정을 두고 있는데(「산업안전보건법」 제14조 및 같은 법 시행령 제13조522)), 「산업안전보건법」은 이러한 대표이사의 안전보건에 관한 계획 수립의무 위반에 대하여 과태료 부과에 그치고 있기 때문이다. 또한 안전·보건에 관한 목표와 경

---

522) 「산업안전보건법」 제14조(이사회 보고 및 승인 등) ① 「상법」 제170조에 따른 주식회사 중 대통령령으로 정하는 회사의 대표이사는 대통령령으로 정하는 바에 따라 매년 회사의 안전 및 보건에 관한 계획을 수립하여 이사회에 보고하고 승인을 받아야 한다.
② 제1항에 따른 대표이사는 제1항에 따른 안전 및 보건에 관한 계획을 성실하게 이행하여야 한다.
③ 제1항에 따른 안전 및 보건에 관한 계획에는 안전 및 보건에 관한 비용, 시설, 인원 등의 사항을 포함하여야 한다.
「산업안전보건법 시행령」 제13조(이사회 보고·승인 대상 회사 등) ② 법 제14조제1항에 따른 회사의 대표이사(「상법」 제408조의2제1항 후단에 따라 대표이사를 두지 못하는 회사의 경우에는 같은 법 제408조의5에 따른 대표집행임원을 말한다)는 회사의 정관에서 정하는 바에 따라 다음 각 호의 내용을 포함한 회사의 안전 및 보건에 관한 계획을 수립해야 한다.
1. 안전 및 보건에 관한 경영방침
2. 안전·보건관리 조직의 구성·인원 및 역할
3. 안전·보건 관련 예산 및 시설 현황
4. 안전 및 보건에 관한 전년도 활동실적 및 다음 연도 활동계획

영방침을 세우지 않은 것 하나만으로 의무 위반과 재해 사이에 인과관계가 인정되는 의무라고 보기 어려우며, 다른 의무 위반이 함께 있는 경우라야 인과관계가 인정될 여지가 있다.[523]

2) 안전보건 업무 총괄관리 전담조직 설치 (령 제4조제2호)

> **령 제4조(안전보건관리체계의 구축 및 이행 조치)** 법 제4조제1항제1호에 따른 조치의 구체적인 사항은 다음 각 호와 같다.
> 2. 「산업안전보건법」 제17조부터 제19조까지 및 제22조에 따라 두어야 하는 인력이 총 3명 이상이고 다음 각 목의 어느 하나에 해당하는 사업 또는 사업장인 경우에는 안전·보건에 관한 업무를 총괄·관리하는 전담 조직을 둘 것. 이 경우 나목에 해당하지 않던 건설사업자가 나목에 해당하게 된 경우에는 공시한 연도의 다음 연도 1월 1일까지 해당 조직을 두어야 한다.
> 가. 상시근로자 수가 500명 이상인 사업 또는 사업장
> 나. 「건설산업기본법」 제8조 및 같은 법 시행령 별표 1에 따른 토목건축공사업에 대해 같은 법 제23조에 따라 평가하여 공시된 시공능력의 순위가 상위 200위 이내인 건설사업자

(가) 개관

시행령 제4조제2호는 ① 개인사업주나 법인 또는 기관이 모든 사업장에 두어야 하는 안전관리자, 보건관리자, 안전보건관리담당자, 산업보건의가 총 3명 이상이고, ② 상시 근로자 수가 500명 이상인 사업 또는 사업장이거나 시공능력 순위가 상위 200위 이내인 종합건설업체의 개인사업주나 경영책임자등은 사업 또는 사업장의 안전·보건에 관한 업무를 총괄·관리하는 전담조직을 두도록 규정하고 있다.[524] 이는 규모가 큰 기관일수록 위험요소가 다양하고 복합적이므로 기관 전체의 안전보건에 관한 컨트롤타워 역할을 하는 전담조직을 구성해야 하는바, 기업이 추구하는 다양한 가치들이 충돌할 때, 전담조직이 없다면 안전보건 사항이 고려되기 어렵고, 결국에는 더

---

523) 정현희, 앞의 책, 61면.
524) 고용노동부, 『중대재해처벌법 해설 - 중대산업재해』, 2021.11., 47면 참조.

큰 위기를 초래할 수도 있기 때문이다.[525] 시행령 제4조제2호 후단은 시공능력 순위 200위 이내에 속하지 않던 건설사업자가 200위 이내에 해당하게 된 경우에는 시공능력을 공시한 연도의 다음연도 1월 1일까지 전담조직을 두도록 규정하고 있다. 이는 시공능력 순위가 매년 7월말 발표되는바, 곧바로 조직 구성이 어려울 수 있는 점을 고려한 것이다.[526]

(나) 전담조직을 설치해야 하는 사업 또는 사업장

안전관리자는 안전보건관리책임자의 업무[527] 중 안전에 관한 기술적인 사항에 관하여 사업주 또는 안전보건관리책임자를 보좌하고 관리감독자에게 지도·조언하는 업무를 한다. 사업장에 두어야 하는 안전관리자의 수는 「산업안전보건법 시행령」 별표3에서 규정하고 있는데, 건설업을 제외한 사업의 경우 상시근로자를 기준으로 안전관리자의 수를 규정하고 있다. 토사석 광업 등 27개 사업은 사업장의 상시근로자 수가 50명 이상 500명 미만인 경우 1명 이상의 안전관리자를, 상시근로자 수가 500명 이상인 경우 2명 이상의 안전관리자를 두어야 한다. 농림어업 등 21개 사업은 상시근로자 수가 50명 이상 1,000명 미만의 사업장에는 1명 이상의 안전관리자를, 상시근로자 1,000명 이상의 사업장에는 2명 이상의 안전관리자를 두어야 한다.

---

525) 고용노동부, 『경영책임자와 관리자가 알아야 할 중대재해처벌법 따라하기 – 중소기업 '중대산업재해 예방'을 위한 안내서』, 2022.3., 25면 참조.

526) 윤준현 외 4인, 『중대재해처벌법상 안전 및 보건확보 의무의 구체화 방안 연구』, 2021.10., 산업안전보건연구원, 20면 참조.

527) 「산업안전보건법」 제15조(안전보건관리책임자) ① 사업주는 사업장을 실질적으로 총괄하여 관리하는 사람에게 해당 사업장의 다음 각 호의 업무를 총괄하여 관리하도록 하여야 한다.
 1. 사업장의 산업재해 예방계획의 수립에 관한 사항
 2. 제25조 및 제26조에 따른 안전보건관리규정의 작성 및 변경에 관한 사항
 3. 제29조에 따른 안전보건교육에 관한 사항
 4. 작업환경측정 등 작업환경의 점검 및 개선에 관한 사항
 5. 제129조부터 제132조까지에 따른 근로자의 건강진단 등 건강관리에 관한 사항
 6. 산업재해의 원인 조사 및 재발 방지대책 수립에 관한 사항
 7. 산업재해에 관한 통계의 기록 및 유지에 관한 사항
 8. 안전장치 및 보호구 구입 시 적격품 여부 확인에 관한 사항
 9. 그 밖에 근로자의 유해·위험 방지조치에 관한 사항으로서 고용노동부령으로 정하는 사항

사업의 종류	상시근로자 수	안전관리자 수
1. 토사석 광업 2. 식료품 제조업, 음료 제조업 3. 섬유제품 제조업; 의복 제외	50명 이상 500명 미만	1명 이상
4. 목재 및 나무제품 제조업; 가구 제외 5. 펄프, 종이 및 종이제품 제조업 6. 코크스, 연탄 및 석유정제품 제조업 7. 화학물질 및 화학제품 제조업; 의약품 제외 8. 의료용 물질 및 의약품 제조업 9. 고무 및 플라스틱제품 제조업 10. 비금속 광물제품 제조업 11. 1차 금속 제조업 12. 금속가공제품 제조업; 기계 및 가구 제외 13. 전자부품, 컴퓨터, 영상, 음향 및 통신장비 제조업 14. 의료, 정밀, 광학기기 및 시계 제조업 15. 전기장비 제조업 16. 기타 기계 및 장비 제조업 17. 자동차 및 트레일러 제조업 18. 기타 운송장비 제조업 19. 가구 제조업 20. 기타 제품 제조업 21. 산업용 기계 및 장비 수리업 22. 서적, 잡지 및 기타 인쇄물 출판업 23. 폐기물 수집, 운반, 처리 및 원료 재생업 24. 환경 정화 및 복원업 25. 자동차 종합 수리업, 자동차 전문 수리업 26. 발전업 27. 운수 및 창고업	500명 이상	2명 이상
28. 농업, 임업 및 어업 29. 제2호부터 제21호까지의 사업을 제외한 제조업 30. 전기, 가스, 증기 및 공기조절 공급업(발전업은 제외한다) 31. 수도, 하수 및 폐기물 처리, 원료 재생업(제23호 및 제24호 　　에 해당하는 사업은 제외한다) 32. 도매 및 소매업 33. 숙박 및 음식점업 34. 영상·오디오 기록물 제작 및 배급업 35. 방송업 36. 우편 및 통신업 37. 부동산업	50명 이상 1천명 미만. 다만, 제37 호의 사업(부동산 관리업은 제외한 다)과 제40호의 사업의 경우에는 100 명 이상 1천 명 미만	1명 이상

		1천명 이상	2명 이상
38. 임대업; 부동산 제외			
39. 연구개발업			
40. 사진처리업			
41. 사업시설 관리 및 조경 서비스업			
42. 청소년 수련시설 운영업			
43. 보건업			
44. 예술, 스포츠 및 여가 관련 서비스업			
45. 개인 및 소비용품수리업(제25호에 해당하는 사업은 제외한다)			
46. 기타 개인 서비스업			
47. 공공행정(청소, 시설관리, 조리 등 현업업무에 종사하는 사람으로서 고용노동부장관이 정하여 고시하는 사람으로 한정한다)			
48. 교육서비스업 중 초등·중등·고등 교육기관, 특수학교·외국인학교 및 대안학교(청소, 시설관리, 조리 등 현업업무에 종사하는 사람으로서 고용노동부장관이 정하여 고시하는 사람으로 한정한다)			

건설업의 경우 사업장에 두어야 하는 안전관리자 수는 공사금액을 기준으로 규정되어 있다. 공사금액 구간별로, 50억원 이상 800억원 미만의 경우 1명 이상, 800억원 이상 1,500억원 미만의 경우 2명 이상의 안전관리자를 두어야 하는 등 공사금액이 증가할수록 사업장에 두는 안전관리자의 수가 증가한다.

사업의 종류	공사금액	안전관리자 수
49. 건설업	50억원 이상(관계수급인은 100억원 이상) 800억원 미만	1명 이상
	800억원 이상 1,500억원 미만	2명 이상. 다만, 전체 공사기간을 100으로 할 때 공사 시작에서 15에 해당하는 기간과 공사 종료 전의 15에 해당하는 기간(이하 "전체 공사기간 중 전·후 15에 해당하는 기간"이라 한다) 동안은 1명 이상으로 한다.
	1,500억원 이상 2,200억원 미만	3명 이상. 다만, 전체 공사기간 중 전·후 15에 해당하는 기간은 2명 이상으로 한다.
	2,200억원 이상 3천억원 미만	4명 이상. 다만, 전체 공사기간 중 전·후 15에 해당하는 기간은 2명 이상으로 한다.

3천억원 이상 3,900억원 미만	5명 이상. 다만, 전체 공사기간 중 전·후 15에 해당하는 기간은 3명 이상으로 한다.
3,900억원 이상 4,900억원 미만	6명 이상. 다만, 전체 공사기간 중 전·후 15에 해당하는 기간은 3명 이상으로 한다.
4,900억원 이상 6천억원 미만	7명 이상. 다만, 전체 공사기간 중 전·후 15에 해당하는 기간은 4명 이상으로 한다.
6천억원 이상 7,200억원 미만	8명 이상. 다만, 전체 공사기간 중 전·후 15에 해당하는 기간은 4명 이상으로 한다.
7,200억원 이상 8,500억원 미만	9명 이상. 다만, 전체 공사기간 중 전·후 15에 해당하는 기간은 5명 이상으로 한다.
8,500억원 이상 1조원 미만	10명 이상. 다만, 전체 공사기간 중 전·후 15에 해당하는 기간은 5명 이상으로 한다.
1조원 이상	11명 이상[매 2천억원(2조원이상부터는 매 3천억원)마다 1명씩 추가한다]. 다만, 전체 공사기간 중 전·후 15에 해당하는 기간은 선임 대상 안전관리자 수의 2분의 1(소수점 이하는 올림한다) 이상으로 한다.

보건관리자는 안전보건관리책임자의 업무 중 보건에 관한 기술적인 사항에 관하여 사업주 또는 안전보건관리책임자를 보좌하고 관리감독자에게 지도·조언하는 업무를 수행한다. 사업장에 두어야 하는 보건관리자의 수는 「산업안전보건법 시행령」 별표 5에서 규정하고 있다. 광업 등 22개 사업의 경우 사업장에 두어야 하는 보건관리자의 수는 상시근로자 수 50명 이상 500명 미만인 경우 1명 이상, 상시근로자 수 500명 이상 2,000명 미만인 경우 2명 이상이다. 광업 등 22개 사업을 제외한 제조업의 경우 상시근로자 50명 이상 1,000명 미만인 경우 보건관리자 1명 이상을, 상시근로자 1,000명 이상인 경우 보건관리자 2명 이상을 두어야 한다. 농림어업 등 20개 사업은 상시근로자 50명 이상 5,000명 미만인 경우 보건관리자 1명 이상을, 상시근로자 5,000명 이상인 경우 보건관리자 2명 이상을 두어야 한다.

사업의 종류	상시근로자 수	보건관리자 수
1. 광업(광업 지원 서비스업은 제외한다) 2. 섬유제품 염색, 정리 및 마무리 가공업 3. 모피제품 제조업	50명 이상 500명 미만	1명 이상
4. 그 외 기타 의복액세서리 제조업(모피 액세서리에 한정한다) 5. 모피 및 가죽 제조업(원피가공 및 가죽 제조업은 제외한다) 6. 신발 및 신발부분품 제조업 7. 코크스, 연탄 및 석유정제품 제조업 8. 화학물질 및 화학제품 제조업; 의약품 제외 9. 의료용 물질 및 의약품 제조업 10. 고무 및 플라스틱제품 제조업 11. 비금속 광물제품 제조업 12. 1차 금속 제조업 13. 금속가공제품 제조업; 기계 및 가구 제외 14. 기타 기계 및 장비 제조업 15. 전자부품, 컴퓨터, 영상, 음향 및 통신장비 제조업 16. 전기장비 제조업 17. 자동차 및 트레일러 제조업 18. 기타 운송장비 제조업 19. 가구 제조업 20. 해체, 선별 및 원료 재생업 21. 자동차 종합 수리업, 자동차 전문 수리업 22. 제88조 각 호의 어느 하나에 해당하는 유해물질을 제조하는 사업과 그 유해물질을 사용하는 사업 중 고용노동부장관이 특히 보건관리를 할 필요가 있다고 인정하여 고시하는 사업	500명 이상	2명 이상
23. 제2호부터 제22호까지의 사업을 제외한 제조업	50명 이상 1천명 미만	1명 이상
	1천명 이상	2명 이상
24. 농업, 임업 및 어업 25. 전기, 가스, 증기 및 공기조절공급업 26. 수도, 하수 및 폐기물 처리, 원료 재생업(제20호에 해당하는 사업은 제외한다) 27. 운수 및 창고업 28. 도매 및 소매업 29. 숙박 및 음식점업 30. 서적, 잡지 및 기타 인쇄물 출판업 31. 방송업	50명 이상 5천명 미만. 다만, 제35호의 경우에는 상시근로자 100명 이상 5천명 미만으로 한다.	1명 이상
	5천명 이상	2명 이상

32. 우편 및 통신업
33. 부동산업
34. 연구개발업
35. 사진 처리업
36. 사업시설 관리 및 조경 서비스업
37. 공공행정(청소, 시설관리, 조리 등 현업업무에 종사하는 사람으로서 고용노동부장관이 정하여 고시하는 사람으로 한정한다)
38. 교육서비스업 중 초등·중등·고등 교육기관, 특수학교·외국인학교 및 대안학교(청소, 시설관리, 조리 등 현업업무에 종사하는 사람으로서 고용노동부장관이 정하여 고시하는 사람으로 한정한다)
39. 청소년 수련시설 운영업
40. 보건업
41. 골프장 운영업
42. 개인 및 소비용품수리업(제21호에 해당하는 사업은 제외한다)
43. 세탁업

건설업은 상시근로자 수 또는 공사금액 기준에 따라 두어야 하는 보건관리자의 수가 달라진다. 상시근로자가 600명 이상인 경우 보건관리자 1명 이상을 두어야 하고, 상시근로자의 수가 600명 증가할 때마다 보건관리자를 1명씩 추가하여야 한다. 공사금액 기준으로는 800억 이상인 경우 보건관리자를 1명 이상 두되, 이후 1,400억원이 증가할 때마다 보건관리자를 1명씩 추가하여야 한다.

사업의 종류	상시근로자 수 또는 공사금액	보건관리자 수
44. 건설업	공사금액 800억원 이상(「건설산업기본법 시행령」 별표 1의 종합공사를 시공하는 업종의 건설업종란 제1호에 따른 토목공사업에 속하는 공사의 경우에는 1천억 이상) 또는 상시 근로자 600명 이상	1명 이상[공사금액 800억원(「건설산업기본법 시행령」 별표 1의 종합공사를 시공하는 업종의 건설업종란 제1호에 따른 토목공사업은 1천억원)을 기준으로 1,400억원이 증가할 때마다 또는 상시 근로자 600명을 기준으로 600명이 추가될 때마다 1명씩 추가한다]

안전보건관리담당자는 안전 및 보건에 관하여 사업주를 보좌하고 관리감독자에게 지도·조언하기 위하여 사업장에 두는 사람이다. 제조업, 임업, 하수·폐수·분뇨처리업, 폐기물 수집·운반·처리 및 원료재생업, 환경 정화 및 복원업의 경우 상시근로자 20명 이상 50명 미만인 사업장에 안전보건관리담당자 1명 이상을 선임하여야 하되, 사업장에 안전관리자 또는 보건관리자가 있는 경우에는 선임하지 아니하여도 된다(「산업안전보건법」 제19조 및 같은 법 시행령 제24조).

산업보건의는 사업장에서 근로자의 건강관리 또는 보건관리자의 업무를 지도하는 역할을 한다. 보건관리자를 두어야 하는 사업인 경우로서 상시근로자 수가 50명 이상인 사업장에는 산업보건의를 두어야 하나, 의사를 보건관리자로 선임한 경우 또는 보건관리전문기관에 보건관리자의 업무를 위탁한 경우에는 산업보건의를 선임하지 아니하여도 된다(「산업안전보건법」 제22조 및 같은 법 시행령 제29조).

이상의 「산업안전보건법」에 따른 전문인력 및 안전보건 업무 담당자 배치기준을 표로 요약하면 아래와 같다.

〈전문인력 및 안전보건 업무 담당자 배치기준〉

구분		배치기준
전문 인력	안전 관리자	안전에 관한 기술적인 사항에 관하여 사업주 또는 안전보건관리책임자를 보좌하고 관리감독자에게 지도·조언하도록 산업안전지도사 자격 등을 가진 자를 안전관리자로 두어야 함(산업안전보건법 제17조) ※ 소속 현업업무종사자가 50명 이상이면 선임의무 발생(산업안전보건법 시행령 [별표 3])
	보건 관리자	보건에 관한 기술적인 사항에 관하여 사업주 또는 안전보건관리책임자를 보좌하고 관리감독자에게 지도·조언하도록 산업보건지도사 자격 등을 가진 자를 보건관리자로 두어야 함(산업안전보건법 제18조) ※ 소속 현업업무종사자가 50명 이상이면 선임의무 발생(산업안전보건법 시행령 [별표 5])
	산업 보건의	근로자 건강관리나 보건관리자 업무 지도 등을 위하여 산업보건의를 두어야 함(산업안전보건법 제22조) ※ 소속 현업업무종사자가 50명 이상이면 선임의무 발생(산업안전보건법

		시행령 [별표 5])/외부위촉 가능
안전보건 업무 담당자	안전보건 총괄 책임자	도급인은 관계수급인 근로자가 도급인의 사업장에서 작업을 하는 경우에는 그 사업장의 안전보건관리책임자를 도급인의 근로자와 관계수급인의 근로자의 산업재해를 예방하기 위한 업무를 총괄하여 관리하는 안전보건총괄책임자로 지정하여야 함(산업안전보건법 제62조) ※ 도급인 사업장 근로자와 관계수급인에게 고용된 근로자를 포함한 상시근로자가 100명 이상인 사업장 대상(공사금액 20억원 이상인 건설업)
	안전 보건관리 책임자	사업주는 사업장을 실질적으로 총괄하여 관리하는 사람(기관장, 단체장)에게 산업재해 예방계획의 수립 등 업무를 총괄하여 관리하도록 하여야 함(산업안전보건법 제15조) ※ 소속 현업업무종사자가 100명 이상이면 선임의무 발생(산업안전보건법 시행령 [별표 2])
	관리 감독자	사업주는 사업장의 생산과 관련되는 업무와 그 소속 직원을 직접 지휘·감독하는 직위에 있는 사람(관리감독자)에게 산업 안전 및 보건에 관한 업무로서 대통령령으로 정하는 업무를 수행하도록 하여야 함(산업안전보건법 제16조)

* 자료: 해양수산부, 『항만건설현장 안전관리업무 길라잡이』, 2022.7., 51면.

    종합하면, 건설업의 경우 사업장의 공사금액이 800억원 이상이거나, 공사금액이 50억원 이상이고 상시근로자의 수가 600명 이상인 경우 안전관리자, 보건관리자 및 산업보건의를 두어야 한다. 이러한 사업장을 가진 사업 또는 사업장은 상시근로자 수가 500명 이상인 경우 안전보건 업무 총괄관리 전담조직을 설치하여야 한다. 또한, 이러한 사업장을 가진 종합건설업체 중 시공능력 순위 200위 이내인 경우도 안전보건 업무 총괄관리 전담조직을 설치하여야 한다(중대재해처벌법 시행령 제4조제2호나목).

    건설업 외의 대부분의 사업에서 사업장의 상시근로자의 수가 50명 이상(부동산업과 사진처리업의 경우 100명 이상)인 경우 안전관리자, 보건관리자 및 산업보건의를 두어야 한다. 따라서 건설업을 제외한 대부분의 사업의 경우 사업장의 상시근로자수가 50명 이상(부동산업과 사진처리업의 경우 100명 이상)이면서 사업 전체의 상시근로자 수가 500명 이상인 경우 안전보건 업무를 총괄관리하는 전담조직을 설치하여야 한다.

    이에 반하여, 금융 및 보험업(대분류), 사회복지 서비스업(대분류), 광업지원서비스업

(중분류), 컴퓨터프로그래밍·시스템 통합 및 관리업(중분류), 정보서비스업(중분류), 전문서비스업(중분류), 건축기술·엔지니어링 및 기타 과학기술 서비스업(중분류) 등의 사업 또는 사업장은 「산업안전보건법」에 따른 안전관리자 등 전문인력의 배치 의무가 없으므로 안전보건 업무 총괄관리 전담조직 설치의무가 없다.[528]

　「산업안전보건법 시행령」 별표1에 따르면, 공공행정, 국방 및 사회보장행정, 교육서비스업 중 초등·중등·고등 교육기관, 특수학교·외국인학교 및 대안학교의 경우에도 「산업안전보건법」 제2장제1절(안전보건관리체제)의 규정 적용이 배제되므로 전담조직 설치 의무가 없다. 그러나 이들 산업분류에 속하는 기관 중 국방 및 사회보장행정 분야를 제외한 기관에서 고용노동부장관 고시에 따른 현업업무[529]에 종사하는 사람에 대하여는 「산업안전보건법」 제2장제1절(안전보건관리체제)의 규정이 적용된다. 따라서 이들 기관 중 현업업무 종사자가 시행령 제4조제2호의 기준에 해당하는 경우에는 전담조직을 설치하여야 한다. 구체적으로 이들 기관 중 전담조직을 설치하여야 하는 경우는 해당 기관 전체의 상시근로자수가 500명 이상이고, 해당 기관 내 사업장에

---

528) 고용노동부, 『중대재해처벌법 해설 – 중대산업재해』, 2021.11., 40면 참조.
529) 「공공행정 등에서 현업업무에 종사하는 사람의 기준(고용노동부고시 제2020-62호)」 제2조(공공행정에서의 현업업무 종사자) 공공행정에서의 현업업무 종사자는 일반 행정에 관한 규제·집행 사무 및 이를 보조하는 업무와는 업무형태가 현저히 다르거나 유해·위험의 정도가 다른 업무로서 별표 1의 업무를 수행하는 사람으로 한다.
제3조(초등·중등·고등 교육기관, 특수학교·외국인학교 및 대안학교의 현업업무 종사자) 교육서비스업 중 초등·중등·고등 교육기관, 특수학교·외국인학교 및 대안학교에서의 현업업무 종사자는 수업과 행정에 관한 업무 및 이를 보조하는 업무와는 업무형태가 현저히 다르거나 유해·위험의 정도가 다른 업무로서 별표 2의 업무를 수행하는 사람으로 한다.
[별표 1] 공공행정에서 현업업무에 해당하는 업무내용
1. 청사 등 시설물의 경비, 유지관리 업무 및 설비·장비 등의 유지관리 업무
2. 도로의 유지·보수 등의 업무
3. 도로·가로 등의 청소, 쓰레기·폐기물의 수거·처리 등 환경미화 업무
4. 공원·녹지 등의 유지관리 업무
5. 산림조사 및 산림보호 업무
6. 조리 실무 및 급식실 운영 등 조리시설 관련 업무
[별표 2] 초등·중등·고등 교육기관, 특수학교·외국인학교 및 대안학교에서 현업업무에 해당하는 업무내용
1. 학교 시설물 및 설비·장비 등의 유지관리 업무
2. 학교 경비 및 학생 통학 보조 업무
3. 조리 실무 및 급식실 운영 등 조리시설 관련 업무

선임하여야 하는 안전보건 전문인력의 총합이 3명 이상인 경우이다. 사업장 내 현업 업무 종사자의 수가 50명 이상인 경우 안전관리자, 보건관리자 및 산업보건의를 각 1명 배치하여야 하므로,530) 기관 전체의 상시근로자수 500명 이상, 기관 내 사업장의 현업종사자수가 50명 이상인 경우에는 해당 기관에 전담조직을 설치하여야 한다.

(다) 검토

「기업활동 규제완화에 관한 특별조치법」 등 타 법률에서 「산업안전보건법」에 따른 안전관리자 등 전문인력의 배치의무를 완화하는 규정을 두는 경우가 있는바, 「산업안전보건법」상 배치되어야 하는 전문인력이 3명 이상이나 「기업활동 규제완화에 관한 특별조치법」 등의 적용을 받아 실제 배치되는 전문인력이 3명 미만인 경우에 전담조직 설치의무가 면제되는지 문제될 수 있다. 시행령 제4조제2호는 전담조직 설치요건으로 실제 배치되는 인력이 아니라 「산업안전보건법」에 따라 두어야 하는 인력을 규정하고 있고, 시행령 제4조제6호와 같이 "다른 법령에서 해당 인력의 배치에 대해 달리 정하고 있는 경우에는 그에 따르고"와 같은 규정을 두고 있지 않는다는 점을 고려하면, 위와 같은 사례에서 전담조직 설치의무가 면제되지 않는다고 보아야 할 것이다.

한편, 안전보건 업무 총괄관리 전담조직을 사업장마다 두어야 하는지 사업주나 법인 또는 기관 소속으로 하나만 두면 되는지 법문상으로는 명확하지 않은 측면이 있다. 중대재해처벌법 시행령 제4조제2호나목에서 전담조직을 두어야 하는 요건으로 법인인 건설사업자를 규정하고 있고, 전담조직의 업무의 성격이 총괄하는 업무이므로 사업주나 법인 또는 기관 소속으로 하나의 전담조직을 설치하면 되는 것으로 보인다. 고용노동부도 전담조직은 특정 사업장의 안전·보건이 아닌 전체 사업 또는 사업장을 총괄·관리하여야 한다고 설명하고 있다.531)

전담조직은 '조직'이므로 2명 이상으로 구성하여야 하고, 안전보건 업무를 총괄·관리하는 '전담' 조직이므로 전담조직의 구성원은 안전보건 업무 총괄·관리와 관련 없는 업

---

530) 고용노동부, 『중앙행정기관 중대재해 예방 매뉴얼 – 산업안전보건법·중대재해처벌법 대비』, 2022.3., 38면 참조.

531) 고용노동부, 『중대재해처벌법 해설 – 중대산업재해』, 2021.11., 49면 참조.

무를 겸임하여 수행할 수 없다는 점에 유의하여야 한다. 예컨대, 전담조직에서 안전·보건업무를 수행하는 자는 소방·시설관리·전기 등의 업무를 함께 수행할 수 없으며, 생산관리·일반행정 등 안전·보건관리와 상충되는 업무도 함께 수행할 수 없다.[532]

3) 유해위험 요인 확인 및 개선 업무절차 (령 제4조제3호)

> **령 제4조(안전보건관리체계의 구축 및 이행 조치)** 법 제4조제1항제1호에 따른 조치의 구체적인 사항은 다음 각 호와 같다.
> 3. 사업 또는 사업장의 특성에 따른 유해·위험요인을 확인하여 개선하는 업무절차를 마련하고, 해당 업무절차에 따라 유해·위험요인의 확인 및 개선이 이루어지는지를 반기 1회 이상 점검한 후 필요한 조치를 할 것. 다만, 「산업안전보건법」 제36조에 따른 위험성평가를 하는 절차를 마련하고, 그 절차에 따라 위험성 평가를 직접 실시하거나 실시하도록 하여 실시 결과를 보고받은 경우에는 해당 업무절차에 따라 유해·위험요인의 확인 및 개선에 대한 점검을 한 것으로 본다.

시행령 제4조제3호는 개인사업주 또는 경영책임자등으로 하여금 사업 또는 사업장의 특성에 따른 유해·위험요인을 확인하여 개선하도록 업무절차를 마련하고, 해당 절차의 이행여부를 점검한 후 필요한 조치를 하도록 규정하고 있다. 이는 개인사업주 또는 경영책임자등이 스스로 해당 사업 또는 사업장의 유해·위험요인을 파악하여 그 위험성을 평가하고, 유해·위험요인의 제거·대체 및 통제방안을 마련하여 이행하도록 함으로써 근로환경을 지속적으로 개선하려는 것으로 보인다.

중대재해처벌법 적용 제8호 판결(창원지방법원 2022고단1429)에서 유해·위험요인을 '확인'하는 절차는 "누구나 자유롭게 사업장의 위험요인을 발굴하고 신고할 수 있는 창구를 포함하여 경영책임자등이 사업장의 유해·위험요인을 파악하는 체계적인 과정"을 의미하고, 유해·위험요인을 '개선'하는 절차는 "확인된 유해·위험요인을 체계적으로 분류·관리하고 유해·위험요인별로 제거·대체·통제하는 방안"을 의미한다고

---

532) 고용노동부, 『경영책임자와 관리자가 알아야 할 중대재해처벌법 따라하기 – 중소기업 '중대산업재해 예방'을 위한 안내서』, 2022.3., 27면 참조.

판시한 바 있다.

유해·위험요인을 확인하여 개선하는 업무는 기계·기구 등을 신규 도입하거나 변경하는 경우, 기계·기구 등을 정비·보수하는 경우, 작업방법·절차의 신규도입 또는 변경이 있는 경우 등 사업장에 추가적인 유해·위험요인이 발생할 것으로 예상되는 경우,[533] 그 신규도입 또는 변경 등이 있기 전에 실시하여 유해·위험요인에 대한 대책이 마련된 상태에서 종사자가 작업을 할 수 있도록 해야 할 것이다. 유해·위험요인에 대한 대책으로는 ① 유해·위험요인 제거, ② 유해·위험이 낮은 작업방식이나 시설·물질로의 대체, ③ 유해·위험 수준을 줄일 수 있도록 방호덮개, 안전난간 설치 등의 통제(공학적·기술적 통제), ④ 작업방법 변경 또는 작업허가제 도입 등의 관리방법 실행(행정적 통제), ⑤ 방독마스크, 보안경 등 개인보호장비 사용 등이 있다.[534]

「산업안전보건법」 제36조[535]는 사업주에게 근로자의 업무로 인한 위해요인을 찾아내어 부상 및 질병으로 이어질 수 있는 위험성의 크기가 허용 가능한 범위 내에

---

533) 「사업장 위험성평가에 관한 지침」 제15조(위험성평가의 실시 시기) ② 사업주는 다음 각 호의 어느 하나에 해당하여 추가적인 유해·위험요인이 생기는 경우에는 해당 유해·위험요인에 대한 수시 위험성평가를 실시하여야 한다. 다만, 제5호에 해당하는 경우에는 재해발생 작업을 대상으로 작업을 재개하기 전에 실시하여야 한다.
   1. 사업장 건설물의 설치·이전·변경 또는 해체
   2. 기계·기구, 설비, 원재료 등의 신규 도입 또는 변경
   3. 건설물, 기계·기구, 설비 등의 정비 또는 보수(주기적·반복적 작업으로서 이미 위험성평가를 실시한 경우에는 제외)
   4. 작업방법 또는 작업절차의 신규 도입 또는 변경
   5. 중대산업사고 또는 산업재해(휴업 이상의 요양을 요하는 경우에 한정한다) 발생
   6. 그 밖에 사업주가 필요하다고 판단한 경우
534) 고용노동부, 『경영책임자와 관리자가 알아야 할 중대재해처벌법 따라하기 – 중소기업 '중대산업재해 예방'을 위한 안내서』, 2022.3., 30~31면 참조.
535) 「산업안전보건법」 제36조(위험성평가의 실시) ① 사업주는 건설물, 기계·기구·설비, 원재료, 가스, 증기, 분진, 근로자의 작업행동 또는 그 밖의 업무로 인한 유해·위험 요인을 찾아내어 부상 및 질병으로 이어질 수 있는 위험성의 크기가 허용 가능한 범위인지를 평가하여야 하고, 그 결과에 따라 이 법과 이 법에 따른 명령에 따른 조치를 하여야 하며, 근로자에 대한 위험 또는 건강장해를 방지하기 위하여 필요한 경우에는 추가적인 조치를 하여야 한다.
   ② 사업주는 제1항에 따른 평가 시 고용노동부장관이 정하여 고시하는 바에 따라 해당 작업장의 근로자를 참여시켜야 한다.
   ③ 사업주는 제1항에 따른 평가의 결과와 조치사항을 고용노동부령으로 정하는 바에 따라 기록하여 보존하여야 한다.
   ④ 제1항에 따른 평가의 방법, 절차 및 시기, 그 밖에 필요한 사항은 고용노동부장관이 정하여 고시한다.

있는지 평가하고 그 결과에 따른 조치를 하도록 규정하고 있는데, 개인사업주 또는 경영책임자등이 이러한 위험성평가 절차를 마련하여 절차대로 위험성평가를 한 경우에는 위해요인 확인개선의 점검을 한 것으로 간주된다(시행령 제4조제3호 단서). 이 경우 위험성평가만으로 그쳐서는 안 되고, 점검 후 필요한 조치가 있다면 그 조치까지 완료하여야만 개인사업주 또는 경영책임자등의 의무를 이행한 것이라는 점에 주의하여야 한다는 견해가 있다.536) 그런데 「산업안전보건법」 제36조에 따른 위험성평가에는 유해·위험요인의 파악 및 평가 외에도 산업안전보건법령에 따른 조치와 근로자에 대한 위험 또는 건강장해 방지를 위해 필요한 추가적인 조치까지도 포함되므로, 「산업안전보건법」 제36조에 따른 위험성평가를 실시한 것만으로도 개인사업주 또는 경영책임자등의 의무가 이행된 것으로 평가될 수 있을 것으로 보인다.

하급심 판례도 유해위험 요인 확인 및 개선 업무절차 마련 여부를 판단함에 있어 「산업안전보건법」 제36조와 그 위임에 따른 「사업장 위험성평가에 관한 지침」(고용노동부 고시 제2020-53호)을 중요한 기준으로 보고 있다. 예컨대, 중대재해처벌법 적용 제13호 판결(대구지방법원 2023고단3905)은 피고인이 사업장의 특성에 따른 유해·위험요인을 확인하여 개선하는 업무 절차를 마련함에 있어 「산업안전보건법」 제36조와 그 위임에 따른 「사업장 위험성평가에 관한 지침」537)이 규정하는 방법과 절차·시기 등에 대한 기준을 반영하지 않고 정비·보수 작업에 대한 위험성평가 없이 개괄적인 사항에 대한 일반적 절차만 규정한 경영책임자에 대하여 중대재해처벌법 및 같은 법 시행령상 의무를 위반하였다고 판시하였다.538)

참고로, 고용노동부가 제시한 위험성평가 절차는 다음과 같다.

---

536) 권오성, 앞의 책, 125면 참조.
537) 고용노동부 고시 제2020-53호.
538) 제5호 판결(의정부지방법원 2023. 10. 6. 선고 2022고단3255 판결) 역시 유사한 취지로 판시하였다.

〈위험성평가 절차 및 주요내용〉

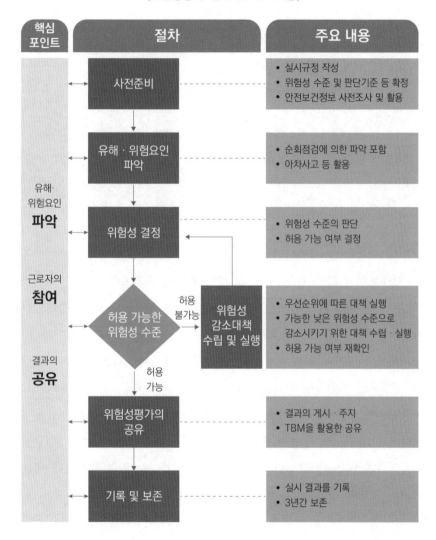

핵심 포인트	절차	주요 내용
	사전준비	• 실시규정 작성 • 위험성 수준 및 판단기준 등 확정 • 안전보건정보 사전조사 및 활용
	유해·위험요인 파악	• 순회점검에 의한 파악 포함 • 아차사고 등 활용
유해·위험요인 **파악**	**위험성 결정**	• 위험성 수준의 판단 • 허용 가능 여부 결정
근로자의 **참여**	**허용 가능한 위험성 수준** — 허용 불가능 → **위험성 감소대책 수립 및 실행**	• 우선순위에 따른 대책 실행 • 가능한 낮은 위험성 수준으로 감소시키기 위한 대책 수립·실행 • 허용 가능 여부 재확인
결과의 **공유**	허용 가능 ↓ **위험성평가의 공유**	• 결과의 게시·주지 • TBM을 활용한 공유
	기록 및 보존	• 실시 결과를 기록 • 3년간 보존

* 자료: 고용노동부·한국산업안전보건공단, 『2023 새로운 위험성평가 안내서』, 2023.5.

4) 안전보건관리체계 구축 및 이행에 필요한 예산 편성 및 집행 (령 제4조제4호)

> **령 제4조(안전보건관리체계의 구축 및 이행 조치)** 법 제4조제1항제1호에 따른 조치의 구체적인 사항은 다음 각 호와 같다.
>
> 4. 다음 각 목의 사항을 이행하는 데 필요한 예산을 편성하고 그 편성된 용도에 맞게 집행하도록 할 것
>   가. 재해 예방을 위해 필요한 안전·보건에 관한 인력, 시설 및 장비의 구비
>   나. 제3호에서 정한 유해·위험요인의 개선
>   다. 그 밖에 안전보건관리체계 구축 등을 위해 필요한 사항으로서 고용노동부장관
>   이 정하여 고시하는 사항

시행령 제4조제4호는 개인사업주 또는 경영책임자등으로 하여금 재해예방을 위해 필요한 안전·보건에 관한 인력, 시설 및 장비의 구비, 위해요인의 개선, 기타 안전보건관리체계 구축 등에 필요한 사항으로서 고용노동부장관이 고시한 사항을 이행하는 데 필요한 예산을 편성하고, 편성된 용도에 부합하게 집행하도록 규정하고 있다. 이는 산업재해를 예방하기 위해서는 안전·보건에 관한 인력, 시설 및 장비 등의 마련과 유해·위험요인 개선활동이 필수적이고, 이러한 인력·시설·장비 구축과 개선활동에는 비용지출이 수반되는데, 비용절감 명목으로 또는 예산부족 등을 이유로 안전보건에 관한 인력, 시설, 장비 등이 제대로 구비되지 못하거나 위해요인 개선활동이 제대로 이루어지지 않은 채 작업이 이루어지는 경우가 다수 있었던 사례에 대한 반성으로 마련된 것으로 보인다.

고용노동부는 '재해예방을 위해 필요한 인력'에는 「산업안전보건법」에 따른 안전관리자, 보건관리자, 안전보건관리담당자, 산업보건의 등 전문인력 외에도 안전·보건관계 법령에서 두도록 의무화한 인력이 포함된다고 설명하고 있다. 예를 들어, 「산업안전보건기준에 관한 규칙」은 사업주로 하여금 타워크레인 작업 시 근로자와 조종작업을 하는 사람 간에 신호 업무를 담당하는 사람을 두도록 하고 있고(제146조제3항), 스쿠버 잠수작업은 2인 1조로 하도록 하고 잠수작업을 하는 곳에 감시인을 두어 잠수작업자의 이상 유무를 감시하도록 하고 있다(제545조제1항).[539)540)] 그런데, 시행령

제4조제4호가목에서 예산 편성 및 집행 대상에 대하여 '재해예방을 위해 필요한 인력'으로 규정하지 아니하고, 재해 예방을 위해 필요한 '안전·보건에 관한 인력'으로 규정하고 있다. 타워크레인 작업에서의 신호수, 스쿠버 잠수작업에서의 감시인 등은 안전·보건 관계 법령에서 배치를 의무화한 인력에는 해당하나, '안전·보건에 관한 인력'에는 해당하지 않는 것으로 보인다. 이러한 신호수, 감시인 등은 재해예방을 위해 필요한 인력이라는 점에는 의문이 없으나, 경영책임자등이 해당 인력에 대하여 예산편성 및 집행 의무를 부담하는지 명확하지 아니하므로 향후 시행령 개정 시 '안전·보건에 관한 인력'으로 한정하는 부분은 삭제를 고려할 필요가 있어 보인다.

시행령 제4조제3호는 개인사업주 또는 경영책임자로 하여금 사업 또는 사업장의 위해요인을 파악하여 개선하도록 의무를 부과하고 있는바, 이러한 의무를 실효적으로 이행하기 위하여 개인사업주 또는 경영책임자는 위해요인을 제거·대체·통제 등 합리적 개선을 하는 데 필요한 예산 또한 편성하여야 한다(시행령 제4조제4호나목). 나아가 개인사업주 또는 경영책임자는 이러한 예산의 편성 외에 예산이 편성된 목적대로 집행되고 있는지 점검하여 제대로 집행되도록 하는 예산 집행관리 책임까지 부담한다. 사업장에서 용도에 맞게 제대로 집행되지 않은 경우에는 의무이행이 된 것으로 볼 수 없으므로,[541] 개인사업주 또는 경영책임자는 각 사업장의 안전보건 예산의 집행상황을 주기적으로 점검하여야 한다.

중대재해처벌법 적용 제4호 판결(창원지방법원 마산지원 2023고합8)은 안전보건 예산의 편성과 관련하여 "「건설업 산업안전보건관리비 계상 및 사용기준」에 따른 산업안전보건관리비계상 기준은 1차적인 기준이 될 수 있다"고 하면서도 "중대재해처벌법에 따라 편성하여야 하는 재해 예방 관련 예산은 산업안전보건관리비에 국한되지 아

---

539) 고용노동부, 『중대재해처벌법 해설 - 중대산업재해』, 2021.11., 67면 참조.
540) 「산업안전보건기준에 관한 규칙」 제146조(크레인 작업 시의 조치) ③ 사업주는 타워크레인을 사용하여 작업을 하는 경우 타워크레인마다 근로자와 조종 작업을 하는 사람 간에 신호업무를 담당하는 사람을 각각 두어야 한다.
제545조(스쿠버 잠수작업 시 조치) ① 사업주는 근로자가 스쿠버 잠수작업을 하는 경우에는 잠수작업자 2명을 1조로 하여 잠수작업을 하도록 하여야 하며, 잠수작업을 하는 곳에 감시인을 두어 잠수작업자의 이상 유무를 감시하게 하여야 한다.
541) 고용노동부, 『중대재해처벌법 해설 - 중대산업재해』, 2021.11., 69면 참조.

니하고, 관계 법령에 따라 의무적으로 갖추어야 할 인력, 시설 및 장비의 구비를 위한 비용이 모두 포함되어야한다"고 판시하고, 안전보건 예산의 집행과 관련하여 "안전·보건에 관한 예산이 편성되어 있다 하더라도 그 예산이 사업장에서 그 용도에 맞게 집행되지 않은 경우에는 중대재해처벌법 시행령 제4조 제4호의 의무를 이행한 것으로 볼 수 없다"고 판시하였는바, 해당 판결은 해당 사업장의 특성에 부합하는 실효적인 예산의 편성과 집행관리가 필요하다는 점을 강조한 것으로 보인다.

<창원지방법원 마산지원 2023. 8. 25. 선고 2023고합8 판결 발췌>

> 건설업에 관하여 보면, 산업안전보건법 제72조는 "건설공사발주자가 도급계약을 체결하거나 건설공사의 시공을 주도하여 총괄·관리하는 자가 건설공사 사업 계획을 수립할 때에는 고용노동부장관이 정하여 고시하는 바에 따라 산업재해 예방을 위하여 사용하는 산업안전보건관리비를 도급금액 또는 사업비에 계상하여야 한다."라고 규정하고 있으므로, 「건설업 산업안전보건관리비 계상 및 사용기준」(고용노동부고시 제2022-43호)에 따른 산업안전보건관리비계상 기준은 재해 예방을 위해 필요한 인력, 시설 및 장비의 구입에 필요한 예산의 1차적인 기준이 될 수 있다.
>
> 다만, 중대재해처벌법상의 사업주 또는 경영책임자등은 도급이나 용역 등을 매개로 하여 노무를 제공하는 종사자에 대하여도 안전보건 확보의무를 이행하여야 하는 등의 이유로 건설공사발주자의 산업안전보건관리비 계상 의무보다 폭넓은 안전·보건관련 예산 편성 의무를 부담하므로, 중대재해처벌법에 따라 편성하여야 하는 재해 예방 관련 예산은 산업안전보건관리비에 국한되지 아니하고, 관계 법령에 따라 의무적으로 갖추어야 할 인력, 시설 및 장비의 구비를 위한 비용이 모두 포함되어야 한다.
>
> 또한 사업주 또는 경영책임자등은 편성된 예산이 그 용도에 맞게 집행되도록 관리하여야 하므로, 안전·보건에 관한 예산이 편성되어 있다 하더라도 그 예산이 사업장에서 그 용도에 맞게 집행되지 않은 경우에는 중대재해처벌법 시행령 제4조 제4호의 의무를 이행한 것으로 볼 수 없다.

5) 안전보건관리책임자등의 충실한 업무수행을 위한 조치 (령 제4조제5호)

> **령 제4조(안전보건관리체계의 구축 및 이행 조치)** 법 제4조제1항제1호에 따른 조치의 구체적인 사항은 다음 각 호와 같다.
>
> 5. 「산업안전보건법」 제15조, 제16조 및 제62조에 따른 안전보건관리책임자, 관리감독자 및 안전보건총괄책임자(이하 이 조에서 "안전보건관리책임자등"이라 한다)가 같은 조에서 규정한 각각의 업무를 각 사업장에서 충실히 수행할 수 있도록 다음 각 목의 조치를 할 것
>
>   가. 안전보건관리책임자등에게 해당 업무 수행에 필요한 권한과 예산을 줄 것
>
>   나. 안전보건관리책임자등이 해당 업무를 충실하게 수행하는지를 평가하는 기준을 마련하고, 그 기준에 따라 반기 1회 이상 평가·관리할 것

시행령 제4조제5호는 개인사업주 또는 경영책임자등으로 하여금 「산업안전보건법」에 따른 안전보건관리책임자, 관리감독자, 안전보건총괄책임자 등(이하 "안전보건관리책임자등")이 「산업안전보건법」에 따른 업무를 충실하게 수행할 수 있도록 안전보건관리책임자등에게 업무수행에 필요한 권한과 예산을 주고, 해당 업무를 충실하게 수행하는지 평가하는 기준을 마련하여 반기 1회 이상 평가하도록 규정하고 있다. 현재 「산업안전보건법 시행령」[542]에서 안전보건관리책임자 등에게 그들이 해당 업무를 원활하게 수행할 수 있도록 권한, 예산 등 필요한 지원을 하도록 의무를 부과하고 있으나, 이에 대한 처벌규정은 없다. 이에 시행령 제4조제5호는 「산업안전보건법」에서 산업재해예방을 위하여 두도록 한 안전보건관리책임자등이 해당 법률상의 업무를 충실하게 수행할 수 있도록 여건을 만들어주고 업무를 충실하게 수행하도록 유도함으로써 사업장의 안전조치 및 보건조치의 실효성을 높이려는 취지로 보인다.

안전보건관리책임자는 사업장을 실질적으로 총괄하여 관리하는 사람으로서, 주로 사업장의 공장장, 현장소장 등이 이에 해당한다.[543] 「산업안전보건법」상 안전보건관

---

[542] 「산업안전보건법 시행령」 제14조(안전보건관리책임자의 선임 등) ② 사업주는 안전보건관리책임자가 법 제15조제1항에 따른 업무를 원활하게 수행할 수 있도록 권한·시설·장비·예산, 그 밖에 필요한 지원을 해야 한다.
제15조(관리감독자의 업무 등) ② 관리감독자에 대한 지원에 관하여는 제14조제2항을 준용한다. 이 경우 "안전보건관리책임자"는 "관리감독자"로, "법 제15조제1항"은 "제1항"으로 본다.

리책임자의 업무는 사업장의 산업재해예방계획 수립, 안전보건관리규정의 작성 및 변경, 안전보건교육 등의 업무를 총괄하여 관리하고, 안전관리자 및 보건관리자를 지휘·감독하는 것이다.[544]

관리감독자는 사업장의 생산과 관련된 업무와 그 소속 직원을 직접 지휘·감독하는 직위에 있는 사람으로서, 주로 사업장 내 부서의 장, 직장·반장 등 중간관리자가 이에 해당한다.[545] 관리감독자는 사업장 내 자신이 지휘·감독하는 작업과 관련된 기계·기구 또는 설비의 안전·보건 점검, 자신에게 소속된 근로자의 작업복·보호구 및 방호장치의 착용·사용에 관한 교육 등의 업무를 맡는다.[546]

---

543) 고용노동부, 『경영책임자와 관리자가 알아야 할 중대재해처벌법 따라하기 – 중소기업 '중대산업재해 예방'을 위한 안내서』, 2022.3., 39면 참조.

544) 「산업안전보건법」 제15조(안전보건관리책임자) ① 사업주는 사업장을 실질적으로 총괄하여 관리하는 사람에게 해당 사업장의 다음 각 호의 업무를 총괄하여 관리하도록 하여야 한다.
 1. 사업장의 산업재해 예방계획의 수립에 관한 사항
 2. 제25조 및 제26조에 따른 안전보건관리규정의 작성 및 변경에 관한 사항
 3. 제29조에 따른 안전보건교육에 관한 사항
 4. 작업환경측정 등 작업환경의 점검 및 개선에 관한 사항
 5. 제129조부터 제132조까지에 따른 근로자의 건강진단 등 건강관리에 관한 사항
 6. 산업재해의 원인 조사 및 재발 방지대책 수립에 관한 사항
 7. 산업재해에 관한 통계의 기록 및 유지에 관한 사항
 8. 안전장치 및 보호구 구입 시 적격품 여부 확인에 관한 사항
 9. 그 밖에 근로자의 유해·위험 방지조치에 관한 사항으로서 고용노동부령으로 정하는 사항
 ② 제1항 각 호의 업무를 총괄하여 관리하는 사람(이하 "안전보건관리책임자"라 한다)은 제17조에 따른 안전관리자와 제18조에 따른 보건관리자를 지휘·감독한다.

545) 고용노동부, 『경영책임자와 관리자가 알아야 할 중대재해처벌법 따라하기 – 중소기업 '중대산업재해 예방'을 위한 안내서』, 2022.3., 40면 참조.

546) 「산업안전보건법」 제16조(관리감독자) ① 사업주는 사업장의 생산과 관련되는 업무와 그 소속 직원을 직접 지휘·감독하는 직위에 있는 사람(이하 "관리감독자"라 한다)에게 산업 안전 및 보건에 관한 업무로서 대통령령으로 정하는 업무를 수행하도록 하여야 한다.
 「산업안전보건법 시행령」 제15조(관리감독자의 업무 등) ① 법 제16조제1항에서 "대통령령으로 정하는 업무"란 다음 각 호의 업무를 말한다.
 1. 사업장 내 법 제16조제1항에 따른 관리감독자(이하 "관리감독자"라 한다)가 지휘·감독하는 작업(이하 이 조에서 "해당작업"이라 한다)과 관련된 기계·기구 또는 설비의 안전·보건 점검 및 이상 유무의 확인
 2. 관리감독자에게 소속된 근로자의 작업복·보호구 및 방호장치의 점검과 그 착용·사용에 관한 교육·지도
 3. 해당작업에서 발생한 산업재해에 관한 보고 및 이에 대한 응급조치
 4. 해당작업의 작업장 정리·정돈 및 통로 확보에 대한 확인·감독
 5. 사업장의 다음 각 목의 어느 하나에 해당하는 사람의 지도·조언에 대한 협조

안전보건총괄책임자는 도급인의 사업장에서 관계수급인의 근로자가 작업을 하는 경우 도급인의 근로자뿐만 아니라 관계수급인의 근로자에 대하여도 산업재해를 예방하기 위한 업무를 총괄하여 관리하는 사람으로서, 해당 사업장의 안전보건관리책임자가 안전보건총괄책임자로 지정되고 안전보건관리책임자를 둘 의무가 없는 사업장에서는 그 사업장에서 사업을 총괄·관리하는 사람이 안전보건총괄책임자로 지정된다.547) 관계수급인의 근로자를 포함한 상시근로자가 100명(선박 및 보트 건조업, 1차 금속 제조업 및 토사석 광업의 경우에는 50명) 이상인 사업 또는 관계수급인의 공사금액을 포함한 해당 공사의 총공사금액이 20억원 이상인 건설업의 경우에는 안전보건총괄책임자를 지정하여야 한다.548) 안전보건총괄책임자는 위험성평가 실시에 관한 사항, 산업재해 발생의 급박한 위험이 있는 때 및 중대재해가 발생한 때 작업의 중지, 도급 시 산업재해 예방조치 등의 업무를 담당한다.549)

가. 법 제17조제1항에 따른 안전관리자(이하 "안전관리자"라 한다) 또는 같은 조 제5항에 따라 안전관리자의 업무를 같은 항에 따른 안전관리전문기관(이하 "안전관리전문기관"이라 한다)에 위탁한 사업장의 경우에는 그 안전관리전문기관의 해당 사업장 담당자
나. 법 제18조제1항에 따른 보건관리자(이하 "보건관리자"라 한다) 또는 같은 조 제5항에 따라 보건관리자의 업무를 같은 항에 따른 보건관리전문기관(이하 "보건관리전문기관"이라 한다)에 위탁한 사업장의 경우에는 그 보건관리전문기관의 해당 사업장 담당자
다. 법 제19조제1항에 따른 안전보건관리담당자(이하 "안전보건관리담당자"라 한다) 또는 같은 조 제4항에 따라 안전보건관리담당자의 업무를 안전관리전문기관 또는 보건관리전문기관에 위탁한 사업장의 경우에는 그 안전관리전문기관 또는 보건관리전문기관의 해당 사업장 담당자
라. 법 제22조제1항에 따른 산업보건의(이하 "산업보건의"라 한다)
6. 법 제36조에 따라 실시되는 위험성평가에 관한 다음 각 목의 업무
가. 유해·위험요인의 파악에 대한 참여
나. 개선조치의 시행에 대한 참여
7. 그 밖에 해당작업의 안전 및 보건에 관한 사항으로서 고용노동부령으로 정하는 사항
547) 「산업안전보건법」 제62조(안전보건총괄책임자) ① 도급인은 관계수급인 근로자가 도급인의 사업장에서 작업을 하는 경우에는 그 사업장의 안전보건관리책임자를 도급인의 근로자와 관계수급인 근로자의 산업재해를 예방하기 위한 업무를 총괄하여 관리하는 안전보건총괄책임자로 지정하여야 한다. 이 경우 안전보건관리책임자를 두지 아니하여도 되는 사업장에서는 그 사업장에서 사업을 총괄하여 관리하는 사람을 안전보건총괄책임자로 지정하여야 한다.
548) 「산업안전보건법 시행령」 제52조(안전보건총괄책임자 지정 대상사업) 법 제62조제1항에 따른 안전보건총괄책임자(이하 "안전보건총괄책임자"라 한다)를 지정해야 하는 사업의 종류 및 사업장의 상시근로자 수는 관계수급인에게 고용된 근로자를 포함한 상시근로자가 100명(선박 및 보트 건조업, 1차 금속 제조업 및 토사석 광업의 경우에는 50명) 이상인 사업이나 관계수급인의 공사금액을 포함한 해당 공사의 총공사금액이 20억원 이상인 건설업으로 한다.

시행령 제4조제5호는 개인사업주 또는 경영책임자등으로 하여금 안전보건관리책임자등이 위와 같은 「산업안전보건법」상의 업무를 수행하는 데 필요한 권한과 예산을 부여하고, 업무평가 기준을 마련하여 해당 기준에 따라 평가관리하도록 하고 있는바, 중대재해처벌법 적용 제8호 판결(창원지방법원 2023. 11. 3. 선고 2022고단1429 판결)은 평가기준과 관련하여 "산업안전보건법에 따른 업무 수행 및 그 충실도를 반영할 수 있는 내용이 포함되어야 하고, 평가 기준은 이들에 대한 실질적인 평가가 이루어질 수 있도록 구체적 · 세부적이어야 한다"고 판시한 바 있다.

6) 관계 법령에 따른 안전관리자 등의 배치 (령 제4조제6호)

령 제4조(안전보건관리체계의 구축 및 이행 조치) 법 제4조제1항제1호에 따른 조치의 구체적인 사항은 다음 각 호와 같다.

6. 「산업안전보건법」 제17조부터 제19조까지 및 제22조에 따라 정해진 수 이상의 안전관리자, 보건관리자, 안전보건관리담당자 및 산업보건의를 배치할 것. 다만, 다른 법령에서 해당 인력의 배치에 대해 달리 정하고 있는 경우에는 그에 따르고, 배치해야 할 인력이 다른 업무를 겸직하는 경우에는 고용노동부장관이 정하여 고시하는 기준에 따라 안전 · 보건에 관한 업무 수행시간을 보장해야 한다.

시행령 제4조제6호는 개인사업주 또는 경영책임자등으로 하여금 「산업안전보건법」에서 정하는 수 이상의 안전관리자, 보건관리자, 안전보건관리담당자 및 산업보건의를 배치하도록 하고, 다른 법령에서 「산업안전보건법」과 달리 규정하고 있는 경우에는 해당 법령에 따르도록 하되, 해당 인력이 다른 업무를 겸직하는 경우에는 고용

---

549) 「산업안전보건법 시행령」 제53조(안전보건총괄책임자의 직무 등) ① 안전보건총괄책임자의 직무는 다음 각 호와 같다.
 1. 법 제36조에 따른 위험성평가의 실시에 관한 사항
 2. 법 제51조 및 제54조에 따른 작업의 중지
 3. 법 제64조에 따른 도급 시 산업재해 예방조치
 4. 법 제72조제1항에 따른 산업안전보건관리비의 관계수급인 간의 사용에 관한 협의 · 조정 및 그 집행의 감독
 5. 안전인증대상기계등과 자율안전확인대상기계등의 사용 여부 확인

노동부장관 고시550)에 따라 안전·보건 관련 업무 수행시간을 보장하도록 규정하고 있다. 이는 안전보건 전문가인 안전관리자 등을 적정한 인원 이상 배치하고 안전보건 관련 업무수행 시간을 보장하여 사업장에서 사업주나 안전보건관리책임자를 보좌하고 관리감독자에게 지도·조언하는 역할 등을 충실하게 수행할 수 있도록 함으로써 사업장에서의 안전보건을 확보하려는 것이다.

한편, 「산업안전보건법」에 따른 안전관리자 등의 배치의무는 사업주가 지켜야 할 의무로서, 사업주가 법인인 경우 해당 의무위반에 대하여 경영책임자등은 「산업안전보건법」에 따른 책임을 지지 않는데, 중대재해처벌법 시행령에서 해당 의무를 규정함으로써 법인의 경영책임자등이 중대재해처벌법에 따른 형사책임을 부담하게 되었다.

「기업활동 규제 완화에 관한 특별조치법」은 안전보건 전문인력의 배치의무를 완화하는 규정들을 두고 있는데, 이러한 규정을 적용받는 사업장은 그러한 완화된 규정을 준수하면 시행령 제4조제6호의 의무를 준수한 것이 된다. 그 주요 내용을 살펴보면, 첫째, 기업활동을 하는 법인 또는 개인은 산업보건의 배치의무가 면제된다. 「기업활동 규제 완화에 관한 특별조치법」 제28조551)는 산업보건의를 배치하지 않아도 되는 대상을 명시하고 있지 않으나, 조제목에서 '기업의 자율 고용'으로 표현하여 모든 기업은 산업보건의를 배치 여부를 자율적으로 결정할 수 있는 것으로 해석된다. 고용노동부는 동 조항이 비영리법인에 적용되는지에 대하여, 「기업활동 규제 완화에 관한 특별조치법」 제2조제1호에서 '기업활동'을 "법인 또는 개인이 영리를 목적으로 계속적·반복적으로 행하는 모든 행위 및 이에 부수되는 행위"로 정의하고 있는바, 영리를 추구할 수 없는 비영리법인은 이 법의 면제 대상이 아니므로 산업보건의를 선임하여야 한다고 밝히고 있다.552)

둘째, 동일한 산업단지등553)에서 사업을 하는 사업주는 세 개 이내의 사업장의 상

---

550) 「안전·보건에 관한 업무 수행시간의 기준 고시」(제2022-14호).
551) 「기업활동 규제 완화에 관한 특별조치법」 제28조(기업의 자율 고용) ① 다음 각 호의 어느 하나에 해당하는 사람은 다음 각 호의 해당 법률에도 불구하고 채용·고용·임명·지정 또는 선임(이하 "채용"이라 한다)하지 아니할 수 있다.
　　1. 「산업안전보건법」 제22조제1항에 따라 사업주가 두어야 하는 산업보건의
552) 고용노동부 산업보건기준과, 「산업보건의 선임제도 적용지침 변경」, 2022.2.22. 참조.
553) 「기업활동 규제 완화에 관한 특별조치법」 제32조제1항에서는 다음 각 호의 어느 하나에 해당

시 사용 근로자의 수의 합이 300명 이내인 경우 안전관리자 또는 보건관리자를 공동으로 채용할 수 있다.554) 예를 들어, 하나의 사업주가 동일한 산업단지등에서 세 개의 사업장을 운영하고 있는데 그 사업장의 상시근로자의 합이 300명 이내인 경우, 「산업안전보건법」 제17조 및 같은 법 시행령 제16조제1항에 따르면 토사석 광업 등 27개 업종과 농림어업 등 21개 업종의 사업장은 상시근로자가 50명 이상인 경우 안전관리자를 두어야 하므로 각 사업장마다 안전관리자를 각 1명을 채용하여야 하나, 「기업활동 규제 완화에 관한 특별조치법」에 따라 세 개의 사업장에서 공동으로 1명의 안전관리자 채용도 가능하다.

셋째, 고압가스, 액화석유가스, 도시가스 관련 사업자 등은 해당 사업의 근거법에 따라 안전관리자, 위험물안전관리자, 유독물안전관리자 등을 채용할 의무가 있는데, 해당 안전관리자를 1명 채용한 경우 「산업안전보건법」에 따른 안전관리자 1명도 채용한 것으로 간주되어, 「산업안전보건법」에 따른 안전보건관리자는 해당 사업의 근거법에 따른 안전관리자, 위험물안전관리자, 유독물안전관리자 등의 업무를 겸직할 수 있게 된다.

하는 지역 또는 건물을 "산업단지등"이라고 약칭하고 있다.
1. 「산업입지 및 개발에 관한 법률」 제2조제8호에 따른 산업단지
2. 「산업집적활성화 및 공장설립에 관한 법률」 제23조에 따른 유치지역 및 같은 법 제28조의2에 따라 설립된 지식산업센터
3. 「중소기업진흥에 관한 법률」 제31조에 따라 단지조성사업 실시계획의 승인을 받은 협동화단지
4. 「대기환경보전법」 제29조 또는 「물환경보전법」 제35조제4항에 따른 공동방지시설이 설치된 지역
5. 그 밖에 산업통상자원부령으로 정하는 집단화지역
554) 「기업활동 규제 완화에 관한 특별조치법」 제36조(산업안전관리자 등의 공동채용) 동일한 산업단지등에서 사업을 하는 자는 「산업안전보건법」 제17조 및 제18조에도 불구하고 3 이하의 사업장의 사업주가 공동으로 안전관리자 또는 보건관리자를 채용할 수 있다. 이 경우 이들이 상시 사용하는 근로자 수의 합은 300명 이내이어야 한다.

기업규제완화법	내용
제29조제1항	다음 각 호의 어느 하나에 해당하는 사람을 2명 이상 채용하여야 하는 자가 그 중 1명을 채용한 경우에는 그가 채용하여야 하는 나머지 사람과 「산업안전보건법」 제17조에 따른 안전관리자 1명도 채용한 것으로 본다. 1. 「고압가스 안전관리법」 제15조에 따라 고압가스제조자, 고압가스저장자 또는 고압가스판매자가 선임하여야 하는 안전관리자 2. 「액화석유가스의 안전관리 및 사업법」 제34조에 따라 액화석유가스 충전사업자, 액화석유가스 집단공급사업자 또는 액화석유가스 판매사업자가 선임하여야 하는 안전관리자 3. 「도시가스사업법」 제29조에 따라 도시가스사업자가 선임하여야 하는 안전관리자 4. 「위험물 안전관리법」 제15조에 따라 제조소등의 관계인이 선임하여야 하는 위험물안전관리자
제29조제2항	다음 각 호의 어느 하나에 해당하는 사람을 채용하여야 하는 자가 그 주된 영업분야 등에서 그 중 1명을 채용한 경우에는 「산업안전보건법」 제17조에 따른 안전관리자 1명도 채용한 것으로 본다. 1. 「고압가스 안전관리법」 제15조에 따라 사업자등(고압가스제조자, 고압가스저장자 및 고압가스판매자는 제외한다)과 특정고압가스 사용신고자가 선임하여야 하는 안전관리자 2. 「액화석유가스의 안전관리 및 사업법」 제34조에 따라 액화석유가스 사업자등(액화석유가스 충전사업자, 액화석유가스 집단공급사업자 및 액화석유가스 판매사업자는 제외한다)과 액화석유가스 특정사용자가 선임하여야 하는 안전관리자 3. 「도시가스사업법」 제29조에 따라 특정가스사용시설의 사용자가 선임하여야 하는 안전관리자 4. 「화재의 예방 및 안전관리에 관한 법률」 제24조에 따라 특정소방대상물(소방안전관리 업무의 전담이 필요하여 대통령령으로 정하는 특정소방대상물은 제외한다)의 관계인이 선임하여야 하는 소방안전관리자 5. 「위험물 안전관리법」 제15조에 따라 제조소등의 관계인이 선임하여야 하는 위험물안전관리자 6. 「유해화학물질 관리법」 제25조제1항에 따라 임명하여야 하는 유독물관리자 7. 「광산안전법」 제13조에 따라 광업권자 또는 조광권자가 선임하여야 하는 광산안전관리직원 8. 「총포 · 도검 · 화약류 등의 안전관리에 관한 법률」 제27조에 따라 화약류제조업자 또는 화약류판매업자 · 화약류저장소설치자 및 화약류사용자가 선임하여야 하는 화약류제조보안책임자 및 화약류관리보안책임자 9. 「전기안전관리법」 제22조에 따라 전기사업자 및 자가용전기설비의 소유자 또는 점유자가 선임하여야 하는 전기안전관리자

	10. 「에너지이용 합리화법」 제40조에 따라 검사대상기기설치자가 선임하여야 하는 검사대상기기관리자
제29조제3항제1호	화약류의 제조 또는 저장이나 광업을 주된 영업분야 등으로 하는 자로서 「총포 · 도검 · 화약류 등의 안전관리에 관한 법률」 제27조 또는 「광산안전법」 제13조에 따라 화약류제조보안책임자 · 화약류관리보안책임자 또는 광산안전관리직원(산업통상자원부령으로 정하는 사람만 해당한다)을 채용하여야 하는 자가 그 중 1명을 채용한 경우에는 다음 각 호의 법률에 따라 그가 채용하여야 하는 사람 각 1명도 채용한 것으로 본다. 1. 「산업안전보건법」 제17조에 따라 사업주가 두어야 하는 안전관리자

넷째, 「산업안전보건법」 제18조에 따라 보건관리자를 2명 이상 채용하여야 하는 자가 그 중 1명만 채용한 경우에도 같은 법의 보건관리자 채용의무를 준수한 것으로 본다.555)

다섯째, 중소기업자등556)이 「산업안전보건법」 제17조에 따라 채용한 안전관리자가 전기안전관리자 등의 자격도 소지하고 있는 경우 전기안전관리자 등도 채용한 것으로 간주하여, 「산업안전보건법」 상의 안전관리자가 전기안전관리자 등의 업무를 겸직할 수 있게 된다.557)

---

555) 「기업활동 규제완화에 관한 특별조치법」 제29조(안전관리자의 겸직 허용) ④ 다음 각 호의 어느 하나에 해당하는 사람을 2명 이상 채용하여야 하는 자가 그 중 1명을 채용한 경우에는 그가 채용하여야 하는 나머지 사람도 채용한 것으로 본다.
3. 「산업안전보건법」 제18조에 따라 사업주가 두어야 하는 보건관리자
556) 「기업활동 규제 완화에 관한 특별조치법」 제28조제2항에서는 중소기업자와 중소기업자 외의 자로서 제조업을 경영하는 자를 "중소기업자등"으로 약칭하고 있다.
557) 「기업활동 규제완화에 관한 특별조치법」 제31조(두 종류 이상의 자격증 보유자를 채용한 중소기업자등에 대한 의무고용의 완화) ① 중소기업자등이 다음 각 호의 사람을 채용한 경우에 그 채용된 사람이 다음 각 호의 어느 하나에 해당하는 자격을 둘 이상 가진 경우에는 그 자격에 해당하는 사람 모두를 채용한 것으로 본다.
1. 「산업안전보건법」 제17조에 따라 사업주가 두어야 하는 안전관리자
2. 「전기안전관리법」 제22조에 따라 전기사업자 및 자가용전기설비의 소유자 또는 점유자가 선임하여야 하는 전기안전관리자
3. 「고압가스 안전관리법」 제15조에 따라 사업자등과 특정고압가스 사용신고자가 선임하여야 하는 안전관리자
4. 「액화석유가스의 안전관리 및 사업법」 제34조에 따라 액화석유가스 사업자등과 액화석유가스 특정사용자가 선임하여야 하는 안전관리자
5. 「도시가스사업법」 제29조에 따라 도시가스사업자 및 특정가스사용시설의 사용자가 선임하여야 하는 안전관리자

한편, 「산업안전보건법」에 따라 안전관리자, 보건관리자 및 안전보건관리담당자가 다른 업무를 겸직하는 경우가 있다. 「산업안전보건법」 제17조제3항 및 같은 법 시행령 제16조제2항558)에 따르면, 건설업 외의 사업장으로서 상시근로자 300명 미만을 사용하는 사업장이나 건설업 사업장으로서 공사금액이 120억원(토목공사의 경우에는 150억원) 미만인 사업장에서는 안전관리자가 해당 업무 외의 다른 업무를 겸직할 수 있다. 상시근로자 300명 미만을 사용하는 사업장의 보건관리자도 해당 업무 외의 다른 업무를 겸직할 수 있다(「산업안전보건법」 제18조제3항 및 같은 법 시행령 제20조제2항559)). 안전보건관리담당자도 해당 업무에 지장이 없는 범위에서 다른 업무를 겸임할 수 있다(「산업안전보건법 시행령」 제24조560)).

「안전·보건에 관한 업무 수행시간의 기준 고시」는 시행령 제4조제6호 단서에 따라 안전관리자, 보건관리자 및 안전보건관리담당자가 고유의 업무 외에 다른 업무를 겸직하는 경우 해당 업무 수행시간의 기준을 정하고 있다. 개인사업주 또는 경영책임

---

6. 「위험물 안전관리법」 제15조에 따라 제조소등의 관계인이 선임하여야 하는 위험물안전관리자

558) 「산업안전보건법」 제17조(안전관리자) ③ 대통령령으로 정하는 사업의 종류 및 사업장의 상시근로자 수에 해당하는 사업장의 사업주는 안전관리자에게 그 업무만을 전담하도록 하여야 한다.
「산업안전보건법 시행령」 제16조(안전관리자의 선임 등) ② 법 제17조제3항에서 "대통령령으로 정하는 사업의 종류 및 사업장의 상시근로자 수에 해당하는 사업장"이란 제1항에 따른 사업 중 상시근로자 300명 이상을 사용하는 사업장[건설업의 경우에는 공사금액이 120억원(「건설산업기본법 시행령」 별표 1의 종합공사를 시공하는 업종의 건설업종란 제1호에 따른 토목공사업의 경우에는 150억원) 이상인 사업장]을 말한다.

559) 「산업안전보건법」 제18조(보건관리자) ③ 대통령령으로 정하는 사업의 종류 및 사업장의 상시근로자 수에 해당하는 사업장의 사업주는 보건관리자에게 그 업무만을 전담하도록 하여야 한다.
「산업안전보건법 시행령」 제20조(보건관리자의 선임 등) ② 법 제18조제3항에서 "대통령령으로 정하는 사업의 종류 및 사업장의 상시근로자 수에 해당하는 사업장"이란 상시근로자 300명 이상을 사용하는 사업장을 말한다.

560) 「산업안전보건법 시행령」 제24조(안전보건관리담당자의 선임 등) ③ 안전보건관리담당자는 제25조 각 호에 따른 업무에 지장이 없는 범위에서 다른 업무를 겸할 수 있다.
제25조(안전보건관리담당자의 업무) 안전보건관리담당자의 업무는 다음 각 호와 같다.
1. 법 제29조에 따른 안전보건교육 실시에 관한 보좌 및 지도·조언
2. 법 제36조에 따른 위험성평가에 관한 보좌 및 지도·조언
3. 법 제125조에 따른 작업환경측정 및 개선에 관한 보좌 및 지도·조언
4. 법 제129조부터 제131조까지의 규정에 따른 각종 건강진단에 관한 보좌 및 지도·조언
5. 산업재해 발생의 원인 조사, 산업재해 통계의 기록 및 유지를 위한 보좌 및 지도·조언
6. 산업 안전·보건과 관련된 안전장치 및 보호구 구입 시 적격품 선정에 관한 보좌 및 지도·조언

자등은 안전관리자, 보건관리자 및 안전보건관리담당자의 안전·보건에 관한 업무 수행을 위하여 연간 585시간 이상을 보장하여야 하되, 재해위험이 높은 업종(「안전·보건에 관한 업무 수행시간의 기준 고시」 별표 1)의 경우에는 연간 702시간 이상을, 상시근로자 100명 이상 200명 미만 사업장의 경우에는 위 시간에 100시간(상시근로자 200명 이상 300명 미만의 경우에는 200시간)을 추가한 시간을 보장하여야 한다.561)

〈재해위험이 높은 업종: 「안전·보건에 관한 업무 수행시간의 기준 고시」 별표 1〉

대분류	세부업종	대분류	세부업종
제조업	섬유판제조업	광업	석회석(백운석, 대리석 포함)광업
	철근콘크리트제품제조업		금속광업
	석회제조업		쇄석채취업
	석재및석공품제조업		기타광물채굴·채취업
	기타비금속광물제품제조업	건설업	건축건설공사
	배관공사용부속품제조업		기타건설공사
	법랑철기및프레스가공제조업	운수·창고 및 통신업	소형화물운수업
	철강재제조업		퀵서비스업
	제강압연업		항만운송부대사업
	철강및합금철제품제조업	기타의 사업	위생및유사서비스업
	철강또는비철금속주물제조업		

---

561) 「안전·보건에 관한 업무 수행시간의 기준 고시」 제3조(업무 수행시간의 기준) ① 안전관리자, 보건관리자 및 안전보건관리담당자 각각의 안전·보건에 관한 업무 수행을 위한 최소시간은 연간 585시간 이상이 되도록 하여야 한다.
② 재해위험이 높은 업종(「고용보험 및 산업재해보상보험의 보험료징수 등에 관한 법률」 제14조제3항 및 같은 법 시행규칙 제12조에 따라 분류되어 해당 사업장이 가입된 산업재해보상보험 상 세부업종을 말한다)에 속하는 사업장의 경우 제1항에도 불구하고 사업장의 안전관리자, 보건관리자 및 안전보건관리담당자 각각의 안전·보건에 관한 업무 수행의 최소시간은 702시간 이상으로 한다. 재해위험이 높은 업종은 별표 1과 같다.
③ 제1항 및 제2항에도 불구하고 사업장의 상시근로자 수(「산업안전보건법 시행령」 별표 3 및 별표 5의 "사업장의 상시근로자의 수"와 동일한 방법으로 산출한다)가 100명 이상인 경우에는 사업장의 안전관리자, 보건관리자 및 안전보건관리담당자 각각의 안전·보건에 관한 업무 수행의 최소시간에 100명 이상 200명 미만인 사업장의 경우에는 100시간을, 200명 이상 300명 미만인 사업장의 경우에는 200시간을 추가하여야 한다.

	각종시멘트제품제조업	
	시멘트제조업	
	비철금속의제련또는정련업	
	지류가공제품제조업	

〈안전 · 보건 관리 전문인력의 안전 · 보건 관리 업무시간(고시내용 요약)〉

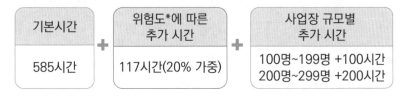

* 재해율 상위 10% 세부업종: 금속광업, 철강및합금철제품제조업 등 25개

* 자료: 고용노동부, 『경영책임자와 관리자가 알아야 할 중대재해처벌법 따라가기 – 중소기업 '중대산업재해
예방'을 위한 안내서』, 2022.3., 44면.

7) 종사자의 의견 청취절차 마련 (령 제4조제7호)

령 제4조(안전보건관리체계의 구축 및 이행 조치) 법 제4조제1항제1호에 따른 조치의
구체적인 사항은 다음 각 호와 같다.

7. 사업 또는 사업장의 안전·보건에 관한 사항에 대해 종사자의 의견을 듣는 절차를
마련하고, 그 절차에 따라 의견을 들어 재해 예방에 필요하다고 인정하는 경우에는
그에 대한 개선방안을 마련하여 이행하는지를 반기 1회 이상 점검한 후 필요한 조
치를 할 것. 다만, 「산업안전보건법」 제24조에 따른 산업안전보건위원회 및 같은
법 제64조·제75조에 따른 안전 및 보건에 관한 협의체에서 사업 또는 사업장의 안
전·보건에 관하여 논의하거나 심의·의결한 경우에는 해당 종사자의 의견을 들은
것으로 본다.

시행령 제4조제7호는 개인사업주 또는 경영책임자등으로 하여금 사업 또는 사업장
의 안전·보건에 관하여 종사자로부터 의견을 듣는 절차를 마련하고, 의견청취결과
재해예방에 필요하다고 인정하는 경우 개선방안을 마련하여 이행여부를 반기 1회 이

상 점검한 후 필요한 조치를 취하도록 규정하고 있다. 이는 현장 작업자인 종사자가 해당 작업장소의 위험이나 개선사항을 가장 잘 알고 있으므로 산업재해 예방을 위하여 종사자의 의견을 듣고 반영하는 절차를 체계적으로 둔 것이다.[562] 또한 종사자의 참여를 제고함으로써 안전보건 개선방안의 현장 작동성을 제고하는 효과를 기대한 것으로 보인다.[563]

「산업안전보건법」은 안전 및 보건에 관한 협의체 구성에 관한 규정들을 두고 있는데, 이러한 협의체에서 사업 또는 사업장에서의 안전·보건에 관한 사항을 논의하거나 심의·의결한 경우에는 시행령 제4조제7호 본문에 따른 종사자의 의견청취 절차를 거친 것으로 본다.

「산업안전보건법」에 따른 안전보건 협의체에는 산업안전보건위원회, 도급인의 안전 및 보건에 관한 협의체 및 건설공사도급인의 안전 및 보건에 관한 협의체가 있다. 「산업안전보건법」은 사업주로 하여금 사업장의 안전 및 보건에 관한 중요 사항을 심의·의결하기 위한 노사간의 협의체로서 산업안전보건위원회를 사업장에 두도록 규정하고 있는데, 산업안전보건위원회는 근로자위원과 사용자위원 동수로 구성하고, 사업장의 산업재해 예방계획의 수립, 안전보건관리규정의 작성 및 변경, 안전보건교육, 작업환경의 점검 및 개선 등에 관하여 심의·의결한다.[564] 도급인의 안전 및 보건에 관한 협의체는 도급인의 사업장에서 관계수급인의 근로자가 작업을 하는 경우 도급인이 도급인과 그의 수급인 전원으로 구성하는 협의체이다.[565] 사업장에서의 안전 및

---

562) 고용노동부, 『중대재해처벌법 해설 – 중대산업재해』, 2021.11., 82면 참조.
563) 고용노동부, 『경영책임자와 관리자가 알아야 할 중대재해처벌법 따라하기 – 중소기업 '중대산업재해 예방'을 위한 안내서』, 2022.3., 45면 참조.
564) 「산업안전보건법」 제24조(산업안전보건위원회) ① 사업주는 사업장의 안전 및 보건에 관한 중요 사항을 심의·의결하기 위하여 사업장에 근로자위원과 사용자위원이 같은 수로 구성되는 산업안전보건위원회를 구성·운영하여야 한다.
　② 사업주는 다음 각 호의 사항에 대해서는 제1항에 따른 산업안전보건위원회(이하 "산업안전보건위원회"라 한다)의 심의·의결을 거쳐야 한다.
　1. 제15조제1항제1호부터 제5호까지 및 제7호에 관한 사항
　2. 제15조제1항제6호에 따른 사항 중 중대재해에 관한 사항
　3. 유해하거나 위험한 기계·기구·설비를 도입한 경우 안전 및 보건 관련 조치에 관한 사항
　4. 그 밖에 해당 사업장 근로자의 안전 및 보건을 유지·증진시키기 위하여 필요한 사항
565) 「산업안전보건법」 제64조(도급에 따른 산업재해 예방조치) ① 도급인은 관계수급인 근로자가 도급인의 사업장에서 작업을 하는 경우 다음 각 호의 사항을 이행하여야 한다.

보건과 관련하여 해당 협의체에서는 작업장에서의 위험성 평가 실시에 관한 사항, 재해발생 위험이 있는 경우 대피방법 등에 관하여 협의한다.566) 「산업안전보건법」은 공사금액 120억원(토목공사의 경우에는 150억원) 이상의 건설공사의 경우에는 도급인의 안전 및 보건에 관한 협의체의 구성·운영에 관하여 특례를 두어, 건설공사도급인으로 하여금 해당 건설공사 현장에 근로자위원과 사용자위원 동수로 구성되는 안전 및 보건에 관한 협의체를 구성·운영할 수 있도록 하고, 건설공사도급인이 이러한 협의체를 구성·운영하는 경우 산업안전보건위원회 및 도급인의 안전 및 보건에 관한 협의체를 각각 구성·운영하는 것으로 간주할 수 있도록 규정하고 있다.567) 협의체에서는 산업재해 예방 및 산업재해가 발생한 경우의 대피방법 등에 관하여 협의한다.568)

　　참고로, 산업안전보건위원회와 노사협의체를 비교하면 아래 표와 같다.

---

1. 도급인과 수급인을 구성원으로 하는 안전 및 보건에 관한 협의체의 구성 및 운영
「산업안전보건법 시행규칙」 제79조(협의체의 구성 및 운영) ① 법 제64조제1항제1호에 따른 안전 및 보건에 관한 협의체(이하 이 조에서 '협의체'라 한다)는 도급인 및 그의 수급인 전원으로 구성해야 한다.
566) 「산업안전보건법 시행규칙」 제79조(협의체의 구성 및 운영) ② 협의체는 다음 각 호의 사항을 협의해야 한다.
　1. 작업의 시작 시간
　2. 작업 또는 작업장 간의 연락방법
　3. 재해발생 위험이 있는 경우 대피방법
　4. 작업장에서의 법 제36조에 따른 위험성평가의 실시에 관한 사항
　5. 사업주와 수급인 또는 수급인 상호 간의 연락 방법 및 작업공정의 조정
567) 「산업안전보건법」 제75조(안전 및 보건에 관한 협의체 등의 구성·운영에 관한 특례) ① 대통령령으로 정하는 규모의 건설공사의 건설공사도급인은 해당 건설공사 현장에 근로자위원과 사용자위원이 같은 수로 구성되는 안전 및 보건에 관한 협의체(이하 '노사협의체'라 한다)를 대통령령으로 정하는 바에 따라 구성·운영할 수 있다.
　② 건설공사도급인이 제1항에 따라 노사협의체를 구성·운영하는 경우에는 산업안전보건위원회 및 제64조제1항제1호에 따른 안전 및 보건에 관한 협의체를 각각 구성·운영하는 것으로 본다.
568) 「산업안전보건법」 제75조(안전 및 보건에 관한 협의체 등의 구성·운영에 관한 특례) ⑤ 노사협의체는 산업재해 예방 및 산업재해가 발생한 경우의 대피방법 등 고용노동부령으로 정하는 사항에 대하여 협의하여야 한다.
「산업안전보건법 시행규칙」 제93조(노사협의체 협의사항 등) 법 제75조제5항에서 "고용노동부령으로 정하는 사항"이란 다음 각 호의 사항을 말한다.
　1. 산업재해 예방방법 및 산업재해가 발생한 경우의 대피방법
　2. 작업의 시작시간, 작업 및 작업장 간의 연락방법
　3. 그 밖의 산업재해 예방과 관련된 사항

〈산업안전보건위원회 및 노사협의체 비교〉

구분	산업안전보건위원회	노사협의체
관련법	산업안전보건법 제24조	산업안전보건법 제75조
적용	산업안전보건법 시행령 별표9 공사금액 120억원 이상 건설업	산업안전보건법 시행령 제63조 좌동
목적	사업주는 사업장의 안전 및 보건에 관한 중요사항을 심의·의결하기 위하여 사업장에 근로자위원과 사용자위원이 같은 수로 구성되는 산업안전보건위원회를 구성·운영	건설공사 도급인은 해당 건설공사에 근로자위원과 사용자위원이 같은 수로 구성되는 안전 및 보건에 관한 협의체를 대통령령으로 구성·운영
구성	• 근로자위원 1. 근로자 대표 2. 근로자 대표가 지명하는 1명 이상의 명예산업안전감독관 3. 근로자 대표가 지명하는 9명 이내의 사업장의 근로자	• 근로자위원 1. 도급 또는 하도급사업을 포함 전체 사업의 근로자 대표 2. 근로자 대표가 지명하는 명예산업안전감독관, 미위촉 시 근로자 대표가 지명하는 사업장 근로자 1명 3. 공사금액 20억원 이상 공사의 관계수급인의 각 근로자 대표
	• 사용자위원 1. 해당 사업의 대표자 2. 안전관리자 3. 보건관리자 4. 산업보건의 5. 해당 사업의 대표자가 지명하는 9명 이내의 해당 사업장 부서의 장	• 사용자위원 1. 도급 또는 하도급 사업을 포함한 전체 사업의 대표자 2. 안전/보건관리자 각 1명 3. 공사금액 20억원 이상 공사의 관계수급인의 각 대표자
	• 위원장: 위원 중에서 호선. 이 경우 근로자위원과 사용자위원 중 각 1명을 공동위원장으로 선출 ※ 안전보건협의체 구성 시 산업안전보건위원회 위원을 다음 각 호의 사람을 포함하여 구성 가능 근로자위원: 도급 또는 하도급 사업을 포함한 전체 사업의 근로자 대표. 명예산업안전감독관 및 근로자 대표가 지명하는 해	• 위원장: 산업안전보건위원회 준용 ※ 노사협의체의 사용자/근로자위원 합의하여 공사금액 20억원 미만 공사의 관계수급인 및 관계수급인의 근로자 대표를 위원으로 위촉 가능

당 사업장의 근로자

사용자위원: 도급인대표자, 관계수급인의

각 대표자 및 안전관리자

* 자료: 해양수산부, 『항만건설현장 안전관리업무 길라잡이』, 2022.7., 78면.

한편, 법인 또는 기관이 실질적으로 지배·운영·관리하는 사업 또는 사업장에서 해당 법인 또는 기관 소속 근로자 외의 종사자가 노무를 제공하는 경우에는 「산업안전보건법」 제24조에 따른 산업안전보건위원회나 같은 법 제64조에 따른 안전 및 보건에 관한 협의체의 심의·의결로 시행령 제4조제7호 본문에 따른 의견청취절차를 갈음할 수 없다는 점에 주의하여야 할 것이다. 왜냐하면, 「산업안전보건법」 제24조에 따른 산업안전보건위원회에는 해당 사업장의 근로자 외의 종사자는 참여할 수 없고, 같은 법 제64조에 따른 안전 및 보건에 관한 협의체는 도급인의 사업주와 수급인의 사업주만으로 구성되어 그 구성원에 수급인의 근로자는 포함되지 않기 때문에 수급인의 근로자의 의견은 청취한 것으로 볼 수 없기 때문이다. 고용노동부도 시행령 제4조제7호의 종사자 의견청취 의무는 해당 사업장의 근로자뿐만 아니라 노무제공자 등 종사자 전체의 의견을 청취하는 것을 의미하므로 해당 사업장의 근로자만 참여하는 산업안전보건위원회의 개최만으로는 그 의무가 갈음되는 것이 아니라고 설명하고 있다.[569]

8) 중대산업재해 대응 매뉴얼 마련 및 점검 (령 제4조제8호)

령 제4조(안전보건관리체계의 구축 및 이행 조치) 법 제4조제1항제1호에 따른 조치의 구체적인 사항은 다음 각 호와 같다.

8. 사업 또는 사업장에 중대산업재해가 발생하거나 발생할 급박한 위험이 있을 경우를 대비하여 다음 각 목의 조치에 관한 매뉴얼을 마련하고, 해당 매뉴얼에 따라 조치하는지를 반기 1회 이상 점검할 것

　　가. 작업 중지, 근로자 대피, 위험요인 제거 등 대응조치

　　나. 중대산업재해를 입은 사람에 대한 구호조치

---

569) 고용노동부, 『중대재해처벌법 중대산업재해 질의회시집』, 2023.5., 113면 참조.

다. 추가 피해방지를 위한 조치

시행령 제4조제8호는 개인사업주 또는 경영책임자등으로 하여금 사업 또는 사업장에서 중대산업재해가 발생하거나 발생할 급박한 위험이 있을 경우를 대비하여 대응조치, 구호조치 및 추가피해 방지조치에 관한 매뉴얼을 마련하고, 사업 또는 사업장에서 해당 매뉴얼에 따라 조치하는지 여부를 반기에 1회 이상 점검하도록 규정하고 있다. 이는 중대산업재해가 발행할 수 있는 긴급한 상황 또는 중대산업재해가 발생한 상황에서 개인사업주, 경영책임자등 및 종사자가 체계적으로 대응하도록 하여 재해발생 초기에 중대산업재해로 인한 피해를 최소화하고 2차 피해 등 추가피해를 방지하려는 것으로 보인다.[570]

중대재해처벌법령에서 '중대산업재해가 발생할 급박한 위험'의 의미에 관하여 별도의 규정을 두고 있지 않다. 이는 사업장별로 위험요인이 다르고 수시로 변화하므로 "급박한 위험"을 구체적으로 규정하기 어렵기 때문인 것으로 보인다. 고용노동부는 「산업안전보건법」에 따른 '산업재해 발생의 급박한 위험'의 정의에 대한 질의에 대하여 "객관적·개별적으로 보아 위험이 곧 발생할 것으로 예견되어 즉시 대피하지 않으면 작업 중인 근로자에게 중대한 위험이 가해질 수 있는 상태"를 말하는 것으로 회신한 바 있는데,[571] '중대산업재해가 발생할 급박한 위험'의 의미도 이와 유사할 것이다.

---

570) 고용노동부, 『경영책임자와 관리자가 알아야 할 중대재해처벌법 따라하기 - 중소기업 '중대산업재해 예방'을 위한 안내서』, 2022.3., 50면 참조.
571) 산안 68320-249, 2001.06.13.

<고용노동부 질의회시(산안68320-249, 2001.06.13.)>

(질의)

'산업재해 발생의 급박한 위험' 및 '중대재해 발생'의 정확한 용어 정의는?

(회시)

사업장별로 유해·위험요인 및 작업의 조건과 상황이 일정하지 않고, 또한 수시로 변함에 따라 산업재해 발생의 급박한 위험의 구체적인 범위를 일률적으로 규정하기 어려우므로 산업재해 발생의 급박한 위험의 판단 기준은 각 개별사안에 따라 당시 상황의 유해·위험요인을 종합적으로 고려하여 판단해야 할 것이며, 이러한 "급박한 위험"은 유해물질의 누출, 질식 또는 화재·폭발의 우려가 있는 경우, 압력용기의 압력 급상승으로 파열·폭발이 예상되는 경우 등과 같이 객관적·개별적으로 보아 위험이 곧 발생할 것으로 예견되어 즉시 대피하지 않으면 작업 중인 근로자에게 중대한 위험이 가해질 수 있는 상태를 말하는 것으로 근로자가 안전과 보건에 즉시 위험을 미칠 우려가 있다고 믿는 것에 합리적인 타당성이 있어야 하며, 단체협약 등에서 사업장의 실정에 맞게 급박한 위험의 범위를 구체적으로 정함이 있는 경우에는 그에 따르는 것이 타당하다고 사료됨.

또한 산업안전보건법 제26조 제1항에서 정한 "중대재해가 발생한 때"에 작업을 중지시키는 것은 사업주의 의무이며, 이때 "중대재해"라 함은 시행규칙 제2조 제1항 각호에서 규정하는 재해로 보아야 함. (산안 68320-249, 2001.06.13.)

* 자료: 고용노동부 산재예방보상정책관, 『산업안전보건법 질의회시집 - 2000.1.1.~2012.12.31.』, 2013.2., 10면 참조.

중대산업재해에 대한 대응조치의 예시로서 시행령 제4조제8호가목은 작업 중지, 근로자 대피, 위험요인 제거 등을 들고 있다. 이는 「산업안전보건법」에 따른 대응조치와 유사하다. 「산업안전보건법」 제51조 및 제54조에 따르면, 산업재해가 발생할 급박한 위험이 있을 때 및 중대산업재해가 발생한 경우에는 사업주는 즉시 작업을 중지시키고 근로자를 작업장소에서 대피시키는 등 필요한 안전·보건 조치를 하여야 한다.[572] 또한 「산업안전보건법」 제52조는 산업재해가 발생할 급박한 위험이 있는 경

---

[572] 「산업안전보건법」 제51조(사업주의 작업중지) 사업주는 산업재해가 발생할 급박한 위험이 있을 때에는 즉시 작업을 중지시키고 근로자를 작업장소에서 대피시키는 등 안전 및 보건에 관

우에는 근로자 스스로도 작업을 중지하고 대피할 수 있도록 규정하고 있다.[573]

한편, 「산업안전보건법」상 산업재해 발생의 급박한 위험에 대한 대응조치는 근로자를 보호대상으로 하는 반면, 중대재해처벌법은 근로자보다 넓은 개념인 종사자를 보호대상으로 하고 있으므로, 시행령 제4조제8호가목에서 중대산업재해 발생 또는 발생의 급박한 위험이 있는 경우의 조치매뉴얼에 '근로자의 대피'에 관한 사항을 마련하도록 하고 있는 것을 향후 '종사자의 대피'에 관한 사항을 마련하도록 개정할 필요가 있는 것으로 보인다.

개인사업주 또는 경영책임자등은 사업 또는 사업장에서 중대산업재해 대응 매뉴얼 따라 조치가 이루어지는지를 반기 1회 이상 점검하여야 하는데, 6개월 동안 중대산업재해가 발생하거나 발생할 급박한 위험이 없는 경우에는 사업장에서 매뉴얼에 따라 조치가 이루어지는지를 어떻게 점검하여야 하는지가 문제된다. 이에 대하여 고용노동부는 가상상황을 구성하여 모의훈련을 실시하는 것도 가능하다고 설명하고 있으나,[574] 이는 문리적 해석에 반하는 것으로 보인다. 또한, 시행령 제4조제8호에서 개인사업주나 경영책임자등에게 점검의무를 부여한 것은 매뉴얼에서 상정한 상황이 발생하였을 경우에 현장에서 매뉴얼의 내용이 지켜지는지를 점검하여 매뉴얼이 실효성 있게 작성되도록 하고, 그러한 상황이 발생하였을 경우 매뉴얼 작성 당시의 의도대로 체계적인 조치가 이루어지도록 하려는 것인바, 그러한 상황이 발생하지 않은 경우에도 사업 또는 사업장의 종사자들이 매뉴얼에 따라 조치하도록 하는 것은 이러한 규정의 취지에 부합하지 아니하는 것으로 보인다. 따라서 이에 대한 입법적·제도적 개선이 필요하다고 본다.

하여 필요한 조치를 하여야 한다.
제54조(중대재해 발생 시 사업주의 조치) ① 사업주는 중대재해가 발생하였을 때에는 즉시 해당 작업을 중지시키고 근로자를 작업장소에서 대피시키는 등 안전 및 보건에 관하여 필요한 조치를 하여야 한다.

573) 「산업안전보건법」 제52조(근로자의 작업중지) ① 근로자는 산업재해가 발생할 급박한 위험이 있는 경우에는 작업을 중지하고 대피할 수 있다.

574) 고용노동부, 『중대재해처벌법 중대산업재해 질의회시집』, 2023.5., 114~115면 참조.

9) 도급 등의 경우 안전보건 확보를 위한 기준·절차 마련 및 점검 (령 제4조 제9호)

> **령 제4조(안전보건관리체계의 구축 및 이행 조치)** 법 제4조제1항제1호에 따른 조치의 구체적인 사항은 다음 각 호와 같다.
>
> 9. 제3자에게 업무의 도급, 용역, 위탁 등을 하는 경우에는 종사자의 안전·보건을 확보하기 위해 다음 각 목의 기준과 절차를 마련하고, 그 기준과 절차에 따라 도급, 용역, 위탁 등이 이루어지는지를 반기 1회 이상 점검할 것
>   가. 도급, 용역, 위탁 등을 받는 자의 산업재해 예방을 위한 조치 능력과 기술에 관한 평가기준·절차
>   나. 도급, 용역, 위탁 등을 받는 자의 안전·보건을 위한 관리비용에 관한 기준
>   다. 건설업 및 조선업의 경우 도급, 용역, 위탁 등을 받는 자의 안전·보건을 위한 공사기간 또는 건조기간에 관한 기준

시행령 제4조제9호는 개인사업주 또는 경영책임자등이 제3자와 업무의 도급, 용역, 위탁 등의 계약을 하는 경우에는 개인사업주 또는 경영책임자등으로 하여금 제3자의 ① 산재예방 조치 능력과 기술에 관한 평가기준 및 절차, ② 안전·보건 관리비용에 관한 기준, ③ 안전·보건을 위한 공사기간 또는 건조기간에 관한 기준(건설업 및 조선업의 경우에 한정)을 마련하고, 도급 등의 계약이 해당 기준과 절차에 따라 이루어지는지 여부를 반기에 1회 이상 점검하도록 규정하고 있다.

이는 중대산업재해를 예방하기 위해서는 도급인 자신의 안전·보건 확보 역량 및 노력 외에도 수급인 등의 역량 및 노력도 필요하므로 도급인이 도급 등의 계약을 체결할 때 수급인 등의 산재예방 조치 능력과 기술을 평가하여 안전·보건에 관한 역량이 우수한 업체가 선정될 수 있도록 하려는 것이다. 또한 도급인이 도급 등을 하는 경우에 안전·보건 관리비용이나 업무수행 기간을 과도하게 절감하거나 단축하여 수급인 등의 종사자가 산업재해를 당하는 경우가 발생하였던 사례가 있었음을 고려하여 도급인 스스로 수급인 등에게 적용할 안전·보건 관리비용과 건설업 및 조선업에서의 공사기간 및 건조기간에 관한 기준을 마련하도록 한 것으로 보인다.[575]

---

575) 고용노동부, 『중대재해처벌법 해설 – 중대산업재해』, 2021.11., 90~92면 참조.

법 제5조에서 사업주, 법인 또는 기관이 제3자에게 도급, 용역, 위탁 등을 한 경우로서 업무를 행하는 시설, 장비, 장소 등에 대하여 실질적인 지배·운영·관리 책임이 있는 경우, 해당 개인사업주 또는 경영책임자등은 제3자의 종사자에게 중대산업재해가 발생하지 않도록 안전·보건 확보를 위한 조치를 하여야 하도록 규정하고 있는데,576) 같은 조는 도급 등의 계약이 체결된 이후 제3자의 종사자가 업무를 수행하는 단계에 적용되는 반면, 시행령 제4조제9호는 도급 등에 관한 계약을 체결하는 단계에서 적용된다는 차이가 있다.577)

「산업안전보건법」 제61조는 사업주가 도급을 할 때에는 산재예방 조치능력을 갖춘 사업주에게 하도록 규정하고 있는바,578) 중대재해처벌법 시행령 제4조제9호가목은 개인사업주나 경영책임자등의 수급인 등에 대한 산재예방 조치능력 평가기준 및 절차 마련의무를 규정하고 있어서 「산업안전보건법」 제61조에 따른 사업주의 의무이행을 촉진하는 데 기여할 것으로 보인다.

중대재해처벌법령은 도급 등을 받는 자의 안전보건 관리비용에 관한 기준에 관하여 구체적인 내용을 규정하지 않고 있는데, 개인사업주 또는 경영책임자등은 해당 기준을 마련할 때 「산업안전보건법」 제72조에 따라 고용노동부장관이 고시한 「건설업 산업안전보건관리비 계상 및 사용기준」579)의 내용을 참고할 수 있을 것이다. 주요 내용을 살펴보면, 첫째 건설공사발주자가 도급인과 도급계약을 체결하기 위하여 원가계산에 의한 예정가격을 작성하는 등의 경우에는 원가계산서 구성항목 중 직접재료비, 간접재료비와 직접노무비를 합한 금액의 크기에 따라 해당 금액에 일정한 비율을 곱한 금액 등을 안전보건관리비로 계상하여야 한다.580)

---

576) 중대재해처벌법 제5조(도급, 용역, 위탁 등 관계에서의 안전 및 보건 확보의무) 사업주 또는 경영책임자등은 사업주나 법인 또는 기관이 제3자에게 도급, 용역, 위탁 등을 행한 경우에는 제3자의 종사자에게 중대산업재해가 발생하지 아니하도록 제4조의 조치를 하여야 한다. 다만, 사업주나 법인 또는 기관이 그 시설, 장비, 장소 등에 대하여 실질적으로 지배·운영·관리하는 책임이 있는 경우에 한정한다.

577) 권오성, 앞의 책, 153면 참조.

578) 「산업안전보건법」 제61조(적격 수급인 선정 의무) 사업주는 산업재해 예방을 위한 조치를 할 수 있는 능력을 갖춘 사업주에게 도급하여야 한다.

579) 고용노동부고시 제2022-43호, 2022. 6. 2., 일부개정.

580) 「건설업 산업안전보건관리비 계상 및 사용기준」 제4조(계상의무 및 기준) ① 건설공사발주자

둘째, 건설공사발주자와 도급계약을 체결한 도급인은 안전보건관리비를 산업재해예방 목적으로 사용하여야 하고, 안전보건관리비의 구체적인 항목별로 구체적으로 정해진 기준에 따라 사용하여야 한다. 고시에 규정된 안전보건관리비의 개별항목에는 안전관리자 및 보건관리자의 임금, 안전시설비, 보호구, 안전보건진단비, 안전보건교육비, 근로자 건강장해예방비 등이 있다.

「건설업 산업안전보건관리비 계상 및 사용기준」

제7조(사용기준) ① 도급인과 자기공사자는 안전보건관리비를 산업재해예방 목적으로 다음 각 호의 기준에 따라 사용하여야 한다.

1. 안전관리자·보건관리자의 임금 등

　가. 법 제17조제3항 및 법 제18조제3항에 따라 안전관리 또는 보건관리 업무만을 전담하는 안전관리자 또는 보건관리자의 임금과 출장비 전액

(이하 "발주자"라 한다)가 도급계약 체결을 위한 원가계산에 의한 예정가격을 작성하거나, 자기공사자가 건설공사 사업 계획을 수립할 때에는 다음 각 호와 같이 안전보건관리비를 계상하여야 한다. 다만, 발주자가 재료를 제공하거나 일부 물품이 완제품의 형태로 제작·납품되는 경우에는 해당 재료비 또는 완제품 가액을 대상액에 포함하여 산출한 안전보건관리비와 해당 재료비 또는 완제품 가액을 대상액에서 제외하고 산출한 안전보건관리비의 1.2배에 해당하는 값을 비교하여 그 중 작은 값 이상의 금액으로 계상한다.

1. 대상액이 5억 원 미만 또는 50억 원 이상인 경우: 대상액에 별표 1에서 정한 비율을 곱한 금액
2. 대상액이 5억 원 이상 50억 원 미만인 경우: 대상액에 별표 1에서 정한 비율을 곱한 금액에 기초액을 합한 금액
3. 대상액이 명확하지 않은 경우: 제4조제1항의 도급계약 또는 자체사업계획상 책정된 총공사금액의 10분의 7에 해당하는 금액을 대상액으로 하고 제1호 및 제2호에서 정한 기준에 따라 계상

[별표 1] 공사종류 및 규모별 안전관리비 계상기준표

구분 공사종류	대상액 5억원 미만인 경우 적용 비율(%)	대상액 5억원 이상 50억원 미만인 경우		대상액 50억원 이상인 경우 적용비율(%)	영 별표5에 따른 보건관리자 선임대상 건설공사의 적용비율(%)
		적용비율(%)	기초액		
일반건설공사(갑)	2.93%	1.86%	5,349,000원	1.97%	2.15%
일반건설공사(을)	3.09%	1.99%	5,499,000원	2.10%	2.29%
중 건 설 공 사	3.43%	2.35%	5,400,000원	2.44%	2.66%
철도·궤도신설공사	2.45%	1.57%	4,411,000원	1.66%	1.81%
특수및기타건설공사	1.85%	1.20%	3,250,000원	1.27%	1.38%

나. 안전관리 또는 보건관리 업무를 전담하지 않는 안전관리자 또는 보건관리자의 임금과 출장비의 각각 2분의 1에 해당하는 비용

다. 안전관리자를 선임한 건설공사 현장에서 산업재해 예방 업무만을 수행하는 작업지휘자, 유도자, 신호자 등의 임금 전액

라. 별표 1의2에 해당하는 작업을 직접 지휘·감독하는 직·조·반장 등 관리감독자의 직위에 있는 자가 영 제15조제1항에서 정하는 업무를 수행하는 경우에 지급하는 업무수당(임금의 10분의 1 이내)

2. 안전시설비 등

가. 산업재해 예방을 위한 안전난간, 추락방호망, 안전대 부착설비, 방호장치(기계·기구와 방호장치가 일체로 제작된 경우, 방호장치 부분의 가액에 한함) 등 안전시설의 구입·임대 및 설치를 위해 소요되는 비용

나. 「건설기술 진흥법」제62조의3에 따른 스마트 안전장비 구입·임대 비용의 5분의 1에 해당하는 비용. 다만, 제4조에 따라 계상된 안전보건관리비 총액의 10분의 1을 초과할 수 없다.

다. 용접 작업 등 화재 위험작업 시 사용하는 소화기의 구입·임대비용

3. 보호구 등

가. 영 제74조제1항제3호에 따른 보호구의 구입·수리·관리 등에 소요되는 비용

나. 근로자가 가목에 따른 보호구를 직접 구매·사용하여 합리적인 범위 내에서 보전하는 비용

다. 제1호가목부터 다목까지의 규정에 따른 안전관리자 등의 업무용 피복, 기기 등을 구입하기 위한 비용

라. 제1호가목에 따른 안전관리자 및 보건관리자가 안전보건 점검 등을 목적으로 건설공사 현장에서 사용하는 차량의 유류비·수리비·보험료

4. 안전보건진단비 등

가. 법 제42조에 따른 유해위험방지계획서의 작성 등에 소요되는 비용

나. 법 제47조에 따른 안전보건진단에 소요되는 비용

다. 법 제125조에 따른 작업환경 측정에 소요되는 비용

라. 그 밖에 산업재해예방을 위해 법에서 지정한 전문기관 등에서 실시하는 진단, 검사, 지도 등에 소요되는 비용

5. 안전보건교육비 등

가. 법 제29조부터 제31조까지의 규정에 따라 실시하는 의무교육이나 이에 준하여 실시하는 교육을 위해 건설공사 현장의 교육 장소 설치·운영 등에 소요되는 비용

나. 가목 이외 산업재해 예방 목적을 가진 다른 법령상 의무교육을 실시하기 위해 소요되는 비용

다. 안전보건관리책임자, 안전관리자, 보건관리자가 업무수행을 위해 필요한 정보를 취득하기 위한 목적으로 도서, 정기간행물을 구입하는 데 소요되는 비용

라. 건설공사 현장에서 안전기원제 등 산업재해 예방을 기원하는 행사를 개최하기 위해 소요되는 비용. 다만, 행사의 방법, 소요된 비용 등을 고려하여 사회통념에 적합한 행사에 한한다.

마. 건설공사 현장의 유해·위험요인을 제보하거나 개선방안을 제안한 근로자를 격려하기 위해 지급하는 비용

6. 근로자 건강장해예방비 등

가. 법·영·규칙에서 규정하거나 그에 준하여 필요로 하는 각종 근로자의 건강장해 예방에 필요한 비용

나. 중대재해 목격으로 발생한 정신질환을 치료하기 위해 소요되는 비용

다. 감염병의 예방 및 관리에 관한 법률」 제2조제1호에 따른 감염병의 확산 방지를 위한 마스크, 손소독제, 체온계 구입비용 및 감염병병원체 검사를 위해 소요되는 비용

라. 법 제128조의2 등에 따른 휴게시설을 갖춘 경우 온도, 조명 설치·관리기준을 준수하기 위해 소요되는 비용

7. 법 제73조 및 제74조에 따른 건설재해예방전문지도기관의 지도에 대한 대가로 지급하는 비용

8. 「중대재해 처벌 등에 관한 법률」 시행령 제4조제2호나목에 해당하는 건설사업자가 아닌 자가 운영하는 사업에서 안전보건 업무를 총괄·관리하는 3명 이상으로 구성된 본사 전담조직에 소속된 근로자의 임금 및 업무수행 출장비 전액. 다만, 제4조에 따라 계상된 안전보건관리비 총액의 20분의 1을 초과할 수 없다.

9. 법 제36조에 따른 위험성평가 또는 「중대재해 처벌 등에 관한 법률 시행령」 제4조제3호에 따라 유해·위험요인 개선을 위해 필요하다고 판단하여 법 제24조의 산업안전보건위원회 또는 법 제75조의 노사협의체에서 사용하기로 결정한 사항을 이행

하기 위한 비용. 다만, 제4조에 따라 계상된 안전보건관리비 총액의 10분의 1을 초과할 수 없다.

건설업 및 조선업에서 안전·보건을 위한 공사기간 또는 건조기간에 관한 기준은 수급인 종사자가 산업재해를 당하지 않고 안전하게 작업할 수 있도록 충분한 작업기간을 고려한 계약기간을 의미한다.[581] 「산업안전보건법」은 건설공사발주자로 하여금 설계도서 등에 따라 산정된 공사기간을 단축하는 것을 금지하고 이를 위반하는 자에 대하여 1천만원 이하의 벌금에 처하도록 하고 있다(제69조제1항 및 제171조제1호[582]).

나. 재해 재발방지 대책 수립 및 그 이행에 관한 조치 (법 제4조제1항제2호)

법 제4조(사업주와 경영책임자등의 안전 및 보건 확보의무) ① 사업주 또는 경영책임자등은 사업주나 법인 또는 기관이 실질적으로 지배·운영·관리하는 사업 또는 사업장에서 종사자의 안전·보건상 유해 또는 위험을 방지하기 위하여 그 사업 또는 사업장의 특성 및 규모 등을 고려하여 다음 각 호에 따른 조치를 하여야 한다.
2. 재해 발생 시 재발방지 대책의 수립 및 그 이행에 관한 조치

법 제4조제1항제2호는 개인사업주 또는 경영책임자등으로 하여금 해당 사업주, 법인 또는 기관이 실질적으로 지배·운영·관리하는 사업 또는 사업장에서 재해가 발생한 경우 그 사업 또는 사업장의 특성 및 규모 등을 고려하여 재발방지를 위한 대책을 수립하고 그 이행에 관한 조치를 하도록 규정하고 있다. 이는 재해가 발생한 경우 그에 대한 조사·분석 및 전문가 의견수렴 등을 통하여 유해·위험요인과 재해발생

---

581) 고용노동부, 『중대재해처벌법 해설 – 중대산업재해』, 2021.11.17., 92면 참조.
582) 「산업안전보건법」 제69조(공사기간 단축 및 공법변경 금지) ① 건설공사발주자 또는 건설공사도급인(건설공사발주자로부터 해당 건설공사를 최초로 도급받은 수급인 또는 건설공사의 시공을 주도하여 총괄·관리하는 자를 말한다. 이하 이 절에서 같다)은 설계도서 등에 따라 산정된 공사기간을 단축해서는 아니 된다.
제171조(벌칙) 다음 각 호의 어느 하나에 해당하는 자는 1천만원 이하의 벌금에 처한다.
1. 제69조제1항·제2항, 제89조제1항, 제90조제2항·제3항, 제108조제2항, 제109조제2항 또는 제138조제1항(제166조의2에서 준용하는 경우를 포함한다)·제2항을 위반한 자

원인을 파악하여 향후 유사한 재해가 발생하는 것을 방지하려는 것이다.[583]

법 제4조제1항제2호에 따른 재발방지 대책은 산업재해를 예방하기 위한 개선대책이라는 점에서 「산업안전보건법」에 따른 안전보건개선계획과 유사하다. 그러나 재발방지 대책은 안전보건계선계획에 비하여 수립사유나 수립·시행절차의 구체성이 부족한바, 보완이 필요할 것으로 보인다.

〈재발방지 대책과 안전보건개선계획의 수립사유 및 수립·시행절차〉

구분	재발방지 대책	안전보건개선계획
수립 사유	사업 또는 사업장에서 재해가 발생하여 개인사업주나 경영책임자등이 사업 또는 사업장의 특성 및 규모에 비추어 필요성이 있다고 인정한 경우	• 다음 어느 하나에 해당하고 산재예방을 위한 종합적 개선조치의 필요성이 인정되어 고용노동부 장관이 명령한 경우(산안법§49①) 1. 산업재해율이 같은 업종의 규모별 평균 산업재해율보다 높은 사업장 2. 사업주가 필요한 안전조치 또는 보건조치를 이행하지 아니하여 중대재해가 발생한 사업장 3. 직업성 질병자가 연간 2명 이상 발생한 사업장 4. 고용노동부장관이 고시한 유해인자의 노출기준을 초과한 사업장 • 사업장에 중대재해가 발생한 경우(산안법§56②)
수립 및 시행 절차	개인사업주나 경영책임자 등의 대책수립 → 이행	고용노동부장관의 계획수립 명령 → 사업주의 계획서 작성(산업안전보건위원회 심의 필요) 및 제출 → 고용노동부장관의 심사 및 결과통보 → 사업주 및 근로자의 준수

특히, 법 제4조제1항제2호에서 '재해'의 의미가 문제되는바, '재해(災害)'의 사전적 의미는 "재앙으로 말미암아 받는 피해"[584]로서 그 범위가 광범위하다. '재해'가 사용된 입법례를 살펴보면, 「자연재해대책법」 상의 재해가 가장 넓은 의미로 사용되고 있다. 「자연재해대책법」 제2조제1호에서 '재해'를 「재난 및 안전관리 기본법」에 따른 자연재난 및 사회재난으로 인하여 발생하는 피해를 의미하는 것으로 정의하고 있는데, 이는 국민의 생명·신체·재산에 대한 피해뿐만 아니라 국가에 대한 피해도 포함

---

583) 고용노동부, 『경영책임자와 관리자가 알아야 할 중대재해처벌법 따라하기 - 중소기업 '중대산업재해 예방'을 위한 안내서』, 2022.3., 58면 참조.
584) 국립국어원 표준국어대사전.

하는 것으로 해석된다.585) 재해를 물건에 대한 피해를 의미하는 것으로 규정한 입법례로는 「농어업재해대책법」 제2조제2호 및 제3호에 따른 농업재해와 어업재해가 있다. 같은 법에서 농업재해 및 어업재해는 자연재해로 인하여 발생하는 농업용 시설, 농작물 등의 피해 및 어업용 시설, 수산양식물의 피해를 말한다.586) 재해를 사람에 대한 피해를 의미하는 것으로 규정한 입법례로는 「산업안전보건법」 제2조제1호 및 제2호에 따른 산업재해 및 중대재해와 중대재해처벌법 제2조제2호 및 제3호에 따른 중대산업재해 및 중대시민재해가 있다.587) 중대재해처벌법의 목적588)을 제2장의 내

---

585) 「자연재해대책법」 제2조(정의) 이 법에서 사용하는 용어의 뜻은 다음과 같다.
    1. "재해"란 「재난 및 안전관리 기본법」(이하 "기본법"이라 한다) 제3조제1호에 따른 재난으로 인하여 발생하는 피해를 말한다.
  「재난 및 안전관리 기본법」 제3조(정의) 이 법에서 사용하는 용어의 뜻은 다음과 같다.
    1. "재난"이란 국민의 생명·신체·재산과 국가에 피해를 주거나 줄 수 있는 것으로서 다음 각 목의 것을 말한다.
      가. 자연재난: 태풍, 홍수, 호우(豪雨), 강풍, 풍랑, 해일(海溢), 대설, 한파, 낙뢰, 가뭄, 폭염, 지진, 황사(黃砂), 조류(藻類) 대발생, 조수(潮水), 화산활동, 소행성·유성체 등 자연우주 물체의 추락·충돌, 그 밖에 이에 준하는 자연현상으로 인하여 발생하는 재해
      나. 사회재난: 화재·붕괴·폭발·교통사고(항공사고 및 해상사고를 포함한다)·화생방사고·환경오염사고 등으로 인하여 발생하는 대통령령으로 정하는 규모 이상의 피해와 국가핵심기반의 마비, 「감염병의 예방 및 관리에 관한 법률」에 따른 감염병 또는 「가축전염병예방법」에 따른 가축전염병의 확산, 「미세먼지 저감 및 관리에 관한 특별법」에 따른 미세먼지 등으로 인한 피해
586) 「농어업재해대책법」 제2조(정의) 이 법에서 사용되는 용어의 뜻은 다음과 같다.
    2. "농업재해"란 가뭄, 홍수, 호우(豪雨), 해일, 태풍, 강풍, 이상저온(異常低溫), 우박, 서리, 조수(潮水), 대설(大雪), 한파(寒波), 폭염(暴炎), 황사(黃砂), 대통령령으로 정하는 병해충(病害蟲), 일조량(日照量) 부족, 유해야생동물(「야생생물 보호 및 관리에 관한 법률」 제2조제5호의 유해야생동물을 말한다), 그 밖에 제5조제1항에 따른 농업재해대책 심의위원회가 인정하는 자연현상으로 인하여 발생하는 농업용 시설, 농경지, 농작물, 가축, 임업용 시설 및 산림작물의 피해를 말한다.
    3. "어업재해"란 이상조류(異常潮流), 적조현상(赤潮現象), 해파리의 대량발생, 태풍, 해일, 이상수온(異常水溫), 그 밖에 제5조제2항에 따른 어업재해대책 심의위원회가 인정하는 자연현상으로 인하여 발생하는 수산양식물 및 어업용 시설의 피해를 말한다.
587) 「산업안전보건법」 제2조(정의) 이 법에서 사용하는 용어의 뜻은 다음과 같다.
    1. "산업재해"란 노무를 제공하는 사람이 업무에 관계되는 건설물·설비·원재료·가스·증기·분진 등에 의하거나 작업 또는 그 밖의 업무로 인하여 사망 또는 부상하거나 질병에 걸리는 것을 말한다.
    2. "중대재해"란 산업재해 중 사망 등 재해 정도가 심하거나 다수의 재해자가 발생한 경우로서 고용노동부령으로 정하는 재해를 말한다.
  「산업안전보건법 시행규칙」 제3조(중대재해의 범위) 법 제2조제2호에서 "고용노동부령으로 정하는 재해"란 다음 각 호의 어느 하나에 해당하는 재해를 말한다.

용과 관련하여 살펴보면, 같은 법은 사업 또는 사업장을 운영하면서 안전·보건 조치 의무를 위반하여 인명피해를 발생하게 한 사업주, 경영책임자, 공무원 및 법인의 처벌 등을 규정함으로써 중대재해를 예방하고 종사자의 생명과 신체를 보호함을 목적으로 한다. 즉, 중대재해처벌법은 종사자의 생명과 신체를 보호함을 목적으로 하므로, 법 제4조제1항제2호에서 '재해'는 「산업안전보건법」에 따른 산업재해나 중대재해 또는 중대재해처벌법에 따른 중대산업재해 등 종사자에 대한 생명, 신체에 대한 피해를 의미한다고 보아야 할 것이다.

이에 대하여 '재해'의 범위를 중대산업재해로 좁게 보아야 한다는 견해가 있는데, 그 논거는 법 제4조가 속해 있는 제2장의 제목이 중대산업재해이고, 중대재해처벌법에 따른 재해의 의미를 「산업안전보건법」에 따른 산업재해까지 포함하는 것으로 확장해석하는 것은 형사처벌 대상을 부당하게 확대하는 결과를 가져오게 된다는 것이다.[589] 그러나 법 제2조제1호[590]에서 중대산업재해와 중대시민재해를 포괄하는 중대

---

1. 사망자가 1명 이상 발생한 재해
2. 3개월 이상의 요양이 필요한 부상자가 동시에 2명 이상 발생한 재해
3. 부상자 또는 직업성 질병자가 동시에 10명 이상 발생한 재해
중대재해처벌법 제2조(정의) 이 법에서 사용하는 용어의 뜻은 다음과 같다.
2. "중대산업재해"란 「산업안전보건법」 제2조제1호에 따른 산업재해 중 다음 각 목의 어느 하나에 해당하는 결과를 야기한 재해를 말한다.
   가. 사망자가 1명 이상 발생
   나. 동일한 사고로 6개월 이상 치료가 필요한 부상자가 2명 이상 발생
   다. 동일한 유해요인으로 급성중독 등 대통령령으로 정하는 직업성 질병자가 1년 이내에 3명 이상 발생
3. "중대시민재해"란 특정 원료 또는 제조물, 공중이용시설 또는 공중교통수단의 설계, 제조, 설치, 관리상의 결함을 원인으로 하여 발생한 재해로서 다음 각 목의 어느 하나에 해당하는 결과를 야기한 재해를 말한다. 다만, 중대산업재해에 해당하는 재해는 제외한다.
   가. 사망자가 1명 이상 발생
   나. 동일한 사고로 2개월 이상 치료가 필요한 부상자가 10명 이상 발생
   다. 동일한 원인으로 3개월 이상 치료가 필요한 질병자가 10명 이상 발생
588) 중대재해처벌법 제1조(목적) 이 법은 사업 또는 사업장, 공중이용시설 및 공중교통수단을 운영하거나 인체에 해로운 원료나 제조물을 취급하면서 안전·보건 조치의무를 위반하여 인명피해를 발생하게 한 사업주, 경영책임자, 공무원 및 법인의 처벌 등을 규정함으로써 중대재해를 예방하고 시민과 종사자의 생명과 신체를 보호함을 목적으로 한다.
589) 김·장 법률사무소 중대재해대응팀, 『중대재해처벌법』, 박영사, 2022.4., 104면 참조.
590) 중대재해처벌법 제2조(정의) 이 법에서 사용하는 용어의 뜻은 다음과 같다.
   1. "중대재해"란 "중대산업재해"와 "중대시민재해"를 말한다.

재해라는 용어를 정의하고 있고, 법 제4조제1항제2호는 중대재해보다 더 넓은 개념
인 재해라는 용어를 사용하고 있으므로, 동 '재해'의 의미를 중대산업재해로만 해석
하기는 어려운 것으로 보인다.

따라서, 「산업안전보건법」 제57조제3항 및 같은 법 시행규칙 제73조제1항에 따른
산업재해, 즉 사망자가 발생하거나 3일 이상의 휴업이 필요한 부상자 또는 질병자가
발생한 경우에는 사업주가 고용노동부장관에게 재발방지 계획 등을 보고하여야 하는
바,591) 이러한 산업재해가 발생한 경우 개인사업주 또는 경영책임자등은 법 제4조제1
항제2호에 따른 재발방지 대책을 수립하고 그 이행에 관한 조치를 하여야 할 것이다.

한편, 종사자가 업무로 인하여 경미한 부상이나 질병에 걸린 경우, 즉 경미한 산업
재해가 발생한 경우에도 재발방지대책을 수립하여야 하는지가 문제된다. 개인사업주
나 경영책임자등으로 하여금 발생한 모든 산업재해에 대하여 재발방지 대책을 수립
하도록 하는 것은 비현실적이라는 주장도 있을 수 있으나, 사소한 사고도 반복되는
경우 큰 사고로 이어질 위험이 있으므로(이른바, "하인리히 법칙"592)), 경미한 산업재해
가 발생한 경우라도 그 원인 분석 및 재발방지 조치를 할 필요가 있는 것으로 보인
다.593) 또한 이와 같이 해석하는 것이 동 규정의 입법당시 논의와도 부합한다.594)

---

591) 「산업안전보건법」 제57조(산업재해 발생 은폐 금지 및 보고 등) ③ 사업주는 고용노동부령으
로 정하는 산업재해에 대해서는 그 발생 개요·원인 및 보고 시기, 재발방지 계획 등을 고용노
동부령으로 정하는 바에 따라 고용노동부장관에게 보고하여야 한다.
「산업안전보건법 시행규칙」 제73조(산업재해 발생 보고 등) ① 사업주는 산업재해로 사망자가
발생하거나 3일 이상의 휴업이 필요한 부상을 입거나 질병에 걸린 사람이 발생한 경우에는 법
제57조제3항에 따라 해당 산업재해가 발생한 날부터 1개월 이내에 별지 제30호서식의 산업재
해조사표를 작성하여 관할 지방고용노동관서의 장에게 제출(전자문서로 제출하는 것을 포함
한다)해야 한다.
592) '하인리히 법칙'은 어떤 대형사고가 발생하기 전에는 그와 관련된 수십 차례의 경미한 사고와
수백번의 징후들이 반드시 나타난다는 통계적 법칙으로서 1:29:300의 법칙이라고도 한다.
593) 고용노동부, 『중대재해처벌법 해설 - 중대산업재해』, 2021.11.17., 94면 참조.
594) 2020년 12월 30일 법사위 제1소위 회의록 30면 중 아래 논의 참조.
  ○ **고용노동부차관** 100개의 작은 사고를 거치고 나면 1명 사망사고가 날 수가 있다고, 그래서 초
  동 단계에서 재해가 났을 때 ⋯⋯ 그 원인을 제대로 규명해서 거기에 맞는 조치를 취하는 게
  큰 재해를 막는 방법이다 그런 취지에서 저희들은 이 규정이 필요한 규정이 아닌가 그렇게
  생각을 하고 있습니다.
  ○ **소위원장 백혜련** 그러니까 중대재해가 발생하기 전에 어떤 재해가 발생될 때 그걸 재발하지
  않게 하기 위한 여러 가지 조치를 의미한다 이거지요?
  ○ **김용민위원** 그렇지요 ⋯⋯

다. 시정명령 등의 이행에 관한 조치(법 제4조제1항제3호)

> **법 제4조(사업주와 경영책임자등의 안전 및 보건 확보의무)** ① 사업주 또는 경영책임
> 자등은 사업이나 법인 또는 기관이 실질적으로 지배·운영·관리하는 사업 또는 사업
> 장에서 종사자의 안전·보건상 유해 또는 위험을 방지하기 위하여 그 사업 또는 사업
> 장의 특성 및 규모 등을 고려하여 다음 각 호에 따른 조치를 하여야 한다.
> 3. 중앙행정기관·지방자치단체가 관계 법령에 따라 개선, 시정 등을 명한 사항의 이
>   행에 관한 조치

1) 개관

법 제4조제1항제3호는 중앙행정기관 또는 지방자치단체가 관계 법령에 따라 개선,
시정 등을 명한 경우 개인사업주 또는 경영책임자등으로 하여금 사업 또는 사업장에
서 종사자의 안전·보건상 유해 또는 위험을 방지하기 위하여 개선명령, 시정명령 등
의 이행에 관한 조치를 하도록 규정하고 있다. 중앙행정기관 등의 시정명령 등은 사
업주가 법령에서 정한 조치를 하지 않았거나 법령에서 정한 기준에 미달하게 되었을
때 발하는 경우가 많은데, 해당 조치의무 또는 기준이 안전·보건에 관계되는 것일
때에는 시정명령을 이행하는 것이 안전·보건 확보에 중요하다는 측면에서 동 규정이
마련된 것으로 보인다.

개인사업주 또는 경영책임자등이 이행에 관한 조치를 하여야 하는 개선명령, 시정
명령 등은 행정처분[595])을 의미하고, 행정지도[596])는 포함되지 않으며, 안전·보건 확보
와 무관한 내용에 대한 개선 또는 시정명령 등도 포함되지 않는다.[597])

행정처분은 공권력의 행사 등 행정청이 행하는 행정작용을 말하고, 행정청에는 국

---

595) 「행정절차법」 제2조(정의) 이 법에서 사용하는 용어의 뜻은 다음과 같다.
   2. "처분"이란 행정청이 행하는 구체적 사실에 관한 법 집행으로서의 공권력의 행사 또는 그
      거부와 그 밖에 이에 준하는 행정작용(行政作用)을 말한다.
596) 「행정절차법」 제2조(정의) 이 법에서 사용하는 용어의 뜻은 다음과 같다.
   3. "행정지도"란 행정기관이 그 소관 사무의 범위에서 일정한 행정목적을 실현하기 위하여 특
      정인에게 일정한 행위를 하거나 하지 아니하도록 지도, 권고, 조언 등을 하는 행정작용을 말
      한다.
597) 고용노동부, 『중대재해처벌법 해설 – 중대산업재해』, 2021.11.17., 96면 참조.

가 또는 지방자치단체의 기관 외에 법령 또는 자치법규에 따라 행정권한을 가지고 있거나 위임·위탁 받은 공무수탁사인도 포함되므로,[598] 공무수탁사인도 행정처분을 할 수 있다. 그런데, 법 제4조제1항제3호에 따라 개인사업주 또는 경영책임자등이 이행조치 의무를 부담하는 대상은 중앙행정기관이나 지방자치단체가 발한 개선명령, 시정명령 등에 한정된다는 점에 유의해야 한다. 한편, 지방자치단체 자체는 행정처분을 발하는 주체로서의 행정청이 아니므로, 향후 법 제4조제1항제3호 중 "지방자치단체"는 "지방자치단체의 장"으로 개정을 검토할 필요가 있다.

2) 관계 법령의 범위

법 제4조제1항제3호에서 중앙행정기관·지방자치단체가 개선 및 시정명령 등을 발하는 근거 법령을 '관계 법령'이라고만 규정하고 있어 그 범위가 문제된다. 법 제4조제1항제3호를 위반하는 경우 개인사업주나 경영책임자등에게 중한 형사처벌이 부과될 수 있고, 해당 규정에 따른 조치가 종사자의 안전보건상 유해·위험을 방지하기 위한 것이라는 점에서 '관계 법령'은 '안전·보건 관계 법령'으로 해석하여야 한다는 견해가 있다.[599] 그러나 법 제4조제1항제4호에서 개인사업주나 경영책임자등에게 관계 법령에 따른 의무이행에 필요한 관리상의 조치의무를 부과하면서 관계 법령의 범위를 '안전·보건 관계 법령'으로 한정하고 있는 데 반하여, 법 제4조제1항제3호는 '관계 법령'이라고만 규정하고 있으므로 법 제4조제1항제3호에 따른 '관계 법령'을 '안전·보건 관계 법령'으로 축소해석하는 것이 타당한지는 의문이 있다. 즉, 중앙행정기관이나 지방자치단체가 '안전·보건 관계 법령'이 아닌 법령에 따라 개선 또는 시정 명령 등을 하는 경우에도 그 이행에 관한 조치가 사업 또는 사업장에서 종사자의 안전·보건상 유해 또는 위험을 방지하기 위하여 필요한 조치인 경우에는 개인사업주 또는 경영책임

---

598) 「행정절차법」 제2조(정의) 이 법에서 사용하는 용어의 뜻은 다음과 같다.
   1. "행정청"이란 다음 각 목의 자를 말한다.
     가. 행정에 관한 의사를 결정하여 표시하는 국가 또는 지방자치단체의 기관
     나. 그 밖에 법령 또는 자치법규(이하 "법령등"이라 한다)에 따라 행정권한을 가지고 있거나 위임 또는 위탁받은 공공단체 또는 그 기관이나 사인(私人)
599) 김·장 법률사무소 중대재해대응팀, 앞의 책, 108면 참조.

자등의 이행조치 의무가 발생하는 것으로 보아야 할 것이다.

'안전·보건 관계 법령'이 아닌 법령에 근거한 시정명령으로서 시정명령을 이행하는 경우 사업장 종사자의 안전·보건상 유해 또는 위험을 방지할 수 있는 사례로「공공주택 특별법」상 특별관리지역의 건축물 등에 대한 지방자치단체장의 시정명령을 들 수 있다.「공공주택 특별법」은 국토교통부장관이 특정 지역에 대하여 주택지구를 해제할 때, 체계적인 관리계획을 수립하여 관리하지 않을 경우 난개발이 우려되는 경우 특별관리지역으로 지정할 수 있도록 하고 있는데,[600] 이러한 지역에「공공주택 특별법」에 따른 적법한 절차를 거치지 않고 설치하거나 용도변경한 건축물, 설치한 공작물, 쌓아 놓은 물건 등이 있는 경우에 시장·군수 또는 구청장은 철거, 원상복구, 사용제한 등의 시정명령을 할 수 있다.[601]「공공주택 특별법」은 공공주택의 원활한 건설과 효과적인 운영을 위하여 필요한 사항을 규정함으로써 서민의 주거안정 및 주거수준 향상을 도모하여 국민의 쾌적한 주거생활에 이바지하는 것을 목적으로 하고 있어서,[602] 법률 자체는 '안전·보건 관계 법령'으로 보기 어렵다. 그러나 해당 법에 따른 절차를 거치지 않고 용도변경한 건축물, 설치한 공작물 또는 쌓아 놓은 물건 등이 사업장에 위치하고 있어서 종사자의 안전·보건을 위협하는 경우에는 개인사업주나 경영책임자등은 종사자의 안전·보건상 위해를 방지하기 위하여 시장·군수 또는 구청장의 철거, 원상복구 등 시정명령에 따라야 할 것이다.

---

600) 「공공주택 특별법」 제6조의2(특별관리지역의 지정 등) ① 국토교통부장관은 제6조제1항에 따라 주택지구를 해제할 때 국토교통부령으로 정하는 일정 규모 이상으로서 체계적인 관리계획을 수립하여 관리하지 아니할 경우 난개발이 우려되는 지역에 대하여 10년의 범위에서 특별관리지역으로 지정할 수 있다.

601) 「공공주택 특별법」 제6조의5(특별관리지역의 건축물 등에 대한 조치) ① 시장·군수 또는 구청장은 제6조의2에 따른 특별관리지역 지정 이전부터 이 법 또는 「개발제한구역의 지정 및 관리에 관한 특별조치법」에 따른 적법한 허가나 신고 등의 절차를 거치지 아니하고 설치하거나 용도변경한 건축물, 설치한 공작물, 쌓아 놓은 물건 또는 형질변경한 토지 등(이하 "건축물등"이라 한다)에 대하여 기간을 정하여 해당 법률에 따른 철거·원상복구·사용제한, 그 밖에 필요한 조치를 명(이하 "시정명령"이라 한다)할 수 있다.

602) 「공공주택 특별법」 제1조(목적) 이 법은 공공주택의 원활한 건설과 효과적인 운영을 위하여 필요한 사항을 규정함으로써 서민의 주거안정 및 주거수준 향상을 도모하여 국민의 쾌적한 주거생활에 이바지함을 목적으로 한다.

3) 위법·부당한 시정명령 등의 경우

중앙행정기관 등의 개선, 시정명령 등이 위법하거나 부당한 경우에도 개인사업주 또는 경영책임자등은 그 이행에 관한 조치를 하여야 하는지 문제될 수 있다. 무효인 개선, 시정명령 등은 처음부터 그 효력이 발생하지 않으므로 개인사업주나 경영책임자등은 그 이행에 관하여 조치의무가 없으나, 그렇지 않은 개선, 시정명령 등은 권한 있는 기관이 취소하거나 철회하여 소멸되기 전까지는 유효한 것으로 통용되므로 이행조치 의무가 있는 것으로 보아야 할 것이다.[603] 실무적으로는 중앙행정기관 등이 개선, 시정명령 등을 하는 경우에는 우선 이행에 관한 조치를 한 연후에, 행정심판, 행정소송 등으로 다투어야 할 것이다.[604]

라. 안전보건 관계 법령상 의무이행에 필요한 관리상 조치 (법 제4조제1항 제4호)

> **법 제4조(사업주와 경영책임자등의 안전 및 보건 확보의무)** ① 사업주 또는 경영책임자등은 사업이나 법인 또는 기관이 실질적으로 지배·운영·관리하는 사업 또는 사업장에서 종사자의 안전·보건상 유해 또는 위험을 방지하기 위하여 그 사업 또는 사업장의 특성 및 규모 등을 고려하여 다음 각 호에 따른 조치를 하여야 한다.
> 4. 안전·보건 관계 법령에 따른 의무이행에 필요한 관리상의 조치
> ② 제1항제1호·제4호의 조치에 관한 구체적인 사항은 대통령령으로 정한다.

법 제4조제1항제4호 및 제4조제2항은 개인사업주 또는 경영책임자등에게 안전·보건 관계 법령에 따른 의무이행에 필요한 관리상의 조치를 하도록 하고, 관리상의 조치에 관한 구체적인 사항은 대통령령으로 정하도록 하고 있다. 안전·보건 관계 법령에 따른 의무를 부담하는 자는 통상 사업주가 되고, 사업주가 법인 또는 기관인 경우 해당 의무는 중간관리자 등이 이행하게 되는데, 예산 또는 인력 부족으로 해당 의무를

---

603) 「행정기본법」 제15조(처분의 효력) 처분은 권한이 있는 기관이 취소 또는 철회하거나 기간의 경과 등으로 소멸되기 전까지는 유효한 것으로 통용된다. 다만, 무효인 처분은 처음부터 그 효력이 발생하지 아니한다.
604) 송인택 외, 『중대재해처벌법 해설과 대응』, 박영사, 2022.4., 262면 참조.

이행하지 못하는 경우가 발생하는 경우가 있을 수 있으므로 현장에서 해당 의무가 이행될 수 있도록 경영책임자등에게 관리상의 조치의무를 부과하는 것으로 보인다.[605]

안전·보건 관계 법령에 따른 의무를 이행하지 않은 경우에는 사업주 등이 해당 법령에 규정되어 있는 제재를 받게 되고, 개인사업주나 경영책임자등은 안전·보건 관계 법령에 따른 의무가 준수될 수 있도록 관리상의 조치를 취하지 아니하여 중대산업재해가 발생한 경우에 중대재해처벌법에 따른 형사책임을 부담하게 된다.

관리상의 조치의 구체적인 내용은 ① 안전·보건 관계 법령에 따른 의무이행 여부를 반기 1회 이상 점검하고, ② 의무가 미이행된 사실이 확인되는 경우 인력이나 예산을 추가하는 등 의무이행에 필요한 조치를 하며, ③ 안전·보건 관계 법령에 따른 교육이 실시되었는지를 반기 1회 이상 점검하고, ④ 교육이 미실시된 사실이 확인되는 경우 그 이행의 지시, 예산 확보 등 교육실시에 필요한 조치를 하는 것 등이다.

1) 안전보건 관계 법령의 의미 (시행령 제5조제1항)

> 령 제5조(안전·보건 관계 법령에 따른 의무이행에 필요한 관리상의 조치) ① 법 제4조제1항제4호에서 "안전·보건 관계 법령"이란 해당 사업 또는 사업장에 적용되는 것으로서 종사자의 안전·보건을 확보하는 데 관련되는 법령을 말한다.

시행령 제5조제1항은 법 제4조제1항제4호의 '안전·보건 관계 법령'에 대하여 해당 사업 또는 사업장에 적용되는 것으로서 종사자의 안전·보건을 확보하는 데 관련되는 법령을 말하는 것으로 규정하고 있을 뿐, '안전·보건 관계 법령'의 구체적인 내용을 제시하지 않고 있다. 이에 대하여 시행령 제정 과정에서 '안전·보건 관계 법령'의 범위가 확대되어야 한다는 측과 그 범위가 축소되어야 한다는 측 모두로부터 정부의 자의적인 법 축소 또는 확대 집행이 예상된다는 비판이 있었다.[606][607] 개인사업주나

---

605) 2020년 12월 30일 법사위 제1소위 회의록 30면 중 박주민위원의 아래 발언 참조.
　　"이 3호의 전단 여기 보면 법령을 준수할 의무가 아니라 법령 준수에 필요한 조치를 할 의무잖아요 ..... 예를 들어서 추락을 방지하기 위해서 안전망을 설치해야 되지 않습니까 ..... 안전망을 설치하려면 인력을 배치하든지 돈을 주든지 그걸 배치할 시간을 주든지 그게 필요한 조치잖아요, 그 의무를 준수하기 위한 필요한 조치잖아요."

경영책임자등이 안전·보건 관계 법령에 따른 의무이행에 필요한 관리상의 조치를 위반하는 경우 형사처벌을 받을 수 있으므로 명확성의 원칙상 법률 또는 법률의 위임을 받은 시행령 등에서 해당 법령을 특정하는 등 구체적으로 규정할 필요가 있는 것으로 보인다.[608]

고용노동부는 '안전·보건 관계 법령'에 대하여 ① 종사자의 안전·보건 확보를 목적으로 하고 있는 산업안전보건법령, ② 근로자의 안전·보건 확보가 법률의 목적인 법률로서 관련 규정을 담고 있는 「광산안전법」, 「선원법」, 「연구실 안전환경 조성에 관한 법률」, ③ 법률의 목적은 일반 공중의 안전을 확보하기 위한 것이나 해당 법률에서 근로자 등 노무를 제공하는 자의 안전·보건 확보를 위한 내용을 직접적으로 규정한 「폐기물관리법」 등을 포함한다고 설명하면서 '안전·보건 관계 법령'의 예시로서 「원자력안전법」, 「항공안전법」, 「선박안전법」, 「생활물류서비스산업발전법」, 「생활주변방사선안전관리법」 등을 추가로 제시하고 있다.[609] 또한, 해양수산부는 건설공사 안전보건 관계 법령으로서 「건설기술 진흥법」, 「항만건설 안전사고 예방 매뉴얼」 등을 예시하고 있다.[610]

〈안전 · 보건 관계 법령의 예시〉

법령명	관련 조문
산업안전보건법	노무를 제공하는 사람의 안전 및 보건의 유지·증진을 목적으로 하는 법으로 산업안전보건법, 법 시행령 및 시행규칙과 산업안전보건기준에 관한 규칙, 유해·위험작업의 취업 제한에 관한 규칙을 모두 포함
광산안전법	법률 제정 목적에 광산근로자에 대한 위해를 포함하며, 광업권자 또는 조광권자의 의무(법 제5조), 안전교육의 실시(법 제7조), 안전규정의 제정 및 준수(법 제11조) 등에서 광산근로자에 대한 위해 방지를 위한 내용 규율

---

606) 이시원, 「경영책임자등 의무 규정의 해석 적용과 관련된 문제 제기」, 『중대재해처벌법 시행령 의견수렴을 위한 토론회 자료집(Ⅰ)』, 고용노동부, 2021.8.18., 23~24면 참조.
607) 최명선, 「중대재해기업처벌법 시행령 토론문 - 경영책임자등의 의무」, 『중대재해처벌법 시행령 의견수렴을 위한 토론회 자료집(Ⅰ)』, 고용노동부, 2021.8.18., 73면 참조.
608) 김·장 법률사무소 중대재해대응팀, 앞의 책, 112면 참조.
609) 고용노동부, 『중대재해처벌법 해설 - 중대산업재해』, 2021.11.17., 98면 및 104면 참조.
610) 해양수산부, 『항만건설현장 안전관리업무 길라잡이』, 2022.7., 93면.

원자력안전법	발주자의 안전조치 의무로서 방사선작업종사자가 과도한 방사선에 노출되지 아니하도록 안전한 작업환경을 제공하여야 한다는 의무 부과(법 제59조의2), 방사선장해방지조치(법 제91조) 등
항공안전법	산업안전보건법의 일부 의무 적용이 제외된 안전보건관계법령(산업안전보건법 시행령 별표1)
선박안전법	산업안전보건법의 일부 의무 적용이 제외된 안전보건관계법령(산업안전보건법 시행령 별표1)
연구실 안전환경 조성에 관한 법률	법률 제정 목적에 연구활동종사자의 건강과 생명 보호를 포함하며, 종사자의 안전을 위하여 연구실책임자의 지정(법 제9조), 안전점검(법 제14조) 및 정밀 안전진단의 실시(법 제15조), 교육훈련(제 20조) 및 건강검진(제21조) 등의 사항을 규정
폐기물관리법	폐기물관리법의 보호 조항(법 제14조의5)에 따라 시행규칙 제16조의3으로 정해진 보호장구의 지급, 운전자 포함 3명1조의 작업 등 안전기준 등
생활물류서비스산업발전법	생활물류서비스 종사자의 보호 조항(법 제36조)은 "생활물류서비스종사자의 안전을 확보할 수 있도록" 노력해야 한다고 명시
선원법	선원에게 보호장구와 방호장치 등을 제공하여야 하는 등 선원의 안전·보건 확보를 위한 선박소유자의 의무(법 제82조), 의사의 승무(법 제84조) 등을 규정
생활주변방사선안전관리법	원료물질 또는 공정부산물의 취급·관리 시 관련 종사자의 건강을 위해 시설 및 종사자의 피폭량 등에 대한 조사 등 준수사항(법 제14조), 결함 가공제품에 대한 조치(법 제16조) 등을 규정
건설기술 진흥법	건설사업관리 시행(법 제39조), 시공단계의 건설사업관리계획(법 제39조의2), 건설공사현장 점검(법 제54조), 건설공사의 안전관리(법 제62조), 건설공사현장의 사고조사(법 제67조) 등을 규정
항만건설 안전사고 예방 매뉴얼(해양수산부, 2015)	발주자의 안전관리업무(제2장), 설계자의 안전관리업무(제3장), 시공자의 안전관리업무(제4장), 건설사업관리기술자의 안전관리업무(제5장), 항만건설공사 현장 긴급사태 대응 요령(제8장) 등을 규정

2) 안전보건 관계 법령상 의무이행 여부 점검 및 조치 (령 제5조제2항제1호 · 제2호)

> **령 제5조(안전 · 보건 관계 법령에 따른 의무이행에 필요한 관리상의 조치)** ② 법 제4조제1항제4호에 따른 조치에 관한 구체적인 사항은 다음 각 호와 같다.
> 1. 안전·보건 관계 법령에 따른 의무를 이행했는지를 반기 1회 이상 점검(해당 안전·보건 관계 법령에 따라 중앙행정기관의 장이 지정한 기관 등에 위탁하여 점검하는 경우를 포함한다. 이하 이 호에서 같다)하고, 직접 점검하지 않은 경우에는 점검이 끝난 후 지체 없이 점검 결과를 보고받을 것
> 2. 제1호에 따른 점검 또는 보고 결과 안전·보건 관계 법령에 따른 의무가 이행되지 않은 사실이 확인되는 경우에는 인력을 배치하거나 예산을 추가로 편성·집행하도록 하는 등 해당 의무 이행에 필요한 조치를 할 것

시행령 제5조제2항제1호 및 제2호는 안전·보건 관계 법령에 따른 의무이행에 관한 개인사업주 또는 경영책임자등의 관리상 조치로서 법령상 의무이행 여부에 대한 점검과 미이행시 그 이행에 관한 조치를 규정하고 있다.

개인사업주나 경영책임자등은 안전·보건 관계 법령에 따른 의무이행 여부를 반기 1회 이상 직접 점검하거나 자체의 조직을 이용하여 점검한 후 그 결과를 보고 받아야 한다. 해당 안전·보건 관계 법령에서 중앙행정기관의 장이 지정한 기관 등에 위탁할 수 있는 근거를 두고 있으면 점검을 위탁하고 점검 종료 후 지체 없이 그 결과를 보고 받을 수 있다. 고용노동부는 안전·보건 관계 법령에서 중앙행정기관의 장이 지정한 기관의 예시로 「산업안전보건법」에 따른 안전관리전문기관(제17조), 보건관리전문기관(제18조), 안전보건진단기관(제47조) 및 건설재해예방전문지도기관(제73조)이 있다고 설명하면서, 점검의 내용은 안전·보건 관계 법령에 따라 정해진 해당 기관의 업무에 관한 내용에 한정된다고 밝히고 있다.[611] 「산업안전보건법 시행규칙」 제20조에서 안전관리전문기관 또는 보건관리전문기관은 사업장의 안전관리 또는 보건관리 상태를 정기적으로 점검하고, 점검결과 법령위반사항을 발견한 경우 그 위반사항과

---

611) 고용노동부, 『중대재해처벌법 해설 - 중대산업재해』, 2021.11., 102면 참조.

구체적인 개선대책을 해당 사업주에게 지체 없이 통보하도록 규정하고 있으므로,[612] 「산업안전보건법」상 안전관리자 또는 보건관리자의 업무와 관련된 의무이행 여부 점검에 대하여는 위탁이 가능할 것으로 보인다. 위탁되지 아니한 나머지 안전·보건 분야의 관계 법령에 따른 의무이행 점검에 대하여는 개인사업주나 경영책임자등이 직접 또는 자체의 조직을 이용하여 점검하여야 할 것이다.

개인사업주 또는 경영책임자등이 하부 조직에 점검을 지시하였으나 점검이 이루어지지 아니하였거나 점검 후 보고가 이루어지지 아니한 경우가 있을 수 있다. 고용노동부는 이러한 경우 개인사업주 또는 경영책임자등의 관리상 조치가 이루어지지 아니한 것으로 보고, 그 불이행 책임은 개인사업주 또는 경영책임자등에게 귀속된다고 보고 있다.[613] 그러나 우리나라 「형법」은 원칙적으로 고의가 있는 때에 처벌하고[614] 과실범은 법률에 특별한 규정이 있는 경우에만 처벌하고 있으므로,[615] 개인사업주 또는 경영책임자등이 하부조직에 지시한 점검 및 결과보고가 이루어지지 않고 있다는 사정을 알면서도 방치하는 등 고의가 인정되어야 관리상의 조치 불이행 책임을 해당 개인사업주나 경영책임자등에게 귀속시킬 수 있을 것이다.[616]

개인사업주 또는 경영책임자등은 안전·보건 관계 법령에 따른 의무이행 여부를 점검한 결과 의무가 미이행된 사실이 확인된 경우에는 인력을 배치하거나 예산을 추가 편성·집행하는 등 의무이행에 필요한 조치를 하여야 한다. 이는 개인사업주 또는

---

612) 「산업안전보건법 시행규칙」 제20조(안전관리·보건관리전문기관의 업무수행 기준) ① 법 제21조제3항에 따라 안전관리전문기관 또는 보건관리전문기관은 고용노동부장관이 정하는 바에 따라 사업장의 안전관리 또는 보건관리 상태를 정기적으로 점검해야 하며, 점검 결과 법령위반사항을 발견한 경우에는 그 위반사항과 구체적인 개선 대책을 해당 사업주에게 지체 없이 통보해야 한다.

613) 고용노동부(2021), 앞의 책, 102면 참조.

614) 「형법」 제13조(고의) 죄의 성립요소인 사실을 인식하지 못한 행위는 벌하지 아니한다. 다만, 법률에 특별한 규정이 있는 경우에는 예외로 한다.

615) 「형법」은 제14조에서 "정상적으로 기울여야 할 주의(注意)를 게을리하여 죄의 성립요소인 사실을 인식하지 못한 행위는 법률에 특별한 규정이 있는 경우에만 처벌한다."고 규정하고 있다. 예를 들어 「형법」 제268조는 "업무상과실 또는 중대한 과실로 사람을 사망이나 상해에 이르게 한 자는 5년 이하의 금고 또는 2천만원 이하의 벌금에 처한다."고 규정하여 과실범에 대하여 처벌하는 규정을 두고 있다.

616) 김·장 법률사무소 중대재해대응팀, 앞의 책, 114면 참조.

경영책임자등이 인력 배치, 예산 관리 등에 관한 결정권한을 가지고 있으므로, 인력 또는 예산 등이 부족하여 안전·보건 관계 법령에 따른 의무가 이행되지 못하는 일이 발생하지 아니하도록 개인사업주나 경영책임자등에게 관리상의 조치의무를 부과한 것이다.[617]

3) 안전보건 관계 법령상 의무교육 실시 여부 점검 및 조치 (령 제5조제2항 제3호·제4호)

> **령 제5조(안전 · 보건 관계 법령에 따른 의무이행에 필요한 관리상의 조치)** ② 법 제4조제1항제4호에 따른 조치에 관한 구체적인 사항은 다음 각 호와 같다.
>
> 3. 안전·보건 관계 법령에 따라 의무적으로 실시해야 하는 유해·위험한 작업에 관한 안전·보건에 관한 교육이 실시되었는지를 반기 1회 이상 점검하고, 직접 점검하지 않은 경우에는 점검이 끝난 후 지체 없이 점검 결과를 보고받을 것
> 4. 제3호에 따른 점검 또는 보고 결과 실시되지 않은 교육에 대해서는 지체 없이 그 이행의 지시, 예산의 확보 등 교육 실시에 필요한 조치를 할 것

시행령 제5조제2항제3호는 개인사업주 또는 경영책임자등으로 하여금 안전·보건 관계 법령에 따라 의무적으로 실시해야 하는 유해·위험한 작업에 관한 안전·보건 교육이 실시되었는지를 반기 1회 이상 직접 점검하거나 타인에게 점검하도록 하고 그 결과를 보고받도록 규정하고 있고, 같은 항 제4호는 직접 점검하거나 점검 결과를 보고받은 결과 실시되지 않은 교육이 있는 경우 지체 없이 그 이행을 지시하거나 예산을 확보하는 등 교육실시에 필요한 조치를 하도록 규정하고 있다. 안전·보건 관계 법령에 따라 의무적으로 실시해야 하는 유해·위험한 작업에 관한 안전·보건 교육도 안전·보건 관계 법령에 따른 의무이행 대상에 포함되므로 시행령 제5조제2항제1호 및 제2호 외에 제3호와 제4호를 별도로 규정할 실익은 적어 보인다. 그러나 유해·위험작업에 관한 안전·보건 교육은 종사자의 안전·보건 확보와 밀접한 관련이 있으므로 종사자가 안전하게 작업하는 데 필요한 내용을 충분히 습득할 수 있도록 관리할

---

617) 고용노동부(2021), 앞의 책, 103면 참조.

필요가 있으므로, 교육의 중요성을 특별히 강조하기 위하여 시행령 제5조제2항제3호와 제4호를 별도로 규정한 것이라 할 수 있다.[618]

시행령 제5조제2항제3호와 제4호에 따라 개인사업주 또는 경영책임자등이 점검 및 조치를 취해야 하는 대상 교육은 유해·위험한 작업에 관한 안전·보건 의무교육으로서, 그 예로는 「산업안전보건법」 제29조제3항[619]에 따른 근로자의 유해·위험 작업 수행에 따른 안전보건교육, 「항공안전법」 제72조[620]에 따른 위험물취급에 관한 교육, 「선박안전법」 제41조의2[621]에 따른 위험물 안전운송 교육 등이 있다.

안전·보건 관계 법령에 따라 의무적으로 실시해야 하는 그 밖의 안전·보건교육에 대하여는 시행령 제5조제2항제1호와 제2호에 따라 점검 및 조치를 하면 되는데, 유해·위험한 작업이 아닌 작업에 관한 안전·보건 의무교육의 예로는 「산업안전보건법」 제29조제1항 및 제2항[622]에 따른 안전보건교육이 있다.

사업이 여러 차례의 도급에 따라 행하여지는 경우 개인사업주 또는 경영책임자등이 유해·위험한 작업에 관한 안전·보건 교육 실시여부를 점검하고 이행하도록 조치할 책임범위가 문제된다.[623] 개인사업주 또는 경영책임자등으로 하여금 직접 도급계약관계가 있는 1차 수급인 외에 하수급인에 대하여도 교육 실시여부 점검 및 이행조

---

618) 고용노동부(2021), 앞의 책, 103면 및 105면 참조.

619) 「산업안전보건법」 제29조(근로자에 대한 안전보건교육) ③ 사업주는 근로자를 유해하거나 위험한 작업에 채용하거나 그 작업으로 작업내용을 변경할 때에는 제2항에 따른 안전보건교육 외에 고용노동부령으로 정하는 바에 따라 유해하거나 위험한 작업에 필요한 안전보건교육을 추가로 하여야 한다.

620) 「항공안전법」 제72조(위험물취급에 관한 교육 등) ① 위험물취급자는 위험물취급에 관하여 국토교통부장관이 실시하는 교육을 받아야 한다. 다만, 국제민간항공기구(International Civil Aviation Organization) 등 국제기구 및 국제항공운송협회(International Air Transport Association)가 인정한 교육기관에서 위험물취급에 관한 교육을 이수한 경우에는 그러하지 아니하다.

621) 「선박안전법」 제41조의2(위험물 안전운송 교육 등) ① 선박으로 운송하는 위험물을 제조·운송·적재하는 등의 업무에 종사하는 자(이하 "위험물취급자"라 한다)는 위험물 안전운송에 관하여 해양수산부장관이 실시하는 교육을 받아야 한다.

622) 「산업안전보건법」 제29조(근로자에 대한 안전보건교육) ① 사업주는 소속 근로자에게 고용노동부령으로 정하는 바에 따라 정기적으로 안전보건교육을 하여야 한다.
② 사업주는 근로자를 채용할 때와 작업내용을 변경할 때에는 그 근로자에게 고용노동부령으로 정하는 바에 따라 해당 작업에 필요한 안전보건교육을 하여야 한다. 다만, 제31조제1항에 따른 안전보건교육을 이수한 건설 일용근로자를 채용하는 경우에는 그러하지 아니하다.

623) 정현희, 앞의 책, 101면 참조.

치를 하도록 의무를 부과하는 것은 도급인에게 지나치게 과도한 의무가 부과된다는 점에서 하수급인에 대하여는 점검 및 이행조치 의무가 없다는 견해가 있을 수 있으나, 중재재해처벌법법상 도급인의 종사자에는 여러 차례의 도급에 따라 행하여지는 사업에서 각 단계의 수급인과 근로관계 및 노무제공관계가 있는 자가 포함되므로 하수급인에 대하여도 교육 실시여부 점검 및 이행조치의무가 있다고 보아야 할 것이다.

제5조 도급, 용역, 위탁 등 관계에서의 안전 및 보건 확보의무

> **법 제5조(도급, 용역, 위탁 등 관계에서의 안전 및 보건 확보의무)** 사업주 또는 경영책임자등은 사업이나 법인 또는 기관이 제3자에게 도급, 용역, 위탁 등을 행한 경우에는 제3자의 종사자에게 중대산업재해가 발생하지 아니하도록 제4조의 조치를 하여야 한다. 다만, 사업주나 법인 또는 기관이 그 시설, 장비, 장소 등에 대하여 실질적으로 지배·운영·관리하는 책임이 있는 경우에 한정한다.

I. 입법경과

1. 입법취지

법 제5조는 개인사업주나 법인 또는 기관이 제3자에게 도급, 용역, 위탁 등을 행한 경우로서 그 시설, 장비, 장소 등에 대하여 실질적인 지배·운영·관리 책임이 있는 경우에는 해당 개인사업주 또는 경영책임자등이 제3자의 종사자에게 안전 및 보건 확보를 위하여 조치할 의무가 있음을 규정하고 있다. 이는 용역, 도급, 위탁 등을 행한 개인사업주나 법인 또는 기관의 경영책임자등에게 일반적·포괄적인 유해·위험방지의무를 부과함으로써, 이른바 '위험의 외주화(外注化)'를 방지하고 도급 등을 행한 사업주 등에게 적극적인 안전경영을 주문하려는 것이다.[624] 즉, 현재 도급관계에서 도급인이 수급인의 업무에 대하여 실질적으로 지도 감독하는 경우가 많음에도 불구하고 법률상 도급인에게 수급인에 대한 관리감독 또는 주의 의무가 규정되어 있지 아니하여, 법원은 수급인 소속 근로자에게 사고가 발생하였을 경우 그에 대한 책임은

---

[624] 허병조, 「중대재해에 대한 기업 및 책임자 처벌 등에 관한 법률안 검토보고」, 국회 법제사법위원회, 2020.7., 15~16면 참조.

수급인이 지는 것으로 판시하고 있기 때문이다.[625] 고용노동부는 법 제5조의 취지에 대하여 개인사업주나 법인 또는 기관이 제3자에게 도급 등을 한 경우 '사업 또는 사업장'을 실질적으로 지배·운영·관리하고 있지 아니한 경우에도 '시설, 장비, 장소' 등에 대하여 실질적으로 지배·운영·관리하는 책임이 있는 경우에는 종사자에 대하여 안전보건 확보의무를 부담하도록 하려는 것이라고 설명하고 있다.[626] 따라서 중대산업재해가 발생하였더라도 경영책임자등이 안전보건 확보에 필요한 의무들을 이행하였다면 처벌되지 않는다.

2. 입법과정

이 법의 입법과정에서 도급, 위탁 등의 관계에서 도급 또는 위탁 사업주와 경영책임자등이 안전 및 보건 확보의무를 부담하도록 하면서, 임대의 경우에도 임대한 사업주와 경영책임자등에게 동일한 의무를 부담하게 할지에 대하여 논의가 있었다. 강은미의원안, 박주민의원안, 이탄희의원안 그리고 박범계의원안은 임대의 경우에도 임대사업주와 경영책임자가 임차한 자와 공동으로 안전보건 확보의무를 부담하는 것으로 제안하였고, 임이자의원안은 도급의 경우에만 안전보건 확보의무를 부담하는 것으로

---

625) 2020년 12월 24일 법사위 제1소위 회의록 17면 중 아래 논의 참조.
    ○ **법무부차관** 이 부분은 지금 원칙적으로 법원이 도급인에게 수급인의 업무와 관련한 안전조치 의무가 없다라고 판시하고 있기 때문에 좀 신중하게 접근할 필요가 있는데 ..... 도급인에게 책임을 물을 수 있을 정도의 재해가 발생하고 있는 시설·설비 장소를 소유하고 있거나 어느 정도 관리할 수 있는 위치에 있을 때 이런 책임을 도급인에게도 부과할 수 있지 않을까 이렇게 생각을 하고 있습니다. (생략)
    ○ **박주민위원** 법원 판례 ..... 그렇게 판단하는 근거는 뭡니까?
    ○ **법원행정처차장** 이게 형사처벌이기 때문에 ..... 수급인 소속 근로자가 사고가 났을 때 그에 대한 책임은 수급인 회사가 지는 게 원칙이고 형사처벌을 하려면 도급인한테 ..... 수급인 ..... 하수급인에 대한 ..... 관리감독이나 주의 의무가 전제돼야 되는데 그 주의의무 자체를 직접 인정하기가 좀 어렵다는 것을 전제로 하고 있는 것으로 이해하고 있습니다.
    ○ **김남국위원** 그런데 실제 도급을 하도급받거나 이렇게 하시는 분들은 사업장을 실질적으로 공유한다거나 이렇게 하지 않는다고 하더라도 모든 공사, 여러 가지 공기부터 해 가지고 다 원청의 지휘·감독을 받는다라고 이야기를 하고 있거든요.
626) 고용노동부, 『중대재해처벌법 해설 - 중대산업재해』, 2021.11., 107면 참조.

제안하였다.

국회 법제사법위원회 심사과정에서 도급 등의 경우 도급 사업주와 경영책임자등에게 안전보건 확보의무를 부담하게 하는 것이 중대재해처벌법 제정의 핵심취지이고 임대 등에까지 안전보건 확보의무를 부담하게 하는 것은 의무의 대상자가 과도하게 확대될 우려가 있다는 지적이 받아들여져 임대는 삭제되고 도급, 용역, 위탁 등의 경우만 포함하는 것으로 조정되었다.[627)628)]

강은미의원안	박주민 · 이탄희의원안	박범계의원안	임이자의원안
제4조(도급과 위탁 관계에서 유해 · 위험방지 의무) ① 사업주나 법인 또는 기관이 제3자에게 임대, 용역, 도급(여러 차례 이상 도급이 이루어진 것을 포함한다), 위탁 등을 행한 때에는 사업주나 경영책임자 등은 제3자와 공동으로 제3조의 의무를 부담한다.	제4조(도급 및 위탁관계에서 안전조치 및 보건조치의무의 귀속) ① 사업주나 법인 또는 기관이 제3자에게 임대, 용역, 도급 등을 행한 경우에는 제3자와 사업주나 경영책임자 등이 공동으로 제3조의 의무를 부담한다.	제4조(도급 및 위탁관계에서 안전 · 보건조치 등 의무의 귀속) ① 사업주나 법인 또는 기관이 제3자에게 임대, 용역, 도급 등을 행한 경우에는 제3자와 사업주나 경영책임자 등이 공동으로 제3조의 의무를 부담한다.	제3조(사업주와 경영책임자의 산업 안전 및 보건 의무) ② 사업주나 기관이 그 사업장 내에서 제3자에게 자신의 사업 일부를 도급(여러 차례 이상 도급이 이루어진 것을 포함한다) 등을 행한 때에는 사업주는 제3자인 사업주나 경영책임자가 공동으로 전항의 의무를 부담한다.

---

627) 2020년 12월 24일 법사위 제1소위 회의록 29면 중 송기헌위원의 아래 발언 참조.
"임대는 애매모호한 게 ...... 예를 들어서 내 작업장에 크레인을 임차해서 쓰는 그 경우에 크레인 소유자가 임대인이고 공사하는 사람이 임차인이 되는 거거든요. 그런 경우에 임차한 크레인 기사가 잘못해 가지고 사고가 났을 경우에 손해배상책임 문제나 형사책임 문제가 생길 때가 있어요. 여기에서 임대라는 것이 그것을 얘기하는 건지 아니면, 내 물건을 내 공장을 다른 사람한테 세를 줘서 임차인이 사업을 하는 경우에 임대를 한 임대인도 그것의 책임을 진다는 건지 ...... 그렇게 되면 소유하고 임대하고 차이가 사실은 보기에 다 똑같은 거거든요, 그 조항에서는."

628) 2020년 12월 24일 법사위 제1소위 회의록 18면 중 법원행정처차장의 아래 발언 참조.
"이것을 지금 안처럼 이렇게 아무 조건이나 제한 없이 두면 결국은 안전 · 보건의무를 부과하는 대상자가 너무 과도하게 확대될 수 있다. 예를 들자면 식당에서 벽이 떨어져 가지고 그것 공사 시켰는데 그 사람이 사다리에서 떨어져 죽었다 이 경우도 중대재해로 처벌하게 되는 결과가 되거든요. 이런 것은 좀 막아야 되지 않겠냐. 그리고 박주민 의원님 안에서는 임대, 용역, 도급 이렇게 되어 있는데 임대나 용역까지 넣는 것은 또 좀 문제가 있을 수 있다. 따라서 범위를 약간 제한하고 조건을 가해서 그렇게 둔다면 당연히 둬야 될 조문이라고 저는 생각합니다."

② 법령에 따라 해당 시설이나 설비 등이 위탁되어 수탁자가 그 운영·관리 책임을 지게 된 때에는 사업주나 경영책임자 등은 수탁자와 공동으로 제3조의 의무를 부담한다.	② 법령에 따라 해당 시설이나 설비 등이 위탁되어 수탁자가 그 운영·관리책임을 지게 된 경우에는 수탁자와 사업주나 경영책임자 등이 공동으로 제3조의 의무를 부담한다.	② (좌 동)	(규정 없음)

3. 유사 입법례

「산업안전보건법」

제62조(안전보건총괄책임자) ① 도급인은 관계수급인 근로자가 도급인의 사업장에서 작업을 하는 경우에는 그 사업장의 안전보건관리책임자를 도급인의 근로자와 관계수급인 근로자의 산업재해를 예방하기 위한 업무를 총괄하여 관리하는 안전보건총괄책임자로 지정하여야 한다. 이 경우 안전보건관리책임자를 두지 아니하여도 되는 사업장에서는 그 사업장에서 사업을 총괄하여 관리하는 사람을 안전보건총괄책임자로 지정하여야 한다.

② 제1항에 따라 안전보건총괄책임자를 지정한 경우에는 「건설기술 진흥법」 제64조제1항제1호에 따른 안전총괄책임자를 둔 것으로 본다.

③ 제1항에 따라 안전보건총괄책임자를 지정하여야 하는 사업의 종류와 사업장의 상시근로자 수, 안전보건총괄책임자의 직무·권한, 그 밖에 필요한 사항은 대통령령으로 정한다.

제63조(도급인의 안전조치 및 보건조치) 도급인은 관계수급인 근로자가 도급인의 사업장에서 작업을 하는 경우에 자신의 근로자와 관계수급인 근로자의 산업재해를 예방하기 위하여 안전 및 보건 시설의 설치 등 필요한 안전조치 및 보건조치를 하여야 한다. 다만, 보호구 착용의 지시 등 관계수급인 근로자의 작업행동에 관한 직접적인 조치는 제외한다.

제64조(도급에 따른 산업재해 예방조치) ① 도급인은 관계수급인 근로자가 도급인의 사업장에서 작업을 하는 경우 다음 각 호의 사항을 이행하여야 한다.

1. 도급인과 수급인을 구성원으로 하는 안전 및 보건에 관한 협의체의 구성 및 운영
2. 작업장 순회점검
3. 관계수급인이 근로자에게 하는 제29조제1항부터 제3항까지의 규정에 따른 안전보건교육을 위한 장소 및 자료의 제공 등 지원
4. 관계수급인이 근로자에게 하는 제29조제3항에 따른 안전보건교육의 실시 확인
5. 다음 각 목의 어느 하나의 경우에 대비한 경보체계 운영과 대피방법 등 훈련
   가. 작업 장소에서 발파작업을 하는 경우
   나. 작업 장소에서 화재·폭발, 토사·구축물 등의 붕괴 또는 지진 등이 발생한 경우
6. 위생시설 등 고용노동부령으로 정하는 시설의 설치 등을 위하여 필요한 장소의 제공 또는 도급인이 설치한 위생시설 이용의 협조
7. 같은 장소에서 이루어지는 도급인과 관계수급인 등의 작업에 있어서 관계수급인 등의 작업시기·내용, 안전조치 및 보건조치 등의 확인
8. 제7호에 따른 확인 결과 관계수급인 등의 작업 혼재로 인하여 화재·폭발 등 대통령령으로 정하는 위험이 발생할 우려가 있는 경우 관계수급인 등의 작업시기·내용 등의 조정

② 제1항에 따른 도급인은 고용노동부령으로 정하는 바에 따라 자신의 근로자 및 관계수급인 근로자와 함께 정기적으로 또는 수시로 작업장의 안전 및 보건에 관한 점검을 하여야 한다.

③ 제1항에 따른 안전 및 보건에 관한 협의체 구성 및 운영, 작업장 순회점검, 안전보건교육 지원, 그 밖에 필요한 사항은 고용노동부령으로 정한다.

제65조(도급인의 안전 및 보건에 관한 정보 제공 등) ① 다음 각 호의 작업을 도급하는 자는 그 작업을 수행하는 수급인 근로자의 산업재해를 예방하기 위하여 고용노동부령으로 정하는 바에 따라 해당 작업 시작 전에 수급인에게 안전 및 보건에 관한 정보를 문서로 제공하여야 한다.

1. 폭발성·발화성·인화성·독성 등의 유해성·위험성이 있는 화학물질 중 고용노동부령으로 정하는 화학물질 또는 그 화학물질을 포함한 혼합물을 제조·사용·운반 또는 저장하는 반응기·증류탑·배관 또는 저장탱크로서 고용노동부령으로 정하는 설비를 개조·분해·해체 또는 철거하는 작업

2. 제1호에 따른 설비의 내부에서 이루어지는 작업

3. 질식 또는 붕괴의 위험이 있는 작업으로서 대통령령으로 정하는 작업

② 도급인이 제1항에 따라 안전 및 보건에 관한 정보를 해당 작업 시작 전까지 제공하지 아니한 경우에는 수급인이 정보 제공을 요청할 수 있다.

③ 도급인은 수급인이 제1항에 따라 제공받은 안전 및 보건에 관한 정보에 따라 필요한 안전조치 및 보건조치를 하였는지를 확인하여야 한다.

④ 수급인은 제2항에 따른 요청에도 불구하고 도급인이 정보를 제공하지 아니하는 경우에는 해당 도급 작업을 하지 아니할 수 있다. 이 경우 수급인은 계약의 이행 지체에 따른 책임을 지지 아니한다.

II. 내용 및 검토

1. 안전 및 보건 확보의무 발생요건

가. 제3자에게 도급, 용역, 위탁 등을 행한 경우

중대재해처벌법에서 도급(都給)에 대한 정의를 두고 있지 않으므로 그 해석을 위해서는 우선 해당 정의를 둔 여러 입법례를 살펴볼 필요가 있다. 「민법」은 "도급은 당사자 일방이 어느 일을 완성할 것을 약정하고 상대방이 그 일의 결과에 대하여 보수를 지급할 것을 약정함으로써 효력이 생긴다"고 하여 도급계약에 관한 규정을 두고 있다. 「건설산업기본법」은 "도급이란 원도급, 하도급, 위탁 등 명칭과 관계없이 건설공사를 완성할 것을 약정하고 상대방이 그 공사의 결과에 대하여 대가를 지급할 것을 약정하는 계약"이라고 정의하고 있고, 「산업안전보건법」은 도급에 대하여 "명칭에 관계없이 물건의 제조·건설·수리 또는 서비스의 제공, 그 밖의 업무를 타인에게 맡기는 계약"이라고 정의하고 있다.

「산업안전보건법」에 따른 도급은 일의 완성에 대하여 보수를 지급할 것을 요건으로 하는 「민법」상의 도급계약뿐만 아니라 그 명칭이나 형식에 관계없이 자신의 업무를 타인에게 맡기는 모든 계약으로서 위 「민법」과 「건설산업기본법」에서의 개념보다

넓은 개념이다.629) 그리고 대검찰청 중대재해처벌법 해설서에 따르면, 중대재해처벌법상 도급의 개념은 "그 계약의 명칭이나 형식에 관계없이 자신의 업무를 타인에게 맡기는 계약을 의미한다"630)고 하여 「산업안전보건법」의 도급 개념으로 해석하였고, 입법론으로도 「산업안전보건법」상 도급의 개념을 중대재해처벌법에 준용하는 규정을 두는 등의 방법으로 중대재해처벌법 제5조에서 도급 외 "용역, 위탁"을 구별하여 규정할 필요가 없도록 하자는 견해가 존재한다.631) 또한, 국회 법사위 제1소위에서 제2조제7호나목을 논의할 때, 새롭게 등장하는 노무제공자를 보호할 필요성이 강조되었으므로 제5조의 도급을 해석할 때 이러한 입법취지를 고려할 필요가 있는 측면이 있고, 제5조에서 "도급, 용역, 위탁 등"이라고 규정하여 "등"을 포함하고 있으므로 도급의 의미를 좁게 해석하는 실익이 크지 않다고 볼 수 있는 측면도 있다.

그런데, 중대재해처벌법은 형사법으로서 행정법인 「산업안전보건법」과는 다른 별개의 법이므로, 중대재해처벌법의 도급 개념을 「산업안전보건법」에서 독립하여 파악하는 것도 가능할 수 있다고 보인다. 이와 관련하여, 중대재해처벌법의 도급을 「산업안전보건법」의 도급 개념으로 해석할 경우, '도급, 용역, 위탁 등'이 모두 도급에 포함되어 별도로 '용역, 위탁 등'을 언급한 실익이나 '도급'과 '도급, 용역, 위탁 등'을 구별하여 규정한 실익이 없으며, 「민법」상 도급과는 다른 「산업안전보건법」의 도급 개념을 좇아 해석하는 것은 형사책임 규정의 명확성 원칙 측면에서도 바람직하다고 볼 수 없기 때문에 원칙으로 돌아가 「민법」상 도급의 개념으로 해석하는 것이 타당하다는 의견이 있다.632) 또한, 현실에서는 관계수급인이 도급인보다 규모가 큰 경우도 적지 않은데, 도급인이라는 이유만으로 형사처벌을 배경으로 관계수급인의 종사자에 대해 작업행동적 영역을 포함한 광범위한 영역의 안전보건조치를 규율하는 것은 합리성과 실효성 측면에서 문제가 있다는 견해도 존재한다.633)

---

629) 고용노동부, 『개정 산업안전보건법 시행(2020. 1. 16.)에 따른 도급 시 산업재해예방 운영지침』, 2020.3., 11면 참조.
630) 대검찰청, 앞의 책, 233~234면.
631) 김영규, 앞의 책, 92면.
632) 이효은, 「도급인의 의무」, 『중대재해처벌법 연구 Ⅰ』, 법문사, 2022, 507~508면.
633) 정진우, 『중대재해처벌법』, 중앙경제, 2024, 203면.

생각건대, 중대재해처벌법상 도급 개념과 관련하여 위와 같이 광의설과 협의설이 대별되고 있는바, 그 해석과 입법론에 있어서는 중대재해처벌법의 제정취지 및 관련 법률과의 관계, 형사처벌의 과잉금지원칙, 개별 사건에서의 구체적 타당성, 입법의 파급효과 등을 종합적으로 고려하여 규범적인 관점에서 면밀하게 살필 필요가 있다고 본다.

나. 시설, 장비, 장소 등에 대하여 실질적으로 지배 · 운영 · 관리하는 책임 이 있는 경우

시설, 장비, 장소 등에 대하여 실질적으로 지배 · 운영 · 관리하는 책임이 있는 경우의 의미는 사업주나 법인 또는 기관이 해당 시설, 장비, 장소 등에 관한 소유권, 임차권 그 밖에 사실상의 지배력을 가지고 있어 유해 또는 위험요인에 대한 통제능력이 있다는 것을 의미한다. 「산업안전보건법」은 "도급인이 지배 · 관리하는 장소"로서 대통령령으로 정하는 사업장에서 발생한 관계수급인의 산업재해건수를 도급인의 산업재해발생건수에 포함하여 공표하도록 규정하고 있는데,[634] 고용노동부는 "도급인이 지배 · 관리하는 장소"의 의미와 관련하여, '도급인이 해당 장소의 유해 · 위험요인을 인지하고 파악하여 유해 · 위험요인을 관리 · 개선하는 등 통제할 수 있음을 의미한다'고 해석하고 있다.[635] 또한, 「산업안전보건법 시행령」은 도급인이 지배 · 관리하는 장소로서 관계수급인의 산업재해발생건수를 도급인의 산업재해발생건수와 합산하여 공표하여야 하는 장소 15개를 제시하고 있는데,[636] 이는 "도급인이 지배 · 관리하는 장

---

634) 「산업안전보건법」 제10조(산업재해 발생건수 등의 공표) ① 고용노동부장관은 산업재해를 예방하기 위하여 대통령령으로 정하는 사업장의 근로자 산업재해 발생건수, 재해율 또는 그 순위 등(이하 "산업재해발생건수등"이라 한다)을 공표하여야 한다.
② 고용노동부장관은 도급인의 사업장(도급인이 제공하거나 지정한 경우로서 도급인이 지배 · 관리하는 대통령령으로 정하는 장소를 포함한다. 이하 같다) 중 대통령령으로 정하는 사업장에서 관계수급인 근로자가 작업을 하는 경우에 도급인의 산업재해발생건수등에 관계수급인의 산업재해발생건수등을 포함하여 제1항에 따라 공표하여야 한다.
635) 고용노동부, 『개정 산업안전보건법 시행(2020. 1. 16.)에 따른 도급 시 산업재해예방 운영지침』, 2020.3., 23면 참조.
636) 「산업안전보건법 시행령」 제11조(도급인이 지배 · 관리하는 장소) 법 제10조제2항에서 "대통령령으로 정하는 장소"란 다음 각 호의 어느 하나에 해당하는 장소를 말한다.
1. 토사(土砂) · 구축물 · 인공구조물 등이 붕괴될 우려가 있는 장소
2. 기계 · 기구 등이 넘어지거나 무너질 우려가 있는 장소

소"의 예시가 될 수 있을 것이다.

　중대재해처벌법은 도급인이 제공 또는 지정한 작업장소로서 도급인이 지배·관리하는 장소(「산업안전보건법 시행령」 제11조에 따른 장소)가 아닌 곳에서 작업이 이루어지는 경우에도 도급인이 해당 작업과 관련한 시설, 설비 등에 대하여 소유권, 임차권, 그 밖의 사실상의 지배력을 행사하고 있는 경우에는 해당 도급인 개인사업주 또는 경영책임자등은 법 제5조에 따른 안전·보건 확보의무를 부담하도록 한다.[637]

　한편, 「산업안전보건법」 제2조제10호[638]에 따른 건설공사발주자는 일반적으로 종사자가 노무를 제공하는 사업 또는 사업장에 대하여 실질적인 지배·운영·관리를 하지 않는 주문자에 불과하고,[639] 원칙적으로 건설공사의 시공을 주도하여 총괄·관리하지 않는 자이므로 특별한 사정이 없는 한, 시설, 장비, 장소 등에 대하여 실질적으

---

　3. 안전난간의 설치가 필요한 장소
　4. 비계(飛階) 또는 거푸집을 설치하거나 해체하는 장소
　5. 건설용 리프트를 운행하는 장소
　6. 지반(地盤)을 굴착하거나 발파작업을 하는 장소
　7. 엘리베이터홀 등 근로자가 추락할 위험이 있는 장소
　8. 석면이 붙어 있는 물질을 파쇄하거나 해체하는 작업을 하는 장소
　9. 공중 전선에 가까운 장소로서 시설물의 설치·해체·점검 및 수리 등의 작업을 할 때 감전의 위험이 있는 장소
　10. 물체가 떨어지거나 날아올 위험이 있는 장소
　11. 프레스 또는 전단기(剪斷機)를 사용하여 작업을 하는 장소
　12. 차량계(車輛系) 하역운반기계 또는 차량계 건설기계를 사용하여 작업하는 장소
　13. 전기 기계·기구를 사용하여 감전의 위험이 있는 작업을 하는 장소
　14. 「철도산업발전기본법」 제3조제4호에 따른 철도차량(「도시철도법」에 따른 도시철도차량을 포함한다)에 의한 충돌 또는 협착의 위험이 있는 작업을 하는 장소
　15. 그 밖에 화재·폭발 등 사고발생 위험이 높은 장소로서 고용노동부령으로 정하는 장소
637) 고용노동부, 『중대재해처벌법 해설 – 중대산업재해』, 2021.11., 109면 참조.
638) 「산업안전보건법」 제2조(정의) 이 법에서 사용하는 용어의 뜻은 다음과 같다.
　10. "건설공사발주자"란 건설공사를 도급하는 자로서 건설공사의 시공을 주도하여 총괄·관리하지 아니하는 자를 말한다. 다만, 도급받은 건설공사를 다시 도급하는 자는 제외한다.
　11. "건설공사"란 다음 각 목의 어느 하나에 해당하는 공사를 말한다.
　　가. 「건설산업기본법」 제2조제4호에 따른 건설공사
　　나. 「전기공사업법」 제2조제1호에 따른 전기공사
　　다. 「정보통신공사업법」 제2조제2호에 따른 정보통신공사
　　라. 「소방시설공사업법」에 따른 소방시설공사
　　마. 「문화재수리 등에 관한 법률」에 따른 문화재수리공사
639) 고용노동부, 『중대재해처벌법 해설 – 중대산업재해』, 2021.11., 108면 참조.

로 지배·운영·관리하는 책임이 있는 자에 해당하지 않는 것으로 보아야 할 것이다.[640] 고용노동부는 도급인과 건설공사발주자의 구분기준을 해당 공사의 시공을 주도하여 총괄·관리하는지 여부로 판단하여야 한다고 설명하고 있다.

〈「산업안전보건법」상 도급인과 건설공사발주자의 구분〉

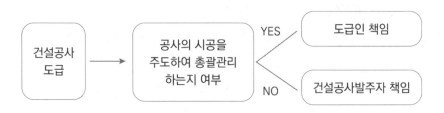

* 자료: 고용노동부, 『중대재해처벌법 중대산업재해 질의회시집』, 2023.5., 208면 참조.

　나아가 고용노동부는 공사의 시공을 주도하여 총괄관리하는지 여부의 구체적인 판단기준으로 당해 건설공사가 ① 사업의 유지 또는 운영에 필수적인 업무인지, ② 상시적으로 발생하거나 이를 관리하는 부서 등 조직을 갖췄는지, ③ 예측가능한 업무인지 등의 다양한 요인을 종합적으로 고려하여 판단한다고 설명하고 있다.[641] 참고로 「산업안전보건법」상 도급인과 건설공사발주자의 적용 범위, 주요의무 및 위반 시 제재 등을 비교하면 다음 표와 같다.

〈「산업안전보건법」상 도급인과 건설공사발주자의 비교〉

구분	도급인	건설공사발주자
적용범위	타인에게 맡기는 물건의 제조·건설·수리 또는 서비스의 제공, 기타 업무 (건설공사 포함)	건설공사
주요의무	• 산업재해 예방을 위하여 필요한 안전 및 보건조치 의무(제63조) • 안전보건총괄책임자의 지정(제62조)	• 건설공사의 계획 단계에서 기본안전보건대장의 작성, 설계 및 시공단계에서 그 기본안전보건대장에 따라 설

---

640) 고용노동부, 『중대재해처벌법 중대산업재해 질의회시집』, 2023.5., 208면 참조.
641) 고용노동부(2023.5.), 앞의 책, 208면 참조.

	• 안전보건협의체 구성 및 운영, 작업자 순회점검 등의 산업재해 예방조치(제64조) • 특정 위험 작업 시 수급인에 대한 안전 및 보건 정보 제공(제65조) • 관계수급인의 산업안전보건법령 등 위반 시 시정조치(제66조)	계·공사안전보건대장을 작성하게 한 뒤 이를 확인하는 산업재해예방조치 의무 부담(제67조) • 2개 이상의 건설공사가 같은 장소에서 진행되는 경우 안전보건조정자 배치(제68조) • 공사기간 단축 및 정당한 사유 없는 공법 변경 금지(제69조) • 산업재해 예방을 위한 도급인의 요청 시 공기 연장(제70조) • 산업재해 발생 우려 시 설계변경(제71조) • 도급금액에 산업안전보건관리비 계상(제72조) • 건설공사의 산업재해예방 지도(제73조)
위반 시 제재	• 안전 및 보건조치 의무 위반하여 근로자 사망 시 7년 이하의 징역 또는 1억원 이하 벌금(제167조제1항) • 안전 및 보건조치 의무 위반 시 그 자체로 3년 이하 징역 또는 3천만원 이하 벌금(제169조제1호)	• 공기 단축 또는 정당한 사유 없는 공법 변경 위반 시 1천만원 이하 벌금(제171조제1호) • 나머지 위에서 열거한 사항 위반 시 과태료 부과(제175조)

* 자료: 권창영, "산업안전보건법 상 건설공사발주자와 도급인의 구분", 「법률신문」, 2021. 6. 25.

하급심 판례[642]는 건설공사에서 발주자 여부의 판단은 건설공사 시공을 실제로 총괄·관리하였는지가 아니라 그러한 '지위'에 있었는지 여부로 하여야 한다고 밝히면서, 도급인이 건설공사의 시공을 주도하여 총괄·관리해야 할 지위에 있다고 해석하는 기준으로서, ① 도급하는 건설공사가 도급인의 사업 일부를 구성하고 도급인의 사업과 같은 장소에서 이루어짐에도 이를 도급에 의하여 행하는 경우, ② 도급하는 건설공사에 도급인의 지배 하에 있는 특수한 위험요소가 있어서 도급인이 건설공사의 시공을 주도하여 총괄·관리하지 않고서는 수급인이 「산업안전보건법」이 정한 안전·보건 조치를 실질적으로 이행하는 것이 현저히 곤란한 경우, ③ 도급인과 수급인의 각 전문성, 규모, 도급계약의 내용 등에 비추어 볼 때, 도급인에게는 건설공사의

---

642) 울산지방법원 2021. 11. 11. 선고 2021고단1782 판결 참조.

시공을 주도하여 총괄·관리할 능력이 있는 반면에 수급인에게는 「산업안전보건법」이 정한 안전·보건조치를 스스로 이행할 능력이 없음이 도급인의 입장에서 명백한 경우를 제시하고 있다.[643]

위 판례에 대하여 '지위' 개념으로 '시공을 주도하여 총괄·관리하는 자'를 판단한 것은 자칫 「산업안전보건법」상 도급인의 범위가 축소될 수 있기 때문에 부당하다고 보는 견해가 있다.[644] 반면에 「산업안전보건법」이 건설공사[645]를 넓게 정의하고 있고, 비건설업체 사업주가 건설공사의 시공을 주도하는 일은 없기 때문에 각종 비건설업체, 제조업체 등에서 기계·기구·설비 등의 유지보수, 설치·해체 등을 맡기는 경우 원칙적으로 건설공사 발주자에 불과하다고 보는 견해도 있다.[646] 이 견해는 「산업안전보건법」 전면개정 시 도급인에서 건설공사 발주자를 분리한 데에서 문제가 초래되었다는 입장이다.[647] 또한, 판례의 기준에 대하여도 '시공을 주도하여'라는 문언의 의미를 넘어서는 유추해석이라는 비판이 제기되고 있다.[648] 따라서 이 부분은 고용노동부나 법원의 해석에 맡기기보다는 향후 입법론적 해결이 필요할 것으로 보인다.

실제로, 건설공사를 도급하는 사업주가 건설공사발주자인지 아니면 도급인인지에 대해 제1심과 항소심이 엇갈린 사건이 있었다. 항만 갑문 보수공사를 도급한 I항만공사에 대해 제1심(인천지방법원 2023. 6. 7. 선고 2022고단1878 판결)은 ① 갑문을 유지·보수하는 업무는 I항만공사의 핵심적·본질적 사업인 점, ② 이 사건 재해가 I항만공사가

---

643) 한국경제연구원, "중대재해처벌법, 건설공사발주자 개념 인정해 발주자 사법 리스크 줄여야", 보도자료, 2022.12.13. 참조.

644) 심재진, 「산업안전보건법상 도급인의 안전·보건조치 의무가 배제되는 '건설공사 발주자'의 판단기준과 의미」, 『노동리뷰』 통권 제203호, 한국노동연구원, 2022, 89~91면.

645) 「산업안전보건법」 제2조(정의) 이 법에서 사용하는 용어의 뜻은 다음과 같다.
　11. "건설공사"란 다음 각 목의 어느 하나에 해당하는 공사를 말한다.
　　　가. 「건설산업기본법」 제2조제4호에 따른 건설공사
　　　나. 「전기공사업법」 제2조제1호에 따른 전기공사
　　　다. 「정보통신공사업법」 제2조제2호에 따른 정보통신공사
　　　라. 「소방시설공사업법」에 따른 소방시설공사
　　　마. 「문화재수리 등에 관한 법률」에 따른 문화재수리공사

646) 정진우, 『산업안전보건법』, 중앙경제, 2024, 272~273면.

647) 정진우, 앞의 책, 336~368면.

648) 김영규, 「건설공사발주자도 중대재해법상 안전보건확보의무 있나」, 『월간노동법률』 제373호, 2022.6. 참조.

직접 관리하는 사업장에서 발생한 점, ③ I항만공사는 해당 갑문을 비롯한 갑문 8개에 대하여 정기적으로 보수공사를 실시하는 점 등을 근거로 I항만공사가 건설공사의 시공을 주도하여 총괄·관리하는 지위에 있는 '도급인'에 해당하고, I항만공사의 대표자는 안전보건총괄책임자로서의 의무를 부담한다고 하였다.[649] 하지만 항소심(인천지방법원 2023. 9. 22. 선고 2023노2261 판결)은 ① I항만공사가 강구조물공사업에 대한 시공자격을 갖출 가능성이 없었으며, 갑문 보수공사를 시공할 전문성은 없었던 점, ② 갑문 보수공사에 있어 I항만공사의 지배하에 있는 특수한 위험요소가 없는 점, ③ 수급인인 시공사는 비록 규모는 작으나, 강구조물공사업 등록을 마치고 갑문 보수공사를 수급받아 시공할 수 있는 인력과 전문성을 갖춘 점 등을 들어 I항만공사는 공사의 시공을 주도하여 총괄·관리하였다고 평가할 수 없으므로, 「산업안전보건법」상 '건설공사발주자'에 해당할 뿐 도급인에는 해당하지 않는다고 하였다.

결국, 상고심(대법원 2024. 11. 14. 선고 2023도14674 판결)은 ① 항만 핵심시설인 갑문의 유지 및 관리는 I항만공사의 주된 설립 목적 중 하나로, I항만공사가 보수공사의 전 과정을 기획하고 설계도면을 직접 작성하였으며 공정률을 점검하면서 설계도면을 직접 변경하기도 한 점, ② I항만공사는 거대 공기업인 반면 시공사는 자본금 10억원, 상시근로자 약 10명에 불과한 소규모 기업인 점, ③ I항만공사는 갑문 상부에 안전난간을 설치하였으나 작업장소에는 설치되어 있지 않았고, 작업자의 안전대는 사고당시 안전난간에 고정되어 있지도 않았던 점 등에 비추어 볼 때, I항만공사의 사업장에서 진행된 갑문 정기보수공사 과정에서 발생 가능한 산업재해의 예방과 관련된 유해·위험 요소에 대하여 실질적인 지배·관리 권한을 가지고 있었고, 갑문 정기보수공사에 관한 높은 전문성을 지닌 도급 사업주로서 수급인에게 실질적인 영향력을 행사하였다고 보아야 한다고 판단하였다.[650]

이 판결은 "건설공사를 도급하는 사업주가 「산업안전보건법」상 도급인에 해당하는지는 도급 사업주가 자신의 사업장에서 시행하는 건설공사 과정에서 발생할 수 있는

---

649) 법무법인 율촌 중대재해센터, 「항만 갑문 보수공사 발주자의 대표이사에 대하여 항소심에서 무죄 선고」, 『Yulchon Legal Update』, 2023.9. 참조.
650) 조상욱 외, "개정 산업안전보건법상 건설공사발주자의 판단 기준을 밝힌 첫 대법원 판결", 법률신문, 2024.11.21. 참조.

산업재해 예방과 관련된 유해·위험요소에 대하여 실질적인 지배·관리 권한을 가지고 있었는지를 중심으로, 도급 사업주가 해당 건설공사에 대하여 행사한 실질적 영향력의 정도, 도급 사업주의 해당 공사에 대한 전문성, 시공능력 등을 종합적으로 고려하여 규범적인 관점에서 판단하여야 한다"고 판시함으로써, 대법원이 건설공사발주자와 도급인의 판단기준을 처음으로 제시하였다는 데 의의가 있다. 한편 이 사건에 중대재해처벌법을 적용할 경우, 개정 「산업안전보건법」의 한계에 대한 반성적 고려에서 최상위 조직 및 그 실질적 책임자에 초점을 맞춘 중대재해처벌법의 취지상 I항만공사와 I항만공사 사장이 면책되기는 어려워 보인다는 견해가 있다.[651]

참고로, 2022년 1월 26일에 발의된 강은미의원안(의안번호 2114568)에서는 법 제5조의 적용대상으로 도급, 용역, 위탁 외에 '발주'를 포함시킴으로써 발주자에게도 중대산업재해의 책임이 부여될 수 있도록 하였다. 다만, 법 제5조 단서의 규정은 그대로 적용되므로 동 개정안에 따르더라도 해당 시설 등에 대하여 실질적으로 지배·운영·관리하는 책임이 있는 발주자에게만 본 법을 적용하겠다는 취지로 해석된다.

〈중대재해처벌법 일부개정법률안(강은미의원 대표발의, 의안번호 2114568)〉

현행	강은미의원안
제2조(정의) 이 법에서 사제5조(도급, 용역, 위탁 등 관계에서의 안전 및 보건 확보의무) 사업주 또는 경영책임자등은 사업주나 법인 또는 기관이 제3자에게 도급, 용역, <u>위탁</u> 등을 행한 경우에는 제3자의 종사자에게 중대산업재해가 발생하지 아니하도록 제4조의 조치를 하여야 한다. 다만, 사업주나 법인 또는 기관이 그 시설, 장비, 장소 등에 대하여 실질적으로 지배·운영·관리하는 책임이 있는 경우에 한정한다.	제5조(도급, 용역, 위탁, 발주 등 관계에서의 안전 및 보건 확보의무)----------------------- ------------------------------------- --------------<u>위탁, 발주</u>-------------- ------------------------------------- ------------------------------------- ------------------------------------- ------------------------------------- -------------------------------------.

---

651) 김영규, 『중대재해처벌법 해설 – 중대산업재해 쟁점과 사례』, 법문사, 2024.10., 6~7면 참조.

2. 제4조와의 관계

법 제4조는 사업주나 법인 또는 기관이 실질적으로 지배·운영·관리하는 사업 또는 사업장의 종사자에 대하여 개인사업주 또는 경영책임자등에게 안전·보건 확보의무를 부과하고 있다. 사업이 여러 차례의 도급에 따라 행하여지는 경우 각 단계의 수급인 및 수급인의 종사자도 도급인의 종사자에 해당하는바(법 제2조제7호), 사업주나 법인 또는 기관이 도급 등을 하면서 그 사업 또는 사업장에 대하여 실질적으로 지배·운영·관리하는 경우에는 개인사업주 또는 경영책임자등은 제4조에 따라 수급인 및 수급인의 종사자에 대하여 안전·보건 확보의무를 부담한다.

법 제5조는 사업주나 법인 또는 기관이 제3자에게 도급, 용역, 위탁 등을 행하여 그 사업 또는 사업장에 대하여는 실질적 지배·운영·관리권이 없더라도 시설, 장비, 장소 등에 대하여 지배·운영·관리권이 있으면 개인사업주 또는 경영책임자등에게 안전·보건확보의무가 있다는 것을 규정하고 있다.

한편, 도급인이 제5조에 따른 안전보건 확보의무를 부담하는 경우, 수급인이 수급인의 종사자에 대하여 제4조에 따라 부담하는 안전보건 확보의무가 면제되는지가 문제될 수 있다. 이 법의 입법과정에서 제5조의 당초 발의안에는 도급 등의 경우 도급 등을 주는 자와 수급인 등이 수급인 등의 종사자에 대하여 "공동으로" 안전보건 확보의무를 부담하는 것으로 제안되었으나, "공동으로"라는 문구가 삭제되고 제5조는 도급인 등의 의무로만 규정되었는바,[652] 수급인 등이 이 법의 적용대상인 한, 수급인

) 2021년 1월 6일 법사위 제1소위 회의록 25면 중 아래 논의 참조.
- 소위원장 백혜련 아까 우리가 유예기간과 관련해서 논의를 하면서 지금 현 조항으로는 유예기간에 원청업체도 제외되는 문제가 있어 갖고요 그것에 대해서 박주민 위원님이 수정안을 만들어 왔거든요. 설명 좀 해 주세요.
- 박주민위원 제 법안이나 부처 의견 취합 반영안의 경우에 원청과 하청이 공동으로 의무를 지게 하는데 반면에 부칙에서는 하청을 받은 업체에 대해서 이 법 적용이 유예되기 때문에 그 상태로는 원청에 대해서조차도 책임을 지울 수 없게 된다 ..... 그렇다면 ..... 하청받은 업체에서 중대산업재해가 발생하지 않도록 하는 내용의 의무를 원청에게 별개로 부여하되 ..... 지배 또는 운영 또는 관리하는 책임이 있는 경우에만 원청이 책임을 지는 식으로 수정안을 한번 만들어 봤습니다.
- 법무부차관 하청업자는 결국 3조(저자 주. 현행 제4조를 의미)의 단독 의무가 되고 4조(저자 주. 현행 제5조를 의미)는 원청업체의 단독 의무가 되어 가지고 종전에 ..... 나누었던 문제점

등은 그 종사자에 대하여 제4조에 따라 안전보건 확보의무를 부담하는 것으로 보아
야 할 것이다. 유사입법례로 「산업안전보건법」에서도 도급인이 도급인의 사업장에서
작업을 하는 관계수급인의 근로자에 대하여 안전보건 조치의무를 하도록 규정하고
있는 외에, 수급인이 사업주로서 그 근로자에 대하여 행하여야 하는 안전보건 조치의
무(「산업안전보건법」 제37조·제38조)가 면제되는 규정을 두고 있지 아니하다.[653]

3. 「산업안전보건법」 제63조와의 관계

「산업안전보건법」 제63조는 관계수급인의 근로자가 도급인의 사업장에서 작업을
하는 경우 도급인에게 관계수급인의 근로자의 산업재해 예방을 위한 안전조치 및 보
건조치 의무를 규정하고 있다.[654] 중대재해처벌법은 도급인의 사업장에서 작업하는

이 해소가 되는 안이라고 생각을 합니다.

653) 김·장법률사무소 중대재해대응팀, 앞의 책, 117면 참조.

654) 「산업안전보건법」 제63조(도급인의 안전조치 및 보건조치) 도급인은 관계수급인 근로자가 도
급인의 사업장에서 작업을 하는 경우에 자신의 근로자와 관계수급인 근로자의 산업재해를 예
방하기 위하여 안전 및 보건 시설의 설치 등 필요한 안전조치 및 보건조치를 하여야 한다. 다
만, 보호구 착용의 지시 등 관계수급인 근로자의 작업행동에 관한 직접적인 조치는 제외한다.
제64조(도급에 따른 산업재해 예방조치) ① 도급인은 관계수급인 근로자가 도급인의 사업장
에서 작업을 하는 경우 다음 각 호의 사항을 이행하여야 한다.
1. 도급인과 수급인을 구성원으로 하는 안전 및 보건에 관한 협의체의 구성 및 운영
2. 작업장 순회점검
3. 관계수급인이 근로자에게 하는 제29조제1항부터 제3항까지의 규정에 따른 안전보건교육을
위한 장소 및 자료의 제공 등 지원
4. 관계수급인이 근로자에게 하는 제29조제3항에 따른 안전보건교육의 실시 확인
5. 다음 각 목의 어느 하나의 경우에 대비한 경보체계 운영과 대피방법 등 훈련
가. 작업 장소에서 발파작업을 하는 경우
나. 작업 장소에서 화재·폭발, 토사·구축물 등의 붕괴 또는 지진 등이 발생한 경우
6. 위생시설 등 고용노동부령으로 정하는 시설의 설치 등을 위하여 필요한 장소의 제공 또는
도급인이 설치한 위생시설 이용의 협조
7. 같은 장소에서 이루어지는 도급인과 관계수급인 등의 작업에 있어서 관계수급인 등의 작
업시기·내용, 안전조치 및 보건조치 등의 확인
8. 제7호에 따른 확인 결과 관계수급인 등의 작업 혼재로 인하여 화재·폭발 등 대통령령으로
정하는 위험이 발생할 우려가 있는 경우 관계수급인 등의 작업시기·내용 등의 조정
② 제1항에 따른 도급인은 고용노동부령으로 정하는 바에 따라 자신의 근로자 및 관계수급인
근로자와 함께 정기적으로 또는 수시로 작업장의 안전 및 보건에 관한 점검을 하여야 한다.

경우에 국한하지 아니하고, 사업주나 법인 또는 기관이 해당 작업과 관련한 시설, 장비, 장소에 대하여 실질적으로 지배·운영·관리하는 경우에도 안전·보건 확보의무를 부담하도록 하여 도급인의 안전·보건 확보의무 적용범위가 확대되었다.

---

③ 제1항에 따른 안전 및 보건에 관한 협의체 구성 및 운영, 작업장 순회점검, 안전보건교육 지원, 그 밖에 필요한 사항은 고용노동부령으로 정한다.

제6조 중대산업재해 사업주와 경영책임자등의 처벌

> **법 제6조(중대산업재해 사업주와 경영책임자등의 처벌)** ① 제4조 또는 제5조를 위반하여 제2조제2호가목의 중대산업재해에 이르게 한 사업주 또는 경영책임자등은 1년 이상의 징역 또는 10억원 이하의 벌금에 처한다. 이 경우 징역과 벌금을 병과할 수 있다.
> ② 제4조 또는 제5조를 위반하여 제2조제2호나목 또는 다목의 중대산업재해에 이르게 한 사업주 또는 경영책임자등은 7년 이하의 징역 또는 1억원 이하의 벌금에 처한다.
> ③ 제1항 또는 제2항의 죄로 형을 선고받고 그 형이 확정된 후 5년 이내에 다시 제1항 또는 제2항의 죄를 저지른 자는 각 항에서 정한 형의 2분의 1까지 가중한다.

I. 입법경과

1. 입법취지

법 제6조의 처벌규정은 중대재해처벌법의 목적과 관련이 있다. 중대재해처벌법은 제1조에서 "안전·보건 조치의무를 위반하여 인명피해를 발생하게 한 사업주, 경영책임자 등의 처벌"을 규정하여 "중대재해를 예방하고 시민과 종사자의 생명과 신체를 보호함을 목적으로 한다"고 명시하고 있다.

그리고 법 제6조는 개인사업주 또는 경영책임자등이 법 제4조 또는 제5조의 안전보건 확보의무를 위반한 경우 바로 처벌하는 것이 아니라, 법 제2조제2호의 중대산업재해가 발생한 경우에 처벌규정이 적용된다. 이처럼 중대재해처벌법은 법인에 대한 처벌이 아닌 개인사업주 또는 경영책임자에게 직접적으로 의무를 부과하고 그 의무를 위반하여 발생한 중대산업재해에 대하여 법 위반 주체로서 처벌하는 것이다.[655]

---

655) 정현희, 「중대재해처벌법의 형사재판 실무상 쟁점」, 사법정책연구원·대한변호사협회·한국노동법학회 "중대재해처벌법과 재판 실무상 쟁점" 공동학술대회 자료집, 2022.7.8., 29면.

2. 입법과정

가. 법률안의 내용

강은미의원안은 사업주나 경영책임자등이 안전보건의무를 위반하여 사망에 이르게할 경우 "3년 이상의 유기징역 또는 5천만원 이상 10억원 이하의 벌금", 상해에 이르게 한 경우 "7년 이하의 징역 또는 1억원 이하의 벌금"에 처하도록 하였으나, 종사자에게 위험방지의무를 소홀히 하도록 지시한 경우에 대한 처벌규정 및 사업주와 경영책임자등에 대한 면책규정은 두지 않았다. 박주민의원안과 이탄희의원안 및 박범계의원안은 내용이 동일한데, 사업주나 경영책임자등이 안전보건의무를 위반하여 사망에 이르게 할 경우 "2년 이상의 유기징역 또는 5억원 이상의 벌금", 사망을 제외한중대산업재해에 이르게 한 경우 "3년 이하의 징역 또는 1억원 이하의 벌금"에 처하도록 하였고, 종사자에게 위험방지의무를 소홀히 하도록 지시한 경우에 대한 처벌규정 및 사업주와 경영책임자등에 대한 면책규정을 두었다. 임이자의원안은 사업주나경영책임자등이 안전보건의무를 위반하여 사망에 이르게 할 경우 "5년 이하의 징역또는 10억원 이하의 벌금", 3개월 이상의 요양이 필요한 상해에 이르게 한 경우 "5년이하의 징역 또는 7천만원 이하의 벌금"에 처하도록 하였고, 종사자에게 위험방지의무를 소홀히 하도록 지시한 경우에 대한 처벌규정은 두지 않았으며, 사업주와 경영책임자등에 대한 면책규정을 두었다. 그리고 5개 법안 모두 사업주와 경영책임자가 동시에 또는 순차로 안전보건의무를 위반하여 2명 이상 사상에 이르게 한 때에 가중하여 처벌하는 규정을 두었다.

강은미의원안	박주민·이탄희·박범계의원안	임이자의원안
제5조(사업주와 경영책임자 등의 처벌) ① 사업주와 경영책임자 등이 제3조 또는 제4조의 의무를 위반하여 사람을 사망에 이르게 한 때에는 3년 이상의 유기징역 또는 5천만원 이상	제6조(사업주와 경영책임자 등의 처벌) ① 사업주 또는 경영책임자 등이 제3조의 의무를 위반하여 사람을 사망에 이르게 한 경우에는 2년 이상의 유기징역 또는 5억원 이상의 벌	제6조(사업주와 경영책임자의 처벌) ① 사업주와 경영책임자가 제3조의 의무를 위반하여 사람을 사망에 이르게 한 때에는 5년 이상의 유기징역 또는 10억원 이하의 벌금에 처한다.

10억원 이하의 벌금에 처한다.	금에 처한다. ② 제1항의 경우 사업주 또는 경영책임자 등이 사업주, 법인 또는 기관의 종사자에게 사람의 생명·신체의 안전 또는 보건위생상의 유해·위험방지의무를 소홀히 하도록 지시한 때에는 5년 이상의 유기징역에 처한다.	
② 사업주와 경영책임자 등이 제3조 또는 제4조의 의무를 위반하여 사람을 상해에 이르게 한 때에는 7년 이하의 징역 또는 1억원 이하의 벌금에 처한다. ③ 사업주와 경영책임자 등이 동시에 또는 순차로 제3조 또는 제4조의 의무를 위반하여 사람을 2명 이상 사상에 이르게 한 때에는 「형법」 제38조 및 제40조에도 불구하고 각 죄에 정한 형의 장기(長期) 또는 다액(多額)을 합산하여 가중한다.	③ 사업주 또는 경영책임자 등이 제1항의 행위로 사망을 제외한 중대산업재해에 이르게 한 경우에는 3년 이하의 유기징역 또는 1억원 이하의 벌금에 처한다. ④ 사업주 또는 경영책임자 등이 동시에 또는 순차로 제3조의 의무를 위반하여 2명 이상에 대하여 사망자 또는 6개월 이상 요양이 필요한 부상자 또는 직업성 질병자가 3명 이상 발생한 경우에는 「형법」 제38조에도 불구하고 각 죄에 정한 형의 장기(長期) 또는 다액(多額)을 합산하여 가중한다. ⑤ 제4조제1항의 제3자 또는 같은 조 제2항의 수탁자가 제3조의 의무이행을 위해 사업주 또는 경영책임자 등에게 안전의무 이행 협조를 요청하는 등 필요한 조치를 한 경우에는 제3자 또는 수탁자의 사업주 또는 경영책임자 등을 본조의 처벌에서 면제한다.	② 사업주와 경영책임자가 제3조의 의무를 위반하여 사람을 3개월이상의 요양이 필요한 상해가 발생한 때에는 5년 이하의 징역 또는 7천만원 이하의 벌금에 처한다. ③ 사업주와 경영책임자가 동시에 또는 순차로 제3조의 의무를 위반하여 사람을 2명 이상 사상에 이르게 한 때에는 가장 중한 죄에 정한 장기 또는 다액에 그 형의 2분의 1까지 가중한다. ④ 사업주와 경영책임자가 그 사상 사고를 방지하기 위하여 해당 업무에 관하여 상당한 주의와 감독을 게을리하지 아니한 때에는 그러하지 아니하다.

나. 심사경과

사업주 및 경영책임자등의 처벌 조항에 대해 국회 법제사법위원회 전문위원의 검토보고서는 비판적인 입장을 밝혔다. 첫째, 현행 「건축법」, 「산업안전보건법」 및 「시설물의 안전관리에 관한 특별법」 등 개별 법률은 안전·보건조치의무를 위반하여 사람을 사상에 이르게 한 경우 벌칙규정을 두고 있고, 개별 법률에서 안전조치의무가 규정되지는 않았으나 업무상 과실로 공중의 위해가 발생하여 사상에 이른 경우에는 「형법」상 업무상과실·중과실치사상죄656)로 처벌할 수 있음에도, 제정안은 유해·위험방지의무 위반으로 사상의 결과가 발생한 경우 다른 법률에 우선하여 이 법을 적용하여 사업주 및 경영책임자 등을 형사처벌하도록 하고 있다고 지적하였다. 둘째, 유사한 유형의 과실범 내지 안전의무 위반범에 대한 법정형에 비추어 법정형이 높아 형벌체계상의 정당성과 균형을 잃은 것으로 볼 여지가 있으며, 중대재해 발생이라는 사실상 동일한 사실에 대해 일반법이라 볼 수 있는 「산업안전보건법」에서 처벌되지 않던 자를 특별법을 만들어 처벌범위 내에 포함시키면서 기존 일반법의 처벌 대상자보다 더 과중한 형으로 처벌하는 것이 타당한지 논의될 필요가 있다고 하였다. 셋째, 제정안 제5조제3항에 따르면 2명 이상 사상의 결과가 발생한 경우 각 죄에 정한 형을 합산하여 가중한다고 하고 있어, 실체적 경합범의 경우 가장 중한 죄에 정한 장기 또는 다액에 그 2분의 1까지 가중하여 처벌하도록 하고 상상적 경합범은 가장 중한 죄에 정한 형으로 처벌하도록 하고 있는 「형법」 제38조 및 제40조에 대한 특례를 두고 있는데, 제정안에 따르면 다중의 인명피해가 발생할 경우 처벌 수위가 과도하게 될 수 있다는 점을 고려할 필요가 있다고 하였다.657)

법 제6조에 대해 2020년 12월 24일의 법제사법위원회 법안심사제1소위원회에서 심도 있는 논의가 있었는바, 중대재해처벌법 전반에 대하여 백혜련 소위원장은 형벌체계보다도 징벌적 손해배상 같은 경제적 제재를 강화하는 것이 오히려 제재하는 효과

---

656) 「형법」 제268조는 업무상과실 또는 중대한 과실로 인하여 사람을 사망이나 상해에 이르게 한 자는 5년 이하의 금고 또는 2천만원 이하의 벌금에 처한다.

657) 허병조, 「중대재해에 대한 기업 및 책임자 처벌 등에 관한 법률안 검토보고」, 국회 법제사법위원회, 2020.7., 18~20면.

가 클 수 있다는 점을 고려해야 한다고 지적한 반면, 김남국위원은 중대재해처벌법이 사업주와 경영책임자 등에게 일정 부분의 안전조치의무를 지우려는 것으로, 예방조치를 하지 않았을 때 유의미한 형사처벌이 빠지게 되어 버리고 법인이나 기업이 돈으로써 대가를 지불하고 빠져나갈 수 있으면 사실상 이 법이 가지는 실효적인 의미가 사라져 버린다고 반박하였다.[658] 그리고 사업주 등이 의무를 위반하여 2명 이상 사상에 이르게 된 때 가중처벌하는 규정에 대하여 법무부와 법원행정처 모두 우려를 표했는데, 법무부차관은 하나의 원인에 의해 여러 명이 사망한 경우는 상상적 경합[659]이 되는 것인데 이때 경합범 가중을 하는 것은 형법체계에 맞지 않는 문제가 발생한다고 밝혔고, 법원행정처차장도 형법의 기본원칙에 대한 예외를 두는 것은 신중한 검토가 필요하다고 하였다.[660]

결국 법제사법위원회 대안에서 가중처벌 조항을 "순차로 혹은 동시에 의무를 위반하는 경우"에서 "형이 확정된 후 5년 이내에 다시 죄를 저지른 경우"에 법정형의 2분의 1까지 가중하는 것으로 변경하여 형법상 경합범 처벌 원칙과의 충돌 논란을 해소하였고, 제6조제1항에 징역과 벌금을 병과할 수 있음을 명시하였다. 그 밖에 법 위반행위 양태의 다양성 등을 고려하여 법정형 하한을 낮추는 것으로 조정하였고,[661] 사업

---

658) 2020년 12월 24일 법사위 제1소위 회의록 26면 중 아래 논의 참조.
　○ 소위원장 백혜련 이게 산업재해지만 결국 이렇게 부당한 일을 하는 법인과 기업에 대한 처벌을 우리가 규정하는 것인데 그것은 이런 형법체계보다도 정말 징벌적 손해배상 같은 경제적 제재를 강하게 함으로써 오히려 제재하는 효과가 또 큰 측면이 있을 수 있을 것 같습니다.
　○ 김남국위원 만약 여기에서 유의미한 형사처벌이 빠지게 돼 버리고 법인이나 기업이 돈으로써 그냥 대가를 지불하고 빠져나갈 수 있다고 한다면 사실상 이 중대재해기업처벌법이 가지는 실효적인 의미가 상당 부분 사라져 버린다고 생각이 됩니다. 그래서 여러 가지 규제가 많이 복잡하게 있는 것처럼 보이지만 가장 중요한 것은 지금 사망사고가 발생했을 때 2년 이상의 유기징역이라든지 아니면 3년 이상의 유기징역이라든지 하한을 지켜주는 게 굉장히 중요하다고 생각이 들고요.
659) 「형법」 제40조(상상적 경합) 한 개의 행위가 여러 개의 죄에 해당하는 경우에는 가장 무거운 죄에 대하여 정한 형으로 처벌한다.
660) 징역형과 벌금형의 병과에 있어 백혜련 소위원장은 임의적으로 한다면 판사의 재량문제이니 별 문제가 없다고 정리하였다.
661) 2021년 1월 5일 법사위 제1소위 회의록 8면~9면 중 아래 논의 참조.
　○ 소위원장 백혜련 법안 규정하는 방식은 현실적으로 이렇게 할 수 밖에 없지 않나 싶습니다. 그리고 구체적인 케이스는 법원에서 결국은 재판을 통해서 결정이 되어야 되는 문제라고 보이고요 ..... 형벌 규정과 관련해서 어떻게 할 것이냐 이거 의견들 좀 주시고요.
　○ 전주혜위원 여러 가지 면에서 그것보다는 좀 낮추어서 1년 이상의 징역으로 하는 게 어떤가 .....

주 또는 경영책임자등의 면책 조항 및 의무위반 지시에 대한 처벌조항은 삭제하였다.

〈처벌규정 요약〉

구분	내 용
종사자의 사망 시	1년 이상의 징역 또는 10억원 이하의 벌금 (징역과 벌금을 병과할 수 있음)
종사자의 부상 또는 직업 성질병 재해 시	7년 이하의 징역 또는 1억원 이하의 벌금
가중처벌	중대산업재해로 선고받은 형이 확정된 후 5년 이내에 다시 위 죄를 저지른 경우 각 형의 2분의 1까지 가중처벌

3. 유사 입법례

「산업안전보건법」

제167조(벌칙) ① 제38조제1항부터 제3항까지, 제39조제1항 또는 제63조를 위반하여 근로자를 사망에 이르게 한 자는 7년 이하의 징역 또는 1억원 이하의 벌금에 처한다.
② 제1항의 죄로 형을 선고받고 그 형이 확정된 후 5년 이내에 다시 제1항의 죄를 저지른 자는 그 형의 2분의 1까지 가중한다.

「건축법」

제106조(벌칙) ① 제23조, 제24조제1항, 제52조의3제1항, 제25조제3항 및 제35조를 위반하여 설계·시공·공사감리 및 유지·관리와 건축자재의 제조 및 유통을 함으로써

이런 의견을 좀 개진합니다. 지금 최하한이 문제이고 어차피 상한은 같기 때문에 결과가 얼마나 위중하냐, 그리고 여러 가지 양형요소를 다 고려해서 최고형의 경우에는 30년까지 선고가 가능하기 때문에요 오히려 이로 인해서 발생할 수 있는 정말 여러 가지 양형의 사유상 이 법안으로 처벌할 수밖에는 없지만 그래도 굉장히 상당히 참작할 그런 부분이 있다고 하면, 그런 부분까지 포함한다고 하면 2년은 좀 과하지 않느냐 이런 의견을 저는 개진하는 바입니다.
○ 소위원장 백혜련 전주혜 위원님은 1년 이상의 징역으로 (생략)
○ 전주혜위원 지금 사망과 상해와의 그런 관련성을 보더라도 2년 이상의 징역과 7년 이하의 징역은 너무 큰 차이가 나기 때문에 1년 이상의 징역으로 하는 것이 좋겠다 이런 의견 개진하는 바입니다.

건축물이 부실하게 되어 착공 후 「건설산업기본법」 제28조에 따른 하자담보책임 기간에 건축물의 기초와 주요구조부에 중대한 손괴를 일으켜 일반인을 위험에 처하게 한 설계자·감리자·시공자·제조업자·유통업자·관계전문기술자 및 건축주는 10년 이하의 징역에 처한다.

② 제1항의 죄를 범하여 사람을 죽거나 다치게 한 자는 무기징역이나 3년 이상의 징역에 처한다.

제107조(벌칙) ② 업무상 과실로 제106조제2항의 죄를 범한 자는 10년 이하의 징역이나 금고 또는 10억원 이하의 벌금에 처한다.

「시설물의 안전 및 유지관리에 관한 특별법」

제63조(벌칙) ① 다음 각 호의 어느 하나에 해당하는 자는 1년 이상 10년 이하의 징역에 처한다.

1. 제11조제1항에 따른 안전점검, 제12조제1항 및 제2항에 따른 정밀안전진단 또는 제13조제1항에 따른 긴급안전점검을 실시하지 아니하거나 성실하게 실시하지 아니함으로써 시설물에 중대한 손괴를 야기하여 공공의 위험을 발생하게 한 자
2. 제13조제2항 또는 제6항을 위반하여 정당한 사유 없이 긴급안전점검을 실시하지 아니하거나 필요한 조치명령을 이행하지 아니함으로써 시설물에 중대한 손괴를 야기하여 공공의 위험을 발생하게 한 자
3. 제20조제1항을 위반하여 안전점검등의 업무를 성실하게 수행하지 아니함으로써 시설물에 중대한 손괴를 야기하여 공공의 위험을 발생하게 한 자
4. 제23조제1항 또는 제2항을 위반하여 안전조치를 하지 아니하거나 안전조치명령을 이행하지 아니함으로써 시설물에 중대한 손괴를 야기하여 공공의 위험을 발생하게 한 자
5. 제24조제1항 또는 제2항을 위반하여 보수·보강 등 필요한 조치를 하지 아니하거나 필요한 조치의 이행 및 시정 명령을 이행하지 아니함으로써 시설물에 중대한 손괴를 야기하여 공공의 위험을 발생하게 한 자
6. 제42조제1항을 위반하여 유지관리 또는 성능평가를 성실하게 수행하지 아니함으로써 시설물에 중대한 손괴를 야기하여 공공의 위험을 발생하게 한 자

② 제1항 각 호의 죄를 범하여 사람을 사상(死傷)에 이르게 한 자는 무기 또는 5년 이상의 징역에 처한다.

II. 내용 및 검토

1. 범죄구성요건

법 제6조의 처벌규정의 구성요건요소[662]를 살펴보면, ① 사업주 또는 경영책임자 등이 ② 제4조 또는 제5조의 의무(안전보건 확보의무)를 위반하여 ③ 중대산업재해에 이르게 한 경우 1년 이상의 징역 또는 10억원 이하의 벌금에 처하도록 하고 있다. 그리고 법에서 명시한 위 3가지 구성요건 외에 형사법상 요구되는 ④ 인과관계[663] 및 ⑤ 주관적 구성요건요소[664]도 요구된다.

가. 사업주 또는 경영책임자등

중대재해처벌법의 '사업주'란 "자신의 사업을 영위하는 자, 타인의 노무를 제공받아 사업을 하는 자"를 의미하며, 여기서 "자신의 사업을 영위하는 자"는 타인의 노무를 제공받는지 여부를 불문하고 자신의 사업을 영위하는 자를 말하므로, 중대재해처벌법에 따른 사업주는 근로자를 사용하여 사업을 하는 자로 한정하고 있는 「산업안전보건법」에 따른 사업주[665]보다 넓은 개념이다.[666]

---

662) 구성요건요소는 행위자의 '심리 내지 정신계'의 외부에 존재하는 '객관적' 요소와 그 '내부'에 존재하는 '주관적' 요소로 구별할 수 있다(임웅, 『형법총론』, 법문사, 2016, 123면).

663) 결과범에 있어서 행위와 결과 사이의 인과관계도 외부적 세계에서 진행된 현상으로서 불문(不文)의 객관적 구성요건요소에 속한다(임웅, 앞의 책, 124면).

664) 행위자의 내심의 세계에 존재하는 요소가 주관적 구성요건요소이다 고의범에 있어서 '고의', 과실범에 있어서 '과실', 목적범, 경향범, 표현범에 있어서 '목적 등과 같은 초과주관적 요소', 재산범죄에 있어서 '불법영득의 의사' 내지 '불법이득의 의사' 등이 이에 속한다(임웅, 앞의 책, 124면).

665) 「산업안전보건법」 제2조(정의) 이 법에서 사용하는 용어의 뜻은 다음과 같다.
4. "사업주"란 근로자를 사용하여 사업을 하는 자를 말한다.

666) 「산업안전보건법」의 사업주에 대한 하급심 판례는 다음과 같다.
앞서 본 판례의 법리와 산업안전보건법 제5조 제1항 제2호에서 '쾌적한 작업환경을 조성하고 근로조건을 개선할 것'을 사업주의 의무로 정하고 있는 점 등 위 법의 전체적인 체계 등에 비추어보면, 여기에서의 사업주는 원심이 설시한바 대로 '사업장을 직접 지배·관리하면서 운영하는 사업주', 즉, 사업장에서 이루어지는 작업의 전체적인 진행과정을 총괄하고 조율하며, 작업환경과 근로조건을 결정할 수 있는 능력이나 의무가 있는 사업주에 한한다고 할 것이다(의 그리고 '경영책임자등'은 "사업을 대표하고 사업을 총괄하는 권한과 책임이 있는 사람 또는 이에 준하여 안전보건에 관한 업무를 담당하는 사람" 및 '중앙행정기관의 장, 지방자치단체의 장, 「지방공기업법」에 따른 지방공기업의 장, 「공공기관의 운영에 관한 법률」 제4조부터 제6조까지의 규정에 따라 지정된 공공기관의 장"을 의미한다. 여기서 "사업을 대표하고 사업을 총괄하는 권한과 책임이 있는 사람"이란 대내적 권한은 물론 대외적으로도 대표권이 있는 자를 말하며, "이에 준하여 안전보건에 관한 업무를 담당하는 사람"이란 안전보건에 관한 업무를 대표하고 총괄하는 권한과 책임이 있는 자를 뜻한다. 사업주 또는 경영책임자등에 관한 자세한 내용은 전술하였다.

나. 안전보건 확보의무 위반

중대재해처벌법 제6조는 개인사업주나 경영책임자등이 안전보건 확보의무를 위반하여 중대산업재해가 발생한 경우 개인사업주 또는 경영책임자등을 처벌하고 있다. 이처럼, 법 제6조는 형사처벌을 규정한 것이므로 명확성의 원칙이 준수되어야 하는데, 안전보건 확보의무가 무엇인지에 대한 법적 명확성이 확보되었는지 문제된다.

특히, 안전보건 확보의무 중 법 제4조제1항제1호 조치에 관한 구체적인 사항은 대통령령으로 정하도록 하면서(제2항) 시행령 제4조제3호는 "사업 또는 사업장의 특성에 따른 유해·위험요인을 확인하여 개선하는 업무절차를 마련하고, 해당 업무절차에 따라 유해·위험요인의 확인 및 개선이 이루어지는지를 반기 1회 이상 점검한 후 필요한 조치를 할 것"이라고 규정하였다. 여기서 "필요한 조치"를 다하였는지에 대한 법적 평가가 필요한데,[667] 2021년 대법원에서 중대재해처벌법 위반죄와 규정 형식이 유사한 「산업안전보건법」 위반죄 관련한 판결이 있었다.[668] 이 판례의 취지에 비추

정부지방법원 2016. 8. 25. 선고 2016노422 판결).

667) '필요한 조치'란 어느 정도 필요성을 충족하였는지 여부보다는 현저한 조치를 하지 않고 방치하였다는 정도의 법적 평가가 가능한 경우에 비로소 형사처벌이 가능하고, 시행령 제4조제4호 가목에서의 필요한 예산 편성과 관련하여서도 경영책임자가 구체적인 정황상 예산의 추가적 편성이 위험 예방을 위해 직접적으로 요구되는 것이 명확함에도 이를 거부하거나 방치한 사실이 확인되면 그때 비로서 중대재해처벌법을 통한 형사 제재가 가능할 것이다(대검찰청, 『중대재해처벌법 벌칙해설』, 2022, 117면).

어볼 때 법원은 중대재해처벌법상 안전보건 확보의무도 입법 목적, 관련 규정이 사업주에게 안전보건 확보의무를 부과한 구체적인 취지, 사업의 규모와 해당 사업에서 이루어지는 작업의 성격 및 이에 내재되어 있거나 합리적으로 예상되는 안전·보건상 위험의 내용, 산업재해의 발생 빈도, 안전·보건조치에 필요한 기술 수준 등을 구체적으로 살펴 규범목적에 부합하도록 판단할 것으로 예상된다.[669]

한편, 개인사업주와 경영책임자등의 안전보건 확보의무는 안전 및 보건과 관련한 예산의 확보, 전담조직 확보 등의 체계와 관련된 의무 위반인 경우에 해당하는 것이지, 개인사업주와 경영책임자등이 안전보건 확보에 관한 업무지시를 했는데 하위 직급자 또는 현장소장이 이를 이행하지 아니한 경우와 같이 구체적인 업무지시에 따른 위반인 경우에는 개인사업주와 경영책임자등이 형사처벌 대상이 될 가능성은 낮다. 다만, 이 법의 취지상 지시 이후의 지속적인 관리와 감시를 통한 확인도 안전보건 확보의무에 포함된다고 볼 수 있으므로, 관리와 감시 등을 통해 수차례 보완할 것을 지시하는 등의 사정 없이 단순히 하위 직급자가 지시를 불이행했다는 이유 그 자체만으로는 면책된다고 보기 어렵다.[670]

---

668) 구 산업안전보건법(2019. 1. 15. 법률 제16272호로 개정되기 전의 것, 이하 '구 산업안전보건법' 이라 한다)에서 정한 안전·보건조치 의무를 위반하였는지 여부는 구 산업안전보건법 및 같은 법 시행규칙에 근거한 '산업안전보건기준에 관한 규칙'(이하 '안전보건규칙'이라 한다)의 개별 조항에서 정한 의무의 내용과 해당 산업현장의 특성 등을 토대로 산업안전보건법의 입법 목적, 관련 규정이 사업주에게 안전·보건조치를 부과한 구체적인 취지, 사업장의 규모와 해당 사업장에서 이루어지는 작업의 성격 및 이에 내재되어 있거나 합리적으로 예상되는 안전·보건상 위험의 내용, 산업재해의 발생 빈도, 안전·보건조치에 필요한 기술 수준 등을 구체적으로 살펴 규범목적에 부합하도록 객관적으로 판단하여야 한다. 나아가 해당 안전보건규칙과 관련한 일정한 조치가 있었다고 하더라도 해당 산업현장의 구체적 실태에 비추어 예상 가능한 산업재해를 예방할 수 있을 정도의 실질적인 안전조치에 이르지 못할 경우에는 안전보건규칙을 준수하였다고 볼 수 없다. 특히 해당 산업현장에서 동종의 산업재해가 이미 발생하였던 경우에는 사업주가 충분한 보완대책을 강구함으로써 산업재해의 재발 방지를 위해 안전보건규칙에서 정하는 각종 예방 조치를 성실히 이행하였는지 엄격하게 판단하여야 한다(대법원 2021. 9. 30. 선고 2020도3996 판결).
669) 정현희(2022.7.8.), 앞의 글, 31~32면.
670) 신승욱·김형규, 앞의 책, 118~119면.

다. 중대산업재해의 발생

중대재해처벌법 위반은 신분자인 개인사업주 또는 경영책임자등이 법 제4조 또는 제5조에 따른 안전보건 확보의무를 위반하여 중대산업재해에 이르게 한 경우에 성립한다. 따라서 중대재해처벌법 위반은 산업재해로 인해 종사자의 사망이나 부상, 질병이라는 결과의 발생을 구성요건으로 하는 결과범(結果犯)[671]이다.[672]

라. 인과관계

인과관계는 결과범에게 요구되는 범죄구성요건요소로, 중대재해처벌법상 형사처벌을 위해서는 법 제4조, 제5조에서 규정한 사업주 또는 경영책임자등의 안전보건 확보의무 위반과 제2조에서 규정한 중대산업재해의 결과 사이에 인과관계가 인정되어야 한다. 또한, 개인사업주나 경영책임자등의 안전보건 확보의무 위반이 인정되는 경우라도 종사자의 사상이라는 결과 사이에 인과관계가 인정되지 아니하는 때에는 법 제6조로 처벌할 수 없고, 나아가 중대재해처벌법이 그러한 의무위반행위만을 별도로 처벌하는 규정을 두고 있지 않으며, 이 조항에 대한 미수죄 처벌 규정도 없으므로, 결국 이러한 경우는 처벌할 수 없다.[673]

중대재해처벌법 제4조 및 제5조에서 규정하는 안전보건 확보의무는 그 내용이 매우 다양하고 포괄적이어서 이러한 '안전보건 확보의무가 이행되었다면 중대산업재해가 발생하지 않았을 것이다'라는 가정적 판단으로 인과관계를 판단하는 것은 평가자에 따라 그 결론이 달라질 가능성이 있다. 따라서 중대재해처벌법의 인과관계는 본질적으로 안전보건 확보의무의 위반으로 중대산업재해가 발생하였는가에 관한 규범적 평가일 수밖에 없다.[674]

---

671) 결과범이란 "구성요건의 내용상 일정한 결과의 발생을 필요로 하는 범죄"이며, 실질범이라고도 한다. 예컨대 살인죄에 있어서는 사람의 '사망'이라는 결과의 발생을 필요로 하며, 상해죄, 강도죄, 과실치사죄, 상해치사죄 등이 결과범에 속한다(임웅, 앞의 책, 100면).

672) 권오성, 앞의 책, 2022, 186면.

673) 정현희(2022.7.8.), 앞의 글 32면.

674) 권오성, 앞의 책, 191~192면.

법이론적으로 개인사업주 또는 경영책임자등의 안전보건 확보의무 위반이 인정되더라도 개인사업주나 경영책임자등이 예측할 수 없는 종사자의 이례적인 행동으로 재해가 발생한 경우에는 경영책임자 등이 종사자의 사망 등을 예견할 수 없었다고 할 것이므로, 그 재해에 대한 형사책임을 지울 수 없다고 보아야 한다.[675]

하지만 재해근로자의 사상에 개인사업주나 경영책임자등의 안전보건 확보의무 위반행위 외에 다른 요인이 개입하였다거나 해당 산업재해 외에 다른 요인이 개입하였다고 하여 인과관계가 당연히 단절되는 것은 아니다. 결과적 가중범의 성격을 갖는 「산업안전보건법」 제167조제1항과 관련하여 근로자의 사망에 대해 사업주에게 책임을 묻기 위해서는 사업주의 예견가능성 내지 지배가능성이 긍정되어야 하는데, 이러한 해석은 결과적 가중범과 유사한 규범구조를 갖는 중대재해처벌법 제6조의 범죄에도 동일하게 적용될 수 있다.[676] 판례[677]도 일반적으로 피고인의 행위 후에 피해자의 과실이 개입되어 그것이 결과발생의 직접적인 원인이 되었다거나 제3자가 행한 과실행위가 개입하여 그것이 공동원인이 되었다고 하더라도 그와 같은 사실이 통상 예견할 수 있는 것에 지나지 않으면 피고인의 행위와 결과 사이에 인과관계는 부정되지 않는다고 본다.

또한 「형법」 제17조는 형사법상 인과관계에 대하여 "어떤 행위라도 죄의 요소되는 위험발생에 연결되지 아니한 때에는 그 결과로 인해 벌하지 아니한다"라고 규정하고 있다. 즉 범죄행위와 그 결과 간에 인과관계가 없는 경우에는 동 행위를 이유로 처벌할 수 없다는 의미이다. 그런데 중대산업재해치사상죄의 경우에는 경영책임자 등의 안전 및 보건 확보의무 위반행위와 중대산업재해 결과 발생 간의 인과관계를 판단함에 있어 직접성이 있는지 문제될 수 있다. 왜냐하면 경영책임자 등의 의무위반행위와 결과 발생 간에 시간적·공간적 및 인적 간격이 크기 때문에 그 중간단계에 있는 현장 종사자나 중간 관리감독자의 과실에 의한 행위 등 다양한 매개변수들이 개입된 경우에는 '직접성의 원칙'에 반하여 그 결과를 경영책임자 등에게 귀속시키기 어렵기

---

675) 송인택 외, 앞의 책, 291면.
676) 권오성, 앞의 책, 192~193면.
677) 대법원 2014. 7. 24. 선고 2014도6206 판결 등.

때문이다.[678]

이러한 중대재해처벌법상 인과관계 문제를 2단계 인과관계, 특히 '인접효의 법칙'으로 해석하는 견해[679]가 있는데, 이 견해는 중대재해치사상죄의 인과관계를 「산업안전보건법」 위반행위가 매개된 경우와 그렇지 않은 경우로 구분하여 판단하고 있다.

먼저, 「산업안전보건법」 위반행위가 매개된 경우를 살펴보면, 경영책임자 등의 안전 및 보건 확보의무 불이행으로 인하여 「산업안전보건법」상의 안전보건 조치의무 불이행이 발생하게 되고(1단계), 「산업안전보건법」상의 안전보건 조치의무 불이행으로 인하여 중대산업재해가 발생하게 되었으므로(2단계) 중대재해처벌법상 안전 및 보건 조치의무의 불이행은 「산업안전보건법」상 안전보건 조치의무 불이행이라는 강한 인과사슬을 통해 '인접효'에 따라 직접 결과에 연결되어 경영책임자 등에게 결과 귀속이 가능하다고 해석하고 있다.

다음으로, 「산업안전보건법」 위반 행위가 매개되지 않은 경우를 살펴보면, 위 견해에서는 경영책임자등의 중대재해처벌법상 안전 및 보건 확보의무 불이행으로 인하여 종사자나 중간관리자의 과실이 발생하게 되고(1단계), 동 과실로 인하여 중대산업재해가 발생하게 되었으므로(2단계) 경영책임자 등에게 결과 귀속이 가능하다고 해석하고 있다.[680] 다만, 대검찰청에서는 '중대재해처벌법상 안전보건 확보의무는 「산업안전보건법」상 안전보건조치의 관리에 국한되는 의무가 아니므로 비록 「산업안전보건법」상 안전보건조치로서 열거된 사항은 이행되었다고 하더라도 그 사각지대에서 발생한 산업재해의 구조적 원인이 안전보건 확보의무 불이행에 있을 수 있으므로, 이 경우에는 예외적으로 중대산업재해와 안전보건 확보의무 위반 사이의 인과관계를 직접 검토해야 한다"고 설명하고 있는바,[681] 이는 중간 단계의 「산업안전보건법」 위반 행위가 없으므로 안전 및 보건 확보의무 불이행과 중대산업재해 발생 간의 인과관계를 직접

---

[678] 김영규, "중대재해처벌법위반(산업재해치사)죄에서의 인과관계 논증", 법률신문, 2023.9.17.

[679] 본 2단계 인과관계 논의는 김영규, 앞의 글 참조.

[680] 다만, 동 견해는 종사자나 중간관리자의 상습·반복적인 과실이 개입된 경우에 '인접효 원칙'에 따라 인과관계를 인정할 수 있고, 우발적 과실이나 1회성 과실 등으로 결과가 발생한 비전형적인 경우에는 '인접효 원칙'을 유효하게 적용하기 어렵다고 판단하고 있다.

[681] 대검찰청, 앞의 책, 253면.

검토해야 한다는 입장으로 해석된다.

이상을 종합하면 중대산업재해치사상죄에서의 인과관계는 2단계 인과관계를 요한다고 보아야 한다. 먼저 경영책임자 등의 안전보건 확보의무 위반에 기인하여 안전보건 조치의무의 이행이 어렵게 되었다는 점이 인정되어야 한다. 아울러 이것이 결과를 초래하였어야 한다는 2단계 인과관계를 요하는 것이다. 종전에는 경영책임자 등에게 「산업안전보건법」상 구체적인 안전보건 조치의무 이행의 주체가 아니라는 이유로 죄책을 지우기 어려웠지만 중대재해처벌법은 이러한 2단계 인과관계 하에서 경영책임자 등을 '구체적인 개별 행위자'로 법질서 내로 끌어들여 책임 판단의 대상으로 삼았다.[682)

실제 판례도 2단계 인과관계를 요구하고 있다. 중대재해처벌법 위반 제1호 판결(의정부지방법원 고양지원 2022고단3254 판결) 등에서 안전보건 확보의무 위반, 안전보건 조치의무 위반 및 중대재해 결과 간 인과관계를 요구했으며, 그 내용은 다음의 표와 같다.

중대재해처벌법 시행령	안전보건 확보의무 위반	안전보건 조치의무 위반	중대재해 결과
제4조제3호	유해·위험요인 확인 개선 업무절차 마련 미이행	안전관리책임자 등이 사고 작업의 위험성 평가 미이행 → 작업계획 미수립 및 안전대 미지급	개구부를 통하여 고정앵글을 인양하는 업무를 하던 근로자 사망
제4조제5호	안전보건관리책임자 등에 대한 평가기준 마련 미이행		
제4조제8호	중대산업재해 발생 또는 발생의 급박한 위험에 대비한 매뉴얼 마련 미이행	사고가 발생한 작업에는 언제든지 추락에 의한 중대산업재해발생의 급박한 위험이 있었음에도 안전보건관리책임자 등이 작업중지 등 조치 미실행	

---

682) 서진두, 『중대재해처벌법상 의무이행 주체에 관한 연구』, 아주대학교 대학원 박사학위논문, 2023, 84면.

마. 주관적 구성요건요소

범죄성립의 주관적 요소에 따라 범죄를 대별하면 고의범(故意犯)과 과실범(過失犯)이라는 두 범주로 나누어진다.[683] 중대재해처벌법 제6조제1항과 제2항은 동법 제4조 또는 제5조의 안전보건 확보의무를 위반하여 중대산업재해에 이르게 한 경우 처벌한다고 규정하고 있는바, 중대재해처벌법의 해석에 있어 ① 법정형에 징역형이 포함되어 있고 형량이 매우 높은 점, ② 징벌적 손해배상 규정에 고의 또는 중과실을 귀책사유로 명시하고 있는 점 등에 비추어 고의 또는 미필적 고의가 인정되어야만 형사책임을 물을 수 있다고 본다.[684] 또한, 중대재해처벌법 위반죄의 범죄유형은 '고의의 기본행위-결과 발생'의 구조인데, 이 범죄유형은 결과적 가중범처럼 보이지만, 고의의 기본행위인 안전보건 확보의무 위반에 대한 처벌이 없다는 점에서 결과적 가중범이 아니라 그냥 '고의의 기본행위가 필요한 결과범'이라고 볼 수 있다.[685]

따라서 중대산업재해 발생에 대한 경영책임자등의 고의가 성립하기 위해서는 경영책임자 등의 유해·위험 발생 가능성에 대한 인식 및 의무 불이행에 대한 인식이 필요하다. 여기서 의무불이행에 대한 인식은 부작위에 대한 고의의 영역으로, 유해·위험 발생 가능성 인식이 인정되면 의무이행 조치를 다하였다고 인정할 만한 특별한 사정이 없는 한 일응 인정되는 것으로 보인다.[686]

다만, 중대재해의 유형에는 사망자 발생의 유형과 부상자·질병 재해 발생의 유형 2가지가 있는데, 사망자 발생에 대한 미필적 고의를 갖고 안전보건 확보의무를 위반하였으며 이로 인해 사망의 결과를 발생케 하였다면 이는 중대재해처벌법 위반죄로 보아야 하는지 아니면 살인죄로 보아야 하는지 문제된다. 살인의 고의로 사망이 발생했으니 살인죄로 가야 하는 것이 맞겠지만, 중대재해처벌법 위반으로 가게 되면 살인죄에 비해 그 형량이 매우 낮다. 즉 사망의 결과 발생이 있는 경우 고의결과범으로 보게 되면 형량의 불균형이라는 모순이 발생한다. 다만 고의의 안전보건 확보의무 위

---

683) 임웅, 앞의 책, 155면.
684) 송인택 외, 앞의 책, 290면.
685) 노호창, 「근로감독에 관한 개별 법률 제정을 위한 선행 검토」, 서울대학교 노동법연구회 정기 세미나 발표자료, 2022.12.17., 18~19면.
686) 송인택 외, 앞의 책, 290면.

반에 과실로 인한 사망 발생이라면 살인죄와 비교할 필요는 없으므로 형량의 불균형은 생기지 않는다. 따라서 형량간의 비교라는 관점에서 보면 중대재해처벌법상 사망범죄는 '고의의 기본행위(부작위) - 과실에 의한 사망'에 한정되는 것으로 보이기도 하여 살인죄와 업무상과실치사죄의 중간영역의 특수한 범죄유형이 새롭게 만들어진 것으로 볼 여지도 있다.[687]

2. 죄수 관계

가. 「산업안전보건법」 위반죄와의 관계

1개의 행위가 수개의 구성요건을 실현하거나 수개의 행위가 수개의 구성요건을 실현한 경우에는 수개의 범죄가 성립할 수 있으므로(범죄의 경합), 수개의 구성요건 상호간의 관계와 범죄의 개수결정 및 이에 대한 형벌부과의 방법이 중요한 실제문제로서 등장하게 되고, 이러한 문제가 죄수론(罪數論)이라는 이름 아래 범죄론과 형벌론의 접합영역에서 다루어지고 있다.[688] 중대재해처벌법은 그 위반행위가 「산업안전보건법」 등 유사한 다른 법률의 위반이 되어 수개의 구성요건을 실현할 수 있으므로, 법 제6조 위반과 관련한 죄수를 파악하는 것이 필요하다.

먼저, 근로자(종사자) 사망이라는 결과를 구성요건으로 함께 하는 「산업안전보건법」 제167조제1항 위반죄와 중대재해처벌법 제6조 위반죄의 관계를 어떻게 볼 것인지가 문제된다. 이 경우 대표이사의 「산업안전보건법」 위반행위와 중대재해처벌법상 안전보건 확보의무 위반행위는 그 의무의 내용이 상이하다는 점에서 두 법의 위반행위를 하나의 행위로 평가하기는 어려울 것이므로, 양 죄는 실체적 경합[689]에 해당한다는 견해가 있다.[690]

---

687) 노호창, 앞의 글, 19면.
688) 임웅, 앞의 책, 589면.
689) "실체적 경합"이란 판결이 확정되지 아니한 수개의 죄 또는 금고 이상의 형에 처한 판결이 확정된 죄와 그 판결확정 전에 범한 죄를 말한다(「형법」 제37조). 실체적 경합은 '수개의 행위'를 전제로 하는 점에서 1개의 행위를 전제로 하는 상상적 경합과 구별된다.

그런데, 법원에서는 두 죄 모두 근로자(종사자)의 생명이라는 동일한 보호법익을 보호하고 있고, 의무 위반행위인 구성요건적 행위가 동일하다고 보기는 어렵지만 행위자를 기준으로 놓고 보면 각각이 피해자의 사망이라는 결과 발생으로 향해 있는 일련의 행위라는 점에서 규범적으로 동일하고 단일한 행위(경과)라고 평가할 수 있으므로 상상적 경합691) 관계로 이해한다.692) 따라서 한 죄에 대한 확정판결의 기판력은 다른 죄에도 미치게 된다.

실제로 중대재해처벌법 적용 제1호 및 제2호 판결에서 중대재해처벌법과 「산업안전보건법」위반 간 죄수관계에 대한 판단이 있었다. 중대재해처벌법 적용 제1호 판결인 의정부지방법원 고양지원 판결(2022고단3254)에서 검사는 피고인 주식회사 ○파트너스의 각 죄의 관계를 실체적 경합범 관계로 보아 공소제기하였다. 하지만 법원은 "각 죄는 근로자의 생명이라는 동일한 보호법익을 보호하고 있고, 의무 위반행위 각각이 피해자의 사망이라는 결과 발생으로 향해 있는 일련의 행위라는 점에서 규범적으로 동일하고 단일한 행위라고 평가할 수 있으므로 상상적 경합 관계로 봄이 상당하다"고 판시하였다. 중대재해처벌법 적용 제2호 판결인 창원지방법원 마산지원 판결(2022고합95)에서도 「산업안전보건법」위반죄와 중대재해처벌법 위반(산업재해치사)죄의 죄수에 대하여 법원은 "① 안전조치의무위반치사로 인한 산업안전보건법위반죄와 중대재해처벌등에관한법률위반(산업재해치사)죄는 모두 근로자의 생명을 보호법익으로 하는 범죄이고, ② 위 두 죄의 구성요건을 이루는 주의의무는 내용 면에서 차이가 있기는 하나 산업재해를 예방하기 위해 부과되는 것으로서 서로 밀접한 관련성이 있으며, ③ 각각의 의무위반행위는 피해자의 사망이라는 결과 발생으로 향해 있는 일련의 행위라는 점에서 규범적으로 동일하고 단일한 행위라고 평가할 수 있다"는 이유로 상상적 경합으로 판단하였다.

---

690) 권오성, 앞의 책, 198면.
691) "상상적 경합"은 "1개의 행위가 둘 이상의 서로 다른 구성요건을 실현하거나 동일한 구성요건을 2회 이상 실현하는 경우"에 성립한다. 「형법」제40조는 상상적 경합을 "1개의 행위가 수개의 죄에 해당하는 경우"라고 표현하고 있으며, 이때 "가장 중한 죄에 정한 형으로 처벌한다" (임웅, 앞의 책, 614면).
692) 정현희(2022.7.8.), 앞의 글, 36면.

나. 업무상과실치사상죄와의 관계

중대재해처벌법 위반죄와 업무상과실치사상죄와의 관계에 대해 살펴보면, 중대재해처벌법에 따라 부과된 안전보건 확보의무가 업무상과실치사상죄에서의 주의의무를 구성할 수 있으므로 하나의 의무위반행위로 인하여 동일한 법익을 침해한 수죄로 보아 두 죄가 각각 성립하되, 상상적 경합 관계에 있다고 보아야 하는 견해가 있다. 반면에 고의범인 중대재해처벌법 위반이 성립할 경우 과실범인 업무상과실치사상죄는 중대재해처벌법 위반에 흡수되어 중대재해처벌법 위반만이 성립하는 것으로 보는 것이 합리적이라는 견해도 존재한다.[693]

이와 관련하여 판례는 「산업안전보건법」상의 안전보건 조치의무와 「형법」상 업무상과실치사죄에서의 주의의무가 일치하고, 이는 1개의 행위가 2개의 업무상과실치사죄와 「산업안전보건법」 위반죄에 해당하는 경우이므로 양 죄가 상상적 경합관계에 있다고 판단하였다.[694] 나아가 현행 「산업안전보건법」 제167조제1항은 안전보건 조치의무를 위반하여 근로자를 사망에 이르게 한 경우를 별도로 처벌하고 있는바, 「산업안전보건법」 제167조제1항 위반죄와 업무상과실치사죄의 관계에 대하여도 상상적 경합 관계에 있다고 보았다.[695]

한편, 중대재해처벌법 위반과 업무상과실치사상죄의 죄수 관계에 대하여는 중대재해처벌법 적용 제2호 판결인 창원지방법원 마산지원 판결에서 판시하였다. 검사는 기존 판례에 근거하여 안전조치의무위반치사로 인한 「산업안전보건법」 위반죄와 업무상과실치사죄 상호간은 상상적 경합으로 공소를 제기하였으나, 위 두 죄와 중대재해처벌법 위반죄(산업재해치사) 상호간은 실체적 경합으로 공소를 제기하였다. 이 중 업무상과실치사죄와 중대재해처벌법 위반죄와의 죄수에 대해 법원은 "산업안전보건법위반죄와 업무상과실치사죄는 상상적 경합 관계에 있고, 중대재해처벌법에 따라 부과된 안전보건 확보의무는 「산업안전보건법」에 따라 부과된 안전보건 조치의무와 마찬가지로 업무상과실치사죄에서의 주의의무를 구성할 수 있다"는 이유로 양 죄의

---

693) 권오성, 앞의 책, 201면.
694) 대법원 1991. 12. 10. 선고 91도2642 판결.
695) 대법원 2020. 4. 9. 선고 2016도14559 판결.

관계를 상상적 경합 관계로 판단하였다.696)

3. 가중처벌

중대재해처벌법 제6조제3항은 산업재해치사상죄로 형을 선고받고 그 형이 확정된 후 5년 이내에 다시 산업재해치사상죄를 저지른 자는 각 형에서 정한 형의 2분의 1까지 가중한다고 하고 있다. 여기서 재범의 판단 시점은 해당 범죄의 성립 시기인 중대산업재해 발생일, 즉 사망, 부상 또는 직업성 질병이 발생할 날로 본다.697)

중대재해처벌법 제6조제3항은 피해 결과가 큰 중대재해범죄의 재범 예방을 위해 법정형을 높인 특별 구성요건을 창설한 것으로,「형법」제35조698)에서 정한 누범 가중의 요건과는 구별된다. 따라서 이 규정에서 정한 요건에 해당함과 동시에 누범 가중의 요건을 갖춘 경우에는 양 규정이 모두 적용된다.699) 그리고「형법」제35조제2항의 누범 가중이 "형의 장기의 2배까지 가중한다"고 규정하는 것에 비하여 중대재해처벌법 제6조제3항은 "각 항에서 정한 형의 2분의 1까지 가중한다"고 규정하고 있으므로, 형의 장기는 물론 형의 단기도 가중되는 것으로 해석해야 할 것이며, 징역형은 물론 벌금형도 가중되는 것으로 해석해야 한다.700)

---

696) 창원지방법원 마산지원 2023. 4. 26. 선고 2022고합95 판결.
697) 정현희(2022.7.8.), 앞의 글, 38면.
698) 「형법」제35조(누범) ① 금고(禁錮) 이상의 형을 선고받아 그 집행이 종료되거나 면제된 후 3년 내에 금고 이상에 해당하는 죄를 지은 사람은 누범(累犯)으로 처벌한다.
　　② 누범의 형은 그 죄에 대하여 정한 형의 장기(長期)의 2배까지 가중한다.
699) 권오성, 앞의 책, 202면.
700) 권오성, 앞의 책, 205면.

〈중대재해처벌법 제6조제3항의 가중〉

	기본	가중
제6조제1항 위반죄	1년 이상이 징역 또는 10억원 이하의 벌금	1년 6개월 이상의 징역 또는 15억원 이하의 벌금
제6조제2항 위반죄	7년 이하의 징역 또는 1억원 이하의 벌금	10년 6개월 이하의 징역 또는 1억 5천만원 이하의 벌금

III. 추가 검토사항

법 제6조가 독특한 점은 개인사업주 또는 경영책임자등이 법 제4조 또는 제5조의 안전 및 보건 확보의무를 위반한 경우 바로 처벌하는 것이 아니라, 법 제2조제2호의 중대산업재해의 결과가 발생한 경우에 처벌한다는 점이다. 구체적으로, 개인사업주 또는 경영책임자등이 안전 및 보건 확보의무를 위반하여 사망자가 발생한 경우는 1년 이상의 징역 또는 10억원 이하의 벌금, 일정한 요건의 부상자 또는 직업성 질병자가 발생한 경우 7년 이하의 징역 또는 1억원 이하의 벌금에 처하고 있다. 또한, 제3항에는 가중처벌 규정을 두어 형이 확정된 후 5년 이내에 재범을 저지른 자는 법정형의 2분의 1까지 가중하도록 하였다.

이러한 형식은 결과적 가중범과 유사하다. 결과적 가중범(加重犯)이란 "일정한 범죄행위가 행위자의 인식·인용범위를 초과하여 보다 더 중한 결과를 발생시킨 경우에, 그 중한 결과로 인하여 형벌이 가중되는 범죄"를 말한다. 「형법」상 결과적 가중범에는 상해치사죄, 중상해죄, 폭행치사죄, 유기치사상죄, 체포감금치사상죄, 강간치사상죄, 강도치사상죄, 인질치사상죄, 현주건조물방화치사상죄, 연소죄, 교통방해치사상죄, 특수공무방해치사상죄 등이 있다.[701] 하지만, 법 제4조 또는 제5조 위반행위 자체를 처벌하는 규정은 두고 있지 않고, 상해나 사망이라는 중한 결과가 발생한 경우만 범죄가 성립하는 것으로 규정하였으므로 원래 의미의 결과적 가중범이라고 보기는 어렵다.[702] 이는 「산업안전보건법」과 비교하였을 때 명확한데, 「산업안전보건법」의 경

---

701) 임웅, 앞의 책, 551면.

우 안전보건 조치의무 위반으로 근로자가 사망한 안전조치위반치사죄, 보건조치위반치사죄(「산업안전보건법」 제167조제1항)는 안전조치위반죄 또는 보건조치위반죄(「산업안전보건법」 제168조제1항)라는 기본범죄에 대한 결과적 가중범이다.[703][704]

또한, 법 제6조는 "제4조 또는 제5조를 위반하여 제2조제2호 가목의 중대산업재해에 이르게 한 사업주 또는 경영책임자등"을 행위주체, 즉 의무의 주체로 하는 의무범(義務犯)의 형태를 보여주고 있어서 전형적인 신분범[705]이자 의무범으로 분류할 수 있다. 따라서 제6조 위반의 정범이 될 수 있는 자는 개인사업주 또는 경영책임자등의 신분을 가진 자로 제4조 또는 제5조의 법적 의무를 이행할 책임이 있는 자라고 할 수 있다.[706] 그리고 법 제4조 또는 제5조의 의무는 「산업안전보건법」에서 요구되는 사업주의 안전보건 조치의무와 차원을 달리하는 의무라고 본다면, 이러한 의무위반에 대한 형사법적 처벌규정을 두지 않은 것은 단지 그 의무의 위반을 통해 발생한

---

702) 「산업안전보건법」의 (개인 또는 법인) 사업주 등의 의무들 중의 일부는 사실상 중대재해처벌법 제4조와 제5조의 의무의 내용과 동일하거나 크게 다를 바 없는 것으로 보이는 경우가 있고, 이런 경우라면 중대재해처벌법 제4조 또는 제5조 위반은 「산업안전보건법」의 해당 처벌규정에 따라 형사법적 제재의 대상이 된다고 볼 수 있을 것이다. 이러한 경우라면 중대재해처벌법 제6조는 전형적 결과적 가중범의 형식으로 볼 수 있다는 견해도 있다(김성룡, 「중대재해 처벌 등에 관한 법률의 적용을 둘러싼 형사법적 쟁점 검토」, 『법학논고』 제77호, 경북대학교 법학연구원, 160면).

703) 정현희(2022.7.8.), 앞의 글, 30면.

704) 2021년 1월 5일 법사위 제1소위 회의록 3면 중 아래 논의 참조.
  ○ **법원행정처차장** 부진정결과적 가중범이라는 것은 앞에가 고의로도 성립하는 게 부진정결과적 가중범이라고 보통 얘기하고요. 원래 결과적 가중범은 앞에는 과실이고 뒤에 중한 결과가 발생했을 경우 결과적 가중범인데, 지금 부진정결과적 가중범의 예로는 잘 떠오르질 않는데요. 아무튼 여기서 어떤 사업주든 경영책임자에게 부과되는 의무 자체가 그 의무를 이행 안 했을 때 이런 중대재해 결과 날 걸 용인하는 경우라는 것은 좀 상정하기 어려울 것 같고요. 그래서 지난번에도 제가 이것은 결과적 가중범으로 봐야 된다, 과실범으로 봐야 된다 이렇게 답변드렸던 것 같은데요. 그렇게 보는 게 맞지 않나 싶습니다.
  ○ **송기헌위원** 결과적 가중범으로 본다고 그러면 유기치사 등 그런 유형의 결과적 가중범하고 비교해 보면 형량은 분명히 차이가 나야 되겠지요, 법정형은.
  ○ **법원행정처차장** 예, 그렇습니다.

705) 신분범(身分犯)이란 "법률상 범죄의 주체가 일정한 신분을 갖출 것을 필요로 하는 범죄"이다. 여기에서 신분이란 "남녀의 성별, 내외국인의 구별, 친족관계, 공무원인 자격과 같은 관계뿐만 아니라, 널리 일정한 범죄행위에 관련된 범인의 인적 관계인 특수한 지위 또는 상태"라고 정의된다(임웅, 앞의 책, 88면).

706) 김성룡, 앞의 글, 159면.

사상의 결과발생만을 처벌하겠다는 것이고, 이는 과실범(過失犯), 특히 사람의 생명·신체의 위험한 업무상과실치사상을 처벌하는 규정으로 볼 수밖에 없다.[707]

한편, 「형법」 제18조는 위험 발생 방지 의무가 있거나 자기 행위로 인해 위험발생 원인을 야기한 자가 그 위험발생을 방지하지 아니한 때에는 그 결과에 의하여 처벌되는 부작위범의 성립요건을 규정하고 있다. 중대재해처벌법상 경영책임자등의 작위의무 위반과 그 결과에 따른 중대산업재해치사상은 전형적인 진정부작위범의 형태라할 수 있다. 나아가 결과 발생에 대한 미필적 고의를 가지고 있었던 것으로도 판단될 수 있어 부작위에 의한 살인죄나 상해죄의 성립 가능성을 제기하는 견해도 있다.[708]

참고로, 제21대국회에서는 법정형을 강화하는 내용의 개정안이 2건 발의되었다가 임기만료로 폐기되었다. 먼저 2022년 1월 25일에 발의된 강민정의원안(의안번호 2114548)은 각 벌금형에 하한[709]을 추가하려는 것으로, 사망자 발생의 경우에는 5천만원 이상의 벌금형을, 부상자나 질병자 발생의 경우에는 1천만원 이상의 벌금형을, 양벌규정에는 각각 1억원 이상의 벌금형을 하한으로 추가하려는 내용이었다.

다음으로, 2022년 1월 26일에 발의된 강은미의원안(의안번호 2114568)은 법정형을 강화하려는 것으로, ① 사망자 발생의 경우에는 1년 이상의 징역형을 3년 이상의 징역형으로 강화하고,[710] ② 양벌규정은 사망자 발생의 경우 50억원 이하의 벌금형을 2억원 이상의 벌금형으로, 부상자나 질병자 발생의 경우 10억원 이하의 벌금형을 5천만원 이상의 벌금형으로 강화하는 동시에, 양벌규정 적용 대상인 법인 또는 기관의 경영책임자등이 중대산업재해 발생 방지를 위한 조치를 소홀히 하도록 지시하거나 소홀한 조치를 조장·용인 또는 방치한 경우에는 해당 법인의 전년도 연 매출액 또는 해당 기관의 전년도 수입액의 100분의 1 이상의 범위에서 벌금을 가중할 수 있도록

---

707) 김성룡, 앞의 글, 164면.

708) 김성룡, 앞의 글, 160~161면.

709) 현행법은 별도의 하한 규정이 없는데, 이 경우 벌금형의 법정형 하한은 「형법」에 따라 5만원 이다(같은 법 제45조).

710) 반대로, 중대재해사고는 환경·구조적 요인이나 종사자 개인의 부주의로 인해 발생할 수 있고, 경영책임자가 중대재해 발생에 대한 고의를 가지고 있다고 평가하기도 쉽지 않을뿐더러 안전보건 확보의무의 실체 역시 명확하지 않다는 이유로 1년 이상의 징역형이 지나치게 과도하다는 주장도 있다(정원, 「중대재해처벌법의 치명적인 문제점과 올바른 개정방향」, 『중대재해대응 핵심 이슈 72선』, 대한경제, 2023, 243면).

하려는 내용을 담았다.

〈중대재해처벌법 일부개정법률안711)의 법정형 비교〉

		현행법	강민정의원안 (2022.1.25. 발의)	강은미의원안 (2022.1.26. 발의)
사망	징역	1년 이상	현행과 같음	3년 이상
	벌금	10억원 이하	5천만원 이상 10억원 이하	10억원 이하
부상·질병	징역	7년 이하	현행과 같음	현행과 같음
	벌금	1억원 이하	1천만원 이상 1억원 이하	
양벌규정 사망	벌금	50억원 이하	1억원 이상 50억원 이하	2억원 이상	소홀한 조치를 지시·조장·용인·방치시 벌금 가중712)
양벌규정 부상·질병	벌금	10억원 이하	1억원 이상 10억원 이하	5천만원 이상	

---

711) 2개의 개정안 모두 2024.5.29. 제21대국회 임기만료로 폐기되었다.
712) 전년도 연 매출액 또는 해당 기관의 전년도 수입액의 100분의 1 이상 범위에서 벌금을 가중.

제7조 및 제11조 양벌규정

> **법 제7조(중대산업재해의 양벌규정)** 법인 또는 기관의 경영책임자등이 그 법인 또는 기관의 업무에 관하여 제6조에 해당하는 위반행위를 하면 그 행위자를 벌하는 외에 그 법인 또는 기관에 다음 각 호의 구분에 따른 벌금형을 과(科)한다. 다만, 법인 또는 기관이 그 위반행위를 방지하기 위하여 해당 업무에 관하여 상당한 주의와 감독을 게을리하지 아니한 경우에는 그러하지 아니하다.
> 1. 제6조제1항의 경우: 50억원 이하의 벌금
> 2. 제6조제2항의 경우: 10억원 이하의 벌금
>
> **법 제11조(중대시민재해의 양벌규정)** 법인 또는 기관의 경영책임자등이 그 법인 또는 기관의 업무에 관하여 제10조에 해당하는 위반행위를 하면 그 행위자를 벌하는 외에 그 법인 또는 기관에게 다음 각 호의 구분에 따른 벌금형을 과(科)한다. 다만, 법인 또는 기관이 그 위반행위를 방지하기 위하여 해당 업무에 관하여 상당한 주의와 감독을 게을리하지 아니한 경우에는 그러하지 아니하다.
> 1. 제10조제1항의 경우: 50억원 이하의 벌금
> 2. 제10조제2항의 경우: 10억원 이하의 벌금

I. 입법경과

1. 입법취지

법 제7조 및 제11조는 법인 또는 기관을 처벌하기 위한 중대재해 관련 양벌규정이다. 양벌규정(兩罰規定)은 위법행위에 대하여 행위자를 처벌하는 외에 그 업무의 주체인 법인 또는 개인을 함께 처벌하는 규정을 말하며, 양벌규정을 두는 이유는 위법행위에 의한 이익의 귀속주체인 법인이나 개인에게도 형벌을 부과함으로써 형벌규정의 실효성 확보를 도모하기 위함이다. 즉, 죄형법정주의의 원칙상 벌칙규정은 기본적으로 행위자만을 처벌하기 때문에 형사정책적 필요에 따라 법인이나 단체 등 사업주를 처벌하기 위하여 별도의 규정을 둔 것이 양벌규정이다.

법 제7조와 제11조를 살펴보면, 법인 또는 기관의 경영책임자등이 그 법인 또는 기관의 업무에 관하여 안전보건 확보의무를 위반하여 중대산업재해 또는 중대시민재해에 이르게 한 경우 해당 경영책임자등을 벌하는 외에 그 법인 또는 기관 그 자체를 벌금형의 형사벌로 처벌하고 있다. 중대재해처벌법상 안전보건 확보의무의 주체는 개인사업주 또는 경영책임자등인 자연인인데, 법 제7조와 제11조의 양벌규정은 법인 또는 기관의 경영책임자등이 안전보건 확보의무를 위반한 경우 그 법인 또는 기관에 벌금형을 부과한다는 취지로 해석된다.[713]

2. 입법과정

가. 법률안의 내용

강은미의원안은 법인처벌의 구성요건을 따로 창설하여 법인 또는 기관의 경영책임자 뿐만 아니라 그 대리인, 종사자, 사용인의 업무상 과실 또는 중과실로 사람을 사상에 이르게 할 경우 1억원 이상 20억원 이하의 벌금을 부과하고, 법인 또는 기관의 경영책임자 등이 안전보건 확보의무를 소홀히 하도록 지시하거나 이를 조장·용인·방치한 때에 법인 등의 전년도 연 매출액 또는 수입액의 10분의 1의 범위에서 벌금을 가중할 수 있도록 하였으며, 영업허가 취소 등 제재도 병과할 수 있도록 하였다.

법인의 처벌조항에 관하여 박주민의원안·이탄희의원안과 박범계의원안의 내용은 거의 동일하였다. 3개의 법안의 내용을 살펴보면, 강은미의원안과 마찬가지로 법인의 경영책임자 등, 대리인, 사용인, 종사자가 업무상 과실 또는 중대한 과실로 인하여 중대산업재해를 발생시킨 때에도 법인에 1억원 이상 20억원 이하의 벌금을 부과하였고, 법인의 경영책임자 등이 안전보건 조치 등 의무를 소홀히 하도록 지시한 때에 법인 등의 전년도 연 매출액 또는 수입액의 10분의 1의 범위에서 벌금을 가중할 수 있도

---

713) 정현희(2022.7.8.), 앞의 글, 39면.

록 하였으며, 영업허가 취소, 5년 이하의 이행관찰 등 제재를 병과할 수 있도록 하였고, 이행관찰의 병과 시 중대산업재해로 인하여 피해를 입은 사람의 피해 회복 등을 불이행할 경우 영업허가 취소 등의 제재를 가할 것을 판결에 명시하도록 하였다. 또한, 중대시민재해(안전보건 조치에 필요한 조직·인력·예산의 편성, 공중이용시설, 공중교통수단 등에 대한 점검 등)와 관련한 양벌규정을 중대산업재해 조항을 준용하는 방식으로 규정하였다.

한편, 임이자의원안은 사업주 또는 경영책임자가 제3조의 의무를 위반하여 사람을 사망에 이르게 한 때에는 기업에게 10억원 이상 30억원 이하의 벌금에 처하도록 하였다.

강은미의원안	박주민 · 이탄희의원안	박범계의원안	임이자의원안
제6조(법인 등의 처벌) ① 다음 각 호의 어느 하나에 해당하는 때에는 해당 법인 또는 기관에게 1억원 이상 20억원 이하의 벌금을 부과한다. 다만, 법인 또는 기관이 그 사상 사고를 방지하기 위하여 해당 업무에 관하여 상당한 주의와 감독을 게을리하지 아니한 때에는 그러하지 아니하다.	제7조(법인의 처벌) ① 다음 각 호의 어느 하나에 해당하는 경우에는 해당 법인에게 1억원 이상 20억원 이하의 벌금을 부과한다. 다만, 법인이 그 중대산업재해를 방지하기 위하여 해당 업무에 관하여 상당한 주의와 감독을 게을리하지 아니한 경우에는 그러하지 아니하다.	제6조(법인의 처벌) ① (좌동)	제7조(기업의 처벌) 사업주 또는 경영책임자가 제3조의 의무를 위반하여 사람을 사망에 이르게 한 때에는 기업에게 10억원 이상 30억원 이하의 벌금에 처한다.
1. 법인 또는 기관의 경영책임자 등이 제5조의 위반행위를 한 때 2. 법인 또는 기관이 소유·운영·관리하는 사업장, 공중이용시설 또는 공중교통수단에서 그 법인 또는 기관의 대리인, 종사자, 사용인이 업무상 과실 또는 중대한 과실로 인하여	1. 사업주 또는 경영책임자 등이 제6조의 위반행위를 한 때 2. 법인이 소유·운영·관리 또는 발주하는 사업 또는 사업장에서 그 법인의 경영책임자 등, 대리인, 사용인, 종사자가 업무상 과실 또는 중대한 과실로 인하여 중대산업재해를 발	1. 사업주 또는 경영책임자 등이 제5조의 위반행위를 한 때 2. (좌동)	

사람을 사상에 이르게 한 때 3. 법인 또는 기관의 대리인, 종사자, 사용인이 업무상 과실 또는 중대한 과실로 원료를 취급하거나 결함이 있는 제조물을 제조하여 사람을 사상에 이르게 한 때	생시킨 때	
② 제1항에 따라 법인 또는 기관을 처벌하는 경우 법인 또는 기관에게 다음 각 호의 어느 하나에 해당하는 사유가 있을 때에는 해당 법인의 전년도 연 매출액 또는 해당 기관의 전년도 수입액의 10분의 1의 범위에서 벌금을 가중할 수 있다. 1. 법인 또는 기관의 경영책임자 등이 법인 또는 기관의 종사자에게 명시적 또는 묵시적으로 사람의 생명·신체의 안전 또는 보건위생상의 유해·위험방지의무를 소홀히 하도록 지시한 때 2. 법인 또는 기관의 경영책임자 등이 법인 또는 기관 내부 사람의 생명·신체의 안전 또는 보건위생상의 유해·위험방지의무를 소홀히 하는 것을 조장·용인·방치한 때	② 법인을 제1항에 따라 처벌할 때 경영책임자 등이 명시적 또는 묵시적으로 사람의 생명·신체의 안전 또는 보건상의 위험방지 의무를 소홀히 하도록 지시한 경우에는 해당 법인의 전년도 연 매출액 또는 해당 기관의 전년도 수입액의 10분의 1의 범위에서 벌금을 가중할 수 있다.	② 법인을 제1항에 따라 처벌할 때 경영책임자 등이 명시적 또는 묵시적으로 사람의 생명·신체의 안전 또는 보건상의 위해를 입지 않도록 하는 안전·보건조치등 의무를 소홀히 하도록 지시한 경우에는 해당 법인의 전년도 연 매출액 또는 해당 기관의 전년도 수입액의 10분의 1의 범위에서 벌금을 가중할 수 있다.

③ 제1항 또는 제2항의 경우에 법원은 다음 각 호의 제재를 병과할 수 있다. 　1. 영업의 허가 취소 　2. 5년 이내의 영업의 일부 또는 전부에 대한 영업정지 　3. 무기 또는 1년 이상의 공계약의 배제 　4. 무기 또는 1년 이상의 자금의 공모금지	③ 제1항 또는 제2항의 경우에 법원은 다음 각 호의 제재를 병과할 수 있다. 　1. 영업허가의 취소 　2. 5년 이내의 영업의 일부 또는 전부에 대한 영업정지 　3. 5년 이하의 이행관찰 　4. 국가 또는 지방자치단체를 당사자로 하는 계약에서 무기 또는 1년 이상의 입찰자격 제한	③ (좌동)
	④ 법원이 제3항제3호의 이행관찰을 병과할 경우 다음 각 호의 준수사항을 정하고 이를 불이행할 경우 제3항제1호, 제2호 및 제4호 중 어느 하나의 제재를 가할 것을 판결에 명시하여야 한다. 　1. 중대산업재해로 인하여 피해를 입은 사람의 피해 회복 　2. 관련 종사자의 정기적인 교육 　3. 재발방지 및 예방을 위한 점검 및 개선 조치 　4. 공익적 급부제공 　5. 공무원의 정기적인 시설점검 및 현장 감독 　6. 개선사항의 공개	④ (좌동)
제11조(준용규정) 중대시민재해에 관하여는 중대산업재해에 관한 제4조, 제5조 및 제7조에 관한 규정을 준용한다.	제10조(준용규정) 중대시민재해에 관하여는 중대산업재해에 관한 제4조, 제6조 및 제7조에 관한 규정을 준용한다.	

나. 심사경과

법인 등의 처벌 조항에 대해 국회 전문위원의 검토보고서에서는 재해 발생에 대한 법인의 책임을 부각시키며 법인이 재해 예방에 적절한 조치를 취하도록 유도한다는 점에서 그 입법취지는 타당한 측면이 있다고 보았다. 다만, 제정안은 사업주와 경영책임자 등에게만 유해·위험방지의무를 부과하고 있을 뿐 종사자 등에게 해당 의무를 부과하고 있지 아니함에도 불구하고, 종사자가 유해·위험방지의무를 부담하는 것을 전제로 하고 있어 체계상 맞지 아니한 측면이 있다고 검토하였다. 또한, 사업주의 안전·보건조치의무 위반에 따른 「산업안전보건법」의 양벌규정이 기존 '1억원 이하'에서 '10억원 이하'로 상향 개정되어 2020. 1. 16.부터 시행되고 있다는 점 등을 고려하여 법정형이 과도한 것은 아닌지 신중하게 검토되어야 하고, 벌금액 가중의 기준을 정함에 있어 안전의무 위반행위와 매출액 사이에 연관성이 있다고 볼 수 있는지 검토가 필요하며, 영업허가 취소 등 행정적 제재를 행정기관이 아닌 법원에서 직접 판단하여 부과하는 것이 적절한 것인지 현행 행정처분 관련 법률 체계와의 관계에서 논의가 필요하다고 밝혔다.[714]

이후 법제사법위원회 논의과정에서 양벌규정은 재판을 담당하는 법원의 의견이 많이 반영되었다. 2021년 1월 5일 법제사법위원회 법안심사제1소위원회에서 법원행정처차장은 중대산업재해의 양벌규정 수범자는 법인에 한정되어야 한다고 밝혔다. 그리고 양벌규정은 기관의 행위이기 때문에 자연인과 같이 전과를 이유로 가중하는 것은 적절하지 않으며, 법인에 대한 벌금의 경우 상한은 올리되 법의 대상이 되는 기업이 다양하기 때문에 법원이 구체적인 사건에서 적당한 양형을 할 수 있도록 하한은 없앨 것을 주장하였다. 구체적으로 중대재해로 인한 사망의 경우 50억원 이하, 질병 등의 경우 10억원 이하의 벌금을 제시하였다.

결국 법제사법위원회 대안에서는 법원의 의견이 반영되어 법인 또는 기관의 경영책임자가 안전보건 확보의무를 위반한 경우로서 중대재해로 인한 사망발생 시 50억원 이하, 부상이나 질병발생 시 10억원 이하의 벌금에 처하도록 양벌규정이 제정되었다.[715]

---

714) 허병조(2020), 앞의 글, 24~26면.

〈양벌규정 요약〉

구분	내용
종사자의 사망 시	50억원 이하의 벌금 (행위자 처벌 외)
종사자의 부상 또는 직업성질병 재해 시	10억원 이하의 벌금 (행위자 처벌 외)

* 자료: 고용노동부, 『경영책임자와 관리자가 알아야 할 중대재해처벌법 따라하기 – 중소기업 '중대산업재해 예방'을 위한 안내서』, 2022.3., 12면.

3. 유사 입법례

「산업안전보건법」

제173조(양벌규정) 법인의 대표자나 법인 또는 개인의 대리인, 사용인, 그 밖의 종업원이 그 법인 또는 개인의 업무에 관하여 제167조제1항 또는 제168조부터 제172조까지의 어느 하나에 해당하는 위반행위를 하면 그 행위자를 벌하는 외에 그 법인에게 다음 각 호의 구분에 따른 벌금형을, 그 개인에게는 해당 조문의 벌금형을 과(科)한다. 다만, 법인 또는 개인이 그 위반행위를 방지하기 위하여 해당 업무에 관하여 상당한 주의와 감독을 게을리하지 아니한 경우에는 그러하지 아니하다.

1. 제167조제1항의 경우: 10억원 이하의 벌금
2. 제168조부터 제172조까지의 경우: 해당 조문의 벌금형

---

715) 2021년 1월 5일 법사위 제1소위 회의록 20면 중 아래 논의 참조.
- **법원행정처차장** 저는 하한을 없애고 상한을 올리자는 거지요. 그래서 5조 1항의 경우는 50억 원 이하, 5조 3항의 경우는 10억 원 이하 이 정도 해 놓으면 괜찮지 않을까 싶습니다 .....
- **소위원장 백혜련** 그러면 차라리 정말 저게 어떻습니까? ..... 상한을 늘리고 하한을 법원행정처차장님이 하신 것처럼 (생략) 전주혜위원님 어떠세요, 하한을 없애고?
- **전주혜위원** 예, 그렇게 하시지요.
- **소위원장 백혜련** 그러면 법원행정처차장님이 얘기하신 것처럼 5조 1항의 경우 50억 원 이하 그 다음 5조 제3항의 경우에는 10억 원 이하 이렇게 .....
- **송기헌위원** 법원을 믿고 하겠습니다.

II. 내용 및 검토

1. 적용 대상

현행 양벌규정 법제의 유형은 적용대상의 범위 및 형벌 규정방식에 따라 나뉜다. 양벌규정은 적용대상에 따라 ① 행위자의 사업주인 법인 또는 개인을 적용대상으로 하는 경우, ② 단체를 적용대상에 포함하는 경우, ③ 행위자와 특수한 관계에 있는 법인 또는 개인에 한정하는 경우, ④ 법인만을 적용대상으로 하는 경우로 구분된다. 그리고 형벌 규정방식에 따른 양벌규정의 유형을 살펴보면, 대부분의 양벌규정은 행위자의 위반행위에 관한 해당 벌칙조항의 벌금형을 과하는 것이 일반적이나, 각 해당 벌칙조항에서 벌금형을 규정하고 있지 않은 때에는 양벌규정에서 직접 형벌을 정하기도 하며, 법인과 개인에 대한 벌금형을 다르게 하거나 벌금 외에 과료를 부과하는 경우도 있다.716)

중대재해처벌법 제7조의 양벌규정은 "법인 또는 기관"을 대상으로 하고, 양벌규정에서 직접 벌금형을 규정하고 있으며, 법인과 개인에 대한 벌금형을 다르게 정하고 있다. 적용대상 중 먼저 법인에 대하여 살펴보면, 법인은 그 실질이 사단이건 재단이건 법인격을 갖춘 것이면 된다. 또한, 영리법인에 한정되지 않고 비영리법인도 포함된다. 다만 공법인 중에서 국가는 형벌권의 주체로서 양벌규정에 의한 국가형벌권 행사의 객체가 될 수는 없다.717) 그러나 지방자치단체는 고유의 자치사무를 처리하는 경우 독립된 공법인으로서 양벌규정에 의한 처벌대상이 된다.718)

다음으로 중대재해처벌법상 기관은 법 제2조제9호나목에서 정하는 「공공기관의 운영에 관한 법률」 제4조부터 제6조까지의 규정에 따라 지정된 공공기관 등을 의미하는데, 법인격 없는 공공기관에 벌금형을 과하는 경우는 그러한 공공기관을 설치한 국

---

716) 국회법제실, 『법제기준과 실제』, 2024, 796~801면.

717) 권오성, 앞의 책, 209~210면.

718) 국가가 본래 그의 사무의 일부를 지방자치단체의 장에게 위임하여 그 사무를 처리하게 하는 기관위임사무의 경우에는 지방자치단체는 국가기관의 일부로 볼 수 있고, 지방자치단체가 그 고유의 자치사무를 처리하는 경우에 지방자치단체는 국가기관의 일부가 아니라 국가기관과는 별도의 독립한 공법인으로서 양벌규정에 의한 처벌대상이 되는 법인에 해당한다(대법원 2009. 6. 11. 선고 2008도6530 판결).

가 등에 벌금을 과하는 결과가 되기 때문에 양벌규정을 적용할 수 있는지에 대한 의문이 제기될 수 있으므로 향후 법개정을 통해 양벌규정의 적용대상이 되는 기관의 개념을 보다 명확히 할 필요가 있다는 견해가 있다.[719]

그런데, 위와 같은 논의는 중대재해처벌법 적용범위를 개인사업주로 한정할 때 의미가 있다. 중대재해처벌법 제3조(적용범위)에서는 명시적으로 사업주의 의미를 '개인사업주'로 한정하고 있고 "이하 같다"라고 기재하였으며, 개인사업주가 아닌 사업주를 경영책임자등과 구분하여 "법인 또는 기관"으로 표현하고 있는 점에 비추어볼 때 이 법에서 규정하는 사업주는 행위자로서 자연인인 개인사업주만을 뜻한다는 것은 전술한 바와 같다.

2. 면책 조항

2009년 이전 다수의 양벌규정이 법인이나 개인에 대해 아무런 면책사유를 규정하지 않음으로써 법인 또는 개인에게 고의나 과실이 없음에도 불구하고 형벌이 부과되는 현상이 나타났었다. 이에 양벌규정이 헌법상의 원칙인 책임주의에 반하는 위헌적인 규정이라는 비판이 지속적으로 제기되었고, 헌법재판소 2007년 결정(헌법재판소 2007. 11. 29. 선고 2005헌가10 결정)에서 심판대상인 양벌규정에 대해 책임주의 원칙을 처음으로 설시하면서 위헌결정을 내린 바 있다. 그리고 2009년에도 책임주의 원칙에 입각하여 양벌규정에 대한 위헌결정들(헌법재판소 2009. 7. 30. 선고 2008헌가10 결정 등)이 다수 나온 바 있다. 죄형법정주의 및 「형법」상 책임주의는 자연인뿐 아니라 법인에게도 적용되어야 한다. 형사처벌의 목적에만 경도되어 면책사유 없는 양벌규정과 같이 헌법 및 형사법의 기본원칙에 위배되는 입법이 이루어지면 안 되므로 양벌규정에 면책조항을 두는 입법 정비가 이루어졌고, 중대재해처벌법 제7조도 면책조항을 두고 있다.

면책조항의 적용과 관련하여 현실적으로 경영책임자등이 위반행위를 한 경우로서

---

719) 정현희(2022.7.8.), 앞의 글, 40면.

법인이 해당 업무에 관하여 상당한 주의와 감독을 게을리하지 않았다고 볼 수 있는 경우를 상정하기 어렵고, 경영책임자등을 감독하는 기관으로는 이사회 정도를 들 수 있으므로 경영책임자등이 이사회의 주의감독에도 불구하고 위반행위에 나간 것으로 인정되는 경우를 예상할 수 있다는 논의가 있다.[720] 그러나 "법인은 기관을 통하여 행위하므로 법인이 대표자를 선임한 이상 그의 행위로 인한 법률효과는 법인에게 귀속되어야 하고, 법인 대표자의 범죄행위에 대하여는 법인 자신이 책임을 져야 하는 바, 법인 대표자의 법규위반행위에 대한 법인의 책임은 법인 자신의 법규위반행위로 평가될 수 있는 행위에 대한 법인의 직접책임으로서, 대표자의 고의에 의한 위반행위에 대하여는 법인 자신의 고의에 의한 책임을, 대표자의 과실에 의한 위반행위에 대하여는 법인 자신의 과실에 의한 책임을 지는 것이다".[721] 따라서 경영책임자등에 대한 면책조항이 적용될 여지는 적어 보인다. 다만 대표이사가 아닌 안전보건최고책임자의 위반행위가 문제되는 경우는 구체적 사정을 평가하여 법인에 대한 양벌규정의 적용이 배제될 수 있다고 본다.[722]

3. 죄수 관계

「산업안전보건법」의 양벌규정에 따라 법인 등이 처벌되는데 중대재해처벌법의 양벌규정에 의해서도 법인 또는 기관이 처벌될 수 있다. 이때 죄수관계에 대해 1개의 동일한 위반행위가 서로 다른 법령이 적용되어 수개의 죄가 성립하는 경우로 보아 「형법」상 상상적 경합관계에 있다는 견해가 있다.[723]

반면에 양벌규정의 법적 성격을 법인이 실제 행위자의 행위에 대하여 대위책임을 지는 것이 아니라 감독의무 위반에 관한 법인의 자기책임으로 볼 경우 중대재해처벌

---

720) 이정훈, 『중대재해에 따른 형사책임』, 중앙경제, 2021, 74면.

721) 대법원 2010. 9. 30. 선고 2009도3876 판결; 헌법재판소 2010. 7. 29. 선고 2009헌가25 전원재판부 결정.

722) 정현희, 『중대재해 처벌 등에 관한 법률의 재판 실무상 쟁점』, 사법정책연구원, 2022, 136면.

723) 전형배, 「중대재해처벌법의 해석상 쟁점」, 『노동법포럼』 제34호, 노동법이론실무학회, 2021, 287면.

법에 관한 감독의무 위반과 「산업안전보건법」에 관한 감독의무 위반은 별개의 행위로 보는 것이 합리적이라는 이유로, 경영책임자등의 중대재해처벌법 위반으로 인하여 법인에게 부과되는 벌금과 「산업안전보건법」상 양벌규정에 따라 법인에게 부과되는 벌금은 실체적 경합의 관계에 있다는 반론도 있다.[724]

이와 관련하여, 하급심판례(창원지법 마산지원)는 법인 피고인에 대해 "산업안전보건법위반죄와 중대재해처벌등에관한법률위반죄는 모두 근로자의 생명을 보호법익으로 하는 범죄이고, 산업재해를 예방하기 위해 부과되는 것으로서 서로 밀접한 관련성이 있으며, 각각의 의무위반행위가 피해자의 사망이라는 결과 발생으로 향해 있는 일련의 행위라는 점에서 규범적으로 동일하고 단일한 행위라는 이유로 상상적 경합 관계에 있다"고 판결하였다.

창원지방법원 마산지원 2023. 4. 26. 선고 2022고합95 판결

검사는 피고인 B의 안전조치의무위반치사로 인한 산업안전보건법위반죄와 업무상과실치사죄 상호간은 상상적 경합으로 공소를 제기하는 한편, 피고인 B의 위 각 죄와 중대재해처벌등에관한법률위반(산업재해치사)죄 상호간 및 피고인 H제강의 안전조치의무위반치사로 인한 산업안전보건법위반죄와 중대재해처벌등에관한법률위반(산업재해치사)죄 상호간은 각각 실체적 경합으로 공소를 제기하였다.

그러나 안전조치의무위반치사로 인한 산업안전보건법위반죄와 중대재해처벌등에관한법률위반(산업재해치사)죄는 모두 근로자의 생명을 보호법익으로 하는 범죄이고, 위 두 죄의 구성요건을 이루는 주의의무 내용 면에서 차이가 있기는 하나 산업재해를 예방하기 위해 부과되는 것으로서 서로 밀접한 관련성이 있으며, 각각의 의무위반행위가 피해자의 사망이라는 결과 발생으로 향해 있는 일련의 행위라는 점에서 규범적으로 동일하고 단일한 행위라고 평가할 수 있으므로, 위 두 죄는 상상적 경합 관계에 있다고 봄이 타당하다. 또한 산업안전보건법위반죄와 업무상과실치사죄는 상상적 경합 관계에 있고, 중대재해 처벌 등에 관한 법률에 따라 부과된 안전보건 확보의무는 산업안전보건법에 따라 부과된 안전보건 조치의무와 마찬가지로 업무상과실치사죄에서의 주의의무를 구성할 수 있으므로, 업무상과실치사죄와 중대재해처벌등에관한법률위반(산업재해치사)죄 역시 상상적 경합 관계에 있다고 봄이 타당하다.

---

724) 권오성, 앞의 책, 218면.

제8조 안전보건교육의 수강

법 **제8조(안전보건교육의 수강)** ① 중대산업재해가 발생한 법인 또는 기관의 경영책임자등은 대통령령으로 정하는 바에 따라 안전보건교육을 이수하여야 한다.
② 제1항의 안전보건교육을 정당한 사유 없이 이행하지 아니한 경우에는 5천만원 이하의 과태료를 부과한다.
③ 제2항에 따른 과태료는 대통령령으로 정하는 바에 따라 고용노동부장관이 부과·징수한다.

I. 입법경과

1. 입법취지

법 제8조는 중대산업재해가 발생한 법인 또는 기관의 경영책임자등으로 하여금 안전보건교육을 이수하도록 하고, 경영책임자등이 정당한 사유 없이 안전보건교육을 이수하지 않는 경우 고용노동부장관이 과태료를 부과·징수하도록 규정하고 있다. 법인 또는 기관에 중대산업재해가 발생한 경우 경영책임자등은 중대산업재해 발생원인을 파악하고 사업 또는 사업장에서의 유해·위험요인을 분석하여 재발방지 대책을 세워야 함에도 인명피해에 대한 경각심을 갖지 못하고 재발방지 대책 수립에 소홀하여 동일한 재해가 재발하는 사례가 있었다. 이에 중대산업재해가 발생한 법인 또는 기관의 경영책임자등이 안전보건교육을 이수하도록 의무를 부과함으로써 중대산업재해 예방에 관한 인식을 개선하고, 안전보건관리체계의 구축 및 이미 발생한 중대산업재해에 대한 원인 분석과 재발방지 대책의 수립·이행을 촉진하려는 것이다.[725]

---

725) 고용노동부, 『중대재해처벌법 해설 - 중대산업재해』, 2021.11., 116면 참조.

2. 입법과정

이 법의 입법과정에서 경영책임자등에게 안전보건교육 이수의무 부과와 관련하여, 강은미의원안은 별도의 규정을 두지 않았고, 박주민의원안과 이탄희의원안은 중대산업재해가 발생한 법인 또는 기관의 경영책임자등에 한정하여 교육 이수의무를 부과하는 것으로 제안하였으며, 임이자의원안은 중대산업재해뿐만 아니라 중대시민재해를 야기한 사업주 또는 경영책임자에게도 교육 이수의무를 부과하되 해당 중대재해로 인하여 처벌을 받은 경우로 한정하는 것으로 제안하였다.

국회 법제사법위원회 심사과정에서 경영책임자등의 안전보건교육 수강의무 규정에 대한 반론이 다수 제기되었다. 「산업안전보건법」에 각급 감독책임자에 대한 안전보건교육 이수의무가 규정되어 있다는 점에서 중대재해처벌법에 재차 규정할 필요가 없고, 안전보건교육 이수 관련 규정은 고용노동부 소관 사항으로서 국회 환경노동위원회에서 심사할 필요가 있다는 의견이었다. 그러나 경영책임자등의 안전보건교육 이수의무는 중대산업재해가 발생한 기업에 대하여만 적용하여 「산업안전보건법」에 따른 규정과 차별성이 있으며 경영책임자등이 중대산업재해의 재발방지 대책을 수립할 때 도움이 될 수 있다는 견해가 받아들여졌다.[726]

726) 2021년 1월 5일 법사위 제1소위 회의록 22~23면 중 아래 논의 참조.
ㅇ **고용노동부차관** 저희는 이게 지금 처벌규정하고도 관계가 없고 해서 굳이 여기에 둘 필요가 있는가, 둔다면 산업안전보건법에 반영해야 될 사항이 아닌가 이렇게 생각을 하고 있고. 참고로 ..... 올해 개정 산업안전법에는 형벌 부과할 때 거기에서 교육수강명령, 이수명령을 같이 병과할 수 있도록 그런 규정을 둔 바가 있습니다. 그래서 특별한 사유가 아니면 굳이 이거를 둘 필요가 있는가 하는게 .....
ㅇ **박주민위원** 산안법에서는 현장에 있는 안전의무책임자라든지 이런 관리자에게 교육을 받도록 하잖아요. 그런데 이 조항을 가져가면 사업주라든지 아니면 이 법안에서 사용하고 있는 경영책임자라든지 이런 개념부터 다시 신설하면서 교육의무를 부과해야 되지 않겠습니까? 저는 산안법 개정을 굳이 해서 이걸 넣느니 이 법에 넣는 것도 괜찮을 것 같은데요. 그리고 저희가 이미 이 법을 심사하기 전에 법안 명칭도 좀 바꾸자고 하면서 예방이라든지 이런 측면에 대한 내용을 담자고 얘기했기 때문에 저는 이런 내용이 담겨 있어도 별 문제 없을 것 같은데요. (생략)
ㅇ **유상범위원** 안전보건교육의 수강이 지금 중대재해처벌법에 들어가 있는 것도 좀 어색해요. 이거는 산업안전보건법상의 안전보건교육만으로도 충분하게 커버를 할 수 있다는 것이지 않습니까?
ㅇ **박주민위원** 모든 기업에게 이런 수강의무가 발생하는 게 아니라요 중대산업재해가 발생한

강은미의원안	박주민·이탄희의원안	박범계의원안	임이자의원안
	제8조(안전보건교육의 수강) 중대산업재해가 발생한 법인 또는 기관의 경영책임자 등은 「산업안전보건법」 제32조에 따른 안전보건교육을 지체 없이 이수하여야 한다. 정당한 사유 없이 이행하지 못한 경우에는 5천만 원 이하의 과태료에 처한다.	제7조(안전보건교육의 수강) 중대산업재해가 발생한 법인 또는 기관의 경영책임자 등은 중대산업재해와 관련한 안전보건교육을 지체 없이 이수하여야 한다. 정당한 사유 없이 이행하지 못한 경우에는 5천만 원 이하의 과태료에 처한다.	제10조(안전보건교육의 수강) ① 제6조 또는 제7조에 따라 처벌을 받은 사업주 또는 경영책임자는 안전보건교육을 이수하여야 한다. ② 제1항에 따른 안전보건교육의 절차와 방법은 「산업안전보건법」 제32조를 준용한다. 이 경우 "사업주" 또는 "경영책임자"는 "안전보건관리책임자"로 본다.

경우에 들으라는 거지요 ..... 들어야 그 이후에 ..... 재발방지 대책 수립이라든지 이런 거 할 때 도움이 되지 않겠습니까.

○ 소위원장 백혜련 그 점에서는 의미가 있을 것 같네요, 중대산업재해가 발생한 경우.

○ 송기헌위원 그런 부분을 하려면 ..... 환노위에서 정해야 되는데 ..... 소관 상임위에서 하는 것 아니에요? ..... 어떻게 하는 게 적절한 교육이 될 건지는 고용노동부에서 확인해 봐야지요.

○ 유상범위원 이거를 처벌조항에다가 넣으면 안 되나요? ..... 수강명령

○ 법원행정처차장 수강명령 형태로 가는 건 더 또 복잡해집니다.

○ 소위원장 백혜련 중대산업재해가 발생한 법인에 대한 거니까 이런 조치는 필요할 수 있을 것 같습니다.

3. 유사 입법례

「산업안전보건법」

제32조(안전보건관리책임자 등에 대한 직무교육) ① 사업주(제5호의 경우는 같은 호 각 목에 따른 기관의 장을 말한다)는 다음 각 호에 해당하는 사람에게 제33조에 따른 안전보건교육기관에서 직무와 관련한 안전보건교육을 이수하도록 하여야 한다. 다만, 다음 각 호에 해당하는 사람이 다른 법령에 따라 안전 및 보건에 관한 교육을 받는 등 고용노동부령으로 정하는 경우에는 안전보건교육의 전부 또는 일부를 하지 아니할 수 있다.

1. 안전보건관리책임자

2. 안전관리자

3. 보건관리자

4. 안전보건관리담당자

5. 다음 각 목의 기관에서 안전과 보건에 관련된 업무에 종사하는 사람

　가. 안전관리전문기관

　나. 보건관리전문기관

　다. 제74조에 따라 지정받은 건설재해예방전문지도기관

　라. 제96조에 따라 지정받은 안전검사기관

　마. 제100조에 따라 지정받은 자율안전검사기관

　바. 제120조에 따라 지정받은 석면조사기관

② 제1항 각 호 외의 부분 본문에 따른 안전보건교육의 시간·내용 및 방법, 그 밖에 필요한 사항은 고용노동부령으로 정한다.

제174조(형벌과 수강명령 등의 병과) ① 법원은 제38조제1항부터 제3항까지(제166조의2에서 준용하는 경우를 포함한다), 제39조제1항(제166조의2에서 준용하는 경우를 포함한다) 또는 제63조(제166조의2에서 준용하는 경우를 포함한다)를 위반하여 근로자를 사망에 이르게 한 사람에게 유죄의 판결(선고유예는 제외한다)을 선고하거나 약식명령을 고지하는 경우에는 200시간의 범위에서 산업재해 예방에 필요한 수강명령 또는 산업안전보건프로그램의 이수명령(이하 "이수명령"이라 한다)을 병과(倂科)할 수 있다.

② 제1항에 따른 수강명령은 형의 집행을 유예할 경우에 그 집행유예기간 내에서 병과하고, 이수명령은 벌금 이상의 형을 선고하거나 약식명령을 고지할 경우에 병과한다.

③ 제1항에 따른 수강명령 또는 이수명령은 형의 집행을 유예할 경우에는 그 집행유예기간 내에, 벌금형을 선고하거나 약식명령을 고지할 경우에는 형 확정일부터 6개월 이내에, 징역형 이상의 실형(實刑)을 선고할 경우에는 형기 내에 각각 집행한다.

④ 제1항에 따른 수강명령 또는 이수명령이 벌금형 또는 형의 집행유예와 병과된 경우에는 보호관찰소의 장이 집행하고, 징역형 이상의 실형과 병과된 경우에는 교정시설의 장이 집행한다. 다만, 징역형 이상의 실형과 병과된 이수명령을 모두 이행하기 전에 석방 또는 가석방되거나 미결구금일수 산입 등의 사유로 형을 집행할 수 없게 된 경우에는 보호관찰소의 장이 남은 이수명령을 집행한다.

⑤ 제1항에 따른 수강명령 또는 이수명령은 다음 각 호의 내용으로 한다.

1. 안전 및 보건에 관한 교육

2. 그 밖에 산업재해 예방을 위하여 필요한 사항

⑥ 수강명령 및 이수명령에 관하여 이 법에서 규정한 사항 외의 사항에 대해서는 「보호관찰 등에 관한 법률」을 준용한다.

II. 내용 및 검토

안전보건교육의 수강은 '중대산업재해의 발생'만을 요건으로 규정하며, 경영책임자 등이 법 제4조 및 제5조에 따른 의무를 위반하여 중대산업재해가 발생했는지 여부를 고려하지 아니하므로, 중대산업재해의 발생 사실만으로도 해당 법인 또는 기관의 경영책임자등은 안전보건교육을 이수하여야 한다. 이를 분설하면 아래와 같다.[727)

1. 안전보건 교육의 실시

령 제6조(안전보건교육의 실시 등) ① 법 제8조제1항에 따른 안전보건교육(이하 "안전보건교육"이라 한다)은 총 20시간의 범위에서 고용노동부장관이 정하는 바에 따라 이

---

727) 고용노동부, 『경영책임자와 관리자가 알아야 할 중대재해처벌법 따라하기 – 중소기업 '중대산업재해 예방'을 위한 안내서』, 2022.3., 13면.

수해야 한다.

② 안전보건교육에는 다음 각 호의 사항이 포함되어야 한다.

1. 안전보건관리체계의 구축 등 안전·보건에 관한 경영 방안

2. 중대산업재해의 원인 분석과 재발 방지 방안

③ 고용노동부장관은 「한국산업안전보건공단법」에 따른 한국산업안전보건공단이나 「산업안전보건법」 제33조에 따라 등록된 안전보건교육기관(이하 "안전보건교육기관등"이라 한다)에 안전보건교육을 의뢰하여 실시할 수 있다.

④ 고용노동부장관은 분기별로 중대산업재해가 발생한 법인 또는 기관을 대상으로 안전보건교육을 이수해야 할 교육대상자를 확정하고 안전보건교육 실시일 30일 전까지 다음 각 호의 사항을 해당 교육대상자에게 통보해야 한다.

1. 안전보건교육을 실시하는 안전보건교육기관등

2. 교육일정

3. 그 밖에 안전보건교육의 실시에 필요한 사항

⑤ 제4항에 따른 통보를 받은 교육대상자는 해당 교육일정에 참여할 수 없는 정당한 사유가 있는 경우에는 안전보건교육 실시일 7일 전까지 고용노동부장관에게 안전보건교육의 연기를 한 번만 요청할 수 있다.

⑥ 고용노동부장관은 제5항에 따른 연기 요청을 받은 날부터 3일 이내에 연기 가능 여부를 교육대상자에게 통보해야 한다.

⑦ 안전보건교육을 연기하는 경우 교육일정 등의 통보에 관하여는 제4항을 준용한다.

⑧ 안전보건교육에 드는 비용은 안전보건교육기관등에서 수강하는 교육대상자가 부담한다.

⑨ 안전보건교육기관등은 안전보건교육을 실시한 경우에는 지체 없이 안전보건교육 이수자 명단을 고용노동부장관에게 통보해야 한다.

⑩ 안전보건교육을 이수한 교육대상자는 필요한 경우 안전보건교육이수확인서를 발급해 줄 것을 고용노동부장관에게 요청할 수 있다.

⑪ 제10항에 따른 요청을 받은 고용노동부장관은 고용노동부장관이 정하는 바에 따라 안전보건교육이수확인서를 지체 없이 내주어야 한다.

　

법 제8조제1항은 중대산업재해가 발생한 법인 또는 기관의 경영책임자등에게 대통령령으로 정하는 바에 따라 안전보건교육을 이수하도록 의무를 부과하고 있고, 시행

령 제6조는 교육시간, 교육내용, 교육방법, 교육이수 절차, 교육비용부담, 교육이수확인서 발급 등에 관하여 규정하고 있다.

가. 교육대상

안전보건교육의 대상은 중대산업재해가 발생한 법인 또는 기관의 경영책임자등이다. 개인사업주는 해당 사업 또는 사업장에서 중대산업재해가 발생해도 안전보건교육을 이수할 의무가 없다. 이는 영세한 개인사업주의 부담을 덜어주려는 것으로 보인다. 그러나 제8조의 취지가 중대산업재해 발생에 대하여 경각심을 주고 재발방지 대책 수립·이행을 촉진하려는 것임에도 재발방지 대책 수립·이행 능력 측면에서 경영책임자등보다 열악한 처지에 있을 것으로 예상되는 개인사업주에 대하여 안전보건교육 이수 의무를 면제하는 것은 중대재해 예방이라는 중대재해처벌법 제정 목적과 부합하지 않는 측면이 있다.

법 제8조제1항은 경영책임자등이 안전·보건 확보의무를 위반하였는지를 고려하지 않고 중대산업재해가 발생하였다는 사실만으로 안전보건교육을 이수하도록 강제하고 있다. 이는 법 제13조제1항[728]에서 고용노동부장관으로 하여금 중대산업재해가 발생한 사업장의 명칭 등을 공표하도록 하면서 그 대상을 제4조에 따른 안전보건 확보의무를 위반한 경우로 한정하고 있는 것과 대비된다. 이와 관련하여, 경영책임자등이 해당 지위에 있다는 사실과 중대산업재해가 발생하였다는 사실만으로 교육의무를 부과하는 것으로서 결과책임을 묻는 것이고, 「산업안전보건법」에서 안전보건조치 의무를 위반한 자가 법원에서 유죄의 판결을 받은 경우에 산업재해 예방에 필요한 수강명령 또는 산업안전보건프로그램의 이수명령을 병과할 수 있도록 규정하고 있는 것과 비교할 때 지나치게 가혹하다는 비판이 있다.[729]

---

728) 중대재해처벌법 제13조(중대산업재해 발생사실 공표) ① 고용노동부장관은 제4조에 따른 의무를 위반하여 발생한 중대산업재해에 대하여 사업장의 명칭, 발생 일시와 장소, 재해의 내용 및 원인 등 그 발생사실을 공표할 수 있다.
729) 한국경영자총협회 등 36개 단체, 「중대재해처벌법 시행령 제정안에 대한 경제계 공동건의서」, 2021.8.23., 25면 참조.

한편, 중대산업재해 발생당시의 경영책임자등과 고용노동부장관이 분기별로 교육대상자를 확정할 때의 경영책임자등이 다른 경우에는 누가 안전보건교육 이수의무를 부담하는지 문제될 수 있는바, 재해예방이라는 취지를 고려하여 고용노동부장관의 교육대상자 확정시점의 경영책임자등이 교육대상자가 된다고 보아야 할 것이다.[730]

나. 교육시간

안전보건교육 시간은 20시간 이내에서 고용노동부장관이 정하는 바에 따르는데, 아직 고용노동부장관이 고시 등으로 정한 바는 없다. 고용노동부는 2022년 6월 10일 보도참고자료에서 2022년 1분기 교육대상자 14명의 대표이사 중 6월 10일 8명이 강의를 수강하였다고 밝히면서, 교육시간은 12시간(동영상교육 및 집체교육 각 6시간)으로 구성하였다고 발표하였다. 안전보건교육 시간은 「산업안전보건법」 제174조에 따른 수강명령이 최대 200시간까지 부과될 수 있는 것에 비하여 짧은데, 이에 대하여 고용노동부는 안전보건교육이 안전·보건 확보의무 위반에 대한 제재가 아니라 중대산업재해 예방 강화 및 재발방지 차원에서 부과되는 점을 고려한 것이고 설명하고 있다.[731]

〈안전보건교육과 수강명령의 비교〉

구분	안전보건교육 (중대재해처벌법)	수강명령 (산업안전보건법)
교육대상자	중대산업재해가 발생한 법인·기관의 경영책임자등	안전보건조치 위반으로 근로자를 사망에 이르게 하여 유죄판결을 받은 사람
교육시간	20시간 이내	200시간 이내
교육주체	고용노동부장관	보호관찰소의 장 또는 교정시설의 장
비용부담	교육대상자	국가부담 원칙

---

730) 고용노동부, "중대산업재해 발생 기업 경영책임자 대상 안전보건교육 실시", 보도참고자료, 2022.6.10.
731) 고용노동부, 『중대재해처벌법 해설 – 중대산업재해』, 2021.11., 117면 참조.

다. 교육내용

안전보건교육에는 안전보건관리체계의 구축 등 안전·보건에 관한 경영방안, 중대산업재해의 원인 분석과 재발방지 사항이 포함되어야 한다. 참고로, 고용노동부는 2022년 6월 10일 대표이사 8명에 대하여 6시간의 집체교육을 실시하였는데, 교육내용으로는 ① 안전문화 이해와 안전문화 정착을 위한 경영책임자 리더십, ② 기업별 안전보건관리체계 구축과 경영책임자의 구체적 역할에 대한 논의 및 전문가 컨설팅, ③ 사망사고 예방을 위한 중대재해처벌법상 경영책임사의 안전·보건 확보의무의 구체적 실행방안, ④ 산업현장에서 발생하는 주요 중대산업재해 사례와 이를 예방하기 위하여 현장에서 반드시 준수되어야 하는 안전·보건조치 등이 포함되었다.

라. 교육절차

고용노동부장관은 분기별로 중대산업재해가 발생한 법인 또는 기관을 대상으로 안전보건교육을 이수하여야 할 교육대상자를 확정하고,[732] 교육실시일 30일 전까지 교육일정, 교육기관 등을 통보한다. 통보를 받은 교육대상자는 해당 교육일정에 참여할 수 없는 정당한 사유가 있는 경우에는 1회에 한하여 교육실시일 7일 전까지 고용노동부장관에게 연기를 요청할 수 있고, 고용노동부장관은 요청을 받은 날부터 3일 이내에 연기 가능 여부를 교육대상자에게 통보하여야 한다. 고용노동부장관은 안전보건교육을 연기하는 경우에도 교육일정 등 안전보건교육 실시에 필요한 사항을 교육실시일 30일 전까지 교육대상자에게 통보하여야 한다. 안전보건교육 수강은 고용노동부장관이 「한국산업안전보건공단법」에 따른 한국산업안전보건공단이나 「산업안전보건법」 제33조에 따라 등록된 안전보건교육기관 중에서 교육실시를 의뢰한 기관에서 한다. 안전보건교육을 이수한 사람은 고용노동부장관에게 안전보건교육이수확인

---

732) 고용노동부는 장관이 교육대상자를 확정하기 전에 법인 또는 기관에서 여러 건의 중대산업재해가 발생한 경우 여러 건의 중대산업재해를 포괄하여 하나의 분기에 교육을 이수하도록 교육대상자를 선정하며, 교육대상자가 안전보건교육 수강 중 또는 종료 후에 해당 법인 또는 기관에서 재차 중대산업재해가 발생한 경우 종전에 수강한 안전보건교육과는 별도로 다른 분기에 교육을 이수하게 할 것으로 설명하고 있다. 고용노동부(2021.11.), 앞의 책, 118면 참조.

서 발급을 요청할 수 있고, 고용노동부장관은 이를 지체 없이 발급해 주어야 한다.

마. 교육비용

안전보건교육에 소요되는 비용은 교육대상자가 부담하여야 하는데(시행령 제6조제8항), 고용노동부는 이에 대하여 당사자 부담의 원칙에 따른 것이라고 설명하고 있다.[733] 그러나 「산업안전보건법」 제174조에 따른 수강명령에 대한 비용은 원칙적으로 국가가 부담하므로, 교육대상자에게 비용부담 의무까지 부과하는 시행령 제6조제8항은 개정될 필요가 있다는 의견이 있다.[734] 중대재해처벌법은 안전보건교육의 비용부담에 관하여는 시행령에 위임하지 아니하고 있음에도 시행령에서 교육대상자에게 비용부담 의무를 부과하고 있는바, 시행령에서 상위 법률의 위임 없이 국민의 권리의무에 관한 사항을 규정하였다는 비판이 있을 수 있다.

2. 안전보건 교육 미이수에 따른 과태료

> **령 제7조(과태료의 부과기준)** 법 제8조제2항에 따른 과태료의 부과기준은 별표 4와 같다.
>
> [별표 4] 과태료의 부과기준(제7조 관련)
>
> 1. 일반기준
>
>   가. 위반행위의 횟수에 따른 과태료의 가중된 부과기준은 최근 1년간 같은 위반행위로 과태료 부과처분을 받은 경우에 적용한다. 이 경우 기간의 계산은 위반행위에 대해 과태료 부과처분을 받은 날과 그 처분 후 다시 같은 위반행위를 하여 적발된 날을 기준으로 한다.
>
>   나. 가목에 따라 가중된 부과처분을 하는 경우 가중처분의 적용 차수는 그 위반행위 전 부과처분 차수(가목에 따른 기간 내에 과태료 부과처분이 둘 이상 있었던 경우에는 높은 차수를 말한다)의 다음 차수로 한다.

---

733) 고용노동부(2021.11.), 앞의 책, 118면 참조.
734) 한국경영자총협회 등 36개 단체, 앞의 글, 26면 참조.

다. 부과권자는 다음의 어느 하나에 해당하는 경우에는 제3호의 개별기준에 따른 과태료(제2호에 따라 과태료 감경기준이 적용되는 사업 또는 사업장의 경우에는 같은 호에 따른 감경기준에 따라 산출한 금액을 말한다)의 2분의 1 범위에서 그 금액을 줄여 부과할 수 있다. 다만, 과태료를 체납하고 있는 위반행위자에 대해서는 그렇지 않다.

1) 위반행위자가 자연재해·화재 등으로 재산에 현저한 손실을 입었거나 사업 여건의 악화로 사업이 중대한 위기에 처하는 등의 사정이 있는 경우
2) 위반행위가 사소한 부주의나 오류로 인한 것으로 인정되는 경우
3) 위반행위자가 법 위반상태를 시정하거나 해소하기 위해 노력한 것이 인정되는 경우
4) 그 밖에 위반행위의 정도, 위반행위의 동기와 그 결과 등을 고려하여 과태료 금액을 줄일 필요가 있다고 인정되는 경우

2. 사업·사업장의 규모나 공사 규모에 따른 과태료 감경기준

상시근로자 수가 50명 미만인 사업 또는 사업장이거나 공사금액이 50억원 미만인 건설공사의 사업 또는 사업장인 경우에는 제3호의 개별기준에도 불구하고 그 과태료의 2분의 1 범위에서 감경할 수 있다.

3. 개별기준

위반행위	근거 법조문	과태료		
		1차 위반	2차 위반	3차 이상 위반
법 제8조제1항을 위반하여 경영책임자 등이 안전보건교육을 정당한 사유없이 이행하지 않은 경우	법 제8조제2항	1천만원	3천만원	5천만원

법 제8조제2항 및 제3항은 안전보건교육 이수의무가 있는 경영책임자등이 정당한 사유 없이 이를 이수하지 아니한 경우 고용노동부장관으로 하여금 5천만원 이하의 과태료를 부과하도록 규정하고, 시행령 제7조 및 별표4는 과태료 부과의 기준을 정하고 있다.

과태료 금액은 교육대상자의 의무위반 회수에 따라 가중되는데, 최초 위반의 경우에는 1천만원이 부과되고, 재차 위반한 경우에는 3천만원으로 상향되며, 3차례 이상

위반한 경우에는 최고 금액인 5천만원이 부과된다.

안전보건교육 의무 위반행위자의 주관적 사정에 따라 과태료의 2분의 1 범위에서 감경이 가능하다. 즉, ① 위반행위자가 자연재해·화재 등으로 재산에 현저한 손실을 입었거나 사업여건 악화로 사업이 중대한 위기에 처하는 등의 사정이 있는 경우, ② 위반행위가 사소한 부주의나 오류로 인한 것이라는 점이 인정되는 경우, ③ 위반행위자가 법 위반상태를 시정하거나 해소하기 위해 노력한 것이 인정되는 경우, ④ 위반행위의 정도, 동기, 결과 등을 고려하여 과태료 감경 필요성이 있다고 인정되는 경우에는 과태료의 최대 2분의 1까지 감경이 가능하다.

다만, 안전보건교육 수강제도나 공표제도는 중대시민재해와 관련해서는 적용이 없는바, 종사자와 비교하여 상대적으로 시민의 생명과 신체 보호에는 소홀한 측면이 있으므로, 향후 입법론적으로 중대시민재해와 관련하여서도 이러한 행정수단들을 확대하는 방안을 검토할 필요가 있다.[735]

참고로, 「산업안전보건법」상 교육대상 및 유형별 최저 교육시간을 살펴보면 아래의 표와 같다.

〈교육대상·유형별 최저 교육시간〉

구분		신규교육	정기교육/보수교육	작업내용 변경 시 (1회)	특별교육 (1회)
근로자	일반	8시간	• (일반) 분기별 6시간 • (사무직) 분기별 3시간 • (관리감독자) 연 16시간	2시간	16시간
	일용	1시간	-	1시간	2시간
특수형태 근로종사자	일반	2시간	-	-	16시간
	단기·간헐	1시간	-	-	2시간

---

735) 정혜원, 「양벌규정의 실효성 확보방안」, 『중대재해처벌법 Ⅰ』, 법문사, 2022, 555~556면 참조.

안전보건 업무 담당자	안전보건 관리 책임자	6시간	• 6시간 이상(2년 주기)	-	-
	안전관리자/ 보건관리자	34시간	• 24시간 이상(2년 주기)	-	-
	안전보건 관리담당자	-	• 8시간 이상(2년 주기)	-	-

* 자료: 해양수산부, 『항만건설현장 안전관리업무 길라잡이』, 2022.7., 98면.

제3장 중대시민재해

제9조 사업주와 경영책임자등의 안전 및 보건 확보의무

법 제9조(사업주와 경영책임자등의 안전 및 보건 확보의무) ① 사업주 또는 경영책임자등은 사업주나 법인 또는 기관이 실질적으로 지배·운영·관리하는 사업 또는 사업장에서 생산·제조·판매·유통 중인 원료나 제조물의 설계, 제조, 관리상의 결함으로 인한 그 이용자 또는 그 밖의 사람의 생명, 신체의 안전을 위하여 다음 각 호에 따른 조치를 하여야 한다.

1. 재해예방에 필요한 인력·예산·점검 등 안전보건관리체계의 구축 및 그 이행에 관한 조치
2. 재해 발생 시 재발방지 대책의 수립 및 그 이행에 관한 조치
3. 중앙행정기관·지방자치단체가 관계 법령에 따라 개선, 시정 등을 명한 사항의 이행에 관한 조치
4. 안전·보건 관계 법령에 따른 의무이행에 필요한 관리상의 조치

② 사업주 또는 경영책임자등은 사업주나 법인 또는 기관이 실질적으로 지배·운영·관리하는 공중이용시설 또는 공중교통수단의 설계, 설치, 관리상의 결함으로 인한 그 이용자 또는 그 밖의 사람의 생명, 신체의 안전을 위하여 다음 각 호에 따른 조치를 하여야 한다.

1. 재해예방에 필요한 인력·예산·점검 등 안전보건관리체계의 구축 및 그 이행에 관한 조치
2. 재해 발생 시 재발방지 대책의 수립 및 그 이행에 관한 조치
3. 중앙행정기관·지방자치단체가 관계 법령에 따라 개선, 시정 등을 명한 사항의 이행에 관한 조치
4. 안전·보건 관계 법령에 따른 의무이행에 필요한 관리상의 조치

③ 사업주 또는 경영책임자등은 사업주나 법인 또는 기관이 공중이용시설 또는 공중교통수단과 관련하여 제3자에게 도급, 용역, 위탁 등을 행한 경우에는 그 이용자 또는 그 밖의 사람의 생명, 신체의 안전을 위하여 제2항의 조치를 하여야 한다. 다만, 사업

주나 법인 또는 기관이 그 시설, 장비, 장소 등에 대하여 실질적으로 지배·운영·관리하는 책임이 있는 경우에 한정한다.

④ 제1항제1호·제4호 및 제2항제1호·제4호의 조치에 관한 구체적인 사항은 대통령령으로 정한다.

I. 입법경과

1. 입법취지

법 제9조는 개인사업주나 법인 또는 기관의 경영책임자등에게 해당 개인사업주나 법인 또는 기관이 실질적으로 지배·운영·관리하는 사업장 등에서 생산·제조·판매·유통 중인 원료나 제조물에 대한 설계·제조·관리상의 결함으로 인하여 발생하는 위험으로부터 그 이용자 등의 안전 및 보건을 확보하도록 의무를 부과하고 있다. 또한 개인사업주나 법인 또는 기관이 실질적으로 지배·운영·관리하는 공중이용시설 또는 공중교통수단의 설계·설치·관리상의 결함으로 인하여 그 이용자 등이 생명·신체에 위해를 입는 것을 방지하기 위한 안전보건 확보의무도 규정하고 있다.

이는 가습기 살균제 사건 및 4·16 세월호 사건과 같은 시민재해로 인한 사망사고 발생 등이 사회적 문제로 지적되어 왔는바, 공중이용시설 또는 공중교통수단을 운영하거나 위험한 원료 및 제조물을 취급하면서 안전·보건 조치의무를 위반하여 인명사고가 발생한 경우, 개인사업주와 경영책임자 및 법인 등을 처벌함으로써 일반 시민의 안전권을 확보하고, 기업의 조직문화 또는 안전관리 시스템 미비로 인해 일어나는 중대재해사고를 사전에 방지하려는 것이다.736) 이와 유사한 취지의 법률로는 「제조물 책임법」,737) 「시설물의 안전 및 유지관리에 관한 특별법」,738) 「다중이용

---

736) 중대재해 처벌 등에 관한 법률안(대안)의 제안이유 참조.
737) 제조되거나 가공된 동산의 결함으로 인하여 손해가 발생한 경우 제조업자 등에 대한 손해배상 책임을 규정하고 있다.
738) 건설공사를 통하여 만들어진 교량·터널·항만·댐·건축물 등 공중이 사용하는 시설물에 대한

업소의 안전관리에 관한 특별법」739) 등이 있다.

2. 입법과정

　의원발의 법률안들의 당초 규정들과 법 제9조의 규정방식이 다소 다른데, 이는 국회 심의과정에서 정부측이 박주민의원안 제9조의 내용을 중심으로 제1항은 원료·제조물 관련 안전보건 확보의무를, 제2항은 공중이용시설·공중교통수단 관련 안전보건 확보의무를 규정하는 방식으로 성안한 안이 받아들여진 데 따른 것이다. 제9조제1항 각 호와 제2항의 각 호의 내용이 동일하게 규정되었는데, 이는 같은 조 제1항과 제2항의 규율대상이 원료·제조물과 공중이용시설·공중교통수단으로 다를 뿐, 개인사업주 또는 경영책임자등의 안전보건 확보의무의 내용은 동일하기 때문이다.740)

　법제사법위원회 심사과정에서 중대시민재해 관련 안전보건 확보의무 규정을 중대산업재해 관련 안전보건 확보의무와 구분하여 별도로 둘 필요가 없다는 의견이 제기되었는데, 이는 경영책임자 등의 행위에 따른 구별이 아니라 피해자가 종사자인지 시민인지에 따른 구별로서 경영책임자 등은 동일한 '관리상의 의무'를 지므로 별도로 규정할 필요가 없다는 견해였다. 그러나 산업재해와 시민재해의 예방을 위한 의무의 내용 간에 구분이 가능하고, 구분할 필요성이 있다는 의견이 수용되어 중대시민재해 관련 안전보건 확보의무 규정이 별도로 마련되었다.741)

　안전관리의무와 그 위반 행위에 대한 제재를 규정하고 있다.
739) 화재 등 재난이나 그 밖의 위급한 상황으로부터 국민의 생명·신체 및 재산을 보호하기 위하여 다중이용업소의 안전관리 및 위반 행위에 대한 제재를 규정하고 있다.
740) 2021년 1월 5일 법사위 제1소위 회의록 26~27면 중 법무부차관의 아래 발언 참조.
　"이 정부 부처안이 나온 배경을 말씀을 드리겠습니다. 박주민 의원안을 원안으로 했습니다. 그래서 9조 1항부터 5항까지로 되어 있는 내용들을 1항의 각호, 2항의 각호로 몰았습니다. 그러고 나서 1항에는 원료·제조물로 인한 위해예방조치 부분의 내용을 담고요 2항에는 공중이용시설과 공중교통수단으로 인한 재해예방에 관련된 내용을 담았습니다 ..... 그래서 이 1항과 2항은 각호가 같은 모양이 되어야 합니다. 같은 내용으로 규정이 되어 있기 때문에 그렇습니다. 본문만 원료·제조물, 공중이용시설 또는 공중교통수단 이렇게 다를 뿐이지 각호는 같은 모양 꼴이니까 오히려 2항을 먼저 보시고 국토부 의견을 보신 다음에 수정의견이 맞다라고 하면 그 체계로 1항을 같이 고쳐 주시면 되는 것 같습니다."
741) 2021년 1월 5일 법사위 제1소위 회의록 27~28면 중 아래 논의 참조.

강은미 의원안	박주민·이탄희 의원안	박범계 의원안	임이자 의원안
제3조(사업주와 경영책임자 등의 유해·위험방지의무) ② 사업주와 경영책임자 등은 사업주나 법인 또는 기관이 소유·운영·관리하는 사업장에서 취급하거나 생산·제조·판매·유통 중인 원료나 제조물로 인하여 그 종사자 또는 이용자가 생명·신체의 안전 또는 보건위생상의 위해를 입지 않도록 유해·위험을 방지할 의무가 있다.	제9조(사업주와 경영책임자 등의 안전점검 및 안전조치 의무) ① 사업주(개인사업주에 한한다. 이하 같다) 또는 경영책임자 등은 사업주나 법인 또는 기관이 소유·운영·관리하거나 발주한 사업 또는 사업장에서 생산·제조·판매·유통중인 원료나 제조물로 인해 그 이용자 또는 그 밖의 사람의 생명, 신체의 안전 또는 보건상의 위해를 입지 않도록 위험을 방지할 의무가 있다. (후단 생략)	제8조(사업주와 경영책임자 등의 안전점검 및 안전·보건조치등 의무) ① 사업주(개인사업주에 한한다. 이하 같다) 또는 경영책임자 등은 사업주나 법인 또는 기관이 소유·운영·관리하거나 발주한 사업 또는 사업장에서 생산·제조·판매·유통중인 원료나 제조물로 인해 그 이용자 또는 그 밖의 사람의 생명, 신체의 안전 또는 보건상의 위해를 입지 않도록 안전·보건조치등 의무를 다하여야 한다. (후단 생략)	제3조(사업주와 경영책임자의 산업 안전 및 보건 의무) ① 사업주와 경영책임자는 사업장의 안전 및 보건에 관한 다음 각호의 사항을 확인하고 이행하여야 한다. 1. 안전보건 조치에 필요한 조직과 인력, 예산을 편성하고 그 운영을 정기적으로 점검 2. 「산업안전보건법」 제155조에 따른 근로감독관의 권한에 따라 시행된 감독의 지적사항 3. 자신이 관리하는 공중이용시설, 공중교통수단 및 제조물에 대한 점검 4. 그 밖의 사항은 대통령령으로 정하는 사항

○ **유상범위원** 지금 산업재해와 시민재해의 차이는 경영책임자가 어떤 안전의무를 지는 게 있고 중간의 안전관리담당자가 안전의무를 이행하지 못해서 근로자가 다치느냐 근로자가 아닌 다른 사람이 다치느냐 이 차이에 불과하지 거기에서 경영책임자나 사업자가 지켜야 될 주의의무가 그로 인해서 바뀌지는 않아요. ..... 행위에 따른 구별이 아니라 피해자에 따른 구별이다, ... 그러니까 사업자나 경영책임자가 그 재해에 따라서 다른 주의의무를 지는 것은 맞지가 않는 거지. (생략)

○ **박주민위원** 저는 직장 내에서의 산업재해를 막기 위한 의무하고 이용자가 공중교통수단을 이용함에 있어서 안전할 수 있도록 하는 의무는 내용상 구분이 가능할 것 같고 또 구분이 필요하다고 생각을 하거든요. 특히 이 안전점검이라는 것도 버스를 예를 든다면 버스를 운전하시는 분에게는 전혀 위험하지 않은 부분이 있을 수 있습니다. 예를 들어서 승강대나 이런 부분은 버스 운전하시는 분에게는 크게 안전에 문제가 안 생길 수 있음에도 불구하고 버스를 이용하시는 분들은 위험할 수 있거든요. 그래서 그런 것들을 점검하도록 하는 그런 의무를 부과할 수는 있다고 생각하거든요.

제3조(사업주와 경영책임자 등의 유해·위험방지의무) ① 사업주(개인사업주에 한한다. 이하 같다)와 법인 또는 기관의 경영책임자 등은 사업주나 법인 또는 기관이 소유·운영·관리하는 사업장, 공중이용시설 또는 공중교통수단에서 그 종사자 또는 이용자가 생명·신체의 안전 또는 보건위생상의 위해를 입지 않도록 유해·위험을 방지할 의무가 있다.	제9조(사업주와 경영책임자 등의 안전점검 및 안전조치 의무) ① (전단 생략) 또한, 공중이용시설 또는 공중교통시설(이하 '공중이용시설등'이라 한다)의 사업주 또는 경영책임자 등은 공중이용시설등의 이용자 또는 그 밖의 사람의 생명, 신체의 안전 또는 보건상의 위해를 입지 않도록 위험을 방지할 의무가 있다.	제8조(사업주와 경영책임자 등의 안전점검 및 안전·보건조치등 의무) ① (전단 생략) 또한, 공중이용시설 또는 공중교통시설(이하 '공중이용시설등'이라 한다)의 사업주 또는 경영책임자 등은 공중이용시설등의 이용자 또는 그 밖의 사람의 생명, 신체의 안전 또는 보건상의 위해를 입지 않도록 안전·보건조치등 의무를 다하여야 한다.	
(규정 없음)	② 제1항에 따른 사업주 또는 경영책임자 등은 공중 위험의 발생 방지를 위한 안전점검 및 종사자에 대한 안전교육·훈련을 실시하여야 한다. ③ 제2항에 규정된 자는 공중이용시설등에 대하여 연 1회 이상 안전점검을 실시하고, 그 결과를 관계 행정기관의 장에게 통보하여야 한다. ④ 제1항에 규정된 자는 공중이용시설등에서 발생한 결함을 방치할 경우 종사자나 공중의 안전에 위해를 끼칠 우려가 있을 때에는 출입 또는 사용의 제한·금지나 철거 등 종사자나 공중의	(좌동)	(규정 없음)

	안전에 필요한 조치를 하여야 한다. ⑤ 관계 행정기관의 장은 제3항에 따른 안전점검 결과 제4항의 조치 필요성이 인정되는 경우에는 제1항에 규정된 자에게 제4항에 따른 안전조치를 명하여야 하고, 제1항에 규정된 자는 이에 따라야 한다.		
제4조(도급과 위탁 관계에서 유해·위험방지 의무) ① 사업주나 법인 또는 기관이 제3자에게 임대, 용역, 도급(여러 차례 이상 도급이 이루어진 것을 포함한다), 위탁 등을 행한 때에는 사업주나 경영책임자 등은 제3자와 공동으로 제3조의 의무를 부담한다.	제4조(도급 및 위탁관계에서 안전조치 및 보건조치의무의 귀속) ① 사업주나 법인 또는 기관이 제3자에게 임대, 용역, 도급 등을 행한 경우에는 제3자와 사업주나 경영책임자 등이 공동으로 제3조의 의무를 부담한다.	제4조(도급 및 위탁관계에서 안전조치 및 보건조치의무의 귀속) ① 사업주나 법인 또는 기관이 제3자에게 임대, 용역, 도급 등을 행한 경우에는 제3자와 사업주나 경영책임자 등이 공동으로 제3조의 의무를 부담한다.	제3조(사업주와 경영책임자의 산업 안전 및 보건 의무) ② 사업주나 기관이 그 사업장 내에서 제3자에게 자신의 사업 일부를 도급(여러 차례 이상 도급이 이루어진 것을 포함한다) 등을 행한 때에는 사업주는 제3자인 사업주나 경영책임자가 공동으로 전항의 의무를 부담한다.
② 법령에 따라 해당 시설이나 설비 등이 위탁되어 수탁자가 그 운영·관리 책임을 지게 된 때에는 사업주나 경영책임자 등은 수탁자와 공동으로 제3조의 의무를 부담한다.	② 법령에 따라 해당 시설이나 설비 등이 위탁되어 수탁자가 그 운영·관리책임을 지게 된 경우에는 수탁자와 사업주나 경영책임자 등이 공동으로 제3조의 의무를 부담한다. 제11조(준용규정) 중대시민재해에 관하여는 중대산업재해에 관한 제4조, 제5조 및 제7조에 관한 규정을 준용한다.	② 법령에 따라 해당 시설이나 설비 등이 위탁되어 수탁자가 그 운영·관리책임을 지게 된 경우에는 수탁자와 사업주나 경영책임자 등이 공동으로 제3조의 의무를 부담한다. 제10조(준용규정) 중대시민재해에 관하여는 중대산업재해에 관한 제4조, 제6조 및 제7조에 관한 규정을 준용한다.	

3. 유사 입법례

「제조물 책임법」

제3조(제조물 책임) ① 제조업자는 제조물의 결함으로 생명·신체 또는 재산에 손해 (그 제조물에 대하여만 발생한 손해는 제외한다)를 입은 자에게 그 손해를 배상하여야 한다.

② 제1항에도 불구하고 제조업자가 제조물의 결함을 알면서도 그 결함에 대하여 필요한 조치를 취하지 아니한 결과로 생명 또는 신체에 중대한 손해를 입은 자가 있는 경우에는 그 자에게 발생한 손해의 3배를 넘지 아니하는 범위에서 배상책임을 진다. 이 경우 법원은 배상액을 정할 때 다음 각 호의 사항을 고려하여야 한다.

1. 고의성의 정도
2. 해당 제조물의 결함으로 인하여 발생한 손해의 정도
3. 해당 제조물의 공급으로 인하여 제조업자가 취득한 경제적 이익
4. 해당 제조물의 결함으로 인하여 제조업자가 형사처벌 또는 행정처분을 받은 경우 그 형사처벌 또는 행정처분의 정도
5. 해당 제조물의 공급이 지속된 기간 및 공급 규모
6. 제조업자의 재산상태
7. 제조업자가 피해구제를 위하여 노력한 정도

③ 피해자가 제조물의 제조업자를 알 수 없는 경우에 그 제조물을 영리 목적으로 판매·대여 등의 방법으로 공급한 자는 제1항에 따른 손해를 배상하여야 한다. 다만, 피해자 또는 법정대리인의 요청을 받고 상당한 기간 내에 그 제조업자 또는 공급한 자를 그 피해자 또는 법정대리인에게 고지(告知)한 때에는 그러하지 아니하다.

「산업안전보건법」

제117조(유해·위험물질의 제조 등 금지) ① 누구든지 다음 각 호의 어느 하나에 해당하는 물질로서 대통령령으로 정하는 물질(이하 "제조등금지물질"이라 한다)을 제조·수입·양도·제공 또는 사용해서는 아니 된다.

1. 직업성 암을 유발하는 것으로 확인되어 근로자의 건강에 특히 해롭다고 인정되는 물질
2. 제105조제1항에 따라 유해성·위험성이 평가된 유해인자나 제109조에 따라 유해

성·위험성이 조사된 화학물질 중 근로자에게 중대한 건강장해를 일으킬 우려가 있는 물질

「시설물의 안전 및 유지관리에 관한 특별법」

제11조(안전점검의 실시) ① 관리주체는 소관 시설물의 안전과 기능을 유지하기 위하여 정기적으로 안전점검을 실시하여야 한다. 다만, 제6조제1항 단서에 해당하는 시설물의 경우에는 시장·군수·구청장이 안전점검을 실시하여야 한다.

제13조(긴급안전점검의 실시) ① 관리주체는 시설물의 붕괴·전도 등이 발생할 위험이 있다고 판단하는 경우 긴급안전점검을 실시하여야 한다.

제23조(긴급안전조치) ① 관리주체는 시설물의 중대한결함등을 통보받는 등 시설물의 구조상 공중의 안전한 이용에 미치는 영향이 중대하여 긴급한 조치가 필요하다고 인정되는 경우에는 시설물의 사용제한·사용금지·철거, 주민대피 등의 안전조치를 하여야 한다.

제24조(시설물의 보수 · 보강 등) ① 관리주체는 제13조제6항에 따른 조치명령을 받거나 제23조제1항에 따라 시설물의 중대한결함등에 대한 통보를 받은 경우 대통령령으로 정하는 바에 따라 시설물의 보수·보강 등 필요한 조치를 하여야 한다.

II. 내용 및 검토

1. 원료 또는 제조물 관련 안전 및 보건 확보의무 (법 제9조 제1항)

법 제9조(사업주와 경영책임자등의 안전 및 보건 확보의무) ① 사업주 또는 경영책임자등은 사업주나 법인 또는 기관이 실질적으로 지배·운영·관리하는 사업 또는 사업장에서 생산·제조·판매·유통 중인 원료나 제조물의 설계, 제조, 관리상의 결함으로 인한 그 이용자 또는 그 밖의 사람의 생명, 신체의 안전을 위하여 다음 각 호에 따른 조치를 하여야 한다.
1. 재해예방에 필요한 인력·예산·점검 등 안전보건관리체계의 구축 및 그 이행에 관

한 조치

2. 재해 발생 시 재발방지 대책의 수립 및 그 이행에 관한 조치
3. 중앙행정기관·지방자치단체가 관계 법령에 따라 개선, 시정 등을 명한 사항의 이행에 관한 조치
4. 안전·보건 관계 법령에 따른 의무이행에 필요한 관리상의 조치

가. 개요

법 제9조제1항은 개인사업주 또는 경영책임자등으로 하여금 해당 사업주, 법인 또는 기관이 실질적으로 지배·운영·관리하는 사업 또는 사업장에서 생산·제조·판매·유통하는 원료나 제조물에 대하여 해당 원료나 제조물의 설계·제조·관리상의 결함으로 인하여 그 이용자 등이 생명·신체에 위해를 입는 것을 방지하기 위한 조치를 하도록 하여 안전보건 확보의무를 부과하고 있다.

원료나 제조물의 설계·제조·관리상의 결함으로 인하여 발생할 수 있는 중대시민재해로는 독성 원료물질로 제조한 화학제품의 사용 또는 설계결함이 있는 전자제품의 폭발로 인한 이용자의 사망 또는 부상 등이 있을 수 있는데, 이러한 사례에서 해당 제품을 직접 제조한 기업의 경영책임자 등뿐만 아니라 원료 제조 및 해당 제품을 판매·유통한 기업의 개인사업주 또는 경영책임자등도 각자의 안전보건 확보의무를 위반한 경우 동 조항의 위반으로 처벌받을 수 있다.

1) 안전보건 확보의무의 주체

중대시민재해의 예방을 위한 안전 및 보건 확보의무의 주체는 개인사업주 또는 경영책임자등으로서, 사업주가 개인인 경우에는 개인사업주이고, 사업주가 법인 또는 기관인 경우에는 경영책임자등이 된다는 점은 앞서 살펴본 바와 같다. 한편, 중대산업재해의 경우 상시 근로자 5인 미만의 사업 또는 사업장의 개인사업주와 경영책임자등은 안전보건 확보의무를 면제하는 규정이 있으나,[742] 중대시민재해의 경우 그러

---

742) 중대재해처벌법 제3조(적용범위) 상시 근로자가 5명 미만인 사업 또는 사업장의 사업주(개인사업주에 한정한다. 이하 같다) 또는 경영책임자등에게는 이 장의 규정을 적용하지 아니한다.

한 규정이 없다.

2) 안전보건 확보의무의 조치대상

개인사업주 또는 경영책임자등이 안전 및 보건 확보의무를 부담하여 원료 또는 제조물 관련 중대시민재해를 방지하기 위하여 조치하여야 할 대상은 '사업주나 법인 또는 기관이 실질적으로 지배·운영·관리하는 사업 또는 사업장에서 생산·제조·판매·유통 중인 원료나 제조물의 설계·제조·관리상의 결함'이다.

사업주는 개인사업주를 의미하고, 법인은 영리법인과 비영리법인을 모두 포함하며, 기관은 법 제2조제9호나목에 따른 기관장 등이 소속된 중앙행정기관, 지방자치단체, 지방공기업, 공공기관을 의미한다는 점은 중대산업재해 관련 안전보건 확보의무에 관한 논의에서 살펴본 바와 같다.

개인사업주, 법인 또는 기관이 사업 또는 사업장에 대하여 실질적으로 지배·운영·관리한다는 의미는 하나의 사업 목적 하에 해당 사업 또는 사업장의 조직, 인력, 예산 등에 대한 결정을 총괄하여 행사하는 것이라는 점도 앞서 살펴본 바와 같다.

환경부는 사업주, 법인 또는 기관이 특정 사업 또는 사업장을 실질적인 지배·운영·관리하는 경우로 간주할 수 있는 사례로서 ①소유권, 점유권, 임차권 등 장소, 시설, 설비에 대한 권리를 가지고 있는 경우, ②사업 또는 사업장에서 생산·제조·판매·유통 중인 원료나 제조물로 인한 유해·위험요인을 통제할 수 있는 경우, ③보수·보강을 실시하여 안전하게 관리해야 할 의무를 가지는 경우 등을 들고 있다.[743] 그러나 중대산업재해 관련 안전보건 확보의무(법 제4조)의 장소적 대상에 대한 국회 법제사법위원회 심사과정에서 사업장을 소유만 하는 자에게까지 안전 및 보건 확보의무를 부과하는 것은 문제가 있다는 지적이 제기되어 "소유"는 삭제되고 사업주나 법인 또는 기관이 실질적으로 "지배·운영·관리"하는 사업 또는 사업장으로 조정된 바 있다.[744] 따라서 사업주, 법인 또는 기관이 소유권 등 권리를 가지고 있다는 사실

---

743) 환경부,『중대재해처벌법 해설 - 중대시민재해 원료·제조물』, 2022.4., 3면 참조.
744) 2020년 12월 30일 법사위 제1소위 회의록 20면 중 김도읍위원의 아래 발언 참조.
  "건물이나 지상물이나 토지나 등기부상으로는 소유권자로 되어 있는데 실질적으로 임차인이 책임하에 이 공장을 운영을 한단 말이에요. 그런 경우를 이야기하는 거예요 ..... 그래서 이 문

만으로 해당 사업 또는 사업장을 실질적으로 지배·운영·관리한다고 판단하기는 어려울 것으로 보인다.

가) 생산·제조·판매·유통 중인 원료나 제조물

개인사업주 또는 경영책임자등이 설계·제조·관리상의 결함을 방지하여야 하는 대상은 해당 개인사업주, 법인 또는 기관이 실질적으로 지배·운영·관리하는 사업 또는 사업장에서 생산·제조·판매·유통 중인 원료나 제조물이다.

'제조'의 사전적 의미는 원료에 인공을 가하여 정교한 제품을 만드는 것이나, 중대재해처벌법에서 '제조물'을 정의할 때 "제조되거나 가공된 동산"이라고 하여 제조의 대상을 명시하고 있지 아니하므로, 원료뿐만 아니라 원료로부터 가공된 제품을 재료로 하여 새로운 물건을 만드는 행위도 제조에 포함된다고 보아야 할 것이다. '생산'의 사전적 의미는 인간이 생활하는 데 필요한 각종 물건을 만들어 내는 것이나, 중대재해처벌법에서는 제조물의 '제조'에 포함되지 아니하는 원료의 채취 등 행위를 포함하기 위한 용어로 보인다. 관련 입법례로서, 「축산법」은 축산물의 정의745)에서 고기·젖·알·꿀을 가축에서 '생산'된 것으로 규정하고 있다.

'유통'의 사전적 의미는 상품 따위가 생산자에서 소비자, 수요자에 도달하기까지 여러 단계에서 교환되고 분배되는 활동이다. 「유통산업발전법」에서 유통산업을 "농산물·임산물·축산물·수산물(가공물 및 조리물을 포함한다) 및 공산품의 도매·소매 및 이를 경영하기 위한 보관·배송·포장과 이와 관련된 정보·용역의 제공 등을 목적으로 하는 산업"이라고 정의하고 있는바, 동법에서 유통은 상품을 중간상인 또는 최종소비자에게 판매하는 행위와 그에 부수하는 포장·보관·배송을 포함하는 개념으로 사용되었는데, 중대재해처벌법에서 사용되는 '유통'의 의미도 이러한 개념에서 크게 벗어나지 아니할 것으로 보인다.

구를 '소유'보다는 실질적으로 지배·운영·관리, '기관이 지배·운영·관리하는' 이래 버리면 깔끔하지 않은가"

745) 「축산법」 제2조(정의) 이 법에서 사용하는 용어의 뜻은 다음과 같다.
　　3. "축산물"이란 가축에서 생산된 고기·젖·알·꿀과 이들의 가공품·원피[가공 전의 가죽을 말하며, 원모피(原毛皮)를 포함한다]·원모, 뼈·뿔·내장 등 가축의 부산물, 로얄제리·화분·봉독·프로폴리스·밀랍 및 수벌의 번데기를 말한다.

'원료'의 사전적 의미는 어떤 물건을 만드는 데 들어가는 재료인바, 제조 또는 가공의 대상이 되는 재료를 의미한다고 볼 수 있다. 원료에서 발산된 가스, 증기 및 분진, 그리고 부산물이 법 제9조제1항에 따른 원료에 포함되는지 불확실하다는 견해가 있는데,[746] 법 제9조제1항의 취지가 사업 또는 사업장에서 원료나 제조물을 취급하는 과정에서의 결함으로 인하여 그 이용자 등이 생명·신체상의 위해를 입는 것을 방지하려는 것이라는 점을 고려하면, 원료의 취급과정에서 발생하는 부산물, 원료에서 발산되는 가스 등도 개인사업주 또는 경영책임자등이 취급과정에서 안전보건을 확보하여야 하는 원료에 포함되는 것으로 보아야 할 것이다. '제조물'에 대하여는 법 제2조제3호에서 "제조되거나 가공된 동산(다른 동산이나 부동산의 일부를 구성하는 경우를 포함한다)"으로 정의하고 있는데, 이는 「제조물 관리법」에 따른 제조물의 정의와 동일하다.

나) 설계 · 제조 · 관리상의 결함

개인사업주 또는 경영책임자등은 사업 또는 사업장에서 생산·제조·판매·유통하는 원료나 제조물의 설계·제조·관리상의 결함을 방지하여야 한다. 중대재해처벌법에서 "결함"에 관하여 정의규정을 두고 있지 아니하나, 「제조물 책임법」에서 관련 정의규정을 두고 있어 참고할 만하다.[747] 같은 법에서 결함에 대하여 통상적으로 기대할 수 있는 안전성이 결여되어 있는 것으로 규정하고 있고, 결함의 종류로서 ① 설계

---

746) 정진우, 「중대재해처벌법 제정과정에서의 법적 쟁점과 남겨진 과제」, 『과학기술법연구』 제27집 제2호, 19면 참조.

747) 「제조물 책임법」 제2조(정의) 이 법에서 사용하는 용어의 뜻은 다음과 같다.
   2. "결함"이란 해당 제조물에 다음 각 목의 어느 하나에 해당하는 제조상·설계상 또는 표시상의 결함이 있거나 그 밖에 통상적으로 기대할 수 있는 안전성이 결여되어 있는 것을 말한다.
   가. "제조상의 결함"이란 제조업자가 제조물에 대하여 제조상·가공상의 주의의무를 이행하였는지에 관계없이 제조물이 원래 의도한 설계와 다르게 제조·가공됨으로써 안전하지 못하게 된 경우를 말한다.
   나. "설계상의 결함"이란 제조업자가 합리적인 대체설계(代替設計)를 채용하였더라면 피해나 위험을 줄이거나 피할 수 있었음에도 대체설계를 채용하지 아니하여 해당 제조물이 안전하지 못하게 된 경우를 말한다.
   다. "표시상의 결함"이란 제조업자가 합리적인 설명·지시·경고 또는 그 밖의 표시를 하였더라면 해당 제조물에 의하여 발생할 수 있는 피해나 위험을 줄이거나 피할 수 있었음에도 이를 하지 아니한 경우를 말한다.

상의 결함, ② 제조상의 결함, ③ 표시상의 결함에 대하여도 정의하고 있다. 이 중에서 설계상의 결함을 "제조업자가 합리적인 대체설계(代替設計)를 채용하였더라면 피해나 위험을 줄이거나 피할 수 있었음에도 대체설계를 채용하지 아니하여 해당 제조물이 안전하지 못하게 된 경우"로 정의한 것과 제조상의 결함을 "제조물이 원래 의도한 설계와 다르게 제조·가공됨으로써 안전하지 못하게 된 경우"로 정의한 것을 중대재해처벌법에서도 차용할 수 있을 것으로 보인다.[748] 설계상의 결함과 제조상의 결함은 원료 또는 제조물의 생산·제조단계에서 발생하고, 관리상의 결함은 판매·유통단계에서 발생할 것으로 보이는데, 관리상의 결함을 「제조물 책임법」에 따른 제조상의 결함과 유사하게 풀이하여 보면, 원료 또는 제조물이 판매·유통단계에서 통상 갖추어야 할 관리조치가 이루어지지 아니하여 안전하지 못하게 된 경우라고 해석할 수 있을 것이다.

가습기 내에 미생물 번식 등의 발생을 방지하기 위한 가습기살균제를 사용한 산모, 영유아 등이 폐손상 등으로 사망한 사건과 관련하여, 2012년 2월에 동물에 대하여도 폐손상 환자 사례와 같은 조직병리 소견이 관철되어 가습기살균제와 폐손상의 인과관계가 확인되었는데, 이 사건이 중대재해처벌법 이후에 발생하였다면 제조물의 설계상 또는 제조상의 결함이 인정될 수 있었을 것으로 보인다. 또한, 2002년 10월에 거제의 한 병원에서 모 제약회사의 근이완제를 맞고 1명이 사망하는 등 집단 쇼크사고를 일으킨 사건이 있었다. 식품의약품안전처의 조사결과 해당 근이완제에서 "엔테

---

748) 대법원은 고엽제 사건 판결에서 "제조업자가 이러한 고도의 위험방지의무를 위반한 채 생명·신체에 위해를 발생시킬 위험이 있는 화학제품을 설계하여 그대로 제조·판매한 경우에는 특별한 사정이 없는 한 그 화학제품에는 사회통념상 통상적으로 기대되는 안전성이 결여된 설계상의 결함이 존재한다고 봄이 상당하다"고 보았다. 동 판결에서 대법원은 베트남전 참전군인들이 외국법인 등에 의해 제조되어 베트남전에서 살포된 고엽제 때문에 염소성여드름 등 각종 질병이 발생하였다며 해당 법인 등을 상대로 제조물책임 등에 따른 손해배상을 구한 사안에서, 참전군인들 중 일부가 특이성 질환인 염소성여드름이 발생하는 손해를 입었다고 인정하였다(대법원 2013. 7. 12. 선고 2006다17553 판결). 그러나 대법원은 담배소송 사건 판결에서 "제조자가 합리적인 대체설계를 채용하였더라면 피해나 위험을 줄이거나 피할 수 있었음에도 대체설계를 채용하지 아니하여 제조물이 안전하지 못하게 된 경우를 말하는 이른바 설계상의 결함이라 한다"라고 판시하면서도, "국가 등이 니코틴이나 타르를 완전히 제거할 수 있는 방법이 있다 하더라도 이를 채용하지 않은 것 자체를 설계상 결함이라고 볼 수 없다"고 보았다(대법원 2014. 4. 10. 선고 2011다22092 판결).

로박터크로아케" 등의 균이 검출되었는데, 해당 제약회사의 주사제 멸균기 등 생산설비가 전반적으로 노후했고, 제조관리 책임자가 없는 상태에서 제조지시서가 임의 발행되었으며, 생산담당자의 공정 불량품을 재생하는 등 GMP규정을 준수하지 않았고, 8개월 동안 제조관리약사가 근무하지 않은 것으로 확인되었는바, 이는 제조물의 제조상의 결함이 있었던 사례로 볼 수 있다. 2012년 9월 구미의 한 공장에서 불화수소를 탱크 컨테이너에서 생산설비로 이송하기 위하여 밸브를 연결하는 작업 중에 불화수소가 누출되어 현장에 있던 근로자 5인이 사망하고, 인근 사업장과 지역주민들에게도 영향을 주어 입원치료를 받은 사람이 12인 발생하는 등의 피해가 발생하였는데, 이는 원료의 관리상 결함의 예로 볼 수 있을 것이다.[749]

「제조물 책임법」은 피해자가 특정 사실을 증명하는 경우 제조물을 공급할 당시에 제조물에 결함이 있었고, 그로 인하여 피해가 발생한 것으로 추정하도록 하여 입증책임을 전환하는 규정[750]을 두고 있다. 중대재해처벌법의 입법과정에서도 특정한 사실이 있는 경우에는 경영책임자등의 의무위반으로 중대재해가 발생한 것으로 추정하는 규정[751]을 둔 법률안이 제안된 바 있었으나, 형벌이 높은 사안에서 증명책임도 완화하는

---

749) 환경부, 『중대재해처벌법 해설 – 중대시민재해 원료·제조물』, 2022.4., 8~9면 참조.
750) 「제조물 책임법」 제3조의2(결함 등의 추정) 피해자가 다음 각 호의 사실을 증명한 경우에는 제조물을 공급할 당시 해당 제조물에 결함이 있었고 그 제조물의 결함으로 인하여 손해가 발생한 것으로 추정한다. 다만, 제조업자가 제조물의 결함이 아닌 다른 원인으로 인하여 그 손해가 발생한 사실을 증명한 경우에는 그러하지 아니하다.
   1. 해당 제조물이 정상적으로 사용되는 상태에서 피해자의 손해가 발생하였다는 사실
   2. 제1호의 손해가 제조업자의 실질적인 지배영역에 속한 원인으로부터 초래되었다는 사실
   3. 제1호의 손해가 해당 제조물의 결함 없이는 통상적으로 발생하지 아니한다는 사실
751) 중대재해에 대한 기업 및 정부 책임자 처벌법안(박주민의원 대표발의)과 중대재해에 대한 기업 및 정부 책임자 처벌법안(이탄희의원 대표발의)은 공통적으로 다음 두 개의 조항을 포함하고 있다.
   제5조(인과관계의 추정) 다음 각 호의 어느 하나에 해당하는 경우에는 사업주 또는 경영책임자 등이 제3조에서 정한 위험방지의무를 위반한 행위로 인하여 중대산업재해가 발생한 것으로 추정한다.
   1. 당해 사고 이전 5년간 사업주 또는 경영책임자 등이 제3조가 정하고 있는 의무와 관련된 법을 위반한 사실이 수사기관 또는 관련 행정청에 의해 3회 이상 확인된 경우
   2. 사업주 또는 경영책임자 등이 당해 사고에 관한 증거를 인멸하거나 현장을 훼손하는 등 사고 원인 규명, 진상조사, 수사 등을 방해한 사실이 확인되거나 다른 사람으로 하여금 이러한 행위를 하도록 지시 또는 방조한 사실이 확인되는 경우
   제11조(준용규정) 중대시민재해에 관하여는 중대산업재해에 관한 제4조, 제5조 및 제7조에 관

것은 수용하기 어렵다는 등의 이유가 제기되어 최종 법률에 포함되지 아니하였다.752)

다) 원료 · 제조물의 이용단계에서의 결함

법 제9조제1항은 원료나 제조물의 생산·제조·판매·유통단계에서의 결함으로 인하여 안전보건상의 유해 또는 위험이 일어나는 것을 방지하려는 규정으로, 원료·제조물의 이용단계에서 발생한 결함으로 인하여 중대재해가 발생한 경우에는 처벌하지 아니한다. 예를 들어, 병원이 의료기기를 구입하여 사용하다가 관리상의 주의를 다하지 못하여 환자가 사망하는 사고가 발생하는 경우라도 민사상 손해배상 청구 등은 별론으로 하고, 중대재해처벌법에 따른 처벌대상에서는 제외된다.753)

위 예시와 관련하여 의료기기 제조회사의 잘못은 없고 의료기기를 관리하던 병원의

한 규정을 준용한다.

752) 2020년 12월 30일 법사위 제1소위 회의록 39~43면 중 아래 논의 참조.
- ○ 박주민위원 우선 제 원안의 경우에 무죄추정의 원칙에 반한다라는 말씀도 해 주셨고 특히 1호의 경우에 상관관계가 없는 것을 가지고 인과관계로 추정하기 때문에 요건에도 맞지 않는다라는 말씀을 해 주셨습니다. 그래서 나누어 드린 자료의 오른쪽처럼 한번 수정을 해 봤습니다. 일단은 3조에 따른 의무 위반이 있고 그래서 중대산업재해가 발생을 하고 그러고 나서 상당한 개연성이 있는 때는 그 의무 위반으로 인해서 발생한 것으로 추정을 하고 개연성이 있는지에 대해서는 2항에 따라서 제반 요건을 좀 고려해서 판단을 하고 또 3항에 의해서 추정을 배제할 수 있는 그런 형태로 좀 수정을 해 봤습니다. (생략)
- ○ 전주혜위원 책임주의의 원칙에서 보면 유죄라는 것은 상당한 개연성이 아니라 오히려 이런 합리적 의심을 배제할 수 없는 정도의 고도의 증명이 필요한 것 아니겠습니까? .... 형이 굉장히 높은 사건에서 이렇게 증명 책임마저 더 낮춘다면 그것은 책임주의의 원칙상 좀 맞지 않는 형평성의 문제가 있다 이런 생각이 들고요. (생략)
- ○ 법원행정처차장 3조의 의무라는 것 자체가 지금 포괄적으로 갈 수밖에 없어서 형태가 다양하게 나타날 텐데 그것과 질병 사이의 인과관계를 추정한다라고 하는 게 안 맞을 수가 있다, 의무가 워낙 다양하기 때문에 ..... 그러니까 그 의무나 조치 내용에 따라서는 그 질병과 ..... 전혀 관련 없는 의무도 있을 수 있어서, ... 현실적으로 이게 과연 쉽겠냐 그런 걱정이 됩니다, 재판 현장에서 적용하는 데 ..... 말씀하신 것은 환경범죄 처벌법에서 비슷한 조문을 두고 있습니다. 그런데 거기는 우선 오염물질을 불법 배출한 것 그것 인정이 되고요 플러스 불법 배출해서 위해가 발생할 수 있는 지역에서 같은 종류의 오염물질로 위해가 발생한 경우, 아무튼 이것은 이 정도면 괜찮을 수 있겠다라는 정도는 되는데 이것은 그것보다는 관계나 관련성이 많이 떨어져서 곧바로 이것을 원용하기는 좀 조심스럽다 이런 말씀을 드립니다. (생략)
- ○ 송기헌위원 차라리 의무 위반을 추정한다 그러면 내가 이해를 할 수가 있어요, 의무를 위반한 것으로 추정한다고 하면 (생략) 어쨌든 책임주의를 벗어나기 때문에 어쩔 수가 없는데 취지 자체는 의무 위반 자체를 추정하고 싶다는 취지 같아요 ..... 그런데 그것을 자꾸 인과관계 문제로 얘기하면 논점을 너무 벗어나는 거기 때문에 이것 정리를 해 주셨으면 좋겠다는 생각인 거지요.

753) 환경부, 앞의 책, 47면 참조.

잘못으로 중대시민재해에 상당하는 사상자가 발생한 경우 해당 병원을 운영하는 개인사업주나 경영책임자등에 대하여 중대재해처벌법 위반 관련 수사가 개시될 수 있다는 견해도 있다. 의료기기의 실질적 이용자에는 병원 직원뿐만 아니라 환자도 포함되고, 소비자가 실질적으로 이용하는 과정도 유통과정이라고 해석될 수 있다는 견해이다.[754]

그러나 원료·제조물을 최종소비자에게 판매하는 것을 넘어서 최종소비자가 사용하는 것도 유통에 포함된다고 해석한다면 중대재해처벌법상 처벌대상이 과도하게 확장되는 문제가 발생할 것으로 보인다. 이러한 해석에 따르면, 예를 들어, 소규모 음식점에서 식기(제조물)를 비위생적으로 관리하여 해당 식기에 담긴 음식을 취식한(해당 제조물을 이용한) 사람들에게 중대시민재해에 상당하는 사고가 발생한 경우 해당 음식점의 사업주는 중대재해처벌법에 따라 중한 처벌을 받게 된다. 그런데 이러한 법 적용은 사업장의 최고경영자에 해당하는 경영책임자등을 처벌하기 위하여 마련된 중대재해처벌법의 제정취지와 부합하지 아니하는 측면이 있다. 따라서 소비자가 원료·제조물을 이용하는 것은 유통에서 제외된다고 보는 것이 중대재해처벌법의 입법취지에 부합하는 해석이라고 생각된다.

3) 안전보건 확보의무의 보호대상

개인사업주 또는 경영책임자등이 안전 및 보건 확보의무를 부담하여 원료 또는 제조물 관련 중대시민재해로부터 보호하여야 할 대상은 이용자 또는 그 밖의 사람의 생명·신체의 안전이다. 보호대상에 이용자 외에 "그 밖의 사람"이 포함되어 있는데, 이는 원료 또는 제조물의 이용자가 아닌 일반시민도 중대시민재해를 입을 가능성이 있고, 보호 필요성이 있어서 포함된 것이다. 공중교통수단 관련 중대시민재해의 경우를 예로 들면, 공중교통수단의 탑승자인 이용자 외에 보행자인 일반시민도 보호할 필요가 있기 때문이다.[755]

---

754) 송인택 외, 앞의 책, 305면 참조.
755) 제383회국회(임시회) 법제사법위원회 법안심사제1소위원회 제7차회의록(이하 '2021년 1월 7일 법사위 제1소위 회의록'이라 한다) 12면 중 아래 논의 참조.
  ○ 전주혜위원 9조를 보면 '안전 및 보건 확보의무'라고 되어 있고 '결함으로 인한 그 이용자 또는 그 밖의 사람의' 이렇게 돼있는데요 ..... 그 밖의 사람이 누가 될 수가 있습니까?

이용자 또는 그 밖의 사람에 중대산업재해의 보호대상인 사업 또는 사업장의 종사자도 포함되는지가 문제된다. 중대시민재해의 정의에서 중대산업재해는 제외하고 있는바, 중대산업재해는 「산업안전보건법」 제2조제1호에 따른 산업재해[756] 중 사망자 1명 이상 발생 등의 결과를 야기한 재해이고, 산업재해는 노무를 제공하는 사람이 업무로 인하여 사망 또는 부상하거나 질병에 걸리는 것이므로, 업무과정에서 종사자가 재해를 입은 경우에는 중대시민재해에서 제외된다고 보아야 할 것이다.

나. 안전 및 보건 확보의무의 구체적 내용

1) 안전보건관리체계의 구축 및 그 이행에 관한 조치 (법 제9조제1항제1호)

> **법 제9조(사업주와 경영책임자등의 안전 및 보건 확보의무)** ① 사업주 또는 경영책임자등은 사업주나 법인 또는 기관이 실질적으로 지배·운영·관리하는 사업 또는 사업장에서 생산·제조·판매·유통 중인 원료나 제조물의 설계, 제조, 관리상의 결함으로 인한 그 이용자 또는 그 밖의 사람의 생명, 신체의 안전을 위하여 다음 각 호에 따른 조치를 하여야 한다.
> 1. 재해예방에 필요한 인력·예산·점검 등 안전보건관리체계의 구축 및 그 이행에 관한 조치
> ④ 제1항제1호·제4호 및 제2항제1호·제4호의 조치에 관한 구체적인 사항은 대통령령으로 정한다.

○ 법원행정처차장 이용자가 아닌 일반 시민.
○ 법무부차관 교통수단의 이용자만이 아니라 교통수단에서 발생한 사고로 인해서 ..... 가령 거리를 지나는 사람이 있을 수가 있으니까요. 그렇게 확장을 하는 겁니다.
○ 법원행정처차장 차량 정비를 전혀 안 해 가지고요 브레이크가 파열됐는데 인도로 돌진해서 일반 시민, 보행자를 쳤다 이런 경우를 상정하시면 될 것 같습니다.
○ 유상범위원 차에 탄 사람은 이용자가 되는 거고 보행자는 그 밖의 사람으로 가는 거고.
○ 법원행정처차장 예.
756) 「산업안전보건법」 제2조(정의) 이 법에서 사용하는 용어의 뜻은 다음과 같다.
　　1. "산업재해"란 노무를 제공하는 사람이 업무에 관계되는 건설물·설비·원재료·가스·증기·분진 등에 의하거나 작업 또는 그 밖의 업무로 인하여 사망 또는 부상하거나 질병에 걸리는 것을 말한다.

법 제9조제1항제1호는 개인사업주와 경영책임자등으로 하여금 해당 사업주나 소속 법인 또는 기관이 실질적으로 지배하고 있는 사업 또는 사업장에서 생산·제조·판매·유통되는 원료나 제조물의 결함으로 인하여 그 이용자 등에게 안전·보건상 유해 또는 위험이 발생하는 것을 방지하기 위하여 재해예방에 필요한 인력·예산·점검 등 안전보건관리체계를 구축하고 이행하도록 규정하고 있다. 중대산업재해의 경우 안전보건 관리체계의 예시로서 "인력·예산"만이 열거되어 있으나, 중대시민재해의 경우 입법 과정에서 국토교통부 공무원의 의견제시에 따라 "점검"이 추가되었다.[757] 안전점검도 재해예방에 필요한 안전보건관리체계에 포함될 수 있다는 이유였다. 그러나 중대시민재해를 예방하기 위한 안전보건관리체계에만 "점검"이 명시적으로 열거되어 있어 중대산업재해 관련 안전보건관리체계에는 "점검"이 포함되지 아니하는 것으로 오해될 수 있으므로, 향후 법률 개정시 중대산업재해의 안전보건관리체계의 예시에도 "점검"을 추가할 필요가 있을 것으로 보인다.

법 제9조제4항은 안전보건관리체계의 구축 및 그 이행조치에 대하여 구체적인 사항을 대통령령으로 정하도록 규정하고 있다. 이에 따라 시행령 제8조는 5개의 호를 규정하고 있는바, 이하에서는 각 호를 살펴본다.

가) 중대시민재해 예방인력 구비 및 업무수행 (령 제8조제1호)

> **령 제8조(원료·제조물 관련 안전보건관리체계의 구축 및 이행 조치)** 법 제9조제1항제1호에 따른 조치의 구체적인 사항은 다음 각 호와 같다.
> 1. 다음 각 목의 사항을 이행하는 데 필요한 인력을 갖추어 중대시민재해 예방을 위한 업무를 수행하도록 할 것
>   가. 법 제9조제1항제4호의 안전·보건 관계 법령에 따른 안전·보건 관리 업무의

---

757) 2021년 1월 5일 법사위 제1소위 회의록 31~32면 중 아래 논의 참조.
  ○ **국토교통부 기술안전정책관** 1호에 '재해예방에 필요한 인력 및 예산 등 안전관리체계의 수립 및 그 이행에 필요한 조치'라고 되어 있는데 ..... 사전에 관리체계를 수립하고 조치하는 내용에 안전점검이 포함될 수가 있습니다. 그렇기 때문에 그 조항을 ..... '재해예방에 필요한 인력·예산·점검 등 안전관리체계의 수립 및 그 이행에 필요한 조치' 그렇게 수정을 하면 어떨까 제안을 해 봅니다.
  ○ **박주민위원** 그것도 좋은 아이디어 같습니다. (생략)
  ○ **소위원장 백혜련** '점검'만 들어가는 거네요.

> 수행
>
> 나. 유해·위험요인의 점검과 위험징후 발생 시 대응
>
> 다. 그 밖에 원료·제조물 관련 안전·보건 관리를 위해 환경부장관이 정하여 고시
> 하는 사항

시행령 제8조제1호는 개인사업주와 경영책임자등으로 하여금 ① 법 제9조제1항제
4호의 안전·보건 관계 법령에 따른 안전·보건 관리 업무의 수행, ② 유해·위험요인
의 점검과 위험징후 발생 시 대응, ③ 기타 환경부장관이 고시하는 사항의 이행 등에
필요한 인력을 갖추고 해당 인력이 중대시민재해 예방을 위한 업무를 수행하게 하도
록 규정하고 있다.

중대산업재해의 경우, 시행령 제4조제2호에서 안전보건 관리업무를 총괄관리하는
전담조직을 두도록 규정하고 있으나, 시행령 제8조제1호는 중대시민재해 예방업무를
담당하는 인력으로 하여금 해당 업무를 전담하도록 규정하고 있지 아니하므로 중대
시민재해 예방업무 담당인력은 다른 업무와 겸직이 가능하다. 이와 관련하여 환경부
는 개인사업주나 경영책임자등이 반드시 새로운 인력을 갖추어야 하는 것은 아니고
기존의 안전보건 인력을 활용하는 것도 가능하나, 적절한 업무수행을 위한 조직규모
와 자격을 갖추어야 한다고 해설하고 있다.[758]

(1) 안전·보건 관계법령에 따른 안전·보건 관리업무

법 제9조1항제4호에 따른 안전보건 관계 법령은 시행령 제9조제1항에서 정의하고
있는데, '해당 사업 또는 사업장에서 생산·제조·판매·유통 중인 원료나 제조물에
적용되는 것으로서 그 원료나 제조물이 사람의 생명·신체에 미칠 수 있는 유해·위
험 요인을 예방하고 안전하게 관리하는 데 관련되는 법령"을 말한다. 환경부는 주요
안전보건 관계 법령을 아래와 같이 예시하고 있다.[759]

---

758) 환경부, 앞의 책, 25면 참조.
759) 환경부, 앞의 책, 19면 참조.

주요 안전 · 보건 관계 법령			
1	산업안전보건법	17	수입식품안전관리특별법
2	원자력안전법	18	어린이제품 안전 특별법
3	약사법	19	어린이놀이시설 안전관리법
4	마약류 관리에 관한 법률	20	승강기 안전관리법
5	화장품법	21	위험물안전관리법
6	농약관리법	22	해사안전법
7	비료관리법	23	지하수법
8	사료관리법	24	수도법
9	총포 · 도검 · 화약류 등의 안전관리에 관한 법률	25	먹는물관리법
10	건강기능식품에 관한 법률	26	도시가스사업법
11	의료기기법	27	선박안전법
12	고압가스 안전관리법	28	액화석유가스의 안전관리 및 사업법
13	화학제품안전법	29	전기안전관리법
14	식품위생법	30	자동차관리법
15	화학물질관리법	31	석면안전관리법
16	광산안전법	32	전기생활용품안전법

이러한 안전보건 관계 법령에 따른 안전보건 관련업무의 사례를 살펴보면, 중대시민재해를 예방하기 위하여 수행하여야 할 업무의 내용으로 원료·제조물 제조시설 및 장비 관리, 원료·제조물 품질관리, 원료·제조물에 대한 유해·위험요인 점검 및 대응 등을 상정할 수 있다. 예를 들어, 「건강기능식품에 관한 법률」 제12조는 건강기능식품 제조업을 하려는 자는 품질관리인을 두어야 하고, 품질관리인은 건강기능식품의 안전성 확보, 제조시설 및 제품에 대한 위생관리, 제품 및 원료에 대한 품질관리 등의 업무를 수행하여야 한다.760) 「화학물질관리법」 제43조는 화학물질을 취급하는 자로 하여

---

760) 「건강기능식품에 관한 법률」 제12조(품질관리인) ① 제5조제1항에 따라 건강기능식품제조업의 허가를 받아 영업을 하려는 자는 총리령으로 정하는 바에 따라 품질관리인(이하 "품질관리인"

금 화학사고가 발생하거나 발생할 우려가 있는 경우 즉시 화학사고예방관리계획서에 따라 위해방제에 필요한 응급조치를 하고, 화학사고가 발생하는 경우 즉시 관할 지방 자치단체 등에 신고하도록 규정하고 있다.761) 그 밖에 원료·제조물 관련 중대시민재 해예방을 위한 안전보건 관리업무 관련 주요 규정을 예시하면, 다음과 같다.

법률	관련 규정
건강기능식품에 관한 법률	제12조(품질관리인) 제21조(자가품질검사 의무) 제21조의2(원재료의 검사 확인 의무 등) 제22조(우수건강기능식품 제조기준 등) 제22조의2(건강기능식품 이력추적관리 등록기준 등)
고압가스안전관리법	제13조(시설·용기의 안전유지) 제15조(안전관리자)
먹는물관리법	제27조(품질관리인)
식품위생법	제41조의2(위생관리책임자)
위험물안전관리법	제15조(위험물안전관리자) 제16조(탱크시험자의 등록 등) 제21조(위험물의 운송)
의료기기법	제6조의2(품질책임자 준수사항 등)

이라 한다)을 두어야 한다. 다만, 영업자가 품질관리인의 자격을 갖추고 품질관리 업무에 종사 하고 있는 경우에는 그러하지 아니하다.
② 품질관리인은 건강기능식품의 제조에 종사하는 사람이 이 법 또는 이 법에 따른 명령이나 처분을 위반하지 아니하도록 지도하여야 하며, 다음 각 호의 직무를 수행하여야 한다.
1. 건강기능식품의 안전성 확보
2. 제21조에 따른 자가품질검사 등을 통한 제품 및 원료에 대한 품질관리
3. 제조시설 및 제품에 대한 위생관리
4. 건강기능식품의 안전성 확보 및 품질·위생 관리 등과 관련이 있는 종업원에 대한 지도·감 독 및 교육·훈련
761) 「화학물질관리법」 제43조(화학사고 발생신고 등) ① 화학사고가 발생하거나 발생할 우려가 있 으면 해당 화학물질을 취급하는 자는 즉시 화학사고예방관리계획서에 따라 위해방제에 필요 한 응급조치를 하여야 한다. 다만, 화학사고의 중대성·시급성이 인정되는 경우에는 취급시설 의 가동을 중단하여야 한다.
② 화학사고가 발생하면 해당 화학물질을 취급하는 자는 즉시 관할 지방자치단체, 지방환경관 서, 국가경찰관서, 소방관서 또는 지방고용노동관서에 신고하여야 한다.

	제31조(부작용 관리)
	제31조의5(의료기기 이물 발견 보고 등)
전기용품 및 생활용품 안전관리법	제5조(안전인증 등)
	제7조(정기검사와 자체검사 등)
	제8조(안전인증대상 수입 중고 전기용품의 안전검사)
	제23조(공급자적합성확인 등)
총포도검화약류 등의 안전관리에 관한 법률	제27조(화약류제조보안책임자 및 화약류관리보안책임자의 선임)
	제32조(화약류의 안정도 시험)
화장품법	제5조(영업자의 의무 등)
	제5조의2(위해화장품의 회수)
	제8조(화장품 안전기준 등)
화학물질관리법	제32조(유해화학물질관리자)

(2) 유해 · 위험요인 점검 및 대응

시행령 제8조제1호나목은 중대시민재해 예방을 위한 안전보건 관리업무의 내용 중 하나인 원료·제조물 유해·위험요인 점검 및 위험징후 발생 시 대응을 규정하고 있는데, 이는 안전보건 관계법령에 규정된 안전보건 관리업무(시행령 제8조제1호가목) 외의 유해·위험요인 점검 및 대응 업무도 중대시민재해 예방을 위해 이행할 필요가 있기 때문에 마련된 규정이라 하겠다.

유해·위험요인 점검 및 대응 업무의 구체적인 내용은 환경부 고시 「원료 및 제조물로 인한 중대시민재해 예방에 필요한 인력 및 예산 편성 지침」[762] 제3조제2호부터 제4호까지에 예시되어 있다. 제3조제2호는 원료·제조물을 생산·제조할 때의 유해·위험요인 점검업무로서, 안전점검, 안전진단, 성능시험, 성능평가, 품질검사, 안전정보 알림, 품질관리체계 운영, 유해·위험요인 신고접수 및 처리 등을 열거하고 있고, 같은 조 제3호는 원료·제조물을 보관·유통할 때의 유해·위험요인 점검업무로서, 보관·진열 위생관리, 제품표시확인, 부패·변질·유통기한 관리, 안전정보 알림, 안전운송, 유해·위험요인 신고접수 및 처리 등을 열거하고 있다. 같은 조 제4호는 유해·위험요인이 발

---

762) 환경부 고시 제2022-26호, 2022.1.27. 제정.

견된 경우의 대응업무의 예시로서, 긴급안전점검 실시, 개인사업주 또는 경영책임자등에 대한 보고, 해당 원료·제조물의 파기·수거·판매중지, 관련 시설 등의 정비·보수·보강 등을 열거하고 있다.

(3) 환경부 장관 고시사항

시행령 제8조제1호다목은 그 밖에 원료·제조물 관련 안전·보건 관리를 위해 필요한 사항을 환경부 고시에 위임하였는데,「원료 및 제조물로 인한 중대시민재해 예방에 필요한 인력 및 예산 편성 지침」제3조[763])에서 원료·제조물 관련 안전보건관리체계 구축 및 이행에 필요한 업무의 구체적인 내용을 규정하면서 개인사업주와 경영책임자등으로 하여금 해당 업무의 이행에 필요한 인력을 확보하도록 하고 있다. 특히, 같은 조 제5호는 안전보건관계법령에 따른 안전보건교육, 직무교육, 관리자교육, 판매자교육, 기술교육, 위생관리교육 등 의무교육을 실시하는 데 필요한 인력을 갖추도록 하고 있다.

나) 중대시민재해 예방예산 편성 및 집행 (령 제8조제2호)

> **령 제8조(원료·제조물 관련 안전보건관리체계의 구축 및 이행 조치)** 법 제9조제1항제1호에 따른 조치의 구체적인 사항은 다음 각 호와 같다.
> 2. 다음 각 목의 사항을 이행하는 데 필요한 예산을 편성·집행할 것
>   가. 법 제9조제1항제4호의 안전·보건 관계 법령에 따른 인력·시설 및 장비 등의

---

763)「원료 및 제조물로 인한 중대시민재해 예방에 필요한 인력 및 예산 편성 지침」제3조(인력 확보) 사업주와 경영책임자등은 다음 각 호의 사항을 이행하는 데 필요한 인력을 확보한다.
  1. 법 제9조제1항제4호의 안전·보건 관계 법령에 따른 안전·보건 관리 업무
  2. 원료, 제조물의 생산·제조시 안전점검, 안전진단, 성능시험, 성능평가, 품질검사, 안전정보 알림, 품질관리체계 운영, 유해·위험요인 신고접수 및 처리 등 유해·위험요인 점검업무
  3. 원료, 제조물의 보관·유통시 보관·진열 위생관리, 제품표시확인, 부패·변질·유통기한 관리, 안전정보 알림, 안전운송, 유해·위험요인 신고접수 및 처리 등 유해·위험요인 점검업무
  4. 유해·위험요인이 발견 또는 신고 접수된 경우 제2호 또는 제3호에 따른 긴급안전점검을 실시하고 사업주 또는 경영책임자등에게 보고하고, 조치가 필요한 경우 해당 원료 및 제조물의 파기, 수거, 판매중지 또는 관련 시설 등의 정비, 보수, 보강 등 긴급안전조치 및 조치결과통보 업무
  5. 법 제9조제1항제4호의 안전·보건 관계 법령에 따른 안전보건교육, 직무교육, 관리자교육, 판매자교육, 기술교육, 위생관리교육 등 의무교육

확보·유지

나. 유해·위험요인의 점검과 위험징후 발생 시 대응

다. 그 밖에 원료·제조물 관련 안전·보건 관리를 위해 환경부장관이 정하여 고시하는 사항

시행령 제8조제2호는 개인사업주와 경영책임자등으로 하여금 ① 법 제9조제1항제4호의 안전·보건 관계 법령에 따른 인력·시설·장비 등의 확보·유지, ② 유해·위험요인의 점검과 위험징후 발생 시 대응, ③ 기타 환경부장관이 고시하는 사항 등을 이행하는 데 필요한 예산을 편성하고 집행하도록 규정하고 있다.

시행령 제4조제4호도 중대산업재해 예방과 관련하여 유사한 규정을 두고 있는데, 이는 개인사업주와 경영책임자등으로 하여금 중대산업재해 예방 관련 안전보건관리체계의 구축 등을 위해 필요한 예산을 편성하고 "집행하도록 할 것"을 규정하고 있다. 즉, 시행령 제4조제4호는 경영책임자등으로 하여금 예산의 집행이 잘 이루어지도록 관리하는 의무를 부과하고 있는 데 반하여, 시행령 제8조제2호는 경영책임자등에게 직접 예산을 집행하도록 하고 있다. 중대재해 예방을 위한 예산집행 방법에 대하여 중대산업재해와 중대시민재해를 다르게 규정할 이유는 없어 보이고, 경영책임자등으로 하여금 예산을 직접 집행하도록 강제하는 것은 경영책임자등에게 과도한 업무부담을 야기할 수 있으므로, 추후 시행령 제8조제2호는 시행령 제4조제4호에 맞추어 개정하는 것을 검토할 필요가 있다.

법 제9조제1항제4호의 안전·보건 관계 법령에 따른 인력·시설·장비 등을 확보·유지에 필요한 예산은 안전·보건 관계 법령에서 원료·제조물로 인하여 발생할 수 있는 위해를 방지하는 데 필요한 예산으로서, 환경부는 이를 인건비, 시설·장비 확보·유지 관리비, 안전점검 비용, 기타비용으로 편성할 수 있다고 설명한다.[764]

---

764) 환경부, 앞의 책, 28~29면 참조.

<안전 · 보건 관계 법령에 따른 예산편성>

항목	내용
인건비	원료·제조물 안전관리 업무 및 시설·설비 유지보수 업무 수행인력의 인건비
시설·장비 확보·유지관리비	원료·제조물 취급시설 등의 안전과 정비·점검을 위한 신규시설 및 장비 확보비용, 기존 시설 및 장비의 보수 등을 위한 비용
안전점검 비용	정기안전점검, 정밀안전진단, 긴급안전점검 등의 비용 (위탁시 위탁비용으로 별도 기재)
기타비용	재해발생 및 우려시 안전조치비, 계획수립, 안전교육, 관련 서류 작성 및 보관 등의 행정비용

예를 들어, 「의료기기법」 제6조제4항은 의료기기의 제조업 허가를 받으려는 자는 총리령으로 정하는 바에 따라 필요한 시설과 제조 및 품질관리체계를 갖추도록 규정하고 있는바,765) 의료기기제조기업의 경영책임자등은 해당 의료기기의 제조시설 및 품질경영시스템을 구축하고 운영하는 데 필요한 예산을 편성하고 집행하도록 하여야 한다.

개인사업주 또는 경영책임자등은 안전보건 관계 법령에서 규정하고 있지 아니하더라도, 취급하고 있는 원료·제조물에 대한 유해·위험요인을 점검하고 위험징후가 발생할 경우 대응할 수 있는 인력, 시설, 장비, 시스템 등을 갖추고 운영하는 데 필요한 예산을 편성하고 집행하도록 하여야 한다.

또한, 개인사업주 또는 경영책임자등은 원료·제조물 관련 안전·보건 관리를 위하여 환경부장관이 정하여 고시한 사항을 이행하는 데 필요한 예산을 편성·집행하도록 하여야 한다. 환경부는 「원료 및 제조물로 인한 중대시민재해 예방에 필요한 인력 및 예산 편성 지침」 제4조766)에서 원료·제조물 관련 안전보건관리체계 구축 및 이행에

---

765) 「의료기기법」 제6조(제조업의 허가 등) ④ 제1항에 따라 제조업허가를 받으려는 자 및 제2항에 따라 제조허가 또는 제조인증을 받거나 제조신고를 하려는 자는 총리령으로 정하는 바에 따라 필요한 시설과 제조 및 품질관리체계를 미리 갖추어 허가 또는 인증을 신청하거나 신고하여야 한다. 다만, 품질관리를 위한 시험이나 제조공정을 위탁하는 등 총리령으로 정하는 경우에는 그러하지 아니하다.
766) 「원료 및 제조물로 인한 중대시민재해 예방에 필요한 인력 및 예산 편성 지침」 제4조(예산 편성·집행) 사업주와 경영책임자등은 다음 각 호의 사항을 이행하는 데 필요한 예산을 편성·집행한다.

필요한 업무의 구체적인 내용을 규정하면서, 개인사업주와 경영책임자등으로 하여금 해당 업무 이행에 필요한 예산을 편성·집행하도록 하고 있다. 특히, 같은 조 제4호 및 제5호는 긴급안전점검 및 긴급안전조치 예산, 안전보건 관계법령에 따른 의무교육 실시예산을 편성·집행하도록 규정하고 있다.

다) 중대시민재해 예방을 위한 점검 및 조치 (령 제8조제3호)

> **령 제8조(원료·제조물 관련 안전보건관리체계의 구축 및 이행 조치)** 법 제9조제1항제1호에 따른 조치의 구체적인 사항은 다음 각 호와 같다.
> 3. 별표 5에서 정하는 원료 또는 제조물로 인한 중대시민재해를 예방하기 위해 다음 각 목의 조치를 할 것
>   가. 유해·위험요인의 주기적인 점검
>   나. 제보나 위험징후의 감지 등을 통해 발견된 유해·위험요인을 확인한 결과 중대시민재해의 발생 우려가 있는 경우의 신고 및 조치
>   다. 중대시민재해가 발생한 경우의 보고, 신고 및 조치
>   라. 중대시민재해 원인조사에 따른 개선조치

시행령 제8조제3호는 시행령 별표5에서 정하는 특정 원료·제조물로 인하여 중대시민재해가 발생하는 것을 예방하기 위하여 개인사업주와 경영책임자등으로 하여금 ① 유해·위험요인의 주기적 점검, ② 유해·위험요인 확인 결과 중대시민재해 발생 우려가 있는 경우 신고 및 조치, ③ 중대시민재해가 발생한 경우 보고, 신고 및 조치, ④ 중대시민재해 원인조사에 따른 개선조치를 하도록 규정하고 있다. 시행령 제8조제3호도 같은 조 제2호와 마찬가지로 개인사업주와 경영책임자등에게 직접 조치할 의무를 부과하고 있는바, 조치를 지시하도록 의무를 완화할 필요가 있다.

시행령 제8조제3호에 따른 유해·위험요인 점검 및 조치는 시행령 별표5에서 정하

---

1. 법 제9조제1항제4호의 안전·보건 관계 법령에 따른 인력·시설 및 장비 등의 확보·유지
2. 유해·위험요인의 점검을 위한 인력·시설 및 장비 등의 확보·유지
3. 유해·위험요인이 발견 또는 신고 접수된 경우 긴급안전점검 및 조치가 필요한 경우 긴급안전조치
4. 법 제9조제1항제4호의 안전·보건 관계 법령에 따른 안전보건교육, 직무교육, 관리자교육, 판매자교육, 기술교육, 위생관리교육 등 의무교육

는 원료 또는 제조물에 대하여만 실시하도록 하고 있는 점이 특징이다. 이는 시행령 제8조제3호의 신설에 따라 대규모 생산·제조사업장의 경우 원료·제조물의 위험요인 점검 등을 위한 조치 부담이 있으므로, 그 적용대상을 시행령에서 나열하여 예측가능성을 높이려는 것으로 보인다.[767] 시행령 별표5는 「고압가스 안전관리법」 등 11개 법률에서 규정하고 있는 원료·제조물을 열거하고 있다. 또한, 기타 중앙행정기관의 장이 정하여 고시하는 생명·신체에 해로운 원료·제조물도 규정하여 향후 시행령 제8조제3호에 따른 점검 및 조치 대상이 중앙행정기관 고시에 따라 추가될 수 있도록 하고 있다.

〈유해·위험요인 점검 및 조치 규정의 적용대상(시행령 별표5)〉

구분	조항	원료·제조물
1. 고압가스 안전관리법	제28조제2항제13호	독성가스
2. 농약관리법	제2조제1호 제2조제1호의2 제2조제3호 제2조제3호의2	농약 천연식물보호제 원제(原劑) 농약활용기자재
3. 마약류 관리에 관한 법률	제2조제1호	마약류
4. 비료관리법	제2조제2호 제2조제3호	보통비료 부산물비료
5. 생활화학제품 및 살생물제의 안전관리에 관한 법률	제3조제7호 제3조제8호	살생물물질 살생물제품
6. 식품위생법	제2조제1호 제2조제2호 제2조제4호 제2조제5호	식품 식품첨가물 기구 용피·포장
7. 약사법	제2조제4호 제2조제7호 제85조제1항	의약품 의약외품(醫藥外品) 동물용 의약품·의약외품
8. 원자력안전법	제2조제5호	방사성물질

---

767) 법무부, 『중대재해 처벌 등에 관한 법률 시행령 규제영향분석서』, 2021.7., 101면 참조.

9. 의료기기법	제2조제1항	의료기기
10. 총포·도검·화약류 등의 안전관리에 관한 법률	제2조제3항	화약류
11. 화학물질관리법	제2조제7호	유해화학물질
12. 그 밖에 제1호부터 제11호까지의 규정에 준하는 것으로서 관계 중앙행정기관의 장이 정하여 고시하는 생명·신체에 해로운 원료 또는 제조물		

시행령 제8조제3호에 따른 점검 및 조치는 시행령 별표5에서 정하는 원료 또는 제조물에 대하여만 실시하도록 규정하고 있으나, 그 점검 및 조치의 내용의 대부분이 시행령 별표5에 규정되지 아니한 원료·제조물을 대상으로 한 점검 및 조치사항과 중복되는 것으로 보여 별도로 규정할 실익이 있는지 검토할 필요가 있다. 즉, 시행령 제8조제3호가목 및 나목에 따른 유해·위험요인 점검 및 중대시민재해 발생우려 시 조치는 시행령 제8조제1호나목에 따른 유해·위험요인의 점검과 위험징후 발생 시 대응과, 시행령 제8조제3호라목에 따른 중대시민재해 원인조사에 따른 개선조치는 법 제9조제1항제2호의 재해 발생 시 재발방지 대책의 수립 및 그 이행에 관한 조치와 중복된다.

한편, 원료·제조물로 인한 중대시민재해의 발생 가능성은 크게 두 가지로 구분할 수 있는데, ① 건강기능식품과 같이 그 자체에 유해성이 없는 원료·제조물이 설계·제조·관리상의 결함으로 인하여 이용자에게 신체·건강상의 위해를 가하는 경우와 ② 유해화학물질처럼 그 자체가 유해한 원료·제조물이 제조·관리상의 결함으로 인하여 누출되어 일반시민에게 신체·건강상의 위해를 입히는 경우이다.

위 첫 번째 종류의 중대시민재해 예방을 위한 조치 관련 입법례를 살펴보면, 「건강기능식품에 관한 법률」 제21조는 유해·위험요인 점검과 관련하여 건강기능식품제조업 허가를 받은 자로 하여금 그가 제조하는 건강기능식품이 식품의약품안전처장이 고시한 건강기능식품의 제조 기준 및 규격에 부합하는지를 자체 검사하도록 규정하고 있다.768) 같은 법 시행규칙은 검사주기를 규정하고 있다.769) 특히, 식품의약품안전

---

768) 「건강기능식품에 관한 법률」 제21조(자가품질검사 의무) ① 제5조제1항에 따라 건강기능식품

처 고시인 「건강기능식품의 기준 및 규격」은 제조 시 유의사항이라는 항목을 규정하여 제조과정 중 관리해야 할 유해성분이 있는 경우, 그 기준을 제시하고 있고, 중금속 규격 등도 정하고 있다. 또한 「건강기능식품에 관한 법률」 제10조의2는 영업자로 하여금 건강기능식품으로 인하여 발생하였다고 의심되는 이상사례를 알게 된 경우 식품의약품안전처장에게 보고하도록 규정하고 있다.770)

위 두 번째 종류의 중대시민재해 예방 및 최소화를 위한 조치 관련 입법례로는 「화학물질관리법」 제23조771)가 있다. 이는 유해화학물질 취급시설을 설치·운영하려는 자

제조업의 허가를 받은 자는 총리령으로 정하는 바에 따라 그가 제조하는 건강기능식품이 제14조에 따른 기준 및 규격에 맞는지를 검사하고 그 기록을 보존하여야 한다.
769) 「건강기능식품에 관한 법률 시행규칙」 [별표 7]
  1. 건강기능식품의 검사
    라. 자가품질검사는 다음의 구분에 의하여 실시하여야 한다.
      (1) 건강기능식품(기능성 원료 또는 성분 제외) : 1월마다 1회 이상 공통 및 개별 기준·규격 항목. 다만, 제품의 특성상 원료수급 등의 사유로 계절별 또는 특정기간에만 제조하는 제품에 대하여는 그 제조기간에 한정하여 자가품질검사를 실시할 수 있다.
      (2) 기능성 원료 또는 성분 : 제조단위(롯트)별 1회 이상 기준·규격 항목
      (3) 사용하는 원재료 및 용기·포장(다만, 해당 제품의 제조업소에서 자가품질검사 또는 공인검사기관에서 검사한 결과 적합한 시험성적서가 있는 경우에는 생략할 수 있다)
        (가) 해당 원재료 제품별 관련 규정에 의한 기준·규격 항목 : 1월마다 1회 이상. 다만, 제품의 특성상 원료수급 등의 사유로 계절별 또는 특정기간에만 제조하는 제품에 대하여는 그 제조기간에 한정하여 자가품질검사를 실시할 수 있다.
        (나) 해당 용기·포장 제품별 관련 규정에 의한 기준·규격 항목: 6월마다 1회 이상
      (4) (생 략)
770) 「건강기능식품에 관한 법률」 제10조의2(이상사례의 보고 등) ① 영업자(「약사법」 제20조에 따라 등록한 약국개설자 및 「수입식품안전관리 특별법」 제15조에 따라 등록한 수입식품등 수입·판매업자를 포함한다. 이하 이 조에서 같다)는 건강기능식품으로 인하여 발생하였다고 의심되는 바람직하지 아니하고 의도되지 아니한 징후, 증상 또는 질병(이하 "이상사례"라 한다)을 알게 된 경우에는 총리령으로 정하는 바에 따라 식품의약품안전처장에게 보고하여야 한다.
771) 「화학물질관리법」 제23조(화학사고예방관리계획서의 작성·제출) ① 유해화학물질 취급시설을 설치·운영하려는 자는 사전에 화학사고 발생으로 사업장 주변 지역의 사람이나 환경 등에 미치는 영향을 평가하고 그 피해를 최소화하기 위한 화학사고예방관리계획서(이하 "화학사고예방관리계획서"라 한다)를 작성하여 환경부장관에게 제출하여야 한다. 다만, 다음 각 호의 어느 하나에 해당하는 유해화학물질 취급시설을 설치·운영하려는 자는 그러하지 아니하다.
1.~3. (생 략)
② 화학사고예방관리계획서에 포함되어야 하는 내용은 다음 각 호의 내용을 포함하여 환경부령으로 정한다. 이 경우 취급하는 유해화학물질의 유해성 및 취급수량 등을 고려하여 화학사고예방관리계획서에 포함되어야 하는 내용을 달리 정할 수 있다.
1. 취급하는 유해화학물질의 목록 및 유해성정보
2. 화학사고 발생으로 유해화학물질이 사업장 주변 지역으로 유출·누출될 경우 사람의 건강이

는 사전에 화학사고 발생으로 인하여 사업장 주변지역에 미치는 영향을 평가하고 그 피해를 최소화하기 위한 계획서를 작성하도록 규정하고 있는데, 동 계획서에는 화학사고 대비 자체점검 계획뿐만 아니라 화학사고 발생 할 시 유출·누출 시나리오 및 응급조치 계획, 화학사고 피해의 최소화·제거 및 복구 등을 위한 조치계획 등 사후적 조치사항도 포함하도록 하고 있는 점이 특징이다. 같은 법 제43조제1항 및 제2항[772]은 화학물질취급자로 하여금 화학사고가 발생하거나 발생할 우려가 있으면 계획서에 따른 응급조치를 하고 화학사고의 중대성 등이 인정되는 경우 화학물질 취급시설 가동을 중단하도록 하고 있고, 화학사고 발생 시 관계 관청에 신고하도록 규정하고 있다.

(1) 유해 · 위험요인의 주기적 점검

시행령 제8조제3호가목은 유해·위험요인의 주기적 점검의무만을 규정하고 있고, 그 주기에 관하여는 규정하고 있지 아니하다. 시행령 제8조제1호나목 및 같은 조 제2호나목에 따르면, 개인사업주 또는 경영책임자등은 유해·위험요인 점검을 위한 인력 및 예산을 갖추고 해당 업무를 수행하도록 할 의무가 있으며, 시행령 제8조제5호는 개인사업주 또는 경영책임자등으로 하여금 이러한 업무수행 상황을 반기 1회 이상 점검하도록 하고 있다. 따라서 시행령 제8조제3호가목의 점검주기는 최소 반기 1회

     나 주변 환경에 영향을 미치는 정도
  3. 유해화학물질 취급시설의 목록 및 방재시설과 장비의 보유현황
  4. 유해화학물질 취급시설의 공정안전정보, 공정위험성 분석자료, 공정운전절차, 운전책임자, 작업자 현황 및 유의사항에 관한 사항
  5. 화학사고 대비 교육·훈련 및 자체점검 계획
  6. 화학사고 발생 시 비상연락체계 및 가동중지에 대한 권한자 등 안전관리 담당조직
  7. 화학사고 발생 시 유출·누출 시나리오 및 응급조치 계획
  8. 화학사고 발생 시 영향 범위에 있는 주민, 공작물·농작물 및 환경매체 등의 확인
  9. 화학사고 발생 시 주민의 소산계획
  10. 화학사고 피해의 최소화·제거 및 복구 등을 위한 조치계획
  11. 그 밖에 유해화학물질의 안전관리에 관한 사항

772) 「화학물질관리법」 제43조(화학사고 발생신고 등) ① 화학사고가 발생하거나 발생할 우려가 있으면 해당 화학물질을 취급하는 자는 즉시 화학사고예방관리계획서에 따라 위해방제에 필요한 응급조치를 하여야 한다. 다만, 화학사고의 중대성·시급성이 인정되는 경우에는 취급시설의 가동을 중단하여야 한다.
② 화학사고가 발생하면 해당 화학물질을 취급하는 자는 즉시 관할 지방자치단체, 지방환경관서, 국가경찰관서, 소방관서 또는 지방고용노동관서에 신고하여야 한다.

이상으로 해석될 수 있을 것으로 보인다. 한편, 개별 법령에서 반기 1회보다 짧은 주기로 점검하도록 규정하고 있다면 그에 따라야 할 것이다. 예를 들어, 「화학물질관리법」은 유해화학물질 취급시설 및 장비에 대하여 주 1회 이상 점검의무를 부과하고 있고,[773] 「건강기능식품에 관한 법률 시행규칙」은 건강기능식품(기능성 원료 또는 성분 제외)에 대하여 월 1회 이상 자가품질검사를 실시하도록 규정하고 있다.[774]

「산업안전보건법」 제36조는 사업주가 스스로 사업장의 유해·위험요인에 대한 실태를 파악하고 이를 평가하여 관리·개선하는 등 필요한 조치를 하도록 규정하고 있고, 이러한 위험성 평가 등에 필요한 사항을 「사업장 위험성평가에 관한 지침」[775]에서 정하고 있다.[776] 위 고시에 따르면, 사업주는 유해·위험요인을 파악할 때 업종, 규모 등 사업장 실정에 따라 ① 사업장 순회점검에 의한 방법, ② 청취조사에 의한 방법, ③ 안전보건 자료에 의한 방법, ④ 안전보건 체크리스트에 의한 방법, ⑤ 그 밖에 사업장의 특성에 적합한 방법 중 어느 하나 이상의 방법을 사용하여야 하고, 특별한 사정이 없으면 사업장 순회점검을 포함하여야 한다.

---

773) 「화학물질관리법」 제26조(취급시설 등의 자체 점검) ① 유해화학물질 취급시설을 설치·운영하는 자(가동중단 또는 휴업 중인 자를 포함한다)는 주 1회 이상 해당 유해화학물질의 취급시설 및 장비 등에 대하여 환경부령으로 정하는 바에 따라 정기적으로 점검을 실시하고 그 결과를 5년간 기록·비치하여야 한다.

774) 「건강기능식품에 관한 법률 시행규칙」 [별표 7]
　1. 건강기능식품의 검사
　　라. 자가품질검사는 다음의 구분에 의하여 실시하여야 한다.
　　　(1) 건강기능식품(기능성 원료 또는 성분 제외) : 1월마다 1회 이상 공통 및 개별 기준·규격 항목. 다만, 제품의 특성상 원료수급 등의 사유로 계절별 또는 특정기간에만 제조하는 제품에 대하여는 그 제조기간에 한정하여 자가품질검사를 실시할 수 있다.

775) 고용노동부고시 제2020-53호, 2020. 1. 14., 일부개정.

776) 「산업안전보건법」 제36조(위험성평가의 실시) ① 사업주는 건설물, 기계·기구·설비, 원재료, 가스, 증기, 분진, 근로자의 작업행동 또는 그 밖의 업무로 인한 유해·위험 요인을 찾아내어 부상 및 질병으로 이어질 수 있는 위험성의 크기가 허용 가능한 범위인지를 평가하여야 하고, 그 결과에 따라 이 법과 이 법에 따른 명령에 따른 조치를 하여야 하며, 근로자에 대한 위험 또는 건강장해를 방지하기 위하여 필요한 경우에는 추가적인 조치를 하여야 한다.
　④ 제1항에 따른 평가의 방법, 절차 및 시기, 그 밖에 필요한 사항은 고용노동부장관이 정하여 고시한다.

(2) 중대시민재해 발생 우려가 있는 경우 신고 및 조치

개인사업주 또는 경영책임자등은 제보나 자체적인 위험징후 감지 등을 통하여 유해·위험요인을 확인한 결과 중대시민재해의 발생 우려가 있다고 인정하는 경우 관계 행정기관에 신고하고 필요한 조치를 하여야 한다. 관련 입법례로서, 「식품위생법」은 식품 제조·가공·소분·수입 또는 판매자가 소비자로부터 판매제품에서 이물(異物)을 발견한 사실을 신고받은 경우 이를 식품의약품안전처장 등에게 보고하도록 하고, 식품의약품안전처장으로 하여금 이물혼입 원인 조사를 위하여 필요한 조치를 하도록 규정하고 있다.777) 또한, 같은 법 제31조제3항은 식품 제조·가공자가 자체 품질검사 결과 국민 건강에 위해가 발생하거나 발생할 우려가 있는 경우 식품의약품안전처장에게 보고하도록 하고 있고,778) 같은 법 제45조779)는 식품등의 제조·가공·소분·수입 또는 판매한 자로 하여금 해당 식품등이 인체의 건강을 해칠 우려가

---

777) 「식품위생법」 제46조(식품등의 이물 발견보고 등) ① 판매의 목적으로 식품등을 제조·가공·소분·수입 또는 판매하는 영업자는 소비자로부터 판매제품에서 식품의 제조·가공·조리·유통 과정에서 정상적으로 사용된 원료 또는 재료가 아닌 것으로서 섭취할 때 위생상 위해가 발생할 우려가 있거나 섭취하기에 부적합한 물질[이하 "이물(異物)"이라 한다]을 발견한 사실을 신고받은 경우 지체 없이 이를 식품의약품안전처장, 시·도지사 또는 시장·군수·구청장에게 보고하여야 한다.
④ 식품의약품안전처장은 제1항부터 제3항까지의 규정에 따라 이물 발견의 신고를 통보받은 경우 이물혼입 원인 조사를 위하여 필요한 조치를 취하여야 한다.

778) 「식품위생법」 제31조(자가품질검사 의무) ① 식품등을 제조·가공하는 영업자는 총리령으로 정하는 바에 따라 제조·가공하는 식품등이 제7조 또는 제9조에 따른 기준과 규격에 맞는지를 검사하여야 한다.
③ 제1항에 따른 검사를 직접 행하는 영업자는 제1항에 따른 검사 결과 해당 식품등이 제4조부터 제6조까지, 제7조제4항, 제8조, 제9조제4항 또는 제9조의3을 위반하여 국민 건강에 위해가 발생하거나 발생할 우려가 있는 경우에는 지체 없이 식품의약품안전처장에게 보고하여야 한다.

779) 「식품위생법」 제45조(위해식품등의 회수) ① 판매의 목적으로 식품등을 제조·가공·소분·수입 또는 판매한 영업자(「수입식품안전관리 특별법」 제15조에 따라 등록한 수입식품등 수입·판매업자를 포함한다. 이하 이 조에서 같다)는 해당 식품등이 제4조부터 제6조까지, 제7조제4항, 제8조, 제9조제4항, 제9조의3 또는 제12조의2제2항을 위반한 사실(식품등의 위해와 관련이 없는 위반사항을 제외한다)을 알게 된 경우에는 지체 없이 유통 중인 해당 식품등을 회수하거나 회수하는 데에 필요한 조치를 하여야 한다. 이 경우 영업자는 회수계획을 식품의약품안전처장, 시·도지사 또는 시장·군수·구청장에게 미리 보고하여야 하며, 회수결과를 보고받은 시·도지사 또는 시장·군수·구청장은 이를 지체 없이 식품의약품안전처장에게 보고하여야 한다. 다만, 해당 식품등이 「수입식품안전관리 특별법」에 따라 수입한 식품등이고, 보고의무자가 해당 식품등을 수입한 자인 경우에는 식품의약품안전처장에게 보고하여야 한다.

있다는 것을 알게 된 경우에는 지체 없이 유통 중인 해당 식품등을 회수조치 하도록 규정하고 있다.

(3) 중대시민재해가 발생한 경우의 보고·신고 및 조치

시행령 제8조제3호다목은 중대시민재해가 발생한 경우 보고, 신고 및 조치가 이루어지도록 규정하고 있으나, 누구에게 보고 및 신고를 하고 어떠한 내용의 조치를 하여야 하는지에 대하여는 규정하지 아니하고 있다. 이에 대하여 환경부는 중대시민재해가 발생한 경우 안전보건 담당자는 관계 행정기관에 상황을 보고하고, 경찰서 및 소방서에 사고발생 시간·장소, 사고내용, 사고원인, 피해현황, 현장 응급조치 현황, 대피 현황 등을 신고하며, 재해를 입은 자에 대하여 긴급구호조치, 긴급안전조치 등을 시행하여야 한다고 해설하고 있다.[780]

한편, 환경부는 중대시민재해가 발생한 경우 보고, 신고 및 조치 의무의 주체를 안전보건담당자로 해설하고 있다. 그런데, 시행령 제8조제3호는 법 제9조제1항제1호에 따른 안전보건관리체계의 구축 및 이행에 관한 개인사업주 또는 경영책임자등의 조치의무를 규정한 것이므로 보고, 신고 및 조치의무의 주체는 개인사업주 또는 경영책임자등으로 해석된다. 다만, 앞서 살펴본 바와 같이 이러한 구체적인 조치들을 개인사업주 또는 경영책임자등에게 부과하는 것은 그 지위와 역할에 비추어 과도한 부담으로 보이므로, 개인사업주 또는 경영책임자등으로 하여금 이러한 조치가 이루어지는 체계를 만드는 의무를 부과하는 방향으로 시행령 개정이 필요할 것으로 보인다.

(4) 중대시민재해 원인조사에 따른 개선조치

중대시민재해가 발생한 경우 개인사업주 또는 경영책임자등이 직접 원인조사를 하거나, 관계 법령에 따라 감독기관이 원인조사를 실시한다. 개인사업주 또는 경영책임자등은 원인조사 결과 유사한 중대시민재해의 재발을 방지하기 위하여 필요한 개선조치를 하여야 할 것이다. 「식품위생법」 제72조제3항은 식품위생상의 위해가 발생한

---

780) 환경부, 앞의 책, 40면 참조.

경우 식품의약품안전처장 등으로 하여금 영업자에게 해당 식품등의 원료, 제조방법, 성분 또는 그 배합 비율을 변경할 것을 명할 수 있도록 규정하고 있는데,[781] 개인사업주 또는 경영책임자등이 이러한 조치를 자발적으로 수행할 수도 있을 것이다.

라) 중대시민재해 예방을 위한 업무처리절차 마련 (령 제8조제4호)

령 제8조(원료·제조물 관련 안전보건관리체계의 구축 및 이행 조치) 법 제9조제1항제 1호에 따른 조치의 구체적인 사항은 다음 각 호와 같다.

3. 별표 5에서 정하는 원료 또는 제조물로 인한 중대시민재해를 예방하기 위해 다음 각 목의 조치를 할 것

   가. 유해·위험요인의 주기적인 점검

   나. 제보나 위험징후의 감지 등을 통해 발견된 유해·위험요인을 확인한 결과 중대 시민재해의 발생 우려가 있는 경우의 신고 및 조치

   다. 중대시민재해가 발생한 경우의 보고, 신고 및 조치

   라. 중대시민재해 원인조사에 따른 개선조치

4. 제3호 각 목의 조치를 포함한 업무처리절차의 마련. 다만, 「소상공인기본법」 제2 조에 따른 소상공인의 경우는 제외한다.

시행령 제8조제4호는 개인사업주 또는 경영책임자등으로 하여금 원료 또는 제조물로 인한 중대시민재해를 예방하기 위하여 업무처리절차를 마련하도록 하고, 업무처리절차에 ① 유해·위험요인의 주기적 점검에 관한 사항, ② 유해·위험요인 확인 결과 중대시민재해 발생우려가 있는 경우 신고 및 조치에 관한 사항, ③ 중대시민재해가 발생한 경우 보고, 신고 및 조치에 관한 사항, ④ 중대시민재해 원인조사에 따른 개선조치에 관한 사항을 필수적으로 포함하도록 규정하고 있다.

그런데, 「소상공인기본법」 제2조에 따른 소상공인의 경우 이러한 업무처리절차 마련 의무가 면제된다. 「소상공인기본법」 제2조는 제1항에서 「중소기업기본법」 제2조 제2항에 따른 소기업 중 상시근로자 수가 10명 미만이고 업종별 상시근로자 수 등이

---

781) 「식품위생법」 제72조(폐기처분 등) ③ 식품의약품안전처장, 시·도지사 또는 시장·군수·구청장은 식품위생상의 위해가 발생하였거나 발생할 우려가 있는 경우에는 영업자에게 유통 중인 해당 식품등을 회수·폐기하게 하거나 해당 식품등의 원료, 제조 방법, 성분 또는 그 배합 비율을 변경할 것을 명할 수 있다.

대통령령으로 정하는 기준에 해당하는 자를 소상공인으로 규정하고 있고, 제2항은 소상공인이었던 자가 그 규모의 확대 등으로 소상공인에 해당하지 아니하게 된 경우에도 그 사유가 발생한 연도의 다음연도부터 3년간 소상공인으로 간주하도록 규정하고 있다.[782] 따라서 소상공인이었던 자는 시행령 제8조제4호에 따른 업무처리절차 마련의무가 소상공인에 해당하지 아니한 사유가 발생한 연도부터 3년 동안 유예된다고 해석된다.

한편, 시행령 제8조제4호에 따른 업무처리절차 마련의무는 시행령 '별표 5에서 규정하는 원료·제조물을 취급하는 개인사업주 또는 경영책임자등'에 대하여만 적용되는 것으로 보아야 할 것이다. 이에 대하여 시행령 제8조제3호의 경우 "별표 5에서 정하는 원료 또는 제조물로 인한 중대시민재해를 예방하기 위해 다음 각 목의 조치를 할 것"이라고 규정하여 그 적용대상이 명시되어 있는 반면, 시행령 제8조제4호는 그러한 적용대상 제한규정이 없으므로 시행령 별표 5에서 규정하지 아니하는 원료·제조물을 취급하는 자에게도 적용되는 것으로 해석하는 견해가 있을 수 있다. 그런데 이러한 해석은 시행령 별표 5에 따른 원료·제조물을 취급하지 아니하는 자에게는 시행령 제8조제3호의 조치를 하여야 할 의무가 없음에도 불구하고 해당 조치를 포함한 업무처리절차를 마련하도록 강제하는 것인바, 확장해석금지 원칙의 측면에서 볼 때 타당하지 아니한 해석으로 보인다.[783] 이와 관련하여 환경부도 시행령 제8조제4호의 업무처리절차 마련 대상은 시행령 별표 5에서 정한 원료·제조물을 취급하는 자라고 해설하고 있다.[784]

---

782) 「소상공인기본법」 제2조(정의) ① 이 법에서 "소상공인"이란 「중소기업기본법」 제2조제2항에 따른 소기업(小企業) 중 다음 각 호의 요건을 모두 갖춘 자를 말한다.
   1. 상시 근로자 수가 10명 미만일 것
   2. 업종별 상시 근로자 수 등이 대통령령으로 정하는 기준에 해당할 것
   ② 제1항을 적용할 때 소상공인이 그 규모의 확대 등으로 소상공인에 해당하지 아니하게 된 경우 그 사유가 발생한 연도의 다음 연도부터 3년간은 소상공인으로 본다. 다만, 소기업 외의 기업과 합병하거나 그 밖에 대통령령으로 정하는 사유로 소상공인에 해당하지 아니하게 된 경우에는 그러하지 아니하다.
   「중소기업기본법」 제2조(중소기업자의 범위) ②중소기업은 대통령령으로 정하는 구분기준에 따라 소기업(小企業)과 중기업(中企業)으로 구분한다.
783) 같은 취지로, 김·장 법률사무소 중대재해대응팀, 앞의 책, 162면 참조.
784) 환경부, 앞의 책, 32~33면 참조.

마) 중대시민재해 예방 인력 및 예산에 대한 점검 및 조치 (령 제8조제5호)

> **령 제8조(원료·제조물 관련 안전보건관리체계의 구축 및 이행 조치)** 법 제9조제1항제
> 1호에 따른 조치의 구체적인 사항은 다음 각 호와 같다.
> 1. 다음 각 목의 사항을 이행하는 데 필요한 인력을 갖추어 중대시민재해 예방을 위한
>   업무를 수행하도록 할 것
>   가. 법 제9조제1항제4호의 안전·보건 관계 법령에 따른 안전·보건 관리 업무의 수행
>   나. 유해·위험요인의 점검과 위험징후 발생 시 대응
>   다. 그 밖에 원료·제조물 관련 안전·보건 관리를 위해 환경부장관이 정하여 고시
>   하는 사항
> 2. 다음 각 목의 사항을 이행하는 데 필요한 예산을 편성·집행할 것
>   가. 법 제9조제1항제4호의 안전·보건 관계 법령에 따른 인력·시설 및 장비 등의
>   확보·유지
>   나. 유해·위험요인의 점검과 위험징후 발생 시 대응
>   다. 그 밖에 원료·제조물 관련 안전·보건 관리를 위해 환경부장관이 정하여 고시
>   하는 사항
> 5. 제1호 및 제2호의 사항을 반기 1회 이상 점검하고, 점검 결과에 따라 인력을 배치
>   하거나 예산을 추가로 편성·집행하도록 하는 등 중대시민재해 예방에 필요한 조치
>   를 할 것

시행령 제8조제5호는 개인사업주 또는 경영책임자등으로 하여금 원료·제조물 관련 안전·보건 관리를 위하여 필요한 인력이 배치되어 중대시민재해 예방 업무를 수행하고 있는지와 필요한 예산이 편성되어 집행되고 있는지 반기 1회 이상 점검하도록 하고, 점검 결과에 따라 인력을 배치하거나 예산을 추가 편성·집행하도록 하는 등 중대시민재해 예방에 필요한 조치를 하도록 규정하고 있다. 이는 개인사업주 또는 경영책임자등으로 하여금 안전·보건에 관한 인력 배치와 예산의 편성 및 집행에 대하여 직접 점검하도록 하여 비용 절감 등을 이유로 안전·보건에 관한 사항이 사업수행에 있어서 소홀하게 되지 아니하도록 하려는 취지이다.

2) 재해 재발방지 대책 수립 및 그 이행에 관한 조치 (법 제9조제1항제2호)

> **법 제9조(사업주와 경영책임자등의 안전 및 보건 확보의무)** ① 사업주 또는 경영책임자등은 사업주나 법인 또는 기관이 실질적으로 지배·운영·관리하는 사업 또는 사업장에서 생산·제조·판매·유통 중인 원료나 제조물의 설계, 제조, 관리상의 결함으로 인한 그 이용자 또는 그 밖의 사람의 생명, 신체의 안전을 위하여 다음 각 호에 따른 조치를 하여야 한다.
> 2. 재해 발생 시 재발방지 대책의 수립 및 그 이행에 관한 조치

법 제9조제1항제2호는 개인사업주 또는 경영책임자등으로 하여금 해당 사업주, 법인 또는 기관이 실질적으로 지배·운영·관리하는 사업 또는 사업장에서 생산·제조·판매·유통 중인 원료·제조물의 결함으로 인하여 그 이용자 또는 그 밖의 사람이 생명, 신체에 위해를 입는 것을 방지하기 위하여, 이미 발생한 재해가 있다면 재발방지를 위한 대책을 수립하고 그 이행에 관한 조치를 하도록 규정하고 있다. 이는 재해가 발생한 경우 향후 유사한 재해가 재발할 수 있고, 재해의 발생이 반복되면 더 큰 재해가 발생하는 경향이 있으므로,[785] 재발방지 대책을 수립하고 이행하도록 함으로써 중대시민재해의 발생을 예방하려는 취지이다.

중대시민재해가 발생하기까지 유사 재해가 반복적으로 발생한 사업 또는 사업장에서 개인사업주 또는 경영책임자등이 재발방지 대책 수립을 미흡하게 하거나 재발방지를 위하여 조치를 제대로 하지 아니한 경우 동 규정에 따라 안전보건 확보의무 위반으로 처벌할 수 있을 것이다.[786]

법 제9조제1항제2호에서 재발방지 대책수립의 요건이 되는 "재해"의 발생을 "중대시민재해"가 발생한 경우로 엄격하게 해석하는 견해가 있다. 이는 중대산업재해의 경

---

785) 이를 '하인리히 법칙'이라 한다. 하인리히는 산업재해 중상자가 1명 발생하기 전에 같은 원인으로 경상자가 29명이 발생하고, 같은 원인으로 부상을 당할 뻔한 잠재적 부상자가 이미 300명이 존재한다는 것을 밝혀냈다.
786) 정현희,『중대재해 처벌 등에 관한 법률의 재판 실무상 쟁점』, 사법정책연구원, 2022.12., 160면 참조.

우 「산업안전보건법」에 "중대재해"와 구별되는 "산업재해"의 정의규정이 있으나, 중대시민재해의 경우 "시민재해"라는 개념이 법률상 규정되어 있지 않으므로 전체적 입법취지에 비추어 중대시민재해가 발생한 경우에만 재발방지 대책수립 의무가 있다는 견해이다.[787] 그러나 "시민재해"라는 별도의 법률상 정의가 없더라도 중대시민재해에 이르지 아니하는 수준의 재해가 발생할 수 있는바, 중대시민재해에 이르지 못하더라도 원료나 제조물의 설계, 제조, 관리상의 결함으로 인하여 그 이용자 또는 그 밖의 사람이 생명, 신체에 피해가 발생한 경우에는 재발방지 대책을 수립하여야 한다고 볼 것이다. 이러한 해석이 중대재해처벌법의 목적규정에서 동 법이 안전·보건 조치의무를 위반하여 인명피해를 발생하게 한 경영책임자 등의 처벌 등을 규정하는 것이란 점과도 부합하고, 법 제9조제1항제2호에서 "중대재해"보다 더 넓은 개념인 "재해"라는 용어가 사용된 취지에도 부합한다고 생각된다.

한편, 환경부는 재발방지 대책의 수립 및 그 이행을 위한 계획서에 다음과 같은 내용을 포함하도록 하는 표준안을 제시하고 있다.[788]

내용	상세 내용
사고개요	사고유형, 현황, 현장정보, 사고정보, 피해상황
조사내용	조사방법, 조사활동 상황 문서점검, 현장조사 내용
사고원인 분석 및 결론	(필요시) 시험실시, 기타 자문 등을 통한 원인분석 결과 ※ 사고의 과학적 원인과 업무 절차상의 원인 모두 포함
재발방지 대책	자체 방지대책, 명령에 따른 이행조치 계획 및 결과 보고
향후조치	필요한 경우 추가 조사 계획 등

---

787) 송인택 외, 앞의 책, 321~322면 참조.
788) 환경부, 앞의 책, 32~21면 참조.

3) 시정명령 등의 이행에 관한 조치 (법 제9조제1항제3호)

> **법 제9조(사업주와 경영책임자등의 안전 및 보건 확보의무)** ① 사업주 또는 경영책임자등은 사업주나 법인 또는 기관이 실질적으로 지배·운영·관리하는 사업 또는 사업장에서 생산·제조·판매·유통 중인 원료나 제조물의 설계, 제조, 관리상의 결함으로 인한 그 이용자 또는 그 밖의 사람의 생명, 신체의 안전을 위하여 다음 각 호에 따른 조치를 하여야 한다.
> 3. 중앙행정기관·지방자치단체가 관계 법령에 따라 개선, 시정 등을 명한 사항의 이행에 관한 조치

법 제9조제1항제3호는 중앙행정기관 또는 지방자치단체가 관계 법령에 따라 개선, 시정 등을 명한 경우 개인사업주 또는 경영책임자등으로 하여금 해당 사업주, 법인 또는 기관이 실질적으로 지배·운영·관리하는 사업 또는 사업장에서 생산·제조·판매·유통 중인 원료·제조물의 결함으로 인하여 그 이용자 또는 그 밖의 사람이 생명, 신체에 위해를 입는 것을 방지하기 위하여 개선명령 등의 이행에 관한 조치를 하도록 의무를 부과하고 있다. 중앙행정기관 등은 사업주가 법령에서 정한 조치를 이행하지 아니하였거나 법령에서 정한 기준에 미달하였을 때 시정명령 등을 발하는 경우가 많은데, 해당 조치의무 또는 기준이 안전·보건과 관련된 사항인 때에는 시정명령을 이행하는 것이 원료나 제조물의 이용자 및 그 밖의 사람의 생명, 신체의 안전 확보에 중요하다는 점에서 동 규정이 마련된 것으로 보인다.

중앙행정기관 등이 관계 법령에 따라 시정명령 등을 명하였으나 이행되지 아니한 경우 해당 법령에 따른 처분 외에도, 시행명령 등의 미이행으로 인하여 중대시민재해가 발생한 것으로 인정되면 법 제11조에 따라 처벌될 것이다.[789]

개인사업주 또는 경영책임자등이 그 이행에 관하여 조치를 하여야 하는 대상은 행정처분이고, 행정처분의 발령주체는 행정청이므로,[790] 시행령 제9조제1항제3호 중 "지

---

789) 정현희(2022.12.), 앞의 책, 161면 참조.
790) 「행정기본법」 제2조(정의) 이 법에서 사용하는 용어의 뜻은 다음과 같다.
　2. "행정청"이란 다음 각 목의 자를 말한다.
　　가. 행정에 관한 의사를 결정하여 표시하는 국가 또는 지방자치단체의 기관
　　나. 그 밖에 법령등에 따라 행정에 관한 의사를 결정하여 표시하는 권한을 가지고 있거나 그

방자치단체"는 "지방자치단체의 장"으로 개정할 필요가 있다는 점은 앞서 살펴본 바와 같다. 또한, 법 제9조제1항제3호에 따른 시정명령 등의 근거가 되는 '관계 법령'의 범위도 '안전·보건 관계 법령'에 한정해서는 아니 되고, 중앙행정기관 등이 '안전·보건 관계 법령'이 아닌 법령에 따라 개선 또는 시정명령 등을 하는 경우에도 그 이행에 관한 조치가 원료나 제조물의 이용자 및 그 밖의 사람의 생명, 신체의 안전을 확보하기 위하여 필요한 조치인 경우에는 개인사업주 또는 경영책임자등의 이행조치 의무가 발생하는 것으로 보아야 한다는 점도 앞에서 논의한 바와 같다.

한편, 중대재해처벌법 시행일 이전에 받은 시정명령 등에 대하여 법 제9조제1항제3호이 적용되는지가 문제될 수 있다. 중대재해처벌법 부칙에서 소급효를 규정하는 적용례를 두고 있지 아니한바, 해당 규정 위반에 대하여 중한 처벌이 예정되어 있다는 점에서 적용되지 아니하는 것으로 보아야 할 것이다.[791]

4) 안전보건 관계 법령상 의무이행에 필요한 관리상 조치 (법 제9조제1항제4호)

> **법 제9조(사업주와 경영책임자등의 안전 및 보건 확보의무)** ① 사업주 또는 경영책임자등은 사업주나 법인 또는 기관이 실질적으로 지배·운영·관리하는 사업 또는 사업장에서 생산·제조·판매·유통 중인 원료나 제조물의 설계, 제조, 관리상의 결함으로 인한 그 이용자 또는 그 밖의 사람의 생명, 신체의 안전을 위하여 다음 각 호에 따른 조치를 하여야 한다.
> 4. 안전·보건 관계 법령에 따른 의무이행에 필요한 관리상의 조치
> ④ 제1항제1호·제4호 및 제2항제1호·제4호의 조치에 관한 구체적인 사항은 대통령령으로 정한다.

법 제9조제1항제4호 및 제9조제4항은 개인사업주 또는 경영책임자등으로 하여금 취급하는 원료·제조물의 결함으로 인한 이용자 등의 생명·신체상의 위해를 방지하기 위하여 안전·보건 관계 법령에 따른 의무이행에 필요한 관리상의 조치를 하도록 하고, 관리상의 조치에 관한 구체적인 사항은 대통령령으로 정하도록 규정하고 있다.

권한을 위임 또는 위탁받은 공공단체 또는 그 기관이나 사인(私人)
791) 김·장 법률사무소 중대재해대응팀, 앞의 책, 166면 참조.

안전·보건 관계 법령에서 해당 의무는 통상 사업주에게 부과되고, 사업주가 법인 또는 기관인 경우 해당 의무는 중간관리자 등이 이행하게 된다. 현장에서 예산 또는 인력 부족으로 중간관리자 등이 해당 의무를 이행하지 못하는 경우가 발생하는 경우가 있으므로 경영책임자등에게 관리상의 조치의무를 부과하여 해당 의무가 실질적으로 이행될 수 있도록 하려는 것이다.

안전·보건 관계 법령에 따른 의무를 불이행하는 경우 사업주 등은 해당 법령상의 제재를 받고, 그 불이행이 경영책임자 등의 관리상의 조치의무 위반으로 인한 것이고, 그에 따라 중대산업재해가 발생한 경우에 경영책임자 등은 중대재해처벌법에 따른 형사책임을 부담하게 된다.

관리상의 조치의 구체적인 내용은 시행령 제9조제2항에서 ① 안전·보건 관계 법령에 따른 의무이행 여부를 반기 1회 이상 점검하고, ② 의무가 미이행된 사실이 확인되는 경우 인력이나 예산을 추가하는 등 의무이행에 필요한 조치를 하며, ③ 안전·보건 관계 법령에 따른 교육이 실시되었는지를 반기 1회 이상 점검하고, ④ 교육이 미실시된 사실이 확인되는 경우 그 이행의 지시, 예산 확보 등 교육실시에 필요한 조치를 하는 것으로 규정하고 있다.

가) 안전보건 관계 법령의 의미 (령 제9조제1항)

> **령 제9조(원료·제조물 관련 안전·보건 관계 법령에 따른 의무이행에 필요한 관리상의 조치)** ① 법 제9조제1항제4호에서 "안전·보건 관계 법령"이란 해당 사업 또는 사업장에서 생산·제조·판매·유통 중인 원료나 제조물에 적용되는 것으로서 그 원료나 제조물이 사람의 생명·신체에 미칠 수 있는 유해·위험 요인을 예방하고 안전하게 관리하는 데 관련되는 법령을 말한다.

시행령 제9조제1항은 법 제9조제1항제4호의 '안전·보건 관계 법령'에 대하여 해당 사업 또는 사업장에서 생산·제조·판매·유통 중인 원료나 제조물에 적용되는 것으로서 그 원료나 제조물이 사람의 생명·신체에 미칠 수 있는 유해·위험 요인을 예방하고 안전하게 관리하는 데 관련되는 법령을 말하는 것으로 규정하고 있을 뿐, '안전·보건 관계 법령'의 구체적인 내용을 제시하지 아니하고 있다. 안전·보건 관계 법령에 따른 의무를 직접 이행하는 자는 개인사업주나 경영책임자등이 아닌 경우가 많고, 개인사업이나 경영책임자등이 안전·보건 관계 법령에 따른 의무이행에 필요한 관리상의 조치를 위반하는 경우 형사처벌을 받을 가능성이 있으므로 명확성의 원칙상 법률 또는 시행령에서 해당 법령을 열거하는 등 구체적으로 규정할 필요가 있다.

환경부에서 '안전·보건 관계 법령'의 예시로서 「산업안전보건법」 등 32개를 제시하고 있음은 앞서 살펴본 바와 같다. 그런데 환경부는 해당 '안전·보건 관계 법령'의 예시가 법령해석 등에 따라 수정·보완될 수 있다고 밝히고 있다.[792] 이와 관련하여 환경부 공무원도 잘 모르는 관계 법령상 의무 전부를 일반 국민들에게 이행하도록 하는 법률은 헌법에 합치되는 것으로 볼 수 없다는 비판이 있다.[793]

나) 안전보건 관계 법령상 의무이행 여부 점검 및 조치 (령 제9조제2항제1호 · 제2호)

> **령 제9조(원료 · 제조물 관련 안전 · 보건 관계 법령에 따른 의무이행에 필요한 관리상의 조치)** ② 법 제9조제1항제4호에 따른 조치의 구체적인 사항은 다음 각 호와 같다.
> 1. 안전·보건 관계 법령에 따른 의무를 이행했는지를 반기 1회 이상 점검(해당 안전·보건 관계 법령에 따라 중앙행정기관의 장이 지정한 기관 등에 위탁하여 점검하는 경우를 포함한다. 이하 이 호에서 같다)하고, 직접 점검하지 않은 경우에는 점검이 끝난 후 지체 없이 점검 결과를 보고받을 것
> 2. 제1호에 따른 점검 또는 보고 결과 안전·보건 관계 법령에 따른 의무가 이행되지 않은 사실이 확인되는 경우에는 인력을 배치하거나 예산을 추가로 편성·집행하도록 하는 등 해당 의무 이행에 필요한 조치를 할 것

시행령 제9조제2항제1호 및 제2호는 안전·보건 관계 법령에 따른 의무이행에 관하여 개인사업주 또는 경영책임자등이 하여야 할 관리상 조치로서 ① 법령상 의무이행 여부에 대하여 반기 1회 이상 점검의무와 ② 미이행 사실이 확인된 경우 그 이행에 필요한 조치를 할 의무를 규정하고 있다.

시행령 제9조제2항제1호에서 안전·보건 관계 법령상 의무 이행여부를 직접 점검

---

792) 환경부, 앞의 책, 19면 참조.
793) 송인택 외, 앞의 책, 324면 참조.

하지 아니한 경우에는 점검 결과를 보고받도록 규정하고 있는바, 점검을 직접하지 않고 타 기관에 위탁하여 실시하는 것이 가능하다. 그런데, 해당 법령에서 중앙행정기관의 장이 지정한 기관 등에 위탁을 허용하는 규정을 두고 있는 경우에는 해당 법령에 따라 지정된 기관 등에만 위탁이 가능하다고 할 것이다.

다) 안전보건 관계 법령상 의무교육 실시 여부 점검 및 조치 (령 제9조제2항제3호 · 제4호)

> 령 제9조(원료 · 제조물 관련 안전 · 보건 관계 법령에 따른 의무이행에 필요한 관리상의 조치) ② 법 제9조제1항제4호에 따른 조치의 구체적인 사항은 다음 각 호와 같다.
> 3. 안전 · 보건 관계 법령에 따라 의무적으로 실시해야 하는 교육이 실시되는지를 반기 1회 이상 점검하고, 직접 점검하지 않은 경우에는 점검이 끝난 후 지체 없이 점검 결과를 보고받을 것
> 4. 제3호에 따른 점검 또는 보고 결과 실시되지 않은 교육에 대해서는 지체 없이 그 이행의 지시, 예산의 확보 등 교육 실시에 필요한 조치를 할 것

시행령 제9조제2항제3호는 개인사업주 또는 경영책임자등으로 하여금 안전 · 보건 관계 법령에 따라 의무적으로 실시하여야 하는 교육의 실시여부를 반기 1회 이상 직접 점검하거나 타인이 점검한 경우 그 결과를 보고받도록 하고, 같은 항 제4호는 점검 또는 보고받은 결과 실시되지 않은 교육이 있는 경우 지체 없이 그 이행을 지시하거나 예산을 확보하는 등 교육실시에 필요한 조치를 하도록 규정하고 있다. 안전 · 보건 관계 법령상 의무교육도 시행령 제9조제2항제1호의 안전 · 보건 관계 법령에 따른 의무이행 대상이므로 시행령 제9조제2항제3호 및 제4호를 별도로 규정할 필요는 없으나, 원료 · 제조물의 설계 · 제조 · 관리상의 결함을 방지하기 위한 안전 · 보건 교육의 중요성을 특별히 강조하기 위하여 시행령 제9조제2항제3호와 제4호를 별도로 규정한 것으로 보인다.

안전 · 보건 관계 법령상 의무교육을 예시하여 보면, 다음과 같다.

법률	조항	의무교육의 내용
약사법	제15조	약사 및 한약사의 자질 향상을 위한 연수교육
	제37조의2	제조관리자에 대한 의약품등의 안전성·유효성 확보 및 제조·품질관리에 관한 교육
	제37조의4	안전관리책임자에 대한 의약품의 시판 후 안전관리업무에 관한 교육
마약류 관리에 관한 법률	제50조	마약류취급자와 원료물질수출입업자등에 대한 마약류 또는 원료물질관리에 관한 교육
화장품법	제5조	책임판매관리자에 대한 화장품의 안전성 확보 및 품질관리에 관한 교육
농약관리법	제23조	판매관리인에 대한 농약 취급제한기준에 대한 교육
건강기능식품에 관한 법률	제13조	종업원에 대한 건강기능식품의 안전성 확보, 품질관리 및 표시·광고 등에 관한 교육
의료기기법	제6조의2	품질책임자에 대한 의료기기의 최신 기준규격, 품질관리 및 안전관리에 관한 교육
화학물질관리법	제33조	유해화학물질 취급시설의 기술인력, 유해화학물질관리자, 유해화학물질 취급 담당자 및 사업장의 모든 종사자에 대한 유해화학물질 안전교육

2. 공중이용시설 또는 공중교통수단 관련 안전 및 보건 확보 의무 (법 제9조제2항)

> 법 제9조(사업주와 경영책임자등의 안전 및 보건 확보의무) ② 사업주 또는 경영책임자등은 사업주나 법인 또는 기관이 실질적으로 지배·운영·관리하는 공중이용시설 또는 공중교통수단의 설계, 설치, 관리상의 결함으로 인한 그 이용자 또는 그 밖의 사람의 생명, 신체의 안전을 위하여 다음 각 호에 따른 조치를 하여야 한다.
> 1. 재해예방에 필요한 인력·예산·점검 등 안전보건관리체계의 구축 및 그 이행에 관한 조치
> 2. 재해 발생 시 재발방지 대책의 수립 및 그 이행에 관한 조치
> 3. 중앙행정기관·지방자치단체가 관계 법령에 따라 개선, 시정 등을 명한 사항의 이

가. 개요

법 제9조제2항은 개인사업주 또는 경영책임자등으로 하여금 해당 사업주, 법인 또는 기관이 실질적으로 지배·운영·관리하는 공중이용시설 또는 공중교통수단의 설계·설치·관리상의 결함으로 인하여 그 이용자 등이 생명·신체에 위해를 입는 것을 방지하기 위한 조치를 하도록 하는 안전보건 확보의무를 부과하고 있다.

1) 안전보건 확보의무의 주체

중대시민재해의 예방을 위한 안전 및 보건 확보의무의 주체는 사업주가 개인인 경우에는 개인사업주이고, 사업주가 법인 또는 기관인 경우에는 경영책임자등이 된다는 점은 앞서 살펴본 바와 같다. 중대산업재해의 경우 상시 근로자 5인 미만의 사업 또는 사업장의 개인사업주와 경영책임자등은 안전보건 확보의무를 면제하는 규정이 있고,[794] 중대시민재해의 경우 그러한 규정이 없다는 점도 앞서 살펴본 바와 같다.

그런데, 공중이용시설 관련 중대시민재해의 경우에는 공중이용시설의 정의에서 소상공인[795]의 사업 또는 사업장 및 이에 준하는 비영리시설과 교육시설[796]은 제외하

---

794) 중대재해처벌법 제3조(적용범위) 상시 근로자가 5명 미만인 사업 또는 사업장의 사업주(개인사업주에 한정한다. 이하 같다) 또는 경영책임자등에게는 이 장의 규정을 적용하지 아니한다.

795) 「소상공인기본법」 제2조(정의) ① 이 법에서 "소상공인"이란 「중소기업기본법」 제2조제2항에 따른 소기업(小企業) 중 다음 각 호의 요건을 모두 갖춘 자를 말한다.
   1. 상시 근로자 수가 10명 미만일 것
   2. 업종별 상시 근로자 수 등이 대통령령으로 정하는 기준에 해당할 것

796) 「교육시설 등의 안전 및 유지관리 등에 관한 법률」 제2조(정의) 이 법에서 사용하는 용어의 뜻은 다음과 같다.
   1. "교육시설"이란 다음 각 목의 어느 하나에 해당하는 학교 등의 시설 및 설비를 말한다.
      가. 「유아교육법」 제2조제2호에 따른 유치원
      나. 「초·중등교육법」 제2조에 따른 학교
      다. 「고등교육법」 제2조에 따른 학교
      라. 「평생교육법」 제31조제2항 및 제4항에 따른 학력·학위가 인정되는 평생교육시설
      마. 다른 법률에 따라 설치된 각급 학교(국방·치안 등의 사유로 정보공시가 어렵다고 대통

고 있으므로, 이러한 사업 또는 사업장의 개인사업주와 경영책임자등은 공중이용시설 관련 안전보건 확보의무가 면제된다. 또한 공동주택과 「다중이용업소의 안전관리에 관한 특별법」 제2조제1항제1호[797])에 따른 영업을 하는 곳 중 영업에 사용하는 바닥 면적이 1천 제곱미터 미만인 곳도 공중이용시설의 정의에서 제외되므로 이들의 개인사업주와 경영책임자등도 공중이용시설 관련 안전보건 확보의무가 면제된다.[798]

2) 안전보건 확보의무의 조치대상

개인사업주 또는 경영책임자등이 안전보건 확보의무를 부담하여 공중이용시설 또는 공중교통수단 관련 중대시민재해를 방지하기 위하여 조치하여야 할 대상은 "사업주나 법인 또는 기관이 실질적으로 지배·운영·관리하는 공중이용시설 또는 공중교통수단의 설계·설치·관리상의 결함"이다.

사업주, 법인 및 기관의 의미와 실질적 지배·운영·관리의 의미는 앞서 중대산업재해 관련 안전보건 확보의무에 대한 논의에서 살펴본 바와 같다.

"결함"에 관하여 중대재해처벌법에서 정의규정을 두고 있지 아니하나, 「제조물 책임법」상 결함의 정의에 따라 "통상적으로 기대할 수 있는 안전성이 결여되어 있는

령령으로 정하는 학교는 제외한다)
　　바. 그 밖에 대통령령으로 정하는 교육관련 시설
797) 「다중이용업소의 안전관리에 관한 특별법」 제2조(정의) ① 이 법에서 사용하는 용어의 뜻은 다음과 같다.
　　1. "다중이용업"이란 불특정 다수인이 이용하는 영업 중 화재 등 재난 발생 시 생명·신체·재산상의 피해가 발생할 우려가 높은 것으로서 대통령령으로 정하는 영업을 말한다.
798) 중대재해처벌법 제2조(정의) 이 법에서 사용하는 용어의 뜻은 다음과 같다.
　　4. "공중이용시설"이란 다음 각 목의 시설 중 시설의 규모나 면적 등을 고려하여 대통령령으로 정하는 시설을 말한다. 다만, 「소상공인 보호 및 지원에 관한 법률」 제2조에 따른 소상공인의 사업 또는 사업장 및 이에 준하는 비영리시설과 「교육시설 등의 안전 및 유지관리 등에 관한 법률」 제2조제1호에 따른 교육시설은 제외한다.
　　　가. 「실내공기질 관리법」 제3조제1항의 시설(「다중이용업소의 안전관리에 관한 특별법」 제2조제1항제1호에 따른 영업장은 제외한다)
　　　나. 「시설물의 안전 및 유지관리에 관한 특별법」 제2조제1호의 시설물(공동주택은 제외한다)
　　　다. 「다중이용업소의 안전관리에 관한 특별법」 제2조제1항제1호에 따른 영업장 중 해당 영업에 사용하는 바닥면적(「건축법」 제84조에 따라 산정한 면적을 말한다)의 합계가 1천제곱미터 이상인 것
　　　라. 그 밖에 가목부터 다목까지에 준하는 시설로서 재해 발생 시 생명·신체상의 피해가 발생할 우려가 높은 장소

것"으로 이해해도 무방할 것으로 보인다. 설계상의 결함에 대하여도 「제조물 책임법」 상의 정의규정에 따라 '합리적인 대체설계(代替設計)를 채용하였더라면 피해나 위험을 줄이거나 피할 수 있었음에도 대체설계를 채용하지 아니하여 안전하지 못하게 된 경우"로 풀이하여도 무리가 없을 것으로 보인다.[799] 설치상의 결함의 정의는 입법례가 없으나, 설계상의 결함과 유사하게 해석할 수 있을 것으로 보이고, 관리상의 결함은 공중이용시설 또는 공중교통수단을 실질적으로 지배·운영·관리할 때 통상 갖추어야 할 관리조치를 다하지 못하여 그 시설 및 교통수단이 안전하지 못하게 된 경우라고 이해할 수 있을 것이다.

설계상의 결함 또는 설치상의 결함은 주로 공중이용시설 또는 공중교통수단의 건설 또는 제조단계에서 발생할 것인데, 설계상 또는 설치상의 결함으로 인하여 중대시민재해가 발생하였을 경우 안전보건 확보의무 위반에 대한 책임을 누가 지는지가 문제된다. 공중이용시설 또는 공중교통수단이 이미 완성되어 이용단계에 있는 경우, 일반적으로 그 건설자 또는 제조자는 해당 시설 또는 교통수단에 대하여 실질적인 지배·운영·관리권을 가지고 있지 아니한 경우가 많을 것이므로 건설자 또는 제조자의 경영책임자등에게 공중이용시설 또는 공중교통수단 관련 중대시민재해에 대한 책임을 묻기 어려울 것으로 보인다. 다만, 공중교통수단의 설계상의 결함으로 인하여 중대시민재해가 일어난 경우, 그 제조자의 경영책임자등은 공중교통수단이라는 제조물에 대하여 제조물 관련 중대시민재해 규정에 따른 책임을 지게 될 것이다. 다음으로, 중대시민재해가 발생한 공중이용시설 또는 공중교통수단에 대하여 실질적인 지배·

799) 「제조물 책임법」 제2조(정의) 이 법에서 사용하는 용어의 뜻은 다음과 같다.
  2. "결함"이란 해당 제조물에 다음 각 목의 어느 하나에 해당하는 제조상·설계상 또는 표시상의 결함이 있거나 그 밖에 통상적으로 기대할 수 있는 안전성이 결여되어 있는 것을 말한다.
    가. "제조상의 결함"이란 제조업자가 제조물에 대하여 제조상·가공상의 주의의무를 이행하였는지에 관계없이 제조물이 원래 의도한 설계와 다르게 제조·가공됨으로써 안전하지 못하게 된 경우를 말한다.
    나. "설계상의 결함"이란 제조업자가 합리적인 대체설계(代替設計)를 채용하였더라면 피해나 위험을 줄이거나 피할 수 있었음에도 대체설계를 채용하지 아니하여 해당 제조물이 안전하지 못하게 된 경우를 말한다.
    다. "표시상의 결함"이란 제조업자가 합리적인 설명·지시·경고 또는 그 밖의 표시를 하였더라면 해당 제조물에 의하여 발생할 수 있는 피해나 위험을 줄이거나 피할 수 있었음에도 이를 하지 아니한 경우를 말한다.

운영·관리권을 가지고 있는 자에 대하여 책임을 부여하는 것은 자신이 야기하지 아니한 설계 또는 설치상의 결함에 대하여 책임을 지게 하는 것이므로 책임주의에 반할 소지가 있다. 다만, 해당 시설 또는 교통수단에 대하여 실질적인 지배·운영·관리권을 가지고 있는 자는 그에 대한 안전점검 및 조치 의무가 있으므로(중대재해처벌법 시행령 제10조제5호 및 제6호), 안전점검을 통하여 설계 또는 설치상의 결함을 발견하였음에도 불구하고 그에 대한 조치를 하지 아니하여 중대시민재해가 발생한 경우라면, 실질적 지배·운영·관리권자가 책임을 부담한다고 보아야 할 것이다. 또한, 교량, 터널 등 공공기관이 주도하여 설치하고 해당 시설의 이용단계에서 관리까지 담당하는 경우에는 해당 설계 및 설치에 있어서 실질적인 지배를 한 공공기관의 장이 설계 및 설치상의 결함에 대하여도 안전보건 확보책임을 부담한다고 할 것이다.

3) 안전보건 확보의무의 보호대상

개인사업주 또는 경영책임자등이 안전보건 확보의무를 부담하여 공중이용시설 또는 공중교통수단 관련 중대시민재해로부터 보호하여야 할 대상은 이용자 또는 그 밖의 사람의 생명·신체의 안전이다. 보호대상에 이용자 외에 "그 밖의 사람"이 포함되어 있는데, 이는 공중교통수단을 예로 들면, 그 탑승자인 이용자 외에 보행자인 일반시민도 보호할 필요가 있기 때문이라는 점은 앞서 살펴본 바와 같다.

나. 안전 및 보건 확보의무의 구체적 내용

1) 안전보건관리체계의 구축 및 그 이행에 관한 조치 (법 제9조제2항제1호)

> **법 제9조(사업주와 경영책임자등의 안전 및 보건 확보의무)** ② 사업주 또는 경영책임자등은 사업이나 법인 또는 기관이 실질적으로 지배·운영·관리하는 공중이용시설 또는 공중교통수단의 설계, 설치, 관리상의 결함으로 인한 그 이용자 또는 그 밖의 사람의 생명, 신체의 안전을 위하여 다음 각 호에 따른 조치를 하여야 한다.
> 1. 재해예방에 필요한 인력·예산·점검 등 안전보건관리체계의 구축 및 그 이행에 관한 조치

④ 제1항제1호·제4호 및 제2항제1호·제4호의 조치에 관한 구체적인 사항은 대통령령으로 정한다.

법 제9조제2항제1호는 개인사업주 또는 경영책임자등으로 하여금 해당 사업주나 소속 법인 또는 기관이 실질적으로 지배·운영·관리하고 있는 공중이용시설 또는 공중교통수단의 설계·설치·관리상의 결함으로 인하여 그 이용자 등에게 안전·보건상 유해 또는 위험이 발생하는 것을 방지하기 위하여 재해예방에 필요한 인력·예산·점검 등 안전보건관리체계를 구축하고 이행하도록 규정하고 있다.

법 제9조제4항은 안전보건관리체계의 구축 및 그 이행조치의 구체적인 사항을 대통령령으로 정하도록 위임하고 있다. 이에 따라 시행령 제10조는 8개의 호에서 안전보건관리체계의 구축 및 이행조치에 관하여 규정하고 있다. 원료 또는 제조물 관련 안전보건관리체계와 비교하면, 공중이용시설 또는 공중교통수단의 경우 안전점검, 안전계획 및 도급 시 안전기준이 추가되어 있다.

〈안전보건관리체계 비교〉

원료 또는 제조물 (시행령 제8조)	공중이용시설 또는 공중교통수단 (시행령 제10조)
1. 인력	1. 인력
2. 예산	2. 예산
3. 예방조치	3. 안전점검
4. 업무처리절차	4. 안전계획
5. 점검·조치	5. 점검
	6. 조치
	7. 업무처리절차
	8. 도급기준

가) 중대시민재해 예방인력 구비 및 업무수행(령 제10조제1호)

령 제10조(공중이용시설·공중교통수단 관련 안전보건관리체계 구축 및 이행에 관한 조치) 법 제9조제2항제1호에 따른 조치의 구체적인 사항은 다음 각 호와 같다.
1. 다음 각 목의 사항을 이행하는 데 필요한 인력을 갖추어 중대시민재해 예방을 위한 업무를 수행하도록 할 것
    가. 법 제9조제2항제4호의 안전·보건 관계 법령에 따른 안전관리 업무의 수행
    나. 제4호에 따라 수립된 안전계획의 이행
    다. 그 밖에 공중이용시설 또는 공중교통수단과 그 이용자나 그 밖의 사람의 안전
        에 관하여 국토교통부장관이 정하여 고시하는 사항

시행령 제10조제1호는 개인사업주와 경영책임자등으로 하여금 ① 법 제9조제2항 제4호의 안전·보건 관계법령에 따른 안전·보건 관리 업무의 수행, ② 안전계획의 이행, ③ 기타 국토교통부장관이 공중이용시설 또는 공중교통수단 이용자 등의 안전에 관하여 고시하는 사항 등의 이행에 필요한 인력을 갖추고 중대시민재해 예방을 위한 업무를 수행하게 하도록 규정하고 있다.

시행령 제8조제1호에서 원료 및 제조물 관련 중대시민재해 예방인력에 대하여 업무 전담에 관하여 규정하지 않은 것처럼, 시행령 제10조제1호에서도 업무전담에 관한 규정을 두고 있지 아니한바, 공중이용시설 및 공중교통수단 관련 중대시민재해 예방업무 담당인력은 다른 업무를 겸직할 수 있다.

(1) 안전 · 보건 관계법령에 따른 안전관리 업무

법 제9조제2항제4호에 따른 안전·보건 관계법령은 시행령 제11조제1항에서 정의하고 있는데, '해당 공중이용시설·공중교통수단에 적용되는 것으로서 이용자나 그 밖의 사람의 안전·보건을 확보하는 데 관련되는 법령'을 말한다. 공중이용시설 또는 공중교통수단의 안전이 아닌 효율적인 이용, 경제적 가치를 고려한 성능개선 등 부가적인 목적을 가진 법령과 공중이용시설 및 공중교통수단을 구성하는 요소 외에, 안전 외의 목적으로 부가적으로 설치된 부대시설, 공작물 등에 대하여 규정하는 법령도 일

반적으로 안전·보건 관계법령에 해당하지 아니한다. 국토교통부는 주요 안전·보건 관계법령을 아래와 같이 예시하고 있다.[800]

분야	분류		세부 분류	관계법령
공중이용시설	도로시설	도로교량	1) 상부구조형식이 현수교, 사장교, 아치교 및 트러스교인 교량 2) 최대 경간장 50미터 이상의 교량 3) 연장 100미터 이상의 교량 4) 폭 6미터 이상이고 연장 100미터 이상인 복개구조물	시설물안전법
		도로터널	1) 연장 1천미터 이상의 터널 2) 3차로 이상의 터널 3) 터널구간이 연장 100미터 이상인 지하차도 4) 고속국도, 일반국도, 특별시도 및 광역시도의 터널 5) 연장 300미터 이상의 지방도, 시도, 군도 및 구도의 터널	
	철도시설	철도교량	1) 고속철도 교량 2) 도시철도의 교량 및 고가교 3) 상부구조형식이 트러스교 및 아치교인 교량 4) 연장 100미터 이상의 교량	시설물안전법 철도건설법 철도안전법
		철도터널	1) 고속철도 터널 2) 도시철도 터널 3) 연장 1천미터 이상의 터널 4) 특별시 또는 광역시에 있는 터널	
		철도역시설	1) 고속철도, 도시철도 및 광역철도 역시설 2) 연면적 5천제곱미터 이상 운수시설 중 여객용 시설	시설물안전법 건축물관리법
	공항시설		여객터미널	시설물안전법 건축관리법
	항만시설		방파제, 파제제, 호안	시설물안전법 항만법
	댐시설		다목적, 발전용, 홍수전용댐	시설물안전법 댐건설관리법

---

800) 국토교통부, 『중대재해처벌법 해설 - 중대시민재해(시설물·공중교통수단)』, 2021.12., 29~32면 참조.

			저수지댐법
건축물	1) 고속철도, 도시철도 및 광역철도 역 시설 2) 16층 이상이거나 연면적 3만제곱미터 이상의 건축물 3) 연면적 5천제곱미터 이상(각 용도별 시설의 합계를 말한다)의 문화 · 집회 시설, 종교시설, 판매시설, 운수시설 중 여객용 시설, 의료시설, 노유자시설, 수련시설, 운동시설, 숙박시설 중 관광숙박시설 및 관광휴게시설		시설물안전법 건축물관리법 초고층재난관리법
하천 시설	하구둑, 제방 · 보		시설물안전법 하천법
상하수 도시설			시설물안전법 수도법 하수도법
옹벽 및 절토 사면	옹벽	지면으로부터 노출된 높이가 5미터 이상인 부분의 합이 100미터 이상인 옹벽	시설물안전법
	절토 사면	지면으로부터 연직(鉛直)높이(옹벽이 있는 경우 옹벽 상단으로부터의 높이를 말한다) 30미터 이상을 포함한 절토부(땅깎기를 한 부분을 말한다)로서 단일 수평연장 100미터 이상인 절토사면	

공 중 교 통 수 단	철도 분야	도시철도 차량, 철도 차량		철도안전법
	버스 분야	시외버스		교통안전법 여객자동차운수사업법 자동차관리법
	항공 분야	운송용 항공기		항공안전법

이러한 안전 · 보건 관계법령에 따른 안전관리 업무에는 안전점검, 보수보강, 안전조치 등의 업무가 있다. 안전점검 업무는 법률에서 안전점검, 안전진단, 정밀안전진단, 긴급안전점검 등으로 나타난다. 예를 들어, 「시설물의 안전 및 유지관리에 관한 특별법」은 안전점검, 정밀안전진단, 긴급안전점검에 대하여 규정하고 있다.[801] 보수

---

801) 「시설물의 안전 및 유지관리에 관한 특별법」 제2조(정의) 이 법에서 사용하는 용어의 뜻은 다음과 같다.

보강 업무는 공중이용시설 또는 공중교통수단을 점검한 결과 중대한 결함이 발견되었을 때 재난발생 위험을 제거하거나 재난발생을 방지하기 위하여 수리하는 업무이다. 안전조치 업무에는 긴급안전조치, 사용제한, 사용금지, 용도제한, 위험표지의 설치 등이 있다. 「교육시설 등의 안전 및 유지관리 등에 관한 법률」은 교육시설의 장으로 하여금 안전점검 등의 실시 결과에 따라 필요한 경우 일정기한 내에 결함에 대한 보수·보강 등의 조치를 하도록 하고, 안전점검 등의 실시결과 중대한 결함이 발견되어 긴급한 조치가 필요하다고 인정되는 경우에는 해당 교육시설의 사용제한, 사용금지, 이용자 대피 등의 조치를 할 수 있도록 규정하고 있다.[802]

(2) 안전계획의 이행

시행령 제10조제4호는 공중이용시설 또는 공중교통수단에 대하여 그 안전 및 유지관리를 위한 인력확보, 안전점검의 실시 또는 점검·정비, 보수·보강에 관하여 안전계획을 수립하도록 하고 있는데, 이를 충실하게 이행하는 데에는 인력이 필요하다. 필요 인력에는 안전계획의 내용을 직접 이행하는 인력뿐만 아니라 안전계획의 이행에 관하여 점검하는 인력도 포함된다.

---

5. "안전점검"이란 경험과 기술을 갖춘 자가 육안이나 점검기구 등으로 검사하여 시설물에 내재(內在)되어 있는 위험요인을 조사하는 행위를 말하며, 점검목적 및 점검수준을 고려하여 국토교통부령으로 정하는 바에 따라 정기안전점검 및 정밀안전점검으로 구분한다.
6. "정밀안전진단"이란 시설물의 물리적·기능적 결함을 발견하고 그에 대한 신속하고 적절한 조치를 하기 위하여 구조적 안전성과 결함의 원인 등을 조사·측정·평가하여 보수·보강 등의 방법을 제시하는 행위를 말한다.
7. "긴급안전점검"이란 시설물의 붕괴·전도 등으로 인한 재난 또는 재해가 발생할 우려가 있는 경우에 시설물의 물리적·기능적 결함을 신속하게 발견하기 위하여 실시하는 점검을 말한다.
802) 「교육시설 등의 안전 및 유지관리 등에 관한 법률」제17조(안전점검등의 결과에 따른 조치) ① 교육시설의 장은 안전점검 등의 실시 결과에 따라 필요한 경우 대통령령으로 정하는 바에 따라 일정기한까지 결함에 대한 보수·보강, 개축(改築) 등의 조치를 하여야 하고, 그 결과를 감독기관의 장에게 보고하여야 한다.
② 교육시설의 장은 안전점검등의 결과로 교육시설의 중대한 결함이 발견되는 등 교육시설이용자의 안전한 이용에 미치는 영향이 중대하여 긴급한 조치가 필요하다고 인정되는 경우에는 교육시설의 사용제한, 사용금지, 교육시설이용자의 대피 등의 조치를 할 수 있으며, 그 사실을 즉시 감독기관의 장에게 보고하여야 한다.

(3) 국토교통부 고시사항 이행

시행령 제10조제1호다목은 그 밖에 공중이용시설 또는 공중교통수단 이용자 등의 안전에 관하여 필요한 사항을 국토교통부 고시에 위임하였는데, 「공중이용시설 및 공중교통수단의 재해예방에 필요한 인력 및 예산 편성 지침」 제3조제1항 및 제4조제1항에서 개인사업주와 경영책임자등으로 하여금 공중이용시설 또는 공중교통수단의 위해요인 점검 및 긴급안전조치 등에 필요한 인력을 확보하도록 하고 있다.[803]

나) 중대시민재해 예방예산 편성 및 집행 (령 제10조제2호)

> **령 제10조(공중이용시설·공중교통수단 관련 안전보건관리체계 구축 및 이행에 관한 조치)** 법 제9조제2항제1호에 따른 조치의 구체적인 사항은 다음 각 호와 같다.
> 2. 다음 각 목의 사항을 이행하는 데 필요한 예산을 편성·집행할 것
>   가. 법 제9조제2항제4호의 안전·보건 관계 법령에 따른 인력·시설 및 장비 등의 확보·유지와 안전점검 등의 실시
>   나. 제4호에 따라 수립된 안전계획의 이행
>   다. 그 밖에 공중이용시설 또는 공중교통수단과 그 이용자나 그 밖의 사람의 안전에 관하여 국토교통부장관이 정하여 고시하는 사항

시행령 제10조제2호는 개인사업주와 경영책임자등으로 하여금 ① 안전·보건 관계 법령에 따른 인력·시설·장비 등의 확보·유지와 안전점검 등의 실시, ② 안전계획의 이행, ③ 기타 국토교통부장관이 고시하는 사항 등을 이행하는 데 필요한 예산을 편성하고 집행하도록 규정하고 있다. 국토교통부는 시행령에서 편성해야 할 안전예산

---

803) 「공중이용시설 및 공중교통수단의 재해예방에 필요한 인력 및 예산 편성 지침」 제3조(공중이용시설 관련) ① 사업주와 경영책임자등은 다음 각 목의 사항이 이행되도록 인력을 확보·편성한다.
1. 공중이용시설의 유해·위험요인 확인·점검
2. 공중이용시설의 유해·위험요인이 발견 또는 신고 접수된 경우 긴급안전점검, 긴급안전조치 (이용제한, 위험표지설치 등), 정비·보수·보강 등 개선
제4조(공중교통수단 관련) ① 사업주와 경영책임자등은 다음 각 목의 사항이 이행되도록 인력을 확보·편성한다.
1. 공중교통수단의 유해·위험요인 확인·점검
2. 공중교통수단의 유해·위험요인이 발견 또는 신고 접수된 경우 긴급안전점검, 긴급안전조치 (운행제한 등), 차량 등의 정비·보수·보강·교체 등 개선

의 규모를 직접 규정하기보다는 예산을 투입할 안전업무를 규정하고 있는 이유에 대하여, 공중이용시설 및 공중교통수단의 유형과 규모가 다양하고 이를 운영하는 기업 또는 기관의 상황이 다르다는 점을 고려하였다고 설명하고 있다.[804]

시행령 제4조제4호는 경영책임자등으로 하여금 중대산업재해 예방 관련 안전보건관리체계의 구축 등을 위해 필요한 예산을 편성하고 '집행하도록 할' 것으로 규정하여, 예산의 집행이 잘 이루어지도록 관리하는 의무를 부과하고 있는 데 반하여, 시행령 제8조제2호는 경영책임자등에게 직접 예산을 집행하도록 규정하고 있는 점은 앞서 살펴본 바와 같다. 시행령 제10조제2호에서도 시행령 제8조제2호와 동일한 방식으로 규정되어 있는바, 앞서 논의한 바와 같이 시행령 제10조제2호도 시행령 제4조제4호의 문구에 맞추어 개정하는 것을 검토할 필요가 있다.

법 제9조제2항제4호의 안전·보건 관계 법령에 따른 인력·시설·장비 등을 확보·유지하고 안전점검 등을 실시하는 데 필요한 예산은 안전·보건 관계 법령에서 공중이용시설 또는 공중교통수단으로 인하여 발생할 수 있는 위해를 방지하기 위한 조치를 규정한 데 따른 소요예산이다. 국토교통부는 이를 인건비, 안전점검 비용, 보수보강 비용, 안전조치 비용, 그 밖에 법정 안전계획 수립 및 법정 안전교육의 실시 등에 소요되는 비용으로 설명하고 있다.[805]

항 목	내 용
인건비	법령에서 규정한 안전점검, 보수·보강, 안전조치, 수행하는 인력의 고용, 운영 비용
안전점검 비용	법률에서 정기적으로 공중이용시설 또는 공중교통수단에 대해 실시하도록 규정한 안전점검, 정기점검, 정기안전점검, 안전진단, 정밀진단, 정밀 안전진단, 긴급점검, 긴급안전점검 등 업무에 예산을 투입하여야 함 ※ 예시: 시설물안전법에 따른 정기안전점검, 정밀안전점검, 정밀안전진단 등
보수·보강 비용	공중이용시설 및 공중교통수단에 대한 점검의 결과로 중대한 결함 등이 발견되었을 때, 법률 및 시행령에서 수행토록 한 시설물 보수·보강 등의 비용 ※ 예시: 시설물안전법에 따른 정밀안전진단등의 결과로 중대한 결함이 발견되

---

804) 국토교통부, 앞의 책, 38면 참조.
805) 국토교통부, 앞의 책, 39면 참조.

	었을 때 이에 대한 보수·보강 업무
안전조치 비용	법률에서 규정한 긴급안전조치, 사용제한·사용금지·해체, 용도제한, 위험표지의 설치 등의 비용

또한, 개인사업주 또는 경영책임자등은 안전점검, 점검·정비, 보수·보강 등 공중이용시설 또는 공중교통수단에 대하여 안전계획으로 수립한 사항이 잘 이행될 수 있도록 예산을 편성·집행하여야 한다. 안전계획의 이행여부와 정도를 점검하는 데 소요되는 예산도 '안전계획의 이행' 관련 예산으로 볼 수 있다.

시행령 제10조제2호다목은 안전예산 편성·집행의 대상으로서 그 밖에 공중이용시설 또는 공중교통수단 이용자 등의 안전에 관하여 필요한 사항을 국토교통부 고시에 위임하였다. 국토교통부 고시인 「공중이용시설 및 공중교통수단의 재해예방에 필요한 인력 및 예산 편성 지침」 제3조제2항 및 제4조제2항은 개인사업주와 경영책임자등으로 하여금 공중이용시설 또는 공중교통수단의 위해요인 점검, 긴급안전조치, 안전관리에 필요한 장비 구입 등이 이루어지도록 예산을 편성·집행하도록 규정하고 있다.[806]

---

806) 「공중이용시설 및 공중교통수단의 재해예방에 필요한 인력 및 예산 편성 지침」 제3조(공중이용시설 관련) ② 사업주와 경영책임자등은 다음 각 목의 사항이 이행되도록 예산을 편성·집행한다.
　　1. 공중이용시설의 유해·위험요인 확인·점검
　　2. 공중이용시설의 유해·위험요인이 발견 또는 신고 접수된 경우 긴급안전점검, 긴급안전조치(이용제한, 위험표지설치 등), 정비·보수·보강 등 개선
　　3. 중대시민재해 발생 시 원인 개선과 유사사례 방지 등을 위한 종사자 교육 또는 이용자 안내 조치
　　4. 안전관리에 필요한 시설 및 설비의 설치, 물품·보호구 및 장비의 구입
　　5. 시행령 제11조에 따른 안전의무 이행 점검
　　제4조(공중교통수단 관련) ② 사업주와 경영책임자등은 다음 각 목의 사항이 이행되도록 예산을 편성·집행한다.
　　1. 공중교통수단의 유해·위험요인 확인·점검
　　2. 공중교통수단의 유해·위험요인이 발견 또는 신고 접수된 경우 긴급안전점검, 긴급안전조치(운행제한 등), 차량 등의 정비·보수·보강·교체 등 개선
　　3. 중대시민재해 발생 시 원인 개선과 유사사례 방지 등을 위한 종사자 교육 또는 이용자 안내 조치
　　4. 안전관리에 필요한 설비의 설치, 물품·보호구 및 장비의 구입
　　5. 시행령 제11조에 따른 안전의무 이행 점검

다) 중대시민재해 예방을 위한 안전점검 계획 및 수행 (령 제10조제3호)

> **령 제10조(공중이용시설·공중교통수단 관련 안전보건관리체계 구축 및 이행에 관한 조치)** 법 제9조제2항제1호에 따른 조치의 구체적인 사항은 다음 각 호와 같다.
> 3. 공중이용시설 또는 공중교통수단에 대한 법 제9조제2항제4호의 안전·보건 관계 법령에 따른 안전점검 등을 계획하여 수행되도록 할 것

시행령 제10조제3호는 공중이용시설 또는 공중교통수단에서 중대시민재해가 발생하는 것을 방지하기 위하여 개인사업주 또는 경영책임자등으로 하여금 안전보건 관계 법령에 따른 안전점검 등을 계획하여 수행되도록 할 것을 규정하고 있다. 이는 개인사업주, 법인 또는 기관이 운영하고 있는 공중이용시설 또는 공중교통수단의 안전 상태를 확인하여 재해를 유발할 수 있는 요소를 사전에 파악하고 관리할 수 있도록 하려는 것이다.

「시설물의 안전 및 유지관리에 관한 특별법」은 안전점검을 "경험과 기술을 갖춘 자가 육안이나 점검기구 등으로 검사하여 시설물에 내재된 위험요인을 조사하는 행위"로 정의하고 있는데,[807] 공중이용시설 또는 공중교통수단에 대한 안전점검도 이와 유사한 행위로 이해된다.

안전점검을 규정하고 있는 공중이용시설 관련 안전·보건 관계 법령으로는 「시설물의 안전 및 유지관리에 관한 특별법」, 「건축물 관리법」, 「철도건설법」, 「하천법」 등이 있는데, 관련 규정을 예시하면 다음과 같다.[808]

---

807) 「시설물의 안전 및 유지관리에 관한 특별법」 제2조(정의) 이 법에서 사용하는 용어의 뜻은 다음과 같다.
　　5. "안전점검"이란 경험과 기술을 갖춘 자가 육안이나 점검기구 등으로 검사하여 시설물에 내재(內在)되어 있는 위험요인을 조사하는 행위를 말하며, 점검목적 및 점검수준을 고려하여 국토교통부령으로 정하는 바에 따라 정기안전점검 및 정밀안전점검으로 구분한다.
808) 국토교통부, 앞의 책, 44~46면 참조.

관계법령	관련조항	점검종류	점검대상 공중이용시설
시설물관리법	제11조	정기안전점검	- 철도시설(철도교량, 철도터널, 철도역사, 대합실 등) - 항만시설(방파제, 파제제, 호안) - 건축물 - 하천시설(하구둑, 제방·보) - 도로시설(도로교량, 도로터널) - 상하수도시설 - 옹벽 및 절토사면
		정밀안전점검	
	제12조	정밀안전진단	
철도건설법	제29조	정기점검	- 철도시설(철도교량, 철도터널)
	제31조	정밀진단	
건축물관리법	제13조	정기점검	- 철도시설(철도역사, 대합실 등) - 건축물
	제16조	안전진단	
하천법	제13조	안전점검	- 하천시설(하구둑, 제방·보)
	제74조	하천관리상황 점검	

안전점검을 규정하고 있는 공중교통수단 관련 안전·보건 관계 법령으로는 「철도안전법」, 「자동차관리법」, 「항공안전법」 등이 있다.[809]

관계법령	관련조항	점검종류	점검대상 공중교통수단
철도안전법	제38조의12	정밀안전진단	도시철도 차량, 철도 차량
자동차관리법	제43조	정기검사	시외버스 차량
항공안전법	제90조	안전운항체계 검사	운송용 항공기

---

809) 국토교통부, 앞의 책, 47면 참조.

라) 중대시민재해 예방을 위한 안전계획 수립 및 이행 (령 제10조제4호)

령 제10조(공중이용시설·공중교통수단 관련 안전보건관리체계 구축 및 이행에 관한 조치) 법 제9조제2항제1호에 따른 조치의 구체적인 사항은 다음 각 호와 같다.

4. 공중이용시설 또는 공중교통수단에 대해 연 1회 이상 다음 각 목의 내용이 포함된 안전계획을 수립하게 하고, 충실히 이행하도록 할 것. 다만, 공중이용시설에 대해 「시설물의 안전 및 유지관리에 관한 특별법」 제6조에 따라 시설물에 대한 안전 및 유지관리계획을 수립·시행하거나 공중이용시설 또는 공중교통수단에 대해 철도운영자가 「철도안전법」 제6조에 따라 연차별 시행계획을 수립·추진하는 경우로서 사업주 또는 경영책임자등이 그 수립 여부 및 내용을 직접 확인하거나 보고받은 경우에는 안전계획을 수립하여 이행한 것으로 본다.

가. 공중이용시설 또는 공중교통수단의 안전과 유지관리를 위한 인력의 확보에 관한 사항

나. 공중이용시설의 안전점검 또는 정밀안전진단의 실시와 공중교통수단의 점검·정비(점검·정비에 필요한 장비를 확보하는 것을 포함한다)에 관한 사항

다. 공중이용시설 또는 공중교통수단의 보수·보강 등 유지관리에 관한 사항

시행령 제10조제4호는 개인사업주 또는 경영책임자등으로 하여금 공중이용시설 또는 공중교통수단에 대하여 ① 안전과 유지관리를 위한 인력 확보, ② 안전점검·정밀안전진단 및 점검·정비 실시, ③ 보수·보강 등 유지관리를 포함한 안전계획을 연 1회 이상 수립하게 하고, 충실히 이행하게 하도록 규정하고 있다.

한편, 「시설물의 안전 및 유지관리에 관한 특별법」 제6조[810])에 따라 공중이용시설

---

810) 「시설물의 안전 및 유지관리에 관한 특별법」 제6조(시설물의 안전 및 유지관리계획의 수립·시행) ① 관리주체는 기본계획에 따라 소관 시설물에 대한 안전 및 유지관리계획(이하 "시설물관리계획"이라 한다)을 수립·시행하여야 한다. 다만, 제7조에 따른 제3종시설물 중 「공동주택관리법」 제2조제2호에 따른 의무관리대상 공동주택이 아닌 공동주택 등 민간관리주체 소관 시설물 중 대통령령으로 정하는 시설물의 경우에는 특별자치시장·특별자치도지사·시장·군수 또는 구청장(구청장은 자치구의 구청장을 말하며, 이하 "시장·군수·구청장"이라 한다)이 수립하여야 한다.
② 시설물관리계획에는 다음 각 호의 사항이 포함되어야 한다. 다만, 제1항 단서에 해당하여 시장·군수·구청장이 시설물관리계획을 수립하는 경우에는 제5호의 사항을 생략할 수 있다.
1. 시설물의 적정한 안전과 유지관리를 위한 조직·인원 및 장비의 확보에 관한 사항
2. 긴급상황 발생 시 조치체계에 관한 사항

에 대하여 안전 및 유지관리계획을 수립·시행하는 경우 또는 「철도안전법」 제6조[811])
에 따라 철도시설 또는 철도차량에 대하여 연차별 시행계획을 수립·추진하는 경우
사업주 또는 경영책임자등이 그 수립 여부 및 내용을 직접 확인하거나 보고받으면,
안전계획 작성의무를 이행한 것으로 본다.

마) 중대시민재해 예방을 위한 점검 및 결과조치 (령 제10조제5호·제6호)

> **령 제10조(공중이용시설·공중교통수단 관련 안전보건관리체계 구축 및 이행에 관한 조치)** 법 제9조제2항제1호에 따른 조치의 구체적인 사항은 다음 각 호와 같다.
> 5. 제1호부터 제4호까지에서 규정한 사항을 반기 1회 이상 점검하고, 직접 점검하지 않은 경우에는 점검이 끝난 후 지체 없이 점검 결과를 보고받을 것
> 6. 제5호에 따른 점검 또는 보고 결과에 따라 인력을 배치하거나 예산을 추가로 편성·집행하도록 하는 등 중대시민재해 예방에 필요한 조치를 할 것

시행령 제10조제5호 및 제6호는 개인사업주와 경영책임자등으로 하여금 공중이용
시설 또는 공중교통수단 관련 중대시민재해 예방을 위한 인력확보, 예산의 편성·집
행, 안전점검의 계획·수행, 안전계획의 수립·이행에 관하여 직접 점검하거나 점검결
과를 보고받도록 하고, 그 결과 인력의 추가 배치, 예산의 추가 편성·집행을 지시하
는 등 중대시민재해 예방에 필요한 조치를 하도록 규정하고 있다. 이는 개인사업주
또는 경영책임자등으로 하여금 안전·보건에 관한 인력확보, 예산의 편성·집행, 안전
계획의 수립에 대하여 직접 점검하고 후속 조치를 하도록 하여 안전·보건에 관한 사
항이 실질적으로 수행될 수 있도록 하려는 취지이다.

---

3. 시설물의 설계·시공·감리 및 유지관리 등에 관련된 설계도서의 수집 및 보존에 관한 사항
4. 안전점검 또는 정밀안전진단의 실시에 관한 사항
5. 보수·보강 등 유지관리 및 그에 필요한 비용에 관한 사항
811) 「철도안전법」 제6조(시행계획) ① 국토교통부장관, 시·도지사 및 철도운영자등은 철도안전 종합계획에 따라 소관별로 철도안전 종합계획의 단계적 시행에 필요한 연차별 시행계획(이하 "시행계획"이라 한다)을 수립·추진하여야 한다.
② 시행계획의 수립 및 시행절차 등에 관하여 필요한 사항은 대통령령으로 정한다.

바) 중대시민재해 예방을 위한 업무처리절차 마련 및 이행(령 제10조제7호)

령 제10조(공중이용시설 · 공중교통수단 관련 안전보건관리체계 구축 및 이행에 관한 조치) 법 제9조제2항제1호에 따른 조치의 구체적인 사항은 다음 각 호와 같다.

7. 중대시민재해 예방을 위해 다음 각 목의 사항이 포함된 업무처리절차를 마련하여 이행할 것. 다만, 철도운영자가 「철도안전법」 제7조에 따라 비상대응계획을 포함한 철도안전관리체계를 수립하여 시행하거나 항공운송사업자가 「항공안전법」 제58조 제2항에 따라 위기대응계획을 포함한 항공안전관리시스템을 마련하여 운용한 경우로서 사업주 또는 경영책임자등이 그 수립 여부 및 내용을 직접 점검하거나 점검 결과를 보고받은 경우에는 업무처리절차를 마련하여 이행한 것으로 본다.

   가. 공중이용시설 또는 공중교통수단의 유해 · 위험요인의 확인 · 점검에 관한 사항
   나. 공중이용시설 또는 공중교통수단의 유해 · 위험요인을 발견한 경우 해당 사항의 신고 · 조치요구, 이용 제한, 보수 · 보강 등 그 개선에 관한 사항
   다. 중대시민재해가 발생한 경우 사상자 등에 대한 긴급구호조치, 공중이용시설 또는 공중교통수단에 대한 긴급안전점검, 위험표지 설치 등 추가 피해방지 조치, 관계 행정기관 등에 대한 신고와 원인조사에 따른 개선조치에 관한 사항
   라. 공중교통수단 또는 「시설물의 안전 및 유지관리에 관한 특별법」 제7조제1호의 제1종시설물에서 비상상황이나 위급상황 발생 시 대피훈련에 관한 사항

시행령 제10조제7호는 개인사업주 또는 경영책임자등으로 하여금 중대시민재해 예방을 위한 업무처리절차에 ① 공중이용시설 또는 공중교통수단의 위해요인 확인 · 점검에 관한 사항, ② 위해요인이 발견된 경우 그 개선에 관한 사항, ③ 중대시민재해가 발생한 경우 조치에 관한 사항, ④ 비상상황 또는 위급상황이 발생한 경우 대피훈련에 관한 사항을 포함하여 마련하고 이행하도록 규정하고 있다. 이는 경영책임자 등으로 하여금 공중이용시설 또는 공중교통수단의 유해 · 위험요인 확인 · 개선 및 중대시민재해 등 발생시 조치에 관하여 체계적인 절차를 마련하도록 함으로써 현장에서 담당자들이 올바르게 대응할 수 있도록 하려는 것이다.

「철도안전법」 제7조[812])에 따라 비상대응계획을 포함한 철도안전관리체계를 수립 ·

---

812) 「철도안전법」 제7조(안전관리체계의 승인) ① 철도운영자등(전용철도의 운영자는 제외한다. 이하 이 조 및 제8조에서 같다)은 철도운영을 하거나 철도시설을 관리하려는 경우에는 인력,

시행하거나 「항공안전법」 제58조제2항[813])에 따라 위기대응계획을 포함한 항공안전관리시스템을 마련하여 운용한 경우에는 경영책임자 등이 그 수립 여부 및 내용을 직접 점검하거나 점검 결과를 보고받으면 별도의 업무처리절차를 마련하지 않아도 해당 의무를 이행한 것으로 본다.

각 개인사업주, 법인 또는 기관이 운영하는 공중이용시설 또는 공중교통수단별 상황에 따라 중대시민재해 예방을 위한 업무처리절차가 다양할 것이나, 시행령 제10조 제7호 각 목별로 절차를 예시하면 다음과 같다. 첫째, 유해·위험요인의 확인·점검에

시설, 차량, 장비, 운영절차, 교육훈련 및 비상대응계획 등 철도 및 철도시설의 안전관리에 관한 유기적 체계(이하 "안전관리체계"라 한다)를 갖추어 국토교통부장관의 승인을 받아야 한다.
② 전용철도의 운영자는 자체적으로 안전관리체계를 갖추고 지속적으로 유지하여야 한다.
③ 철도운영자등은 제1항에 따라 승인받은 안전관리체계를 변경(제5항에 따른 안전관리기준의 변경에 따른 안전관리체계의 변경을 포함한다. 이하 이 조에서 같다)하려는 경우에는 국토교통부장관의 변경승인을 받아야 한다. 다만, 국토교통부령으로 정하는 경미한 사항을 변경하려는 경우에는 국토교통부장관에게 신고하여야 한다.
④ 국토교통부장관은 제1항 또는 제3항 본문에 따른 안전관리체계의 승인 또는 변경승인의 신청을 받은 경우에는 해당 안전관리체계가 제5항에 따른 안전관리기준에 적합한지를 검사한 후 승인 여부를 결정하여야 한다.
⑤ 국토교통부장관은 철도안전경영, 위험관리, 사고 조사 및 보고, 내부점검, 비상대응계획, 비상대응훈련, 교육훈련, 안전정보관리, 운행안전관리, 차량·시설의 유지관리(차량의 기대수명에 관한 사항을 포함한다) 등 철도운영 및 철도시설의 안전관리에 필요한 기술기준을 정하여 고시하여야 한다.
⑥ 제1항부터 제5항까지의 규정에 따른 승인절차, 승인방법, 검사기준, 검사방법, 신고절차 및 고시방법 등에 관하여 필요한 사항은 국토교통부령으로 정한다.
813) 「항공안전법」 제58조(국가 항공안전프로그램 등) ② 다음 각 호의 어느 하나에 해당하는 자는 제작, 교육, 운항 또는 사업 등을 시작하기 전까지 제1항에 따른 항공안전프로그램에 따라 항공기사고 등의 예방 및 비행안전의 확보를 위한 항공안전관리시스템을 마련하고, 국토교통부장관의 승인을 받아 운용하여야 한다. 승인받은 사항 중 국토교통부령으로 정하는 중요사항을 변경할 때에도 또한 같다.
1. 형식증명, 부가형식증명, 제작증명, 기술표준품형식승인 또는 부품등제작자증명을 받은 자
2. 제35조제1호부터 제4호까지의 항공종사자 양성을 위하여 제48조제1항 단서에 따라 지정된 전문교육기관
3. 항공교통업무증명을 받은 자
4. 제90조(제96조제1항에서 준용하는 경우를 포함한다)에 따른 운항증명을 받은 항공운송사업자 및 항공기사용사업자
5. 항공기정비업자로서 제97조제1항에 따른 정비조직인증을 받은 자
6. 「공항시설법」 제38조제1항에 따라 공항운영증명을 받은 자
7. 「공항시설법」 제43조제2항에 따라 항행안전시설을 설치한 자
8. 제55조제2호에 따른 국외운항항공기를 소유 또는 임차하여 사용할 수 있는 권리가 있는 자

관한 사항(가목)은 공중이용시설 또는 공중교통수단의 특성에 따라 일정기간을 정하여 정기점검을 실시하고, 안전업무 수행자의 판단에 따라 수시점검을 실시하도록 한다. 둘째, 유해·위험요인 발견 시 개선에 관한 사항(나목)은 유해·위험요인에 대하여 신고 또는 조치요구가 있을 경우 시설관리자로 하여금 유해·위험요인을 확인하도록 하여 경미한 사항은 자체개선 후 신고자에게 조치결과 통보하도록 하고, 중대시민재해가 발생할 우려가 있는 사항에 대하여는 경영책임자 등에게 보고하도록 하며, 경영책임자 등은 보수·보강 지시 및 조치결과를 확인하는 절차를 마련한다. 셋째, 중대시민재해 발생 시 추가 피해방지조치, 원인조사에 따른 개선조치에 관한 사항(다목)에 대하여 살펴보면, 중대시민재해가 발생한 경우, 안전관리 담당자로 하여금 경찰서·소방서 또는 관계 행정기관에 신고 또는 상황보고를 하도록 하고 재해자에 대하여 긴급구호조치 및 긴급안전조치 등을 시행하도록 하며 중대시민재해 발생상황 등을 경영책임자 등에게 보고하도록 한다. 경영책임자 등은 안전관리 담당자로부터 발생상황, 대응상황 및 조치사항을 보고받고 필요시 추가 피해방지 조치를 지시하고 상황종료 후 피해 원인조사 및 개선대책 등 재발방지대책 마련을 지시한다. 안전관리 담당자는 경영책임자 등의 지시사항을 이행하고, 조치결과를 경영책임자 등 및 관계행정기관 등에 보고하도록 한다. 넷째, 대피훈련에 관한 사항(라목)은 공중교통수단 또는 「시설물의 안전 및 유지관리에 관한 특별법」상 제1종시설물에 대하여, 비상상황이나 위급상황 발생 시를 대비하여 대피훈련 실시절차를 마련하고, 대피훈련 결과에 따라 개선사항을 도출하며 이를 대피훈련계획의 수정, 개선에 다시 반영하는 방안 등을 포함할 수 있다.[814]

---

814) 국토교통부, 앞의 책, 55~58면 참조.

사) 도급 등의 경우 안전보건 확보를 위한 기준 · 절차 마련 및 점검 (령 제10조 제8호)

> **령 제10조(공중이용시설 · 공중교통수단 관련 안전보건관리체계 구축 및 이행에 관한 조치)** 법 제9조제2항제1호에 따른 조치의 구체적인 사항은 다음 각 호와 같다.
>
> 8. 제3자에게 공중이용시설 또는 공중교통수단의 운영 · 관리 업무의 도급, 용역, 위탁 등을 하는 경우 공중이용시설 또는 공중교통수단과 그 이용자나 그 밖의 사람의 안전을 확보하기 위해 다음 각 목에 따른 기준과 절차를 마련하고, 그 기준과 절차에 따라 도급, 용역, 위탁 등이 이루어지는지를 연 1회 이상 점검하고, 직접 점검하지 않은 경우에는 점검이 끝난 후 지체 없이 점검 결과를 보고받을 것
>   가. 중대시민재해 예방을 위한 조치능력 및 안전관리능력에 관한 평가기준 · 절차
>   나. 도급, 용역, 위탁 등의 업무 수행 시 중대시민재해 예방을 위해 필요한 비용에 관한 기준

시행령 제10조제8호는 개인사업주나 법인 또는 기관이 제3자에게 공중이용시설 또는 공중교통수단의 운영 · 관리 업무에 대하여 도급 등을 하는 경우, 그 개인사업주 또는 해당 법인 또는 기관의 경영책임자등으로 하여금 ① 도급 등을 받는 기관의 중대시민재해 관련 안전관리 능력 등에 대한 평가기준과 절차를 마련하고, ② 도급 등의 업무수행 시 중대시민재해 예방에 필요한 비용 기준을 마련하도록 하고 있다. 또한 개인사업주 또는 경영책임자등으로 하여금 해당 기준과 절차에 따라 도급 등이 이루어지는지 연 1회 이상 직접 점검하거나 점검결과를 보고받도록 규정하고 있다.

도급 등을 받는 자에 대한 중대시민재해 예방 조치능력 및 안전관리능력 평가기준은 각 개인사업주, 법인 또는 기관이 운영하는 공중이용시설 또는 공중교통수단별 상황에 따라 다양할 것이나, 일반적으로 도급 등을 받는 자의 안전보건관리체계 구축 현황, 즉 안전보건 담당 인력 및 예산, 안전계획, 중대시민재해 예방을 위한 업무처리 절차 마련 현황을 평가요소로 선정할 수 있을 것이다. 또한 도급 등을 받는 기관에서 최근 수년간 발생한 중대사고 이력도 중요한 평가요소가 될 수 있을 것이다.

2) 재해 재발방지 대책 수립 및 그 이행에 관한 조치 (법 제9조제2항제2호)

> **법 제9조(사업주와 경영책임자등의 안전 및 보건 확보의무)** ② 사업주 또는 경영책임자등은 사업주나 법인 또는 기관이 실질적으로 지배·운영·관리하는 공중이용시설 또는 공중교통수단의 설계, 설치, 관리상의 결함으로 인한 그 이용자 또는 그 밖의 사람의 생명, 신체의 안전을 위하여 다음 각 호에 따른 조치를 하여야 한다.
> 2. 재해 발생 시 재발방지 대책의 수립 및 그 이행에 관한 조치

법 제9조제2항제2호는 개인사업주 또는 경영책임자등으로 하여금 해당 사업주, 법인 또는 기관이 실질적으로 지배·운영·관리하는 공중이용시설 또는 공중교통수단의 결함으로 인하여 그 이용자 또는 그 밖의 시민이 생명, 신체에 위해를 입는 것을 방지하기 위하여, 이미 발생한 재해가 있다면 재발방지를 위한 대책을 수립하고 그 이행에 관한 조치를 하도록 규정하고 있다.

법 제9조제2항제2호에서 재발방지 대책수립의 요건이 되는 "재해"의 발생은 앞서 살펴본 바와 같이 중대시민재해에 이르지 못하더라도 공중이용시설 또는 공중교통수단의 설계, 설치, 관리상의 결함으로 인하여 그 이용자 또는 그 밖의 사람이 생명, 신체에 피해를 입은 경우를 포함하는 것으로 보아야 할 것이다. 그러한 재해는 중대재해처벌법 시행 후에 발생한 것에 한정된다고 볼 것이다.

3) 시정명령 등의 이행에 관한 조치 (법 제9조제2항제3호)

> **법 제9조(사업주와 경영책임자등의 안전 및 보건 확보의무)** ② 사업주 또는 경영책임자등은 사업주나 법인 또는 기관이 실질적으로 지배·운영·관리하는 공중이용시설 또는 공중교통수단의 설계, 설치, 관리상의 결함으로 인한 그 이용자 또는 그 밖의 사람의 생명, 신체의 안전을 위하여 다음 각 호에 따른 조치를 하여야 한다.
> 3. 중앙행정기관·지방자치단체가 관계 법령에 따라 개선, 시정 등을 명한 사항의 이행에 관한 조치

법 제9조제2항제3호는 중앙행정기관 또는 지방자치단체가 관계 법령에 따라 개선, 시정 등을 명한 경우 개인사업주 또는 경영책임자등으로 하여금 해당 사업주, 법인

또는 기관이 실질적으로 지배·운영·관리하는 공중이용시설 또는 공중교통수단의 이용자 또는 그 밖의 시민의 생명, 신체의 안전을 위하여 개선명령 등의 이행에 관한 조치를 하도록 의무를 부과하고 있다.

중앙행정기관 등이 시정 등을 명하였으나 이행되지 아니한 경우 관계 법령에 따른 시정명령 등의 수범자(사업주 또는 중간관리자)는 해당 법령에 따른 제재를 받을 것이고, 시정명령 등의 이행에 관한 조치가 미이행되고 그로 인하여 중대시민재해가 발생한 것으로 인정되면 개인사업주 또는 경영책임자등은 법 제11조에 따라 처벌될 것이다.

개인사업주 또는 경영책임자등이 그 이행에 관하여 조치를 하여야 하는 대상은 행정처분이고, 행정처분의 발령주체는 행정청이므로,[815] 법 제9조제2항제3호 중 "지방자치단체"는 "지방자치단체의 장"으로 개정할 필요가 있다는 점은 앞서 살펴본 바와 같다. 또한, 중앙행정기관 등이 '안전·보건 관계 법령'이 아닌 법령에 따라 개선명령 등을 하는 경우에도 그 이행에 관한 조치가 공중이용시설 또는 공중교통수단의 이용자 및 그 밖의 시민의 생명, 신체의 안전을 위하여 필요한 조치인 경우에는 개인사업주 또는 경영책임자등의 이행조치 의무가 발생하는 것으로 보아야 한다는 점도 앞에서 논의한 바와 같다. 다만, 중대시민재해의 정의 규정에 비추어 볼 때, 개인사업주 또는 경영책임자등의 이행조치 의무가 발생하는 시정명령 등은 공중이용시설 또는 공중교통수단의 설계, 설치, 관리상의 결함에 관한 시정명령 등에 한정되고, 중대시민재해와의 인과관계의 관점에서 볼 때, 중대한 시정명령 등에 대한 이행조치 미이행만이 중대시민재해와의 인과관계가 인정될 것이라는 의견이 유력하다.[816]

중대재해처벌법 시행 전에 받은 시정명령 등에 대하여는 법 제9조제2항제3호가 적용되지 아니하는 것으로 보아야 할 것이라는 점은 앞에서 살펴본 바와 같다.

---

815) 「행정기본법」 제2조(정의) 이 법에서 사용하는 용어의 뜻은 다음과 같다.
　　2. "행정청"이란 다음 각 목의 자를 말한다.
　　　가. 행정에 관한 의사를 결정하여 표시하는 국가 또는 지방자치단체의 기관
　　　나. 그 밖에 법령등에 따라 행정에 관한 의사를 결정하여 표시하는 권한을 가지고 있거나 그 권한을 위임 또는 위탁받은 공공단체 또는 그 기관이나 사인(私人)
816) 정현희(2022.12.), 앞의 책, 160면 참조.

4) 안전보건 관계 법령상 의무이행에 필요한 관리상 조치 (법 제9조제2항제4호)

> **법 제9조(사업주와 경영책임자등의 안전 및 보건 확보의무)** ② 사업주 또는 경영책임자등은 사업주나 법인 또는 기관이 실질적으로 지배·운영·관리하는 공중이용시설 또는 공중교통수단의 설계, 설치, 관리상의 결함으로 인한 그 이용자 또는 그 밖의 사람의 생명, 신체의 안전을 위하여 다음 각 호에 따른 조치를 하여야 한다.
> 4. 안전·보건 관계 법령에 따른 의무이행에 필요한 관리상의 조치
> ④ 제1항제1호·제4호 및 제2항제1호·제4호의 조치에 관한 구체적인 사항은 대통령령으로 정한다.

법 제9조제2항제4호는 개인사업주 또는 경영책임자등으로 하여금 공중이용시설 또는 공중교통수단의 설계, 설치, 관리상의 결함으로 인한 이용자 등의 생명·신체상의 위해를 방지하기 위하여 안전·보건 관계 법령에 따른 의무이행에 필요한 관리상의 조치를 하도록 하고, 법 제9조제4항은 관리상의 조치에 관한 구체적인 사항을 대통령령으로 정하도록 규정하고 있다. 이는 현장에서 예산 또는 인력 부족으로 안전·보건 관계 법령에 따른 의무가 이행되지 못하는 경우가 있으므로 개인사업주 또는 경영책임자등에게 관리상의 조치의무를 부과하여 해당 의무가 실질적으로 이행될 수 있도록 하려는 것이다.

안전·보건 관계 법령에 따른 의무 불이행이 있는 경우 해당 법령에 따른 수범자는 해당 법령상의 제재를 받고, 그 불이행이 개인사업주 또는 경영책임자등의 관리상의 조치의무 위반으로 인한 것이고, 그에 따라 중대시민재해가 발생한 경우에는 개인사업주 또는 경영책임자등은 중대재해처벌법에 따른 처벌을 받게 된다.

관리상 조치의 구체적인 내용은 ① 안전·보건 관계 법령에 따른 의무이행 여부를 연 1회 이상 점검하고, ② 의무가 미이행된 사실이 확인되는 경우 인력이나 예산을 추가하는 등 의무이행에 필요한 조치를 하며, ③ 안전·보건 관계 법령에 따라 공중이용시설의 안전관리자나 공중교통수단 정비·점검업무 종사자에 대한 교육이 이수되었는지를 연 1회 이상 점검하고, ④ 교육이 미실시된 사실이 확인되는 경우 그 이행의 지시 등 교육실시에 필요한 조치를 하는 것이다(시행령 제11조제2항).

가) 안전보건 관계 법령의 의미 (령 제11조제1항)

> **령 제11조(공중이용시설 · 공중교통수단 관련 안전 · 보건 관계 법령에 따른 의무이행에 필요한 관리상의 조치)** ① 법 제9조제2항제4호에서 "안전 · 보건 관계 법령"이란 해당 공중이용시설 · 공중교통수단에 적용되는 것으로서 이용자나 그 밖의 사람의 안전 · 보건을 확보하는 데 관련되는 법령을 말한다.

시행령 제11조제1항은 법 제9조제2항제4호의 '안전 · 보건 관계 법령'에 대하여 해당 공중이용시설 · 공중교통수단에 적용되는 것으로서 이용자나 그 밖의 사람의 안전 · 보건을 확보하는 데 관련되는 법령을 말하는 것으로 규정하고 있을 뿐, '안전 · 보건 관계 법령'의 구체적인 내용을 제시하지 아니하고 있다. 개인사업주가 경영책임자등은 안전 · 보건 관계 법령의 수범자가 아닌 경우가 많고, 개인사업주 또는 경영책임자등이 안전 · 보건 관계 법령에 따른 의무이행에 필요한 관리상의 조치의무를 위반하는 경우 형사처벌을 받을 가능성이 있으므로 명확성의 원칙상 해당 법령을 구체적으로 규정할 필요가 있다는 점은 앞서 살펴본 바와 같다.

국토교통부는 '안전 · 보건 관계 법령'에 해당하는지 판단하는 기준으로, ① 공중이용시설 또는 공중교통수단의 안전확보를 목적으로 하는 법률, ② 그 이용자의 안전을 위하여 의무를 부과하는 법률, ③ 공중이용시설 또는 공중교통수단을 구성하는 구조체, 시설, 부품 등의 안전에 대하여 안전점검 등을 규정하는 법률, ④ 그 이용자의 안전을 위하여 관리자 등의 교육이수를 규정하는 법률을 제시하고 있다. 다만, 공중이용시설 또는 공중교통수단의 안전 외에 효율적인 이용, 경제적 가치를 고려한 성능개선 등의 목적을 가진 법령은 일반적으로 안전 · 보건 관계 법령에 해당하지 아니한다고 해설하고 있다.[817]

소방청은 공중이용시설 관련 '안전 · 보건 관계 법령'에 대한 예시로서 「다중이용업소의 안전관리에 관한 특별법」 등을 제시하고 있다.[818]

---

817) 국토교통부, 앞의 책, 29~30면 참조.
818) 소방청, 『중대재해처벌법 해설 - 중대시민재해(다중이용시설)』, 2021.12., 15면 참조.

법률	안전 · 보건 관련 내용
다중이용업소법	영업주의 정기점검 소방시설, 비상구, 영업장 내부 피난통로 등 안전시설 설치 · 유지 의무
소방시설법	소방안전관리자 선임 관계인의 소방시설등 설치 · 유지 및 안전관리
초고층재난관리법	총괄재난관리인 선임 초기대응대 구성
공연법	재해대처계획 수립

나) 안전보건 관계 법령상 의무이행 여부 점검 및 조치 (령 제11조제2항제1호 · 제2호)

> **령 제11조(공중이용시설 · 공중교통수단 관련 안전 · 보건 관계 법령에 따른 의무이행에 필요한 관리상의 조치)** ② 법 제9조제2항제4호에 따른 조치의 구체적인 사항은 다음 각 호와 같다.
> 1. 안전 · 보건 관계 법령에 따른 의무를 이행했는지를 연 1회 이상 점검(해당 안전 · 보건 관계 법령에 따라 중앙행정기관의 장이 지정한 기관 등에 위탁하여 점검하는 경우를 포함한다. 이하 이 호에서 같다)하고, 직접 점검하지 않은 경우에는 점검이 끝난 후 지체 없이 점검 결과를 보고받을 것
> 2. 제1호에 따른 점검 또는 보고 결과 안전 · 보건 관계 법령에 따른 의무가 이행되지 않은 사실이 확인되는 경우에는 인력을 배치하거나 예산을 추가로 편성 · 집행하도록 하는 등 해당 의무 이행에 필요한 조치를 할 것

시행령 제11조제2항제1호 및 제2호는 안전 · 보건 관계 법령에 따른 의무이행에 관하여 개인사업주 또는 경영책임자등이 하여야 할 관리상 조치로서, ① 법령상 의무이행 여부에 대하여 연 1회 이상 점검의무와 ② 미이행 사실이 확인된 경우 그 이행에 필요한 조치를 할 의무를 규정하고 있다.

시행령 제11조제2항제1호에 따른 안전 · 보건 관계 법령상 의무 이행여부 점검은 직접 또는 타 기관 위탁실시 중 선택가능하다는 점은 앞서 원료 · 제조물 관련 안전 ·

보건 관계 법령상 의무이행 점검에서 살펴본 바와 같다.

중대산업재해와 원료·제조물로 인한 중대시민재해 관련 안전·보건 관계 법령상 의무이행 점검은 모두 반기 1회 이상 실시하여야 하는 반면, 공중이용시설·공중교통수단 관련 안전·보건 관계 법령상 의무이행 점검은 연 1회 이상 실시로 완화되어 있다. 이는 일반적으로 공중이용시설 또는 공중교통수단의 사업자들이 중대산업재해 관련 규정 적용대상 사업자들에 비하여 영세한 점을 반영한 것으로 보인다.

한편, 동 규정의 위반여부 판단과 관련하여, 안전·보건 관계 법령에 따른 의무가 미이행된 모든 경우에 개인사업주나 경영책임자등을 동 규정 위반으로 처벌하는 것은 아니고, 개인사업주나 경영책임자등이 관계 법령상 의무 이행여부 점검을 정기적으로 하였는지, 미이행된 의무와 관련하여 필요한 조치를 하였는지 등 관리상의 조치가 적절하게 이루어졌는지를 종합적으로 살펴 동 규정의 위반여부를 판단하게 된다.[819]

다) 안전보건 관계 법령상 의무교육 실시 여부 점검 및 조치 (령 제11조제2항제3호 · 제4호)

령 제11조(공중이용시설·공중교통수단 관련 안전·보건 관계 법령에 따른 의무이행에 필요한 관리상의 조치) ② 법 제9조제2항제4호에 따른 조치의 구체적인 사항은 다음 각 호와 같다.

3. 안전·보건 관계 법령에 따라 공중이용시설의 안전을 관리하는 자나 공중교통수단의 시설 및 설비를 정비·점검하는 종사자가 의무적으로 이수해야 하는 교육을 이수했는지를 연 1회 이상 점검하고, 직접 점검하지 않은 경우에는 점검이 끝난 후 지체 없이 점검 결과를 보고받을 것

4. 제3호에 따른 점검 또는 보고 결과 실시되지 않은 교육에 대해서는 지체 없이 그 이행의 지시 등 교육 실시에 필요한 조치를 할 것

시행령 제11조제2항제3호는 개인사업주 또는 경영책임자등으로 하여금 안전·보건 관계 법령에 따라 공중이용시설의 안전관리자나 공중교통수단의 시설·설비의 정비·점검업무에 종사하는 자가 의무적으로 이수하여야 하는 교육의 실시여부를 연 1회 이상

---

819) 국토교통부, 앞의 책, 63면 참조.

점검하도록 규정하고 있고, 같은 항 제4호는 점검결과 실시되지 아니한 교육이 있는 경우 지체 없이 그 이행을 지시하는 등 교육실시에 필요한 조치를 하도록 규정하고 있다.

한편, 공중교통수단 관련 의무교육 이수여부 점검의 대상이 공중교통수단의 정비·점검 업무를 담당하는 자로 한정되어 있어 운전자, 승무원 등은 제외되는 것으로 보인다. 예컨대,「철도안전법」제24조[820]에 따른 철도종사자에 대한 안전교육에 대하여는 경영책임자등의 점검의무가 없는 것으로 해석되는바, 시행령 보완을 검토하여야 할 것으로 보인다.

안전·보건 관계 법령상 의무교육을 예시하여 보면, 다음과 같다.

법률	조항	의무교육의 내용
관광진흥법	제33조	안전관리자에 대한 유기시설 및 유기기구의 안전관리에 관한 교육
철도안전법	제24조의4	철도차량정비기술자에 대한 정비교육훈련

---

820)「철도안전법」제24조(철도종사자에 대한 안전 및 직무교육) ① 철도운영자등 또는 철도운영자 등과의 계약에 따라 철도운영이나 철도시설 등의 업무에 종사하는 사업주(이하 이 조에서 "사업주"라 한다)는 자신이 고용하고 있는 철도종사자에 대하여 정기적으로 철도안전에 관한 교육을 실시하여야 한다.
제2조(정의) 이 법에서 사용하는 용어의 뜻은 다음과 같다.
10. "철도종사자"란 다음 각 목의 어느 하나에 해당하는 사람을 말한다.
　가. 철도차량의 운전업무에 종사하는 사람(이하 "운전업무종사자"라 한다)
　나. 철도차량의 운행을 집중 제어·통제·감시하는 업무(이하 "관제업무"라 한다)에 종사하는 사람
　다. 여객에게 승무(乘務) 서비스를 제공하는 사람(이하 "여객승무원"이라 한다)
　라. 여객에게 역무(驛務) 서비스를 제공하는 사람(이하 "여객역무원"이라 한다)
　마. 철도차량의 운행선로 또는 그 인근에서 철도시설의 건설 또는 관리와 관련한 작업의 협의·지휘·감독·안전관리 등의 업무에 종사하도록 철도운영자 또는 철도시설관리자가 지정한 사람(이하 "작업책임자"라 한다)
　바. 철도차량의 운행선로 또는 그 인근에서 철도시설의 건설 또는 관리와 관련한 작업의 일정을 조정하고 해당 선로를 운행하는 열차의 운행일정을 조정하는 사람(이하 "철도운행안전관리자"라 한다)
　사. 그 밖에 철도운영 및 철도시설관리와 관련하여 철도차량의 안전운행 및 질서유지와 철도차량 및 철도시설의 점검·정비 등에 관한 업무에 종사하는 사람으로서 대통령령으로 정하는 사람

다. 도급인 등의 안전 및 보건 확보의무 (법 제9조제3항)

> **법 제9조(사업주와 경영책임자등의 안전 및 보건 확보의무)** ③ 사업주 또는 경영책임자등은 사업주나 법인 또는 기관이 공중이용시설 또는 공중교통수단과 관련하여 제3자에게 도급, 용역, 위탁 등을 행한 경우에는 그 이용자 또는 그 밖의 사람의 생명, 신체의 안전을 위하여 제2항의 조치를 하여야 한다. 다만, 사업주나 법인 또는 기관이 그 시설, 장비, 장소 등에 대하여 실질적으로 지배·운영·관리하는 책임이 있는 경우에 한정한다.

법 제9조제3항은 개인사업주나 법인 또는 기관이 공중이용시설 또는 공중교통수단과 관련하여 제3자에게 도급, 용역, 위탁 등을 행한 경우로서 그 시설, 장비, 장소 등에 대하여 실질적인 지배·운영·관리 책임이 있는 경우에는 해당 개인사업주 또는 경영책임자등으로 하여금 공중이용시설 또는 공중교통수단의 이용자 또는 그 밖의 시민의 생명, 신체의 안전을 위하여 법 제9조제2항에 따른 안전보건 확보의무가 있음을 규정하고 있다.

소방청은 시설, 장비, 장소 등에 대하여 실질적으로 지배·운영·관리하는 경우의 해석과 관련하여, ① 소유권, 점유권, 임차권 등 장소, 시설, 설비에 대한 권리를 가지고 있거나, ② 유해·위험요인을 통제할 수 있거나, ③ 보수·보강을 실시하여 안전하게 관리하여야 하는 의무를 가지고 있는 경우라고 설명하고 있다.[821] 이와 관련하여, 소유권 등 민사상 권리를 보유하고 있는 자가 당연히 안전보건 확보책임을 부담하는 것은 아니고,[822] 도급, 용역 또는 위탁계약서나 관계 법률의 규정을 검토하여 유해·위험요인에 대한 통제능력을 가지고 있는 자가 안전보건 확보책임을 부담한다고 보아야 할 것이다.

---

821) 소방청, 앞의 책, 13면 참조.
822) 김·장 법률사무소 중대재해대응팀, 앞의 책, 224면 참조.

제10조 중대시민재해 사업주와 경영책임자등의 처벌

> **법 제10조(중대시민재해 사업주와 경영책임자등의 처벌)** ① 제9조를 위반하여 제2조제3호가목의 중대시민재해에 이르게 한 사업주 또는 경영책임자등은 1년 이상의 징역 또는 10억원 이하의 벌금에 처한다. 이 경우 징역과 벌금을 병과할 수 있다.
> ② 제9조를 위반하여 제2조제3호나목 또는 다목의 중대시민재해에 이르게 한 사업주 또는 경영책임자등은 7년 이하의 징역 또는 1억원 이하의 벌금에 처한다.

I. 입법경과

1. 입법취지

법 제10조의 처벌규정도 법 제6조와 마찬가지로 중대재해처벌법의 목적과 관련이 있다. 중대재해처벌법은 제1조에서 "안전·보건 조치의무를 위반하여 인명피해를 발생하게 한 사업주, 경영책임자 등의 처벌을 규정"하여 "중대재해를 예방하고 시민과 종사자의 생명과 신체를 보호함을 목적으로 한다"고 명시하고 있다.

법 제10조는 종사자가 아닌 사람을 대상으로 한다는 점에서 「산업안전보건법」과는 무관한 영역으로 기존에 업무상과실치사상죄로 규율되는 부분이었다.[823] 「형법」 제268조[824] 업무상과실치사상죄는 5년 이하의 금고 또는 2천만원 이하의 벌금에 처하는 것에 비추어볼 때, 중대재해처벌법은 그 형량을 많이 높인 것으로 평가할 수 있다.

---

823) 권오성, 앞의 책, 287면.
824) 「형법」 제268조(업무상과실·중과실 치사상) 업무상과실 또는 중대한 과실로 사람을 사망이나 상해에 이르게 한 자는 5년 이하의 금고 또는 2천만원 이하의 벌금에 처한다.

2. 입법과정

가. 법률안의 내용

강은미의원안과 임이자의원안은 중대시민재해와 중대산업재해에 대한 처벌규정을 통합하여 규정하였다. 박주민·이탄희·박범계의원안은 내용이 동일한데, 사업주나 경영책임자등이 안전확보의무를 위반하여 사망에 이르게 할 경우 "2년 이상의 유기징역 또는 5억원 이상의 벌금", 사망을 제외한 중대시민재해에 이르게 한 경우 "3년 이하의 징역 또는 1억원 이하의 벌금"에 처하도록 하였다.

박주민·이탄희의원안	박범계의원안
제10조(사업주와 경영책임자 등의 처벌) ① 사업주 및 경영책임자 등이 다음 각 호의 어느 하나에 해당하는 사유로 중대시민재해 중 사망의 결과를 야기한 때에는 2년 이상의 유기징역 또는 5억원 이상의 벌금에 처한다. 1. 제9조제1항에 따른 의무를 다하지 아니한 경우 2. 제9조제2항에 따른 안전교육·훈련을 실시하지 아니하거나 성실하게 실시하지 아니한 경우 3. 제9조제3항에 따른 안전점검을 실시하지 아니하거나 성실하게 실시하지 아니한 경우 4. 제9조제4항 또는 제5항에 따른 안전조치를 하지 아니한 경우 ② 사업주 또는 경영책임자 등이 제1항 각 호의 어느 하나에 해당하는 사유로 중대시민재해 중 부상 또는 질병의 결과를 야기한 때에는 2년 이하의 유기징역 또는 1억원 이하의 벌금에 처한다.	제9조(사업주와 경영책임자 등의 처벌) ① 사업주 및 경영책임자 등이 다음 각 호의 어느 하나에 해당하는 사유로 중대시민재해 중 사망의 결과를 야기한 때에는 2년 이상의 유기징역 또는 5억원 이상의 벌금에 처한다. 1. 제8조제1항에 따른 의무를 다하지 아니한 경우 2. 제8조제2항에 따른 안전교육·훈련을 실시하지 아니하거나 성실하게 실시하지 아니한 경우 3. 제8조제3항에 따른 안전점검을 실시하지 아니하거나 성실하게 실시하지 아니한 경우 4. 제8조제4항 또는 제5항에 따른 안전조치를 하지 아니한 경우 ② 사업주 또는 경영책임자 등이 제1항 각 호의 어느 하나에 해당하는 사유로 중대시민재해 중 부상 또는 질병의 결과를 야기한 때에는 2년 이하의 유기징역 또는 1억원 이하의 벌금에 처한다.

나. 심사경과

중대시민재해에 대한 사업주 및 경영책임자등의 처벌규정에 대하여 별다른 논의는 존재하지 않았고, 2020년 12월 24일의 법제사법위원회 법안심사제1소위원회에서 백혜련 소위원장은 중대시민재해를 사망자가 1명 이상 발생한 재해로 하면 범위가 너

무 넓을 수 있다고 지적한 바 있다.[825]

결국 법제사법위원회 대안에서 중대산업재해의 경우와 마찬가지로 안전보건 확보 의무를 위반하여 사망의 중대시민재해에 이른 경우는 "1년 이상의 징역 또는 10억원 이하의 벌금"에, 부상이나 질병의 중대시민재해에 이른 경우는 "7년 이하의 징역 또는 1억원 이하의 벌금"에 처하도록 규정하였다.

II. 내용 및 검토

중대재해처벌법 제10조의 중대시민재해에 대한 사업주와 경영책임자등의 처벌규정은 법 제6조 중대산업재해의 경우와는 다르게 재범에 대한 처벌규정이 존재하지 않는다. 중대시민재해에 관해서도 경영책임자등의 재범의 가능성이 있음에도 중대산업재해와 중대시민재해를 구별하여 취급하는 이유를 찾기는 어렵다.[826] 다만, 「형법」 제35조의 누범 가중은 모든 형사범에 대해 적용되는 것이므로 법 제10조 위반죄에 대한 누범 가중도 당연히 가능하며, 지속적이고 반복적인 중대시민재해 관련 처벌은 재판의 양형 단계에서 고려될 것으로 보인다.

범죄의 구성요건과 다른 법률과의 관계 등에 관한 논의는 법 제6조 중대산업재해 사업주와 경영책임자등의 처벌 부분과 거의 유사하므로 생략한다.

---

825) 2020년 12월 24일 법사위 제1소위 회의록 12면 중 백혜련 소위원장의 아래 발언 참조.
    "사망자가 1명 이상 발생한 재해로 하면 범위가 너무 넓은 것 아닌가 하는 생각은 들거든요. 그러니까 부상자 또는 질병자가 동시에 10명 이상 발생한 재해는 포함이 될 수 있다고 보이는데 1명 이상 발생한 재해로 하면 거의 모든 재해가 다 포함되는 것으로 보여요. 그래서 이거는 조금 약간의 다수로 변경할 필요가 있지 않나, 최소한 2명 이상이든지. 좀 그럴 필요가 있어 보이지는 않나요?"
826) 권오성, 앞의 책, 295면.

제4장 보칙

제12조 형 확정 사실의 통보

> **법 제12조(형 확정 사실의 통보)** 법무부장관은 제6조, 제7조, 제10조 또는 제11조에 따른 범죄의 형이 확정되면 그 범죄사실을 관계기관의 장에게 통보하여야 한다.

I. 입법경과

1. 입법취지

법 제12조는 법무부장관으로 하여금 이 법 제6조, 제7조, 제10조 또는 제11조에 따른 범죄의 형이 확정되면 그 범죄사실을 관계기관의 장에게 통보하도록 하고 있다. 통보받은 관계행정기관이 관련 법령에 따라 공표, 인·허가 취소, 사업주 제재 등 필요한 행정제재를 가할 수 있도록 함으로써 이 법의 실효성을 제고하려는 입법취지로, 「소비자기본법」상 위법사실의 관계기관 통보 등 유사 입법례를 감안하여 제12조에 형 확정 사실 통보규정을 마련한 것으로 보인다.

형벌 등의 확정 사실이 관계기관에 통보되는 경우 일반적으로 불이익 처분이 뒤따른다. 예컨대, 퇴직급여 감액(「별정우체국법 시행령」 제44조) 또는 지원의 중지·종료(「북한이탈주민정착지원법」 제27조) 등의 입법례를 들 수 있다. 다만, 조문 제목을 "형 확정 사실의 통보"라고 명시한 입법례는 여타 입법례에서 찾기 어렵고, 중대재해처벌법이 처음이라 하겠다.

2. 입법과정

의원발의 법률안들에서는 조 제명을 "허가취소 등"으로 하고, 법무부장관으로 하여금 사업주와 경영책임자등의 안전 및 보건 확보의무 위반으로 중대재해에 이르게 한 범죄가 발생하여 형이 확정되면 그 범죄사실을 관계 행정기관의 장에게 통보하면서 관련 법령에 따라 인허가 취소 등 필요한 제재를 가할 것을 요청하도록 하며, 이러한 요청을 받은 관계 행정기관의 장은 소관 법령에 따라 필요한 조치를 한 후 그 사실을 법무부장관에게 통보하도록 하였다. 하지만 국회 법제사법위원회의 심사과정에서 조 제명이 "형 확정 사실의 통보"로 바뀌었고, 법무부장관이 제재를 요청하도록 하는 문구 및 시행령 유보 조항은 삭제되었다.[827]

강은미의원안	박주민 · 이탄희의원안(제15조) 박범계의원안(제14조)	임이자의원안
제9조(허가취소 등) ① 법무부장관은 제5조 또는 제6조에 따른 범죄의 형이 확정되면 지체 없이 그 범죄사실을 관계 행정기관의 장에게 통보하고, 관련 법령에 따라 필요한 제재를 가할 것을 요청하여야 한다.	제15조(허가취소 등) ① 법무부장관은 제6조, 제7조 또는 제12조에 따른 범죄의 형이 확정되면 지체 없이 그 범죄사실을 관계 행정기관의 장에게 통보하고, 관련 법령에 따라 필요한 제재를 가할 것을 요청하여야 한다.	제8조(허가취소 등) ① 법무부장관은 제6조 또는 제7조에 따른 범죄의 형이 확정되면 지체 없이 그 범죄사실을 관계 행정기관의 장에게 통보하고, 관련 법령에 따라 필요한 제재를 가할 것을 요청하여야 한다.

---

[827] 2021년 1월 6일 법사위 제1소위 회의록 70면 중 아래 논의 참조.
- 김도읍위원 법무부장관이 굳이 제재를 가할 것을 요청할 수 있다든 요청한다든 이거 월권 아닌가요? 통보하면 고용노동부장관이 알아서 하는 것 아니에요? (생략) 그러면 2항으로 하고 '통보의 구체적 내용, 방법, 절차는 대통령령으로 정한다' 그렇게만 남기면
- 유상범위원 이것은 안 정해도 될 것 같은데요. 통보 방법은 이미 있으니까 기존의 법무부 규칙에 따라 통보해도 되고, 이것까지 대통령령으로 정할 것은 아닌 것 같아요. (생략)
- 법원행정처차장 대통령령으로 정할 필요는 없을 것 같습니다. (생략)
- 유상범위원 다 빼고 그냥 '법무부장관은 통보한다' 이것만 남기면 (생략) 조문 제명도, 제목도 좀 바꿔야 될 것 같은데요. (생략)
- 박주민위원 허가취소 통보? (생략)
- 전주혜위원 이것은요 범죄사실 통보 아니에요?
- 소위원장 백혜련 형 확정사실 통보.

② 제1항에 따라 요청을 받은 관계 행정기관의 장 또는 공공기관의 장은 소관 법령에 따라 필요한 조치를 한 후 그 사실을 법무부장관에게 통보하여야 한다.	② (좌 동)	② (좌 동)
③ 제1항 및 제2항의 통보의 구체적인 내용, 방법 및 절차는 대통령령으로 정한다.	③ (좌 동)	③ (좌 동)
④ 제1항 및 제2항에 따라 영업이 취소된 자는 취소된 날부터 3년간 해당 업무에 종사하지 못한다.	④ (좌 동)	④ (좌 동)

3. 유사 입법례

「소비자기본법」

제56조(위법사실의 통보 등) 원장은 피해구제신청사건을 처리함에 있어서 당사자 또는 관계인이 법령을 위반한 것으로 판단되는 때에는 관계기관에 이를 통보하고 적절한 조치를 의뢰하여야 한다. 다만, 다음 각 호의 경우에는 그러하지 아니하다.

1. 피해구제신청사건의 당사자가 피해보상에 관한 합의를 하고 법령위반행위를 시정한 경우

2. 관계 기관에서 위법사실을 이미 인지하여 조사하고 있는 경우

「형의 실효 등에 관한 법률」

제4조(수형인명표) ① 지방검찰청 및 그 지청과 보통검찰부에서는 자격정지 이상의 형을 선고받은 수형인에 대한 수형인명표를 작성하여 수형인의 등록기준지 시·구·읍·면 사무소에 송부하여야 한다.

② 지방검찰청 및 그 지청과 보통검찰부에서는 다음 각 호의 어느 하나에 해당할 때에는 수형인명표를 송부한 관서에 그 사실을 통지하여야 한다.

1. 형의 집행유예가 실효되거나 취소되었을 때

2. 형의 집행유예기간이 경과한 때

3. 제7조 또는 「형법」 제81조에 따라 형이 실효되었을 때

4. 사면(赦免), 감형(減刑), 복권(復權)이 있을 때

5. 재심 개시의 결정에 따라 다시 재판하였을 때

II. 내용 및 검토

1. 형(刑) 확정의 의의

중대재해처벌법 제12조는 중대산업재해 또는 중대시민재해로 인해 형이 확정된 경우 법무부장관은 관계 행정기관의 장에게 범죄사실을 통보하여야 한다고 규정하고 있다. 즉, 징역형인지 벌금형인지 불문하고 형이 확정된 경우에 법무부장관은 관계 행정기관의 장에게 범죄사실을 통보하여야 한다.

사업주 및 경영책임자가 이 법에 의한 명령이나 안전보건확보의무 등을 위반한 경우에는 「형사소송법」에 의한 공소제기와 재판의 절차를 거쳐 형이 확정된다. 특히 종국적 재판에 있어서는 형식적 확정에 의하여 소송계속이 종결된다. 즉, 재판이 상급법원에 상소하는 통상의 불복방법에 의하여 더 이상 다툴 수 없게 되어 그 내용을 변경할 수 없게 된 상태에 이르면 그 재판(확정재판)에서 선고된 내용에 따라 형벌권의 존재 및 범위가 확정되어 형의 집행권이 발생한다(「형사소송법」 제459조).

즉, 중대재해처벌법으로 기소된 사건의 경우, 유죄로 인정되면 사업주와 경영책임자 등에 대한 징역형 또는 벌금형이 선고되고, 그 행위자가 속한 법인 또는 기관(개인사업자는 제외함)에게도 벌금형이 선고되며, 그 형이 확정되면 법무부장관은 확정된 범죄사실을 관계기관의 장에게 통보하여야 한다는 것이다.

2. 통보의 내용 및 대상

통보의 내용은 형이 확정된 범죄사실이다. 즉, 법무부장관은 중대재해처벌법 제6조(중대산업재해 사업주와 경영책임자 등의 처벌), 제7조(중대산업재해의 양벌규정), 제10조(중대시민재해 사업주와 경영책임자등의 처벌), 제11조(중대시민재해의 양벌규정)에 따른 범죄의 형이 확정되면 그 범죄사실을 관계 행정기관의 장에게 통보하여야 한다(법 제12조).

유죄의 형이 확정된 경우는 당연히 통보의 대상이 되지만 무죄가 선고된 경우까지 형이 선고된 것으로 보아 통보대상이라고 보아야 하는지 논란이 있을 수 있으나, 무죄는 형의 선고가 아니므로 통보 내용으로 보기 어렵다고 할 것이다. 다만, 행정형법 위반으로 기소되는 경우 행정처분이 개시되는 경우도 있는 점을 고려하여 무죄가 확정된 경우에도 그 사실을 관계 행정기관에 통보하도록 할 필요가 있다는 주장이 입법론적으로 제기될 수 있어 보인다.[828]

생각건대 형 확정 사실의 통보 제도는「행정절차법」상 행정기관 간 협조 제도(제7조)나 행정응원 제도(제8조)[829]에서도 간접적으로 그 취지를 발견할 수 있는데 동 제도의 목적인 '행정의 원활한 수행'을 달성함에 있어 경영책임자등이 유죄인지 무죄인지를 구분할 필요성은 낮은 측면이 있다. 다만, 무죄가 확정되었으므로 불이익한 처분이 없어야 한다는 소극적 행정목적의 통보는 유죄에 따라 불이익한 처분을 해야 한다는 적극적 통보에 비해 행정의 효율성이나 효과성이 적은 것으로 평가될 수 있

---

828) 김·장 법률사무소 중대재해대응팀, 앞의 책, 272면 참조.
829)「행정절차법」제7조(행정청 간의 협조 등) ① 행정청은 행정의 원활한 수행을 위하여 서로 협조하여야 한다.
② ~ ④ (생 략)
제8조(행정응원) ① 행정청은 다음 각 호의 어느 하나에 해당하는 경우에는 다른 행정청에 행정응원(行政應援)을 요청할 수 있다.
1. 법령등의 이유로 독자적인 직무 수행이 어려운 경우
2. 인원·장비의 부족 등 사실상의 이유로 독자적인 직무 수행이 어려운 경우
3. 다른 행정청에 소속되어 있는 전문기관의 협조가 필요한 경우
4. 다른 행정청이 관리하고 있는 문서(전자문서를 포함한다. 이하 같다)·통계 등 행정자료가 직무 수행을 위하여 필요한 경우
5. 다른 행정청의 응원을 받아 처리하는 것이 보다 능률적이고 경제적인 경우
② ~ ⑥ (생 략)

고, 무죄 판결의 개별적 통보를 규정한 유사 입법례도 발견하기 어려우며, 무죄 판결은 해당 경영책임자등이 적극적으로 관련 행정기관에 알릴 것으로 생각되므로 입법적 실익은 상대적으로 적을 것으로 보인다.830)

나아가 통보를 하여야 할 대상을 법문에서는 '관계 행정기관의 장'이라고만 규정하고 있는바, 중대산업재해의 주무부처인 고용노동부를 포함하며 중대재해가 발생한 사업장에 따라 환경부, 산업통상자원부, 국토교통부, 해양수산부 등 여러 행정기관이 해당될 수 있다.

---

830) 이 법 제정 시 논의되었던 제정안(강은미·박주민·이탄희·박범계·임이자의원안)에서도 "관련 법령에 따라 필요한 제재를 가할 것을 요청하여야 한다"라든지 "영업이 취소된 자"라는 문구를 둠으로써 통보에 따라 영업 취소 등 행정청의 적극적인 처분이 있을 것을 의도하고 있었다.

제13조 중대산업재해 발생사실 공표

법 제13조(중대산업재해 발생사실 공표) ① 고용노동부장관은 제4조에 따른 의무를 위반하여 발생한 중대산업재해에 대하여 사업장의 명칭, 발생 일시와 장소, 재해의 내용 및 원인 등 그 발생사실을 공표할 수 있다.

② 제1항에 따른 공표의 방법, 기준 및 절차 등은 대통령령으로 정한다.

령 제12조(중대산업재해 발생사실의 공표) ① 법 제13조제1항에 따른 공표(이하 이 조에서 "공표"라 한다)는 법 제4조에 따른 의무를 위반하여 발생한 중대산업재해로 법 제12조에 따라 범죄의 형이 확정되어 통보된 사업장을 대상으로 한다.

② 공표 내용은 다음 각 호의 사항으로 한다.

1. "중대산업재해 발생사실의 공표"라는 공표의 제목

2. 해당 사업장의 명칭

3. 중대산업재해가 발생한 일시·장소

4. 중대산업재해를 입은 사람의 수

5. 중대산업재해의 내용과 그 원인(사업주 또는 경영책임자등의 위반사항을 포함한다)

6. 해당 사업장에서 최근 5년 내 중대산업재해의 발생 여부

③ 고용노동부장관은 공표하기 전에 해당 사업장의 사업주 또는 경영책임자등에게 공표하려는 내용을 통지하고 30일 이상의 기간을 정하여 그에 대해 소명자료를 제출하게 하거나 의견을 진술할 수 있는 기회를 주어야 한다.

④ 공표는 관보, 고용노동부나 「한국산업안전보건공단법」에 따른 한국산업안전보건공단의 홈페이지에 게시하는 방법으로 한다.

⑤ 제4항에 따라 홈페이지에 게시하는 방법으로 공표하는 경우 공표기간은 1년으로 한다.

I. 입법경과

1. 입법취지

중대재해처벌법은 제4조에 따른 의무를 위반하여 발생한 중대산업재해에 대하여 고용노동부장관이 당해 사업장의 명칭, 발생 일시와 장소, 재해의 내용 및 원인 등 그 발생사실을 공표할 수 있도록 규정하고 있다(법 제13조제1항). 그 발생사실에 관한 공표의 방법, 기준 및 절차 등은 대통령령으로 정하도록 하고 있다(법 제13조제2항). 또한 중대시민재해는 공표 대상이 아니고 중대산업재해만 공표 대상이다.

여기서 "공표(公表)"란 불특정 다수의 국민에게 일정한 정보를 알리는 것으로서, 종전에는 행정법상의 의무 위반이 있는 경우 위반자의 명칭, 위반 사실 등을 일반 국민에게 공개하여 명예 또는 신용에 훼손을 가함으로써 심리적 압박을 통해 행정법상의 의무이행을 확보하는 수단으로 인식하였으나, 최근에는 적극 행정의 측면에서 제재적 성격의 공표 이외에 국민에게 정보를 제공하는 성격을 포함하고 있다.[831) 즉, 중대재해처벌법 제13조는 경영책임자가 이 법 제4조에 따른 안전·보건 확보의무를 위반하여 발생한 중대산업재해에 대하여 그 발생사실을 공표함으로써, 해당 경영책임자의 명예나 신용의 침해 위협을 통해 종사자에 대한 안전·보건 확보의무를 이행하도록 간접적으로 강제하는 한편, 일반 국민에게 중대재해 관련 정보를 제공하려는 취지이다.

2. 입법과정

당초 발의된 의원안에 따르면, 법무부장관으로 하여금 사업주 또는 경영책임자등과 그 법인 또는 기관의 처벌 결과를 공표하도록 규정하고 있었다.

---

831) 국회법제실, 『법제기준과 실제』, 2024, 434면 참조.

강은미의원안	박주민의원안
제10조(처벌사실 등의 공표) ① 법무부장관은 제5조부터 제7조까지에 따른 처벌의 결과 및 제9조에 따른 조치 결과를 공표하여야 한다. ② 제1항에 따른 공표의 방법, 기준 및 절차 등은 대통령령으로 정한다.	제16조(처벌사실 등의 공표) ① 법무부장관은 제6조, 제7조 또는 제12조에 따른 처벌의 결과 및 제15조에 따른 조치 결과를 공표하여야 한다. ② 제1항에 따른 공표의 방법, 기준 및 절차 등은 대통령령으로 정한다.

국회 법제사법위원회의 심사과정에서 처벌법을 위반한 사람의 신상정보 공개제도832)는 「성폭력범죄의 처벌 등에 관한 특례법」,833) 「특정강력범죄의 처벌에 관한

---

832) 신상정보 공개·고지제도는 사회방위를 목적으로 하면서 행위자의 '재범의 위험성'도 고려하고 있으므로, 그 실질에 있어서는 형벌이 아니라 보안처분이라 할 것이다(헌법재판소 2016. 12. 29. 선고 2015헌바196등 결정 참조).
「아동·청소년의 성보호의 관한 법률」이 정한 공개명령 및 고지명령 제도는 아동·청소년대상 성폭력 범죄 등을 효과적으로 예방하고 그 범죄로부터 아동·청소년을 보호함을 목적으로 하는 일종의 보안처분으로서, 그 목적과 성격, 운영에 관한 법률의 규정 내용 및 취지 등을 종합해 보면, 공개명령 및 고지명령 제도는 범죄행위를 한 자에 대한 응보 등을 목적으로 그 책임을 추궁하는 사후적 처분인 형벌과 구별되어 그 본질을 달리한다고 할 것이다(대법원 2012. 5. 24. 선고 2012도2763 판결 등 참조).

833) 「성폭력범죄의 처벌 등에 관한 특례법」 제47조(등록정보의 공개) ① 등록정보의 공개에 관하여는 「아동·청소년의 성보호에 관한 법률」 제49조, 제50조, 제52조, 제54조, 제55조 및 제65조를 적용한다.
② 등록정보의 공개는 여성가족부장관이 집행한다.
③ 법무부장관은 등록정보의 공개에 필요한 정보를 여성가족부장관에게 송부하여야 한다.
④ 제3항에 따른 정보 송부에 관하여 필요한 사항은 대통령령으로 정한다.
「아동·청소년의 성보호에 관한 법률」 제49조(등록정보의 공개) ① 법원은 다음 각 호의 어느 하나에 해당하는 자에 대하여 판결로 제4항의 공개정보를 「성폭력범죄의 처벌 등에 관한 특례법」 제45조제1항의 등록기간 동안 정보통신망을 이용하여 공개하도록 하는 명령(이하 '공개명령'이라 한다)을 등록대상 사건의 판결과 동시에 선고하여야 한다. 다만, 피고인이 아동·청소년인 경우, 그 밖에 신상정보를 공개하여서는 아니 될 특별한 사정이 있다고 판단하는 경우에는 그러하지 아니하다.
1. 아동·청소년대상 성범죄를 저지른 자
2. 「성폭력범죄의 처벌 등에 관한 특례법」 제2조제1항제3호·제4호, 같은 조 제2항(제1항제3호·제4호에 한정한다), 제3조부터 제15조까지의 범죄를 저지른 자
3. 제1호 또는 제2호의 죄를 범하였으나 「형법」 제10조제1항에 따라 처벌할 수 없는 자로서 제1호 또는 제2호의 죄를 다시 범할 위험성이 있다고 인정되는 자
② 제1항에 따른 등록정보의 공개기간(「형의 실효 등에 관한 법률」 제7조에 따른 기간을 초과하지 못한다)은 판결이 확정된 때부터 기산한다.
④ 제1항에 따라 공개하도록 제공되는 등록정보(이하 "공개정보"라 한다)는 다음 각 호와 같다.
1. ~ 8. (생 략)

특례법」[834] 등 특정한 범죄를 저지른 사람에 대해 제한적으로만 인정되는 제도인데, 중대재해처벌법을 위반한 사업주와 경영책임자등 개인에 대해서까지 처벌사실 공표를 통해 신상정보가 공개될 경우 공개 대상자의 개인정보자기결정권 등 법익 침해의 정도가 과도하다는 등의 문제점이 지적되었다.[835]

이에 따라 중대산업재해가 발생한 사업장을 대상으로 한 중대산업재해의 발생사실, 즉 해당 사업장의 명칭, 중대산업재해가 발생한 일시와 장소, 중대산업재해의 내용과 원인 등을 공표하는 제도를 두게 되었다.

3. 유사 입법례

> 「수입식품안전관리 특별법」
>
> **제35조(위반사실 공표)** 식품의약품안전처장은 제29조, 제31조, 제33조 또는 제34조에 따라 행정처분을 받은 자에 대한 처분내용, 해당 영업소와 수입식품등의 명칭 등 처분에 관한 정보를 대통령령으로 정하는 바에 따라 공표하여야 한다.
>
> 「계량에 관한 법률」

---

834) 「특정강력범죄의 처벌에 관한 특례법」 제8조의2(피의자의 얼굴 등 공개) ① 검사와 사법경찰관은 다음 각 호의 요건을 모두 갖춘 특정강력범죄사건의 피의자의 얼굴, 성명 및 나이 등 신상에 관한 정보를 공개할 수 있다.
1. 범행수단이 잔인하고 중대한 피해가 발생한 특정강력범죄사건일 것
2. 피의자가 그 죄를 범하였다고 믿을 만한 충분한 증거가 있을 것
3. 국민의 알권리 보장, 피의자의 재범방지 및 범죄예방 등 오로지 공공의 이익을 위하여 필요할 것
4. 피의자가 「청소년 보호법」 제2조제1호의 청소년에 해당하지 아니할 것
② 제1항에 따라 공개를 할 때에는 피의자의 인권을 고려하여 신중하게 결정하고 이를 남용하여서는 아니 된다.
835) 2021년 1월 5일 법사위 제1소위 회의록 51면 중 김남국위원의 아래 발언 참조.
"신상공개를 한다라고 하면 여러 가지 성범죄를 대상으로 ... 하고 있기 때문에 재범방지라든가 예방 목적이 있다라고 인정이 되어야 될 건데 중대재해 이런 범죄에서까지 경영책임자나 아니면 개인사업주를 공표해서 이러한 어떤 것을 막는, 어떤 예방 목적이 꼭 굳이 필요할까 ... 저희가 지금까지 논의한 여러 가지 처벌규정이나 이러한 것들로 충분히 입법목적을 달성할 수 있기 때문에 개인에 대한 신상공개까지는 좀 과하지 않나 생각을 하고 있습니다."

제51조(위반사실의 공표) ① 산업통상자원부장관은 다음 각 호의 어느 하나에 해당되는 경우 위반행위와 관련된 사실 등 대통령령으로 정하는 내용을 공표할 수 있다.

1. 제22조제1항에 따른 중대한 결함이 발견되어 시정조치를 요구하였으나 조치를 하지 아니한 경우

2. 제37조제3항을 위반하여 계량값을 조작할 목적으로 계량기를 변조하거나 변조된 계량기를 사용하는 경우

② 제1항에 따른 공표대상의 세부기준, 공표 방법 및 절차 등에 필요한 사항은 대통령령으로 정한다.

「건강기능식품에 관한 법률」
제37조의3(위반사실 공표) 식품의약품안전처장, 특별자치시장·특별자치도지사·시장·군수·구청장은 제30조, 제32조, 제33조, 제35조, 제37조 또는 제37조의2에 따라 행정처분이 확정된 영업자에 대한 처분 내용, 해당 영업소와 건강기능식품의 명칭 등 처분과 관련한 영업 정보를 대통령령으로 정하는 바에 따라 공표하여야 한다.

II. 내용 및 검토

1. 의의

"공표"란 행정법상 의무위반 또는 의무불이행이 있는 경우, 행정기관이 그 의무위반자 또는 불이행자의 명단과 그 위반 또는 불이행한 사실을 국민에게 공개하여 여론의 압력 등 심리적 압박을 통해 간접적으로 의무 이행을 확보하는 것을 의미한다. 앞에서 서술한 바와 같이, 과거의 행정법상 의무이행 확보수단으로서 공표의 기능에 더하여 최근에는 국민에게 정보를 제공하는 성격도 강화되었다.

즉, 공표는 그 위반사실에 대한 국민의 알 권리를 충족하는 데 기여하고 해당 기업에 대한 사회적 평가를 가능하게 하는 등 공익적 기능을 수행한다.

이러한 측면에서 중대재해처벌법은 경영책임자가 법 제4조에 따른 안전·보건 확

보의무를 위반하여 발생한 중대산업재해에 대하여 그 발생사실을 공표함으로써, 해당 경영책임자의 명예나 신용의 침해 위협을 통해 종사자에 대한 안전·보건 확보의무를 이행하도록 간접적으로 강제하는 것에 그 목적이 있다.

2. 공표 대상

"안전·보건 확보의무를 위반하여 발생한 중대산업재해"가 요건이므로 해당 범죄의 형이 확정되어야 하며, 법 제12조에 따라 범죄의 형이 확정되어 법무부장관으로부터 고용노동부장관에게 그 범죄사실이 통보된 사업장을 대상으로 한다(시행령 제12조제1항).

한편, 「산업안전보건법」은 산업재해를 예방하기 위해 대통령령으로 정하는 사업장836)의 근로자 산업재해 발생건수 재해율 또는 그 순위 등을 공표하도록 규정하고 있다(「산업안전보건법」 제10조).

이와 같이 중대재해처벌법과 「산업안전보건법」에서의 공표 대상과 내용 등이 상이하고 각 법률에 따른 공표 제도가 별도로 규정되어 있으므로, 중대산업재해 발생사실은 범죄의 형 확정 및 통보에 따라 별도의 절차를 거쳐 공표하게 된다. 각 법률에서 공표대상이 되는 사업장을 정리하면 다음 표와 같다.

〈공표대상 비교〉

중대재해처벌법	「산업안전보건법」
- 안전·보건 확보의무를 위반하여 발생한 중대산업재해가 요건으로 해당 범죄의 형이 확정되어 통보된 사업장	- 사망재해자가 연간 2명 이상 발생한 사업장 - 사망만인율이 규모별 같은 업종 평균 이상인 사업장 - 중대산업사고가 발생한 사업장 - 산업재해 발생 사실을 은폐한 사업장 - 산업재해 발생에 관한 보고를 최근 3년간 2회 이상 누락한 사업장

---

836) 「산업안전보건법 시행령」 제10조(공표대상 사업장) 참조.

3. 공표 내용

공표 내용은 중대재해처벌법 시행령 제12조제2항에 규정되어 있으며, 그 내용은 아래 표와 같다. 일반적으로, 공표는 그 자체로서 법적 효과를 가져오지 않는 "사실 행위"에 해당하지만, 제재적 성격의 공표인 경우에는 개인의 인격권 및 사생활의 비밀과 자유를 제한하는 측면이 있으므로 법률에 그 근거를 둘 필요가 있다. 또한, 법률에 근거를 두는 경우에도 비례원칙, 부당결부금지의 원칙 등을 신중히 검토하여 개인의 인격권 및 사생활의 비밀과 자유 보장과 조화될 수 있도록 공표의 대상 및 절차 등을 규정할 필요가 있다.[837)]

한편, 「산업안전보건법」이 발생건수, 재해율 등을 공표 내용으로 하고 있는 반면에, 중대재해처벌법은 재해자 현황, 발생재해의 내용, 원인 및 경영책임자의 의무위반 사항, 5년 내 중대산업재해 발생 여부 등을 공표내용으로 하고 있다. 이상의 중대재해처벌법과 「산업안전보건법」의 공표 내용을 정리하면 다음 표와 같다.

〈공표내용 비교〉

중대재해처벌법	「산업안전보건법」
- "중대산업재해 발생사실의 공표"라는 공표의 제목 - 해당 사업장의 명칭 - 중대산업재해가 발생한 일시 장소 - 중대산업재해를 입은 사람의 수 - 중대산업재해의 내용과 그 원인(사업주 또는 경영책임자등의 위반 사항을 포함) - 해당 사업장에서 최근 5년 내 중대산업재해의 발생 여부	- 산업재해 발생건수 - 재해율 또는 그 순위 등

---

837) 국회법제실, 앞의 책, 438면 참조.

4. 공표의 방법 · 절차

고용노동부장관은 공표하기 전에 해당 사업장의 개인사업주 또는 경영책임자등에게 공표하려는 내용을 통지하고, 30일 이상의 기간을 정하여 그에 대해 소명자료를 제출하게 하거나 의견을 진술할 수 있는 기회를 주어야 한다. 즉, 공표하기 전에 소명기회를 부여하여야 한다.

특히, 공표로 인하여 제한되는 사익이 공표로 인해 얻을 수 있는 공익보다 더 큰 경우나 의무위반과 관계 없는 사항은 공표 대상에서 제외할 필요가 있다. 입법론적 측면에서는, 의무위반 등을 사유로 행정처분을 받은 자는 불복절차를 통해 처분의 적법성을 다툴 수 있으므로 행정처분이 확정된 후 그 의무위반 등의 사실을 공표대상으로 하거나[838] 행정처분에 대한 불복절차가 진행 중인 경우는 공표대상에서 제외하도록 하는 것이 바람직하다.[839]

또한, 공표의 방법에 있어서는 관보, 고용노동부나 「한국산업안전보건공단법」에 따른 한국산업안전보건공단의 홈페이지에 게시하는 방법으로 하고, 공표 기간은 1년으로 한다.[840]

나아가 현행법은 공표 여부를 고용노동부장관의 재량행위(=공표할 수 있다)로 규정하고 있다. 이에 대하여 제21대국회에서는 공표행위를 기속행위(=공표하여야 한다)로 변경하려는 내용의 개정안이 2건(강민정의원안, 이학영의원안) 발의된 바 있는데, 당시 고용노동부에서는 비록 현행법이 "공표할 수 있다"로 규정하고 있더라도 중대산업재해로서 형이 확정된 건에 대해서는 모두 공표할 예정이라는 의견을 제시한 바 있다.[841] 다만, 공표로 인한 공익과 그로 인해 개인이나 기업이 입게 되는 불이익을 비

---

838) 헌법재판소는 「독점규제 및 공정거래에 관한 법률」에 따라 공정거래위원회가 사업자단체에 대하여 형사재판이 개시되기도 전에 법위반을 단정하여 "법위반 사실의 공표"를 할 수 있도록 한 부분에 대하여 수단의 적합성 및 침해의 최소성 원칙과 법익균형성의 원칙을 지키지 않아 과잉입법금지 원칙에 위반한 것으로서 행위자의 행동의 자유 및 명예를 지나치게 침해하므로 위헌결정(헌법재판소 2002. 1. 31. 선고 2001헌바43 결정)하였으며, 이후 해당 조문은 '시정명령을 받은 사실을 공표'하도록 개정되었다.

839) 국회법제실, 앞의 책, 436면 참조.

840) 고용노동부, 『중대재해처벌법 해설』, 2021.11., 123면 참조.

841) 한석현, 「중대재해 처벌 등에 관한 법률 일부개정법률안 검토보고」, 국회 법제사법위원회,

교교량하여 구체적 타당성이 인정되는 경우에만 공표를 허용하는 것이 아니라, 형벌이 확정되기만 하면 반드시 공표하도록 의무를 부과하는 것은 과잉제재에 해당한다는 의견이 있다.[842]

이와 관련하여 앞서 영국 입법례에서 살펴본 바와 같이, 오늘날 인터넷의 발달로 정보교류가 활발한 환경에서 공표 여부는 신중히 할 필요가 있는바, 법원에서 공표명령의 선고 시 법관으로 하여금 공표명령 선고의 이유를 제시하도록 하는 입법례(영국 2003년 형사정책법 제174조)를 고려해 볼 때 신중한 운영이 요구된다고 하겠다.

한편, 제3자의 공표청구권 인정 여부에 대하여, 행정청의 위반사실 공표는 대부분 행정청의 권한으로서 재량 사항으로 되어 있고, 공표 자체가 사실행위이기 때문에 제3자가 행정청의 공표에 관하여 법률상 이해관계를 갖는다고 보기 어려우므로 제3자의 공표청구권은 인정하기 어렵다고 할 것이다.[843]

2023.6., 8면.

842) 대한변호사협회, 「중대재해에 대한 기업 및 책임자 처벌 등에 관한 법률안(강은미의원 대표발의, 2100377호)에 대한 검토의견」, 2020.12.21., 17~18면 참조.

843) 정혜윤, 앞의 글, 550면 참조.

제14조 심리절차에 관한 특례

> **법 제14조(심리절차에 관한 특례)** ① 이 법 위반 여부에 관한 형사재판에서 법원은 직권으로 「형사소송법」 제294조의2에 따라 피해자 또는 그 법정대리인(피해자가 사망하거나 진술할 수 없는 경우에는 그 배우자·직계친족·형제자매를 포함한다)을 증인으로 신문할 수 있다.
> ② 이 법 위반 여부에 관한 형사재판에서 법원은 검사, 피고인 또는 변호인의 신청이 있는 경우 특별한 사정이 없으면 해당 분야의 전문가를 전문심리위원으로 지정하여 소송절차에 참여하게 하여야 한다.

I. 입법경과

1. 입법취지

제14조는 「형사소송법」에 따른 일반적인 형사소송절차와는 달리 중대재해처벌법에 따른 특별한 심리절차를 규정하고 있다. 즉, 피해자 등에 대한 증인신문에서 법원의 직권주의를 강화하였고, 전문심리위원의 소송절차 참여에서 기속행위의 요소를 강화하였다.

이는 중대산업재해사건이나 중대시민재해사건이 일반적인 형사사건에 비하여 난이도가 높아 상대적으로 전문성이 요구되는 사건이 많은 점을 고려한 것이다.

2. 입법과정

강은미·박주민·박범계·이탄희 의원안은 유·무죄 선고절차와 형량결정절차를 이원화하는 등의 규정을 두고 있었는데, 동 제도를 도입할 경우 국민의 시각에 부합하

는 합리적인 양형이 가능할 것이라는 긍정적 평가가 있었다.844)

강은미의원안	박주민의원안(제17조) 박범계의원안(제16조)	이탄희의원안
제8조(양형 절차에 관한 특례) ① 제5조부터 제7조까지의 피고사건에 대하여 범죄의 증명이 있는 때에는 「형사소송법」제321조에 불구하고 판결로써 유죄를 선고한 뒤 형의 선고를 위한 기일을 따로 지정하여야 한다.	제17조(양형절차에 관한 특례) ① 제6조, 제7조 또는 제12조의 형사재판에서 범죄의 증명이 있는 때에는 「형사소송법」제321조에도 불구하고 판결로써 유죄를 선고한 뒤 따로 형의 선고를 위한 선고기일을 지정하여야 한다.	제17조(양형절차에 관한 특례) ① 제6조, 제7조 또는 제12조의 형사재판에서 범죄의 증명이 있는 때에는 「형사소송법」제321조에도 불구하고 판결로써 유죄를 선고한 뒤 따로 형의 선고를 위한 선고기일을 지정하여야 한다.
② 제1항의 경우 법원은 양형심리를 위한 심문기일을 지정하고 전문가위원회의 심사에 회부하거나 피해자 등의 진술을 청취하여야 한다.	② (좌 동)	② 제1항의 경우 법원은 양형심리를 위한 심문기일을 지정한 뒤 제18조에 따른 국민양형위원을 지정하여 심의에 회부하고, 피해자 등의 진술을 들어야 한다.
③ 제2항의 전문가위원회의 설치 및 운영에 관한 사항은 대통령령으로 정한다.	③ 제2항의 전문가위원회의 구성은 「형사소송법」의 양형절차에 관한 특례에 따른다. 다만, 국민양형위원에 당해 사건의 피해자가 추천하는 전문가가 3분의 1 이상 포함되도록 한다.	제18조(국민양형위원 지정 등) ① 지방법원장은 국민양형위원 지정을 위하여 다음 각 호의 사람으로 국민양형위원후보자 명부를 작성하여 갖추어 두어야 한다. 1. 범죄피해자를 지원하는 단체에서 추천하거나 그와 관련된 분야의 전문가 2. 심리학·사회학·범죄학·빅데이터 등에 관한 전문가 3. 그 밖에 국민의 건전한 상식을 반영한 양형을 실현하기 위하여 대법원규칙으로 정하는 사람 ② 법원은 제17조제2항에 따라 국민양형위원의 심의에 회부한

---

844) 2020년 12월 24일 법사위 제1소위 회의록 36면 중 김용민위원의 아래 발언 참조.
    '법에는 처벌할 수 있는 규정이 있지만 실제 법원에서 지나치게 약하게 처벌하고 있다 …… 그런 여러 가지 비판적인 목소리들이 나왔기 때문에 이 법이 제정되는 중요한 이유 중의 하나가 됐거든요. 그래서 이렇게 양형절차를 별도로 따로 만들어서 국민들의 시각에서 한번 양형을 판단해 보자라는 것은 굉장히 중요한 시도인 거 같고"

		경우 검사, 피고인 또는 변호인의 의견을 들어 국민양형위원후보자 중에서 각 사건마다 7인 이상의 국민양형위원을 지정하여야 한다.
		③ 제2항에 따라 국민양형위원이 지정된 경우 국민양형위원 대표는 심의가 종료되면 국민양형위원 전원에 대하여 개개인의 구체적인 제시 형량을 명확하게 확인한 후 양형심의의견서를 작성하여 국민양형위원들의 서명 또는 날인을 받아 즉시 이를 재판장에게 전달하여야 한다. 다만, 양형심의의견은 법적 구속력을 갖지 아니한다.
		④ 국민양형위원에게는 대법원규칙으로 정하는 바에 따라 수당을 지급하고, 필요한 경우에는 그 밖의 여비, 일당 및 숙박료를 지급할 수 있다.
		⑤ 국민양형위원의 지정과 운영, 그 밖에 필요한 사항은 대법원규칙으로 정한다.
	④ 재판장은 형의 선고 시 제2항에 따라 확인된 심사결과, 피해자 등의 의견을 고지하여야 한다. ⑤ 제2항의 전문가위원회 심사결과나 피해자 등의 진술은 소송기록에 편철한다.	

〈제정안 요약〉

강은미의원안	박주민·박범계의원안	이탄희의원안
• 중대재해사건의 유죄를 선고한 뒤 형의 선고를 위한 기일을 따로 지정 - 양형심리를 위한 심문기일을 지정하고 전문가위원회의 심사에 회부하거나 피해자 등의 진술 청취	• 중대재해사건의 유죄를 선고한 뒤 형의 선고를 위한 기일을 따로 지정 - 양형심리를 위한 심문기일을 지정하고 전문가위원회의 심사에 회부하거나 피해자 등의 진술 청취 - 전문가위원회의 구성은 형사소송법의 양형절차에 관한 특례에 따름. 다만, 국민양형위원에 당해 사건 피해자가 추천하는 전문가가 3분의1이상 포함 등	• 중대재해사건의 유죄를 선고한 뒤 형의 선고를 위한 기일을 따로 지정 - 양형심리를 위한 심문기일을 지정하고 국민양형위원회 심의에 회부하고, 피해자 등의 진술 청취 • 국민양형위원 지정 - 지방법원장은 국민양형위원 후보자 명부를 작성하여 갖추어두어야 함 - 각 사건마다 7인 이상의 국민양형위원 지정 - 양형심의의견서 작성하여 재판장에게 전달. 법적구속력은 없음

그러나 국회 법제사법위원회 심사과정에서는 사실인정과 양형절차의 분리가 「형사소송법」을 비롯한 우리 형사소송절차에서 인정되고 있지 않은 제도이므로 그 도입에 대하여 신중해야 한다는 비판이 제기되었다.[845] 따라서 위와 같은 이원화 절차(즉, 유무죄 선고절차와 형량결정 절차의 이원화) 대신 현행법과 같은 심리절차에 관한 특례(제14조)를 규정하는 것으로 의결되었다.[846]

---

845) 특히 2020년 12월 24일 및 2021년 1월 5일 법사위 제1소위원회의 아래 논의 참조.
　　○ **법무부차관** 사실인정과 양형절차 분리, 그다음에 양형절차에서 전문가심의위 심사 등 특정 절차의 의무화는 현행 사법체계에 비추어서 충분한 검토가 필요하지 않을까 생각합니다. (생략)
　　○ **법원행정처차장** 법원도 신중검토 의견입니다. 지금 사실인정과 양형절차를 이원화한다는 논의는 이 중대재해를 떠나서 일반적으로 있었던 논의고요, 그것의 타당성이나 효율성 등에 대해서는 많은 찬반의견이 있는 것으로 알고 있습니다. 우선은 이런 절차를 도입한다면 일반법인 형사소송법에 둬야지 이 범죄에 한해서만 특별법에 둔다는 것은 법체계상 맞지 않다는 의견이고요. 만약에 이런 절차를 신설한다면 가장 문제되는 게 심리기간이 늘어난다는 문제거든요 ..... 심리기간의 장기화에 따른 구속기간의 예외라든지 이런 관련 규정의 정비도 병행해서 검토할 필요가 있다고 봅니다.
846) 참고로, 형사절차 이원화에 관한 위 제정안 내용은 이후 제21대국회에서 이탄희의원의 일부개정법률안(의안번호 2110092), 강민정의원의 일부개정법률안(의안번호 2114548) 및 강은미의원

3. 유사 입법례

「형사소송법」

제294조의2(피해자등의 진술권) ① 법원은 범죄로 인한 피해자 또는 그 법정대리인(피해자가 사망한 경우에는 배우자·직계친족·형제자매를 포함한다. 이하 이 조에서 "피해자등"이라 한다)의 신청이 있는 때에는 그 피해자등을 증인으로 신문하여야 한다. 다만, 다음 각 호의 어느 하나에 해당하는 경우에는 그러하지 아니하다.

1. 삭제

2. 피해자등 이미 당해 사건에 관하여 공판절차에서 충분히 진술하여 다시 진술할 필요가 없다고 인정되는 경우

3. 피해자등의 진술로 인하여 공판절차가 현저하게 지연될 우려가 있는 경우

② 법원은 제1항에 따라 피해자등을 신문하는 경우 피해의 정도 및 결과, 피고인의 처벌에 관한 의견, 그 밖에 당해 사건에 관한 의견을 진술할 기회를 주어야 한다.

③ 법원은 동일한 범죄사실에서 제1항의 규정에 의한 신청인이 여러 명인 경우에는 진술할 자의 수를 제한할 수 있다.

④ 제1항의 규정에 의한 신청인이 출석통지를 받고도 정당한 이유없이 출석하지 아니한 때에는 그 신청을 철회한 것으로 본다.

제279조의2(전문심리위원의 참여) ① 법원은 소송관계를 분명하게 하거나 소송절차를 원활하게 진행하기 위하여 필요한 경우에는 직권으로 또는 검사, 피고인 또는 변호인의 신청에 의하여 결정으로 전문심리위원을 지정하여 공판준비 및 공판기일 등 소송절차에 참여하게 할 수 있다.

II. 내용 및 검토

1. 피해자 등에 대한 증인신문

「형사소송법」에 따른 일반적인 형사소송절차에서는 피해자 또는 그 법정대리인이 법정에서 증인으로 진술하기 위해서는 미리 법원에 그 신청을 하여야 한다(동법 제

의 일부개정법률안(의안번호 2114568)에 그 내용이 반영되어 재차 발의되었으나 모두 임기만료로 폐기되었다.

294조의2). 중대재해처벌법은 그러한 「형사소송법」의 예외를 규정하여 피해자 또는 그 법정대리인의 사전 신청이 없더라도 법원이 직권으로 피해자 또는 그 법정대리인을 증인으로 신문할 수 있도록 규정하고 있다. 즉, 「형사소송법」에 따른 피해자 등의 증인신문이 피해자 등의 신청을 요하고 기속행위의 성질을 지니는 반면, 중대재해처벌법의 경우에는 법관의 직권에 따른 재량행위의 성질을 지니는 점에 차이가 있다.

〈「형사소송법」 및 중대재해처벌법 해당 조항 비교〉

「형사소송법」	중대재해처벌법
제294조의2(피해자등의 진술권) ①법원은 범죄로 인한 피해자 또는 그 법정대리인(피해자가 사망한 경우에는 배우자·직계친족·형제자매를 포함한다. 이하 이 조에서 "피해자등"이라 한다)의 신청이 있는 때에는 그 피해자등을 증인으로 신문하여야 한다. (단서 및 각 호 생략)	제14조(심리절차에 관한 특례) ① 이 법 위반 여부에 관한 형사재판에서 법원은 직권으로 「형사소송법」 제294조의2에 따라 피해자 또는 그 법정대리인(피해자가 사망하거나 진술할 수 없는 경우에는 그 배우자·직계친족·형제자매를 포함한다)을 증인으로 신문할 수 있다.

또한 중대재해 처벌과정에서 법관이 해당 사건의 피해자 또는 전문가의 의견을 충분히 청취할 필요가 있다는 점에 대해서는 국회 법제사법위원회에서 공감대가 형성되었는바, 이에 법원이 직권으로 신문할 수 있는 특례를 도입하자는 법원행정처의 제안이 법안심사소위원회에서 채택되었다.[847]

한편, 중대재해처벌법은 「형사소송법」과 달리 피해자 등의 의견진술 기회, 진술자 수 제한, 신청철회 간주 규정 등을 규정하고 있지 않으나, "「형사소송법」 제294조의2에 따라 … 증인으로 신문할 수 있다"고 규정하고 있으므로 위 규정은 그 성질에 반하지 않는 한 중대재해처벌법에 따른 피해자 등의 증인신문에도 적용된다고 봄이 타당하다.

---

847) 박상록, 「제21대 국회 법안심사 제1소위원회의 논의」, 『중대재해처벌법 Ⅰ』, 법문사, 2022, 256면.

2. 전문심리위원의 참여

「형사소송법」에 따른 일반적인 형사소송절차에서 법원은 직권으로 또는 검사, 피고인 또는 변호인의 신청에 의하여 결정으로 전문심리위원을 지정하여 공판준비 및 공판기일 등 소송절차에 참여하게 할 수 있다.

이에 비하여 중대재해처벌법은 특별한 사정이 없으면 전문심리위원을 소송절차에 참여하게 하여야 한다고 규정하여 「형사소송법」에 비하여는 기속행위에 가까운 취지로 규정하고 있다. 물론 '특별한 사정'이 있으면 법원은 전문심리위원을 소송절차 참여에 배제할 수는 있으나 전문심리위원은 중대산업재해 또는 중대시민재해에 관한 전문적인 지식과 경험을 제공하는데 그 목적이 있으므로 소송절차 참여에 배제할 만한 특별한 사정이 있는 경우는 많지 않을 것으로 생각된다.

전문심리위원은 건축, 환경 등 여러 전문 분야에서 다양하게 활용될 수 있다. 특히, 중대재해처벌법에 따른 형사재판에서 인과관계 존재 여부나 안전 및 보건 확보의무 위반 여부를 입증하는 데 활용될 가능성이 높다. 중대산업재해에 있어서 전문심리위원은 대부분 한국산업안전보건공단 소속 직원이 될 가능성이 큰데, 공단 소속 직원들은 중대재해 발생 초기부터 근로감독관과 함께 사고원인 등을 조사하고, 전문지식을 갖춘 인력이므로 재판에서 사고원인을 분석하는 데 도움이 될 수 있으나, 고용노동부나 검찰의 입장을 대변할 우려도 있다는 지적이 있다.[848] 전문심리위원의 참여 절차는 감정인 선정 과정과 유사하게 이루어진다. 후보자가 지정되면, 당사자들은 해당 후보자에 대해 의견을 제출할 수 있으며, 법원은 이를 참고하여 위원을 최종 지정하는 참여 결정을 내린다. 중대재해처벌법에는 전문심리위원의 제척·기피에 대한 규정이 없지만 「형사소송법」 규정이 동일하게 적용될 것으로 보인다.[849]

향후 중대재해 관련 수사와 공판과정에서 사고와 질병의 원인, 치료가 필요한 기간, 인과관계 등이 사건마다 쟁점이 될 것이고, 이와 같은 사항들은 판사와 검사가 해당 분야 전문가의 분석과 자문을 거쳐야 제대로 판단을 내릴 수 있으므로, 전문심

---

848) 최창민·김영진·방정환·최경섭, 『노동재해실무』, 박영사, 2023, 193면 참조.
849) 신승욱·김형규, 『중대재해처벌법』, 박영사, 2022, 187~189면.

리위원의 지정 및 소송절차 참여는 필수적 절차가 될 것으로 예상된다.[850]

「형사소송법」 관련조문

제279조의2(전문심리위원의 참여) ① 법원은 소송관계를 분명하게 하거나 소송절차를 원활하게 진행하기 위하여 필요한 경우에는 직권으로 또는 검사, 피고인 또는 변호인의 신청에 의하여 결정으로 전문심리위원을 지정하여 공판준비 및 공판기일 등 소송절차에 참여하게 할 수 있다.

② 전문심리위원은 전문적인 지식에 의한 설명 또는 의견을 기재한 서면을 제출하거나 기일에 전문적인 지식에 의하여 설명이나 의견을 진술할 수 있다. 다만, 재판의 합의에는 참여할 수 없다.

③ 전문심리위원은 기일에 재판장의 허가를 받아 피고인 또는 변호인, 증인 또는 감정인 등 소송관계인에게 소송관계를 분명하게 하기 위하여 필요한 사항에 관하여 직접 질문할 수 있다.

④ 법원은 제2항에 따라 전문심리위원이 제출한 서면이나 전문심리위원의 설명 또는 의견의 진술에 관하여 검사, 피고인 또는 변호인에게 구술 또는 서면에 의한 의견진술의 기회를 주어야 한다.

제279조의3(전문심리위원 참여결정의 취소) ① 법원은 상당하다고 인정하는 때에는 검사, 피고인 또는 변호인의 신청이나 직권으로 제279조의2제1항에 따른 결정을 취소할 수 있다.

② 법원은 검사와 피고인 또는 변호인이 합의하여 제279조의2제1항의 결정을 취소할 것을 신청한 때에는 그 결정을 취소하여야 한다.

제279조의4(전문심리위원의 지정 등) ① 제279조의2제1항에 따라 전문심리위원을 소송절차에 참여시키는 경우 법원은 검사, 피고인 또는 변호인의 의견을 들어 각 사건마다 1인 이상의 전문심리위원을 지정한다.

② 전문심리위원에게는 대법원규칙으로 정하는 바에 따라 수당을 지급하고, 필요한 경우에는 그 밖의 여비, 일당 및 숙박료를 지급할 수 있다.

③ 그 밖에 전문심리위원의 지정에 관하여 필요한 사항은 대법원규칙으로 정한다.

제279조의5(전문심리위원의 제척 및 기피) ① 제17조부터 제20조까지 및 제23조는 전문심리위원에게 준용한다.

---

850) 송인택 외, 앞의 책, 363면.

② 제척 또는 기피 신청이 있는 전문심리위원은 그 신청에 관한 결정이 확정될 때까지 그 신청이 있는 사건의 소송절차에 참여할 수 없다. 이 경우 전문심리위원은 해당 제척 또는 기피 신청에 대하여 의견을 진술할 수 있다.

제15조 손해배상의 책임

> **법 제15조(손해배상의 책임)** ① 사업주 또는 경영책임자등이 고의 또는 중대한 과실로 이 법에서 정한 의무를 위반하여 중대재해를 발생하게 한 경우, 해당 사업주, 법인 또는 기관이 중대재해로 손해를 입은 사람에 대하여 그 손해액의 5배를 넘지 않는 범위에서 배상책임을 진다. 다만, 법인 또는 기관이 해당업무에 관하여 상당한 주의와 감독을 게을리하지 아니한 경우에는 그러하지 아니하다.
>
> ② 법원은 제1항의 배상액을 정할 때에는 다음 각 호의 사항을 고려하여야 한다.
>
> 1. 고의 또는 중대한 과실의 정도
> 2. 이 법에서 정한 의무위반행위의 종류 및 내용
> 3. 이 법에서 정한 의무위반행위로 인하여 발생한 피해의 규모
> 4. 이 법에서 정한 의무위반행위로 인하여 사업주나 법인 또는 기관이 취득한 경제적 이익
> 5. 이 법에서 정한 의무위반행위의 기간·횟수 등
> 6. 사업주나 법인 또는 기관의 재산상태
> 7. 사업주나 법인 또는 기관의 피해구제 및 재발방지 노력의 정도

I. 입법경과

1. 입법취지

법 제15조는 사업주 또는 경영책임자등이 고의 또는 중과실로 중대재해처벌법상의 의무를 위반하여 중대재해를 발생하게 한 경우에 해당 사업주, 법인 또는 기관이 중대재해로 인하여 손해를 입은 사람에게 그 손해액의 5배를 상한으로 하여 배상하도록 하고 있다. 이는 경영책임자 등의 불법행위로 법인 등이 「민법」 제756조[851])에 따

---

851) 「민법」 제756조(사용자의 배상책임) ① 타인을 사용하여 어느 사무에 종사하게 한 자는 피용자가 그 사무집행에 관하여 제삼자에게 가한 손해를 배상할 책임이 있다. 그러나 사용자가 피용자의 선임 및 그 사무감독에 상당한 주의를 한 때 또는 상당한 주의를 하여도 손해가 있을

라 손해배상책임을 부담하게 되는 경우를 전제로 하여, 경영책임자 등의 사용자 내지 감독자에 해당하는 사업주·법인 등의 징벌적 손해배상책임을 규정한 것으로서,[852] 중대재해처벌법상의 의무를 위반하는 개인사업주 또는 경영책임자등에 대하여는 해당 기업과 법인에 대하여 경제적으로 강한 제재를 함으로써 제재의 실효성을 확보하려는 취지이다.[853]

2. 입법과정

가. 손해배상책임의 범위

이 법의 입법과정에서 사업주, 법인 등이 피해자에게 배상하여야 하는 책임의 범위에 대하여 강은미의원안은 "손해액의 3배 이상 10배 이하"로 제안하였고,[854] 박주민의원안, 이탄희의원안 및 박범계의원안은 "손해액의 5배에 해당하는 금액을 최저한도"로 하는 것을 제안하였는데, 국회 법제사법위원회 심사결과 "손해액의 5배를 넘지 아니하는 범위"로 조정되었다.

법률안의 심사과정에서 손해배상책임의 범위는 손해액의 3배 이상 또는 5배 이상

경우에는 그러하지 아니하다.

② 사용자에 갈음하여 그 사무를 감독하는 자도 전항의 책임이 있다.

③ 전2항의 경우에 사용자 또는 감독자는 피용자에 대하여 구상권을 행사할 수 있다.

852) 허병조, 「중대재해에 대한 기업 및 책임자 처벌 등에 관한 법률안 검토보고」, 국회 법제사법위원회, 2020.7., 29~30면 참조.

853) 2020년 12월 24일 법사위 제1소위 회의록 26면 중 백혜련 소위원장의 아래 발언 참조.
"이렇게 부당한 일을 하는 법인과 기업에 대한 처벌을 ..... 형법체계보다도 ..... 징벌적 손해배상 같은 경제적 제재를 강하게 함으로써 오히려 제재하는 효과가 또 큰 측면이 있을 수 있을 것 같습니다."

854) 강은미의원안에 대한 국회 법사위 전문위원 검토보고서에서는, 징벌적 손해배상 자체가 불법행위법의 대원칙인 책임주의의 예외가 될 수 있는 점을 고려할 필요가 있으며, 다른 법률에서 징벌적 손해배상액의 상한을 일반적으로 '손해액의 3배'로 정하고 있는 것에 비해, 제정안은 다수의 인명피해를 야기할 수 있는 재해발생 방지를 위한 사업주 등의 적극적 안전·보건조치 의무 준수를 적극적으로 도모하려는 취지에서 '손해액의 10배'를 상한으로 정하고 있는바, 다른 입법례에 비해 손해액의 상한이 과도하게 높은 것이 아닌지 등에 대한 논의가 필요하다는 지적이 있었다(허병조(2020), 앞의 글, 30~31면 참조).

등 하한을 정하는 방식으로 규정하여야 한다는 의견이 강력하게 제기되었는데, 그 이유는 현재 징벌적 손해배상제도가 도입되어 있는 분야가 상당수 있음에도 해당 사건에서 징벌적 손해배상이 인정되는 사례가 매운 드문 상황이므로 하한을 규정하면 판결이 하한에 수렴하면서도 징벌적 손해배상이 인정되는 효과를 기대할 수 있다는 것이었다. 이에 대해, 손해배상액의 상한을 정하지 않는 것은 법관에게 무제한의 재량을 부여하는 것으로서 기업의 책임에 비하여 배상액이 과도하게 확대될 우려가 있고, 특히 중소기업의 경우 예상하지 못한 사고에 대한 징벌적 손해배상으로 인하여 파산의 가능성이 있다는 의견이 대립하였다.[855] 최종적으로 우리나라의 법체계와 입법례를 고려하여 손해배상액의 상한(손해액의 5배)을 규정하는 것으로 조정되었다.

강은미의원안	박주민의원안(제18조) 이탄희의원안(제19조)	박범계의원안
제11조(손해배상의 책임) ① 사업주나 법인 또는 기관의 경영책임자 등, 대리인, 종사자, 또는 사용인이 고의 또는 중대한 과실로 생명·신체의 안전 또는 보건위생상의 유해·위험방지의무를 위반하여 사람을 사망 등 중대재해에 이르게 함으로써 해당 사업주, 법인 또는 기관이 피해자에 대하여 손해배상의 책임을 지는 때에는 그 손해액의 3배 이상 10배 이하의 범위에서 배상할 책임을 진다. 다만, 사업주나 법인 또	제18조(손해배상의 책임) ① 사업주나 공무원, 경영책임자 등, 대리인, 사용인, 종사자가 고의 또는 중대한 과실로 생명·신체의 안전 또는 보건위생상의 유해·위험방지의무를 위반하여 중대산업재해 또는 중대시민재해를 야기하여 해당 법인 또는 기관이 손해배상의 책임을 지는 경우 배상액은 그 손해액의 5배에 해당하는 금액을 최저한도로 한다. 다만, 사업주나 법인 또는 기관이 고의 또는 중대한 과실이 없	제17조(손해배상의 책임) ① 사업주나 공무원, 경영책임자 등, 대리인, 사용인, 종사자가 고의 또는 중대한 과실로 안전·보건조치등 의무를 위반하여 중대산업재해 또는 중대시민재해를 야기하여 해당 법인 또는 기관이 손해배상의 책임을 지는 경우 배상액은 그 손해액의 5배에 해당하는 금액을 최저한도로 한다. 다만, 사업주나 법인 또는 기관이 고의 또는 중대한 과실이 없음을 증명한 경우에는 그러하지 아니

---

855) 2021년 1월 5일 법사위 제1소위 회의록 65면 중 아래 논의 참조.
- 김용민위원 사실 이 중대재해기업처벌법이 탄생하게 된 배경에 굉장히 중요한 역할을 한 것은 죄송하지만 법원 불신이거든요 ..... 처벌도 솜방망이 처벌, 손해배상도 매우 낮은 금액 이런 것에 대한 어떤 법원 불신 때문에 법원의 재량을 좀 줄여 보자는 것이 이 법 출발점의 굉장히 중요한 이유 중의 하나였습니다 ..... 3배 이상 정도는, 그러니까 이상으로 가게 만들어서 하한을 그 밑으로 못 내려가게 만드는 것이 이 법에서는 입법취지를 살리는 것이다, 저는 이렇게 생각합니다.
- 전주혜위원 중소기업이 그런 사고 하나로 인해서 정말 파산하게 되는 이런 경우도 상정을, 이거 발생하지 않는다는 보장이 없어요.

는 기관이 고의 또는 중대한 과실이 없음을 증명한 때에는 그러하지 아니하다.	음을 증명한 경우에는 그러하지 아니하다.	하다.
② 법원은 제1항의 배상액을 정할 때에는 다음 각 호의 사항을 고려하여야 한다. 고의 또는 손해 발생의 우려를 인식한 정도 위반행위로 인하여 입은 피해 규모 위반행위로 인하여 취득한 가해자의 경제적 이익 위반행위에 따른 처벌 수준 위반행위의 기간·횟수 등 가해자의 재산상태 가해자의 피해구제 및 재발방지 노력의 정도	② (좌 동)	② (좌 동)
③ 제1항과 관련한 분쟁에서 입증책임은 사업주, 법인 또는 기관이 부담한다.	(규정 없음)	(규정 없음)

나. 입증책임의 전환 등

박주민의원안(안 제18조제1항 단서), 이탄희의원안(안 제19조제1항 단서), 그리고 박범계의원안(안 제17조제1항 단서)은 고의 또는 중대한 과실이 없었음에 대한 입증책임을 사업주, 법인 또는 기관이 지도록 규정하였고, 강은미의원안은 고의 또는 중과실뿐만 아니라 그 외의 징벌적 손해배상의 요건에 대해서도 입증책임을 사업주, 법인 또는 기관이 부담하도록 규정하였다(안 제11조제1항 단서 및 같은 조 제3항). 이 규정들은 법제사법위원회 심사과정에서 입증책임 전환 도입 여부에 관한 논의 없이 자구정리 수준의 논의 후 조정되었다. 즉, 박주민의원안 등의 제1항 단서에서 법인 또는 기관이 고의 또는 중과실이 없음을 증명하는 때에는 손해배상책임을 면제하는 규정을 두었으나, 같은 항 본문에서 고의 또는 중과실을 손해배상책임의 요건으로 이미 규정하고 있어 동어반복이 된다는 이유로, 양벌규정의 단서 규정방식대로 수정되었다.

한편, 강은미의원안 등은 손해배상책임의 요건이 되는 의무위반행위의 주체에 사업주 및 경영책임자등 외에도 대리인, 사용인, 종사자 등을 포함하고 있었다. 그런데, 중대재해처벌법의 규율대상이 경영책임자 등이므로 경영책임자 등 외에 대리인, 사용인, 종사자의 행위에 대하여 징벌적 손해배상을 하도록 규정하는 것은 체계상 맞지 않으므로 논의결과 이는 삭제되었다.

3. 유사 입법례

〈불법행위 책임〉

「민법」

제750조(불법행위의 내용) 고의 또는 과실로 인한 위법행위로 타인에게 손해를 가한 자는 그 손해를 배상할 책임이 있다.

〈사용자배상책임〉

「민법」

제756조(사용자의 배상책임) ① 타인을 사용하여 어느 사무에 종사하게 한 자는 피용자가 그 사무집행에 관하여 제삼자에게 가한 손해를 배상할 책임이 있다. 그러나 사용자가 피용자의 선임 및 그 사무감독에 상당한 주의를 한 때 또는 상당한 주의를 하여도 손해가 있을 경우에는 그러하지 아니하다.

② 사용자에 갈음하여 그 사무를 감독하는 자도 전항의 책임이 있다.

③ 전2항의 경우에 사용자 또는 감독자는 피용자에 대하여 구상권을 행사할 수 있다.

「법률구조법」

제32조의2(공단의 손해배상책임) ① 공단은 그 임직원이 공단의 사무집행에 관하여 고의 또는 과실로 법령을 위반하여 제삼자에게 손해를 입힌 경우 그 손해에 대한 배상책임을 진다.

② 공단은 제1항에 따른 손해가 소속 임직원의 고의 또는 중대한 과실로 발생한 것일 때에는 그 임직원에 대하여 구상권(求償權)을 행사할 수 있다.

〈징벌적 손해배상책임〉

「제조물 책임법」

제3조(제조물 책임) ① 제조업자는 제조물의 결함으로 생명·신체 또는 재산에 손해(그 제조물에 대하여만 발생한 손해는 제외한다)를 입은 자에게 그 손해를 배상하여야 한다.

② 제1항에도 불구하고 제조업자가 제조물의 결함을 알면서도 그 결함에 대하여 필요한 조치를 취하지 아니한 결과로 생명 또는 신체에 중대한 손해를 입은 자가 있는 경우에는 그 자에게 발생한 손해의 3배를 넘지 아니하는 범위에서 배상책임을 진다. 이 경우 법원은 배상액을 정할 때 다음 각 호의 사항을 고려하여야 한다.

1. 고의성의 정도

2. 해당 제조물의 결함으로 인하여 발생한 손해의 정도

3. 해당 제조물의 공급으로 인하여 제조업자가 취득한 경제적 이익

4. 해당 제조물의 결함으로 인하여 제조업자가 형사처벌 또는 행정처분을 받은 경우 그 형사처벌 또는 행정처분의 정도

5. 해당 제조물의 공급이 지속된 기간 및 공급 규모

6. 제조업자의 재산상태

7. 제조업자가 피해구제를 위하여 노력한 정도

③ 피해자가 제조물의 제조업자를 알 수 없는 경우에 그 제조물을 영리 목적으로 판매·대여 등의 방법으로 공급한 자는 제1항에 따른 손해를 배상하여야 한다. 다만, 피해자 또는 법정대리인의 요청을 받고 상당한 기간 내에 그 제조업자 또는 공급한 자를 그 피해자 또는 법정대리인에게 고지(告知)한 때에는 그러하지 아니하다.

「환경보건법」

제19조(환경성질환에 대한 배상책임) ① 사업활동 등에서 생긴 환경유해인자로 인하여 다른 사람에게 환경성질환을 발생하게 한 자는 그 피해를 배상하여야 한다.

② 제1항의 피해가 사업자의 고의 또는 중대한 과실에 의하여 발생한 경우에는 고의 또는 손해발생의 우려를 인식한 정도, 손해발생을 줄이기 위하여 노력한 정도, 환경유해인자의 유해성 등을 고려하여 그 피해액의 3배를 넘지 아니하는 범위에서 배상하여야 한다.

③ 면책사유, 연대책임, 면책특약의 제한, 소멸시효 등에 관하여는 「제조물 책임법」 제4조부터 제7조까지를 준용한다. 다만, 면책사유는 제1항의 책임에 한정하여 준용한다.

> **「자동차관리법」**
>
> **제74조의2(손해배상)** ① 제31조제1항에 따른 결함으로 발생한 생명, 신체 및 재산상의 손해(해당 자동차 또는 자동차부품에 대하여만 발생한 손해는 제외한다)에 대하여는 자동차제작자등이나 부품제작자등이 손해배상의 책임이 있다.
>
> ② 제1항에도 불구하고 자동차제작자등이나 부품제작자등이 결함을 알면서도 이를 은폐·축소 또는 거짓으로 공개하거나 제31조제1항에 따라 지체 없이 시정하지 아니하여 생명, 신체 및 재산에 중대한 손해를 입은 자가 있는 경우에는 그 자에게 발생한 손해의 5배를 넘지 아니하는 범위에서 배상책임을 진다.
>
> ③ ～ ⑦ (생 략)

II. 내용 및 검토

1. 징벌적 손해배상

징벌적 손해배상은 "가해자에게 특히 고의 등의 주관적으로 악의성을 가진 경우에 전보적 손해배상에 덧붙여 위법행위에 대한 징벌과 동종행위의 억지를 주목적으로 하여 과해지는 손해배상"[856)]으로 영미식 제도에서 유래한다. 이 제도는 영국에서 기원되어 17세기 이후에 미국에서 활발히 이용되어 온 제도로 계약법에는 인정되지 않고 불법행위책임에만 인정되고 있다.[857)] 미국법에서 징벌적 손해배상은 악의적 가해자에 대한 징벌, 유사한 가해행위 억제, 그리고 소송비용과 변호사비용 등을 보완하는 기능을 수행한다.

우리나라에서는 징벌적 손해배상이 2011년 「하도급거래 공정화에 관한 법률」에 최초로 도입된 이후 2024년 현재 23개의 법률에 도입되어 있다. 징벌적 손해배상은 우리나라 「민법」상 실손해액 배상주의에 부합하지 않는다는 의견이 있으나, 우리 헌법에서 건전한 시장경제를 위한 경제규제를 명시하고 있고(제119조제2항), 공공복리를

---

856) 서울동부지방법원 1995. 2. 10. 선고 93가합19069 판결.
857) 국회법제실, 『법제기준과 실제』, 2024, 646면.

위한 권리제한이 가능하며(제37조제2항), 재산권 보장의 내용과 한계는 법률로 정하도록 하고 있으므로(제23조제1항) 헌법상 수용가능한 제도로 이해된다.[858]

중대재해처벌법에 징벌적 손해배상제도를 도입한 것은 경영책임자 등이 사업의 특성상 재해 발생의 위험성이 높다는 것을 알고 있었음에도 재해예방을 위한 체계 구축을 게을리하거나, 기업의 이익을 우선시하여 안전조치에 필요한 비용을 삭감하여 재해가 발생하는 경우를 징벌 또는 억제할 필요성이 있다는 점이 인정된 것으로 보인다.[859]

중대재해처벌법의 징벌적 손해배상에서는 주관적인 요건으로 사업주 또는 경영책임자등의 고의 또는 중과실을 규정하고 있는데, 여기서 중과실이란 통상인에게 요구되는 정도의 상당한 주의를 하지 않더라도 약간의 주의를 한다면 손쉽게 위법·유해한 결과를 예견할 수 있었는데도 만연히 이를 간과함과 같이 거의 고의에 가까운 현저한 주의를 결여한 상태를 말한다.[860] 이에 대하여 징벌적 손해배상의 본질적 기능이 가해자의 고의 또는 악의에 기한 위법행위의 제재와 억지에 있고 중대재해처벌법은 엄중한 형사처벌 규정을 두고 있어 징벌적 손해배상이 이중처벌금지에 위배된다는 비판이 있을 수 있으므로 '중과실'의 경우까지 징벌적 손해배상을 인정하는 것은 재고의 필요성이 있다는 의견이 있다.[861] 또한 보통법국가의 징벌적 손해배상은 형사처벌이 현실적으로 어려운 경우 대체수단으로서 인정되는 것이지, 형사처벌의 대상이 되는 행위에 대해 이중 제재를 하기 위해 인정되는 것은 아니라는 견해도 존재한다.[862] 그러나 미국의 각 주별 징벌적 손해배상의 주관적 요건을 살펴보면, '악의'(malice), '무모한 경시'(reckless disregard)와 더불어 '중과실'(gross negligence)[863]의 경우

---

858) 전상수, 「징벌적 손해배상제도에 대한 소고」, 『국회보』 제535호, 국회사무처, 2011.6., 109면.

859) 다만 처벌을 목적으로 하는 손해배상을 국가가 아닌 피해자 개인이 행한다는 것은 법체계상으로 부합하지 않는다는 견해가 있다(정현희, 『중대재해 처벌 등에 관한 법률의 재판 실무상 쟁점』, 사법정책연구원, 2022, 218면).

860) 대법원 1983. 2. 8. 선고 81다428 판결, 대법원 1990. 6. 12. 선고 88다카2 판결.

861) 이재목, 「중대재해 처벌 등에 관한 법률상 징벌적 손해배상 규정의 문제점 – 배상요건 및 배상 범위를 중심으로」, 『홍익법학』 제22권 제1호, 2021, 327~329면.

862) 정진우, 「중대재해처벌법 제정과정에서의 주요 법적 쟁점」, 『산업보건』 통권 제408호, 2024, 29면.

863) 징벌적 손해배상의 요건으로 중과실을 인정하고 있는 미국의 주법(state laws)을 보면 주별로 개념에 차이가 있는바, 텍사스주에서는 중과실을 위험의 인식(awareness of the risk)에도 불구하고

에도 징벌적 손해배상을 인정하고 있으며, 아래 표에서 보는 바와 같이 현재 우리나라의 징벌적 손해배상 법제에도 과실 또는 중과실을 규정하고 있는 경우가 다수(23개 입법례 중 13개 법률) 존재한다. 또한, 미국의 대다수 법원에서 형사제재는 사회를 향한 해악에 대한 것이고, 민사제재는 피해자를 향한 해악에 대한 것으로서 양자가 구별되므로 징벌적 손해배상은 이중처벌금지원칙에 위배되지 않는 것으로 판시하고 있다.864)865)

생각건대 중과실 개념은 많은 경우에 행위자의 고의에 대한 입증이 어려운 경우 이를 구제하기 위한 탈출구로서의 기능을 수행한다는 점866)과 위법행위에 대한 응징(punishment)으로 장래 유사행위의 재발을 억지하는 본보기용 배상(exemplary damages)으로 불리는 징벌적 손해배상의 특성을 고려할 때, 주관적 요건으로 중과실을 규정한 것은 입법자의 의지를 표현한 것으로 별다른 문제는 없어 보인다.

발생한 작위 또는 부작위로 정의하고, 이를 징벌적 손해배상의 성격인 본보기용 배상(exemplary damages)의 요건으로 규정하고 있으며[텍사스 민사소송법 제41장 참조(Tex. Civ. Prac. & Rem. Code §41.001)], 플로리다주는 무모한(reckless) 행위의 여하에 따라 일반적 과실(ordinary negligence)과 중과실(gross negligence)로 구분하고 있다(플로리다 주법 Chapter 768 Sec. 72 참조).

864) 이창현, 「중대재해처벌법상 징벌적 손해배상과 민사재판 실무상 쟁점」, 사법정책연구원·대한변호사협회·한국노동법학회 "중대재해처벌법과 재판 실무상 쟁점" 자료집, 2022.7.8., 151면; 다만 미국 보통법에서 중과실에 기한 산업재해에 대하여 징벌적 손해배상책임을 인정하는 경우는 매우 드물다(이창현, 「중대재해처벌법상 징벌적 손해배상과 민사 실무상 쟁점」, 『사법』 제66호, 사법발전재단, 2023.12., 294면).

865) 미국 각 주별로 불법행위에 의한 사망을 원인으로 한 손해배상청구 사건에서 징벌적 손해배상의 인정 여부에 관한 상세한 내용은 "김정환, 『징벌적 손해배상의 적정한 운영방안에 관한 연구』, 사법정책연구원, 2019, 73~76면" 참조.

866) 양창수·김재형, 『계약법』, 박영사, 2015, 412면 참조.

〈징벌적 손해배상 도입현황〉

(2024.6.30. 기준 23개 법률)

분야	법률명	주관적 요건	입증 책임	상한	대 상	도입 연도
공정 거래 (7)	하도급공정화법(§35)[867]	고의, 과실	전환	3배	기술자료 유용행위 부당한 발주 취소 등	2011
	대리점공정화법(§34)	고의, 과실	전환	3배	구입 강제 경제상 이익제공 강요행위	2015
	가맹사업공정화법(§37의2)	고의, 과실	전환	3배	허위정보제공 상품·용역 공급의 부당 중단 등	2017
	대규모유통업공정화법 (§35의2)	고의, 과실	전환	3배	대규모유통업자의 정당한 이유 없는 상품 반품 등	2018
	공정거래법(§109)	고의, 과실	전환	3배	부당공동행위(담합) 등	2018
	축산계열화법(§34의2)	고의, 과실	전환	3배	축산계열화사업법 위반행위 (허위·과장광고 등)	2019
	대·중소기업상생협력법 (§40의2)	고의, 과실	전환	3배	납품대금 조정신청 등의 이유로 위탁기업의 보복조치 등	2019
개인 정보 (2)	개인정보보호법(§39)	고의, 중과실	전환	5배	개인정보의 분실, 도난, 유출 등	2015
	신용정보이용법(§43)	고의, 중과실	전환	5배	신용정보의 분실, 도난, 유출 등	2015
소비자 안전 (3)	제조물책임법(§3)	고의	-	3배	제조물 책임	2017
	환경보건법(§19)	고의, 중과실	-	3배	환경유해인자로 발생한 환경성 질환 등 손해	2018
	자동차관리법(§74의2)	고의	-	5배	자동차 제작 결함으로 발생한 생명, 신체 및 재산상의 손해	2020

---

867) 2024년 8월 28일부터 시행되는 개정법률에 따르면 위반행위의 종류에 따라 손해의 3배 또는 5배 이내의 배상책임을 진다.

노동 (4)	기간제보호법(§13)	명백 고의	-	3배	차별적 처우	2014
	파견근로자보호법(§21)	명백 고의	-	3배	차별적 처우(기간제법 준용)	2014
	남녀고용평등법(§29의2)	명백 고의	-	3배	차별적 처우	2022
	중대재해처벌법(§15)	고의, 중과실	-	5배	중대재해 발생	2022
특허 (6)	특허법(§128)	고의	-	3배	특허권, 전용실시권 침해	2019
	부정경쟁방지법(§14의2)	고의	-	3배	영업비밀 침해행위	2019
	산업기술보호법(§22의2)	고의	-	3배	산업기술 유출 및 침해행위	2019
	디자인보호법(§115)	고의	-	3배	디자인권, 전용실시권 침해	2020
	상표법(§110)	고의	-	3배	상표권, 전용사용권 침해	2020
	농수산물품질법(§37)	고의, 과실	고의 추정	3배	지리적표시권 침해(상표법 준용)	2020
공익 신고 (1)	공익신고자보호법(§29의2)	고의, 과실	전환	3배	공익신고자 불이익조치로 인한 손해	2017

2. 손해배상책임의 인정 요건

가. 사업주 또는 경영책임자등의 위법행위

사업주, 법인 또는 기관의 손해배상책임이 인정되기 위해서는 해당 개인사업주 또는 경영책임자등이 이 법에서 정한 의무를 위반하여야 한다.[868] 이 법의 입법과정에서 삭제된 바가 있는 대리인, 사용인, 종사자의 행위에 대하여는 징벌적 손해배상이 인정되지 않는다. 이 법에 따른 개인사업주 또는 경영책임자등의 의무는 중대산업재

---

[868] 이 경우 법인 등의 징벌적 손해배상책임과 경영책임자등의 「민법」상 불법행위책임(제750조)는 부진정 연대관계에 있다(권오성, 앞의 책, 323면).

해 예방을 위한 의무와 중대시민재해 예방을 위한 의무가 있다.

중대산업재해 예방의무는 해당 사업주, 법인 또는 기관이 실질적으로 지배·운영·관리하는 사업 또는 사업장에서 종사자의 안전보건 확보의무로서, 구체적으로 ① 재해예방을 위한 안전보건관리체계 구축 및 이행조치 의무, ② 재해방지 대책 수립 및 이행조치 의무, ③ 정부의 시정명령 등에 대한 이행조치 의무, ④ 안전·보건 관계법령에 따른 의무이행에 필요한 관리조치 의무가 있다(중대재해처벌법 제4조 및 같은 법 시행령 제4조·제5조). 사업주, 법인 또는 기관이 제3자에게 도급, 용역, 위탁 등을 한 경우에 해당 개인사업주 또는 경영책임자등은 그 제3자의 종사자에 대해서도 위와 동일한 안전보건 확보의무가 있다.

개인사업주 또는 경영책임자등의 중대시민재해 예방의무는 ① 해당 사업주, 법인 또는 기관이 실질적으로 지배·운영·관리하는 사업 또는 사업장에서 생산·유통 등을 하는 원료나 제조물의 설계·제조·관리 상의 결함 또는 ② 해당 사업주, 법인 또는 기관이 실질적으로 지배·운영·관리하는 공중이용시설 또는 공중교통수단의 설계·설치·관리 상의 결함으로 임하여 그 이용자 등에게 발생할 수 있는 생명·신체상의 위해를 방지하기 위한 안전보건 확보의무이다. 해당 사업주, 법인 또는 기관이 공중이용시설 또는 공중교통수단과 관련하여 제3자에게 도급, 용역, 위탁 등을 한 경우에도 그 이용자 등에 대하여 동일한 안전보건 확보의무가 있다.

한편, 「산업안전보건법」에서 규정한 대표이사의 안전보건계획 보고의무와 중대재해처벌법에서 규정한 경영책임자의 안전보건 확보의무는 「상법」상 이사의 선관주의의무로 자리매김할 수 있으므로, 위 의무를 위반한 대표이사나 경영책임자는 「상법」이 규정한 책임을 부담할 수 있다.[869]

---

869) 전형배, 「중대산업재해의 발생과 경영책임자의 손해배상책임 – 상법상 이사의 책임을 중심으로」, 『노동법포럼』 제40호, 2023, 214~215면 참조.

나. 위법행위로 인한 중대재해 발생

사업주, 법인 또는 기관의 손해배상책임이 인정되기 위한 두 번째 요건은 개인사업주 또는 경영책임자등이 중대재해처벌법상의 의무를 위반하여 중대재해를 발생하게 하여야 한다. 즉, 개인사업주 또는 경영책임자등의 의무위반과 중대재해 발생 사이에 인과관계가 있어야 한다.

그런데, 개인사업주 또는 경영책임자등의 의무는 안전보건관리체계 구축 등 「산업안전보건법」상 안전보건관리책임자의 안전보건 소치의무보다 상대적으로 추상적이므로 그 의무위반과 중대재해 발생 사이에 인과관계를 입증하기 어려울 수 있다. 이에 단계적·인과적 사슬심사가 필요한 경우가 발생할 수 있다는 견해가 있다.[870] 1단계에서 경영책임자등의 안전보건 확보의무 불이행으로 작업현장에서 안전보건 조치의무가 이행되지 못하였다는 것을 입증하고, 2단계에서 구체적인 안전보건 조치의무 불이행으로 인해 중대재해가 발생하였다는 것을 입증하는 방식이다.

2016년 구의역에서 발생한 스크린도어 정비원 사망사고 사례를 이용하여 2단계 인과관계 입증에 대하여 설명할 수 있다. 동 사건은 서울특별시의 공기업(S메트로)으로부터 지하철 역사 내 스크린도어 유지보수 업무를 위탁받은 E업체 소속 정비원이 승강장 선로 쪽에서 홀로 작업을 하던 도중 역사로 진입한 지하철에 충돌하여 사망한 사건이다. 승강장 선로 쪽에서 작업하는 경우에는 작업자의 안전을 위하여 2인1조로 하여야 하나 S메트로에서 2인1조 작업이 가능한 비용을 지급하지 않았는지 여부가 쟁점 중의 하나였다. 즉, 1단계로 S메트로의 경영책임자가 재해예방에 필요한 충분한 비용을 책정하지 않아 E업체가 승강장 선로 쪽 작업에서 2인1조 작업원칙을 지키지 않았고, 2단계로 2인1조 작업원칙 미준수로 인해 불의의 사고가 발생하였다는 인과적 사슬 구성이 가능하다. 그러나 실제 재판에서는 E업체가 S메트로에 정비원 28명 증원에 필요한 비용을 요청하였는데 S메트로 내부심사과정에서 그 중 17명 증원이 인정되었다는 사정과 E업체의 대표가 E업체의 직원이 아닌 사람을 정비원으로 등록하여 급여를 지급하였고 정비원으로 등록된 직원을 다른 업무에 종사시킨 사정 등이

---

870) 김성룡, 「중대재해 처벌 등에 관한 법률의 적용을 둘러싼 형사법적 쟁점 검토」, 『법학논고』 제 77집, 경북대학교 법학연구원, 2022.4., 173~174면.

인정되어 1단계 부분이 인정되지 않았다.[871]

다. 사업주 또는 경영책임자등의 고의 또는 중대한 과실

사업주, 법인 또는 기관의 징벌적 손해배상이 인정되려면 해당 개인사업주 또는 경영책임자등이 고의 또는 중대한 과실로 중대재해처벌법상 안전보건 확보의무를 위반하여야 한다. 중대재해처벌법상 개인사업주 또는 경영책임자등에 대한 처벌은 고의가 요구되나, 징벌적 손해배상은 중대한 과실의 경우에도 인정된다는 차이가 있다. 중과실은 현저하게 주의를 결여한 것이고 경과실은 그 정도에 이르지 않은 것으로서, 「민법」제757조(도급 또는 지시에 관한 중과실이 있는 도급인의 불법행위책임 인정) 및 제765조(고의 또는 중과실에 의한 손해에 대하여는 배상액 경감청구 불가)에서는 그 구분이 의미를 가지는바,[872] 중대재해처벌법에서도 중과실은 중요한 의미를 가진다.

「산업안전보건법」상의 안전보건 조치의무 위반죄에서의 고의는 안전조치를 취하지 않은 채 안전상의 위험성이 있는 작업을 하도록 지시하거나, 안전조치가 취해지지 않은 상태에서 작업이 이루어지고 있다는 사실을 알면서도 이를 방치하는 경우에 인정된다.[873] 이를 중대재해처벌법에 적용해 보면, 개인사업주 또는 경영책임자등의 안전보건 확보의무 위반죄에서의 고의는 안전보건 확보의무를 이행하지 않은 채 사업을 수행하거나, 안전보건 확보의무가 이행되지 않은 채 사업이 수행되고 있다는 사실을 알면서도 방치하는 경우에 인정될 것이다.

「산업안전보건법」상의 안전보건 조치의무는 개별 작업장에서 재해를 방지하기 위하여 준수하여야 할 구체적이고 개별적인 조치의무이므로 업무범위가 넓은 개인사업주 또는 경영책임자등에게 개별 재해발생에 대하여 고의를 인정하는 것이 어려웠다. 반면, 중대재해처벌법 상의 안전보건 확보의무는 안전보건관리체계 구축 등 거시적인 의무로서 개인사업주 또는 경영책임자등에게 직접 부과된 의무이므로 그 위반이

---

871) 서울동부지방법원 2018. 6. 8. 선고 2017고단1506 판결, 대법원 2019. 11. 14. 선고 2019도13257 판결.
872) 양창수·권영준, 『권리의 변동과 구제』, 박영사, 2011, 535면 참조.
873) 대법원 2007. 3. 29. 선고 2006도8874 판결.

있는 경우 고의가 인정될 가능성이 있는 것으로 보인다.

경영책임자 등이 직원에게 안전보건관리체계 구축 등을 지시하였으나, 실무자 단계에서 이행되지 아니한 경우에는 고의가 조각될 수 있을 것이다. 그러나 이러한 경우에도 경영책임자 등이 그 이행 여부를 확인하지 아니하고 장기간 방치한 경우에는 중대한 과실이 인정될 수 있다. 한편, 중대산업재해 발생에 대한 예견가능성은 행위자의 주관적 예측을 기준으로 하는 것이 아니라 그 직업군의 평균적 일반인, 평균적 수준의 주의 깊은 개인사업주 또는 경영책임자등의 관점에서 예견가능했는지가 기준이 된다.[874]

라. 법인 또는 기관의 면책

법인 또는 기관이 경영책임자등의 안전 및 보건 확보의무 이행을 위한 업무에 관하여 상당한 주의와 감독을 게을리 하지 않은 경우에는 징벌적 손해배상이 면책될 수 있다. 그런데 대법원은 "법인은 기관을 통하여 행위하므로 법인이 대표자를 선임한 이상 그의 행위로 인한 법률효과는 법인에게 귀속"되어야 하는 것으로 판시[875]하고 있는바, 경영책임자등의 안전보건 확보의무 위반이 인정되는 경우 법인 또는 기관이 제15조제1항 단서규정에 따라 면책될 가능성이 크지 않을 것으로 보인다. 경영책임자등이 이사회와 같은 상위기관에 안전보건관리체계 구축계획과 이행상황을 보고한 사정이 있거나, 한국산업안전보건공단이 개발한 안전보건경영시스템[876]과 같은 안전보건 확보를 위한 전반적인 경영시스템이 구축되어 있는 법인에서 경영책임자등이 개별적인 안전보건 확보조치를 이행하지 않은 경우에는 법인의 면책이 인정될 수 있을 것이다.

---

874) 김성룡, 「중대재해처벌법의 산업재해치사상죄의 성립요건」, 『법과 기업연구』 제12권 제3호, 서강대학교 법학연구소, 2022, 28면 참조.

875) 대법원 2010. 9. 30. 선고 2009도3876 판결.

876) 한국산업안전보건공단의 「안전보건경영시스템(KOSHA-MS) 인증업무 처리규칙」은 '안전보건경영"을 사업주가 자율적으로 해당 사업장의 산업재해를 예방하기 위하여 안전보건관리체제를 구축하고 정기적으로 위험성평가를 실시하여 잠재 유해·위험 요인을 지속적으로 개선하는 등 산업재해예방을 위한 조치 사항을 체계적으로 관리하는 제반 활동으로 정의하고 있다.

3. 배상액의 산정

법인 또는 기관의 손해배상책임이 인정되는 경우에는 실제 발생한 손해액의 5배를 상한으로 하여 배상액이 결정된다. 법원에서 배상액을 산정할 때에는 고의 또는 중대한 과실의 정도, 위반행위의 종류 및 내용, 발생한 피해의 규모, 의무위반행위로 인하여 사업주, 법인 또는 기관이 얻은 경제적 이익, 의무위반행위의 기간 및 횟수, 사업주·법인 또는 기관의 재산상태, 사업주·법인 또는 기관의 피해구제 및 재발방지 노력의 정도 등 제15조제2항 각호에서 정한 사항을 고려하여야 한다.

법원은 이러한 사항 외의 징벌적 손해배상의 취지와 기능을 달성할 수 있는 사항이 있으면 그러한 사항도 고려할 수 있을 것이다. 2019년에 사법정책연구원에서 발간한 연구보고서는 배상액 산정 고려요소로서 피고의 비난가능성, 다른 제재의 존재, 원고의 손해, 원고가 받게 될 금액, 자제의 원칙(지나친 고액 징벌 여부) 등을 소개하고 있다.[877]

징벌적 손해배상 판결 사례를 소개한 연구를 살펴보면, 총 12건(하도급법 위반 9건, 기타 3건) 중 2건만 인용되었다. 이 중 하도급법상 징벌적 손해배상이 1심에서 2배가 인정되었으나, 2심에서 1.5배로 감액되었고 대법원에서 상고기각으로 확정된 바 있다.[878]

〈징벌적 손해배상 관련 판례〉

사 건	내 용	판 결	법정형 상 한
대법원 2018다230038 판결	경쟁입찰에 의하여 하도급계약을 체결할 때 최저가로 입찰한 금액보다 낮은 금액으로 하도급대금을 결정하여 하도급업자가 손해를 입었다고 손해배상을 청구한 사안 → 1심은 징벌적손해배상 2배, 항소심은 1.5배로 감경(확정)	1.5배	3배
광주고등법원 2020나21236 판결	원사업자인 피고는 수급사업자인 원고의 귀책사유가 없었음에도 하도급계약을 부당하게 위탁취소하였다는 이유로	2배	3배

---

877) 김정환, 『징벌적 손해배상의 적정한 운영방안에 관한 연구』, 사법정책연구원, 2019, 260~262면.
878) 수원지방법원 성남지원 2017.9.19. 선고 2016가합202844 판결.

	손해배상을 청구한 사안 → 나머지 공사를 시공할 경우의 기대이익의 약 2배의 배상을 명함		
서울고등법원 2020나2032402 판결	피고가 원고의 매뉴얼 첨부도면의 기술정보를 유용하였다는 이유로 손해배상 청구 → 상당한 손해액의 2배의 배상을 명함	2배	3배
서울행정법원 2017구합87074 판결	서울지방노동위원회가 원고들 사이에 체결된 도급계약은 실질적으로 근로자파견계약이므로 원고들이 파견근로자들에게 원고회사 소속 유사한 업무를 수행하는 근로자들에 비해 정기상여금과 퇴직금을 적게 지급한 것은 차별적 처우이고, 그 처우가 반복된 경우에 해당하므로 각자 차별적 처우금액의 1.1배 지급을 명함	1.1배	3배
서울고등법원 2016누79078 판결	동일한 사용사업주의 사업장에서 계속 근무하고 있는 파견근로자에게 연차유급휴가수당을 미지급한 사안 → 노동위원회가 내린 미지급 연차유급휴가수당의 2배 배상을 명함	2배	3배

제16조 정부의 사업주 등에 대한 지원 및 보고

법 제16조(정부의 사업주 등에 대한 지원 및 보고) ① 정부는 중대재해를 예방하여 시민과 종사자의 안전과 건강을 확보하기 위하여 다음 각 호의 사항을 이행하여야 한다.

1. 중대재해의 종합적인 예방대책의 수립·시행과 발생원인 분석

2. 사업주, 법인 및 기관의 안전보건관리체계 구축을 위한 지원

3. 사업주, 법인 및 기관의 중대재해 예방을 위한 기술 지원 및 지도

4. 이 법의 목적 달성을 위한 교육 및 홍보의 시행

② 정부는 사업주, 법인 및 기관에 대하여 유해·위험 시설의 개선과 보호 장비의 구매, 종사자 건강진단 및 관리 등 중대재해 예방사업에 소요되는 비용의 전부 또는 일부를 예산의 범위에서 지원할 수 있다.

③ 정부는 제1항 및 제2항에 따른 중대재해 예방을 위한 조치 이행 등 상황 및 중대재해 예방사업 지원 현황을 반기별로 국회 소관 상임위원회에 보고하여야 한다.

I. 입법경과

1. 입법취지

제16조는 정부로 하여금 중대재해의 종합적인 예방대책을 수립·시행하도록 하고, 사업주 등이 중대재해 예방체계를 구축하는 경우 정부의 재정적·기술적 지원근거를 마련하며, 중대재해 예방사업의 추진현황을 국회에 보고하도록 함으로써 중대재해 예방사업의 실효성을 제고하려는 것이다.

행정기관 등의 보고는 행정기관 등의 업무수행에 대해 국회나 상급기관의 업무감독·통제 또는 평가의 수단이 되는 동시에, 해당 기관의 입장에서는 정책집행 결과에 대한 평가·홍보 및 향후 정책이나 사업에 대한 방향의 제시 등을 통해 정책의 실효

성과 신뢰성을 확보하는 수단이 되기도 한다. 특히, 행정기관 등의 보고 중 국회보고는 국민의 대표로 구성된 국회가 입법·재정·국정통제 등 헌법상 권한을 적절하게 행사하기 위하여 정부로 하여금 필요한 보고를 하게 하는 것으로서, 국회의 정부에 대한 견제·감시의 초석이 된다는 점에서 중요한 기능을 한다.[879]

2. 입법과정

이 법의 입법과정에서 임의자의원안을 제외하고는 정부의 지원규정을 제안한 법률안은 없었다. 이에 대하여 중대재해처벌법은 안전보건 확보의무를 위반한 경영책임자 등을 처벌하기 위한 법이므로 정부지원에 관한 사항은 제외할 필요가 있다는 의견이 있었으나, 중대재해처벌법이 안전·보건에 관한 정부의 책임을 경영책임자 등에게 전가하고 있다는 문제의식을 지속적으로 제시한 김도읍위원의 정부지원 필요성에 대한 의견이 받아들여져 당초의 임의자의원안의 내용에 기술적 지원 등을 추가한 내용이 최종 대안에 반영되었다.[880]

임이자의원안	대안
제4조(국가와 지방자치단체의 지원) 국가 또는 지방자치단체는 제3조에 따른 사업주 또는 기업의	제16조(정부의 사업주 등에 대한 지원 및 보고) ① 정부는 중대재해를 예방하여 시민과 종사자의

---

879) 국회법제실, 앞의 책, 720면 참조.
880) 2021년 1월 6일 법사위 제1소위 회의록 72~73면 중 아래 논의 참조.
　○ 김도읍위원 고용노동부차관님, 정확하게 해야 될 게 ..... 근본적으로는 정부나 지방자치단체의 책무를 전가하는 거다 ..... 산업재해 예방을 위한 안전조치·보건조치에 필요한 경우 정부 또는 지방자치단체는 예산의 범위에서 지원할 수 있다.
　○ 김용민위원 그 지원은 이 법에서 하는 게 아니라 다른 법에서 해야 되는 것 아닐까요? 이건 지금 처벌하기 위한 것 때문에 만든 거고 그 예방이니까.
　○ 김도읍위원 우리가 볼 때는 사후 처벌보다는 여기에서 안전조치·보건조치에 대해 영세사업장부터 대규모사업장까지 시스템화하고 거기에 대한 예산 지원을 하고, 여기에 있는 이게 지금 제일 중요한 조항이 될 수가 있어요 ..... 기술적 지원, 예산 지원 이런 걸 좀 다 넣어 가지고 포괄적으로 ...... 이 조항만큼은 정말 산업재해·시민재해 발생을 예방하고 할 수 있는, 정말 이게 지금 지침이다라고 할 수 있을 정도로 조문을 한번 만들어 가지고 ......

조치에 드는 비용의 전부 또는 일부를 지원할 수 있다.

안전과 건강을 확보하기 위하여 다음 각 호의 사항을 이행하여야 한다.

1. 중대재해의 종합적인 예방대책의 수립·시행과 발생원인 분석
2. 사업주, 법인 및 기관의 안전보건관리체계 구축을 위한 지원
3. 사업주, 법인 및 기관의 중대재해 예방을 위한 기술 지원 및 지도
4. 이 법의 목적 달성을 위한 교육 및 홍보의 시행

② 정부는 사업주, 법인 및 기관에 대하여 유해·위험 시설의 개선과 보호 장비의 구매, 종사자 건강진단 및 관리 등 중대재해 예방사업에 소요되는 비용의 전부 또는 일부를 예산의 범위에서 지원할 수 있다.

③ 정부는 제1항 및 제2항에 따른 중대재해 예방을 위한 조치 이행 등 상황 및 중대재해 예방사업 지원 현황을 반기별로 국회 소관 상임위원회에 보고하여야 한다.

3. 유사 입법례

「산업안전보건법」

제158조(산업재해 예방활동의 보조·지원) ① 정부는 사업주, 사업주단체, 근로자단체, 산업재해 예방 관련 전문단체, 연구기관 등이 하는 산업재해 예방사업 중 대통령령으로 정하는 사업에 드는 경비의 전부 또는 일부를 예산의 범위에서 보조하거나 그 밖에 필요한 지원(이하 "보조·지원"이라 한다)을 할 수 있다. 이 경우 고용노동부장관은 보조·지원이 산업재해 예방사업의 목적에 맞게 효율적으로 사용되도록 관리·감독하여야 한다.

② 고용노동부장관은 보조·지원을 받은 자가 다음 각 호의 어느 하나에 해당하는 경우 보조·지원의 전부 또는 일부를 취소하여야 한다. 다만, 제1호 및 제2호의 경우에는 보조·지원의 전부를 취소하여야 한다.

1. 거짓이나 그 밖의 부정한 방법으로 보조·지원을 받은 경우

2. 보조·지원 대상자가 폐업하거나 파산한 경우

3. 보조·지원 대상을 임의매각·훼손·분실하는 등 지원 목적에 적합하게 유지·관리·
   사용하지 아니한 경우

4. 제1항에 따른 산업재해 예방사업의 목적에 맞게 사용되지 아니한 경우

5. 보조·지원 대상 기간이 끝나기 전에 보조·지원 대상 시설 및 장비를 국외로 이
   전한 경우

6. 보조·지원을 받은 사업주가 필요한 안전조치 및 보건조치 의무를 위반하여 산업
   재해를 발생시킨 경우로서 고용노동부령으로 정하는 경우

③ 고용노동부장관은 제2항에 따라 보조·지원의 전부 또는 일부를 취소한 경우, 같은 항 제1호 또는 제3호부터 제5호까지의 어느 하나에 해당하는 경우에는 해당 금액 또는 지원에 상응하는 금액을 환수하되 대통령령으로 정하는 바에 따라 지급받은 금액의 5배 이하의 금액을 추가로 환수할 수 있고, 같은 항 제2호(파산한 경우에는 환수하지 아니한다) 또는 제6호에 해당하는 경우에는 해당 금액 또는 지원에 상응하는 금액을 환수한다.

④ 제2항에 따라 보조·지원의 전부 또는 일부가 취소된 자에 대해서는 고용노동부령으로 정하는 바에 따라 취소된 날부터 5년 이내의 기간을 정하여 보조·지원을 하지 아니할 수 있다.

⑤ 보조·지원의 대상·방법·절차, 관리 및 감독, 제2항 및 제3항에 따른 취소 및 환수 방법, 그 밖에 필요한 사항은 고용노동부장관이 정하여 고시한다.

「채무자 회생 및 파산에 관한 법률」

제19조의2(보고서의 발간 및 국회 상임위원회 보고) ① 회생법원장은 관리위원회를 통한 관리·감독 업무에 관한 실적을 매년 법원행정처장에게 보고하여야 한다.

② 법원행정처장은 제1항에 따른 관리·감독 업무에 관한 실적과 다음 연도 추진계획을 담은 연간 보고서를 발간하여야 하며, 그 보고서는 국회 소관 상임위원회에 보고하여야 한다.

「국가연구개발사업 등의 성과평가 및 성과관리에 관한 법률」

제30조(국회 소관 상임위원회에 대한 보고 및 제출의무) ① 과학기술정보통신부장관은 성과평가기본계획 및 성과관리기본계획을 국회 소관 상임위원회에 보고하여야

한다.

② 과학기술정보통신부장관은 특정평가 및 상위평가의 결과를 국회 소관 상임위원회에 제출하여야 한다.

II. 내용 및 검토

1. 정부의 중대재해 예방조치 및 지원

「산업안전보건법」 제158조(산업재해 예방활동의 보조·지원)에서도 사업주나 사업주단체 등에게 산업재해 예방사업 중 대통령령으로 정하는 사업에 드는 경비의 전부 또는 일부를 예산의 범위에서 보조하거나 그 밖에 필요한 지원을 할 수 있다고 규정하고 있고, 같은 법 제4조도 법의 목적을 달성하기 위한 정부의 책무로서 한국산업안전보건공단 등 관계 기관에 대한 행정적·재정적 지원 등을 규정하고 있다.

「산업안전보건법」 제4조 (정부의 책무)

- 정부는 이 법의 목적 달성을 위하여 다음 사항을 성실히 이행할 책무를 짐
- 안전보건정책의 수립·집행
- 산업재해 예방 지원·지도
- 직장 내 괴롭힘 예방 조치기준 마련, 지도 및 지원
- 사업주의 자율적인 안전보건경영체제 확립 지원
- 안전보건 홍보·교육 등 안전문화 확산 추진
- 안전보건 기술의 연구·개발 등
- 산업재해 조사 및 통계 관리
- 안전보건 관련 단체 지원 및 지도·감독
- 노무제공자의 안전·건강 보호 증진

중대재해처벌법도 유사하게 정부가 중대재해를 예방하여 시민과 종사자의 안전과 건강을 확보하기 위해 이행해야 할 다음과 같은 사항을 규정하고 있다.

- 중대재해의 종합적인 예방대책의 수립·시행과 발생원인 분석(§16①i)
- 사업주, 법인 및 기관의 안전보건관리체계 구축을 위한 지원(§16①ii)
- 사업주, 법인 및 기관의 중대재해 예방을 위한 기술 지원 지도(§16①iii)
- 이 법의 목적 달성을 위한 교육 및 홍보의 시행(§16①iv)

중대재해처벌법은 사업주 등에 대한 처벌을 크게 강화한 만큼 정부도 자신의 책무를 보다 발전시켜 중대재해의 종합적인 예방대책의 수립·시행과 발생원인 분석 등의 사항에 대한 시행 의무를 부담하도록 하고, 유해·위험 시설의 개선과 보호장비의 구매, 종사자 건강진단 및 관리 등 중대재해 예방사업에 소요되는 비용의 전부 또는 일부를 예산의 범위에서 지원한 실적을 반기별로 국회 소관 상임위원회에 보고하도록 한 것으로 과거보다 진일보한 정책으로 평가받을 만하다.[881]

참고로, 미국의 규제유연성 법률(Regulatory Flexibility Act)의 관련 규정들을 살펴보면, 연방의회는 1996년 동법을 개정하여 규제기관은 중소기업들에게 준법가이드를 제공하도록 하고 있다.[882]

2. 국회 소관상임위원회 보고

정부는 중대재해 예방을 위한 조치 이행 등 상황 및 중대재해 예방사업 지원 현황을 반기별로 국회 소관 상임위원회에 보고하여야 한다. 이러한 정부의 보고는 그 업무수행에 대한 국회의 업무감독·통제 또는 평가의 수단이 되고, 정부의 입장에서는 정책집행 결과에 대한 홍보 및 향후 정책의 방향 제시 등을 통하여 정책의 신뢰성을 확보하는 수단이 되기도 한다.[883]

---

881) 송인택 외, 앞의 책, 371면 참조.
882) Maeve P. Carey, *The Regulatory Flexibility Act: An Overview*, CRS Report, 2021.8.16., p.1 참조.
883) 국회법제실, 앞의 책, 720면 참조.

국회 소관 상임위원회에 보고해야 하므로, 예컨대, 환경부는 환경부 소관 사항을, 고용노동부는 고용노동부 소관 사항에 대한 보고내용을 소관 상임위원회인 환경노동위원회에 보고하여야 한다. 이와 관련 고용노동부는 최초로 「2021년 상반기 중대재해 예방 지원 사업 추진실적」을 2021. 7. 6. 국회 환경노동위원회에 보고하였으며, 매 반기별 국회보고 의무를 이행할 계획이라고 밝혔다.[884]

한편, 제16조제3항은 "~보고하여야 한다"라고 하여 행정기관에 보고 의무를 부과하고 있으나, 국민에게 일정한 보고 의무를 부과하는 경우와 달리 행정기관이 보고주체인 경우에는 그 보고 의무 위반에 대하여 과태료 등 별도의 벌칙을 두지 않는 것이 일반적이다.

---

884) 고용노동부(2021.11.), 앞의 책, 126면 참조.

제5장 부칙

부칙 제1조 시행일

> **부칙 제1조(시행일)** ① 이 법은 공포 후 1년이 경과한 날부터 시행한다. 다만, 이 법 시행 당시 개인사업자 또는 상시 근로자가 50명 미만인 사업 또는 사업장(건설업의 경우에는 공사금액 50억원 미만의 공사)에 대해서는 공포 후 3년이 경과한 날부터 시행한다.
> ② 제1항에도 불구하고 제16조는 공포한 날부터 시행한다.

I. 입법경과

1. 입법취지

법 부칙 제1조는 이 법의 시행일을 원칙적으로는 공포 후 1년이 경과한 날로 규정하고, 예외적으로 개인사업자 또는 상시 근로자가 50명 미만인 사업 또는 사업장(건설업의 경우에는 공사금액 50억원 미만의 공사)에 대하여는 공포 후 3년이 경과한 날로, 제16조[885])에 따른 정부의 중대재해 예방을 위한 조치의무 등에 관한 규정은 공포한

---

885) 중대재해처벌법 제16조(정부의 사업주 등에 대한 지원 및 보고) ① 정부는 중대재해를 예방하여 시민과 종사자의 안전과 건강을 확보하기 위하여 다음 각 호의 사항을 이행하여야 한다.
  1. 중대재해의 종합적인 예방대책의 수립·시행과 발생원인 분석
  2. 사업주, 법인 및 기관의 안전보건관리체계 구축을 위한 지원
  3. 사업주, 법인 및 기관의 중대재해 예방을 위한 기술 지원 및 지도
  4. 이 법의 목적 달성을 위한 교육 및 홍보의 시행
  ② 정부는 사업주, 법인 및 기관에 대하여 유해·위험 시설의 개선과 보호 장비의 구매, 종사자 건강진단 및 관리 등 중대재해 예방사업에 소요되는 비용의 전부 또는 일부를 예산의 범위에서 지원할 수 있다.
  ③ 정부는 제1항 및 제2항에 따른 중대재해 예방을 위한 조치 이행 등 상황 및 중대재해 예방사업 지원 현황을 반기별로 국회 소관 상임위원회에 보고하여야 한다.

날로 규정하고 있다. 이는 이 법이 수범자에 대하여 무거운 형사처벌을 규정하고 있다는 점을 고려하여 이 법의 수범자들이 정부의 지원을 받아 중대재해 예방을 위하여 필요한 준비를 완료할 수 있도록 시간적 여유를 주려는 것이고,[886] 개인사업자등의 경우에는 그러한 중대재해예방 준비행위 완료를 위한 여력이 상대적으로 부족하다는 점을 고려하여 유예기간을 더 길게 규정한 것이다.[887]

2. 입법과정

각 법률안별로 시행일에 관한 규정을 살펴보면, 강은미·임이자의원안은 공포 후 6개월이 경과한 날부터 시행하는 것으로 규정한 반면, 박주민·이탄희·박범계의원안은 공포 후 1년이 경과한 날부터 시행하는 것을 원칙으로 규정하되, 예외적으로 개인사업자 또는 50인 미만 사업장에 대해서는 안전조치 및 보건조치의무 이행을 위한 제도 마련을 전제로 공포 후 4년이 경과한 날부터 시행하도록 규정하였다.

---

886) 2021년 1월 6일 법사위 제1소위 회의록 74~76면 중 아래 논의 참조.
   ○ 중소벤처기업부차관 당초 안보다는 부담이 줄어든 것은 사실입니다. 다만 그렇다 하더라도 여전히 산업안전법하고 비교를 해 봤을 때는 처벌의 강도나 추가적인 의무 부담이 분명히 생깁니다. 그렇기 때문에 ..... 준비할 수 있는 기간을 줘야 된다라는 뜻은 여전하고요. (생략)
   ○ 유상범위원 그렇게 하려면 ..... 이 부칙에서 경과규정을 1년 뒤에 시행하되 지금 소규모 영세사업장 예산 지원 근거규정을 만들고 이 근거규정은 공포 즉시 시행을 시키는 겁니다. ..... 각 기업별로 기간을 주고 정부의 지원을 받아서 필요한 준비 작업을 할 수 있게 ..... 가야 되지 ..... 지금 법만 덩그러니 만들어 놓고 ..... 다 처벌한다 이렇게 된 상황이라면 ..... 기업에서 이것 준비할 수 있는 데가 거의 없어요.
887) 2021년 1월 7일 법사위 제1소위 회의록 3면 중 고용노동부차관의 아래 발언 참조.
   "준비기간이 필요하다는 점은 규모에 따라서 관리능력이 다르기 때문에 필요하다는 점은 인정이 되지만 그 반대의 측면에서 이게 생명·안전을 다루는 업무고 또 재해의 빈도가 소규모사업장에 집중되어 있는 현실이고 하기 때문에 단계를 너무 많이 나누거나 기간을 너무 많이 하거나 하는 부분은 좀 검토할 여지가 있다 그런 의견입니다."

〈제정안 비교〉

강은미 · 임이자 의원안	박주민 · 박범계 · 이탄희 의원안
이 법은 공포 후 <u>6개월</u>이 경과한 날부터 시행한다.	이 법은 공포 후 <u>1년</u>이 경과한 날부터 시행한다. 다만, 이 법 시행 당시 <u>개인사업자 또는 50인 미만 사업장</u>에 대해서는 안전조치 및 보건조치의무 이행을 위한 제도 마련을 전제로 공포 후 <u>4년</u>이 경과한 날부터 시행한다.

국회 법제실무에 따르면, 시행일은 입법정책적으로 결정할 사항으로서, ① 국민이 그 법률을 주지할 수 있는 시간적 여유가 필요하고, ② 정부의 하위법령 입법에 일정 시간이 소요되며, ③ 국민의 권리제한 또는 의무부과와 직접 관련되는 법률의 경우에는 법적 안정성을 확보할 필요가 있다는 점에서 유예기간을 둘 필요가 있는 반면, 유예기간이 과도하게 장기간으로 설정되는 경우 입법의 적시성이 훼손되어 법률 제·개정의 취지가 손상될 수 있다.[888] 이러한 관점에서 법제사법위원회의 심사과정에서도 중대재해 발생을 줄이려는 입법취지를 조속하게 실현하기 위하여 유예기간을 줄이자는 의견과[889] 이 법 위반에 대한 처벌의 중대성을 고려하여 각 사업 또는 사업장이 이 법의 시행에 따른 제반 사항을 준비할 시간적 여유를 주어야 하고, 유예기간 중 법률 시행에 따른 미비점을 보완할 수 있다는 의견이 제기되었으나,[890] 최종적으

---

[888] 국회법제실, 『법제기준과 실제』, 2024, 828~829면.

[889] 2021년 1월 6일 법사위 제1소위 회의록 75면 중 박주민위원의 아래 발언 참조.
"저희가 5인 미만 사업장 이미 적용하지 않기로 했고 중대시민재해의 경우에는 10인 미만 제외하기로 했지 않습니까. 그리고 또 여러 가지 손해배상책임도 제 법률 원안보다는 약화시켰고 처벌 수준도 결과적으로는 약해지게 됐고 인과관계 추정도 빠졌습니다. 그러니까 여러 가지가 부담이 덜어진 상태인데 중대재해 발생 사업장 중에 84.9%, 거의 85%에 해당하는 데를 4년을 계속 유예하자, 거기다 더해서 다른 단계를 하나 더 설정하자, 300인 미만이든 100인 미만이든 한다면 ..... 이 법이 만들어지기를 기대하시는 많은 분들의 기대를 전혀 충족하지 못한다고 생각합니다. 그리고 ..... 사람 생명에 관련된 법입니다. 저희가 유예를 하면 유예하는 기간에 꼭 비례하지는 않겠지만 희생자가 더 늘어나는 것은 사실일 것 같습니다. 그래서 저는 유예 부분에 있어서 저희가 법을 많이 다듬은 만큼 줄여 줬으면 좋겠다는 의견을 다시 한번 말씀드립니다."

[890] 2021년 1월 6일 법사위 제1소위 회의록 77면 중 전주혜위원의 아래 발언 참조.
"오히려 충분한 준비가 좀 있어야 이 법의 위중함이나 ..... 이 법에 대비하는 ..... 시스템을 갖추지 않겠어요? 이게 아무래도 제정법이다 보니까 선례가 없는 거라 사실 일단은 ..... 100인 이상이나 300인 이상의 사업장에서 되는 걸 보고 ..... 그 이하의 기업들도 준비를 할 것인데요, 이것

로는 본칙의 처벌수준이 당초 원안 대비 낮아진 점을 고려하여 개인사업자등에 대한 유예기간을 원안 대비 1년 단축하는 것으로 조정하였다.

II. 내용 및 검토

1. 공포 후 1년이 경과한 날부터 시행

법 부칙 제1조제1항 본문에서 이 법의 시행일을 공포 후 1년이 경과한 날로 규정하고 있는데, 중대재해처벌법은 2021년 1월 26일에 공포되어 50인 이상의 사업 또는 사업장(건설업의 경우에는 공사금액 50억원 이상의 공사)에 대하여는 2022년 1월 27일부터 적용되었다. 이는 앞서 살펴본 바와 같이, 중대재해처벌법이 수범자의 형사처벌에 관한 법이라는 점을 고려하여 각 사업 또는 사업장이 중대산업재해 또는 중대시민재해의 발생을 예방하기 위한 제반조치를 취할 수 있도록 시간적 여유를 주려는 것이었다. 수범자들이 이 법의 시행을 위한 제반사항을 준비하려면 이 법의 하위법령이 신속히 제정될 필요가 있었는데,[891] 중대재해처벌법 시행령이 2021년 10월 5일로 다소 늦게 공포되었다.

은 그런 점을 좀 감안을 해야 될 필요가 있고. ..... 이 법을 시행하면서 우리가 생각지도 못한 부작용이 있다 할지 아니면 좀 고쳐야 될 부분이 있다면 이 유예기간을 통해서 고치는 것도 한 방법일 것 같거든요."

891) 2021년 1월 6일 법사위 제1소위 회의록 8면 중 중소벤처기업부차관의 아래 발언 참조.
"다만 업계에서는 사실은 이게 많이 부족하다고 생각할 겁니다. 50인 미만에 대해서 3년을 주셨지만 50인을 초과하는 다수의 중소기업들이 아직 있기 때문에 상당히 여기에 대해서는 준비기간으로서는 매우 부족하다, 1년밖에 주지 않았기 때문에. 그것을 다시 한번 말씀을 드리고요. ..... 관계부처에 부탁을 드리고 싶은 것은 시행령이라든가 지침이라든가 하위규정을 신속히 마련해 주셔야 됩니다. 그래서 현장에서 어떤 의무를 준수를 해야 되는지, 자기들이 무엇을 해야 되는지에 대해서 명확하게 설명이 돼서 중소기업들이 현장에서 알 수 있도록 해 주시는 그런 노력을 신속하게 해 주시기를 부탁드리고요."

2. 영세 사업 또는 사업장은 공포 후 3년이 경과한 날부터 시행

이 법 시행 당시 개인사업자 또는 상시 근로자가 50명 미만인 사업 또는 사업장(건설업의 경우에는 공사금액 50억원 미만의 공사)에 대해서는 부칙 제1조제1항 단서에 따라 2024년 1월 27일부터 이 법이 적용되었다.

부칙 제1조제1항 단서에서 개인사업자에 대하여는 중대재해처벌법의 유예기간을 3년으로 규정하고 있는데, "개인사업자"가 본칙에서는 사용되지 아니한 용어이어서 본칙 제3조에서 규정하고 있는 "개인사업주"와 동일한 의미인지 명확하지 않다. 고용노동부는 개인사업주에 대하여는 부칙 제1조제1항 단서에 따라 상시 근로자 수에 관계없이 2024년 1월 27일부터 중대재해처벌법이 적용되는 것으로 해설하고 있는바, 개인사업자를 개인사업주와 동일한 것으로 해석한 것으로 보인다.[892]

이 법 부칙 제1조제1항 단서에서 건설업의 경우 중대재해처벌법의 유예기간을 3년으로 하는 사업장을 공사금액 50억원 미만의 공사로 규정하고 있는바, 이는 「산업안전보건법」상 규제를 완화 또는 강화하여 적용할 때 건설업의 경우에는 공사금액을 기준으로 하고, 공사금액 50억원 미만 공사의 사업장은 「산업안전보건법」상 안전관리자 배치의무가 없는 사업장(상시 근로자 50인 미만)과 동일한 취급을 받는 것을 고려한 것이다.[893]

한편, 2024년 1월 27일 이후에도 중대산업재해의 경우에는 상시 근로자 5명 미만인 사업 또는 사업장에는 적용되지 않으나,[894] 중대시민재해의 경우에는 상시 근로자 5명 미만인 사업 또는 사업장도 원칙적으로 적용대상이 된다는 점에 유의하여야 한다.

---

892) 고용노동부, 『중대재해처벌법 해설서 – 중대산업재해』, 2021.11., 37면 참조.
893) 2021년 1월 5일 법사위 제1소위 회의록 73면 중 고용노동부차관의 아래 발언 참조.
　　"부칙에 상시근로자 50인 미만 사업 또는 사업장(건설업의 경우에는 공사금액 50억 원 미만의 공사), 거기에 준하는 것으로 ..... 이 50인 미만 규정이 의미가 있는 게 단순한 50인이 아니고 50인 미만이 안전관리체계의 의무도 없고 안전관리자 배치의무도 없고 그런 사정이 있기 때문에 그렇고, 건설공사로 보면 그게 50억 기준입니다."
894) 중대재해처벌법 제3조(적용범위) 상시 근로자가 5명 미만인 사업 또는 사업장의 사업주(개인사업주에 한정한다. 이하 같다) 또는 경영책임자등에게는 이 장의 규정을 적용하지 아니한다.

부칙 제2조 다른 법률의 개정

부칙 제2조(다른 법률의 개정) 법원조직법 중 일부를 다음과 같이 개정한다.

제32조제1항제3호에 아목을 다음과 같이 신설한다.

아. 「중대재해 처벌 등에 관한 법률」제6조제1항·제3항 및 제10조제1항에 해당하는 사건

I. 입법취지

법 부칙 제2조는 지방법원 및 그 지원의 합의부가 제1심으로 심판하는 사건 중 사형, 무기 또는 단기 1년 이상의 징역 또는 금고에 해당하는 사건(「법원조직법」 제32조 제1항제3호)에서 중대재해처벌법 제6조제1항·제3항 및 제10조제1항에 해당하는 사건 (1년 이상의 징역 또는 1년 6개월 이상의 징역)을 제외하는 내용이다. 이는 중대재해처벌법 위반 사건의 제1심 재판을 원칙적으로 단독재판부에서 담당하도록 하려는 취지이다.[895]

II. 내용 및 검토

「법원조직법」 제32조는 제1심 사건의 합의부 심판대상 사건과 그 예외를 규정하고 있다. 예를 들어, 사형, 무기 또는 단기 1년 이상의 징역 또는 금고에 해당하는 사건의 제1심은 합의부에서 담당하는 것을 원칙으로 하되, 「병역법」 위반사건 등은 단기

---

895) 2021년 1월 6일 법사위 제1소위 회의록 26면 중 법원행정처차장의 아래 발언 참조.
"1년 이상으로 하면 원칙상 합의부 사건인데 저희가 볼 때는 지금 이 중대재해법 위반 사건을 굳이 합의부 사건으로 할 필요는 없을 것 같아서 지금 사물관할 특례에 관한 법원조직법 규정, 다른 법률의 개정에 관한 부칙조항을 좀 넣는 게 맞지 않을까 싶습니다."

1년 이상의 징역 등에 해당하는 사건이라도 단독재판부에서 제1심을 담당하도록 규정하고 있다.

중대재해처벌법 위반행위의 법정형 중 징역형은 제6조제1항 및 제10조제1항의 경우에는 1년 이상의 징역이고, 제6조제3항의 경우에는 1년 6개월 이상의 징역이므로 기존 「법원조직법」에 따르면 제1심 사건은 합의부에서 재판하여야 할 것이나, 중대재해처벌법 부칙에 따라 「법원조직법」이 개정됨으로써 동 사건의 제1심은 합의부가 아닌 단독재판부에서 담당하는 것으로 규정된 것이다.

중대재해처벌법 제6조제2항, 제10조제2항 위반 행위의 법정형은 7년 이하의 징역이므로 개정 전 「법원조직법」에 의하더라도 제1심은 단독재판부 관할이다.

〈「법원조직법」의 개정 전·후 비교〉

개정 전	개정 후
제32조(합의부의 심판권) ① 지방법원과 그 지원의 합의부는 다음의 사건을 제1심으로 심판한다. 1. 합의부에서 심판할 것으로 합의부가 결정한 사건 2. 민사사건에 관하여는 대법원규칙으로 정하는 사건 3. 사형, 무기 또는 단기 1년 이상의 징역 또는 금고에 해당하는 사건. 다만, 다음 각 목의 사건은 제외한다. 　가. 「형법」 제258조의2, 제331조, 제332조(제331조의 상습범으로 한정한다)와 그 각 미수죄, 제350조의2와 그 미수죄, 제363조에 해당하는 사건 　나. 「폭력행위 등 처벌에 관한 법률」 제2조제3항제2호·제3호, 제6조(제2조제3항제2호·제3호의 미수죄로 한정한다) 및 제9조에 해당하는 사건 　다. 「병역법」 위반사건 　라. 「특정범죄 가중처벌 등에 관한 법률」 제5조의3제1항, 제5조의4제5항제1호·제3호 및 제5조의11에 해당하는 사건	제32조(합의부의 심판권) ① 지방법원과 그 지원의 합의부는 다음의 사건을 제1심으로 심판한다. 1. 합의부에서 심판할 것으로 합의부가 결정한 사건 2. 민사사건에 관하여는 대법원규칙으로 정하는 사건 3. 사형, 무기 또는 단기 1년 이상의 징역 또는 금고에 해당하는 사건. 다만, 다음 각 목의 사건은 제외한다. 　가. 「형법」 제258조의2, 제331조, 제332조(제331조의 상습범으로 한정한다)와 그 각 미수죄, 제350조의2와 그 미수죄, 제363조에 해당하는 사건 　나. 「폭력행위 등 처벌에 관한 법률」 제2조제3항제2호·제3호, 제6조(제2조제3항제2호·제3호의 미수죄로 한정한다) 및 제9조에 해당하는 사건 　다. 「병역법」 위반사건 　라. 「특정범죄 가중처벌 등에 관한 법률」 제5조의3제1항, 제5조의4제5항제1호·제3호 및 제5조의11에 해당하는 사건

마. 「보건범죄 단속에 관한 특별조치법」 제5조에 해당하는 사건	마. 「보건범죄 단속에 관한 특별조치법」 제5조에 해당하는 사건
바. 「부정수표 단속법」 제5조에 해당하는 사건	바. 「부정수표 단속법」 제5조에 해당하는 사건
사. 「도로교통법」 제148조의2제1항·제2항, 같은 조 제3항제1호 및 제2호에 해당하는 사건	사. 「도로교통법」 제148조의2제1항·제2항, 같은 조 제3항제1호 및 제2호에 해당하는 사건
〈신 설〉	아. 「중대재해 처벌 등에 관한 법률」 제6조제1항·제3항 및 제10조제1항에 해당하는 사건
4. 제3호의 사건과 동시에 심판할 공범사건	4. 제3호의 사건과 동시에 심판할 공범사건
5. 지방법원판사에 대한 제척·기피사건	5. 지방법원판사에 대한 제척·기피사건
6. 다른 법률에 따라 지방법원 합의부의 권한에 속하는 사건	6. 다른 법률에 따라 지방법원 합의부의 권한에 속하는 사건

중대재해처벌법의 타법 개정으로 개정된 「법원조직법」 제32조제1항제1호아목에 따라 중대재해처벌법 위반 사건의 제1심 관할이 원칙적으로 단독재판부에 있다고 하더라도, 지방법원과 그 지원의 합의부에서는 그 결정에 따라 중대재해처벌법 위반 사건의 제1심을 합의부에서 담당하도록 할 수 있다. 「법원조직법」 제32조제1항제1호에서 지방법원과 그 지원의 합의부로 하여금 합의부에서 심판할 것으로 결정한 사건에 대하여 제1심을 담당할 수 있도록 규정하고 있기 때문이다. 법원의 재판예규에서 제1심 단독사건 중 사회에 미치는 영향이 중대한 사건 등에 대하여는 합의부에서 심판할 사건으로 처리할 수 있는 근거를 두고 있는데,[896][897] 중대재해처벌법 적용 제2호

---

896) 「법관 등의 사무분담 및 사건배당에 관한 예규」(재일 2003-4) [재판예규 제1870호, 시행 2024. 2. 1.] 제12조 (사건배당 확정 전의 재정합의·재정단독 사건의 처리) ① 사건배당 주관자는 제1심 단독사건 중 다음 각 호의 어느 하나에 해당되는 민사소송사건, 형사소송사건, 가사소송사건, 가사비송사건과 도산사건(이하 "재정합의 대상사건"이라 한다)에 대하여는 사건배당에 앞서 기록회부서(전산양식 A1100)를 첨부하여 기록을 재정결정부에 회부하여 이를 합의부에서 심판할 사건(이하 "재정합의사건"이라 한다)으로 할 것인가 여부에 대한 결정을 받을 수 있다.
   1. 선례나 판례가 없는 사건 또는 선례나 판례가 서로 엇갈리는 사건
   2. 사실관계나 쟁점이 복잡한 사건
   3. 사회에 미치는 영향이 중대한 사건
   4. 동일 유형의 사건이 여러 재판부에 흩어져 통일적이고 시범적인 처리가 필요한 사건
   5. 전문지식이 필요한 사건
   6. 그 밖에 사건의 성격상 합의체로 심판하는 것이 적절한 사건
897) 신승욱·김형규, 『중대재해처벌법』, 박영사, 2022, 211면 참조.

및 제4호 사건[898]은 제1심을 합의부에서 담당하였다.

---

898) 창원지방법원 마산지원 2023. 4. 26. 선고 2022고합95 판결 및 창원지방법원 마산지원 2023. 8. 25. 선고 2023고합8 판결 참조.

부록

Serious Accidents Punishment Act

[부록 1] 「중대재해 처벌 등에 관한 법률」 판례 분석

「중대재해 처벌 등에 관한 법률」이 적용된 첫 판결이 선고되었던 2023년 4월 6일부터 현재까지(2024년 11월 기준) 총 24건의 판결이 선고되었다. 모두 중대산업재해가 문제되었고, 무죄가 선고된 사건은 없었다.

대표이사에게 벌금형이 선고된 사건은 2건 있으며, 나머지는 모두 징역형이 선고되었다. 대다수의 사건(19건)에서는 집행유예가 선고되었으나 3건은 실형이 선고되었다(제2호 사건, 제15호 사건, 제20호 사건). 징역형 중 가장 낮은 형량은 징역 6개월(집행유예)이었고(제12호 사건) 가장 높은 형량은 징역 2년(실형)이었다(제15호 사건, 제20호 사건). 법인에게 선고된 벌금형 중 가장 낮은 형량은 2천만원(제5호 사건, 제8호 사건)이었고 가장 높은 형량은 20억원이었다(제20호 사건).

하도급 사건은 총 16건이 있었는데 도급인 회사의 대표이사에게 선고된 형량을 비교하면, 하도급 사건의 경우에는 대표이사에게 평균 13.57개월의 징역형 또는 평균 4,000만원의 벌금형이 선고되었고, 하도급 사건이 아닌 경우에는 평균 13.25개월의 징역형이 선고되었다.

중대재해 유형별로 살펴보면 대부분의 사건(22건)은 근로자 1명이 사망한 사건이었고, 근로자 16명이 상해를 입은 사건(제8호 사건)과 근로자 1명이 사망하고 1명이 상해를 입은 사건(제18호 사건)도 있었다.

안전 및 보건 확보의무 중 가장 많이 위반된 것으로 인정된 의무는 시행령 제4조 제3호(유해·위험요인 확인 개선 절차 마련 및 점검)[899)]로 해당 의무는 20개 사건에서 위

---

899) 「중대재해 처벌 등에 관한 법률 시행령」 제4조(안전보건관리체계의 구축 및 이행 조치) 법 제4조제1항제1호에 따른 조치의 구체적인 사항은 다음 각 호와 같다.
　　3. 사업 또는 사업장의 특성에 따른 유해·위험요인을 확인하여 개선하는 업무절차를 마련하고, 해당 업무절차에 따라 유해·위험요인의 확인 및 개선이 이루어지는지를 반기 1회 이상 점검한 후 필요한 조치를 할 것. 다만, 「산업안전보건법」 제36조에 따른 위험성평가를 하는 절차를 마련하고, 그 절차에 따라 위험성 평가를 직접 실시하거나 실시하도록 하여 실시 결과를 보고받은 경우에는 해당 업무절차에 따라 유해·위험요인의 확인 및 개선에 대한 점검을 한 것으로 본다.

반사항으로 인정되었다.

이상의 내용을 표로 정리하면 다음과 같다.

〈 중대재해처벌법 판례 정리 · 비교 〉

사건	피해자	대표이사 선고형*	법인 선고형	주요 위반사항(시행령)**	하도급
제1호 (○○파트너스)	사망 1명	징역 1년6개월 (집행유예 3년)	3,000만원	제3호 · 제5호 · 제8호	하도급
제2호 (○○제강)	사망 1명	징역 1년 (실형)	1억원	제5호 · 제9호	하도급
제3호 (○○○건설)	사망 1명	징역 1년 (집행유예 3년)	5,000만원	제1호 · 제3호 · 제4호 · 제5호 · 제7호 · 제8호	하도급
제4호 (○○건설)	사망 1명	징역 1년 (집행유예 2년)	5,000만원	제1호 · 제4호 · 제5호 · 제8호	하도급
제5호 (○○건설)	사망 1명	징역 1년6개월 (집행유예 3년)	2,000만원	제3호 · 제5호 · 제9호	하도급
제6호 (○○○○산업)	사망 1명	징역 8개월 (집행유예 2년)	3,000만원	제1호 · 제3호 · 제5호 · 제7호	-
제7호 (○○종합산업)	사망 1명	징역 1년2개월 (집행유예 3년)	8,000만원	제1호 · 제3호 · 제5호 · 제7호 · 제8호	하도급
제8호 (○○산업)	상해 16명	징역 1년 (집행유예 3년)	2,000만원	제3호 · 제5호	-
제9호 (○○철강)	사망 1명	징역 1년 (집행유예 2년)	7,000만원	제3호 · 제5호, 제5조제2항제1호	-
제10호 (○○건설)	사망 1명	징역 1년 (집행유예 2년)	8,000만원	제2호 · 제3호 · 제9호	하도급
제11호 (○○)	사망 1명	징역 1년 (집행유예 2년)	5,000만원	제3호 · 제4호 · 제5호	-
제12호 (○○종합건설)	사망 1명	징역 6개월 (집행유예 1년)	5,000만원	제3호 · 제7호 · 제9호	하도급

제13호 (○○포장)	사망 1명	징역 1년2개월 (집행유예 2년)	8,000만원	제3호·제5호·제8호	-
제14호 (○○○산업개 발)	사망 1명	징역 1년 (집행유예 2년)	8,000만원	제3호·제5호·제9호	하도급
제15호 (○○)	사망 1명	징역 2년 (실형)	1억 5,000만원	제3호·제5호·제8호, 제5조제2항제1호·제2호	-
제16호 (○○종합건설)	사망 1명	징역 1년 (집행유예 2년)	8,000만원	제1호·제3호·제4호, 제5조제2항제1호	-
제17호 (○○건설)	사망 1명	징역 1년 (집행유예 2년)	8,000만원	제3호·제5호·제6호· 제7호·제8호	-
제18호 (○○)	사망 1명 상해 1명	징역 1년6개월 (집행유예 2년)	5,000만원	제3호·제5호·제9호, 제5조제2항제1호·제2호	하도급
제19호 (○○종합건설)	사망 1명	징역 1년 (집행유예 3년)	5,000만원	제1호·제5호·제7호· 제8호	하도급
제20호 (○○에스엔씨)	사망 1명	징역 2년 (실형)	20억원	제5호·제7호·제9호	하도급
제21호 (○○종합건설)	사망 1명	징역 1년 (집행유예 2년)	8,000만원	제3호·제5호	하도급
제22호 (○○산업)	사망 1명	징역 8개월 (집행유예 2년)	5,000만원	제3호·제7호	하도급
제23호 (○○플라임)	사망 1명	벌금 3,000만원	1억원	제2호·제3호	하도급
제24호 (○○피엔에스)	사망 1명	벌금 5,000만원	5,000만원	제3호·제4호·제7호, 제5조제2항제3호	하도급

* 대표이사의 선고형에 사회봉사는 기재하지 아니함
** 주요 위반 사항은 특별한 기재가 없으면 시행령 제4조 각 호를 의미함

1. 제1호 판결 (의정부지방법원 고양지원 2023. 4. 6. 2022고단 3254)

가. 사건 개요

2022년 5월 14일 13시 38분경 피해자(48세)가 공사 현장인 병원 건물 5층 내부 개구부에서 고정앵글 설치 작업을 하고 있던 중 안전대를 착용하지 않은 채 상단 봉이 해체된 안전난간 위로 손을 뻗어 고정앵글 묶음을 건물 내부로 당기다가 고정앵글이 슬링벨트에서 이탈하여 바닥으로 떨어져 그 반동으로 함께 16.5m 아래 바닥으로 떨어졌고 머리부위, 몸통 등 둔력 손상으로 사망에 이른 사건이다.

나. 중대재해처벌법 관련 피고인 및 형량

도급인 회사(○○파트너스)	벌금 3,000만원
도급인 회사의 대표이사	징역 1년 6개월 (집행유예 3년)

다. 주요 판시사항 (안전 · 보건 확보의무 위반)[900]

- 제3호(유해 · 위험요인 확인 개선 절차 마련 및 점검)
- 제5호(안전보건관리책임자등의 업무수행 관련 조치)
- 제8호(중대재해 대비 매뉴얼 마련 및 점검)

피고인(OO파트너스 대표이사)은 사업장의 특성에 따른 유해 · 위험 요인을 확인하여 개선하는 업무 절차와 안전보건관리책임자 등이 해당 업무를 충실하게 수행하는지 평가하는 기준을 전혀 마련하지 아니하여, 안전보건관리책임자 등이 이 사건 공사현장에서 중량물을 인양하는 작업과 관련하여 추락, 낙하 위험을 적절히 평가하여 안전

---

900) 이하 '위반 사항 요약'의 각 호는 특별한 언급이 없는 경우 시행령 제4조의 각 호를 의미한다.

사고를 방지하기 위한 작업계획을 수립하지 못하게 하였으며 그에 따라 안전대의 지급 및 부착설비가 설치되지 못하도록 하였다.

또한 피고인은 사업 또는 사업장에 중대산업재해가 발생하거나 발생할 급박한 위험이 있을 경우를 대비하여 작업중지, 근로자 대피, 위험요인 제거 등 대응 조치에 관한 매뉴얼을 마련하지 아니하여, 이 사건 공사 현장 병원 건물 내부에서 개구부를 통해 중량물을 인양함에 있어 안전난간을 해체하여 작업이 이루어짐에도 안전대가 지급되지 않았을 뿐만 아니라 안전대를 연결할 수 있는 부착설비가 전혀 설치되지 않아 언제든지 추락에 의한 중대산업재해가 발생할 수 있는 급박한 위험이 있음에도 안전보건관리책임자 등으로 하여금 작업을 중지하거나 즉시 그 추락위험을 제거하도록 하지 않았다.

2. 제2호 판결 (창원지방법원 마산지원 2023. 4. 26. 2022고합95)

- 항소심: 부산고등법원 창원제1형사부 2023. 8. 23. 선고 2023노167 판결 (항소 기각)
- 상고심: 대법원 2023. 12. 28. 선고 2023도12316 판결 (상고 기각)

가. 사건 개요

2022년 3월 16일 13시 50분경 피해자(남, 62세)가 방열판 보수작업을 하면서 크레인을 조작하여 방열판을 들어 올리던 중 섬유벨트가 끊어져 방열판이 낙하하면서 피해자를 덮쳐 피해자의 왼쪽 다리가 방열판과 바닥 사이에 협착되어 좌측 대퇴동맥 손상에 의한 실혈성 쇼크로 사망에 이른 사건이다.

나. 중대재해처벌법 관련 피고인 및 형량

도급인 회사(○○제강)	벌금 1억원
도급인 회사의 대표이사	징역 1년 (실형)

다. 주요 판시사항 (안전 · 보건 확보의무 위반)

- 제5호(안전보건관리책임자등의 업무수행 관련 조치)
- 제9호(제3자에 대한 도급 관련 기준과 절차 마련 및 점검)

피고인(○○제강 대표이사)은 중량물 취급 작업에 관한 작업계획서를 작성하지 않았을 뿐만 아니라, 안전보건관리책임자 등이 업무를 충실히 수행할 수 있도록 평가하는 기준을 마련하거나, 도급 등을 받는 자의 산업재해 예방을 위한 조치 능력과 기술에 관한 평가 기준·절차를 마련하는 등 안전보건관리체계의 구축 및 그 이행에 관한 조치를 하지 아니하여, 안전보건관리책임자가 산업재해 예방에 필요한 안전조치를 하지 아니하게 하였다.

라. 특징

이 사건은 중대재해처벌법 위반을 이유로 원청 대표이사에게 실형을 선고한 첫 사례이다. 법원은 대표이사가 과거에도 여러 차례 법을 위반한 사실이 있으므로[901] 그 죄책이 무거워 엄중한 처벌이 불가피하다고 판시하였다.

나아가 이 사건의 상고심(2023. 12. 28. 선고 2023도12316 판결)에서는 「중대재해 처벌 등에 관한 법률」 위반(중대산업재해치사)죄와 근로자 사망으로 인한 「산업안전보건법」 위반죄 및 업무상과실치사죄는 상호 간 사회관념상 1개의 행위가 수 개의 죄에 해당하는 경우로서 상상적 경합 관계에 있다고 판시하였다.

---

901) 이 사건 피고인인 대표이사는 2010년 6월 9일 사업장에 대하여 실시된 합동점검에서 안전조치 의무위반 사실이 적발되어 2011년 벌금형 처벌을 받은 전력이 있고, 2020년 12월 21일 실시한 사고 예방 감독에서 안전조치의무 위반 사실이 적발되어 2021년 3월경 벌금형 처벌을 받았으며, 이후 2021년 5월 4일 사망사고를 계기로 2021년 5월 27일 실시한 정기 감독에서 또다시 안전조치의무위반 사실이 적발되어 2021년 11월경 벌금형을 받았을 뿐 아니라, 2021년 5월 4일에 발생한 사망사고로 2021년 10월 25일 「산업안전보건법」 위반죄로 공소제기 되어 형사재판을 받아왔다.

3. 제3호 판결 (인천지방법원 2023. 6. 23. 2023고단651)

가. 사건 개요

2022년 3월 16일 9시 40분경 피해자(남, 42세, 중국 국적)는 거푸집 동바리의 높이를 낮추기 위해 파이프 길이 조정 나사를 돌리고 있었는데 거푸집이 무게 중심을 잃고 전도되면서 거푸집의 하중을 지지하던 동바리가 튕겨 나와 피해자의 몸 부위를 강타하였고, 그 충격으로 피해자가 넘어지면서 바닥에 적재된 거푸집 동바리 서포트 받이판 부분에 머리를 부딪혀 다발성 손상 등으로 사망에 이른 사건이다.

나. 중대재해처벌법 관련 피고인 및 형량

도급인 회사(○○○건설)	벌금 5,000만원
도급인 회사의 대표이사	징역 1년 (집행유예 3년)

다. 주요 판시사항 (안전 · 보건 확보의무 위반)

- 제1호(안전보건에 관한 목표와 경영방침 설정)
- 제3호(유해 · 위험요인 확인 개선 절차 마련 및 점검)
- 제4호(예산편성 및 집행)
- 제5호(안전보건관리책임자등의 업무수행 관련 조치)
- 제7호(종사자 의견청취)
- 제8호(중대재해 대비 매뉴얼 마련 및 점검)

피고인(○○○건설 대표이사)은 재해예방에 필요한 안전보건관리체계의 구축 및 그 이행에 관한 조치를 취하지 아니하여 안전보건총괄책임자가 2022. 3. 16. 09:40경 산업재해 예방에 필요한 안전조치의무를 취하지 아니하게 하여, 피해자가 거푸집 위치 조정 작업 중 거푸집이 전도되면서 이를 지지하던 동바리에 몸 부위 등을 맞아 같은 날 09:45경 다발성 손상 등에 의해 사망하는 중대산업재해에 이르게 하였다.

4. 제4호 판결 (창원지방법원 마산지원 2023. 8. 25. 2023고합8)

가. 사건 개요

2022년 5월 19일 7시 50분경 피해자(남, 62세)가 흙막이 가시설 용접 작업을 위해 굴착기 후방 통로를 이용하여 작업장으로 이동하고 있던 중 피해자의 머리가 회전하는 굴착기의 후면과 담장 사이에 협착되어 중증두부손상으로 사망에 이른 사건이다.

나. 중대재해처벌법 관련 피고인 및 형량

도급인 회사(○○건설)	벌금 5,000만원
도급인 회사의 대표이사	징역 1년 (집행유예 2년)

다. 주요 판시사항 (안전 · 보건 확보의무 위반)

- 제1호(안전보건에 관한 목표와 경영방침 설정)
- 제4호(예산편성 및 집행)
- 제5호(안전보건관리책임자등의 업무수행 관련 조치)
- 제8호(중대재해 대비 매뉴얼 마련 및 점검)

피고인(○○건설 대표이사)은 2022. 5. 19. 07:50경 이 사건 공사현장에서, ① 사업 또는 사업장의 안전·보건에 관한 목표와 경영방침을 설정하지 아니하여 종사자들이 안전 및 보건에 관한 중요성을 인식하고 실천할 수 있는 실행 방향을 제시하지 아니하고, ② 재해 예방을 위해 필요한 안전·보건에 관한 인력인 차량계 건설기계 유도자를 배치하는 데 필요한 예산을 편성하지 아니하며, 차량계 건설기계와 근로자의 충돌 위험을 인식하였음에도 이를 개선하기 위해 근로자 출입통제에 필요한 안전시설비 등을 집행하도록 예산의 집행을 관리하지 아니하고, ③ 안전보건관리책임자 등이 업무를 충실히 수행할 수 있도록 평가하는 기준을 마련하지 아니하여 안전보건관리책임자 등이 이 사건 공사현장에서 건설기계에 의한 협착 위험 등을 적절히 평가하여 안전사고를 방지하기 위한 접근제한 등 조치를 하지 아니하게 하고, ④ 협착 사고 등 중대산업재해가 발생할 급박한 위험이 있을 경우를 대비한 작업 중지, 위험요인 제거 등 대응조치에 관한 매뉴얼을 마련하지 아니하여 유도자나 안전펜스 등 필요한 안전조치 없이 차량계 건설기계를 사용하는 작업을 하는 등 언제든지 협착에 의한 중대산업재해가 발생할 수 있는 급박한 위험이 있음에도 안전보건관리책임자 등으로 하여금 작업을 중지하거나 즉시 위험요인을 제거하는 등의 대응조치를 할 수 없게 만들었다.

라. 특징

이 판례에서는 「중대재해 처벌 등에 관한 법률」 및 같은 법 시행령 조항의 구체적인 의미 등을 설시하였다.

1) 안전 · 보건에 관한 목표와 경영방침

이 판례에서는 사업주 또는 경영책임자등이 안전 · 보건에 관한 목표와 경영방침을 설정하였는지(시행령 제4조제1호) 여부의 의미, 특히 「산업안전보건법」 제14조[902])가 규정하는 회사의 안전 및 보건에 관한 계획과의 관계를 구체적으로 설시하였다.

즉, "안전 · 보건에 관한 목표와 경영방침에는 사업 또는 사업장의 특성과 규모 등이 반영되어야 하고, 그 내용은 중대재해처벌법 시행령 제4조 제2호 내지 제9호에 관한 것 등으로 구체화되어야 한다"면서 "업계에서 통용되는 표준적인 양식을 별다른 수정 없이 활용하는 데 그치거나, 안전 및 보건을 확보하기 위한 실질적이고 구체적

---

902) 「산업안전보건법」 제14조(이사회 보고 및 승인 등) ① 「상법」 제170조에 따른 주식회사 중 대통령령으로 정하는 회사의 대표이사는 대통령령으로 정하는 바에 따라 매년 회사의 안전 및 보건에 관한 계획을 수립하여 이사회에 보고하고 승인을 받아야 한다.
② 제1항에 따른 대표이사는 제1항에 따른 안전 및 보건에 관한 계획을 성실하게 이행하여야 한다.
③ 제1항에 따른 안전 및 보건에 관한 계획에는 안전 및 보건에 관한 비용, 시설, 인원 등의 사항을 포함하여야 한다.

인 방안이 포함되지 않아 명목상의 것에 불과한 경우에는, 중대재해처벌법이 요구하는 목표와 경영방침을 설정하였다고 볼 수 없다"고 판시하였다.

2) 예산편성 및 집행

이 판례에서는 사업주 또는 경영책임자등이 안전·보건에 관한 인력, 시설 및 장비를 구비하는 데 필요한 예산을 편성하고 그 편성된 용도에 맞게 집행하였는지(시행령 제4조제4호가목) 여부의 익미를 구체적으로 설시하였다.

즉, 「건설업 산업안전보건관리비 계상 및 사용기준」에 따른 산업안전보건관리비 계상 기준은 1차적인 기준이 될 수 있다"고 하면서도 "중대재해처벌법에 따라 편성하여야 하는 재해 예방 관련 예산은 산업안전보건관리비에 국한되지 아니하고, 관계 법령에 따라 의무적으로 갖추어야 할 인력, 시설 및 장비의 구비를 위한 비용이 모두 포함되어야" 하고 "안전·보건에 관한 예산이 편성되어 있다 하더라도 그 예산이 사업장에서 그 용도에 맞게 집행되지 않은 경우에는 중대재해처벌법 시행령 제4조제4호의 의무를 이행한 것으로 볼 수 없다"고 판시하였다.

5. 제5호 판결 (의정부지방법원 2023. 10. 6. 2022고단3255)

가. 사건 개요

피해자(37세)는 이 사건 공사를 하수급한 주식회사에 일용직으로 고용되어 철근 설치 작업을 하던 철근 작업반장이었다. 2022년 3월 9일 12시 50분경 이동식 크레인으로 190kg 상당의 U자형 철근을 인양하던 중 공사 현장 지하 2층 철근이 내려질 장소 부근에서 철근이 슬링벨트에서 풀려 8m 아래로 떨어졌고, 당시 무전기로 신호를 주고 있던 피해자의 머리에 부딪혀 인근 병원으로 후송 중에 다발성 손상 등으로 사망에 이른 사건이다.

나. 중대재해처벌법 관련 피고인 및 형량

도급인 회사(○○건설)	벌금 2,000만원
도급인 회사의 대표이사	징역 1년 6개월 (집행유예 3년)

다. 주요 판시사항 (안전 · 보건 확보의무 위반)

- 제3호(유해·위험요인 확인 개선 절차 마련 및 점검)
- 제5호(안전보건관리책임자등의 업무수행 관련 조치)
- 제9호(제3자에 대한 도급 관련 기준과 절차 마련 및 점검)

피고인(○○건설 대표이사)은 ① 사업장의 특성에 따른 유해·위험 요인을 확인하여 개선하는 업무 절차를 마련함에 있어 최소한 「산업안전보건법」 제36조와 그 위임에 따른 「사업장 위험성평가에 관한 지침」(고용노동부 고시 제2020-53호)이 규정하는 방법과 절차·시기 등에 대한 기준을 전혀 반영하지 않고 일반적인 사항에 대한 절차만 규정해, 이 사건 공사 현장의 특성과 작업의 공정을 적절히 파악하고 이동식 크레인 기사 등 해당 작업을 수행하는 근로자들의 참여 등을 통해 실질적인 위험 요인을 찾아내 평가할 수 없도록 하였고, ② 안전보건관리책임자가 해당 업무를 충실하게 수행하는지 평가하는 기준을 전혀 마련하지 아니하여, 결국 이 사건 공사 현장에서 중량물을 인양하는 작업과 관련하여 낙하 위험을 적절히 평가하여 안전사고를 방지하기 위한 작업계획을 수립하지 못하게 하였다.

또한 피고인은 ③ 종사자의 안전·보건을 확보하기 위하여 도급받는 자의 산업재해 예방을 위한 조치 능력과 기술에 관한 평가 기준 및 절차를 전혀 마련하지 아니하여, 이 사건 관계 수급인인 하수급 주식회사가 공사 현장에 대한 위험성 평가조차 할 수 없었음에도 도급을 맡겨 철근콘크리트 공사를 진행하게 하였다.

라. 특징

피고인은 안전보건 관련 전문가와 안전보건경영시스템 관련 컨설팅 및 자문계약을 체결하고 안전보건경영시스템 매뉴얼을 만들었으며 안전보건 관련 초청 강연 및 자문 등을 받은 사실을 주장하였다. 그러나 법원에서는 위 사실이 '이 사건 공사현장의 특성에 따른' 유해·위험 요인을 확인하여 개선하는 업무절차를 마련한 것으로 보기 어렵다고 판시하였다.

나아가 피고인은 두 차례 위험성평가표를 작성하였다는 점을 주장하였으나, 법원에서는 동 위험성평가표가 이 사건 공사현장의 실질적인 유해·위험 요인을 확인하고 작성한 것이 아니고, 위험요인에 대한 평가도 누락되었으며 위험성 개선도 이루어지지 않았다고 판시하였다.

6. 제6호 판결 (서울북부지방법원 2023. 10. 12. 2023고단2537)

가. 사건 개요

2022년 4월 15일 11시경 피해자(남, 66세)가 피고인 주식회사가 관리하는 아파트의 1층 현관 앞 천장(높이 3.2m)의 누수를 확인하기 위하여 1.5m 높이의 사다리 위에 올라갔다가 내려오던 중 불상의 이유로 떨어져 바닥에 머리를 부딪혔고 외상성 경막하 출혈에 의한 중증 뇌부종으로 인한 뇌연수마비로 사망에 이른 사건이다.

나. 중대재해처벌법 관련 피고인 및 형량

회사(○○○○산업)	벌금 3,000만원
대표이사	징역 8개월 (집행유예 2년)

다. 주요 판시사항 (안전 · 보건 확보의무 위반)

- 제1호(안전보건에 관한 목표와 경영방침 설정)
- 제3호(유해 · 위험요인 확인 개선 절차 마련 및 점검)
- 제5호(안전보건관리책임자등의 업무수행 관련 조치)
- 제7호(종사자 의견청취)

피고인(○○○○산업 대표이사)은 사업장의 안전 · 보건에 관한 목표와 경영방침과 사업장의 특성에 따른 유해 · 위험요인을 확인하여 개선하는 업무절차를 전달받지 못한 관리소장(안전보건관리책임자)으로 하여금 사업장의 안전 · 보건에 관한 사항에 대한 종사자의 의견을 듣고 개선방안을 마련하도록 하지 아니하였고, 안전보건관리책임자인 관리소장의 업무 수행에 대한 평가 기준 또한 마련하지 아니하여 관리소장이 피해자에게 안전모를 착용할 것을 지시하지 않은 채 사다리 작업을 하게 함으로써 추락에 의한 중대재해의 발생 위험을 제거하지 아니하였다.

라. 특징

이 판례는 공동주택 관리업체에 「중대재해 처벌 등에 관한 법률」을 적용하여 처벌한 첫 사례이다.

7. 제7호 판결 (제주지방법원 2023. 10. 18. 2023고단146)

가. 사건 개요

피해자(남, 55세)는 하수급 회사의 실질적 운영자이자 노무를 제공하는 종사자로서 2022년 2월 23일경 학교 생활관 해체를 위해 굴착기를 이용하여 굴뚝 중간 지점을 파쇄하던 중 굴뚝 상단 부분(약 6m가량)이 무게를 지탱하지 못하여 상단 굴뚝 구조물이 낙하하면서 굴착기 운전석을 그대로 충격하여 다발성 장기부전 등으로 현장에서 사망에 이른 사건이다.

나. 중대재해처벌법 관련 피고인 및 형량

도급인 회사(○○종합건설)	벌금 8,000만원
도급인 회사의 대표이사	징역 1년 2개월(집행유예 3년)

다. 주요 판시사항 (안전 · 보건 확보의무 위반)

- 제1호(안전보건에 관한 목표와 경영방침 설정)
- 제3호(유해 · 위험요인 확인 개선 절차 마련 및 점검)
- 제5호(안전보건관리책임자등의 업무수행 관련 조치)
- 제7호(종사자 의견청취)
- 제8호(중대재해 대비 매뉴얼 마련 및 점검)

피고인(○○종합건설 대표이사)은 ① 사업 또는 사업장의 안전 · 보건에 관한 목표와 경영방침을 설정하지 아니하여 안전보건관리책임자, 관리감독자, 안전관리자 등으로 하여금 안전 및 보건에 관한 중요성을 인식하지 못하고 이 사건 공사현장의 전반적인 안전관리 · 감독이 이루어지지 못하는 상황을 초래하도록 하였고, ② 사업장의 특성에 따른 유해 · 위험 요인을 확인하여 개선하는 업무절차를 마련함에 있어 「산업안전보건법」제36조와 그 위임에 따른 사업장 위험성 평가에 관한 지침이 규정하는 방법과 절차·시기 등에 대한 기준을 전혀 반영하지 아니하여 이 사건 공사 해체작업을 위해 필요한 건물의 구조, 주변 상황 등 해당 작업에 대한 사전조사를 실시하지 않아 굴뚝 등 해체작업에서 발생하는 위험요인 확인·개선을 하지 못하도록 하였으며, ③ 안전보건관리책임자 등에게 건물 등의 해체작업 전에 작업계획서 작성 여부를 확인하도록 하고 그 계획에 따라 작업을 지시하도록 하는 실질적인 권한과 예산을 부여하지 않고, 안전보건관리책임자 등이 해당 업무를 충실하게 수행하는지 평가하는 기준을 전혀 마련하지 아니하여 안전보건관리책임자, 관리감독자, 안전관리자 등으로 하여금 해체 구조물에 대하여 사전조사 없이 작업계획서를 작성하도록 하거나 현장에 인력을 적정하게 배치하지 못하게 하였다.

또한 ④ 사업 또는 사업장의 안전·보건에 관한 종사자의 의견을 듣는 절차를 마련하지 아니하여 굴뚝 등 해체작업의 위험과 예방대책 등에 대한 종사자의 의견을 듣지 못해 이 사건 공사현장에서 굴뚝 등 해체작업의 위험을 예방하기 위한 작업계획서 작성, 적절한 안전관리를 위한 인력배치 등의 사전대책이 수립·시행되지 않도록 하고, ⑤ 사업 또는 사업장에 중대산업재해가 발생하거나 발생할 급박한 위험이 있을 경우를 대비한 매뉴얼을 마련하지 아니하여 굴뚝 해체에 대한 작업계획서 없이 무리하게 작업을 진행하도록 방치하고 사전에 작업 중지 및 위험요인 제거 등 대응조치를 하지 못하도록 하였다.

8. 제8호 판결 (창원지방법원 2023. 11. 3. 2022고단1429)

가. 사건 개요

피해자 16명[903]은 회사 공장동에서 에어컨 부품 탈지 작업(쇼트·피막 공정)을 하고 있었는데 피고인인 대표이사가 2021년 12월경부터 2022년 2월 18일경까지 유해화학물질이자 관리대상 유해물질인 트리클로로메탄 10% 이상이 함유된 세척제를 구입하여 피해자들로 하여금 작업을 하게 하였고, 피해자들이 이에 노출되어 흡입함으로써 치료기간 약 2개월 이상의 독성 간염의 상해를 입은 사건이다.

나. 중대재해처벌법 관련 피고인 및 형량

회사(○○산업)	벌금 2,000만원
대표이사	징역 1년 (집행유예 3년)

다. 주요 판시사항 (안전 · 보건 확보의무 위반)

- 제3호(유해 · 위험요인 확인 개선 절차 마련 및 점검)
- 제5호(안전보건관리책임자등의 업무수행 관련 조치)

피고인(○○산업 대표이사)은 사업장의 유해·위험요인을 확인하여 개선하는 업무 절차를 마련하지 아니하고 관리감독자가 해당 업무를 충실하게 수행하는지 평가하는 기준도 마련하지 않는 등 사업장의 특성을 고려한 안전보건관리체계를 구축하지 아니하여 보건관리자와 함께 관리대상 유해물질 성분의 세척제를 사용하는 사업장에서 국소배기장치 설치 및 근로자들에게 세척제 성분 및 그 유해성, 취급시 주의사항 등에 대한 정보 제공 등 필요한 조치를 취하지 않았다.

---

903) 23세(남), 21세(남), 56세(여), 50세(여), 19세(남), 43세(남), 59세(여), 52세(여), 46세(남), 40세(남), 31세(남), 38세(남), 64세(여), 55세(여), 26세(여), 25세(남).

라. 특징

이 판례에서는 '사업 또는 사업장의 특성에 따른 유해·위험요인을 확인·개선하는 업무절차'(시행령 제4조제3호)와 '안전보건관리책임자등이「산업안전보건법」에서 규정한 각각의 업무를 충실하게 수행하는지를 평가하는 기준'(시행령 제4조제5호)의 의미를 구체적으로 설시하였다.

즉, '사업 또는 사업장의 특성에 따른 유해·위험요인을 확인·개선하는 업무절차'는 "사업 또는 사업장의 특성에 따른 업무로 인한 유해·위험요인의 확인 및 개선, 대책의 수립·이행에까지 이르는 일련의 절차를 의미하는 것"이라고 보았고, '안전보건관리책임자등이「산업안전보건법」에서 규정한 각각의 업무를 충실하게 수행하는지를 평가하는 기준'과 관련하여서는 "산업안전보건법에 따른 업무 수행 및 그 충실도를 반영할 수 있는 내용이 포함되어야 하고, 평가 기준은 이들에 대한 실질적인 평가가 이루어질 수 있도록 구체적·세부적이어야 한다"고 판시하였다.

9. 제9호 판결 (대구지방법원 서부지원 2023. 11. 9. 2023고단1746)

가. 사건 개요

2022년 9월 15일 14시 49분경 피해자(남, 59세)는 회사 공장에서 언코일 작업[904]을 하고 있었는데 띠강 코일을 넘으려던 중 뒤로 넘어지면서 피더(공급기)를 통해 강관 생산설비로 투입되는 띠강에 허벅지를 베이는 상처를 입고 하지열상 및 혈관 손상으로 인한 저혈량성 쇼크로 사망한 사건이다.

나. 중대재해처벌법 관련 피고인 및 형량

회사(○○철강)	벌금 7,000만원
대표이사	징역 1년 (집행유예 2년)

다. 주요 판시사항 (안전 · 보건 확보의무 위반)

- 제3호(유해 · 위험요인 확인 개선 절차 마련 및 점검)
- 제5호(안전보건관리책임자등의 업무수행 관련 조치)
- 시행령 제5조제2항제1호(안전보건 관계 법령에 따른 의무이행 여부 점검)

피고인(○○철강 대표이사)은 사업 또는 사업장의 특성에 따른 유해 · 위험요인을 확인하여 개선하는 업무절차에 따라 유해 · 위험요인의 확인 및 개선이 이루어지는지를 반기 1회 이상 점검하여 필요한 조치를 취하지 아니하고, 관리감독자가 「산업안전보건법」 제16조에 따른 작업장 통로 확보에 대한 확인 · 감독 업무를 사업장에서 충실히 수행하는지 여부를 평가하는 기준을 마련하여 반기 1회 이상 평가 · 관리하지 아니하고, 안전 · 보건 관계 법령에 따른 의무를 이행했는지 여부를 반기 1회 이상 점검하지 아니하였다.

---

904) 강관(鋼管)의 재료인 띠강 코일(coil)을 언코일러(코일상으로 말아 놓은 강재를 푸는 장치)에 설치하고 피더(공급기)를 통해 강관 생산설비로 투입하는 작업.

10. 제10호 판결 (대구지방법원 서부지원 2023. 11. 17. 2023 고단593)

가. 사건 개요

2022년 6월 8일경 피해자(남, 59세)는 공사 현장에서 흐트러진 골재 등을 빗질하여 정리하는 작업을 하고 있었는데 굴착기 운전자가 피해자를 발견하지 못한 채 후진함으로써 피해자가 굴착기에 역과되어 그 자리에서 다발성 골절 및 혈복강 등으로 사망에 이른 사건이다.

나. 중대재해처벌법 관련 피고인 및 형량

도급인 회사(○○건설)	벌금 8,000만원
도급인 회사의 대표이사	징역 1년 (집행유예 2년)

다. 주요 판시사항 (안전 · 보건 확보의무 위반)

- 제2호(안전보건업무 관리전담조직 마련)
- 제3호(유해 · 위험요인 확인 개선 절차 마련 및 점검)
- 제9호(제3자에 대한 도급 관련 기준과 절차 마련 및 점검)

피고인(○○건설 대표이사)은 이 사건 공사현장에서 안전 · 보건에 관한 업무를 총괄 · 관리하는 전담 조직을 두지 아니하고, 사업 또는 사업장의 특성에 따른 유해 · 위험요인을 확인하여 개선하는 업무절차를 마련하지 아니하고, 수급인의 산업재해 예방을 위한 조치 능력과 기술에 관한 평가기준 · 절차 등을 마련하지 아니하는 등 재해예방에 필요한 안전보건관리체계의 구축 및 그 이행에 관한 조치를 취하지 아니하였다.

11. 제11호 판결 (서울중앙지방법원 2023. 11. 21. 2023고단3237)

가. 사건 개요

2022년 3월 25일 13시경 피해자(남, 65세)는 복합시설 신축공사 현장 지하 3층 환기구 개구부에 있는 문과 문틀 도장 작업을 하고 있었는데, 안전모 또는 안전대걸이를 하지 않은 채 작업을 하던 중 약 5.8미터 아래인 지하 4층 바닥으로 추락하여 두부 손상으로 사망한 사건이다.

나. 중대재해처벌법 관련 피고인 및 형량

회사(○○)	벌금 5,000만원
대표이사	징역 1년 (집행유예 2년)

다. 주요 판시사항 (안전 · 보건 확보의무 위반)

- 제3호(유해 · 위험요인 확인 개선 절차 마련 및 점검)
- 제4호(예산편성 및 집행)
- 제5호(안전보건관리책임자등의 업무수행 관련 조치)

피고인(○○ 대표이사)은 이 사건 공사 현장 사업장 특성에 따른 유해 · 위험 요인을 확인하여 개선하는 업무절차를 마련하지 아니하였고, 재해 예방을 위해 필요한 예산을 편성하거나 용도에 맞게 집행되는지 관리하지 아니하였으며, 안전보건관리책임자 등이 해당 업무를 충실하게 수행하는지 평가하는 기준을 마련하지 아니하였다. 이로 인해 안전보건관리책임자가 공사 현장의 지하 3층 환기구의 위험요인을 확인 및 개선하지 못하였을 뿐 아니라, 안전난간, 울타리, 추락방호망 등 추락방호조치를 취하지 않았고, 근로자들에게 안전모, 안전대 등을 착용하게 하고 안전대걸이를 설치하는 등의 안전조치의무 이행도 하지 않게 되었다.

12. 제12호 판결 (부산지방법원 2023. 12. 21. 2023고단1616)

가. 사건 개요

2022년 3월 25일 10시 15분경 피해자(남, 36세)는 업무시설 신축공사의 기계식 주차설비 단열공사를 하고 있었는데 피해자가 방호울 안쪽에서 단열재 부착작업을 진행 중이었음에도 다른 근로자가 아무런 신호 없이 차량 운반기에 탑승하여 상승 운전하도록 작동하였고 이에 피해자가 주차설비 밖으로 빠져나오지 못한 채 차량 운반기의 상승에 따라 하강한 균형추와 방호울 사이에 머리가 협착되어 외상성 뇌 손상 등으로 사망에 이른 사건이다.

나. 중대재해처벌법 관련 피고인 및 형량

도급인 회사(○○종합건설)	벌금 5,000만원
도급인 회사의 대표이사	징역 6개월 (집행유예 1년)

다. 주요 판시사항 (안전 · 보건 확보의무 위반)

- 제3호(유해 · 위험요인 확인 개선 절차 마련 및 점검)
- 제7호(종사자 의견청취)
- 제9호(제3자에 대한 도급 관련 기준과 절차 마련 및 점검)

피고인(○○종합건설 대표이사)은 유해 · 위험요인을 확인하여 개선하는 업무절차를 마련하지 아니하고, 안전 · 보건에 관한 사항에 대해 종사자의 의견을 듣는 절차를 마련하지 아니하였으며, 도급받는 자의 산업재해 예방을 위한 조치 능력과 기술에 관한 평가기준 · 절차, 안전 · 보건을 위한 관리 비용 및 공사기간에 관한 기준을 마련하지 아니하여, 안전보건총괄책임자가 산업재해의 예방에 필요한 안전보건조치의무를 이행하지 아니하게 하였다.

13. 제13호 판결 (대구지방법원 2024. 1. 16. 2023고단3905)

가. 사건 개요

피해자(남, 64세)는 경산시 공장에서 기계 설비 운전원으로 재직하고 있었다. 2022년 3월 30일 16시 40분경 피해자는 방호장치가 해체된 상태로 운전 중인 B골 편면기 회전축 축하우징에 윤활유 주입 등 정비 작업을 하였고, 외부로 노출되어 있던 회전축 사이에 의복이 말려 들어가면서 몸 전체가 회전축에 협착되어 그 자리에서 머리 및 가슴 다발성 손상으로 사망에 이른 사건이다.

나. 중대재해처벌법 관련 피고인 및 형량

회사(○○포장)	벌금 8,000만원
대표이사	징역 1년 2개월(집행유예 2년)

다. 주요 판시사항 (안전 · 보건 확보의무 위반)

> • 제3호(유해 · 위험요인 확인 개선 절차 마련 및 점검)
> • 제5호(안전보건관리책임자등의 업무수행 관련 조치)
> • 제8호(중대재해 대비 매뉴얼 마련 및 점검)

피고인(○○포장 대표이사)은 ① 사업장의 특성에 따른 유해 · 위험 요인을 확인하여 개선하는 업무 절차를 마련함에 있어 「산업안전보건법」 제36조와 그 위임에 따른 「사업장 위험성평가에 관한 지침」(고용노동부 고시 제2020-53호)이 규정하는 방법과 절차 · 시기 등에 대한 기준을 반영하지 않고 정비 · 보수 작업에 대한 위험성평가 없이 개괄적인 사항에 대한 일반적 절차만 규정하여 B골 편면기의 회전축 윤활유 주입 등 정비작업을 수행할 경우의 협착 등 위험요인을 확인하여 개선하는 업무절차를 제대로 마련하지 않았고, ② 관리감독자가 해당 업무를 충실하게 수행하는지 평가하는 기준을 전혀 마련하지 아니하여, 관리감독자가 협착 위험 등을 적절히 평가하고, 안전사고를 방지하기 위한 방호장치 설치 또는 해체금지, 운전정지 등 조치를 이행하지 아니하였으며, ③ 회전축 방호장치가 약 1달 전 해체되어 회전축이 외부로 노출된 상태로 있어 언제든지 협착에 의한 중대산업재해가 발생할 수 있는 급박한 위험이 있음에도, 작업중지, 위험요인 제고 등 대응조치에 관한 매뉴얼을 제대로 마련하지 아니하였다.

14. 제14호 판결 (대구지방법원 서부지원 2024. 2. 7. 2022고 단2940)

가. 사건 개요

2022년 3월 29일 7시 30분경 피해자(남, 54세)는 대구광역시 달성군에 있는 공장 신축공사장에서 약 11미터 높이에 있는 철골보 볼트 조임 작업을 하고 있었는데 철골 옆 외부 계단참으로 건너가 볼트 등 작업 준비물을 놓아두고 고소작업대(고소작업대의 출입문이 닫히지 않도록 철사로 고정되어 있어, 작업자들이 고소작업대를 임의로 벗어날 수 있는 상태였음)로 넘어오던 중 추락하여 사망에 이른 사건이다.

나. 중대재해처벌법 관련 피고인 및 형량

도급인 회사(○○○산업개발)	벌금 8,000만원
도급인 회사의 대표이사	징역 1년 (집행유예 2년)

다. 주요 판시사항 (안전 · 보건 확보의무 위반)

- 제3호(유해 · 위험요인 확인 개선 절차 마련 및 점검)
- 제5호(안전보건관리책임자등의 업무수행 관련 조치)
- 제9호(제3자에 대한 도급 관련 기준과 절차 마련 및 점검)

피고인(○○○산업개발 대표이사)은 재해예방에 필요한 안전보건관리체계의 구축 및 그 이행에 관한 조치를 취하지 아니하여 안전보건총괄책임자가 산업재해 예방에 필요한 안전조치의무를 취하지 아니하게 하여 피해자로 하여금 약 11미터 높이의 작업 장소에서 추락하여 같은 날 08:55경 다발성 안면부 골절 등에 의해 사망하는 중대산업재해에 이르게 하였다.

라. 특징

이 사건에서 피고인인 도급인 회사와 그 대표이사 측에서는 현장소장 등 관리자들의 작업지시를 위반한 피해자의 과실로 이 사건이 발생한 것일 가능성을 배제할 수 없으므로 피고인들의 잘못과 피해자의 사망 사이에 상당인과관계가 인정되지 않는다고 주장하였다.

그러나 법원은 사고 당일 피해자의 작업 내용에 철골구조물 볼트 체결 작업이 포함되어 있었음을 섣불리 배제할 수 없어 이 사건 사고가 피해자의 전적인 과실에 의해 발생한 것으로 보기 어렵고, 고소작업대에 대한 작업계획서를 작성하고 고소작업대의 출입문을 고정하지 못하도록 저지하는 조치를 미리 취하였다면 이 사건 추락사고를 피할 수 있었거나 적어도 재해자가 사망에까지 이르지 않을 수 있었다고 보이므로 피고인들의 잘못과 피해자의 사망 사이에 상당인과관계도 인정된다고 판시하였다.

15. 제15호 판결 (울산지방법원 2024. 4. 4. 2023고단4497)

가. 사건 개요

네팔 국적의 피해자(남, 41세)가 다이캐스팅 기계의 내부 금형 청소 작업 중 금형 사이에 머리가 협착되어 두개골 파열로 그 자리에서 사망에 이른 사건이다.

나. 중대재해처벌법 관련 피고인 및 형량

회사(○○)	벌금 1억 5,000만원
대표이사	징역 2년 (실형)

다. 주요 판시사항 (안전 · 보건 확보의무 위반)

- 제3호(유해 · 위험요인 확인 개선 절차 마련 및 점검)
- 제5호(안전보건관리책임자등의 업무수행 관련 조치)
- 제8호(중대재해 대비 매뉴얼 마련 및 점검)
- 시행령 제5조제2항제1호 · 제2호(안전보건 관계 법령에 따른 의무이행 여부 점검 및 의무 미이행 시 필요한 조치)

피고인(○○ 대표이사)은 ○○협회의 안전점검 등을 통해 다이캐스팅 기계 안전문 방호장치에 결함이 있음을 인식하고 있었음에도 해당 유해 · 위험요인의 제거 등을 위한 필요한 조치를 취하지 아니하였고, 안전관리감독자가 「산업안전보건법」에 규정한 업무를 사업장에서 충실히 수행하는지를 평가하는 기준을 마련하지 아니하였으며, 위 다이캐스팅 기계 안전문 방호장치의 결함에 따라 안전문이 개방된 상태에서 협착 위험이 높은 다이캐스팅 기계가 작동하고 있어 이를 점검한 ○○협회가 '사고 발생 위험성 높음', '작업을 지속하려면 즉시 개선이 필요한 상태'라고 수회 평가하는 등 사업장에 중대산업재해가 발생할 급박한 위험이 있었음에도 불구하고 이를 대비하여 작업 중지, 근로자 대피, 위험요인 제거 등 대응조치에 관한 매뉴얼을 마련하지 아니하였으며, 위와 같이 다이캐스팅 기계 안전문 방호장치의 결함으로 「산업안전보건법」에 따른 의무가 이행되지 않는 사실을 인식하였음에도 인력을 배치하거나 예산을 추가로 편성·집행하는 등 의무이행에 필요한 관리상의 조치를 취하지 아니하였다.

라. 특징

이 사건은 중대재해처벌법 시행 이후 가장 높은 수준의 양형인 징역 2년의 실형, 벌금 1억 5천만원이 선고된 사례이다. 이는 피고인이 사전에 안전점검 등을 통해 장치에 결함이 있음을 인식하였음에도 이러한 안전 문제를 방치하였다는 점을 고려한 것으로 보인다.

16. 제16호 판결 (수원지방법원 안산지원 2024. 4. 24. 2023고 단3139)

가. 사건 개요

2022년 8월 8일 11시 50분경 철근공인 피해자(남, 53세)가 오피스텔 건설 현장에서 누전차단기가 설치되지 않고 접지가 되지 않은 가설 분전함에 전기기구를 연결해 철근 절단 작업을 수행하던 중, 플러그 접속 방식의 전기기구인 철근 절단기에서 발생한 누전에 감전되어 현장에서 심폐정지로 사망한 사건으로서 근로자가 감전으로 인하여 사망한 경우에 대한 첫 중대재해처벌법 적용 판결이다.

나. 중대재해처벌법 관련 피고인 및 형량

회사(○○종합건설)	벌금 8,000만원
대표이사	징역 1년 (집행유예 2년)

다. 주요 판시사항 (안전 · 보건 확보의무 위반)

- 제1호(안전보건에 관한 목표와 경영방침 설정)
- 제3호(유해 · 위험요인 확인 개선 절차 마련 및 점검)
- 제4호(예산편성 및 집행)
- 시행령 제5조제2항제1호(안전보건 관계 법령에 따른 의무이행 여부 점검)

피고인(○○종합건설 대표이사)은 안전 · 보건에 관한 목표와 경영방침을 설정하지 아니하고, 이 사건 공사 현장의 특성에 따른 유해 · 위험요인을 확인하여 개선하는 업무 절차를 마련하거나 그에 따른 조치를 취하지 아니하였으며, 재해 예방을 위해 필요한 안전 인력을 구비하기 위한 필요 예산 편성 절차 등을 거치지 아니하였고, 「산업안전보건법」 등에 따른 의무를 이행하였는지 반기 1회 이상 점검하지 아니하였다.

17. 제17호 판결 (창원지방법원 마산지원 2024. 5. 2. 2024고단89)

가. 사건 개요

2023년 5월 26일 피해자(남, 59세)가 오피스텔 공사 현장 5층과 6층 돌음계단 사이에서 콘크리트벽 표면을 매끈하게 마무리하는 작업을 하던 중 계단 사이로 추락하여 사망한 사건이다.

나. 중대재해처벌법 관련 피고인 및 형량

회사(○○건설)	벌금 8,000만원
대표이사	징역 1년 (집행유예 2년)

다. 주요 판시사항 (안전·보건 확보의무 위반)

- 제3호(유해·위험요인 확인 개선 절차 마련 및 점검)
- 제5호(안전보건관리책임자등의 업무수행 관련 조치)
- 제6호(안전관리자 등 배치)
- 제7호(종사자 의견청취)
- 제8호(중대재해 대비 매뉴얼 마련 및 점검)

피고인(○○건설 대표이사)은 ① 돌음계단 특성상 중앙 개구부로 근로자들이 추락할 위험이 있었음에도 이를 확인하여 개선하는 업무절차를 마련하지 아니하여 안전대 미지급 및 방호조치 미흡상태가 방치되어 있었고, ② 안전보건책임자 등이 해당 업무를 충실하게 수행하는지 평가하는 기준을 전혀 마련하지 아니하여, 안전보건책임자가 돌음계단 중앙 개구부로 근로자들이 추락할 위험 등을 확인하여 안전사고를 방지하기 위한 조치를 하지 않았으며, ③ 2022. 11.경부터 공사현장에 안전관리자를 배치하지 아니하였고, ④ 종사자들로부터 돌음계단 중앙 개구부로의 추락 위험 및 방호조치 미흡에 관한 의견을 청취하는 절차를 전혀 마련하지 않았으며, ⑤ 추락 사고를 예방하기 위한 안전대 지급 및 방호조치가 제대로 되어있지 아니하여 언제든지 돌음계단 중앙 개구부로 근로자들이 추락하는 등 중대산업재해가 발생할 수 있는 급박한 위험이 있음에도, 작업 중지, 위험요인 제거 등 대응조치에 관한 매뉴얼을 전혀 마련하지 아니하였다.

18. 제18호 판결 (울산지방법원 2024. 7. 4. 2023고단5014)

가. 사건 개요

피해자들(55세, 48세)은 선박부품 제조공장 열교환기 제조 공정에서 용접 작업을 담당하는 근로자였다. 2022년 11월 4일 크레인 작업 중 크레인에 연결된 섬유벨트가 끊어지면서 중량물이 낙하하였고 그 아래에 있던 피해자 1의 등과 피해자 2의 오른쪽 다리를 충격하여 피해자 1은 같은 날 외상성 혈기흉으로 사망에 이르고, 피해자 2는 약 12주의 치료를 요하는 우측 비골두 폐쇄성 골절 등의 상해를 입은 사건이다.

나. 중대재해처벌법 관련 피고인 및 형량

도급인 회사(○○)	벌금 5,000만원
도급인 회사의 대표이사	징역 1년 6개월 (집행유예 2년)

다. 주요 판시사항 (안전·보건 확보의무 위반)

- 제3호(유해·위험요인 확인 개선 절차 마련 및 점검)
- 제5호(안전보건관리책임자등의 업무수행 관련 조치)
- 제9호(제3자에 대한 도급 관련 기준과 절차 마련 및 점검)
- 시행령 제5조제2항제1호·제2호(안전보건 관계 법령에 따른 의무이행 여부 점검 및 의무 미이행 시 필요한 조치)

피고인(○○ 대표이사)은 ① 유해·위험요인 확인 및 개선을 위한 위험성 평가 업무 절차를 마련하였으나, 유해·위험요인 확인 및 평가, 대책 수립 등 업무를 관리감독자(각 팀장)가 하도록 규정되어 있던 것과 달리 안전관리자가 위 업무를 수행하였고, 중량물 취급 작업시 작업계획서 작성이 필요하다는 지적이 있었음에도 2022. 5. 9. ~ 2022. 5. 30. 반기별 점검과정에서 이를 개선하기 위한 필요한 조치를 하지 않았으며,

② 관리감독자가 해당 업무를 충실하게 수행하는지 평가하는 기준을 마련하지 않았고, ③ 수급인이 중량물 취급 작업시 작업계획서를 작성하지 않거나 크레인으로 중량물 인양시 근로자 출입통제 등의 조치를 하고 있지 않다는 사실을 알면서도 이에 대한 수급인의 산업재해 예방을 위한 조치 능력과 기술에 관한 평기기준·절차를 마련하지 않은 채 2022. 4. 25.경 수급인과 도급개별계약을 체결하고, 2022. 10. 17. 공사조건 변경 계약을 체결하여 RED STONE PJT HEATER(열교환기) 제작 공사를 하도록 하고, ④ 2022. 5. 9. ~ 2022. 5. 30. 반기별 점검과정에서 위 공장에서 중량물 취급 작업시 작업계획서를 작성하지 않거나 크레인으로 중량물 인양시 근로자 출입통제 조치가 이루어지지 않는 등 안전·보건 관계 법령에 따른 의무가 이행되지 않은 사실이 확인되었음에도 인력을 배치하거나 예산을 추가로 편성·집행하도록 하는 등 해당 의무이행에 필요한 조치를 하지 않았다.

19. 제19호 판결 (춘천지방법원 2024. 8. 8. 2022고단1445)

가. 사건 개요

2022. 2. 26.(토) 11:00경 (주)OO종합건설에서 시공하는 춘천교육지원청 청사 이전 신축공사 현장에서, 피해자(남, 38세)가 1층 출입구 상부 철근콘크리트 절단 해체작업 중, 절단된 철근콘크리트의 우측면이 탈락되면서 이동식비계를 타격하여 상부에서 작업 중이던 피해자가 떨어져(h ≒ 1.8m) 사망한 사건이다.

나. 중대재해처벌법 관련 피고인 및 형량

도급인 회사[(주)OO종합건설]	벌금 5,000만원
도급인 회사의 대표이사	징역 1년(집행유예 3년)

다. 주요 판시사항 (안전·보건 확보의무 위반)

- 제1호(사업장의 안전·보건에 관한 목표와 경영방침 설정)
- 제5호(안전보건관리책임자등의 업무수행 관련 조치)
- 제7호(안전·보건에 관한 사항에 대해 종사자 의견 청취 절차 마련)
- 제8호(중대재해 대비 매뉴얼 마련 및 점검)

피고인[(주)OO종합건설 대표이사]은 종사자의 안전·보건상 유해 또는 위험을 방지하기 위하여 그 사업 또는 사업장의 특성 및 규모 등을 고려하여 ①사업 또는 사업장의 안전·보건에 관한 목표와 경영방침을 설정하여야 하고, ②안전보건관리책임자등이 해당 업무를 충실하게 수행하는지를 평가하는 기준을 마련하여야 하며, ③사업 또는 사업장의 안전·보건에 관한 사항에 대해 종사자의 의견을 듣는 절차를 마련하여야 하고, ④사업 또는 사업장에 중대산업재해가 발생하거나 발생할 급박한 위험이 있을 경우를 대비하여 중대산업재해를 입은 사람에 대한 구호조치 등에 관한 매뉴얼을 마련하여야 한다. 그럼에도 불구하고 위와 같은 재해예방에 필요한 안전보건관리체계의 구축 및 그 이행에 관한 조치를 취하지 아니하여 사망자 발생이라는 중대산업재해에 이르게 하였다.

20. 제20호 판결 (창원지방법원 통영지원 2024. 8. 21. 2023고단95)

가. 사건 개요

2022. 2. 19.(토) 09:20경 경남 고성군 소재 OO에스엔씨(주) 플로팅 도크*에 상가(上架)하여 수리중인 컨테이너 선박 2번 화물창에서, (주)OOO엔지니어링 소속 피해자(남, 57세)가 화물창 격벽(BulkHead) 내부 통로에 설치된 안전난간 교체작업 준비 중 화물창 바닥(추정 높이 약 7.8m)으로 떨어져 사망한 사건이다.

* 플로팅 도크: 선박을 건조할 수 있는 바지선 형태의 구조물로, 내부에 바닷물을 채워 구조물을 바다에 가라앉힌 후 선박을 띄울 수 있음

나. 중대재해처벌법 관련 피고인 및 형량

도급인 회사[OO에스엔씨(주)]	벌금 20억원
도급인 회사의 대표이사	징역 2년

다. 주요 판시사항 (안전·보건 확보의무 위반)

- 제5호(안전보건관리책임자 등의 업무수행 관련 조치)
- 제7호(안전·보건에 관한 사항에 대해 종사자 의견 청취 절차 마련)
- 제9호(제3자에 대한 도급 관련 기준과 절차 마련 및 점검)

피고인[OO에스엔씨(주) 대표이사]은 ①안전보건관리책임자, 관리감독자가 해당 업무를 충실하게 수행하는지를 평가하는 기준을 마련하지 아니하여, 화물창 내부 핸드레일 보수작업 관련하여 추락사망사고 등 산업재해가 발생하는 것을 방지하기 위한 사전 및 현장 관리·감독 및 안전조치 업무를 각 제대로 이행하지 않도록 하고, ②사업 또는 사업장의 안전·보건에 관한 사항에 대해 관련 수급인 전체 종사자로부터 의견을 듣는 절차를 제대로 마련하거나 이를 제대로 안내·홍보하지 아니하여, 추락하는

위험을 예방하기 위한 추락방호망 설치 및 라이프라인 등 상시 안전대 고리 결착 시설 설치 등의 개선방안이 수립·시행되지 않도록 하며, ③제3자에게 업무의 도급을 하는 경우 그 종사자의 안전·보건을 확보하기 위한 수급인의 안전·보건관리비용에 대한 기준을 마련하지 아니하여, 수급인이 관리비용을 집행할 수 있는 경제적 여력을 확보하지 못한 상태로 이 사건 공사를 하도급받아 진행하게 하는 등 중대재해처벌법에서 정한 의무를 위반하여, 피해자가 공사 현장에서 추락하여 사망하는 중대산업재해에 이르게 하였다.

21. 제21호 판결 (전주지방법원 2024. 8. 21. 2024고단867)

가. 사건 개요

2023. 3. 22.(수) 09:46경 전북 전주시 완산구 소재, (주)OO종합건설에서 시공하는 「HS이앤씨 본사사옥 신축공사」 현장에서 피해자(남, 만70세)가 해머드릴을 사용하여 지상7층 발코니 하부 보 측면 할석작업*을 하기 위해 지상6층 발코니에 설치된 이동식비계에 승강하던 중(추정) 지상2층 발코니 바닥으로 떨어져(h≒16.4m) 병원에서 치료 중 사망한 사건이다.

*할석작업: 콘크리트의 돌출면이나 튀어나온 곳 등 특정부분을 제거하거나 깎고 다듬는 작업

나. 중대재해처벌법 관련 피고인 및 형량

도급인 회사[(주)OO종합건설]	벌금 8,000만원
도급인 회사의 대표이사	징역 1년(집행유예 2년)

다. 주요 판시사항 (안전 · 보건 확보의무 위반)

> • 제3호(사업장 특성에 맞는 유해·위험요인 확인 및 개선(위험성평가))
> • 제5호(안전보건관리책임자등의 업무수행 관련 조치)

피고인[(주)OO종합건설 대표이사]은 종사자의 안전·보건상 유해 또는 위험을 방지하기 위하여 안전 및 보건을 확보해야 하는 의무를 위반하여 이 사건 공사현장에서 ①추락위험이 있는 작업발판 위의 할석 작업이 진행된다는 사실을 알고 있었음에도 그 공사 현장의 특성에 따른 유해·위험요인을 확인하여 개선하는 업무절차를 마련하지 아니하고, ②안전보건관리책임자가 해당 업무를 충실하게 수행하는지를 평가하는 기준을 마련하거나 그 기준에 따라 반기 1회 이상 평가·관리하지 않아 안전보

건관리책임자가 안전·보건 조치 의무를 소홀히 하도록 하는 등 재해예방에 필요한
안전보건관리체계의 구축 및 그 이행에 관한 조치를 취하지 아니하여 중대산업재해
에 이르게 하였다.

22. 제22호 판결 (의정부지방법원 2024. 8. 27. 2024고단4)

가. 사건 개요

2022. 7. 4.(월) 09:53경 경기도 양주시에 소재한 OO마을 OOOO1단지아파트에서 아파트관리업체인 OO산업(주) 소속 근로자인 피해자(남, 68세)가 OOO동 지하 1층에서 사다리에 올라 오수 배관을 점검하던 중 사다리가 파손되면서 추락하여 병원에서 치료 중 사망한 사건이다.

나. 중대재해처벌법 관련 피고인 및 형량

도급인 회사[OO산업(주)]	벌금 5,000만원
도급인 회사의 대표이사	징역 8월(집행유예 2년)

다. 주요 판시사항 (안전·보건 확보의무 위반)

> - 제3호(사업장 특성에 맞는 유해·위험요인 확인 및 개선(위험성평가))
> - 제7호(안전·보건에 관한 사항에 대해 종사자 의견 청취 절차 마련)

피고인[OO산업(주) 대표이사]은 종사자의 안전·보건상 유해 또는 위험을 방지하기 위해 필요한 조치를 취하지 아니하여 위 아파트 관리소장으로 하여금, ①사업장에 대한 「산업안전보건법」상의 위험성 평가를 실시하게 하거나 그 결과를 보고받는 등 그 사업장의 특성에 따른 유해·위험요인을 확인하여 개선하는 업무절차를 마련하지도 아니하였으며, ②사업장의 안전·보건에 관한 사항에 대하여 종사자의 의견을 듣고 개선방안을 마련하지도 아니한 결과, 안전보건 관리책임자인 관리사무소장이 아파트 관리사무소 종사자들에게 안전모 및 안전대를 착용하지 않은 상태로 사다리를 이용한 배관 작업 등 고소작업을 하게 하는 등 재해예방에 필요한 안전보건관리체계의 구축 및 그 이행에 관한 조치를 취하지 아니하여 중대산업재해에 이르게 하였다.

23. 제23호 판결 (청주지방법원 2024. 9. 10. 2023고단1464)

가. 사건 개요

2022. 2. 24.(목) 19:00경 충북 보은군 소재 (주)OO플라임 내 주조동에서 수리를 마친 탈사*기를 천장크레인에 걸어 탈사설비 본체에 인입하던 중 탈사기 하부에서 작업하던 사내 협력업체 OOENG 소속 피해자(남, 71세)가 탈사기와 탈사설비 본체 사이에 끼어 사망한 사건이다.

* 탈사(작업): 주물 표면의 주물사(모래)를 제거(하는 작업)

나. 중대재해처벌법 관련 피고인 및 형량

도급인 회사[(주)OO플라임]	벌금 1억원
도급인 회사의 대표이사	벌금 3,000만원

다. 주요 판시사항 (안전 · 보건 확보의무 위반)

- 제2호(안전 · 보건 관한 업무 총괄 · 관리하는 전담 조직 설치)
- 제3호(사업장 특성에 맞는 유해 위험요인 확인 및 개선(위험성평가))

피고인[(주)OO플라임 대표이사]은 ①「산업안전보건법」상 필요한 안전 인력이 총 5명 이상이고 상시 근로자 수가 540명임에도 안전 · 보건에 관한 업무를 총괄 관리하는 전담 조직을 두지 아니하였고, ②「산업안전보건법」에 따른 위험성평가 등 유해 · 위험요인의 확인 · 개선절차를 마련하지 아니하는 등 재해예방에 필요한 안전보건관리체계의 구축 및 그 이행에 관한 조치를 취하지 아니하여 종사자가 사망하는 중대산업재해에 이르게 하였다.

24. 제24호 판결 (광주지방법원 2024. 9. 26. 2024고단1482)

가. 사건 개요

2023. 1. 9.(월) 14:12경 (주)OO피엔에스 250톤 프레스 라인에서 피해자(남, 35세)가 원자재 교환을 위해 원자재 선반 앞에서 정리 작업 중, 이동하는 2.9톤 지게차와 충돌하며 지게차의 백레스트와 원자재 선반 사이에 하반신이 끼여 치료 중 사망한 사건이다.

나. 중대재해처벌법 관련 피고인 및 형량

도급인 회사[(주)OO피엔에스]	벌금 5,000만원
도급인 회사의 대표이사	벌금 5,000만원

다. 주요 판시사항 (안전·보건 확보의무 위반)

> - 제3호(사업장 특성에 맞는 유해 위험요인 확인 및 개선(위험성평가))
> - 제4호(재해예방에 필요한 예산 편성 및 집행)
> - 제7호(안전·보건에 관한 사항에 대해 종사자 의견 청취 절차 마련)
> - 시행령 제5조제2항제3호(유해 위험 작업에 관한 안전·보건교육 실시 점검)

피고인[(주)OO피엔에스 대표이사]은 ①사업장 특성상 지게차 충돌위험이 있음에도 이를 확인·개선하는 업무절차를 마련하지 아니하였고, 위험성 평가를 실시하기는 하였으나 그 내용이 부적정할 뿐 아니라 반기 1회 이상 점검하지도 아니하였으며, ②재해예방에 필요한 예산을 편성하거나 이를 집행한 사실이 없으며, ③프레스 가공 현장의 안전·보건에 관한 사항에 대해 종사자의 의견을 듣지 아니하였고, 관리 이사로부터 외국인 지게차 운전의 위험성'에 대해 구두 보고를 받았으나 아무런 조치를 하지 아니하고, ④운반용 등 하역기계를 5대 이상 보유한 사업장에서 해당 기계를 이용한 작업은 근로자당 16시간의 특별안전보건교육을 실시하지 아니하였음에도 이를 점검하지 아니하는 등 재해예방에 필요한 안전보건관리체계의 구축 및 그 이행에 관한 조치 및 안전·보건 관계 법령에 따른 의무이행에 필요한 관리상의 조치를 취하지 아니하여 종사자가 사망하는 중대산업재해에 이르게 하였다.

[부록 2] 중대재해처벌법 법률 및 시행령

중대재해 처벌 등에 관한 법률 (약칭: 중대재해처벌법) [시행 2022. 1. 27.] [법률 제17907호 2021. 1. 26., 제정]	중대재해 처벌 등에 관한 법률 시행령 (약칭: 중대재해처벌법 시행령) [시행 2022. 1. 27.] [대통령령 제32020호, 2021. 10. 5., 제정]
제1장 총칙 **제1조(목적)** 이 법은 사업 또는 사업장, 공중이용시설 및 공중교통수단을 운영하거나 인체에 해로운 원료나 제조물을 취급하면서 안전·보건 조치의무를 위반하여 인명피해를 발생하게 한 사업주, 경영책임자, 공무원 및 법인의 처벌 등을 규정함으로써 중대재해를 예방하고 시민과 종사자의 생명과 신체를 보호함을 목적으로 한다. **제2조(정의)** 이 법에서 사용하는 용어의 뜻은 다음과 같다. 1. "중대재해"란 "중대산업재해"와 "중대시민재해"를 말한다. 2. "중대산업재해"란 「산업안전보건법」 제2조제1호에 따른 산업재해 중 다음 각 목의 어느 하나에 해당하는 결과를 야기한 재해를 말한다. 가. 사망자가 1명 이상 발생 나. 동일한 사고로 6개월 이상 치료가 필요한 부상자가 2명 이상 발생 다. 동일한 유해요인으로 급성중독 등 대통령령으로 정하는 직업성 질병자가 1년 이내에 3명 이상 발생	**제1장 총칙** **제1조(목적)** 이 영은 「중대재해 처벌 등에 관한 법률」에서 위임된 사항과 그 시행에 필요한 사항을 규정함을 목적으로 한다. **제2조(직업성 질병자)** 「중대재해 처벌 등에 관한 법률」(이하 "법"이라 한다) 제2조제2호다목에서 "대통령령으로 정하는 직업성 질병자"란 별표 1에서 정하는 직업성 질병에 걸린 사람을 말한다.

3. "중대시민재해"란 특정 원료 또는 제조물, 공중이용시설 또는 공중교통수단의 설계, 제조, 설치, 관리상의 결함을 원인으로 하여 발생한 재해로서 다음 각 목의 어느 하나에 해당하는 결과를 야기한 재해를 말한다. 다만, 중대산업재해에 해당하는 재해는 제외한다.

   가. 사망자가 1명 이상 발생

   나. 동일한 사고로 2개월 이상 치료가 필요한 부상자가 10명 이상 발생

   다. 동일한 원인으로 3개월 이상 치료가 필요한 질병자가 10명 이상 발생

4. "공중이용시설"이란 다음 각 목의 시설 중 시설의 규모나 면적 등을 고려하여 대통령령으로 정하는 시설을 말한다. 다만, 「소상공인 보호 및 지원에 관한 법률」 제2조에 따른 소상공인의 사업 또는 사업장 및 이에 준하는 비영리시설과 「교육시설 등의 안전 및 유지관리 등에 관한 법률」 제2조제1호에 따른 교육시설은 제외한다.

   가. 「실내공기질 관리법」 제3조제1항의 시설(「다중이용업소의 안전관리에 관한 특별법」 제2조제1항제1호에 따른 영업장은 제외한다)

   나. 「시설물의 안전 및 유지관리에 관한 특별법」 제2조제1호의 시설물(공동주택은 제외한다)

   다. 「다중이용업소의 안전관리에 관한 특별법」 제2조제1항제1호에 따른 영업장 중 해당 영업에 사용하는 바닥면적(「건축법」 제84조에 따라 산정한 면적을 말한다)의 합계가 1천제곱미터 이상인 것

제3조(공중이용시설) 법 제2조제4호 각 목 외의 부분 본문에서 "대통령령으로 정하는 시설"이란 다음 각 호의 시설을 말한다.

1. 법 제2조제4호가목의 시설 중 별표 2에서 정하는 시설

2. 법 제2조제4호나목의 시설물 중 별표 3에서 정하는 시설물. 다만, 다음 각 목의 건축물은 제외한다.

   가. 주택과 주택 외의 시설을 동일 건축물로 건축한 건축물

   나. 건축물의 주용도가 「건축법 시행령」 별표 1 제14호나목2)의 오피스텔인 건축물

3. 법 제2조제4호다목의 영업장

4. 법 제2조제4호라목의 시설 중 다음 각 목의 시설(제2조의 시설물은 제외한다)

   가. 「도로법」 제10조 각 호의 도로에 설치된 연장 20미터 이상인 도로교량 중 준공 후 10년이 지난 도로교량

법 률	시 행 령
다. 그 밖에 가목부터 다목까지에 준하는 시설로서 재해 발생 시 생명·신체상의 피해가 발생할 우려가 높은 장소 5. "공중교통수단"이란 불특정다수인이 이용하는 다음 각 목의 어느 하나에 해당하는 시설을 말한다. 　가. 「도시철도법」 제2조제2호에 따른 도시철도의 운행에 사용되는 도시철도차량 　나. 「철도산업발전기본법」 제3조제4호에 따른 철도차량 중 동력차·객차(「철도사업법」 제2조제5호에 따른 전용철도에 사용되는 경우는 제외한다) 　다. 「여객자동차 운수사업법 시행령」 제3조제1호라목에 따른 노선 여객자동차운송사업에 사용되는 승합자동차 　라. 「해운법」 제2조제1호의2의 여객선 　마. 「항공사업법」 제2조제7호에 따른 항공운송사업에 사용되는 항공기 6. "제조물"이란 제조되거나 가공된 동산(다른 동산이나 부동산의 일부를 구성하는 경우를 포함한다)을 말한다. 7. "종사자"란 다음 각 목의 어느 하나에 해당하는 자를 말한다. 　가. 「근로기준법」상의 근로자 　나. 도급, 용역, 위탁 등 계약의 형식에 관계없이 그 사업의 수행을 위하여 대가를 목적으로 노무를 제공하는 자 　다. 사업이 여러 차례의 도급에 따라 행하여지는 경우에는 각 단계의	나. 「도로법」 제10조제4호부터 제7호까지에서 정한 지방도·시도·군도·구도의 도로터널과 「농어촌도로 정비법 시행령」 제2조제1호의 터널 중 준공 후 10년이 지난 도로터널 다. 「철도산업발전기본법」 제3조제2호의 철도시설 중 준공 후 10년이 지난 철도교량 라. 「철도산업발전기본법」 제3조제2호의 철도시설 중 준공 후 10년이 지난 철도터널(특별시 및 광역시 외의 지역에 있는 철도터널로 한정한다) 마. 다음의 시설 중 개별 사업장 면적이 2천제곱미터 이상인 시설 　1) 「석유 및 석유대체연료 사업법 시행령」 제2조제3호의 주유소 　2) 「액화석유가스의 안전관리 및 사업법 시행령」 제2조제4호의 액화석유가스 충전사업의 사업소 바. 「관광진흥법 시행령」 제2조제1항제5호가목의 종합유원시설업의 시설 중 같은 법 제33조제1항에 따른 안전성검사 대상인 유기시설 또는 유기기구

제2장 중대산업재해

제4조(안전보건관리체계의 구축 및 이행 조치) 법 제4조제1항제1호에 따른 조치의 구체적인 사항은 다음 각 호와 같다.
1. 사업 또는 사업장의 안전·보건에 관한 목표와 경영방침을 설정할 것
2. 「산업안전보건법」 제17조부터 제19조까지 및 제22조에 따라 두어야 하는 인력이 총 3명 이상이고 다음 각 목의 어느 하나에 해당하는 사업 또는 사업장인 경우에는 안전·보건에 관한 업무를 총괄·관리하는 전담 조직을 둘 것. 이 경우 다음 각 목에 해당하지 않던 건설사업자가

수급인 및 수급인과 가목 또는 나목의 관계가 있는 자
8. "사업주"란 자신의 사업을 영위하는 자, 타인의 노무를 제공받아 사업을 하는 자를 말한다.
9. "경영책임자등"이란 다음 각 목의 어느 하나에 해당하는 자를 말한다.
가. 사업을 대표하고 사업을 총괄하는 권한과 책임이 있는 사람 또는 이에 준하여 안전보건에 관한 업무를 담당하는 사람
나. 중앙행정기관의 장, 지방자치단체의 장, 「지방공기업법」에 따른 지방공기업의 장, 「공공기관의 운영에 관한 법률」 제4조부터 제6조까지의 규정에 따라 지정된 공공기관의 장

제2장 중대산업재해

제3조(적용범위) 상시 근로자가 5명 미만인 사업 또는 사업장의 사업주(개인사업주에 한정한다. 이하 같다) 또는 경영책임자등에게는 이 장의 규정을 적용하지 아니한다.

제4조(사업주와 경영책임자등의 안전 및 보건 확보의무) ① 사업주 또는 경영책임자등은 사업주나 법인 또는 기관이 실질적으로 지배·운영·관리하는 사업 또는 사업장에서 종사자의 안전·보건상 유해 또는 위험을 방지하기 위하여 그 사업 또는 사업장의 특성 및 규모 등을 고려하여 다음 각 호에 따른 조치를 하여야 한다.
1. 재해예방에 필요한 인력 및 예산 등 안전보건관리체계의 구축 및 그 이행에 관한 조치

나목에 해당하게 된 경우에는 공시한 연도의 다음 연도 1월 1일까지 해당 조직을 두어야 한다.

가. 상시근로자 수가 500명 이상인 사업 또는 사업장

나. 「건설산업기본법」 제8조 및 같은 법 시행령 별표 1에 따른 토목건축공사업에 대해 같은 법 제23조에 따라 평가하여 공시된 시공능력의 순위가 상위 200위 이내인 건설사업자

3. 사업 또는 사업장의 특성에 따른 유해·위험요인을 확인하여 개선하는 업무절차를 마련하고, 해당 업무절차에 따라 유해·위험요인의 확인 및 개선이 이루어지는지를 반기 1회 이상 점검한 후 필요한 조치를 할 것. 다만, 「산업안전보건법」 제36조에 따른 위험성평가를 하는 절차를 마련하고, 그 절차에 따라 위험성 평가를 직접 실시하거나 실시하도록 하여 실시 결과를 보고받은 경우에는 해당 업무절차에 따라 유해·위험요인의 확인 및 개선에 대한 점검을 한 것으로 본다.

4. 다음 각 목의 사항을 이행하는 데 필요한 예산을 편성하고 그 편성된 용도에 맞게 집행하도록 할 것

가. 재해 예방을 위해 필요한 안전·보건에 관한 인력, 시설 및 장비의 구비

나. 제3호에서 정한 유해·위험요인의 개선

다. 그 밖에 안전보건관리체계 구축 등을 위해 필요한 사항으로서 고용노동부장관이 정하여 고시하는 사항

2. 재해 발생 시 재발방지 대책의 수립 및 그 이행에 관한 조치

3. 중앙행정기관·지방자치단체가 관계 법령에 따라 개선, 시정 등을 명한 사항의 이행에 관한 조치

4. 안전·보건 관계 법령에 따른 의무이행에 필요한 관리상의 조치

② 제1항제1호·제4호의 조치에 관한 구체적인 사항은 대통령령으로 정한다.

5. 「산업안전보건법」 제15조, 제16조 및 제62조에 따른 안전보건관리책임자, 관리감독자 및 안전보건총괄책임자(이하 이 조에서 "안전보건관리책임자등"이라 한다)가 같은 조에서 규정한 각각의 업무를 각 사업장에서 충실히 수행할 수 있도록 다음 각 목의 조치를 할 것

가. 안전보건관리책임자등에게 해당 업무 수행에 필요한 권한과 예산을 줄 것

나. 안전보건관리책임자등이 해당 업무를 충실하게 수행하는지를 평가하는 기준을 마련하고, 그 기준에 따라 반기 1회 이상 평가·관리할 것

6. 「산업안전보건법」 제17조부터 제19조까지 및 제22조에 따라 정해진 수 이상의 안전관리자, 보건관리자, 안전보건관리담당자 및 산업보건의를 배치할 것. 다만, 다른 법령에서 해당 인력의 배치에 대해 달리 정하고 있는 경우에는 그에 따르고, 배치해야 할 인력이 다른 업무를 겸직하는 경우에는 고용노동부장관이 정하여 고시하는 기준에 따라 안전·보건에 관한 업무 수행시간을 보장해야 한다.

7. 사업 또는 사업장의 안전·보건에 관한 사항에 대해 종사자의 의견을 듣는 절차를 마련하고, 그 절차에 따라 의견을 들어 재해 예방에 필요하다고 인정하는 경우에는 그에 대한 개선방안을 마련하여 이행하는지를 반기 1회 이상 점검한 후 필요한 조치를 할 것. 다만, 「산업안전보건법」 제24조에 따른 산업안전보건위원회 및 같은 법 제64조·제75조에 따른 안전 및 보건에 관한 협의체에서 사업 또는 사업장의 안전·보건에 관하여 논의하거나 심의·의결한 경우에는 해당 종사자의

시행령	법률

이견을 듣는 것으로 본다.

8. 사업 또는 사업장에 중대산업재해가 발생하거나 발생할 급박한 위험이 있을 경우를 대비하여 다음 각 목의 조치에 관한 매뉴얼을 마련하고, 해당 매뉴얼에 따라 조치하는지를 반기 1회 이상 점검할 것

　가. 작업 중지, 근로자 대피, 위험요인 제거 등 대응조치

　나. 중대산업재해를 입은 사람에 대한 구호조치

　다. 추가 피해방지를 위한 조치

9. 제3자에게 업무의 도급, 용역, 위탁 등을 하는 경우에는 종사자의 안전·보건을 확보하기 위해 다음 각 목의 기준과 절차를 마련하고, 그 기준과 절차에 따라 도급, 용역, 위탁 등이 이루어지는지를 반기 1회 이상 점검할 것

　가. 도급, 용역, 위탁 등을 받는 자의 산업재해 예방을 위한 조치 능력과 기술에 관한 평가기준·절차

　나. 도급, 용역, 위탁 등을 받는 자의 안전·보건을 위한 관리비용에 관한 기준

　다. 건설업 및 조선업의 경우 도급, 용역, 위탁 등을 받는 자의 안전·보건을 위한 공사기간 또는 건조기간에 관한 기준

제5조(안전·보건 관계 법령에 따른 의무이행에 필요한 관리상의 조치)

① 법 제4조제1항제4호에서 "안전·보건 관계 법령"이란 해당 사업 또는 사업장에 적용되는 것으로서 종사자의 안전·보건을 확보하는 데 관

관리는 법령을 말한다.

② 법 제4조제1항부터제4조에 따른 조치에 관한 구체적인 사항은 다음 각 호와 같다.

1. 안전·보건 관계 법령에 따른 의무를 이행했는지를 받기 1회 이상 점검(해당 안전·보건 관계 법령에 따라 중앙행정기관의 장이 지정한 기관 등에 위탁하여 점검하는 경우를 포함한다. 이하 이 호에서 같다)하고, 직접 점검하지 않은 경우에는 점검이 끝난 후 지체 없이 점검 결과를 보고받을 것

2. 제1호에 따른 점검 또는 보고 결과 안전·보건 관계 법령에 따른 의무가 이행되지 않은 사실이 확인되는 경우에는 인력을 배치하거나 예산을 추가로 편성·집행하도록 하는 등 해당 의무 이행에 필요한 조치를 할 것

3. 안전·보건 관계 법령에 따라 의무적으로 실시해야 하는 유해·위험한 작업에 관한 안전·보건에 관한 교육이 실시되었는지를 받기 1회 이상 점검하고, 직접 점검하지 않은 경우에는 점검이 끝난 후 지체 없이 점검 결과를 보고받을 것

4. 제3호에 따른 점검 또는 보고 결과 실시되지 않은 교육에 대해서는 지체 없이 그 이행의 지시, 예산의 확보 등 교육 실시에 필요한 조치를 할 것

제5조(도급, 용역, 위탁 등 관계에서의 안전 및 보건 확보의무) 사업주 또는 경영책임자등은 사업주나 법인 또는 기관이 제3자에게 도급, 용역,

시행령	법률
	위탁 등을 행한 경우에는 제3자의 종사자에게 중대산업재해가 발생하지 아니하도록 제4조의 조치를 하여야 한다. 다만, 사업주나 법인 또는 기관이 그 시설, 장비, 장소 등에 대하여 실질적으로 지배·운영·관리하는 책임이 있는 경우에 한정한다.

제6조(중대산업재해 사업주와 경영책임자등의 처벌) ① 제4조 또는 제5조를 위반하여 제2조제2호가목의 중대산업재해에 이르게 한 사업주 또는 경영책임자등은 1년 이상의 징역 또는 10억원 이하의 벌금에 처한다. 이 경우 징역과 벌금을 병과할 수 있다.

② 제4조 또는 제5조를 위반하여 제2조제2호나목 또는 다목의 중대산업재해에 이르게 한 사업주 또는 경영책임자등은 7년 이하의 징역 또는 1억원 이하의 벌금에 처한다.

③ 제1항 또는 제2항의 죄로 형을 선고받고 그 형이 확정된 후 5년 이내에 다시 제1항 또는 제2항의 죄를 저지른 자는 각 항에서 정한 형의 2분의 1까지 가중한다.

제7조(중대산업재해의 양벌규정) 법인 또는 기관의 경영책임자등이 그 법인 또는 기관의 업무에 관하여 제6조에 해당하는 위반행위를 하면 그 행위자를 벌하는 외에 그 법인 또는 기관에 다음 각 호의 구분에 따른 벌금형을 과(科)한다. 다만, 법인 또는 기관이 그 위반행위를 방지하기 위하여 해당 업무에 관하여 상당한 주의와 감독을 게을리하지 아니한 경우에는 그러하지 아니하다. |

1. 제6조제1항의 경우: 50억원 이하의 벌금
2. 제6조제2항의 경우: 10억원 이하의 벌금

제8조(안전보건교육의 수강) ① 중대산업재해가 발생한 법인 또는 기관의 경영책임자등은 대통령령으로 정하는 바에 따라 안전보건교육을 이수하여야 한다.

제6조(안전보건교육의 실시 등) ① 법 제8조제1항에 따른 안전보건교육(이하 "안전보건교육"이라 한다)은 총 20시간의 범위에서 고용노동부장관이 정하는 바에 따라 이수해야 한다.

② 안전보건교육에는 다음 각 호의 사항이 포함되어야 한다.

1. 안전보건관리체계의 구축 등 안전·보건에 관한 경영 방안

2. 중대산업재해의 원인 분석과 재발 방지 방안

③ 고용노동부장관은 「한국산업안전보건공단법」에 따른 한국산업안전보건공단이나 「산업안전보건법」 제33조에 따라 등록된 안전보건교육기관(이하 "안전보건교육기관등"이라 한다)에 안전보건교육을 의뢰하여 실시할 수 있다.

④ 고용노동부장관은 분기별로 중대산업재해가 발생한 법인 또는 기관을 대상으로 안전보건교육을 이수해야 할 교육대상자를 확정하고 안전보건교육 실시일 30일 전까지 다음 각 호의 사항을 해당 교육대상자에게 통보해야 한다.

1. 안전보건교육을 실시하는 안전보건교육기관등

2. 교육일정

3. 그 밖에 안전보건교육의 실시에 필요한 사항

⑤ 제4항에 따른 통보를 받은 교육대상자는 해당 교육일정에 참여할 수 없는 정당한 사유가 있는 경우에는 안전보건교육 실시일 7일 전까지 고

용노동부장관에게 안전보건교육의 연기를 한 번만 요청할 수 있다.

⑥ 고용노동부장관은 제5항에 따른 연기 요청을 받은 날부터 3일 이내에 연기 가능 여부를 교육대상자에게 통보해야 한다.

⑦ 안전보건교육을 연기하는 경우 교육일정 등이 통보에 관하여는 제4항을 준용한다.

⑧ 안전보건교육에 드는 비용은 안전보건교육기관등에서 수강하는 교육대상자가 부담한다.

⑨ 안전보건교육기관등은 안전보건교육을 실시한 경우에는 지체 없이 안전보건교육 이수자 명단을 고용노동부장관에게 통보해야 한다.

⑩ 안전보건교육을 이수한 교육대상자는 필요한 경우 안전보건교육이수 확인서를 발급해 줄 것을 고용노동부장관에게 요청할 수 있다.

⑪ 제10항에 따른 요청을 받은 고용노동부장관은 고용노동부장관이 정하는 바에 따라 안전보건교육이수확인서를 지체 없이 내주어야 한다.

제7조(과태료의 부과기준) 법 제8조제2항에 따른 과태료의 부과기준은 별표 4와 같다.

② 제1항의 안전보건교육을 정당한 사유 없이 이행하지 아니한 경우에는 5천만원 이하의 과태료를 부과한다.

③ 제2항에 따른 과태료는 대통령령으로 정하는 바에 따라 고용노동부장관이 부과·징수한다.

제8조(원료·제조물 관련 안전보건관리체계의 구축 및 이행 조치) 법 제9
조제1항에 따른 조치의 구체적인 사항은 다음 각 호와 같다.

1. 다음 각 목의 사항을 이행하는 데 필요한 인력을 갖추어 중대시민재
해 예방을 위한 업무를 수행하도록 할 것

가. 법 제9조제1항제4호의 안전·보건 관계 법령에 따른 안전·보건
관리 업무의 수행

나. 유해·위험요인의 점검과 위험징후 발생 시 대응

다. 그 밖에 원료·제조물 관련 안전·보건 관리를 위해 환경부장관이
정하여 고시하는 사항

2. 다음 각 목의 사항을 이행하는 데 필요한 예산을 편성·집행할 것

가. 법 제9조제1항제4호의 안전·보건 관계 법령에 따른 인력·시설
및 장비 등의 확보·유지

나. 유해·위험요인의 점검과 위험징후 발생 시 대응

다. 그 밖에 원료·제조물 관련 안전·보건 관리를 위해 환경부장관이
정하여 고시하는 사항

3. 별표 5에서 정하는 원료 또는 제조물로 인한 중대시민재해를 예방하
기 위해 다음 각 목의 조치를 할 것

가. 유해·위험요인의 주기적인 점검

나. 제보나 위험징후의 감지 등을 통해 발견된 유해·위험요인을 확인
한 결과 중대시민재해의 발생 우려가 있는 경우의 신고 및 조치

제9조(사업주와 경영책임자등의 안전 및 보건 확보의무) ① 사업주 또는
경영책임자등은 사업주나 법인 또는 기관이 실질적으로 지배·운영·관
리하는 사업 또는 사업장에서 생산·제조·판매·유통 중인 원료나 제조
물의 설계, 제조, 관리상의 결함으로 인한 그 이용자 또는 그 밖의 사람
의 생명, 신체의 안전을 위하여 다음 각 호에 따른 조치를 하여야 한다.

1. 재해예방에 필요한 인력·예산·점검 등 안전보건관리체계의 구축 및
그 이행에 관한 조치

2. 재해 발생 시 재발방지 대책의 수립 및 그 이행에 관한 조치

3. 중앙행정기관·지방자치단체가 관계 법령에 따라 개선, 시정 등을 명
한 사항의 이행에 관한 조치

4. 안전·보건 관계 법령에 따른 의무이행에 필요한 관리상의 조치

② 사업주 또는 경영책임자등은 사업주나 법인 또는 기관이 실질적으로
지배·운영·관리하는 공중이용시설 또는 공중교통수단의 설계, 설치,
관리상의 결함으로 인한 그 이용자 또는 그 밖의 사람의 생명, 신체의
안전을 위하여 다음 각 호에 따른 조치를 하여야 한다.

1. 재해예방에 필요한 인력·예산·점검 등 안전보건관리체계의 구축 및
그 이행에 관한 조치

2. 재해 발생 시 재발방지 대책의 수립 및 그 이행에 관한 조치

3. 중앙행정기관·지방자치단체가 관계 법령에 따라 개선, 시정 등을 명
한 사항의 이행에 관한 조치

법률	시행령
4. 안전·보건 관계 법령에 따른 의무이행에 필요한 관리상의 조치 ③ 사업주 또는 경영책임자등은 사업주나 법인 또는 기관이 공중이용시설 또는 공중교통수단과 관련하여 제3자에게 도급, 용역, 위탁 등을 행한 경우에는 그 이용자 또는 그 밖의 사람의 생명, 신체의 안전을 위하여 제2항의 조치를 하여야 한다. 다만, 사업주나 법인 또는 기관이 그 시설, 장비, 장소 등에 대하여 실질적으로 지배·운영·관리하는 책임이 있는 경우에 한정한다. ④ 제1항제1호·제4호 및 제2항제1호·제4호의 조치에 관한 구체적인 사항은 대통령령으로 정한다.	다. 중대시민재해가 발생한 경우에 보고, 신고 및 조치 라. 중대시민재해에 원인조사에 따른 개선조치 4. 제3조 각 목의 조치를 포함한 업무처리절차의 마련. 다만, 「소상공인 기본법」제2조에 따른 소상공인의 경우는 제외한다. 5. 제1호 및 제2호의 사항을 반기 1회 이상 점검하고, 점검 결과에 따라 인력을 배치하거나 예산을 추가로 편성·집행하도록 하는 등 중대시민재해 예방에 필요한 조치를 할 것 **제9조(원료·제조물 관련 안전·보건 관계 법령에 따른 의무이행에 필요한 관리상의 조치)** ① 법 제9조제1항제4호에서 "안전·보건 관계 법령"이란 해당 사업 또는 사업장에서 생산·제조·판매·유통 중인 원료나 제조물에 적용되는 것으로서 그 원료나 제조물이 사람의 생명·신체에 미칠 수 있는 유해·위험 요인을 예방하고 안전하게 관리하는 데 관련된 법령을 말한다. ② 법 제9조제1항제4호에 따른 조치의 구체적인 사항은 다음 각 호와 같다. 1. 안전·보건 관계 법령에 따른 의무를 이행했는지를 반기 1회 이상 점검(해당 안전·보건 관계 법령에 따라 중앙행정기관의 장이 지정한 기관 등에 위탁하여 점검하는 경우를 포함한다. 이하 이 호에서 같다)하고, 직접 점검하지 않은 경우에는 점검이 끝난 후 지체 없이 점검 결과를 보고받을 것

2. 제1호에 따른 점검 또는 보고 결과 안전·보건 관계 법령에 따른 의무가 이행되지 않은 사실이 확인되는 경우에는 인력을 배치하거나 예산을 추가로 편성·집행하도록 하는 등 해당 의무 이행에 필요한 조치를 할 것

3. 안전·보건 관계 법령에 따라 의무적으로 실시해야 하는 교육이 실시되는지를 반기 1회 이상 점검하고, 직접 점검하지 않은 경우에는 점검이 끝난 후 지체 없이 점검 결과를 보고받을 것

4. 제3호에 따른 점검 또는 보고 결과 실시되지 않은 교육에 대해서는 지체 없이 그 이행의 지시, 예산의 확보 등 교육 실시에 필요한 조치를 할 것

제10조(공중이용시설·공중교통수단 관련 안전보건관리체계 구축 및 이행에 관한 조치) 법 제9조제2항제1호에 따른 조치의 구체적인 사항은 다음 각 호와 같다.

1. 다음 각 목의 사항을 이행하는 데 필요한 인력을 갖추어 중대시민재해 예방을 위한 업무를 수행하도록 할 것
가. 법 제9조제2항제4호의 안전·보건 관계 법령에 따른 안전관리 업무의 수행
나. 제4호에 따라 수립된 안전계획의 이행
다. 그 밖에 공중이용시설 또는 공중교통수단과 그 이용자나 그 밖의 사람의 안전에 관하여 국토교통부장관이 정하여 고시하는 사항

2. 다음 각 목의 사항을 이행하는 데 필요한 예산을 편성·집행할 것

가. 법 제9조제2항제4호의 안전·보건 관계 법령에 따른 인력·시설 및 장비 등의 확보·유지와 안전점검 등의 실시

나. 제4호에 따라 수립된 안전계획의 이행

다. 그 밖에 공중이용시설 또는 공중교통수단과 그 이용자나 그 밖의 사람의 안전에 관하여 국토교통부장관이 정하여 고시하는 사항

3. 공중이용시설 또는 공중교통수단에 대한 법 제9조제2항제4호의 안전·보건 관계 법령에 따른 안전점검 등을 계획하여 수행되도록 할 것

4. 공중이용시설 또는 공중교통수단에 대해 연 1회 이상 다음 각 목의 내용이 포함된 안전계획을 수립하게 하고, 충실히 이행하도록 할 것. 다만, 공중이용시설에 대해 「시설물의 안전 및 유지관리에 관한 특별법」 제6조에 따라 시설물에 대한 안전 및 유지관리계획을 수립·시행하거나 공중이용시설 또는 공중교통수단에 대해 철도운영자가 「철도안전법」 제6조에 따라 연차별 시행계획을 수립·추진하는 경우로서 사업주 또는 경영책임자등이 그 수립 여부 및 내용을 직접 확인하거나 보고받은 경우에는 안전계획을 수립하여 이행한 것으로 본다.

가. 공중이용시설 또는 공중교통수단의 안전과 유지관리를 위한 인력의 확보에 관한 사항

나. 공중이용시설의 안전점검 또는 정밀안전진단의 실시와 공중교통수단의 점검·정비(점검·정비에 필요한 장비를 확보하는 것을 포함한다)에 관한 사항

다. 공중이용시설 또는 공중교통수단의 보수·보강 등 유지관리에 관한 사항

5. 제1호부터 제4호까지에서 규정한 사항을 반기 1회 이상 점검하고, 직접 점검하지 않은 경우에는 점검이 끝난 후 지체 없이 점검 결과를 보고받을 것

6. 제5호에 따른 점검 또는 보고 결과에 따라 인력을 배치하거나 예산을 추가로 편성·집행하도록 하는 등 중대시민재해 예방에 필요한 조치를 할 것

7. 중대시민재해 예방을 위해 다음 각 목의 사항이 포함된 업무처리절차를 마련하여 이행할 것. 다만, 철도운영자가 「철도안전법」 제7조에 따라 비상대응계획을 포함한 철도안전관리체계를 수립하여 시행하거나 항공운송사업자가 「항공안전법」 제58조제2항에 따라 위기대응계획을 포함한 항공안전관리시스템을 마련하여 운용한 경우로서 사업주 또는 경영책임자등이 그 수립 여부 및 내용을 직접 점검하거나 점검 결과를 보고받은 경우에는 업무처리절차를 마련하여 이행한 것으로 본다.

가. 공중이용시설 또는 공중교통수단의 유해·위험요인의 확인·점검에 관한 사항

나. 공중이용시설 또는 공중교통수단의 유해·위험요인을 발견한 경우 해당 사항의 신고·조치요구, 이용 제한, 보수·보강 등 그 개선에 관한 사항

시 행 령	법 률
다. 중대시민재해가 발생한 경우 사상자 등에 대한 긴급구조조치, 공중이용시설 또는 공중교통수단에 대한 긴급안전점검, 위험표지 설치 등 추가 피해방지 조치, 관계 행정기관 등에 대한 신고와 원인조사에 따른 개선조치에 관한 사항 라. 공중교통수단 또는 「시설물의 안전 및 유지관리에 관한 특별법」 제7조제1호의 제1종시설물에서 비상상황이나 위급상황 발생 시 대피훈련에 관한 사항 8. 제3자에게 공중이용시설 또는 공중교통수단의 운영·관리 업무의 도급, 용역, 위탁 등을 하는 경우 공중이용시설 또는 공중교통수단과 그 이용자나 그 밖의 사람의 안전을 확보하기 위해 다음 각 목에 따른 기준과 절차를 마련하고, 그 기준과 절차에 따라 도급, 용역, 위탁 등이 이루어지는지를 연 1회 이상 점검하고, 직접 점검하지 않은 경우에는 점검이 끝난 후 지체 없이 점검 결과를 보고받을 것 가. 중대시민재해 예방을 위한 조치능력 및 안전관리능력에 관한 평가기준·절차 나. 도급, 용역, 위탁 등의 업무 수행 시 중대시민재해 예방을 위해 필요한 비용에 관한 기준 **제11조(공중이용시설·공중교통수단 관련 안전·보건 관계 법령에 따른 의무이행에 필요한 관리상의 조치)** ① 법 제9조제2항제3호제4호에서 "안전·보건 관계 법령"이란 해당 공중이용시설·공중교통수단에 적용되는 것으로	

로서 이용자나 그 밖의 사람의 안전·보건을 확보하는 데 관련되는 범령을 말한다.

② 법 제9조제2항제4호에 따른 조치의 구체적인 사항은 다음 각 호와 같다.

1. 안전·보건 관계 법령에 따른 의무를 이행했는지를 반기 1회 이상 점검 (해당 안전·보건 관계 법령에 따라 중앙행정기관의 장이 지정한 기관 등에 위탁하여 점검하는 경우를 포함한다. 이하 이 호에서 같다)하고, 직접 점검하지 않은 경우에는 점검이 끝난 후 지체 없이 점검 결과를 보고받을 것

2. 제1호에 따른 점검 또는 보고 결과 안전·보건 관계 법령에 따른 의무가 이행되지 않은 사실이 확인되는 경우에는 인력을 배치하거나 예산을 추가로 편성·집행하도록 하는 등 해당 의무 이행에 필요한 조치를 할 것

3. 안전·보건 관계 법령에 따라 공중이용시설이 안전을 관리하는 자나 공중교통수단의 시설 및 설비를 정비·점검하는 종사자가 의무적으로 이수해야 하는 교육을 이수했는지를 반기 1회 이상 점검하고, 직접 점검하지 않은 경우에는 점검이 끝난 후 지체 없이 점검 결과를 보고받을 것

4. 제3호에 따른 점검 또는 보고 결과 실시되지 않은 교육에 대해서는 지체 없이 그 이행의 지시 등 교육 실시에 필요한 조치를 할 것

제10조(중대시민재해 사업주와 경영책임자등의 처벌) ① 제9조를 위반하여 제2조제3호가목의 중대시민재해에 이르게 한 사업주 또는 경영책임자등은 1년 이상의 징역 또는 10억원 이하의 벌금에 처한다. 이 경우 징역과 벌금을 병과할 수 있다.

② 제9조를 위반하여 제2조제3호나목 또는 다목의 중대시민재해에 이르게 한 사업주 또는 경영책임자등은 7년 이하의 징역 또는 1억원 이하의 벌금에 처한다.

제11조(중대시민재해의 양벌규정) 법인 또는 기관의 경영책임자등이 그 법인 또는 기관의 업무에 관하여 제10조에 해당하는 위반행위를 하면 그 행위자를 벌하는 외에 그 법인 또는 기관에게 다음 각 호의 구분에 따른 벌금형을 과(科)한다. 다만, 법인 또는 기관이 그 위반행위를 방지하기 위하여 해당 업무에 관하여 상당한 주의와 감독을 게을리하지 아니한 경우에는 그러하지 아니하다.

1. 제10조제1항의 경우: 50억원 이하의 벌금
2. 제10조제2항의 경우: 10억원 이하의 벌금

제4장 보칙

제12조(형 확정 사실의 통보) 법무부장관은 제6조, 제7조, 제10조 또는 제11조에 따른 범죄의 형이 확정되면 그 범죄사실을 관계 행정기관의 장

시 행 령

제4장 보칙

586 중대재해처벌법: 해석과 입법론

예게 통보하여야 한다.

제13조(중대산업재해 발생사실 공표) ① 고용노동부장관은 제4조에 따른 의무를 위반하여 발생한 중대산업재해에 대하여 사업장의 명칭, 발생 일시와 장소, 재해의 내용 및 원인 등 그 발생사실을 공표할 수 있다.

② 제1항에 따른 공표의 방법, 기준 및 절차 등은 대통령령으로 정한다.

제12조(중대산업재해 발생사실의 공표) ① 법 제13조제1항에 따른 공표(이하 이 조에서 "공표"라 한다)는 법 제4조에 따른 의무를 위반하여 발생한 중대산업재해로 법 제12조에 따라 범죄의 형이 확정되어 통보된 사업장을 대상으로 한다.

② 공표 내용은 다음 각 호의 사항으로 한다.

1. "중대산업재해 발생사실의 공표"라는 공표의 제목

2. 해당 사업장의 명칭

3. 중대산업재해가 발생한 일시·장소

4. 중대산업재해를 입은 사람의 수

5. 중대산업재해의 내용과 그 원인(사업주 또는 경영책임자등의 위반사항을 포함한다)

6. 해당 사업장에서 최근 5년 내 중대산업재해의 발생 여부

③ 고용노동부장관은 공표하기 전에 해당 사업장의 사업주 또는 경영책임자등에게 공표하려는 내용을 통지하고 30일 이상의 기간을 정하여 그에 대해 소명자료를 제출하게 하거나 의견을 진술할 수 있는 기회를 주어야 한다.

④ 공표는 관보, 고용노동부나 「한국산업안전보건공단법」에 따른 한국산업안전보건공단의 홈페이지에 게시하는 방법으로 한다.

⑤ 제4항에 따라 홈페이지에 게시하는 방법으로 공표하는 경우 공표기간은 1년으로 한다.

법 률	시 행 령
제14조(심리절차에 관한 특례) ① 이 법 위반 여부에 관한 형사재판에서 법원은 직권으로 「형사소송법」 제294조의2에 따라 피해자 또는 그 법정대리인(피해자가 사망하거나 진술할 수 없는 경우에는 그 배우자·직계친족·형제자매를 포함한다)을 증인으로 신문할 수 있다. ② 이 법 위반 여부에 관한 형사재판에서 법원은 검사, 피고인 또는 변호인이 신청이 있는 경우 특별한 사정이 없으면 해당 분야의 전문가를 전문심리위원으로 지정하여 소송절차에 참여하게 하여야 한다. **제15조(손해배상의 책임)** ① 사업주 또는 경영책임자등이 고의 또는 중대한 과실로 이 법에서 정한 의무를 위반하여 중대재해를 발생하게 한 경우 해당 사업주, 법인 또는 기관이 중대재해로 손해를 입은 사람에 대하여 그 손해액의 5배를 넘지 아니하는 범위에서 배상책임을 진다. 다만, 법인 또는 기관이 해당 업무에 관하여 상당한 주의와 감독을 게을리하지 아니한 경우에는 그러하지 아니하다. ② 법원은 제1항의 배상액을 정할 때에는 다음 각 호의 사항을 고려하여야 한다. 1. 고의 또는 중대한 과실의 정도 2. 이 법에서 정한 의무위반행위의 종류 및 내용 3. 이 법에서 정한 의무위반행위로 인하여 발생한 피해의 규모 4. 이 법에서 정한 의무위반행위로 인하여 사업주나 법인 또는 기관이 취득한 경제적 이익	

5. 이 법에서 정한 의무위반행위의 기간·횟수 등

6. 사업주나 법인 또는 기관의 재산상태

7. 사업주나 법인 또는 기관의 피해구제 및 재발방지 노력의 정도

제16조(정부의 사업주 등에 대한 지원 및 보고) ① 정부는 중대재해를 예방하여 시민과 종사자의 안전과 건강을 확보하기 위하여 다음 각 호의 사항을 이행하여야 한다.

1. 중대재해의 종합적인 예방대책의 수립·시행과 발생원인 분석

2. 사업주, 법인 및 기관의 안전보건관리체계 구축을 위한 지원

3. 사업주, 법인 및 기관의 중대재해 예방을 위한 기술 지원 및 지도

4. 이 법의 목적 달성을 위한 교육 및 홍보의 시행

② 정부는 사업주, 법인 및 기관에 대하여 유해·위험 시설의 개선과 보호 장비의 구매, 종사자 건강진단 및 관리 등 중대재해 예방사업에 소요되는 비용의 전부 또는 일부를 예산의 범위에서 지원할 수 있다.

③ 정부는 제1항 및 제2항에 따른 중대재해 예방을 위한 조치 이행 등 상황 및 중대재해 예방사업 지원 현황을 반기별로 국회 소관 상임위원회에 보고하여야 한다.

제13조(조치 등의 이행사항에 관한 서면의 보관) 사업주 또는 경영책임자 등(「소상공인기본법」제2조에 따른 소상공인은 제외한다)은 제4조, 제5조 및 제8조부터 제11조까지의 규정에 따른 조치 등의 이행에 관한 사항을 서면(「전자문서 및 전자거래 기본법」제2조제1호에 따른 전자문서를 포함한다)으로 작성하여 그 조치 등을 이행한 날부터 5년간 보관하여야 한다.

법 률	시 행 령
부칙 〈법률 제17907호, 2021. 1. 26.〉 제1조(시행일) ① 이 법은 공포 후 1년이 경과한 날부터 시행한다. 다만, 이 법 시행 당시 개인사업자 또는 상시 근로자가 50명 미만인 사업 또는 사업장(건설업의 경우에는 공사금액 50억원 미만의 공사)에 대해서는 공포 후 3년이 경과한 날부터 시행한다. ② 제1항에도 불구하고 제16조는 공포한 날부터 시행한다. 제2조(다른 법률의 개정) 법원조직법 중 일부를 다음과 같이 개정한다. 제32조제1항제3호에 아목을 다음과 같이 신설한다. 아. 「중대재해 처벌 등에 관한 법률」 제6조제1항·제3항 및 제10조제1항에 해당하는 사건	부칙 〈대통령령 제32020호, 2021. 10. 5.〉 이 영은 2022년 1월 27일부터 시행한다.

■ 중대재해 처벌 등에 관한 법률 시행령 [별표 1]

직업성 질병(제2조 관련)

1. 염화비닐·유기주석·메틸브로마이드(bromomethane)·일산화탄소에 노출되어 발생한 중추신경계장해 등의 급성중독

2. 납이나 그 화합물(유기납은 제외한다)에 노출되어 발생한 납 창백(蒼白), 복부 산통(産痛), 관절통 등의 급성중독

3. 수은이나 그 화합물에 노출되어 발생한 급성중독

4. 크롬이나 그 화합물에 노출되어 발생한 세뇨관 기능 손상, 급성 세뇨관 괴사, 급성신부전 등의 급성중독

5. 벤젠에 노출되어 발생한 경련, 급성 기질성 뇌증후군, 혼수상태 등의 급성중독

6. 톨루엔(toluene)·크실렌(xylene)·스티렌(styrene)·시클로헥산(cyclohexane)·노말헥산(n-hexane)·트리클로로에틸렌(trichloroethylene) 등 유기화합물에 노출되어 발생한 의식장해, 경련, 급성 기질성 뇌증후군, 부정맥 등의 급성중독

7. 이산화질소에 노출되어 발생한 메트헤모글로빈혈증(methemoglobinemia), 청색증(靑色症) 등의 급성중독

8. 황화수소에 노출되어 발생한 의식 소실(消失), 무호흡, 폐부종, 후각신경마비 등의 급성중독

9. 시안화수소나 그 화합물에 노출되어 발생한 급성중독

10. 불화수소·불산에 노출되어 발생한 화학적 화상, 청색증, 폐수종, 부정맥 등의 급성중독

11. 인[백린(白燐), 황린(黃燐) 등 금지물질에 해당하는 동소체(同素體)로 한정한다]이나 그 화합물에 노출되어 발생한 급성중독

12. 카드뮴이나 그 화합물에 노출되어 발생한 급성중독

13. 다음 각 목의 화학적 인자에 노출되어 발생한 급성중독

　　가. 「산업안전보건법」 제125조제1항에 따른 작업환경측정 대상 유해인자 중 화학적 인자

　　나. 「산업안전보건법」 제130조제1항제1호에 따른 특수건강진단 대상 유해인자 중 화학적 인자

14. 디이소시아네이트(diisocyanate), 염소, 염화수소 또는 염산에 노출되어 발생한 반응

성 기도과민증후군

15. 트리클로로에틸렌에 노출(해당 물질에 노출되는 업무에 종사하지 않게 된 후 3개월이 지난 경우는 제외한다)되어 발생한 스티븐스존슨 증후군(stevens-johnson syndrome). 다만, 약물, 감염, 후천성면역결핍증, 악성 종양 등 다른 원인으로 발생한 스티븐스존슨 증후군은 제외한다.

16. 트리클로로에틸렌 또는 디메틸포름아미드(dimethylformamide)에 노출(해당 물질에 노출되는 업무에 종사하지 않게 된 후 3개월이 지난 경우는 제외한다)되어 발생한 독성 간염. 다만, 약물, 알코올, 과체중, 당뇨병 등 다른 원인으로 발생하거나 다른 질병이 원인이 되어 발생한 간염은 제외한다.

17. 보건의료 종사자에게 발생한 B형 간염, C형 간염, 매독 또는 후천성면역결핍증의 혈액전파성 질병

18. 근로자에게 건강장해를 일으킬 수 있는 습한 상태에서 하는 작업으로 발생한 렙토스피라증(leptospirosis)

19. 동물이나 그 사체, 짐승의 털·가죽, 그 밖의 동물성 물체를 취급하여 발생한 탄저, 단독(erysipelas) 또는 브루셀라증(brucellosis)

20. 오염된 냉각수로 발생한 레지오넬라증(legionellosis)

21. 고기압 또는 저기압에 노출되거나 중추신경계 산소 독성으로 발생한 건강장해, 감압병(잠수병) 또는 공기색전증(기포가 동맥이나 정맥을 따라 순환하다가 혈관을 막는 것)

22. 공기 중 산소농도가 부족한 장소에서 발생한 산소결핍증

23. 전리방사선(물질을 통과할 때 이온화를 일으키는 방사선)에 노출되어 발생한 급성 방사선증 또는 무형성 빈혈

24. 고열작업 또는 폭염에 노출되는 장소에서 하는 작업으로 발생한 심부체온상승을 동반하는 열사병

■ 중대재해 처벌 등에 관한 법률 시행령 [별표 2]

법 제2조제4호가목의 시설 중 공중이용시설(제3조제1호 관련)

1. 모든 지하역사(출입통로·대합실·승강장 및 환승통로와 이에 딸린 시설을 포함한다)
2. 연면적 2천제곱미터 이상인 지하도상가(지상건물에 딸린 지하층의 시설을 포함한다. 이하 같다). 이 경우 연속되어 있는 둘 이상의 지하도상가의 연면적 합계가 2천 제곱미터 이상인 경우를 포함한다.
3. 철도역사의 시설 중 연면적 2천제곱미터 이상인 대합실
4. 「여객자동차 운수사업법」 제2조제5호의 여객자동차터미널 중 연면적 2천제곱미터 이상인 대합실
5. 「항만법」 제2조제5호의 항만시설 중 연면적 5천제곱미터 이상인 대합실
6. 「공항시설법」 제2조제7호의 공항시설 중 연면적 1천5백제곱미터 이상인 여객터미널
7. 「도서관법」 제3조제1호의 도서관 중 연면적 3천제곱미터 이상인 것
8. 「박물관 및 미술관 진흥법」 제2조제1호 및 제2호의 박물관 및 미술관 중 연면적 3천제곱미터 이상인 것
9. 「의료법」 제3조제2항의 의료기관 중 연면적 2천제곱미터 이상이거나 병상 수 100개 이상인 것
10. 「노인복지법」 제34조제1항제1호의 노인요양시설 중 연면적 1천제곱미터 이상인 것
11. 「영유아보육법」 제2조제3호의 어린이집 중 연면적 430제곱미터 이상인 것
12. 「어린이놀이시설 안전관리법」 제2조제2호의 어린이놀이시설 중 연면적 430제곱미터 이상인 실내 어린이놀이시설
13. 「유통산업발전법」 제2조제3호의 대규모점포. 다만, 「전통시장 및 상점가 육성을 위한 특별법」 제2조제1호의 전통시장은 제외한다.
14. 「장사 등에 관한 법률」 제29조에 따른 장례식장 중 지하에 위치한 시설로서 연면적 1천제곱미터 이상인 것
15. 「전시산업발전법」 제2조제4호의 전시시설 중 옥내시설로서 연면적 2천제곱미터 이상인 것
16. 「건축법」 제2조제2항제14호의 업무시설 중 연면적 3천제곱미터 이상인 것. 다만, 「건축법 시행령」 별표 1 제14호나목2)의 오피스텔은 제외한다.
17. 「건축법」 제2조제2항에 따라 구분된 용도 중 둘 이상의 용도에 사용되는 건축물로

서 연면적 2천제곱미터 이상인 것. 다만, 「건축법 시행령」 별표 1 제2호의 공동주택 또는 같은 표 제14호나목2)의 오피스텔이 포함된 경우는 제외한다.

18. 「공연법」 제2조제4호의 공연장 중 객석 수 1천석 이상인 실내 공연장

19. 「체육시설의 설치·이용에 관한 법률」 제2조제1호의 체육시설 중 관람석 수 1천석 이상인 실내 체육시설

비고

둘 이상의 건축물로 이루어진 시설의 연면적은 개별 건축물의 연면적을 모두 합산한 면적으로 한다.

■ 중대재해 처벌 등에 관한 법률 시행령 [별표 3]

법 제2조제4호나목의 시설물 중 공중이용시설(제3조제2호 관련)

1. 교량 가. 도로교량	1) 상부구조형식이 현수교, 사장교, 아치교 및 트러스교인 교량 2) 최대 경간장 50미터 이상의 교량 3) 연장 100미터 이상의 교량 4) 폭 6미터 이상이고 연장 100미터 이상인 복개구조물
나. 철도교량	1) 고속철도 교량 2) 도시철도의 교량 및 고가교 3) 상부구조형식이 트러스교 및 아치교인 교량 4) 연장 100미터 이상의 교량
2. 터널 가. 도로터널	1) 연장 1천미터 이상의 터널 2) 3차로 이상의 터널 3) 터널구간이 연장 100미터 이상인 지하차도 4) 고속국도, 일반국도, 특별시도 및 광역시도의 터널 5) 연장 300미터 이상의 지방도, 시도, 군도 및 구도의 터널
나. 철도터널	1) 고속철도 터널 2) 도시철도 터널 3) 연장 1천미터 이상의 터널 4) 특별시 또는 광역시에 있는 터널
3. 항만 가. 방파제, 파제제(波除堤) 및 호안(護岸)	1) 연장 500미터 이상의 방파제 2) 연장 500미터 이상의 파제제 3) 방파제 기능을 하는 연장 500미터 이상의 호안
나. 계류시설	1) 1만톤급 이상의 원유부이식 계류시설(부대시설인 해저송유관을 포함한다) 2) 1만톤급 이상의 말뚝구조의 계류시설 3) 1만톤급 이상의 중력식 계류시설
4. 댐	1) 다목적댐, 발전용댐, 홍수전용댐 2) 지방상수도전용댐 3) 총저수용량 1백만톤 이상의 용수전용댐
5. 건축물	1) 고속철도, 도시철도 및 광역철도 역 시설 2) 16층 이상이거나 연면적 3만제곱미터 이상의 건축물 3) 연면적 5천제곱미터 이상(각 용도별 시설의 합계를 말한다)의 문화·집회

		시설, 종교시설, 판매시설, 운수시설 중 여객용 시설, 의료시설, 노유자시설, 수련시설, 운동시설, 숙박시설 중 관광숙박시설 및 관광휴게시설
6. 하천 가. 하구둑		1) 하구둑 2) 포용조수량 1천만톤 이상의 방조제
나. 제방		국가하천의 제방[부속시설인 통관(通管) 및 호안(護岸)을 포함한다]
다. 보		국가하천에 설치된 다기능 보
7. 상하수도 가. 상수도		1) 광역상수도 2) 공업용수도 3) 지방상수도
나. 하수도		공공하수처리시설 중 1일 최대처리용량 500톤 이상인 시설
8. 옹벽 및 절토사면 (깎기비탈면)		1) 지면으로부터 노출된 높이가 5미터 이상인 부분의 합이 100미터 이상인 옹벽 2) 지면으로부터 연직(鉛直)높이(옹벽이 있는 경우 옹벽 상단으로부터의 높이를 말한다) 30미터 이상을 포함한 절토부(땅깎기를 한 부분을 말한다)로서 단일 수평연장 100미터 이상인 절토사면

비고

1. "도로"란 「도로법」 제10조의 도로를 말한다.

2. 교량의 "최대 경간장"이란 한 경간(徑間)에서 상부구조의 교각과 교각의 중심선 간의 거리를 경간장으로 정의할 때, 교량의 경간장 중에서 최댓값을 말한다. 한 경간 교량에 대해서는 교량 양측 교대의 흉벽 사이를 교량 중심선에 따라 측정한 거리를 말한다.

3. 교량의 "연장"이란 교량 양측 교대의 흉벽 사이를 교량 중심선에 따라 측정한 거리를 말한다.

4. 도로교량의 "복개구조물"이란 하천 등을 복개하여 도로의 용도로 사용하는 모든 구조물을 말한다.

5. 터널 및 지하차도의 "연장"이란 각 본체 구간과 하나의 구조로 연결된 구간을 포함한 거리를 말한다.

6. "방파제, 파제제 및 호안"이란 「항만법」 제2조제5호가목2)의 외곽시설을 말한다.

7. "계류시설"이란 「항만법」 제2조제5호가목4)의 계류시설을 말한다.

8. "댐"이란 「저수지·댐의 안전관리 및 재해예방에 관한 법률」 제2조제1호의 저수지·댐을 말한다.

9. 위 표 제4호의 지방상수도전용댐과 용수전용댐이 위 표 제7호가목의 광역상수도·공업

용수도 또는 지방상수도의 수원지시설에 해당하는 경우에는 위 표 제7호의 상하수도시설로 본다.

10. 위 표의 건축물에는 그 부대시설인 옹벽과 절토사면을 포함하며, 건축설비, 소방설비, 승강기설비 및 전기설비는 포함하지 않는다.

11. 건축물의 연면적은 지하층을 포함한 동별로 계산한다. 다만, 2동 이상의 건축물이 하나의 구조로 연결된 경우와 둘 이상의 지하도상가가 연속되어 있는 경우에는 연면적의 합계로 한다.

12. 건축물의 층수에는 필로티나 그 밖에 이와 비슷한 구조로 된 층을 포함한다.

13. "건축물"은 「건축법 시행령」 별표 1에서 정한 용도별 분류를 따른다.

14. "운수시설 중 여객용 시설"이란 「건축법 시행령」 별표 1 제8호의 운수시설 중 여객자동차터미널, 일반철도역사, 공항청사, 항만여객터미널을 말한다.

15. "철도 역 시설"이란 「철도의 건설 및 철도시설 유지관리에 관한 법률」 제2조제6호가목의 역 시설(물류시설은 제외한다)을 말한다. 다만, 선하역사(시설이 선로 아래 설치되는 역사를 말한다)의 선로구간은 연속되는 교량시설물에 포함하고, 지하역사의 선로구간은 연속되는 터널시설물에 포함한다.

16. 하천시설물이 행정구역 경계에 있는 경우 상위 행정구역에 위치한 것으로 한다.

17. "포용조수량"이란 최고 만조(滿潮) 시 간척지에 유입될 조수(潮水)의 양을 말한다.

18. "방조제"란 「공유수면 관리 및 매립에 관한 법률」 제37조, 「농어촌정비법」 제2조제6호, 「방조제 관리법」 제2조제1호 및 「산업입지 및 개발에 관한 법률」 제20조제1항에 따라 설치한 방조제를 말한다.

19. 하천의 "통관"이란 제방을 관통하여 설치한 원형 단면의 문짝을 가진 구조물을 말한다.

20. 하천의 "다기능 보"란 용수 확보, 소수력 발전이나 도로(하천을 횡단하는 것으로 한정한다) 등 두 가지 이상의 기능을 갖는 보를 말한다.

21. 위 표 제7호의 상하수도의 광역상수도, 공업용수도 및 지방상수도에는 수원지시설, 도수관로·송수관로(터널을 포함한다) 및 취수시설을 포함하고, 정수장, 취수·가압펌프장, 배수지, 배수관로 및 급수시설은 제외한다.

■ 중대재해 처벌 등에 관한 법률 시행령 [별표 4]

과태료의 부과기준(제7조 관련)

1. 일반기준

가. 위반행위의 횟수에 따른 과태료의 가중된 부과기준은 최근 1년간 같은 위반행위로 과태료 부과처분을 받은 경우에 적용한다. 이 경우 기간의 계산은 위반행위에 대해 과태료 부과처분을 받은 날과 그 처분 후 다시 같은 위반행위를 하여 적발된 날을 기준으로 한다.

나. 가목에 따라 가중된 부과처분을 하는 경우 가중처분의 적용 차수는 그 위반행위 전 부과처분 차수(가목에 따른 기간 내에 과태료 부과처분이 둘 이상 있었던 경우에는 높은 차수를 말한다)의 다음 차수로 한다.

다. 부과권자는 다음의 어느 하나에 해당하는 경우에는 제3호의 개별기준에 따른 과태료(제2호에 따라 과태료 감경기준이 적용되는 사업 또는 사업장의 경우에는 같은 호에 따른 감경기준에 따라 산출한 금액을 말한다)의 2분의 1 범위에서 그 금액을 줄여 부과할 수 있다. 다만, 과태료를 체납하고 있는 위반행위자에 대해서는 그렇지 않다.

1) 위반행위자가 자연재해·화재 등으로 재산에 현저한 손실을 입었거나 사업여건의 악화로 사업이 중대한 위기에 처하는 등의 사정이 있는 경우

2) 위반행위가 사소한 부주의나 오류로 인한 것으로 인정되는 경우

3) 위반행위자가 법 위반상태를 시정하거나 해소하기 위해 노력한 것이 인정되는 경우

4) 그 밖에 위반행위의 정도, 위반행위의 동기와 그 결과 등을 고려하여 과태료 금액을 줄일 필요가 있다고 인정되는 경우

2. 사업·사업장의 규모나 공사 규모에 따른 과태료 감경기준

상시근로자 수가 50명 미만인 사업 또는 사업장이거나 공사금액이 50억원 미만인 건설공사의 사업 또는 사업장인 경우에는 제3호의 개별기준에도 불구하고 그 과태료의 2분의 1 범위에서 감경할 수 있다.

3. 개별기준

위반행위	근거 법조문	과태료		
		1차 위반	2차 위반	3차 이상 위반
법 제8조제1항을 위반하여 경영책임자 등이 안전보건교육을 정당한 사유없이 이행하지 않은 경우	법 제8조제2항	1천만원	3천만원	5천만원

■ 중대재해 처벌 등에 관한 법률 시행령 [별표 5]

제8조제3호에 따른 조치 대상 원료 또는 제조물(제8조제3호 관련)

1. 「고압가스 안전관리법」 제28조제2항제13호의 독성가스
2. 「농약관리법」 제2조제1호, 제1호의2, 제3호 및 제3호의2의 농약, 천연식물보호제, 원제(原劑) 및 농약활용기자재
3. 「마약류 관리에 관한 법률」 제2조제1호의 마약류
4. 「비료관리법」 제2조제2호 및 제3호의 보통비료 및 부산물비료
5. 「생활화학제품 및 살생물제의 안전관리에 관한 법률」 제3조제7호 및 제8호의 살생물질 및 살생물제품
6. 「식품위생법」 제2조제1호, 제2호, 제4호 및 제5호의 식품, 식품첨가물, 기구 및 용기·포장
7. 「약사법」 제2조제4호의 의약품, 같은 조 제7호의 의약외품(醫藥外品) 및 같은 법 제85조제1항의 동물용 의약품·의약외품
8. 「원자력안전법」 제2조제5호의 방사성물질
9. 「의료기기법」 제2조제1항의 의료기기
10. 「총포·도검·화약류 등의 안전관리에 관한 법률」 제2조제3항의 화약류
11. 「화학물질관리법」 제2조제7호의 유해화학물질
12. 그 밖에 제1호부터 제11호까지의 규정에 준하는 것으로서 관계 중앙행정기관의 장이 정하여 고시하는 생명·신체에 해로운 원료 또는 제조물

참고문헌

1. 국내문헌

가. 단행본

고동훈·안지은·이정삼,『어업분야 중대재해처벌법 대응방안 연구』, 해양수산개발원, 2023

고용노동부,『개정 산업안전보건법 시행(2020. 1. 16.)에 따른 도급 시 산업재해예방 운영지침』, 2020.3.

_____,『경영책임자와 관리자가 알아야 할 중대재해처벌법 따라하기 – 중소기업 '중대산업재해 예방'을 위한 안내서』, 2022.3.

_____,『중대재해처벌법 중대산업재해 질의회시집』, 2023.5.

_____,『중대재해처벌법 해설 – 중대산업재해』, 2021.11.

_____,『중대재해처벌법령 FAQ – 중대산업재해 부문』, 2022.1.

고용노동부·한국산업안전보건공단,『2023 새로운 위험성평가 안내서』, 2023.5.

국토교통부,『중대재해처벌법 해설 – 중대시민재해(시설물·공중교통수단)』, 2021.12.

국회법제실,『법제기준과 실제』, 2024

권오성,『중대재해처벌법의 체계』, 새빛, 2022

권창영 외,『중대재해처벌법 Ⅰ』, 법문사, 2022

권창영 편집대표,『온라인 주석 중대재해처벌 등에 관한 법률』, 로앤비, 2022

김기선 외,『해외 산업안전감독 제도분석』, 연구보고서, 한국산업안전보건공단, 2022.10.

김성근·정유철·최관수 외,『중대재해대응 핵심 이슈 72선』, 대한경제, 2023

김영규,『중대재해처벌법 해설 – 중대산업재해 쟁점과 사례』, 법문사, 2024

김·장법률사무소 중대재해대응팀,『중대재해처벌법』, 박영사, 2022

김정환,『징벌적 손해배상의 적정한 운영방안에 관한 연구』, 사법정책연구원, 2019

김종석,『조문별·사례별로 살펴본 중대재해처벌법』, 법문북스, 2022

김증한 역, 로스코 파운드 저,『영미법의 정신』, 지식과 감성, 2023

김형배·박지순,『노동법강의』, 신조사, 2024

김혜경·이진국·도중진·차종진,『해외 중대재해 처벌에 관한 사례분석』, 연구보고서, 한국산업안전보건공단, 2022.10.

대검찰청,『중대재해처벌법 벌칙해설』, 2022

박종배·함병호·신인재·서용윤·박주원,『중대재해 예방 및 대응 가이드북』, 좋은땅, 2023

박찬임 외,『사내하도급과 산업안전 - 제조업을 중심으로』, 한국노동연구원, 2015.12.

법무법인(유한) 바른 중대재해처벌법 대응 특별팀,『중대재해처벌법 연구 – 조문별 해석 중심』, 법문사, 2022

법무부,『중대재해 처벌 등에 관한 법률 시행령 규제영향분석서』, 2021.7.8.

법무부 중대 안전사고 대응TF,『주요 중대 안전사고 사례 분석집』, 2022.1.

산업안전보건연구원,『산업안전보건 감독기관 조직구성과 역할에 관한 국제비교』, 2021

_____,『세계각국의 산업안전보건법 형사처벌제도와 처벌사례 연구』, 2009.12.

_____,『외국의 산업안전보건법 위반 사례 분석』, 2019.10.

_____,『해외 산업안전감독 제도분석』, 2022

성낙인,『헌법학』, 법문사, 2024

소방청,『중대재해처벌법 해설 – 중대시민재해(다중이용시설)』, 2021.12.30.

손우성 역, 몽테뉴 저,『몽테뉴 수상록(Les Essais)』, 동서문화사, 2007

송옥렬,『상법강의』, 홍문사, 2021

송인택 외,『중대재해처벌법 해설과 대응』, 박영사, 2022

신상영 외,『2022 중대시민재해 주요 이슈와 장단기 대응방향』, 서울연구원, 2022.7.

신승욱·김형규,『중대재해처벌법』, 박영사, 2022

양창수·권영준,『권리의 변동과 구제』, 박영사, 2011

양창수·김재형,『계약법』, 박영사, 2015

윤준현 등 5인,『중대재해처벌법상 안전 및 보건확보 의무의 구체화 방안 연구』, 한국산업안전보건공단, 2021.10.

이상국,『중대재해처벌법』, 대명출판사, 2022

이정훈,『중대재해에 따른 형사책임』, 중앙경제, 2021

이철수,『노동법』, 현암사, 2023

_____,『전환기의 노사관계와 노동법』, 박영사, 2023

임웅,『형법총론』, 법문사, 2016

정진우,『산업안전보건법』, 중앙경제, 2024

_____,『산업안전보건법 국제비교』, 한국학술정보, 2015

_____,『중대재해처벌법』, 중앙경제, 2024

정진우 외, 『중대재해처벌법의 학교 적용 연구』, 성신여자대학교 학교안전연구소, 2021

정현희, 『중대재해 처벌 등에 관한 법률의 재판 실무상 쟁점』, 사법정책연구원, 2022

조흠학, 『산업안전보건법 해설』, 신광문화사, 2020

진민혜 역, 몽테스키외 저, 『법의 정신(3-3)』, 나남, 2023

최창민·김영진·방정환·최경섭, 『노동재해실무』, 박영사, 2023

한국노총중앙연구원, 『EU 국가의 산업안전보건법 비교연구 – 독일, 프랑스, 오스트리아, 네덜란드를 중심으로』, 2009

한국산업안전보건공단 국제협력센터, 『2022 해외주요국가 산업안전보건 제도집 – 미국·영국·일본·독일』, 2022.10.

해양수산부, 『항만건설현장 안전관리업무 길라잡이』, 2022.7.

환경부, 『중대재해처벌법 해설 – 중대시민재해 원료·제조물』, 2022.4.19.

나. 논문 및 보고서 등

고용노동부, "2023년 산업재해현황 부가 통계 '재해조사 대상 사망사고 발생 현황' 점검결과 발표", 보도자료, 2024.3.7.

_____, "국제노동기구(ILO), '안전하고 건강한 근로환경'을 노동기본권으로 추가", 보도참고자료, 2022.6.10.

_____, "제1차 중대산업재해 수사심의위원회' 개최- 사고 후 치료 중 사망한 사안에 대하여, 사고와 사망 사이에 상당인과관계가 있다고 보아 중대산업재해로 심의·의결", 보도참고자료, 2022.12.1.

_____, "중대산업재해 발생 기업 경영책임자 대상 안전보건교육 실시", 보도참고자료, 2022.6.10

고용노동부·국토교통부·소방청·법무부·국무조정실, "정부, 「건설현장 화재안전 대책」 발표", 관계부처 합동 보도자료, 2020.6.18.

고인석, 「중대재해 처벌 등에 관한 법률의 실효성 확보에 관한 연구 – 산업안전보건법과의 중복입법 및 중복규제 문제에 대한 검토를 중심으로」, 『법이론실무연구』 제11권 제1호, 한국법이론실무학회, 2023

국무조정실, "오송 궁평2지하차도 침수사고 감찰조사 결과", 보도자료, 2023.7.28.

권오성, 「중대재해처벌법 개정논의의 현황과 과제」, 중대재해전문가넷 주최 '중대재해처벌법의 시행과 안전사회실현을 위한 과제' 심포지엄 자료, 2022.2.22.

_____, 「중대재해처벌법의 해석상 쟁점」, 『산업보건』 2021년 2월호, 대한산업보건협회, 2021

김명수, 「중대재해처벌법 제정」, 『현안입법알리기』 2021-3호, 국회도서관, 2021.2.

김성룡, 「중대재해 처벌 등에 관한 법률의 적용을 둘러싼 형사법적 쟁점 검토」, 『법학논고』
    제77호, 경북대학교 법학연구원, 2022

_____, 「중대재해처벌법의 산업재해치사상죄의 성립요건」, 『법과 기업연구』, 제12권 제3호,
    서강대학교 법학연구소, 2022

김영규, 「건설공사발주자도 중대재해법상 안전보건확보의무 있나」, 『월간노동법률』 제373호,
    2022.6.

김재윤, 「영국의 기업과실치사법에 대한 고찰과 시사점」, 『형사정책연구』 제25권 제4호, 2014

김정곤·김도형·채종길, 「중대재해처벌법의 범위에 대한 고찰 – 중대시민재해를 중심으로」,
    『2021년 한국재난정보학회 정기학술대회 논문집』, 2021.11.

김지석, 「중대재해 처벌 등에 관한 법률의 주요 쟁점사항들에 대한 고찰」, 『월간노동법률』
    제360호, 2021.5.

노호창, 「근로감독에 관한 개별 법률 제정을 위한 선행 검토」, 서울대학교 노동법연구회 정
    기세미나 발표자료, 2022.12.17.

대한변호사협회, 「중대재해에 대한 기업 및 책임자 처벌 등에 관한 법률안(강은미의원 대표
    발의, 2100377호)에 대한 검토의견」, 2020.12.21.

류호연, 『노동법의 제정과정과 한국적 특성의 현재적 의미』, 서울대학교 법학전문대학원 박
    사학위논문, 2023

박상진, 「중대재해처벌법, 산업안전보건법과 어떻게 다른가」, 『월간노동법률』 제358호,
    2021.3.

박채은, 『중대재해처벌법 개선방안에 관한 연구 – 기업 처벌의 근거와 방법을 중심으로』, 성
    신여자대학교 대학원 박사학위논문, 2024

박혜림, 「산업재해에 대한 기업의 형사책임 – 영국의 기업과실치사법 도입을 중심으로」, 『홍
    익법학』 제15권 제4호, 2014.12.

법무법인 율촌 중대재해센터, 「항만 갑문 보수공사 발주자의 대표이사에 대하여 항소심에서
    무죄 선고」, 『Yulchon Legal Update』, 2023.9.

법무부·고용부·환경부·국토부·산업부·공정위, '중대재해 처벌 등에 관한 법률 시행령 제
    정안 입법예고", 관계부처 합동 보도자료, 2021.7.9.

서진두,『중대재해처벌법상 의무이행 주체에 관한 연구』, 아주대학교 대학원 박사학위 논문, 2023

손태홍·최수영,「국내 '중대재해기업처벌법(안)'과 영국 '기업과실치사법'의 비교 분석」,『국토와 교통』통권 제438호, 2021.1.

송지용,「중대재해 처벌 등에 관한 법률의 위헌성 검토」,『형사법의 신동향』통권 제74호, 2022

심재진,「산업안전보건법상 도급인의 안전·보건조치 의무가 배제되는 '건설공사 발주자'의 판단기준과 의미」,『노동리뷰』통권 제203호, 한국노동연구원, 2022

_____,「영국의 2007년 기업과실치사법과 그 시사점」, 산재사망 처벌 및 원청 책임강화 법 개정방안 토론회 자료집, 2013.4.24.

안성경,「독일의 산업재해 예방 관련 입법례」,『최신 외국입법정보』2022-28호(통권 제209호), 국회도서관, 2022.11.22.

오민애,「산업재해 사망사고에 대한 검찰, 법원 판단의 문제」, 한익스프레스 남이천 물류창고 신축현장 산재사망 원인 진단 긴급토론회 발제문, 2020.5.12.

윤법렬·임재혁,「업무집행관여자의 책임 – 판례법리의 분석 및 개념 차용에 대한 비판을 중심으로」,『기업법연구』제31권 제1호, 2017

이시원,「경영책임자등 의무 규정의 해석 적용과 관련된 문제 제기」,『중대재해처벌법 시행령 의견수렴을 위한 토론회 자료집(Ⅰ)』, 고용노동부, 2021.8.18.

이재목,「중대재해 처벌 등에 관한 법률상 징벌적 손해배상 규정의 문제점 – 배상요건 및 배상범위를 중심으로」,『홍익법학』제22권 제1호, 2021

이창현,「중대재해처벌법상 징벌적 손해배상과 민사 실무상 쟁점」,『사법』제66호, 사법발전재단, 2023.12.

_____,「중대재해처벌법상 징벌적 손해배상과 민사재판 실무상 쟁점」, 사법정책연구원·대한변호사협회·한국노동법학회 "중대재해처벌법과 재판 실무상 쟁점" 자료집, 2022.7.8.

이춘원,「공동수급체의 법적 성격에 관한 일 고찰」,『비교사법』제21권 제3호, 2014

이희성,「독일의 산업안전보건제도의 개관에 관한 연구」,『노동법논총』제12집, 2007

임우택,「중대재해처벌법의 쟁점과 과제에 대한 토론문」, 정책&지식포럼 제1043회, 2022.6.7.

전상수,「징벌적 손해배상제도에 대한 소고」,『국회보』제535호, 국회사무처, 2011.6.

전형배,「중대산업재해의 발생과 경영책임자의 손해배상책임 – 상법상 이사의 책임을 중심으로」,『노동법포럼』제40호, 노동법이론실무학회, 2023

_____,「중대재해처벌법의 해석상 쟁점」,『노동법포럼』제34호, 노동법이론실무학회, 2021

정진우,「산업안전보건청의 설립 필요성과 추진방안에 관한 연구」,『한국산업보건학회지』

제27권 제1호, 2017

_____, 「중대재해처벌법 제정과정에서의 법적 쟁점과 남겨진 과제」, 『과학기술법연구』 제
27집 제2호, 한남대학교 과학기술법연구원, 2021

_____, 「중대재해처벌법 제정과정에서의 주요 법적 쟁점」, 『산업보건』 통권 제408호, 2024

_____, 「중대재해처벌법 주요쟁점과 해외사례 분석」, 한국기업경영학회부설 한국기업연구
원 주최 '산업안전을 통한 기업경쟁력 제고 방안' 심포지엄 자료, 2021.10.1.

정차호·이승현, 「우리민법상 전자파일(electronic file)의 물건성 인정 여부에 관한 연구」, 『성
균관법학』 제30권 제1호, 2018

정현희, 「중대재해처벌법의 형사재판 실무상 쟁점」, 사법정책연구원·대한변호사협회·한국
노동법학회 '중대재해처벌법과 재판 실무상 쟁점' 공동학술대회 자료집, 2022.7.8.

정혜윤, 「중대재해처벌법 제정의 정치과정: 의회의 역할을 중심으로」, 『국가미래전략 Insight』
제79호, 국회미래연구원, 2023

정홍식, 「해외건설프로젝트에서 시공자들의 건설공동수급체」, 『국제거래법연구』 제23권 제1
호, 2014

조흠학·이관형, 「행정법으로의 산업안전보건법에 관한 법률적 의미」, 『강원법학』 제34권,
강원대학교 비교법학연구소, 2011

중소기업중앙회, "중소기업단체, 중대재해처벌법 헌법소원심판 청구 – 제조·건설·도소매·어
업 등 전국 중소기업인 305명 청구인으로 참여", 보도자료, 2024.4.1.

청주지방검찰청, "오송지하차도 침수사건 지자체 공무원 10명 추가 기소 – 충청북도 공무원
7명, 청주시 공무원 3명 불구석 기소 – 현재까지 총 44명 기소 (구속 2명, 불구속 40명, 법
인 2개)", 보도자료, 2024.6.19.

최명선, 「중대재해기업처벌법 시행령 토론문 – 경영책임자등의 의무」, 『중대재해처벌법 시행
령 의견수렴을 위한 토론회 자료집(Ⅰ)』, 고용노동부, 2021.8.18.

_____, 「중대재해기업처벌법 제정의 사회적 의미와 과제」, '중대재해기업처벌법' 제정의 의미와
향후 과제를 위한 종합토론회 자료, 정의당·중대재해기업처벌법제정운동본부, 2021.2.23.

최수영, 「해외사례 비교를 통한 중대재해 처벌법 향후 정책방향」, 『건설관리』 제22권 제2호,
2021.4.

최영진, 「중대재해기업처벌법 시행에 따른 해외 사업장 적용가능성 및 우리 기업의 대응방
향」, Kotra 호치민무역관, 2022.6.13.

최은진·임병화, 「자동차 급발진 의심 사고의 입증책임 관련 쟁점과 향후 개선 방향」, 『이슈

와 논점』 제2092호, 국회입법조사처, 2023

최정학, 「중대재해 기업처벌법안에 대한 몇 가지 제언」, 『민주법학』 제73호, 민주주의법학연
　　구회, 2020

최지연, 「중대재해처벌법의 공공부문 적용에 관한 법제 연구」, 『현안분석』 제22-1호, 한국법
　　제연구원, 2022

최진원, 「중대재해처벌법 관련 실무상 쟁점」, 「중대재해처벌법」 어떻게 안착시킬 것인가, 국
　　회의원 박대수 주최 정책토론회 자료집, 2021.11.22.

한국경영자총협회, "경총 등 30개 경제단체 및 업종별 협회, '중대재해기업처벌법안에 대한
　　경영계 의견' 국회에 건의", 보도자료, 2020.11.25.

한국경영자총협회, "경총, 중대재해에 대한 기업 및 책임자 처벌 등에 관한 법률안에 대한
　　경영계 의견 국회에 건의", 보도자료, 2020.10.26.

한국경영자총협회 등 36개 단체, 「중대재해처벌법 시행령 제정안에 대한 경제계 공동건의
　　서」, 2021.8.23.

한국경제연구원, "중대재해처벌법, 건설공사발주자 개념 인정해 발주자 사법 리스크 줄여
　　야", 보도자료, 2022.12.13.

한석현, 「중대재해 처벌 등에 관한 법률 일부개정법률안 검토보고」, 국회 법제사법위원회,
　　2023.6.

허병조, 「중대재해 처벌 등에 관한 법률 일부개정법률안 검토보고」, 국회 법제사법위원회,
　　2021.9.

_____, 「중대재해에 대한 기업 및 책임자 처벌 등에 관한 법률안 검토보고」, 국회 법제사법
　　위원회, 2020.7.

현성수, 「결함제조물책임법안 검토보고」, 국회 재정경제위원회, 1999.11.

홍성방, 「신체의 자유」, 『서강법학』 제2권, 서강대학교 법학연구소, 2000

홍채은, 「소비자 관점에서 본 중대재해처벌법에서의 중대시민재해」, 『소비자정책동향』 제
　　116호, 2021

2. 외국문헌

Canadian Labour Congress, *20 years after its passing, Canada's unions demand enforcement of the Westray Law*, 2004.5.9.

Daniel R. Fischel, Alan O. Sykes, *Corporate Crime*, The Journal of Legal Studies, 1996

David Goetz, *Legislative Summary: Bill C-45: An Act to Amend the Criminal Code*, Library of Canadian Parliament, 2003.7.3.

Gibson Dunn, *Supreme Court Stays OSHA Vaccine-Or-Testing Mandate*, 2022

Jon O. Shimabukuro, *Fifth Circuit Stays OSHA Vaccination and Testing Standard*, CRS Report, 2021.11.17.

K. Peter Richard, *The Westray Story: A Predictable Path to Disaster*, Nova Scotia Archives, 1997

Kate R. Bowers, *The Major Questions Doctrine*, CRS Report, 2022.11.2.

_____, *The Supreme Court's Major Questions Doctrine: Background and Recent Developments*, CRS Report, 2022.5.17.

Kim Haines, Thomas John, Malcolm Park, *Workplace death and serious injury: a snapshot of legislative developments in Australia and overseas*, Parliamentary Library, 2004.11.29.

Laura Green, *Occupational Safety and Health Act: Definition and Requirements*, Investopedia, 2021.9.27.

Lenny Roth, *Industrial manslaughter laws*, Parliament of New South Wales, 2024.2.

Lord Young of Graffham, *Common Sense - Common Safety*, HM Government, 2010

Maeve P. Carey, *The Regulatory Flexibility Act: An Overview*, CRS Report, 2021.8.16.

Manoj S. Patankar, Edward J. Sabin, *The Safety Culture Perspective*, Human Factors In Aviation, Academic Press, 2010

Michael Selinger, *Update: Industrial manslaughter offences across Australia*, Holding Redlich, 2024.2.21.

NELP, *House GOP's Proposed Budget Would Gut Labor Enforcement*, 2024.7.19.

_____, *Workplace Safety Enforcement Continues to Decline in Trump Administration*, 2019.3.14.

Norm Keith, James Ferguson, *Bill C-45 and the Canadian Petroleum Industry*, Alberta Law Review, Vol.43, No.1, 2005

OSHA, *All About OSHA*, 2023

Safe Work Australia, *Interpretive guideline – model Work Health and Safety Act – the meaning of 'person conducting a business or undertaking'*, 2021

Simon Daniels, *Corporate manslaughter in the maritime and aviation industries*, Informa Law from Routledge, 2017

Thomas M. Costa, *Workplace Safety and Health: Data and Enforcement Challenges Limit OSHA's Ability to Protect Workers during a Crisis*, Testimony Before the Subcommittee on Workforce Protections, Committee on Education and Labor, House of Representatives, GAO, 2022.5.25.

Victoria Roper, *The Corporate Manslaughter and Corporate Homicide Act 2007: A 10-Year Review*, The Journal of Criminal Law, Vol.82, No.1, 2018

Vikramaditya S. Khanna, *Corporate Criminal Liability: What Purpose Does it Serve?*, Harvard Law Review, Vol.109, 1996

WHO, *Country Profile of Occupational Health System in Germany*, WHO Regional Office for Europe, 2012

판례색인

사항색인

[공저자 약력]

전 상 수 (田尙洙)

강릉고등학교 졸업
한국외국어대학교 졸업(행정학사, 법학석사)
미국 Duke University 로스쿨 졸업(법학박사/ JD)
제11회 입법고시/ 미국변호사
국회 입법조사관(재경위 · 법사위 · 행안위)
국회법제실 경제법제심의관
국회 법제사법위원회 전문위원
국회사무처 의사국장 · 기획조정실장
국회 정무위원회 수석전문위원
국회 법제사법위원회 수석전문위원
국회 사법개혁특별위원회 수석전문위원
국회 입법차장(차관급)
현, 한국행정법학회 부회장/ 삼성화재 고문

[저 서]
금융소비자보호법: 해석과 입법론(공저, 홍문사 2022)
법제실무(집필단장, 국회법제실 2011)
자산유동화 이론과 실제(공역, 매경출판사 2003)

임 재 금 (林在錦)

광주진흥고등학교 졸업
서울대학교 경제학과 졸업
KDI 국제정책대학원 졸업(정책학 석사)
미국 Texas A&M University 경제학 박사(Ph.D.)
제18회 입법고시 합격
국회 재정경제위원회 입법조사관
국회 예산결산특별위원회 입법조사관
국회예산정책처 추계세제총괄과장
국회법제실 경제법제심의관
한국국방연구원 파견국장(국회사무처 이사관)
국회 환경노동위원회 전문위원(노동법 총괄)
국회 연금개혁특별위원회 전문위원
현, 국회 농림축산식품해양수산위원회 전문위원

[저 서]
행정입법 분석: 조세분야(검토총괄, 국회법제실 2022)
북한 인프라 개발의 경제적 효과
(공저, 국회예산정책처 2019)

백 상 준 (白尙埈)

고려대학교사범대학부속고등학교 졸업
연세대학교 법과대학 졸업
제29회 입법고시 합격
국회사무처 기획조정실 행정법무담당관실 사무관
국회 미래창조과학방송통신위원회 입법조사관
국회입법조사처 법제사법팀 입법조사관
국회 법제사법위원회 입법조사관
(중대재해처벌법 담당)
현, 국회법제실 법제연구과 법제관(서기관)

[저 서]
법제기준과 실제(공저, 국회법제실 2024)

류 호 연 (柳浩然)

경기고등학교 졸업
서울대학교 법과대학 졸업
한양대학교 법학전문대학원 졸업
서울대학교 법학박사(노동법전공)
공익법무관/ 제1회 변호사시험
국회 행정안전위원회 입법조사관
국회법제실 사법법제과 법제관
현, 국회입법조사처 법제사법팀 입법조사관(서기관)

[저 서]
사회보장입법사연구 I (부분집필, 법문사 2022)
법제이론과 실제(공저, 국회법제실 2019)

중대재해처벌법: 입법과 해석론

초판발행	2025년 1월 7일
지은이	전상수·임재금·백상준·류호연
펴낸이	안종만·안상준
편 집	윤혜경
기획/마케팅	조성호
표지디자인	BEN STORY
제 작	고철민·김원표
펴낸곳	(주)박영사
	서울특별시 금천구 가산디지털2로 53, 210호(가산동, 한라시그마밸리)
	등록 1959. 3. 11. 제300-1959-1호(倫)
전 화	02)733-6771
f a x	02)736-4818
e-mail	pys@pybook.co.kr
homepage	www.pybook.co.kr
ISBN	979-11-303-4090-6 93360

정 가   39,000원